VDI BERICHTE
Herausgeber: Verein Deutscher Ingenieure

VDI BERICHTE 1381

VEREIN DEUTSCHER INGENIEURE

VDI/VDE-GESELLSCHAFT
MESS- UND AUTOMATISIERUNGSTECHNIK

COMPUTATIONAL INTELLIGENCE

NEURONALE NETZE
EVOLUTIONÄRE ALGORITHMEN
FUZZY CONTROL
IM INDUSTRIELLEN EINSATZ

Tagung Berlin, 3. und 4. März 1998

Die Deutsche Bibliothek – CIP-Einheitsaufnahme

Computational intelligence : neuronale Netze, evolutionäre Algorithmen, fuzzy control im industriellen Einsatz ; Tagung Berlin, 3./4. März 1998 / VDI/VDE-Gesellschaft Mess- und Automatisierungstechnik. – Düsseldorf: VDI Verl., 1998
(VDI-Berichte ; 1381)
ISBN 3-18-091381-9

Der VDI-Bericht, der die Vorträge der Tagung enthält, erscheint als nichtredigierter Manuskriptdruck. Die einzelnen Beiträge geben die auf persönlichen Erkenntnissen beruhenden Ansichten der jeweiligen Vortragenden bzw. Autoren wieder.

Printed in Germany.

ISSN 0083-5560

ISBN 3-18-091381-9

Vorwort

Zum Erhalt der Wettbewerbsfähigkeit ist es notwendig, immer komplexere Prozesse zu automatisieren und zu optimieren. Komplexität entsteht durch die ständig zunehmende Verflechtung von Teilprozessen zu schwer durchschaubaren Gesamtsystemen. Aber auch einfach erscheinende Teilprozesse können sich bei realitätsnaher Modellierung als überraschend komplex erweisen. Von wachsender Bedeutung sind zudem Prozesse, deren innere Wirkungsmechanismen teilweise unbekannt oder mit klassischen Methoden schwer beschreibbar sind. Schließlich ist man aus Wettbewerbsgründen zunehmend an neuen Lösungen interessiert, die im Vergleich zu konkurrierenden intelligenter und preiswerter sind. Inzwischen hat sich gezeigt, daß für die Lösung solcher Probleme herkömmliche Methoden häufig nicht ausreichen.

Vielversprechende Ansätze haben sich jedoch in den vergangenen Jahren durch Fortschritte in drei zunächst voneinander unabhängigen Wissenschaftsbereichen ergeben:

- Die Methodik der künstlichen **Neuronalen Netze** systematisiert das Sammeln und die Nutzung unbewußter Erfahrungen. Neuronale Netze ergänzen oder ersetzen konventionelle Methoden durch so wichtige Eigenschaften wie Lernfähigkeit und Assoziativität, Verarbeitung von unscharfem Wissen und weitgehender Selbständigkeit beim Finden von Lösungswesen. Es gibt bereits vielversprechende Anwendungen u. a. auf den Gebieten Steuerung und Regelung, Mustererkennung, Spracherkennung und Signalklassifikation.
- **Evolutionäre Algorithmen** ahmen das „kollektiv intelligente Probieren" in der belebten Welt nach. Das wohlverstandene Wechselspiel von gezähmter Variation, Mischung erfolgreicher Komponenten und diversitätserhaltender Selektion wird heute meist auf Struktur- und Dimensionierungsparameter in Simulationsmodellen übertragen. Aufgrund der so erzielten Erfolge werden die Algorithmen bereits in sehr breit gestreuten Anwendungsfeldern eingesetzt, wenn traditionelle Optimierungsverfahren versagen.
- **Fuzzy Control** systematisiert das Sammeln und die Nutzung bewußter Erfahrung, die etwa von Prozeßbedienern durch unscharfe Merkmale, wie „ziemlich groß" oder „etwas mehr", ausgedrückt wird. Mit Hilfe der Fuzzy-Logik lassen sich solche Erfahrungen durch Fuzzy-Regeln beschreiben, die rechnergestützt verarbeitet werden können. Fuzzy Control hat sich in der Praxis inzwischen insbesondere zur Beherrschung komplexer, ungenau bekannter Prozesse etabliert.

Allen drei Wissenschaftsbereichen – zusammengefaßt unter dem Begriff **Computational Intelligence** – ist gemeinsam, daß sie auf einer subsymbolischen Datenverarbeitung basieren und Problemlösungsstrategien objektivieren. Zudem lassen sich viele praktische Probleme erst durch hybride Ansätze, d. h. den gemeinsamen Einsatz von Neuronalen Netzen, Evolutionären Algorithmen und Fuzzy Control, lösen. Welches Potential die CI bereits jetzt für den praktischen Anwender bietet, wird im Rahmen dieser Fachtagung vorgestellt.

S. Hafner, Bosch GmbH, Stuttgart
H. Kiendl, Universität Dortmund
H.-P. Schwefel, Universität Dortmund (wissenschaftlicher Leiter der Fachtagung)

Die Tagung wird von dem GMA-Fachausschuß 4.5 „Neuronale Netze und Evolutionäre Algorithmen" sowie dem GMA-Unterausschuß 1.4.2 „Fuzzy Control" durchgeführt.

Inhalt

Neuronale Netze: Konzept und Anwendungen

Raúl Rojas

1 Das Approximationsproblem

Neuronale Netze bilden ein alternatives Berechnungsmodell, dessen Motivation in der Biologie liegt: man möchte Automaten bauen, die gewisse Aspekte der Informationsverarbeitung bei Mensch und Tier nachahmen. In der Sprache der Informatik ausgedrückt, können wir sagen, daß biologische Nervensysteme *massiv parallel* arbeiten, *fehlertolerant* sind und sich *adaptiv* verhalten. Gerade diese Eigenschaften sollten auch künstliche Automaten aufweisen. Bei gewissen Anwendungen sind sie sogar unerläßlich, wie z.B. massive Parallelität in der Hochenergiephysik [4], Fehlertoleranz in der Robotik [14] und adaptives Verhalten bei der Spracherkennung [10]. Neuronale Netze sollen sich außerdem als *lernende Systeme* verhalten, die ihre eigenen Parameter bestimmen und anpassen können.

Obwohl neuronale Netze erst in den letzten Jahren allgemeine Anerkennung fanden, ist ihre Geschichte fast so alt wie die der traditionellen Computersysteme selbst. Die ersten Modelle abstrakter Neuronen wurden von Warren McCulloch und Walter Pitts im Jahre 1943 vorgeschlagen, also zu einer Zeit, in der gerade die ersten Computeranlagen gebaut wurden. Nur wenige wissen, daß sich John von Neumann in seiner Arbeit, die die Architektur zukünftiger Computersysteme auf lange Zeit festschrieb, in seiner Argumentation des biologischen Modells bediente [17]. Dabei bildeten die Untersuchungen von McCulloch und Pitts, sowie die Kybernetik Norbert Wieners den Hintergrund seiner Ausführungen. Daß später über künstliche neuronale Netze eher marginal geforscht wurde, ist zum Teil das Ergebnis des überwältigenden Erfolges der traditionellen Computersysteme, die einen alternativen Zugang zur maschinellen Intelligenz bieten. Erst seit den siebziger aber vor allem seit den achtziger Jahren erleben wir eine Renaissance der Forschung auf dem Gebiet des *Konnektionismus*. Die subsymbolischen Fähigkeiten neuronaler Netze sollen jetzt jene Systeme unterstützen, die bis heute menschliche Intelligenz auf der rein symbolischen Ebene, d.h. auf der Ebene der Logik, modelliert haben.

In diesem Aufsatz wollen wir besprechen, was neuronale Netze sind und welche Art von Berechnungen sie durchführen können. Wir zeigen, wie solche Systeme trainiert werden, welches der Unterschied zum traditionellen algorithmischen Zugang ist und wie adaptives Verhalten implementiert werden kann. Es wird insbesondere gezeigt, daß künstliche neuronale Netze geeignete Systeme für statistische Modellierung bilden, und es wird anhand des Beispieles der automatischen Spracherkennung erläutert, wie künstliche neuronale Netze in traditionelle algorithmische Verfahren eingebettet werden können.

Der Aufsatz ist folgendermaßen gegliedert: In Abschnitt 1 zeigen wir, vom biologischen Modell ausgehend, daß künstliche neuronale Netze ein altes Problem der Approximationstheorie berühren, nämlich die Ermittlung der besten Approximation zu einer nur unvollständig definierten Funktion. Wir zeigen später, daß dies ein hartes Berechnungsproblem ist. In Abschnitt 2 geben wir ein Beispiel eines einfachen Modells, das Perzeptron, dessen Lernalgorithmus einfach zu visualisieren ist. Im dritten Abschnitt wird der Backpropagation-Algorithmus abgeleitet, der für das Training mehrschichtiger Netze häufig verwendet wird. Die letzten zwei Abschnitte behandeln dann die oben erwähnten statistischen Eigenschaften neuronaler Netze.

1.1 Das biologische Modell

Mit den künstlichen neuronalen Netzen werden biologische neuronale Netze als informationsverarbeitende Systeme nachgeahmt. Auch wenn die einzelnen biologischen Modelle des Gehirns und der Nervensysteme von Lebewesen sich in vielen Aspekten unterscheiden, herrscht allgemeine Übereinstimmung darüber, daß das Wesen der Funktion des Nervensystems in der Kontrolle durch Kommunikation besteht. Nervensysteme bestehen aus vielen Tausenden oder Millionen von miteinander vernetzten Nervenzellen — den Neuronen. Jede dieser Zellen ist sehr komplex in ihrem Aufbau und kann eintreffende Signale auf vielfältige Weise verarbeiten. Neuronen sind jedoch langsam im Vergleich zu elektronischen Bausteinen. Während die letzteren Schaltzeiten in der Größenordnung von Nanosekunden besitzen, schalten Neuronen innerhalb einiger Millisekunden. Und trotzdem: Das menschliche Gehirn kann Probleme lösen, die für jeden konventionellen Rechner noch in unerreichbarer Ferne liegen.

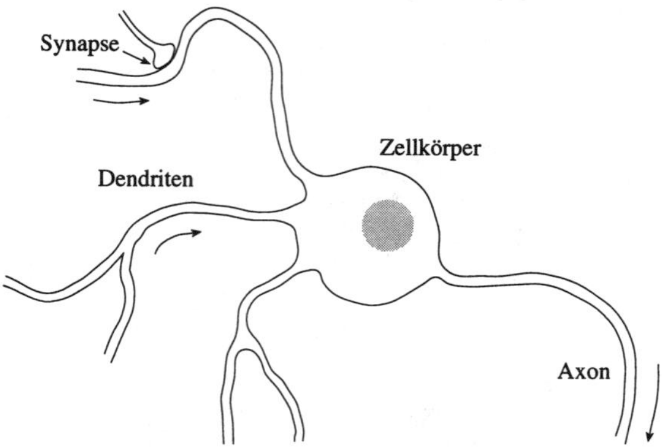

Abbildung 1: Struktur eines Neurons

Nervenzellen empfangen Signale und geben neue, von ihnen erzeugte, Signale weiter. Die allgemeine Struktur eines generischen Neurons wird in Abb. 1 gezeigt. Die Fortsätze des Neurons, die die Eingangsinformation sammeln, werden Dendriten genannt. Sie übernehmen Signale aus anderen Nervenzellen an spezifischen Kontaktstellen, den Synapsen. Der Zellkörper reagiert auf diese Stimuli und fängt an, Signale zu übertragen. Die Ausgabesignale eines Neurons werden durch das Axon an andere Neuronen weitergereicht.

Diese vier Elemente (Dendriten, Synapsen, Nervenkörper und Axon) bilden die minimale Struktur, die wir aus biologischen Modellen für unsere Zwecke übernehmen, so daß auch künstliche Neuronen als informationsverarbeitende Elemente

- *gerichtete, gewichtete Eingabeleitungen,*
- *einen Berechnungskörper,*
- *eine Ausgabeleitung*

besitzen werden. Abb. 2 zeigt die Struktur eines abstrakten Neurons mit n Eingängen. Jede Eingabeleitung überträgt einen reellen Wert x_i. Die *primitive* Funktion f, die vom abstrakten Neuron berechnet wird, kann im Prinzip beliebig ausgewählt werden. Die Eingabeleitungen sind gewichtet, d.h. jeder Eingabewert x_i wird mit dem entsprechenden Gewicht w_i multipliziert. Die im Berechnungselement ankommende Information wird addiert, und das Resultat wird als Argument für die primitive Funktion f verwendet. Ist die Struktur der einzelnen Neuronen spezifiziert, können diese Elemente in Netzen miteinander gekoppelt werden.

Ein wichtiger Spezialfall eines Berechnungselements ist das *Perzeptron*, dessen Diagramm in Abb. 3 gezeigt wird [9]. Ein Perzeptron besitzt n Eingabeleitungen, die jeweils mit den Gewichten $w_1, w_2, \ldots, w_n$

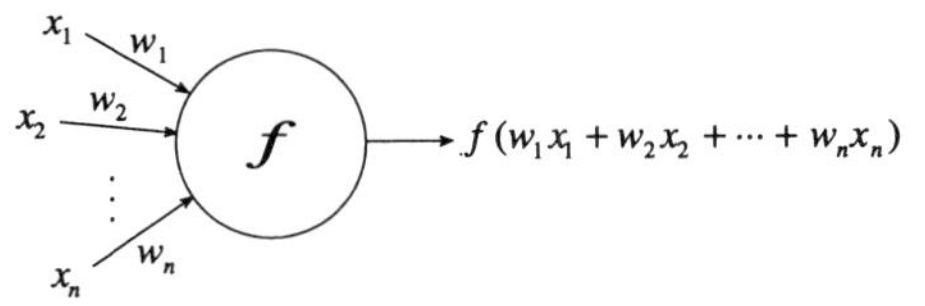

Abbildung 2: Struktur eines künstlichen Neurons

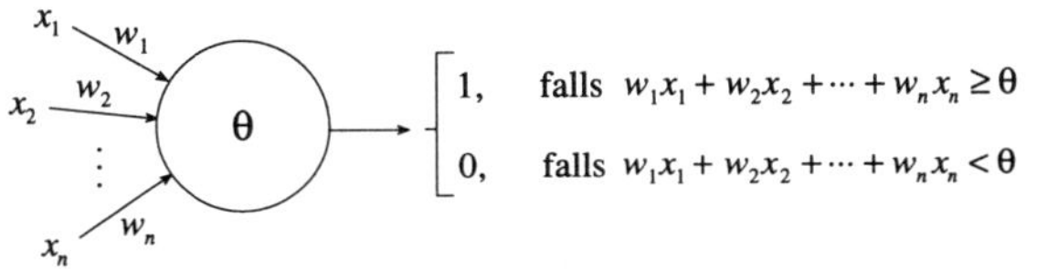

Abbildung 3: Struktur eines Perzeptrons

behaftet sind. Das Perzeptron kann nur Schwellenwertentscheidungen treffen, d.h. die Ausgabe der Zelle ist 1, falls

$$x_1w_1 + x_2w_2 + \cdots + x_nw_n \geq \theta$$

gilt, wobei θ der sogenannte Schwellenwert der Zelle ist. Falls

$$x_1w_1 + x_2w_2 + \cdots + x_nw_n < \theta$$

gilt, wird eine Null ausgegeben.

Mit Perzeptronen können logische Funktionen ohne weiteres realisiert werden. Die AND-Verknüpfung zweier binärer Variablen x_1 und x_2 kann durch eine Zelle mit zwei Eingabeleitungen implementiert werden, bei der w_1 und w_2 beide gleich 1 sind und $\theta = 2$ gilt. Die Zelle wird nur dann eine 1 feuern, wenn $x_1 + x_2 \geq 2$ erfüllt ist, d.h. bei binären Eingaben genau dann, wenn $x_1 = x_2 = 1$. Abb. 4 zeigt die Implementierung der logischen Funktionen AND, OR und NOT mittels eines Perzeptrons. Da diese drei Funktionen eine Basis für die Implementierung aller möglichen booleschen Funktionen bilden, ist klar, daß mit einem Netz von Perzeptronen beliebige logische Funktionen berechnet werden können.

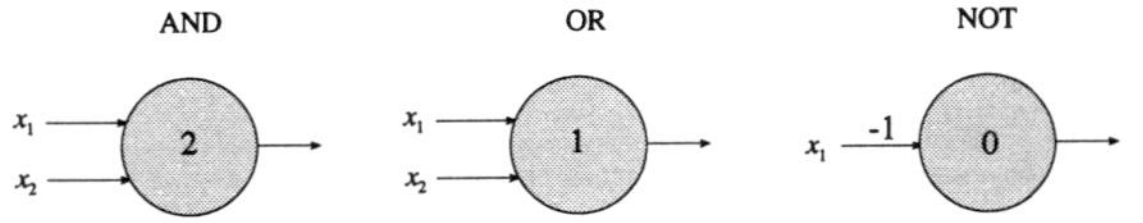

Abbildung 4: Logische Schaltungen

1.2 Neuronale Netze als Funktionennetze

Wird jedes Schaltelement in einem neuronalen Netz als eine primitive Funktion aufgefaßt, die ihre Eingabe in eine bestimmte Ausgabe verwandelt, dann sind neuronale Netze nichts anderes als Netze von Funktionen. Verschiedene abstrakte Modelle unterscheiden sich hinsichtlich der Annahmen über die einzelne primitiven Funktionen im Netz, die Topologie der Vernetzung und die Bedingungen für synchrone oder asynchrone Bearbeitung der Information. In der konventionellen Datenverarbeitung ähnelt die Architektur der Datenflußrechner der Architektur neuronaler Netze am meisten [23].

Typische künstliche neuronale Netze haben die in Abb. 5 gezeigte Struktur. Das Netz kann als eine Funktion Φ interpretiert werden, die für die Eingabe (x, y, z) ausgewertet wird. An den Knoten werden elementare Funktionen f_1, f_2, f_3 und f_4 berechnet, deren Komposition Φ definiert. Durch eine Veränderung der Netzgewichte $\alpha_1, \alpha_2, \ldots, \alpha_5$ (das Gewicht 1 wird in Abbildungen nicht vermerkt) kann Φ verändert und für unterschiedliche Aufgaben angepaßt werden. Die von einem neuronalen Netz implementierte Funktion Φ nennen wir die *Netzfunktion.*

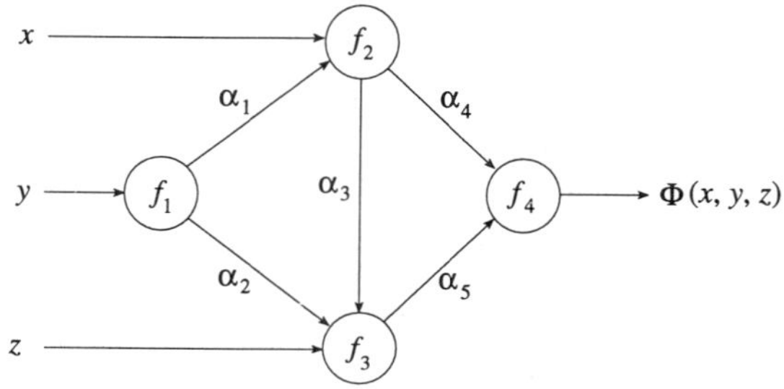

Abbildung 5: Funktionales Modell eines neuronalen Netzes

Neuronale Netze werden dann verwendet, wenn eine vorgegebene Menge von Eingabewerten auf eine vorgegebene Menge von Ausgabewerten abgebildet werden soll. Eine Menge von m Ein-Ausgabepaare $(x_1, y_1), (x_2, y_2), \ldots, (x_m, y_m)$ wird *Trainingsmenge* genannt. Das *Lernproblem* besteht darin, jene Funktion zu finden, die die Trainingsausgabewerte am genauesten den entsprechenden Trainingseingabewerten zuordnet. Optimale Gewichte sind diejenigen, welche die "beste" Anpassung der Netzausgabe an die vorgegebenen Ausgabewerte vornehmen. Jedoch spielen dabei zwei entgegengesetzte Motivationen eine Rolle. Einerseits soll das Netz nach der Lernphase die Trainingseingabewerte möglichst genau auf die Ausgabewerte abbilden. Andererseits wird aber erwartet, daß das Netz verallgemeinern kann, d.h. es muß für unbekannte Eingabewerte eine Ausgabe produzieren, die eine Art Interpolation der Ausgaben aller bekannten Eingaben ist.

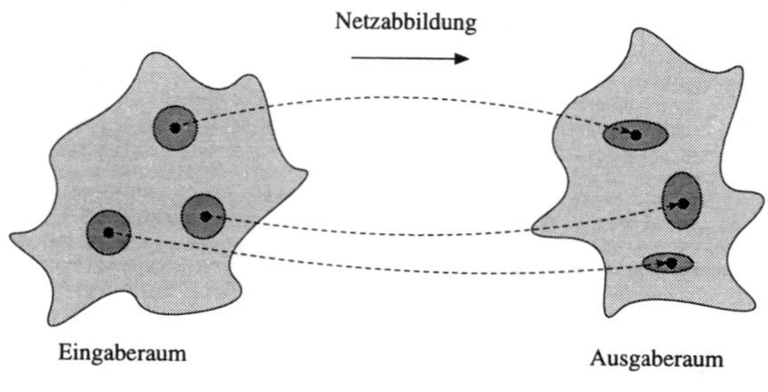

Abbildung 6: Abbildung von Nachbarschaften in Nachbarschaften

Abb. 6 veranschaulicht, wie ein Netz den Eingaberaum in einen Ausgaberaum abbildet. Die schwarzen Punkte im Eingaberaum stellen die Trainingseingaben dar, die auf die Trainingsausgaben (schwarze

Punkte im Ausgaberaum) abgebildet werden sollen. Es ist aber auch erwünscht, daß die Nachbarschaften der Trainingseingaben auf Nachbarschaften der Trainingsausgaben abgebildet werden. Eine für das Netz unbekannte Eingabe, die dicht an einer trainierten Eingabe liegt, soll in der Nähe der trainierten Ausgabe abgebildet werden. Offensichtlich soll das Netz eine ***stetige*** Abbildung des Eingaberaums in den Ausgaberaum berechnen. Wenn die primitiven Funktionen in den Knoten des Netzes stetig sind, ist diese Forderung automatisch erfüllt. In der Statistik werden ähnliche Probleme durch eine lineare Funktionsapproximation (lineare Regression) gelöst. Neuronale Netze finden in der Regel eine nichtlineare Approximation zu den experimentellen Punkten und stellen in diesem Sinne eine Erweiterung der traditionellen statistischen Methoden dar.

Künstliche neuronale Netze sind nur eines von mehreren möglichen Berechenbarkeitsparadigmen. Sie besitzen jedoch eine stärkere Faszination als andere Berechenbarkeitsmodelle, weil sie, obwohl nur abstrakte mathematische Modelle von vernetzten Funktionen darstellend, uns etwas über die organische Welt verraten können. Soll eine Definition für die angesprochenen Systeme gegeben werden, könnte gesagt werden, daß künstliche neuronale Netze sich mit den Eigenschaften von Netzen von primitiven Funktionen beschäftigen. Welche Funktionen können aber auf diese Weise modelliert werden? Die Antwort wird von der Approximationstheorie geliefert.

1.3 Funktionsapproximation mit neuronalen Netzen

Ein altes Problem der Approximationstheorie besteht darin, eine vorgegebene Funktion $F : \mathbb{R} \to \mathbb{R}$ durch die Komposition primitiver Funktionen exakt oder annähernd auszudrücken. Ein klassisches Beispiel ist die Approximation von eindimensionalen Funktionen mittels Polynomen oder Fourierreihen. Die Taylorsche Reihe für eine Funktion F, die am Punkt x_o approximiert wird, hat die Form

$$F(x) = a_0 + a_1(x - x_0) + a_2(x - x_0)^2 + \cdots + a_n(x - x_0)^n + \cdots,$$

wobei die Konstanten $a_0, ..., a_n$ vom Wert der Funktion F und ihrer Ableitungen am Punkt x_0 abhängen. Abb. 7 zeigt, wie die polynomielle Approximation einer Funktion $F(x)$ als Funktionennetz dargestellt werden kann. An den Knoten des Netzes werden die Funktionen $z \mapsto 1, z \mapsto z^1, \ldots, z \mapsto z^n$ berechnet. Einzige freie Parameter sind die Konstanten $a_0, a_1, \ldots, a_n$. Der Ausgabeknoten sammelt additiv die ankommende Information und gibt den Wert des ausgewerteten Polynoms aus. Die Netzgewichte können analytisch durch die Berechnung der ersten $n+1$ Glieder der zu F gehörenden Taylorschen Reihe ermittelt werden. Interessanter ist jedoch, sie durch einen Lernalgorithmus zu bestimmen.

Abb. 8 zeigt, wie eine Fourierreihe als neuronales Netz dargestellt werden kann. Soll die Funktion F als Fourierreihe entwickelt werden, dann hat diese die Form

$$F(x) = \sum_{i=0}^{\infty}(a_i \cos(ix) + b_i \sin(ix)).$$

Ein neuronales Netz mit der Sinus-Funktion als primititiver Knotenfunktion kann eine endliche Anzahl der Glieder der Reihe implementieren. In der Abb. 8 legen die Konstanten $k_0, \ldots, k_n$ die Frequenz der Sinus-Ausgabe eines jeden Knotens fest. Die Konstanten $d_0, \ldots, d_n$, die einfach in die Knoten eingegeben werden, spielen die Rolle von Phasenverschiebungen (so gilt z.B. mit $d_0 = \pi/2$ die Gleichung $\sin(x+d_0) = cos(x)$) und so braucht die Kosinus-Funktion nicht explizit als primitive Funktion in den Knoten aufzutauchen). Die Konstanten $w_0, \ldots, w_n$ spielen die Rolle der Amplituden der Fourierreihe. Wie man sieht, ist das Netz sogar allgemeiner als die konventionelle Formel, da nichtganzzahlige Wellenzahlen k_i erlaubt sind und auch Phasenverschiebungen, die kein mehrfaches von $\pi/2$ sind.

Im Unterschied zu Taylorschen oder Fourierreihen ist bei neuronalen Netzen die zu modellierende Funktion F nur indirekt, d.h. anhand einiger Ein-Ausgabepaare bekannt. Wir kennen die Abbildung F nur an einigen Stellen, möchten aber die beste mögliche Verallgemeinerung daraus ableiten. In unseren beiden Beispielen würden wir versuchen, die Netzgewichte optimal zu bestimmen. Im Fall des Netzes für die Taylorsche Reihe kann die klassische Methode der minimalen Quadrate verwendet werden. Im Fall der Fourierreihe kann ein *Lernalgorithmus* verwendet werden. Dafür wird zuerst ein zufälliger Satz

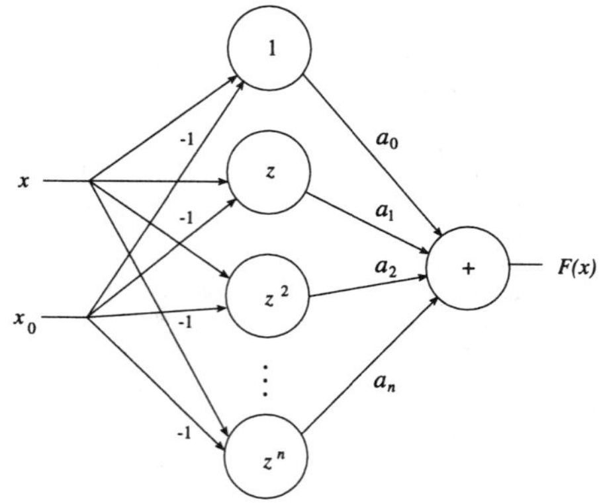

Abbildung 7: Taylorsche Reihe als Funktionennetz

von Gewichten ausgewählt und dann so lange iterativ angepasst, bis das Funktionennetz die gesuchte Funktion F optimal approximiert.

Abb. 9 zeigt, wie dies geschehen soll: Die unbekannte Funktion $F : \mathbb{R}^2 \to \mathbb{R}$ soll von einem Netz berechnet werden. Wir kennen nur einige Stützpunkte ihres Graphen. Ein Netz wird mit zufälligen Gewichten initialisiert und berechnet am Anfang nur eine schlechte Approximation der gewünschten Funktion. Im Laufe eines Lernverfahrens (d.h. durch iterative Korrektur der Gewichte) wird die vom Netz berechnete Approximation immer besser, bis letztendlich, im Idealfall, die Graphik der Netzfunktion und die der modellierten Funktion übereinstimmen.

Schon das Beispiel der Taylor- und Fourier-Netze deutet an, daß es möglich sein sollte, eine umfangreiche Klasse von Funktionen durch neuronale Netze zu approximieren. In beiden Fällen würden wir aber eine unendliche Anzahl von Knoten brauchen, um eine Funktion F *exakt* berechnen zu können. Überraschenderweise können jedoch viele nicht triviale Funktionen exakt bereits durch ein endliches Funktionennetz berechnet werden. Ein klassisches Resultat von Kolmogorov bildet dafür die Grundlage: Mehrdimensionale stetige Funktionen können als ein endliches Netz primitiver eindimensionaler Funktionen dargestellt werden.

Der Satz von Kolmogorov in einer moderneren Variante lautet:

Satz 1 *Gegeben sei eine n-dimensionale stetige Funktion* $F : [0,1]^n \to [0,1]$. *Dann existieren eindimensionale stetige Funktionen* g *und* φ_q *für* $q = 1, \ldots, 2n+1$ *sowie Konstanten* λ_p, $p = 1, \ldots, n$, *so daß*

$$F(x_1, x_2, \ldots, x_n) = \sum_{q=1}^{2n+1} g\left(\sum_{p=1}^{n} \lambda_p \varphi_q(x_p)\right).$$

Der Beweis kann bei Sprecher [22] nachgelesen werden.

Abb. 10 zeigt die Verschaltung, die für die Berechnung von $F(x_1, x_2, \ldots, x_n)$ benutzt werden kann. Die Funktionen φ_q können im voraus festgelegt werden, so daß nur die Netzgewichte und die Funktion g zu finden sind. In neuerer Zeit haben andere Autoren einige der Bedingungen des Theorems von Kolmogorov abgeschwächt und die Darstellbarkeit von Lebesgue-integrierbaren Funktionen untersucht. Autoren wie Gallant und White haben Fourierreihen verwendet, um vergleichbare Resultate zu erzielen. Voraussetzung dafür ist nur, daß die Netzknoten irgendeine Form von *squashing function* verwenden, d.h. eine Sigmoide (Vgl. 3.1) oder eine ähnliche Funktion. Hornik et al. [7] haben allgemeinere Resultate für eine

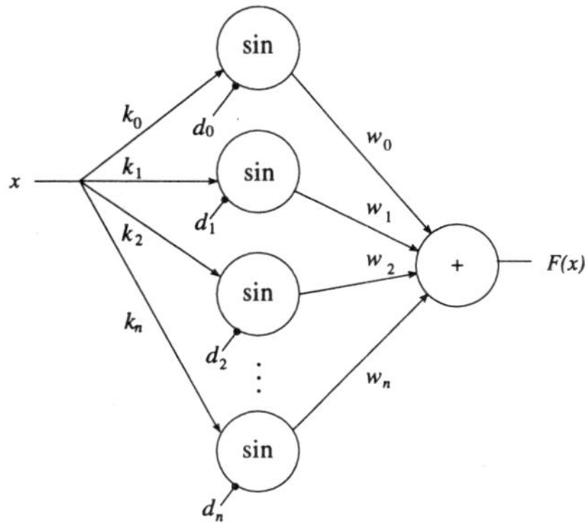

Abbildung 8: Fourierreihe als Funktionennetz

größere Klasse von Funktionen in den Netzknoten erzielt. Werden außerdem Knoten im Netz zugelassen, die als Bausteine für die Berechnung von Polynomen der Eingabewerte verwendet werden können, garantiert bereits der klassische Satz von Weierstraß-Stone, daß jede reelle stetige Funktion mit kompaktem Definitionsbereich durch endlich viele Berechnungselemente beliebig genau approximiert werden kann.

2 Der Backpropagation-Algorithmus

2.1 Gradientenabstiegsverfahren

Netze mit mehreren Schichten von Berechnungselementen können ein breiteres Anwendungsspektrum als solche mit einer einzigen Schicht abdecken, da die vom Netz implementierte Funktion komplexer sein kann. Entsprechend größer ist aber auch der Trainingsaufwand, da die Anzahl der unbekannten Gewichte eines Netzes mit jedem zusätzlichen Neuron steigt. Deswegen besprechen wir in diesem Abschnitt eine populäre Lernmethode — den Backpropagation-Algorithmus. Dieses numerische Verfahren wurde in den siebziger Jahren von verschiedenen Forschern unabhängig voneinander und für unterschiedliche Anwendungen entwickelt, geriet jedoch in Vergessenheit, bis 1985 Rumelhart und Mitarbeiter den Algorithmus einer breiteren Öffentlichkeit vorlegten [21]. Seitdem ist er zu einer der am weitesten verbreiteten Lernmethoden für neuronale Netze geworden. Backpropagation sucht das Minimum der Fehlerfunktion E eines bestimmten Lernproblems durch Abstieg in der negativen Gradientenrichtung. Die Gradientenrichtung ist die Richtung der stärksten Steigung; sie ist durch die Bildung der partiellen[1] Ableitungen $\partial E/\partial w_i$ in Richtung der Koordinate w_i bestimmbar (s.u.). Die Kombination derjenigen Gewichte eines Netzes, die den Berechnungsfehler minimiert, wird als Lösung des Lernproblems betrachtet. Der Gradient der Fehlerfunktion muß also für alle Punkte des Gewichteraums existieren, d.h. die partiellen Ableitungen der Fehlerfunktion nach den einzelnen Gewichten müssen überall definiert sein. Das bedeutet, daß die einfache Schwellenwertfunktion der Perzeptronen durch eine stetige und differenzierbare Funktion ersetzt werden muß. In der Regel wird dafür die *Sigmoide* s_c genommen, die folgendermaßen definiert wird:

$$s_c(x) = \frac{1}{1 + e^{-cx}}.$$

[1] Bei einer Funktion f_i in mehreren Variablen bezeichnet $\partial f/\partial x_i$ die Ableitung von f nach x_i, wobei die anderen Variablen x_j als Konstanten behandelt werden.

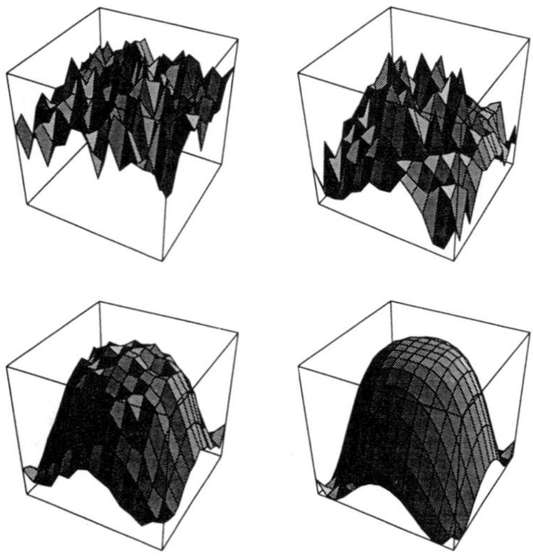

Abbildung 9: Schrittweise Annäherung an die gewünschte Approximation von F

Für große Werte der Konstanten c ähnelt die Sigmoide der Treppenfunktion der Perzeptronen. Für kleinere Werte wird sie immer flacher.

2.2 Erweiterung des Netzes

Wir wissen bereits, daß ein neuronales Netz einem Funktionennetz entspricht, welches eine Kette von Funktionskompositionen berechnet. Die Parameter der Berechnung sind die Netzgewichte, die am Anfang zufällig ausgewählt werden. Die vom Netz implementierte Netzfunktion nennen wir F. Da wir an einer gewissen Trainingsmenge von Ein-Ausgabepaaren $(x_1, y_1), (x_2, y_2), \ldots, (x_m, y_m)$ mit $x_i \in \mathbb{R}^n$, $y_j \in \mathbb{R}^k$ interessiert sind, können wir den quadratischen Fehler E wie folgt berechnen:

$$E = (y_1 - F(x_1))^2 + (y_2 - F(x_2))^2 + \cdots + (y_m - F(x_m))^2.$$

Dabei muß beachtet werden, daß der quadratische Fehler E eine Funktion der ℓ Netzgewichte $w_1, w_2, \ldots, w_\ell$ ist. Für die iterative Korrektur der Gewichte muß der Gradient

$$\nabla E = (\frac{\partial E}{\partial w_1}, \frac{\partial E}{\partial w_2}, \ldots, \frac{\partial E}{\partial w_\ell})$$

berechnet werden. Dies erfordert die mehrmalige Anwendung der Kettenregel der Differentialrechnung. Aus diesem Grund zeigen wir in den folgenden Abschnitten, wie die Kettenregel in Funktionennetzen berechnet werden kann.

Zuerst müssen wir anmerken, daß durch die Erweiterung des ursprünglichen Netzes die analytische Behandlung einfacher wird. Nehmen wir an, das erste Ein-Ausgabepaar sei (x_1, y_1). Wir können am Ausgang des Netzes zusätzliche Knoten hinzufügen, die für jede Komponente o_{1i} des Ausgabevektors des Netzes den quadratischen Abstand vom erwarteten Wert y_{1i} für $i = 1, \ldots, k$ berechnen (Abb. 11). Dabei

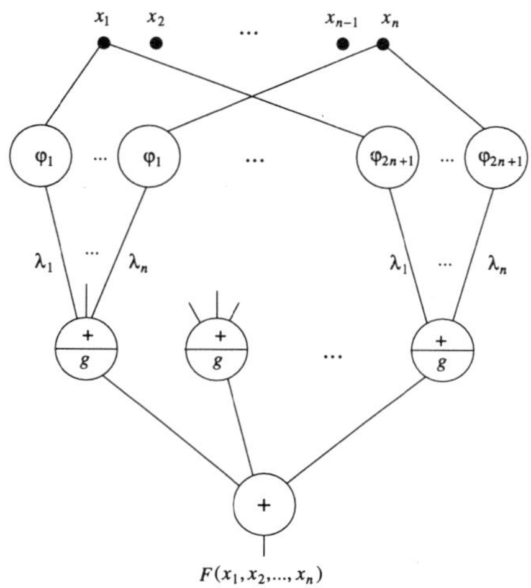

Abbildung 10: Netz für die Berechnung einer stetigen Funktion F

bezeichnen wir mit x_{ij} und y_{ij} die j-te Komponente des i-ten Ein- bzw. Ausgabevektors. Das Ergebnis ist

$$E_1 = (o_{11} - y_{11})^2 + (o_{12} - y_{12})^2 + \cdots + (o_{1k} - y_{1k})^2.$$

Dasselbe kann für jedes Ein-Ausgabepaar gemacht werden, so daß das ursprüngliche Netz in m Netze verwandelt wird, die die quadratischen Fehler $E_1, E_2, \ldots, E_m$ berechnen. Durch ein letztes zusätzliches Berechnungselement, das alle diese Zwischenergebnisse addiert, kann ein Gesamtnetz aufgestellt werden, dessen Netzfunktion dem quadratischen Fehler E entspricht. Das bedeutet, daß wir das Problem der Berechnung des Gradienten von E auf sehr allgemeine Weise lösen können: Wir brauchen nur zu zeigen, daß es eine Methode gibt, um den Gradienten einer differenzierbaren Netzfunktion effizient zu berechnen. Der Algorithmus kann dann für das erweiterte Netz verwendet werden.

Betrachten wir also das Problem des Differenzierens in allgemeinen Funktionennetzen.

2.2.1 Sequentielle Schaltungen

Nehmen wir an, daß f und g eindimensionale, reelle, differenzierbare Funktionen sind. Sei die Funktionskomposition $f \circ g$. Die partielle Ableitung von $f \circ g$ nach x ist gemäß der Kettenregel $f'(g(x))g'(x)$. Abb. 12 zeigt ein Netz mit zwei Neuronen, wobei deren Ausgabefunktion g bzw. f ist. Die Neuronen besitzen jetzt auch einen linken Teil, in dem die Ableitungen ihrer Aktivierungsfunktionen, also g' und f' berechnet werden. Die Leitungen sind nicht gewichtet. Ein Eingabewert x wird in die Ausgabe $f(g(x))$ verwandelt. Der sogenannte *Feedforward-Teil* des Verfahrens durchläuft das Netz von links nach rechts unter alleiniger Verwendung von Funktionskompositionen. Im linken Teil der Berechnungselemente wird die Ableitung der Aktivierungsfunktion für die eingetroffene Information berechnet und gespeichert. Abb. 12 zeigt den Zustand des Netzes nach der Bearbeitung der Eingabe x.

Die sogenannte *Backpropagation-Berechnung* verläuft nun von rechts nach links. Angefangen mit dem Traversierungswert 1 wird das Netz rückwärts durchlaufen. An jedem Knoten wird der Traversierungswert mit dem gespeicherten Wert der Ableitung der jeweiligen Aktivierungsfunktion multipliziert.

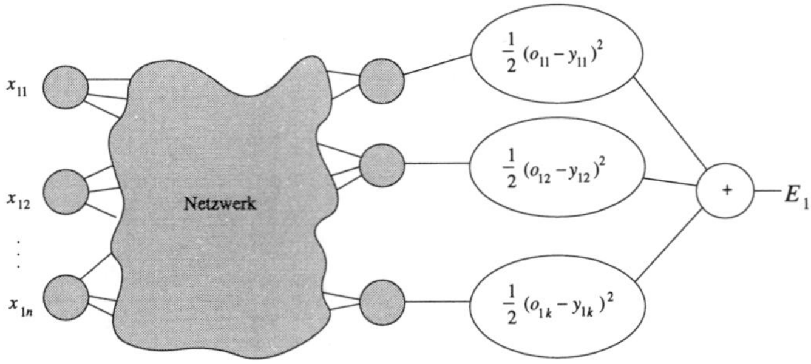

Abbildung 11: Erweiterte Netz für ein Ein-Ausgabepaar

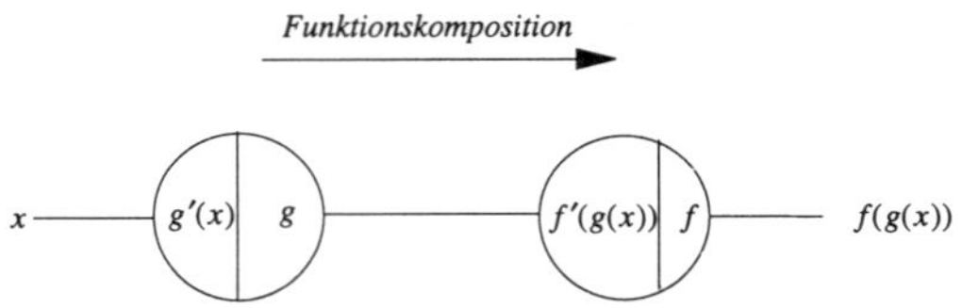

Abbildung 12: Ergebnis des Vorwärtsschritts

Der Traversierungswert ist nach dem Durchgang durch das rechte Neuron $f'(g(x))$. Bei der Traversierung des linken Neurons wird dieser Wert mit $g'(x)$ multipliziert. Das Endresultat ist $f'(g(x))g'(x)$, die gewünschte partielle Ableitung der Funktionskomposition nach x.

Auch die partielle Ableitung von drei oder mehr Funktionen in einer Kompositionskette kann durch diese Methode berechnet werden. Wir können uns vorstellen, daß das Netz rückwärts verwendet wird, wobei die Eingabe 1 ist und an jedem Knoten nicht eine Funktionskomposition, sondern eine Multiplikation mit dem jeweils in der linken Hälfte gespeicherten Wert durchgeführt wird.

2.2.2 Parallelschaltungen

In Backpropagation-Netzen wird nicht nur die Komposition, sondern auch die Addition von Funktionen in den Knoten verwendet. Dies kann als die Komposition der Additionsfunktion mit anderen Funktionen verstanden werden. Abb. 14 zeigt ein Netz, das die Addition der Funktionen f_1 und f_2 berechnet. Jedes Neuron hat wiederum einen linken Teil, in dem die Ableitung der Aktivierungsfunktion ausgewertet wird. Die partiellen Ableitungen der Additionsfunktion sind 1, da

$$\frac{\partial(x_1+x_2)}{\partial x_1} = \frac{\partial(x_1+x_2)}{\partial x_2} = 1.$$

Für die Addition der Funktionen f_1 und f_2 gilt $(f_1 + f_2)'(x) = f_1'(x) + f_2'(x)$. Dies kann ebenfalls durch Backpropagation berechnet werden. Im Feedforward-Schritt wird $f_1(x) + f_2(x)$ berechnet, und in den Knoten werden die ausgewerteten Ableitungen der Aktivierungsfunktionen gespeichert. Beim Backpropagation-Schritt wird wieder mit dem Traversierungswert 1 gestartet. Nach dem Plus-Knoten teilt sich die Traversierung in zwei Pfade, die sich später wieder treffen. Für jeden Pfad wird ein Traversierungswert berechnet. Beim Durchlaufen des oberen Pfades wird der Traversierungswert $f_1'(x)$, beim Durchlaufen des unteren wird $f_2'(x)$ berechnet. An der Stelle, an der sich beide Pfade wieder treffen,

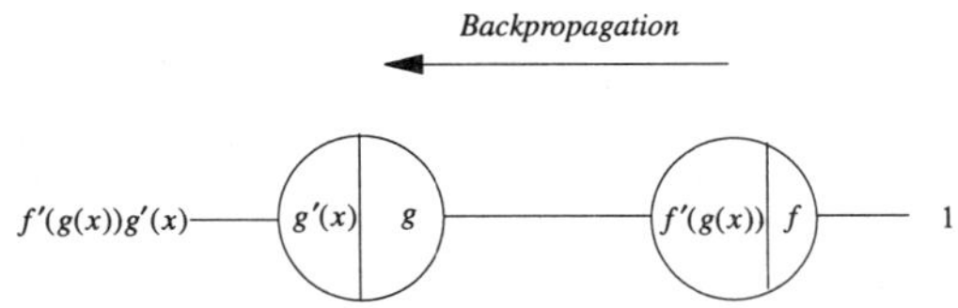

Abbildung 13: Ergebnis des Rückwärtsschritts

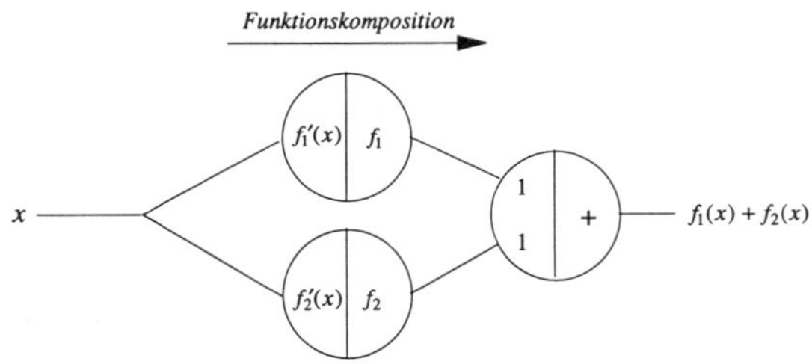

Abbildung 14: Addition von Funktionen

werden beide Werte addiert. Das Resultat ist die partielle Ableitung von $f_1 + f_2$ nach x, wie in Abb.15 gezeigt wird. Die "parallele" Verknüpfung von Funktionen kann auf mehrere Pfade verallgemeinert werden. Durch Induktion kann gezeigt werden, daß die Berechnung der partiellen Ableitung der Addition von beliebig vielen Funktionen durch einen Backpropagation-Schritt geleistet werden kann.

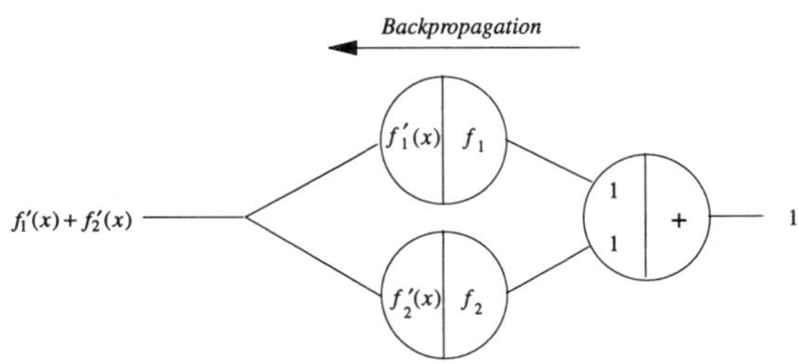

Abbildung 15: Backpropagation-Schritt

Auf diese Weise verfügen wir über eine Methode, mit der beliebige partielle Ableitungen einer Komposition von Funktionen berechnet werden können.

2.2.3 Gewichtete Kanten

Gewichtete Kanten können wie die Funktionskomposition behandelt werden (Multiplikation mit einer Konstanten). Sie lassen sich aber auch einfacher darstellen. Im Feedforward-Teil des Verfahrens wird eine Eingabe x über eine gewichtete Kante einfach mit dem Gewicht w der Kante multipliziert. Im Backpropagation-Teil wird genau dasselbe mit dem Traversierungswert gemacht. Das Resultat ist die partielle Ableitung von wx nach x, nämlich w (Abb. 16). Interessant ist auch, daß durch Vertauschen von x und w im Netz die Feedforward-Berechnung unverändert bleibt; im Backpropagation-Schritt wird jedoch die Ableitung von wx nach w, nämlich x, berechnet. In Backpropagation-Netzen interessiert uns die Ableitung der Fehlerfunktion nach den Gewichten, wobei die Eingabe x als Gewicht und w als die Eingabe behandelt werden muß (siehe [16]).

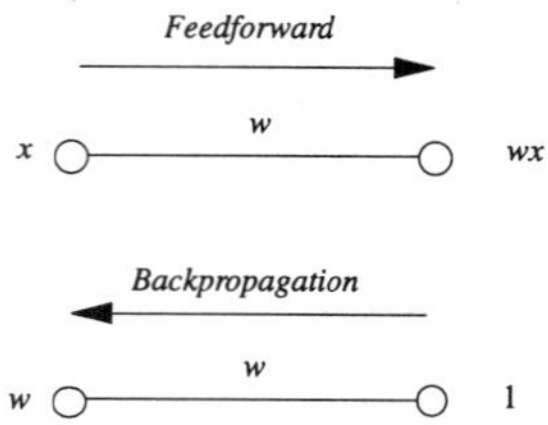

Abbildung 16: Behandlung der gewichteten Kanten

Die Regeln für graphbasierte Berechnung der drei oben behandelten Fälle sind hinreichend zum Verständnis des Backpropagation-Algorithmus. Das Verfahren kann auch auch für Netze, die n reelle Eingaben $x_1, x_2, \ldots, x_n$ verarbeiten verwendet werden. Die partiellen Ableitungen nach jeder Variable werden durch die Traversierung der n Subnetze gefunden, die von der Ausgabe bis zu den n Eingabestellen in die umgekehrte Richtung des Informationsflusses vorhanden sind. Diese Methode kann für jede beliebige vorwärtsgerichtete Netzarchitektur verwendet werden.

2.3 Effizienter Gradientenabstieg

Wir können den Backpropagation-Algorithmus folgendermaßen zusammenfassen:

- Im Vorwärtschritt wird ein Eingabevektor in das Netz eingespeist und das Netz vorwärts durchlaufen. An den Neuronen werden die Ableitungen der Knotenfunktionen ausgewertet und gespeichert. Der Fehler wird am Ausgang des erweiterten Netzes gemessen.

- Im Backpropagation-Schritt wird das Netz rückwärts durchlaufen. Die Eingabe am Ausgang ist eine 1. Die übertragene Information wird an den Knoten addiert und mit den gespeicherten Ableitungen multipliziert. Der Traversierungswert bis zu jedem Gewicht ist die Ableitung der Fehlerfunktion nach diesem Gewicht.

Es gibt eine Reihe von Details, die für die Implementierung des Algorithmus beachtet werden müssen, aber die Grundidee des Verfahrens haben wir offengelegt. Die Detailfragen können in [16], [6], [2] und [3] nachgelesen werden.

Der Backpropagation-Algorithmus dient nur dazu, den Gradienten der Fehlerfunktion nach den Netzgewichten zu bestimmen. Dies liefert die Richtung für den nächsten Iterationsschritt bei der Suche nach dem Minimum der Fehlerfunktion. Die *Schrittlänge* der iterativen Korrektur kann aber beliebig ausgewählt werden, und dies führt zu einer Reihe von schwierigen Problemen. Ist die Schrittlänge zu groß, dann kann ein "Tal" der Fehlerfunktion übersprungen werden. Ist die Schrittlänge zu klein, dann konvergiert der Prozeß sehr langsam oder bleibt an einem suboptimalen lokalen Minimum der Fehlerfunktion stehen.

Unerwünschte Oszillationen des Suchverfahrens können durch eine adaptive Strategie vermieden werden. Eine ganze Reihe von Varianten des Backpropagation-Algorithmus sind bis heute vorgeschlagen worden, um den Gradientenabstieg zu beschleunigen. Dazu zählen Strategien wie der Delta-bar-Delta-Algorithmus, Quickprop oder RPROP. Diesen Algorithmen liegt im Wesentlichen folgende Überlegung zugrunde: Hat bei der letzten Iteration die Schrittlänge zu einer Verminderung des Fehlers geführt, so kann sie vergrößert werden. Der Iterationsvorgang wird somit in absteigender Richtung beschleunigt. Trifft man an eine Stelle, wo die Fehlerfunktion wieder ansteigt, so heißt dies, daß jetzt die Schrittlänge reduziert werden muß. Solche Algorithmen können mit einer globalen Schrittlänge oder mit einer unterschiedlichen für jedes Gewicht arbeiten. Einen Vergleich einiger der bis dato vorgeschlagenen Algorithmen findet man in [12].

3 Statistische Eigenschaften von neuronalen Netzen

Wir haben in den vorherigen Abschnitten gesehen, wie ein neuronales Netz verwendet werden kann, um eine gewisse unbekannte Funktion anhand von Beispielen zu approximieren. Solch eine Approximation ist immer nützlich, wenn das zu lösende Problem eine schwierige Struktur hat, die eine analytische Lösung unmöglich oder sehr komplex macht. Dies ist z.B. der Fall in der Robotik und in der Kontrolltheorie. Will man einen Roboterarm mit mehreren Freiheitsgraden steuern, muß dafür eine Kontrollfunktion gefunden und implementiert werden. Eine Alternative hierzu wäre, mit dem Roboterarm mehrere beispielhafte Aufgaben durch manuelle Steuerung zu lösen und die entsprechenden Kontrollparameter zu speichern. Ein neuronales Netz kann mit dieser Trainingsmenge die unbekannte Steuerungsfunktion rekonstruieren. So wird das Steuerungsproblem nicht analytisch sondern mit einem Lernverfahren gelöst.

Es gibt eine andere Klasse von Problemen, bei denen nicht eine Steuerungsfunktion, sondern eine Wahrscheinlichkeitsverteilung zu lernen ist. Im Fall der automatischen Spracherkennung kann in Abhängigkeit des Kontexts derselbe Vektor von akustischen Merkmalen zu zwei unterschiedlichen Phonemen gehören. Ein neuronales Netz kann die entsprechende Wahrscheinlichkeitsverteilung approximieren, wie in den nächsten zwei Abschnitte gezeigt wird.

3.1 Klassifizierungsnetze

Das Diagramm in Abb. 17 zeigt die allgemeine Struktur eines Klassifizierungsnetzes. Die Eingabe in das Netz ist ein n-dimensionaler Vektor $(x_1, x_2, \ldots, x_n)$ und die Ausgabe ist die dazugehörige Klassifikation. Soll das Netz z.B. zwischen M verschiedenen Klassen unterscheiden, dann besitzt es M Ausgaben. Wenn der Eingabevektor zur Klasse i gehört, dann soll $o_i = 1$ sein, und $o_j = 0$ für alle $j \neq i$. Diese *sparse* Darstellung der Ausgangswerte kann bei der Codierung der Trainingsmenge vereinbart werden. Ein Beispiel wären akustische Eingabevektoren, die als eines von z.B. 64 Phonemen zu identifizieren sind. Das Netz soll lernen, solche Vektoren den entsprechenden Phonemen zuzuordnen. Was passiert jedoch, falls eine unbekannte Eingabe in das Netz eingegeben wird? In einem solchen Fall antwortet das Netz in der Regel mit Ausgabewerten zwischen Null und Eins. Interessant ist dann aber, daß diese Ausgabewerte echte Bayes-Wahrscheinlichkeiten darstellen [15]. So ist o_i die Wahrscheinlichkeit, daß der Eingabevektor x zur Klasse i gehört.

Wir
zeigen in diesem Abschnitt, daß erfolgreich trainierte Klassifizierungsnetze Bayes-Wahrscheinlichkeiten berechnen. Wenn das Netz dahingehend trainiert wird, eine vektorielle Eingabe einer von M Ausgabeklassen zuzuordnen, wird eine unbekannte Eingabe x in der Regel keine binären Ausgaben $o_1, o_2, \ldots, o_k$ erzeugen, sondern Zahlen im Intervall $(0, 1)$ produzieren. Wir beweisen folgenden Satz[2].

Satz 2 *Die Ausgabewerte $o_1, o_2, \ldots, o_k$ eines trainierten Klassifizierungsnetzes mit M Ausgabeklassen entsprechen den Bayes-Wahrscheinlichkeiten*

$$o_i = p(k_i|x)$$

wobei x die vektorielle Eingabe in das Netz ist und $p(k_i|x)$ die bedingte Wahrscheinlichkeit, daß x zur Klasse k_i gehört.

---

[2] Der Beweis kann von einem ungeübten Leser übersprungen werden.

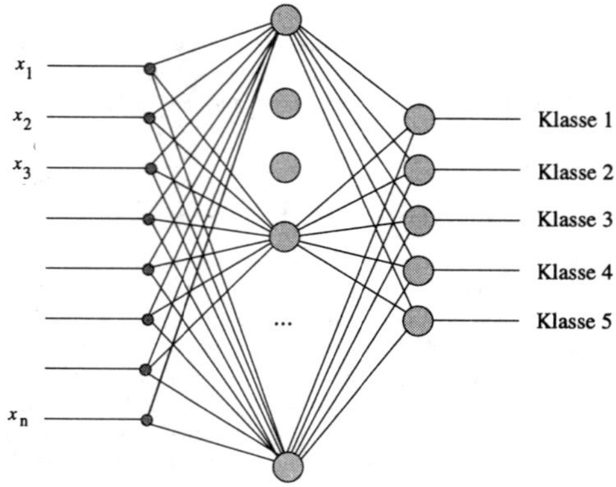

Abbildung 17: Allgemeine Struktur eines Klassifizierungsnetzes

Beweis. Sei die Trainingsmenge T bestehend aus m Ein-Ausgabepaaren der Form (x, t), wobei $x \in I\!R^n$ und $t \in I\!R^M$. Die Netzgewichte werden so ausgewählt, daß für die Eingabe x die Differenz zwischen Netzausgabe $o_1, o_2, \ldots, o_M$ und gewünschter Ausgabe $t_1, t_2, \ldots, t_M$ minimiert wird. Dies soll für beliebige zufällig selektierte Trainingsmengen gelten, so daß

$$\Delta = E\{\sum_{i=1}^{M}(o_i(x) - t_i)^2\} \tag{3.1.1}$$

sein Minimum erreicht, wobei $E\{\cdot\}$ den Erwartungswert berechnet. Die gemeinsame Wahrscheinlichkeit einer Eingabe x und der dazugehörigen Klasse i wird mit $p(x, k_i)$ bezeichnet. Nach der Definition des Erwartungswerts kann (3.1.1) wie folgt geschrieben werden:

$$\Delta = \int \sum_{j=1}^{M} \left[\sum_{i=1}^{M}(o_i(x) - t_i)^2 \right] p(x, k_j)\, dx \tag{3.1.2}$$

Durch die Ersetzung $p(x, k_j) = p(k_j|x)p(x)$ erhalten wir:

$$\Delta = \int \left[\sum_{j=1}^{M} \sum_{i=1}^{M}(o_i(x) - t_i)^2 p(k_j|x) \right] p(x)\, dx$$

was äquivalent ist zu

$$\begin{aligned} \Delta &= \int \sum_{\ell=1}^{M} \left[\sum_{j=1}^{M} \sum_{i=1}^{M}(o_i(x) - t_i)^2 p(k_j|x) \right] p(x, k_\ell)\, dx \\ &= E\left\{ \sum_{j=1}^{M} \sum_{i=1}^{M}(o_i(x) - t_i)^2 p(k_j|x) \right\}. \end{aligned}$$

Durch die algebraische Entwicklung des quadratischen Terms erhalten wir:

$$\Delta = E\left[\sum_{j=1}^{M}\sum_{i=1}^{M}(o_i^2(x)p(k_j|x) - 2o_i(x)t_ip(k_j|x) + t_i^2p(k_j|x))\right]$$

Da die t_i eine Funktion von x sind und da $\sum_{j=1}^{M} p(k_j|x) = 1$ ist, folgt

$$\begin{aligned}\Delta &= E\left\{\sum_{i=1}^{M}\left[o_i^2(x) - 2o_i(x)\sum_{j=1}^{M}t_ip(k_j|x) + \sum_{j=1}^{M}t_i^2p(k_j|x)\right]\right\}\\ &= E\left\{\sum_{i=1}^{M}\left[o_i^2(x) - 2o_i(x)E\{t_i|x\} + E\{t_i^2|x\}\right]\right\}\end{aligned}$$

wobei $E\{t_i|x\}$ und $E\{t_i^2|x\}$ die bedingten Erwartungswerte von t_i und t_i^2 sind. Durch die Addition und Subtraktion von $\sum_{i=1}^{M} E^2\{t_i|x\}$ erhalten wir:

$$\begin{aligned}\Delta &= E\left\{\sum_{i=1}^{M}\left[o_i^2(x) - 2o_i(x)E\{t_i|x\} + E^2\{t_i|x\} + E\{t_i^2|x\} - E^2\{t_i|x\}\right]\right\}\\ &= E\left\{\sum_{i=1}^{M}[o_i(x) - E\{t_i|x\}]^2\right\} + E\left\{\sum_{i=1}^{M} var\{t_i|x\}\right\}\end{aligned}$$

wobei $var\{t_i|x\}$ die bedingte Varianz von t_i ist. Da der zweite Term unabhängig von der Netzausgabe ist, spielt er für die Minimierung von Δ keine Rolle. Das absolute Minimum von Δ wird also dann erreicht, wenn $o_i(x) = E\{t_i|x\}$. Da aber bei einer Klassifikationsausgabe mit M Klassen nur eine davon auf Eins schalten soll, wissen wir, daß

$$E\{t_i|x\} = \sum_{j=1}^{M} t_ip(k_j|x) = p(k_i|x),$$

denn wenn x zur Klasse t_i gehört, so ist $t_i = 1$ und $t_j = 0$, für alle $j \neq i$, und dies bedeutet $E\{t_i|x\} = p(k_i|x)$. Die Ausgabe des Netzes an der i-ten Ausgabeleitung hat bei der Eingabe x den Wert $p(k_i|x)$, d.h. $o_i = p(k_i|x)$, was zu beweisen war. □

Dieses Resultat kann mit Hilfe von Abb. 18 visualisiert werden. In einem Eingaberaum (Merkmalsraum) gibt es verschiedene Cluster, die unterschiedliche Klassen definieren. Die Zugehörigkeit zu einer Klasse ist aber nur probabilistisch gegeben. Ein solcher Merkmalsraum könnte z.B. aus n-dimensionalen Vektoren bestehen, die n verschiedene Krankheitssymptome beschreiben. Die definierten Klassen sind dann bestimmte Krankheiten. Ein Vektor von Symptomen gehört dann mit einer gewissen Wahrscheinlichkeit zu einer gewissen Krankheit. Dies wird in der Abbildung mit stilisierten Gauß-Glocken dargestellt. Cluster von Symptomen können sich sogar überlappen, so daß ähnliche Symptome z.B. zu unterschiedlichen Krankheiten gehören. Solche Überlappungen wären nur durch zusätzliche Information aufzulösen. In einem noch höher dimensionalen Raum könnten die Cluster damit entflochten werden. Diese zusätzliche Information steht aber normalerweise nicht zur Verfügung, so daß nur probabilistische Aussagen möglich sind. Dies ist aber gerade das, was das neuronale Netz anhand der vorklassifizierten Beispiele lernt.

Damit ist schon eine mögliche Anwendung solcher Klassifizierungsnetzen umrissen worden, nämlich der Einsatz in der Medizin. Existierende medizinische Datenbanken können als Trainingsmenge für ein Netz genommen werden. Das Netz erstellt dann eine erste statistische Prognose anhand der Symptome, und ein Arzt kann die Bayes-Wahrscheinlichkeiten in seine Überlegungen einbeziehen.

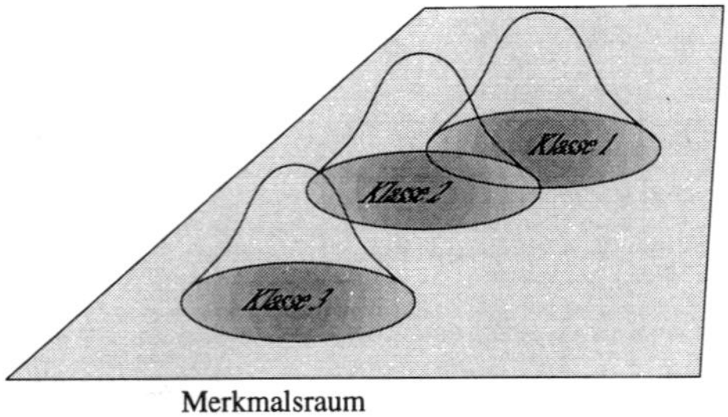

Abbildung 18: Wahrscheinlichkeitsverteilung der Klassenzugehörigkeit

3.2 Ein Beispiel: NETtalk

Ein elegantes Beispiel für die Anwendung von Klassifizierungsnetzen finden wir bei der Sprachsynthese. Systeme für die Ausgabe von Sprache werden schon seit Jahren kommerziell angeboten. Sie transformieren Zeichenketten durch die Anwendung linguistischer Regeln in eine Reihe von sprachlichen Phonemen. Die dafür notwendige Regelmenge ist keineswegs trivial.

Mitte der achtziger Jahre wurde ein Backpropagation-Netz entwickelt, das ohne eingebaute linguistische Regeln in der Lage war, englische Texte mit einer ähnlichen Erfolgsquote wie die komplexeren Systeme auszusprechen. Das NETtalk-Netz besteht aus 7 Gruppen von 29 Eingabestellen, 80 Neuronen in der mittleren Schicht und 26 Ausgabeneuronen (Abb. 19, wobei die Verbindungsleitungen nicht gezeichnet wurden). Der vorzulesende Text wird durch ein Fenster gescannt. In jedem Schritt werden sieben Buchstaben abgetastet. Jeder davon setzt eine der 29 zugehörigen Eingabestellen auf 1 und den Rest auf 0. Die Aufgabe des Netzes besteht darin, die richtige Aussprache für die im Textfenster gezeigten Buchstaben zu produzieren. Insgesamt können 26 Phoneme selektiert werden. Das Netz besitzt rund 18000 Gewichte. Die große Anzahl von Freiheitsgraden erlaubt es, selbständig statistische Regelmäßigkeiten herauszufinden, die gewisse linguistische Regeln widerspiegeln.

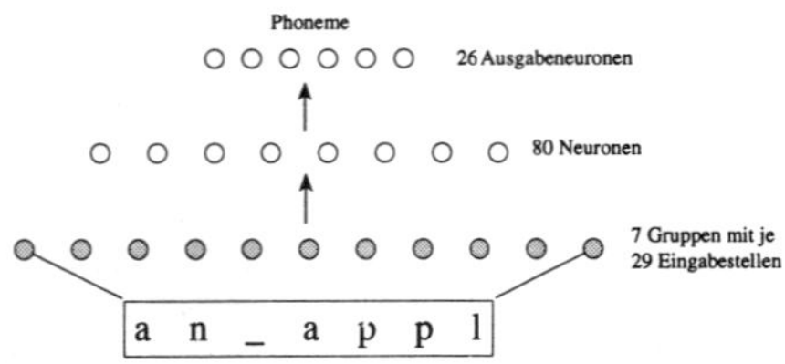

Abbildung 19: Die NETtalk-Architektur

Das Netz wird mit einem Text und dessen Codierung in Phoneme trainiert. Dafür müssen mehrere hundert Worte per Hand codiert werden. Nach dem Training wird dem Netz ein unbekannter Text mit neuen Worten vorgelegt. Die Aussprache des Netzes ist qualitativ ähnlich der von regelbasierten Systemen.

Ein interessantes Phänomen des NETtalk-Lernprozesses ist die Tatsache, daß das Netz am Anfang des Trainings ähnliche sprachliche Schwächen wie Vorschulkinder zeigt. Im Laufe des Lernens werden die Fehler allmählich korrigiert. Eine Analyse der Neuronengewichte zeigt, daß einige Neuronen der verborgenen Schicht sich auf spezielle linguistische Regeln spezialisieren. So scheint sich die Vermutung zu bestätigen, daß wir selber nichts anderes als statistische geometrische Lernsysteme sind.

4 Fazit

Wir haben in diesem Aufsatz gezeigt, was neuronale Netze sind, und einige exemplarische Anwendungen besprochen. Damit haben wir aber eigentlich nur an der Oberfläche eines sehr breiten Gebietes gekratzt. Außer den vorwärtsgerichteten Netzen, die hier besprochen wurden, gibt es eine große Anzahl alternativer Modelle. Dazu zählen u.a. Hopfield-Netze, zeitverzögerte Netze, das Kohonen-Modell und Fuzzy-Kontroller. Allen diesen Modellen ist aber eines gemeinsam: Ihr Substrat ist ein gerichteter Graph von Berechnungselementen.

Durch die im Text behandelten Anwendungsbeispiele sollte klar sein, daß neuronale Netze kein exotisches Berechnungsinstrument sind. Sie sind aus einer biologischen Motivation hervorgegangen, haben sich aber bereits unabhängig gemacht und sind zu einem zusätzlichen Werkzeug im Werkzeugkasten der Informatiker und Mathematiker geworden. Vor allem ihre Fähigkeit, unbekannte Funktionen und Wahrscheinlichkeitsverteilungen approximieren zu können, kann für die statistische Modellierung verwendet werden. Dies befreit niemanden davon, weiterhin Statistik zu lernen, um umfangreiche Datensätze zu verarbeiten, liefert aber eine Systematik, um dies in bestimmten Anwendungen ohne großen Aufwand zu tun.

Wir hoffen, daß dieser kurze Aufsatz dazu beiträgt, den Leser für dieses Gebiet zu interessieren, indem das Geheimnis, das hinter der Bezeichnung "neuronale Netze" steckt, gelüftet wird. Die Bezeichnung *Funktionennetze* ist sicherlich mathematisch präziser, aber die ursprüngliche Bezeichnung *neuronale Netze* ist zum einem schöner, zum anderen anspruchsvoller, weil sie uns ständig daran erinnert, daß das Verstehen menschlicher Intelligenz das Hauptanliegen des konnektionistischen Unternehmens war und ist.

Danksagung. Ich bedanke mich bei Prof. R.-H. Schulz, M. Pfister, G. Feuer und H. Dörr, deren Kommentare zur Verbesserung dieses Aufsatzes beitrugen.

Literatur

[1] Abu-Mostafa, Y. und J. St. Jacques (1985), "Information Capacity of the Hopfield Model", *IEEE Transactions on Information Theory*, Vol. IT-31, Nr. 4, S. 461-464.

[2] Brause, R. (1991), *Neuronale Netze: Eine Einführung in die Neuroinformatik*, B.G. Teubner, Stuttgart.

[3] DARPA (1988), *DARPA Neural Network Study*, AFCEA International Press, Fairfax.

[4] Denby, B. (1993), "The Use of Neural Networks in High-Energy Physics", *Neural Computation*, Vol. 5, S. 505-549.

[5] Garey, M. und D. Johnson (1979), *Computers and Intractability: A Guide to the Theory of NP-Completeness*, Freeman, New York.

[6] Hertz, J., A. Krogh und R. Palmer (1991), *Introduction to the Theory of Neural Computation*, Addison-Wesley, Redwood City.

[7] Hornik, K., M. Stinchcombe und H. White (1989), "Multilayer feedforward networks are universal approximators", *Neural Networks* Vol. 2, S. 359-366.

[8] Judd, J.S. (1990), *Neural Network Design and the Complexity of Learning*, MIT Press, Cambridge, Massachusetts.

[9] Minsky, M. (1967), *Computation: Finite and Infinite Machines*, Prentice-Hall, Englewood Cliffs.

[10] Bourlard, H., Morgan, N. (1993), *Connectionist Speech Recognition*, Kluwer.

[11] Minsky, M und S. Papert (1969), *Perceptrons: An Introduction to Computational Geometry*, MIT Press, Cambridge, Massachusetts.

[12] Pfister, M., Rojas, R. (1993), "Speeding-up Backpropagation: A Comparison of Orthogonal Techniques", *International Joint Conference on Neural Networks*, Nagoya, Japan.

[13] Rabiner, L., Bing-Hwang, J. (1993), *Fundamentals of Speech Recognition*, Prentice-Hall International, London.

[14] Ritter, H., T. Martinetz und K. Schulten (1990), *Neuronale Netze: Eine Einführung in die Neuroinformatik selbstorganisierender Netzwerke*, Addison-Wesley, Bonn.

[15] Richard, M. D., Lippmann, R. P. (1991), "Neural Network Classifiers Estimate *a posteriori* Probabilities", *Neural Computation*, Vol. 3, N. 4, S. 461-483.

[16] Rojas, R. (1993), *Theorie der neuronalen Netze – Eine systematische Einführung*, Springer-Verlag, Berlin.

[17] Rojas, R. (1994), "Who invented the computer – The debate from the Viewpoint of Computer Architecture", in: W. Gautschi (Hrsg.), *Mathematics of Computation 1943-1993, Proceedings of Symposia on Applied Mathematics*, AMS, Vancouver, 1994.

[18] Rojas, R. (1994), "Oscillating Iteration Paths in Neural Networks Learning", erscheint in: *Computers & Graphics - International Journal*, Vol. 18, N. 4.

[19] Rojas, R. (1993), "A Graphical Proof of the Backpropagation Learning Algorithm", W. Malyshkin (Hrsg.), *Parallel Processing Technologies 1993*, Obninsk, Russia.

[20] Rojas, R., Pfister, M. (1994), "First and second-order gradient descent in SIMD computers", *IMACS 14th World Congress on Computation and Applied Mathematics*, Atlanta, July 11-15, 1994.

[21] Rumelhart, D. und J. McClelland (1986), *Parallel Distributed Processing*, MIT Press, Cambridge, Massachusetts.

[22] Sprecher, D. (1964), "On the structure of continuous functions of several variables", *Transactions of the American Mathematical Society*, Vol. 115, S. 340-355.

[23] Ungerer, T. (1993), *Datenflußrechner*, B.G. Teubner, Stuttgart.

Evolutionäres Rechnen in der Computational Intelligence

Prof. Dr.-Ing. Hans-Paul Schwefel, Dortmund

Die natürliche Evolution ist das Vorbild für eine Gruppe von Optimiermethoden, die heute unter den Begriffen *Evolutionäre Algorithmen* (EA) oder *Evolutionary Computation* (EC) subsumiert werden. Gemeinsam mit den Gebieten *Neural Computation* und *Fuzzy Computation* bilden sie spätestens seit 1994, dem Jahr, in dem der erste Weltkongreß für *Computational Intelligence* (CI) stattfand, einen Zweig der Informatik bzw. Computer Science. Dieser neue Zweig konkurriert nicht mit der klassischen *Artificial Intelligence* (AI) bzw. *Künstlichen Intelligenz* (KI), sondern will diese ergänzen um Problemlösungsstrategien, die bewußt subsymbolische Informationsverarbeitungsmechanismen aus dem Bereich lebender Systeme nachahmen [1]. Damit sollen Voraussetzungen geschaffen werden, um in vielen Anwendungsgebieten noch „intelligentere" (raffiniertere) Lösungen zu erzielen, als dies bisher möglich war. Vier Jahre nach dem ersten in Orlando, Florida, wird 1998 der zweite Weltkongreß zum Thema CI-Methoden stattfinden, und drei Handbücher [2-4] geben den inzwischen neuesten Stand der drei Techniken so ausführlich wieder, daß es überflüssig erscheinen muß, hier noch einmal das Gebiet EC im Detail darzulegen. Statt dessen gibt diese Kurzfassung Hinweise auf die einschlägige Literatur.

Trotz des einheitlichen Oberbegriffs EA bzw. EC haben sich einige charakteristische Unterschiede dreier etwa zur gleichen Zeit - frühe Sechziger Jahre - und unabhängig voneinander entstandener algorithmischer Nachahmungen der natürlichen Evolution erhalten:

- *Evolutionary Programming* (EP) [5-8],
- *Genetic Algorithms* (GA) [9-12],
- *Evolutionsstrategien* (ES) [13-16].

Die Genetischen Algorithmen, obwohl nicht die ältesten EA, sind heute zweifellos die bekanntesten ihrer Art. Sie wurden von John Holland in Ann Arbor, Michigan, als Modell zum Studium adaptiver Prozesse auf der Ebene von Genomen bzw. Chromosomen entworfen, d. h. auf der untersten Stufe der natürlichen Informationsverarbeitung, dort, wo das *Programm* eines Individuums mittels einer Kette von Zeichen (den vier verschiedenen Nukleotidsaäurebasen) kodiert ist. Die künstlichen Individuen werden dabei durch Bit-Strings, d.h. Zeichenketten von Nullen und Einsen repräsentiert, auf denen die Operatoren Rekombination (Crossover), Mutation und Selektion arbeiten. Mutationen sind seltene, rein zufällige Ereignisse, die eine Null gegen eine Eins austauschen oder umgekehrt. Unter Crossover ist das überkreuzende Verschmelzen zweier elterlicher Zeichenketten zu verstehen, wobei es eine oder auch mehrere Bruchstellen des Bit-Strings geben kann. Auf diese Weise sollen gute Teilabschnitte zu noch besseren Gesamtheiten zusammengefügt werden (sog. Building-block Hypothese). Dieser Operator wird wesentlich häufiger als die Mutation, aber nicht in allen Fällen des Reproduktionsprozesses angewandt. Es kommt also auch zu identischen Kopien bzw. zum „Überleben“ im Sinne des „Survival of the Fittest“. Als Pendant zur natürlichen Selektion gilt das Fitneß-proportionale Bevorzugen besserer „Programme“ bei der zufälligen Auswahl der beiden Partner, die mittels Crossover (und Mutation) einen Nachkommen erzeugen. Stets gibt es nur so viele Nachkommen wie Eltern. Später benutzten Hollands Schüler seinen Algorithmus zum Optimieren, nicht nur, aber vor allem dann, wenn die Variablen binär oder die Aufgabe kombinatorischer Art war. Erst seit 1985 gibt es regelmäßige Konferenzen über GA. Seither steigt die Zahl einschlägiger Veröffentlichungen rapide [17]. Zuletzt seien wenigstens noch zwei „Kinder“ des GA-Ansatzes genannt: sog. *Learning Classifier Systems* (LCS) und das *Genetische Programmieren* (GP). Auf diese wird hier nicht weiter eingegangen. Der Leser möge sich darüber mittels des oben erwähnten ausführlichen Handbuchs informieren.

Evolutionary Programming ist, abgesehen von fast vergessenen Vorläufern, die älteste EA-Variante. Lawrence Fogel aus San Diego, Kalifornien, ersann sie im Zusammenhang mit der Konstruktion eines endlichen Automaten, der eine Kette von eingegebenen Symbolen möglichst korrekt fortsetzen (vorhersagen) sollte. Als Mutationen galten verschiedene Arten von Abwandlungen der Anzahl der Knoten bzw. Verbindungen zwischen den Knoten des Automaten. Wiederum erzeugen mehrere Automaten einer Generation gleich viele Nachkommen für die nächste Generation. Rekombination wird hierbei nicht angewandt, weil die zugrundeliegende Modellidee der Evolution von Arten (Spezies) statt Genomen entspringt und sich Arten definitionsgemäß nicht miteinander kreuzen lassen. Selektion wird mittels einer Serie von Turnieren zwischen Vorgängern und ihren Nachkommen ausgetragen, wobei die Hälfte der Gesamtheit überlebt, die bei den Wettkämpfen häufiger die Nase vorn hatte (sog. Majoritäts-Auswahl). Seit 1992 veranstaltet die EP Society eigene Jahreskonferenzen, meist in San Diego.

Das ES-Konzept geht auf eine Strategie zurück, die von zwei Berliner Studenten, Ingo Rechenberg und dem Autor, 1964 zuerst im (Windkanal-)Experiment erprobt wurde. Sie variierten ein flexibel konstruiertes Objekt zufällig, wobei allerdings kleine Änderungen häufiger auftraten als große - gemäß einer Binomialverteilung, weil nur diskrete Einstellungen möglich waren. Erfolglose Variationen wurden rückgängig gemacht, erfolgreiche beibehalten. Erst später, nach der Entwicklung einer Theorie dieser sog. zweigliedrigen ES für kontinuierliche Parameterräume und nach Übertragung des Konzepts auf die Suche nach besten Parametern in Computer-Simulationsmodellen, wurde mit größeren Eltern- und Nachkommenzahlen sowie mit Rekombination gearbeitet. Als evolvierende Einheit tritt bei ES das Individuum auf, dessen phänotypische Eigenschaften mittels additiver, normalverteilter Mutationen variiert werden. Rekombination wird entweder durch Mittelwertbildung oder durch komponentenweises Übernehmen elterlicher Parameterwerte für einen Nachkommen simuliert. Stets werden beide Operatoren angewandt. Die zwei oder mehr Rekombinationspartner werden zufällig ausgesucht, ohne Fitneß-abhängige Bevorzugung.

In zwei Punkten unterscheidet sich eine ES erheblich von den beiden anderen Arten von EA: der Selektion und der Selbstanpassung der Mutationsstärke (Varianzen und ggf. Kovarianzen) im Verlauf einer Evolution (Natürlich gibt es heute viele GA-, EP- und ES-Varianten, sogar Kreuzungen! Das hier Gesagte gilt vornehmlich für die Urversionen). ES arbeiten als einzige EA-Varianten mit einem Geburtenüberschuß. Die schlechtesten Individuen werden nicht in die nächste Generation übernommen, so daß die Populationsstärke ebenfalls konstant bleibt. Die maximale Lebensdauer ist begrenzt, im Standardfall auf einen Reproduktionszyklus. Jedes Individuum ist nicht nur durch den Satz der Entscheidungsvariablen, die in die Zielfunktion eingehen, gekennzeichnet, sondern zusätzlich durch einen Satz von Parametern, welche die Mutationsstärke beeinflussen. Letztere unterliegen ebenfalls den Prozessen Mutation und Rekombination und passen sich daraufhin unter geeigneten Rahmenbedingungen der Situation selbsttätig an. Sie bilden sozusagen das *interne Modell* der Umwelt, welches ein Individuum besitzt [18]. Sogenannte somatische Mutationen unterstützen diesen Autoadaptationsprozeß im Falle diskreter/binärer Variabler [19].

Seit 1990 gibt es als Pendant zu den (ursprünglich eher) methodenspezifischen Konferenzen in den U.S.A. eine cisatlantische Konferenzserie *Parallel Problem Solving from Nature* (PPSN) [20,21], die nicht nur EA, sondern auch andere aus der Natur abgeschaute Problemlösungskonzepte thematisiert (z.B. Immun-Netzwerke, zelluläre Automaten und Multiagentensysteme) und insbesondere dem Aspekt der den Algorithmen inhärenten Parallelität gewidmet ist. Vor

1990 gab es praktisch keine Kontakte zwischen den drei „Schulen" EP, GA und ES. Erst in den Jahren 1990 bis 1992 kamen sie sich näher und vereinbarten die ihnen nun gemeinsamen Oberbegriffe „evolutionäre Algorithmen" (EA) bzw. „evolutionäres Rechnen" (EC). Die dem GP-Paradigma Verpflichteten organisieren seit 1996 eine eigene Serie von Jahreskonferenzen in den U.S.A. Darüber hinaus gibt es inzwischen mehr als ein Dutzend weiterer, teils noch spezialisierterer, aber regelmäßig stattfindender internationaler Konferenzen im Umfeld des EC (siehe z.B. [22]), und seit 1994 kommt noch eine stetig wachsende Anzahl von CI-zentrierten Veranstaltungsreihen hinzu, die meist von Gruppen veranstaltet werden, welche ursprünglich nur den neuronalen Netzen und/oder Fuzzy-Systemen Aufmerksamkeit schenkten.

[1] J. M. Zurada, R. J. Marks II und C. J. Robinson (Hrsg.), Computational Intelligence—Imitating Life, IEEE Press, Piscataway NJ, 1994.

[2] E. Fiesler and R. Beale (Hrsg.), Handbook of Neural Computation, Institute of Physics Publ. and Oxford University Press, New York, 1996.

[3] T. Bäck, D. B. Fogel und Z. Michalewicz (Hrsg.), Handbook of Evolutionary Computation, Institute of Physics Publ. and Oxford University Press, New York, 1997.

[4] E. Ruspini, P. Bonissone und W. Pedrycz (Hrsg.), Handbook of Fuzzy Computation, Institute of Physics Publ. and Oxford University Press, New York, 1997 (in Vorbereitung).

[5] L. J. Fogel, A. J. Owens und M. J. Walsh, Artificial Intelligence through Simulated Evolution, Wiley, New York, 1966.

[6] D. B. Fogel, Evolutionary Computation—Toward a New Philosophy of Machine Intelligence, IEEE Press, Piscataway NJ, 1995.

[7] D. B. Fogel and J. W. Atmar (Hrsg.), Proc. First Annual Conf. Evolutionary Programming, San Diego CA, 21.–23. Februar 1992, Evolutionary Programming Society, La Jolla CA, 1992.

[8] P. J. Angeline, R. G. Reynolds, J. R. McDonnell, R. Eberhart (Hrsg.), Evolutionary Programming VI, Proc. Sixth Int'l Conf. Evolutionary Programming, Indianapolis IN, 13.–16. April 1997, Springer, Berlin, 1997.

[9] J. H. Holland, Adaptation in Natural and Artificial Systems, University of Michigan Press, Ann Arbor MI, 1975, 2nd edition: The MIT Press, Cambridge MA, 1992.

[10] J. Koza, Genetic Programming, The MIT Press, Cambridge MA, 1992.

[11] J. J. Grefenstette (Hrsg.), Proc. First Int'l Conf. Genetic Algorithms, Carnegie-Mellon University, Pittsburgh PA, 24.–26. Juli 1985, Lawrence Erlbaum, Hillsdale NJ, 1985.

[12] T. Bäck (Hrsg.), Proc. Seventh Int'l Conf. Genetic Algorithms, Michigan State University, East Lansing MI, 19.–23. Juli 1997, Morgan Kaufmann, San Francisco CA, 1997.

[13] I. Rechenberg, Evolutionsstrategie—Optimierung technischer Systeme nach Prinzipien der biologischen Evolution, Frommann-Holzboog, Stuttgart, 1973.

[14] I. Rechenberg, Evolutionsstrategie '94, Frommann-Holzboog, Stuttgart, 1994.

[15] H.–P. Schwefel, Numerische Optimierung von Computer-Modellen mittels der Evolutionsstrategie, Interdisciplinary Systems Research, Band 26, Birkhäuser, Basel, 1977; englische Übersetzung: Numerical Optimization of Computer Models, Wiley, Chichester, 1981.

[16] H.–P. Schwefel, Evolution and Optimum Seeking, Sixth-Generation Computer Technology Series, Wiley-Interscience, New York, 1995.

[17] J. T. Alander, An Indexed Bibliography of Genetic Algorithms, preliminary edition, J. T. Alander, Espoo, Finland, 1994.

[18] H.–P. Schwefel, Evolutionary computation – A study on collective learning, Proc. World Multiconference on Systemics, Cybernetics, and Informatics, N. Callaos, C. M. Khoong und E. Cohen (Hrsg.), Int'l Inst. of Informatics and Systemics, Orlando FL, 1997, Band 2, S. 198–205.

[19] H.–P. Schwefel und F. Kursawe, On natural life's tricks to survive and evolve, Proc. Second IEEE Conf. Evolutionary Computation, IEEE World Congress on Computational Intelligence, Anchorage AK, 4.–9. Mai 1998 (eingeladener Plenarvortrag).

[20] H.–P. Schwefel and R. Männer (Hrsg.), Parallel Problem Solving from Nature, Proc. PPSN I Workshop, Dortmund, 1.–3. Oktober 1990, Lecture Notes in Computer Science, Band 496, Springer, Berlin, 1991.

[21] H.–M. Voigt, W. Ebeling, I. Rechenberg und H.–P. Schwefel (Hrsg.), Parallel Problem Solving from Nature – PPSN V, Proc. Int'l Conf. Evolutionary Computation, Berlin, 22.–26. September 1996, Lecture Notes in Computer Science, Band 1141, Springer, Berlin, 1996.

Fuzzy Control im Rahmen der Computational Intelligence

Prof. Dr. rer. nat. H. Kiendl, Dortmund

1 Computational Intelligence

Der industrielle Wettbewerb macht es notwendig, bestehende Produktionsverfahren und Produkte ständig zu verbessern und ganz neue Verfahren bzw. Produkte zu schaffen. Dabei ist das von den exakten Wissenschaften (Physik, Chemie, Mathematik) bereitgestellte *Tiefenwissen* mit den dazugehörigen leistungsfähigen methodischen Werkzeugen von unschätzbarem Wert. Damit werden die entscheidenden Breschen geschlagen, die so revolutionär sein können, daß sie zur Entstehung ganz neuer Technologien, wie beispielsweise der Mikroelektronik, führen. Das Tiefenwissen allein reicht aber zur Lösung praktischer Probleme nicht aus. Die darauf basierenden Methoden haben insbesondere Anwendungsgrenzen, wenn es um die Beherrschung von Prozessen geht, die sehr komplex oder mit Unsicherheiten behaftet sind. Der erfahrene Ingenieur wendet daher zur Problemlösung neben den auf Tiefenwissen basierenden Methoden auch vorwissenschaftliche Ad-hoc-Methoden an: Er stützt sich auf *bewußte Erfahrungen*, auf sein *Fingerspitzengefühl* und auf *intelligentes Probieren*. Diese Problemlösungsstrategien sind zwar erstaunlich leistungsfähig, aber unsystematisch. Der Zeit- und Kostenaufwand ist daher schwer kalkulierbar und der Erfolg im Einzelfall nicht a priori garantiert. Das erarbeitete Erfahrungswissen ist schlecht dokumentierbar und damit an den Ingenieur gebunden, der es in sich trägt. Die Methoden von *Fuzzy Control*, *Neuronalen Netzen* und *Evolutionären Algorithmen* objektivieren diese vorwissenschaftlichen Problemlösungsstrategien und ermöglichen ihre systematische, rechnergestützte Nutzung auf der Basis einer subsymbolischen Datenverarbeitung. Das Hauptpotential der Strategien liegt in der Beherrschung von komplexen und/oder mit Unsicherheiten behafteten Systemen. Dabei führt häufig erst der gemeinsame Einsatz dieser Strategien zum Erfolg. Deshalb war es folgerichtig, sie unter das gemeinsame Dach „Computational Intelligence“ zu stellen.

2 Komplexitätsreduktion durch Fuzzy Control

Fuzzy Control zielt darauf ab, intelligente Module zur Prozeßbeeinflussung und zur Prozeßanalyse zu schaffen. Meist werden hierfür Fuzzy-Module nach Mamdani verwendet (Bild 1). Ihre grundsätzliche Wirkungsweise wird hier als bekannt vorausgesetzt, soll aber im folgenden unter dem Gesichtspunkt der Komplexitätsreduktion beleuchtet werden.

Durch das Konzept der Zugehörigkeitsfunktionen werden unterschiedliche reelle Werte einer Eingangsvariablen x_i des Fuzzy-Moduls demselben linguistischen Wert zugeordnet, beispielsweise alle Temperaturwerte oberhalb von 30 °C dem linguistischen Wert *hoch*. Durch solche Zuordnungen wird der kontinuierliche Wertebereich der Variablen x_i *granularisiert* (Zadeh), d. h. auf diskrete Werte abgebildet. Dies bedeutet eine Komplexitätsreduktion. Hierdurch kann sich die Problemlösung, wenn die richtige Balance zwischen wünschenswerter Vereinfachung und noch ausreichender Differenzierung gefunden worden ist, enorm vereinfachen. Zur Einstellung dieser Balance werden Zugehörigkeitsfunktionen verwendet, die nicht nur die Funktionswerte 0 und 1, sondern auch alle Zwischenwerte annehmen können. Damit kann man auch *unscharfes Anwenderwissen*, wie daß ein Temperaturwert in einem bestimmten Grade als *hoch* gelten soll, differenziert modellieren. Folglich kann dann eine linguistische Aussage, wie *Temperatur = hoch*, nicht nur wahr oder falsch sein, sondern alle

Wahrheitswerte $0 \leq \mu \leq 1$ annehmen. Zur Verarbeitung von Regeln, deren Prämissen und Konklusionen solche Fuzzy-Wahrheitswerte annehmen können, dienen die in der Fuzzy-Logik entwickelten Fuzzy-Operatoren. Zusammenfassend läßt sich die Arbeitsweise eines Fuzzy-Moduls damit so charakterisieren: Durch die Fuzzifizierung mit Hilfe geeigneter Zugehörigkeitsfunktionen wird das ursprüngliche, im kontinuierlichen Raum angesiedelte Problem in die diskrete Welt der linguistischen Werte transformiert (Komplexitätsreduktion). Dort wird das Problem mit Hilfe der Fuzzy-Logik gelöst. Über Zugehörigkeitsfunktionen wird das Ergebnis schließlich wieder in die kontinuierliche Welt zurücktransformiert.

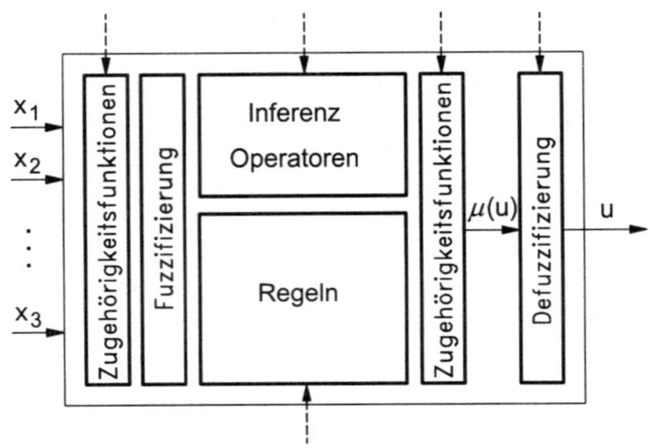

Bild 1: Struktur eines Fuzzy-Moduls nach Mamdani mit den Eingangsgrößen $x_1, x_2, \ldots, x_n$ und der Ausgangsgröße u. Die Eingriffsmöglichkeiten zur Konfigurierung und interaktiven Optimierung des Fuzzy-Moduls sind durch gestrichelt gezeichnete Pfeile dargestellt.

Diese Komplexitätsreduktion durch Granularisierung kann im übrigen als ein Schlüssel dafür angesehen werden, daß man die Probleme des täglichen Lebens mit der Umgangssprache so gut bewältigen kann. Die Erfahrungsregel WENN *Tomatenfarbe = rot* DANN *zum Verzehr geeignet* nutzt den linguistischen Wert *rot*, der sämtlichen Farben aus einem bestimmten Intervall des kontinuierlichen Farbenspektrums zugeordnet wird. Ebenso stehen die übrigen linguistischen Farbenwerte, wie grün, blau etc., jeweils für bestimmte Intervalle des Farbenspektrums. Dabei ist es interessant, daß es in den Sprachen einiger Naturvölker keinen Sammelbegriff *grün*, sondern statt dessen unterschiedliche Wörter für unterschiedliche Grünfarben gibt: Offenbar ist es zur Orientierung in einer weitgehend von grünen Pflanzen geprägten Umwelt nötig, diesen Bereich des Farbenspektrums feiner zu granularisieren, und es ist erstaunlich, daß sich die Sprache, von diesem Bedürfnis getrieben, dahingehend entwickelt hat.

3 Anwendungsbereiche von Fuzzy Control

Fuzzy-Module können zur Prozeßbeeinflussung dienen, indem sie den Prozeß steuern, regeln oder die Parameter eines herkömmlichen Reglers situationsabhängig adaptieren (Bild 2). Eingangsgrößen des Fuzzy-Moduls sind in erster Linie Führungsgrößen, Ausgangsgrößen des Prozesses und innere dynamische Prozeßvariable. Zunehmendes Interesse finden darüber hinaus Fuzzy-Lösungen, wo dem Fuzzy-Modul zusätzliche Einflußgröße ($d_1, \ldots, d_s$ in Bild 2), wie gemessene oder prognostizierte äußere Störungen, zugeführt werden, deren Berücksichtigung in klassischen Lösungen aus Aufwandsgründen häufig ausscheidet.

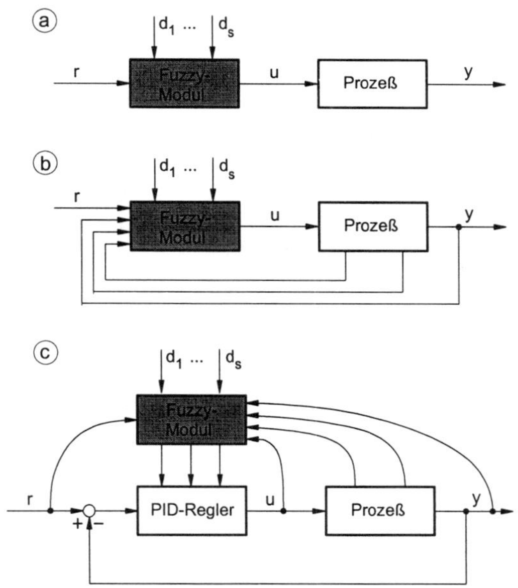

Bild 2: Einsatz eines Fuzzy-Moduls zur Prozeßbeeinflussung: Steuerung (a), Regelung (b) und situationsabhängige Adaption der Parameter eines herkömmlichen Reglers (c)

Fuzzy-Module können darüber hinaus für vielfältige Teilaufgaben der Prozeßanalyse eingesetzt werden. Beispiele sind die Fehlererkennung, Qualitätskontrolle, Schätzung der Werte von nicht meßbaren Prozeßvariablen, Sicherheitsüberwachung, Prognose, Signalanalyse, Mustererkennung und Bildverarbeitung (Bild 3 (a)). Dabei hat das Fuzzy-Modul vielfach die Aufgabe, sehr viele und/oder mit Unsicherheiten behaftete Eingangsgrößen intelligent zu verarbeiten. (Zur Vereinfachung ist in Bild 3 jeweils nur eine Ausgangsgröße des Fuzzy-Moduls eingezeichnet, obwohl es bei zahlreichen Anwendungen mehrere Ausgangsgrößen hat.) Auch die wichtige Aufgabe der Fuzzy-Modellierung kann als Spezialfall der Prozeßanalyse aufgefaßt werden (Bild 3 (b)). Diese Aufgabe besteht darin, ein Fuzzy-Modul zu schaffen, dessen Ausgangsgrößenverlauf $\hat{u}(t)$ möglichst gut mit dem Ausgangsgrößenverlauf $u(t)$ eines „Vorbildes" übereinstimmt, wenn das Fuzzy-Modul mit den gleichen Eingangsgrößenverläufen $x_i(t)$ wie das Vorbild beaufschlagt wird. Dabei kann das Vorbild ein menschlicher Prozeßbediener oder ein technischer Prozeß sein. Aber auch Wirkungsmechanismen der Wirtschaft, wie beispielsweise das Kaufverhalten von Kunden in Abhängigkeit von Alter, Geschlecht und Einkommen, können als zu modellierendes Vorbild dienen. Dieses Beispiel illustriert zugleich, daß das Anwendungspotential von Fuzzy-Control – wie übrigens aller CI-Methoden – nicht nur auf die Ingenieurwissenschaften im engeren Sinne beschränkt ist und damit den CI-Experten berufliche Felder auch außerhalb der Technik eröffnet.

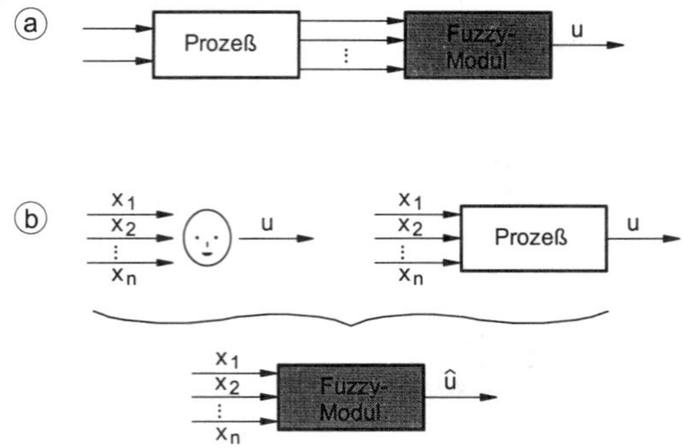

Bild 3: Einsatz eines Fuzzy-Moduls zur Prozeßanalyse: allgemeines Schema (a) und Spezialfall der Fuzzy-Modellierung eines Prozeßbedieners oder eines technischen Prozesses ((b), links bzw. rechts)

4 Nutzung bewußten Erfahrungswissens durch Fuzzy Control

Die ursprüngliche Intention von Fuzzy Control besteht in der systematischen Umwandlung bewußten, qualitativen Erfahrungswissens in eine Regelbasis aus WENN-DANN-Regeln, die die Wirkungsstruktur eines Fuzzy-Moduls qualitativ festlegt. Zur Feinoptimierung des Fuzzy-Moduls zur bestmöglichen Lösung des konkreten Problems werden die Zugehörigkeitsfunktionen, die die reellen Prozeßgrößen mit den Fuzzy-Wahrheitswerten verbinden, gezielt variiert. Gegebenenfalls werden auch die von dem Fuzzy-Entwicklungssystem optional angebotenen Fuzzy-Operatoren und Defuzzifizierungsverfahren alternativ ausprobiert.

Der *direkte* Weg zur Regelbasis verlangt dem Prozeßbediener oder Prozeßexperten ab, seine auf Erfahrungen gestützte Regelstrategie qualitativ in WENN-DANN-Regeln zu formulieren und zu Papier zu bringen. Ein in jüngerer Zeit konkurrierend verfolgter Weg führt *indirekt* zum gewünschten Regler: Gestützt auf Erfahrungen werden sowohl das gewünschte Verhalten des zu entwerfenden gesamten Regelungssystems als auch die grundlegenden Wirkungsmechanismen des Prozesses durch je eine Regelbasis dargestellt. Die Aufgabe ist nun, hieraus eine Regelbasis für einen Regler, der das gewünschte Regelungsverhalten realisiert, abzuleiten. Auf beiden Wegen erhält man hochflexible Fuzzy-Regler, die transparente Eingriffsmöglichkeiten aufweisen und daher häufig ohne Prozeßmodell interaktiv optimiert werden können. Damit erstreckt sich der Anwendungsbereich auf Situationen, in denen eine herkömmliche Prozeßmodellierung mangels ausreichender Prozeßeinsicht unmöglich ist oder aus Aufwandsgründen ausscheidet. Weitere Vorzüge liegen darin, daß man häufig innerhalb einer kurzen Entwicklungszeit und damit kostengünstig zu einer akzeptablen Lösung gelangt (rapid prototyping). In Fällen, wo der Prozeß über Rechner ansteuerbar ist und Fehleinstellungen eines Reglers für den Prozeß unschädlich sind, können die erfahrungsbasiert entworfenen Fuzzy-Regler nachträglich rechnergestützt in direkter Verbindung mit dem Prozeß optimiert werden (hardware in the loop). Da Fuzzy-Regler über viele parametrische und strukturelle Eingriffsmöglichkeiten verfügen, bieten sich zur Optimierung evolutionäre Algorithmen an.

5 Nutzung von unbewußtem Erfahrungswissen durch Fuzzy Control

Die primäre Quelle für Fuzzy-Regeln liegt in der Befragung von Prozeßbedienern oder -experten. Hierdurch erhält man allerdings nur Zugriff auf bewußtes Erfahrungswissen. Erfahrene Prozeßbediener verfügen daneben aber auch über unbewußtes Erfahrungswissen (Fingerspitzengefühl). Dieses kann man nutzen, indem man das Verhalten eines Prozeßbedieners datenbasiert durch ein Neuronales Netz modelliert: Hierzu werden dem Neuronalen Netz in der Lernphase Verläufe der Prozeßgrößen, auf die der Prozeßbediener reagiert, sowie die Verläufe seiner resultierenden Aktionen zugeführt. Vorteilhaft an dieser Vorgehensweise ist, daß sie auch noch bei einer sehr großen Anzahl von Eingangsgrößen anwendbar ist. Nachteilig ist aber, daß die Funktionalität des trainierten Netzes nicht einsichtig ist. Deshalb sind Verfahren zur datenbasierten Generierung von Fuzzy-Regeln interessant. Meistens bewerten diese Verfahren den *gesamten Regelsatz* hinsichtlich seines Modellierungsverhaltens, und damit generieren diese Verfahren Regeln, die das Verhalten des Prozebedieners *im Zusammenspiel* möglichst gut beschreiben. Dies ähnelt dem Training eines Neuronalen Netzes, denn das Resultat ist ein funktionstüchtiges System, in das man wenig Einsicht hat. Andere Verfahren generieren nur solche Regeln, die jeweils *für sich allein genommen* einen statistischen Relevanztest bestanden haben und somit einen signifikanten Teilaspekt des zu modellierenden Vorbildes beschreiben und daher interpretierbar sind. Dies erhöht die Akzeptanz des resultierenden Fuzzy-Moduls, denn der Anwender kann die Regelsätze kritisch durchmustern und ggf. abändern. Für die Regelgenerierung ist das Relevanzkonzept insofern vorteilhaft, als man damit primär nicht nach günstigen *Regelsätzen*, sondern nach günstigen *Regeln* sucht, was den Suchraum enorm verkleinert. Dies erweitert den durch den Rechenaufwand begrenzten Anwendungsbereich auch auf komplexere Probleme. Wenn der Aufwand für eine vollständige Durchmusterung des Suchraumes ausufert, helfen evolutionäre Suchstrategien, die nur aussichtsreiche Regionen des Suchraumes durchforsten.

6 Hybride Systeme durch Kombination von klassischen mit Fuzzy-Lösungen

Eine effiziente Strategie zum Entwurf intelligenter Module besteht darin, auf einem klassisch entworfenen Regler aufzusetzen und diesen durch Fuzzy-Methoden nachzuoptimieren. So kann man mit einem Fuzzy-Modul die Parameter eines herkömmlichen Reglers situationsabhängig adaptieren (Bild 2 (c)). Dabei können die Adaptionsregeln auf die dynamischen Variablen des klassischen Regelungssystems oder – meist noch wirkungsvoller – auf sonstige äußere Einflußgrößen reagieren. Beispielsweise können die Fuzzy-Regeln den Verlauf äußerer, auf den Prozeß einwirkender Störungen aufgrund von meßbaren Indikatoren prognostizieren.

Besonders vorteilhaft lassen sich klassische Entwurfsverfahren mit Fuzzy-Lösungen kombinieren, wenn ein Prozeßmodell verfügbar ist. Hierzu entwirft man zunächst modellgestützt einen herkömmlichen Regler und überführt diesen in einen funktionsgleichen Fuzzy-Regler. Anschließend wird dieser durch gezieltes interaktives Hinzufügen von Regeln und Variation der Zugehörigkeitsfunktionen schrittweise nachoptimiert. Dabei kann die hohe Flexibilität der Fuzzy-Regler speziell zur Kompensation störender Prozeßnichtlinearitäten dienen.

Fuzzy-Regelungen kommen damit auch in der eigentlichen Einsatzdomäne klassischer Regler – wenn ein Prozeßmodell verfügbar ist – als Alternative zu klassischen Reglern in Betracht. Damit erzielt man auf interaktivem Wege im Vergleich zum Einsatz eines klassischen Reglers oft eine erheblich verbesserte Regelgüte. Allerdings bezieht sich diese Verbesserung dann immer nur auf die endlich vielen simulatorisch oder experimentell untersuchten Betriebssituationen. Ob die Regelgüte darüber hinaus auch noch in den unendlich vielen anderen möglichen Betriebssituationen gut oder zumindest akzeptabel ist, läßt sich nur mit modellgestützten Verfahren zur Stabilitätsanalyse feststellen. Für eine große Klasse von herkömmlichen Regelungssystemen sind solche Verfahren verfügbar, was oft als ausschlaggebender Vorteil klassischer Regler angesehen wird. Für Fuzzy-Regelungssysteme ist es aufgrund der meist komplizierten Nichtlinearitäten der Fuzzy-Regler viel schwieriger, einen solchen Stabilitätsnachweis zu führen. Deshalb werden die Fuzzy-Lösungen in sicherheitskritischen Anwendungen häufig nicht akzeptiert. Die neuere Forschung macht jedoch Anstrengungen, dieses Defizit abzustellen. Für bestimmte, nicht allzu komplexe Fuzzy-Regelungssysteme ist es bereits heute möglich, rechnergestützt einen *exakten* Stabilitätsnachweis zu führen. Darüber hinaus kann man mit einer weicheren Fassung des Stabilitätsbegriffes (basierend auf Fuzzy-Ljapunov-Funktionen) für eine wesentlich breitere Klasse von Fuzzy-Regelungssystemen auch bei komplizierteren Systemen und nicht vorhandenem Prozeßmodell eine nicht ganz so strenge, für die Praxis aber ausreichende Stabilitätsaussage machen.

7 Hybride Systeme durch Kombination von Fuzzy-Systemen mit Neuronalen Netzen oder Clusterverfahren

In vielen Anwendungen – insbesondere bei der Prognose und der Signal- und Bildanalyse – kann die Anzahl der potentiell relevanten Einflußgrößen so groß werden, daß auch sehr leistungsfähige Verfahren zur datenbasierten Regelgenerierung überfordert sind. In solchen Fällen ist es nützlich, die primär erfaßten Größen $x_1, x_2, ..., x_n$ durch Neuronale Netze (insbesondere Kohonenkarten) oder Clusterverfahren vorzuverarbeiten (Bild 4). Ein solches Vorverarbeitungsmodul ermittelt für jedes aktuelle Wertetupel (Wertemuster) der primären Größen $x_1, x_2, ..., x_n$, in welchen Graden $\mu_1, \mu_2, ..., \mu_m$ es gewissen Referenzmustern ähnlich ist. Die Größen μ_j werden dann einem nachgeschalteten Fuzzy-Modul als Eingangsgrößen zugeführt. Mit dieser Vorgehensweise kann man viele schwach relevante Einflußgrößen x_i in wenige stark relevante Einflußgrößen transformieren. Dies reduziert die Komplexität der Aufgabe für das eigentliche Fuzzy-Modul.

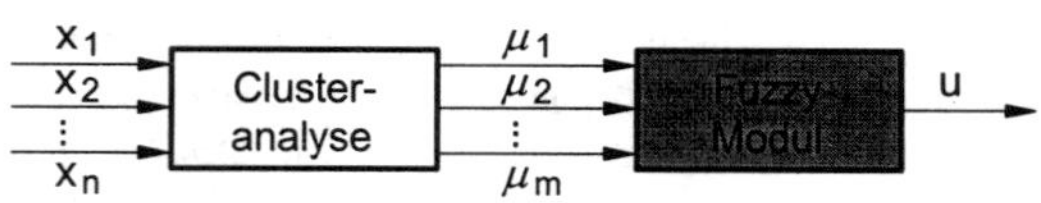

Bild 4: Hybrides Fuzzy-System

Diese Vorgehensweise läßt sich auch so interpretieren, daß der n-dimensionale Eingangsgrößenraum durch die m Referenzmuster granularisiert wird. Statt also den Wertebereich jeder einzelnen Eingangsvariablen, wie üblich, durch eindimensionale Zugehörigkeitsfunktionen zu granularisieren, wird eine gekoppelte m-dimensionale Granularisierung vorgenommen. Es ist offensichtlich, daß man hierdurch Komplexität vergleichsweise viel stärker reduzieren kann.

8 Nichtkonventionelle Fuzzy-Strukturen

Das meist verwendete Fuzzy-Modul nach Mamdani arbeitet in bestimmten Anwendungssituationen prinzipiell unzureichend. Solche Fälle liefern das Motiv zur Erweiterung herkömmlicher Fuzzy-Strukturen. So sind aus den Konzepten des Regelbasisfehlers sowie der interpolierenden Regeln neue Defuzzifizierungs- und Inferenzmethoden hervorgegangen, die das Anwendungspotential von Fuzzy Control erweitern. Auf drei weitere, aus eigener Forschung hervorgegangene Beispiele wird im folgendes etwas näher eingegangen.

Herkömmliche Fuzzy-Module verarbeiten nur Erfahrungswissen in Form von Empfehlungen, d. h., sie verarbeiten nur positive Regeln der Form WENN *<Bedingung>* DANN *<Handlung bzw. Prozeßbe-*

wertung> EMPFOHLEN. Erfahrungswissen hat daneben aber häufig auch die Form von Warnungen oder Verboten und dient insbesondere zur Vermeidung unerwünschter Betriebssituationen, der Sicherheit, der Schonung von Anlagen oder der Einsparung von Kosten. Solche Warnungen bzw. Verbote lassen sich in negative Regeln der Form WENN <*Bedingung*> DANN <*Handlung bzw. Prozeßbewertung*> VERBOTEN formulieren und – zusammen mit den positiven Regeln – in einer zweisträngigen Fuzzy-Reglerstruktur transparent verarbeiten. Dabei sorgt eine Hyperinferenz dafür, daß sowohl die Empfehlungen als auch die Warnungen und Verbote angemessen berücksichtigt werden. Negative Regeln ergeben sich nicht nur aus bewußten Erfahrungen, sondern bei der datenbasierten Regelgenerierung mit dem Fuzzy-ROSA-Verfahren entstehen automatisch neben positiven auch negative Regeln. Die Einbeziehung auch der negativen Regeln verbessert die Funktionalität meist deutlich.

Herkömmliche Entwicklungswerkzeuge für Fuzzy-Systeme bieten meist unterschiedliche diskrete Optionen zur Defuzzifizierung – vor allem die Schwerpunkt- und die Maximummethode – an. Bei der interaktiven Optimierung eines Fuzzy-Moduls wird ausprobiert, mit welcher Defuzzifizierung man die besseren Resultate erzielt. Dabei stellt man häufig fest, daß die eine Methode günstig in einer, die andere günstig in anderer Hinsicht ist. In diesem Fall wäre ein Kompromiß zwischen den Defuzzifizierungsmethoden wünschenswert. Dies wird durch das Konzept des Inferenzfilters ermöglicht, das stufenlose Übergänge zwischen diesen Defuzzifizierungsmethoden schafft. Hierdurch wird ein Spielraum für eine feinfühlige Optimierung eröffnet, dessen Vorteile mit denen vergleichbar sind, die ein Kraftfahrzeug mit stufenlosem Getriebe gegenüber einem Fahrzeug aufweist, das nur zwei Gänge hat.

Bei der Interpretation von Erfahrungsregeln ist u. U. zu hinterfragen, wie der Prozeßexperte, der diese Regeln formuliert hat, sie verstanden wissen will. Insbesondere ist danach zu fragen, ob gleichsinnige Empfehlungen, die von unterschiedlichen Regeln ausgesprochen werden, durch *Kompromißbildung* oder durch *verstärkende Überlagerung* miteinander zu verrechnen sind. Das letztere gilt beispielsweise für die beiden Regeln WENN *Außentemperatur niedrig* DANN *Heizleistung stark vergrößern* und WENN *Windstärke groß* DANN *Heizleistung etwas vergrößern*. Eine Verrechnung im Sinne einer Kompromißbildung ist widersinnig: Damit wird nämlich, wenn bei niedriger Außentemperatur Wind aufkommt, die Heizleistung verringert, statt noch weiter vergrößert. Die hier notwendige verstärkende Überlagerung läßt sich nicht mit herkömmlichen Defuzzifizierungsverfahren, wohl aber mit der neu entwickelten Drehmomentmethode realisieren.

9 Schlußfolgerungen und Perspektiven

Fuzzy Control hat sich in den vergangenen 10 Jahren in methodischer und anwendungsorientierter Hinsicht stürmisch entwickelt und sich inzwischen als neuer Zweig der Regelungstechnik, der bestehende Lösungen verbessern kann und neue Anwendungsgebiete erschließt, etabliert.

Die Entwicklung von Fuzzy Control ist noch keineswegs abgeschlossen. Insbesondere in Kombination mit Neuronalen Netzen und Evolutionären Algorithmen liegt ein bei weitem noch nicht ausgeschöpftes Anwendungspotential. Dies betrifft zwar auch die Entwicklung noch leistungsfähigerer Regler für besonders schwierige, weil hochgradig nichtlineare Regelstrecken. Von noch größerer Bedeutung dürfte aber der Beitrag von Fuzzy Control zur Analyse der immer mehr ins Blickfeld rückenden hochkomplexen und/oder ungenau bekannten Prozesse sein.

Für die Automatisierungstechnik bietet Fuzzy Control im Rahmen der Computational Intelligence die Chance, Marktsegmente außerhalb ihrer traditionellen, derzeit stagnierenden Kernbereiche zu gewinnen.

Literatur

Dieser Übersichtsbeitrag stützt sich wesentlich auf das Lehrbuch [1]. Weitere Lehrbücher zu Fuzzy Control und Fuzzy-Logik sind [2, 3, 4, 5].

Das Thema Fuzzy Control wird hinsichtlich der Methodenentwicklung und Erschließung neuer Anwendungsbereiche vom GMA-Unterausschuß 1.4.2 Fuzzy Control seit 1991 intensiv bearbeitet [6, 7, 8, 9, 10, 11, 12].

[1] H. Kiendl: Fuzzy Control methodenorientiert. Oldenbourg Verlag München Wien 1997

[2] D. Driankov, H. Hellendoorn, M. Reinfrank: An Introduction to Fuzzy Control. Springer-Verlag Berlin 1993

[3] J. Kahlert, H. Frank: Fuzzy-Logik und Fuzzy Control. Vieweg-Verlag Braunschweig 1993

[4] M. Koch, T. Kuhn, J. Wernstedt: Fuzzy Control. Oldenbourg Verlag München Wien 1996

[5] H.-J. Zimmermann: Fuzzy set theory – and its applications. Kluver-Verlag Boston 1991

[6] Berichtsband 2. GMA-Workshop „Fuzzy Control". Forschungsbericht 0392 der Fakultät für Elektrotechnik der Universität Dortmund, 1992, ISSN 0941-4169

[7] Berichtsband 3. GMA-Workshop „Fuzzy Control". Forschungsbericht 0293 der Fakultät für Elektrotechnik der Universität Dortmund, 1993, ISSN 0941-4169

[8] GMA-Aussprachetag Fuzzy Control in Langen. VDI-Berichte 1113, VDI-Verlag Düsseldorf 1994

[9] Berichtsband 4. GMA-Workshop „Fuzzy Control". Forschungsbericht 0194 der Fakultät für Elektrotechnik der Universität Dortmund, 1994, ISSN 0941-4169

[10] Berichtsband 5. GMA-Workshop „Fuzzy Control". Forschungsbericht 0295 der Fakultät für Elektrotechnik der Universität Dortmund, 1995, ISSN 0941-4169

[11] Berichtsband 6. GMA-Workshop „Fuzzy Control". Forschungsbericht 0796 der Fakultät für Elektrotechnik der Universität Dortmund, 1996, ISSN 0941-4169

[12] Berichtsband 7. GMA-Workshop „Fuzzy Control". Forschungsbericht 0397 der Fakultät für Elektrotechnik der Universität Dortmund, 1997, ISSN 0941-4169

Neuronale Netze zur nichtlinearen Prozeßsteuerung in der Stahlverarbeitung

Martin Schlang[a,1], Einar Broese[b], Björn Feldkeller[a], Otto Gramckow[b], Michael Jansen[a],

Thomas Poppe[a], Clemens Schäffner[a], Günter Sörgel[b]

a) Siemens AG, Zentralabteilung Technik, Information und Kommunikation, D-81730 München

b) Siemens AG, Anlagenbau und Technische Dienstleistungen, Metall und Papier, D-91050 Erlangen

Neuronale Netze haben sich als Approximatoren von nichtlinearen Funktionen bewährt. Auf Grund ihrer Lernfähigkeit und der Möglichkeit einer schritthaltenden Online Adaption werden sie für die Steuerung von komplexen Prozessen im industriellen Umfeld eingesetzt: unser Geschäftsbereich Anlagenbau konnte durch die Anwendung von Neuronalen Netzen, die in Zusammenarbeit mit dem Zentralbereich Technik entwickelt wurden, in der Stahlindustrie den Einsatz der benötigten Ressourcen vermindern, bei gleichzeitiger Steigerung der Produktivität und Produktqualität. Weltweit sind bereits mehrere hundert Neuronale Netze im praktischen Einsatz.

1 Einleitung

Aufgrund der Lernfähigkeit und Online Adaptionsfähigkeit der Neuronalen Netze ist es möglich, komplexe und unbekannte physikalische Zusammenhänge zu modellieren und zu steuern. Dabei muß der zugrundeliegende physikalische Prozeß nicht vollständig analysiert und physikalisch modelliert werden.

Bestehende Automatisierungs- und Regelungssysteme in der Stahlindustrie basieren auf physikalischen Prozeßmodellen, die mit einfachen online adaptiven Techniken kombiniert werden. Konfigurierbare Modellparameter der Automatisierungssyteme werden in der Inbetriebsetzungsphase möglichst optimal eingestellt, um die Anforderungen der jeweiligen Anlage zu erfüllen. Trotzdem gibt es Situationen, über die Prozeßwissen nur in Form von gemessenen Daten verfügbar ist. In solchen Fällen erlangen Neuronale Netze eine entscheidende Bedeutung. Sie besitzen die Fähigkeit, Strukturen und Abhängigkeiten, die in den Daten verborgen sind, zu erkennen. Daher sind Neuro-

1. Rückfragen an Martin Schlang, Tel.: +49/89/636-49500, FAX: +49/89/636-49767,
e-mail: Martin.Schlang@mchp.siemens.de

nale Netze bei der Stahlverarbeitung zunehmend ein integraler Bestandteil des gesamten Prozeßleitsystems.

Bereits seit mehreren Jahren werden in der Prozeßautomatisierung zahlreicher Flachwalzwerke und Elektrolichtbogenöfen Neuronale Netze von der Siemens AG eingesetzt (Abb. 1) [1][2][3][4]. Weltweit sind bereits mehrere hundert Neuronale Netze im Einsatz, rund um die Uhr.

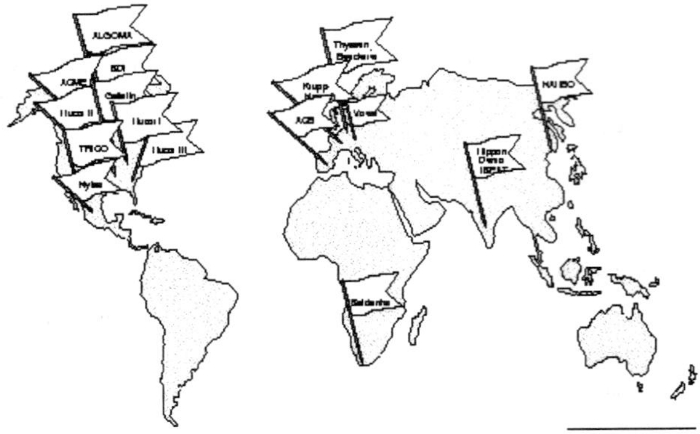

Abb. 1: Von Siemens automatisierte Walzwerke mit Neuronalen Netzen

Typische Anwendungen sind dort beispielsweise die Vorhersage der Walzkräfte, der Temperatur des Walzgutes im Walzspalt, der Breitenänderungen in der Vor- und Fertigstraße, der Warmfestigkeit des Walzgutes [5], oder die Bestimmung der optimalen Fahrkurve der Staucherwalzen im Vorgerüst (sogenannte Short-Stroke-Steuerung), um an den Enden des Bandes (Bandkopf und Bandfuß) einer Rechteckform möglichst nahe zu kommen.

2 Was ist ein Neuronales Netz

Das biologische Analogon

Um keine falschen Erwartungen zu erwecken sollte man in diesem Zusammenhang eigentlich besser von Künstlichen Neuronalen Netzen oder Neuroinformatik sprechen. Biologische Neuronale Netze zeigen nämlich eine wesentlich höhere Komplexität. Zum Vergleich: während das menschliche Gehirn 10^9 bis 10^{10} Neuronen besitzt, werden bei Anwendungen in der Stahlerzeugung/ -verarbeitung wesentlich weniger Neuronen eingesetzt.

Trotzdem gibt es wesentliche Ähnlichkeiten zwischen künstlichen und biologischen Neuronalen Netzen. Das biologische Vorbild besteht aus vielen relativ einfachen Elementen, den Neuronen (Abb. 2, links). Über die sogenannten Dendriten wird dem Zellkörper (Soma) Information zuge-

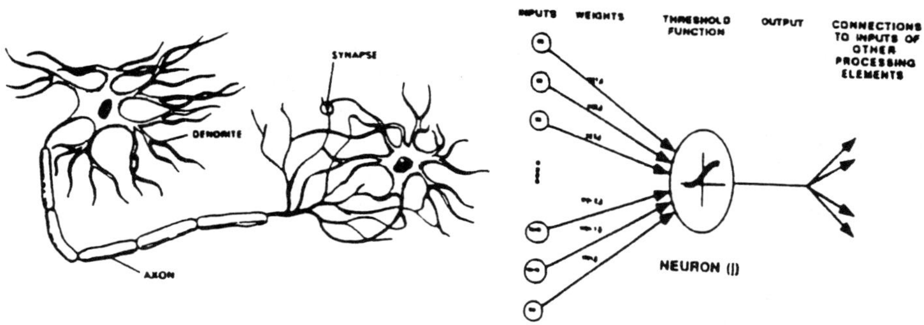

Abb. 2: Biologisches Neuron (links) und mathemathisches Modell (rechts).

führt. Dort wird sie nichtlinear verarbeitet. Das Resultat dieser Verarbeitung gibt die Nervenzelle mit Hilfe des Axons weiter. Ein solches natürliches Neuron kann durch ein mathematisches Modell stark vereinfacht simuliert werden (Abb. 2, rechts). Es besteht im Prinzip aus einer Gewichtungseinheit und einer Nichtlinearität.

Die Neuronen sind Verarbeitungseinheiten, die durch gewichtete Verbindungen miteinander vernetzt sind und so die Aktivierung der jeweiligen benachbarten Neuronen beeinflussen (Abb. 3). Ein Teil dieser Verbindungen kommuniziert auch mit der Außenwelt. Nehmen sie Information aus dieser auf, so handelt sich um sogenannte Eingangsknoten, geben sie Information an die Außenwelt ab, so werden sie Ausgangsknoten genannt.

Die im Netz gespeicherte Information steckt im wesentlichen in den Verbindungseinheiten..In biologischen Netzen sind dies die synaptischen Kopplungen, in künstlichen Neuronalen Netzen die sogenannten Gewichte. Beim Lernvorgang werden diese Gewichte so eingestellt, daß die den Trainingsbeispielen zugrunde liegende Abbildung $y = f(x)$ (x und y können ein oder mehrdimensionale Größen sein) möglichst genau durch das Neuronale Netz (NN) abgebildet wird: $\hat{y} = NN(\hat{x})$.

Technische Realisierung von Neuronalen Netzen

Neuronale Netze zeichnen sich durch einen hohen Grad an Parallelität aus. Deshalb bieten sich zu ihrer technischen Realisierung Parallelrechner an. Bei Anwendungen, wie sie typischerweise in der Stahlverarbeitung vorkommen, wird aber ein solcher, zusätzlicher Hardwareaufwand zur Realisierung der künstlichen Neuronalen Netze nicht benötigt. Die Netze werden vielmehr auf den bereits vorhandenen Prozeßrechnern in Software simuliert.

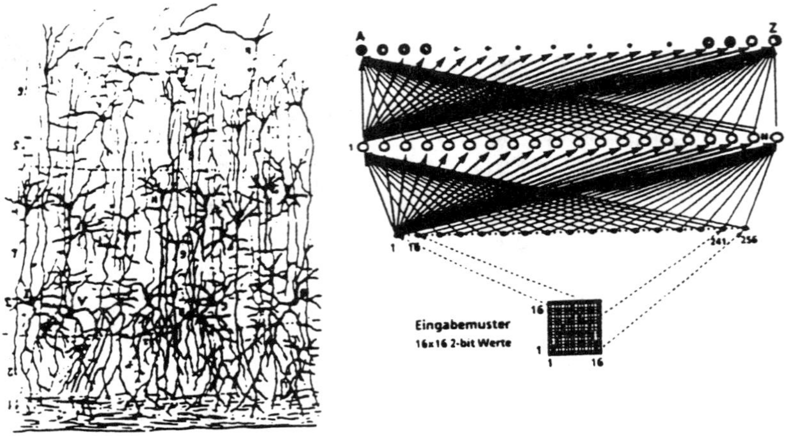

Abb. 3: Ein Ensemble aus mehreren Neuronen bildet ein Neuronales Netz. Biologisches Vorbild (links) und mathematisches Modell (rechts). Schematisch ist hier eine Anwendung zur Buchstabenerkennung angedeutet. Das Neuronale Netz bekommt als Eingangsinformation ein Feld mit Helligkeitswerten des Bildes, als Ausgangsinformation liefert es den dem Bild zugehörigen Buchstaben.

Anwendungsfelder von Neuronalen Netzen

Neuronale Netze werden weltweit zur Lösung von ganz unterschiedlichen Problemstellungen eingesetzt. Bei der Mustererkennung, z.B. in der automatischen Bild- oder Spracherkennung, werden sie als Klassifikatoren verwendet. Sogenannte selbstorganisierende Karten werden für topologieerhaltende Projektionen von hochdimensionalen Räumen in niederdimensionale eingesetzt. Ein weites Anwendungsspektrum ist die Funktionsapproximation. Nichtlineare, mehrdimensionale Zusammenhänge werden von Neuronalen Netzen approximiert. Solche Netze können dann zur Prognose (z.B. von Finanzdaten) als auch zur Prozeßsteuerung eingesetzt werden.

Es gibt mehrere Gründe, warum Neuronale Netze bei der Prozeßsteuerung eingesetzt werden [11]: Erstens haben sie die Fähigkeit, aus Trainingsbeispielen zu lernen, d.h. sie können auch dann eingesetzt werden, wenn kein exaktes Wissen über den zu modellierenden Prozeß in analytischer Form vorliegt. Zweitens können sie sich online direkt auf der Anlage adaptieren. Damit ist es möglich, daß die Netze auch Fehler, die durch die sogenannte Tagesform der Anlage entstehen, kompensieren können. Drittens verhalten sie sich bei der Approximation von nichtlinearen, hochdimensionalen Zusammenhängen sehr vorteilhaft.

3 Neue Methoden

Ohne den Einsatz von neuen Methoden wären die komplexen Anwendungen in der Prozeßautomatisierung nicht möglich. Erste Versuche mit Standardmethoden wie statischen MLP- oder RBF-Netzwerken scheiterten. Erst der Einsatz von hybriden Systemen und online Adaption brachten den gewünschten Erfolg.

Ein wesentlicher Faktor sind auch spezielle Methoden der Vor- und Nachverarbeitung. In diesen Details steckt ein großer Teil des anwendungsspezifischen Know-hows. Beispielhaft sollen hier Methoden wie Transformationen, Skalierungen, Beseitigung von Invarianzen etc. genannt werden.

3.1 Einsatz in der Level 2 Automatisierung

Neuronale Netze werden bei den meisten Anwendungen in der Stahlverarbeitung zur Zeit im Automatisierungslevel-2 eingesetzt (Abb. 4). Dort geben sie der Basisautomatisierung, die im einfachsten Fall aus klassischen PID-Reglern besteht, Arbeitspunkte vor. Die Netze werden also größtenteils für adaptive Steuerungsaufgaben, nicht aber für Regelungsaufgaben eingesetzt. Wenn nämlich die Netze in geschlossenen Regelkreisen eingesetzt werden, muß ein Stabilitätsbeweis erbracht werden, um die Sicherheit der Gesamtanordnung zu garantieren. Neuronale Netze sind aber nichtlinear. Dies hat zur Folge, daß Stabilitätsbeweise im allgemeinen nur sehr schwer und unter Annahme von vielen Randbedingungen erbracht werden können. Bei Steuerungsaufgaben, d.h. bei nicht geschlossenem Regelkreis, hingegen kann wesentlich leichter Stabilität gewährleistet werden.

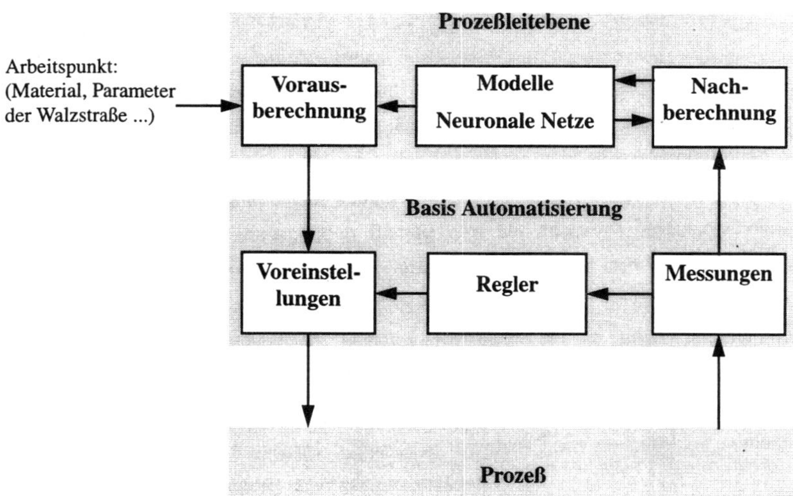

Abb. 4: Anwendung Neuronaler Netze in der Prozeßleitebene

3.2 Einbringen von Vorwissen, hybride Systeme

Bei vielen der oben genannten Anwendungen liegt bereits Vorwissen über die zugrundeliegenden Zusammenhänge vor. Dieses Vorwissen wird nicht ignoriert, sondern möglichst nutzbringend eingesetzt [9]: liegt Wissen in Form von Regeln vor, so kann es, wie z.B. in [10] beschrieben, mit Methoden des "Neuro-Fuzzy" berücksichtigt werden. Existieren konventionelle, z.B. analytische Modelle, so werden sie mit einem Neuronalen Netz zusammen zu einem hybriden System vereinigt (Abb. 5). Das

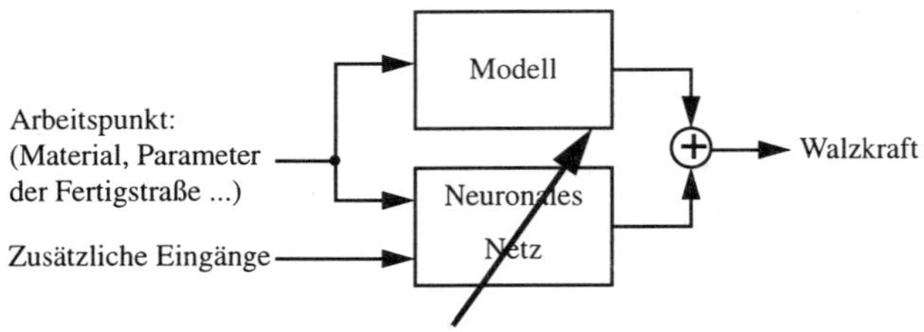

Abb. 5: Ein hybrides System aus Modell und Neuronalem Netz

Neuronale Netz lernt, in welchen Raumbereichen das Modell ungenau ist und korrigiert den Modellwert entsprechend. Eine solche Anordnung hat zusätzlich den Vorteil, daß Situationen, in denen sich entweder das Modell oder das Neuronale Netz extrem falsch verhalten, an Hand eines extrem großen Korrekturfaktors erkannt und eventuelle Gegenmaßnahmen ergriffen werden können.

3.3 Online Adaption

Um eine hohe Genauigkeit bei der neuronalen Steuerung zu erhalten, muß die sogenannte "Tagesform" der Anlage berücksichtigt werden. Aus systemtheoretischer Sicht handelt es sich hier um ein Missing Input Problem: Unbekannte oder verdeckte Parameter wie Verschleiß o.ä. beeinflussen die sich einstellenden Arbeitspunkte wesentlich. Diese Parameter werden nicht erfaßt, ändern sich aber nur langsam über der Zeit (Tagesform).

Durch eine *online Adaption* können die Neuronalen Netze diese Tagesform mit berücksichtigen: nach jedem Produktionsdurchlauf wird in einer sogenannten Nachberechnung (s. Abb. 4) mit Hilfe des im nachhinein bekannten Ist-Verlaufes der Arbeitspunkt ermittelt, der sich tatsächlich eingestellt hat. An Hand dieser Daten erfolgt eine Korrektur bestimmter Netzgewichte, so daß der sich einstellende Fehler minimiert wird. So entsteht ein übergeordneter *Regelkreis*: Vorausberechnung für das nächste Stahlband, Prozeßdurchführung, Nachberechnung für das gerade gewalzte Stahlband und Bereitstellung der adaptierten Modellparameter für die Vorausberechnung des nächsten Stahlbandes. Diese online Adaption muß so robust sein, daß unter allen Umständen Stabilität gewährleistet werden kann. Deshalb werden hier neuartige Verfahren und neuronale Topologien eingesetzt, die Stabilität auch im rauhen Betrieb auf der Anlage gewährleisten.

Die Auswirkungen der online Adaption sind beispielhaft in Abb. 6 zu sehen. Hier ist der Fehler der Temperaturprognose (Root mean square, quadratischer Mittelwert, geglättet) über die zeitliche

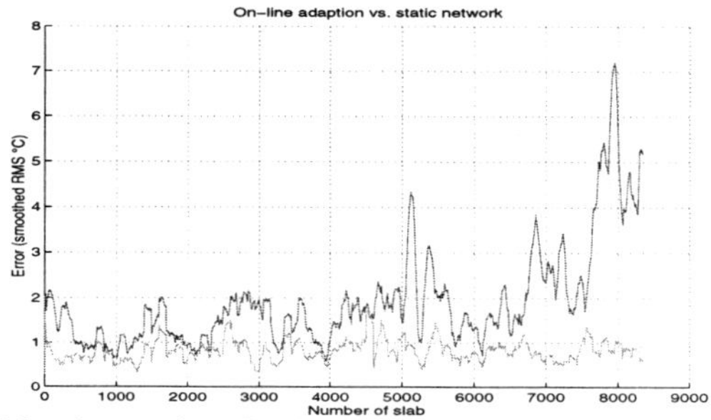

Abb. 6: Fehlende online Adaption: bereits nach wenigen Tagen vergrößert sich der Temperaturprognosefehler dramatisch.

Abfolge der gewalzten Bänder (die 9000 Bänder entsprechen in etwa der Produktion eines knappen Monats) aufgetragen. Grau ist der Fehlerverlauf mit online Adaption dargestellt. Bei der schwarzen Kurve wurde die online Adaption abgeschaltet. Man kann erkennen, daß der mittlere Fehler sehr schnell zunimmt.

3.4 Initiallernen

Neuartige Anforderungen an Neuronale Netze werden von den Inbetriebnehmern gestellt. Neuronale Netze müssen ja üblicherweise, bevor sie ihre Generalisierungsfähigkeit erhalten, zunächst mit Daten trainiert werden. Das "Sammeln" dieser Trainingsdaten ist häufig langwierig und mit Aufwand verbunden. Typischerweise werden zum Grundtraining der Netze die Daten von mehreren tausend Walzvorgängen verwendet, also die Produktion von mehreren Wochen. Eine so lange Wartezeit sollte bei der Inbetriebsetzung von Neuanlagen vermieden werden, da die neuronale Steuerung ja möglichst bereits beim ersten gewalzten Band aktiv arbeiten soll. Ansonsten müßten, nur für die Inbetriebsetzungsphase, noch zusätzliche konventionelle Verfahren entwickelt und installiert werden.

Deshalb wurden spezielle Methoden entwickelt, die, aus dem Urzustand heraus, schritthaltend mit jedem neuen Datenpunkt, sich an die ihnen gestellte Aufgabe immer besser anpassen. Solche Verfahren zum *Initiallernen* werden benötigt:

a) bei der Neuinbetriebnahme von Anlagen, die mit Neuronalen Netzen gesteuert werden,
b) beim Umrüsten bestehender Anlagen auf neuronal gestützte Steuerung, wenn auf eine Datensammlung verzichtet werden soll,
c) nach wesentlichen Veränderungen einer bestehenden Anlage.

Des weiteren kann durch Verfahren des Initiallernens vermieden werden, daß zum Beispiel bei der Inbetriebsetzung bzw. zum Sammeln der Daten zusätzliche Verfahren bzw. Software bereitgestellt werden müssen oder die Anlage sogar "von Hand" gesteuert werden muß.

Zum Initiallernen wird ein hybrides System aus einem konventionellen, statischen Modell und mehreren online adaptiven Neuronalen Netzen verwendet. Mit einem sehr einfachen kleinen Netz beginnend werden bei wachsender Wissensbasis, d.h. bei Vorliegen von Meßdaten von gewalzten Bändern, immer komplexer werdende neuronale Strukturen automatisch gebildet. Beim Einsatz auf mehreren CSP Anlagen konnte bereits nach wenigen Produktionstagen annähernd dieselbe Qualität wie nach einem Grundtraining durch den Inbetriebsetzer erreicht werden (Abb. 7).

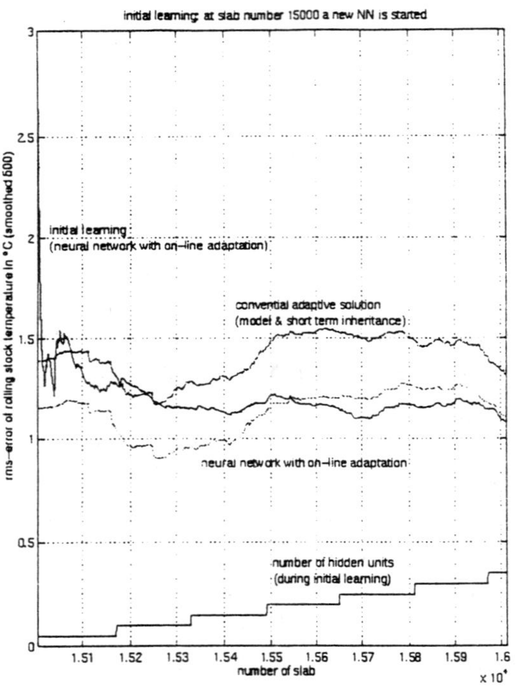

Abb. 7: Simulation zum Initiallernen: die obere Kurve entspricht dem Fehlerverlauf in der Temperaturvorhersage des früheren Verfahrens, die (parallel dazu) untere dem eines neuronalen Netzes im eingeschwungenen Zustand.

4 Anwendungen in der Stahlerzeugung und -verarbeitung

Der routinemäßige, industrielle Einsatz Neuronaler Netze in Stahlwerken soll im folgenden an Hand von drei Anwendungen beispielhaft erläutert werden: In der Stahlerzeugung werden sie zur Steuerung von Elektrolichtbogenöfen verwendet, bei der Stahlverarbeitung werden sie zum Walzen von Warm-Breitband ebenso eingesetzt wie bei Kaltwalz- oder Grobblechstraßen [12] [13] [14].

4.1 Elektrolichtbogenofen

Zur Erzeugung von hochwertigen Stählen wird in Elektrolichtbogenöfen Stahlschrott mit Hilfe von elektrischer Energie eingeschmolzen. Der Gesamtwirkungsgrad dieses Aggregates ist - trotz des

Umweges der Primärenergie über die elektrische Energie - aufgrund der großen Leistungsdichte so groß, daß der Anteil des Elektrolichtbogenofens an der Weltrohstahlerzeugung derzeit bei ca. 30% liegt. Aufgrund der ressourcenschonenden Produktionsmethode und aufgrund der Tatsache, daß im Schrott bereits eine große Energiemenge enthalten ist, die auch aus volkswirtschaftlicher Sicht relevant ist, nimmt seine Bedeutung weiterhin zu. Die Wirtschaftlichkeit dieser Öfen wird entscheidend vom Gesamtwirkungsgrad, d.h. von der möglichst optimalen Leistungsumsetzung, bestimmt. Bisher gab es kein anerkanntes Steuerungsverfahren, das zu jedem Zeitpunkt eine optimale Energiezufuhr gewährleistet, da im Betrieb unvermeidliche Änderungen der Ofenparameter auftreten. Bei Siemens wurde ein Verfahren entwickelt, mit dessen Hilfe die Steuerung eines Elektrolichtbogenofens so optimiert wird, daß die eingebrachte Wirkleistung zu jedem Zeitpunkt auf dem größtmöglichen Niveau gehalten wird [6]. Dazu wurde ein neues analytisches Modell, das in Kombination mit einem Neuronalen Netz ein sogenanntes hybrides Modell darstellt, entwickelt (Abb. 8). Durch die online Adaption des Neuronalen

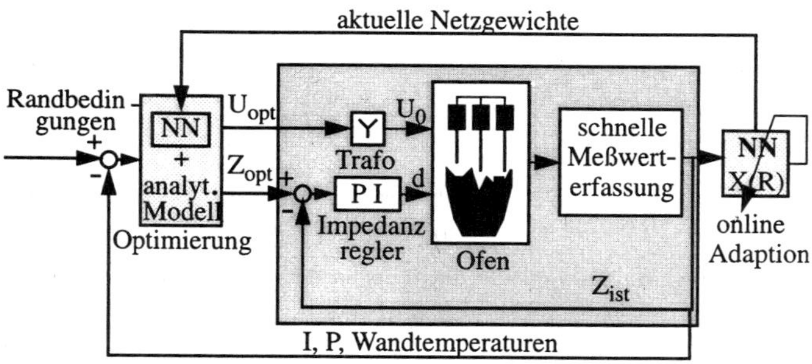

Abb. 8: Ein hybrides System aus Modell und Neuronalem Netz optimiert den Arbeitspunkt unter zeitlich schwankenden Randbedingungen

Netzes und damit des hybriden Modells ist man zusammen mit dem Optimierungsverfahren in der Lage, die optimalen Stellgrößen zum Erreichen eines gewünschten Arbeitspunktes zu bestimmen. Das entwickelte Verfahren wurde 01/94 in einer Pilotanlage bei der Firma Krupp Nirosta in Bochum installiert und getestet und steuert den Ofen seit 09/94 aktiv. Dieser Edelstahl-Lichtbogenofen (einer der größten weltweit) mit einem Abstichgewicht von ca. 150 t besitzt eine Kapazität von 720000 t/a. Es gibt weltweit kein vergleichbares Verfahren, das auf einem so exakten, adaptiven Modell des Ofens basiert. An der Pilotanlage bei Krupp/Bochum konnte eine Leistungssteigerung von ca. 5% nachgewiesen werden (Energiekostenersparnis im Bereich von Millionen DM/a, s. Abb. 9). Eine Produktivitätssteigerung kann nach den bisherigen Erkenntnissen des Dauertests im Bereich um 3% erwartet werden, was einer Verringerung der Produktionskosten um ein Vielfaches der obengenannten Zahl entspricht.

Technischer Hintergrund

Aus elektrotechnischer Sicht ist der Drehstrom-Lichtbogenofen ein in Sternschaltung mit freiem Stern-

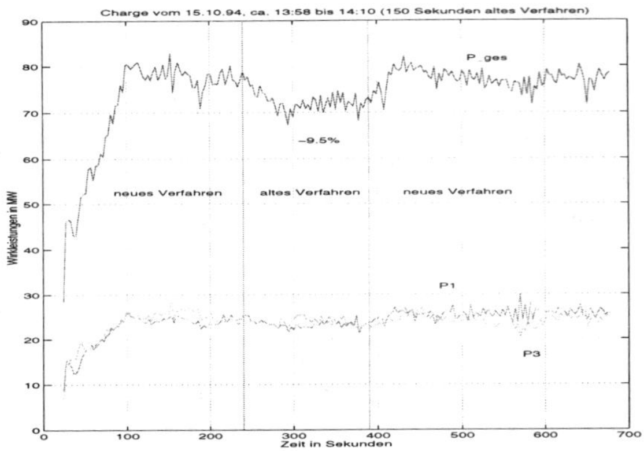

Abb. 9: Eine neuronal optimierte Steuerung erhöht die eingebrachte Leistung bei Einhaltung aller Randbedingungen

punkt betriebener, unsymmetrischer Verbraucher mit nichtlinearer und zeitvarianter Charakteristik. Die auf dem hybriden Modell basierende Optimierung liefert zu jedem Zeitpunkt die optimalen Stellgrößen (U_{opt} und Z_{opt}), die von dem unterlagerten Regelkreis eingehalten werden. Damit steht dem Betreiber ein Verfahren zur Verfügung, mit dem er seine Anlage unter Vorgabe von beliebigen Randbedingungen definiert fahren kann. Die Randbedingungen wiederum werden aus überlagerten Optimierungsrechnungen, die u.a. einen Kompromiß zwischen der maximalen Leistungseinbringung und damit einer minimalen Einschmelzdauer, sowie einer erhöhten thermischen Belastung darstellt. Die Gewichtung dieser gegenläufigen Zielgrößen wird durch die wirtschaftlichen und gesetzlichen Vorgaben bestimmt. Das vorgestellte Verfahren liefert ein intelligentes Werkzeug, um die gewünschten Zielgrößen einzuhalten. Das gesamte Verfahren ist prinzipiell auf ähnlich gelagerte Probleme der Prozeßautomatisierung, z.B. bei der Kraftwerksoptimierung, übertragbar.

4.2 Warm-Breitband-Walzstraßen

Ein beachtliches Potential zur Einsparung von Energie und Rohstoffen besteht im Recycling. So wird Ausschuß beim Umformen von Stahl direkt wieder in den Produktionsprozeß zurückgeführt. Wesentlich günstiger ist es aber, wenn solch ein Ausschuß erst gar nicht entsteht. Hier hilft eine neuronal unterstützte, verbesserte Automatisierungstechnik der Anlagen, um unnötige Recyclingkreisläufe zu vermeiden. Dies soll am Beispiel der Automatisierung von Warmbreitband-Walzstraßen gezeigt werden [7][8].

Vorhersage der Breitung

Angenommen, ein Kunde bestellt Blech mit exakt 1,8 Meter Breite. Um produktionsbedingte Schwankungen der Breite aufzufangen, wird ein Band sicherheitshalber mit etlichen Millimetern Überbreite gewalzt. Die Überbreite muß vor der Auslieferung entfernt, d.h. abgeschnitten werden. Das dabei abfallende Material wird, z.B. im Elektrolichtbogenofen, wieder eingeschmolzen und erneut weiterverarbeitet. Mit Hilfe von neuronalen Komponenten ist es gelungen, die Überbreite um durchschnittlich einen Millimeter zu verkleinern.

Diese Vermeidung von unnötigem Recycling führt bei Thyssen zu einer Einsparung von zweistelligen Millionenbeträgen pro Jahr (Abb. 10).

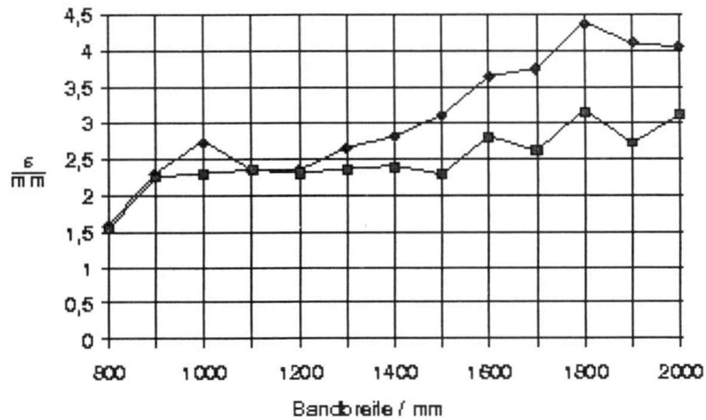

Abb. 10: RMS-Fehler zwischen Rechenwert (Vorausberechnung) und Istwert der Breitung in mm in Abhängigkeit von der Breite des gewalzten Bandes:
■ mit Einsatz
● ohne Einsatz
Neuronaler Netze

Warum wird dort überhaupt eine Überbreite gewalzt? Das Material durchläuft zunächst eine Vorstraße, bevor es in der Fertigstraße mit sieben horizontalen Walzenpaaren auf die endgültige Dicke gebracht wird. Die Breitensteuerung von Warmbreitband findet in einem oder mehreren Gerüsten der Vorstraße statt. Neben einem Horizontalgerüst (Flachwalzen) befindet sich deshalb an einem Vorgerüst ein vorgelagertes Vertikalgerüst (Stauchwalzen). Eine spätere Breitensteuerung ist nicht möglich. Die Breitenänderung in der Fertigstraße ist abhängig vom verarbeiteten Material und dem momentanen Zustand der Fertigstraße. Um Unterbreiten des Bandes hinter der Fertigstraße zu vermeiden, muß deshalb eine Reserve, die Überbreite, einkalkuliert werden.

Für die natürliche Breitung in der Fertigstraße gab es weder einen brauchbaren analytischen Ansatz noch ein heuristisches Prognoseverfahren. Hier werden Neuronale Netze eingesetzt. Sie lernen, welche Breite nach der Vorstraße vorhanden sein muß, um nach dem Walzvorgang am Ende der Fertigstraße die vom Kunden gewünschte Breite des Bandes zu erhalten (Abb. 11). Diese Abbildung ist nicht nur

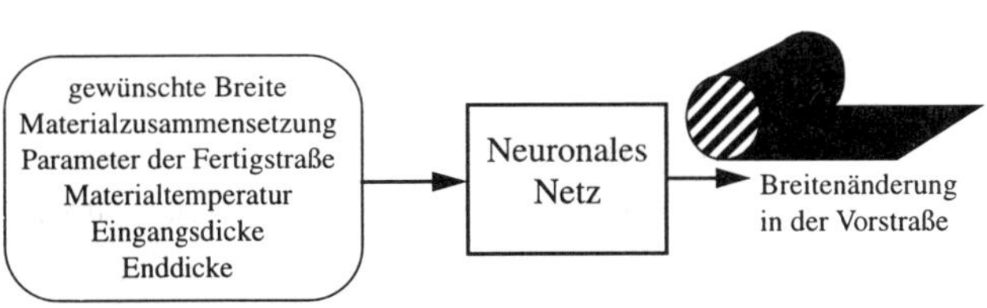

Abb. 11: Ein Neuronales Netz verringert die durchschnittliche Überbreite um einen Millimeter.

eine Funktion der Breite des Fertigproduktes. Vielmehr wird sie auch von den Eigenschaften des Walzgutes wie Materialzusammensetzung beeinflußt. So verhält sich beispielsweise Dynamoblech anders als Stahl, der für die Prägung von Münzen benötigt wird. Weitere Einflußfaktoren sind interne Parameter der Fertigstraße. Die Dickenreduktion in den einzelnen Gerüsten wird ebenso wie die Temperatur für jedes Band individuell bestimmt. Alle diese Einflüsse müssen von dem Neuronalen Netz an Hand von Beispielen gelernt werden. Die dazu notwendigen Lernbeispiele lassen sich problemlos aus den Walzvorgängen der Vergangenheit gewinnen.

Stichzahlunabhängige Steuerung des Short-Stroke

Die Forderung nach konstanter Breite stellt insbesondere an den Bandenden ("Bandkopf" und "Bandfuß"), wo der Verformungsprozeß instationär ist, ein Problem dar.
Stauchen erfolgt üblicherweise bei Vorwärtsdurchläufen durch das Vorgerüst unmittelbar gefolgt von einem Flachwalzvorgang. Technologisch bedingt wird bei Reversierdurchläufen hingegen entweder nur flachgewalzt oder nur gestaucht. Zählt man Vorwärts- und Reversierdurchläufe jeweils einzeln, so sind Durchlaufzahlen von 1 bis zu 11 üblich. Wenn die Stauchwalzen während eines Durchlaufs mit konstanter Anstellung gefahren werden, wird das Band direkt nach dem Stauchvorgang an den Enden schmaler als im Mittelteil. Eine der Ursachen dieses sog. Anspitzens ist der asymmetrische Materialfluß im Walzspalt (geringere Materialabstützung in Richtung Bandende als in Richtung Bandmitte, Abb. 12). Am Fußende fällt die Anspitzung geringer aus als am Kopfende.

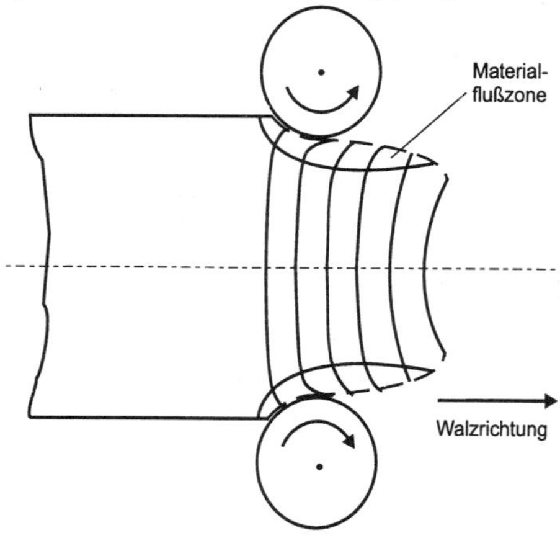

Abb. 12: Veranschaulichung der Vorgänge beim Vertikalstich am Bandkopf

Beim Stauchvorgang bilden sich Wülste an den Bandrändern aus. Beim nachfolgenden Flachwalzvorgang werden die aufgestauchten Bandränder zurückgebreitet. An den Bandenden entstehen bei diesem Prozeß aus mehreren Gründen weitere relative Breiteneinschnürungen. Die Breitenaufweitung (freie Endenbreitung) an den äußersten Bandenden beim Flachwalzen stellt einen überlagerten, den Breiten-

einschnürungen entgegenwirkenden Effekt dar, der beim Flachwalzen auftritt.
Die Wirkung des Stauchens in den einzelnen Durchläufen überlagert sich nun in komplizierter Weise zu einem Breitenresultat am Vorband nach mehreren Durchläufen. Der Effekt des Anspitzens impliziert dabei, daß lokale Empfindlichkeiten der Breite auf die Walzenanstellung von einem Betrag von größer als eins sowie auch negative Empfindlichkeiten (größerer Walzenabstand erzeugt lokal schmaleres Band) an bestimmten Stellen und in bestimmten Durchläufen auftreten. In der Fertigstraße kommt es schließlich zu weiteren Breitenverformungen, wie z. B einer weiteren Ausbreitung der extremen Enden. Zur lokalen Beeinflussung der Breite des Stahlbandes sind die Stauchwalzen im Vorgerüst hydraulisch verfahrbar. Unter Berücksichtigung der aufgezählten Stör-Einflüsse auf die Breite werden kurze Ausschläge ("Short-Strokes") an den Bandenden für die Stauchwalzen neuronal modellgestützt bestimmt. Aufgabe der "Short-Stroke-Steuerung" (SSC) ist es, einen gewünschten Breitenverlauf an den Enden des Fertigbandes durch Vorgabe einer "Short-Stroke-Fahrkurve" möglichst gut zu erzeugen.

Das Verfahren "Siemens Pass-schedule Independent Neural Short-Stroke Control (SPIN-SSC)" wurde entworfen, um die Breitengenauigkeit gegenüber bestehenden Verfahren zu verbessern, hohe Funktionssicherheit zu gewährleisten und um ein flexibles Modul für die verschiedenen Vorstaßenkonfigurationen und Stichpläne zur Verfügung zu stellen. SPIN-SSC arbeitet nach dem Prinzip der "adaptiven Modellvorsteuerung". Dabei stellt die Steuerung ein Modell der Inversen der Steuerstrecke dar. Aufgrund von vorausberechneten Prozeßparametern v und des Sollwerts y_d der Steuergröße wird eine Stellgröße u bestimmt. Wären dabei also das Modell und die vorausberechneten Prozeßparameter exakt, so entstünde am Ausgang y die gewünschte Größe y_d. Für den Anwendungsfall "SSC" ist die Bedingung für die Invertierbarkeit erfüllt. Die Adaption zielt auf eine schrittweise Reduktion des Wertes einer Kostenfunktion aus dem Breitenfehler $y - y_d$ und einigen technologischen Randbedingungen ab. Spezielle Eigenschaften von SPIN-SSC sind:
Glatte, flexible Short-Stroke Fahrkurve:
Eine neu entwickelte Parametrierung der Short-Stroke-Fahrkurve wurde zu Grunde gelegt. Sie eignet sich besonders gut zur fehler-gradientengestützten Adaption. Die Fahrkurve u(x), die der Gleichmaß-Breitenreduktion überlagert wird, wird durch Gewichte b_i von über einer Länge verteilten, lokalen Basisfunktionen $\Phi(x, l_i, \sigma)$ mit Zentrum l_i und Breite σ parametriert.

$$u(x) = \sum_{i=1}^{n} b_i \Phi(x, l_i, \sigma)$$

Die Short-Stroke-Verläufe sind in einem vom jeweiligen Bandende (Kopf oder Fuß) aus gemessenen

Bereich [0,L] definiert. Form und Anzahl der lokalen Basisfunktionen (LBF) werden unter Berücksichtigung der technologischen, dynamischen und meßtechnischen Gegebenheiten am Vorgerüst berechnet.

Stichplanunabhängigkeit der Short-Stroke Steuerung:

Stichplanunabhängigkeit wird durch ein einheitliches Steuerungsmodul für jeden Vorgerüst-Zyklus erreicht. Die SSC-Kurvenparameter werden dazu für jeden Zyklus durch jeweils dieselben Ausgänge desselben neuronalen Netzes vorgegeben. Das neuronale Netz leistet eine statische Abbildung von Band-Eigenschaften und Steuerparametern zu SSC-Parametern. Damit wird die Ähnlichkeit der physikalischen Vorgänge in den jeweiligen Stichen zueinander ausgenutzt. Die Berücksichtigung der Problemstruktur erhöht die Aussagekraft der Trainingsdaten und führt zu besserer Performanz der neuronalen Netze. Die Definition eines Zyklus ist anlagenabhängig.

Adaption mit Breiten-Sensitivitätsmodell:

Gestützt auf ein neu entwickeltes teil-analytisches Modell wird der jeweilige Einfluß der Staucher-Fahrkurvenverläufe in den einzelnen Stichen auf das Breiten-Endresultat geschätzt. Der Adaptionsalgorithmus benutzt dies zur Gradientenschätzung. Beim off-line Vortraining der Steuerung werden mit dem Modell geschätzte Zieldaten erzeugt. Nicht plausible und fehlende Meßdaten ersetzt die Steuerung durch Modelldaten.

Berücksichtigung von technologischen Randbedingungen durch die Bewertungsfunktion:

Dynamische und walztechnologische Grenzen beeinflussen mittels speziell angepaßter Terme zur Bewertungsfunktion bei der Optimierung die Lösung der SSC. Das Zusammenspiel der Short-Strokes in den einzelnen Stichen wird koordiniert.

Einen Überblick über die spezielle Struktur des Gesamtprozesses "SPIN-SSC im Reversiervorgerüst" gibt Abb. 13. Der Block "Estimator" beschreibt ein teil-analytisches Modell der Stellglieder und des Walzens des Bandes durch eine Gruppe von Stichen, die sich ihrer Art nach zyklisch wiederholt. Ein solcher Zyklus wird jeweils durch einen Aufruf der neuronalen Steuerung "SSC" bedient. Für ein Reversiervorgerüst beschreibt ein Zyklus z.B. einen Vorwärtsdurchlauf einschließlich des vorangehenden Reversierdurchlaufs. Der letzte Zyklus endet mit dem Auslaufen des Bandes aus der Vorstraße. Ein Prozeßdatensatz (vorausberechnet v_i bzw. nachberechnet n_i) bezieht sich jeweils auf einen Zyklus i. Getrennt von den Prozeßparametern wird hier noch die Eingangsbreitenform s_i für einen Prozeßzyklus dargestellt. Die Stellgröße, die als Ausgang der SSC erzeugt wird besteht aus den Gewichtsfaktoren b für die Short-Stroke Fahrkurve für den Vorwärtsstich und, falls so konfiguriert, auch für die Kurve des Reversierstiches.

In Abb. 13 erkennt man als Grundelement der repetitiven Struktur das Prinzip einer adaptiven Modellvorsteuerung. Ziel der Steuerung ist, lediglich die Ausgangs-Bandform s_R, also das Resultat von mehreren Steuerungsvorgängen, der Soll-Bandform s_{soll} anzunähern. Um einen Gradientenabstieg zur

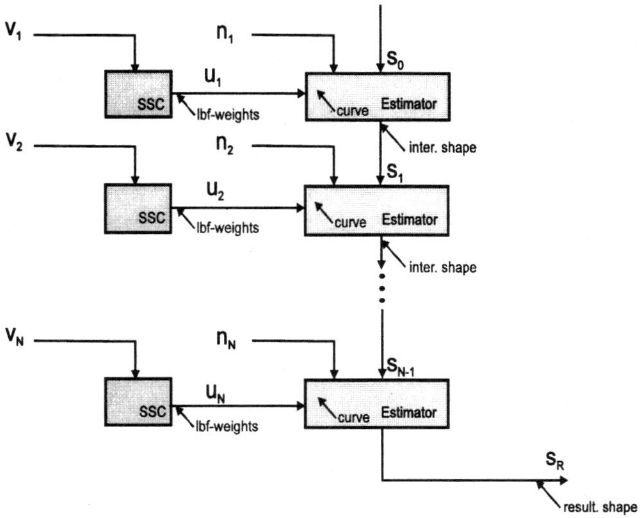

Abb. 13: Überblick über die Struktur des adaptiven Gesamtprozesses "SPIN SSC im Reversiergerüst"

Adaption der SSC für alle ausgeführten Stiche durchführen zu können, werden mittels Zurück-Propagation des Breitenfehlers durch den "Estimator" die Gradienten des Breitenfehlers nach den Fahrkurvenfehlern in den einzelnen Stichen geschätzt. Für die Zwischenresultate der Breitenverläufe werden dabei je nach Signalsituation an der Anlage tatsächlich gemessene oder auch nur modell-berechnete Verläufe eingesetzt. Die Aufgabe der neuronalen Netze innerhalb der Steuerung ist die Bildung einer statischen Abbildung zwischen den Prozeßparametern v auf der Eingangsseite und den Parametern der Fahrkurve bzw. Fahrkurven auf der Ausgangsseite. Die Zielform s_{soll} kann hier als Eingangsgröße der SSC außer Betracht gelassen werden, da sie stets dieselbe, nämlich konstante Breite, ist.

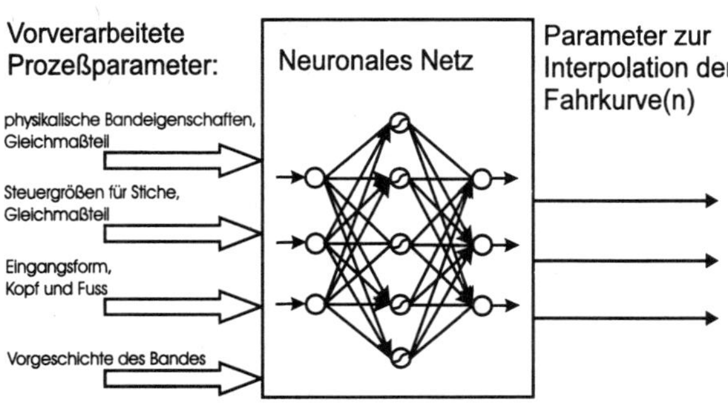

Abb. 14: Statische Abbildung durch das neuronale Netz

Ansprüche bezüglich der Bandform werden vom Anlagenbetreiber lediglich an das Endresultat aller

Stiche, den Breitenverlauf an den Enden des Vorbandes oder Fertigbandes gestellt, Ziel der Optimierung ist "Sollform des Endresultats". An die Wirkung der Steuerung zwischen den einzelnen Stichen (d. h. die Form der Bandenden zwischen den Stichen) müssen aber mehrere interne, technologisch begründete Bedingungen gestellt werden. Die Lösung für den Fahrkurvensatz u(x) ist im allgemeinen ein durch die walztechnologischen Randbedingungen und die technischen Grenzen des Stauchers abgeschlossenes Kontinuum vom Fahrkurvensätzen. SPIN-SSC strebt die Strategie an, bereits nach jedem einzelnen Stich die Zielform zu produzieren. Diese Strategie ist technologisch vorteilhaft und erzeugt eine robuste Steuerung. Bei der Optimierung werden dazu Breitenabweichungen der Zwischenformen durch Zusatzterme in der Kostenfunktion ("inter. shape" in Abb. 13) berücksichtigt. Eine Formähnlichkeit der Short-Stroke Kurven benachbarter Stiche einer Folge wird außerdem mittels geeigneter Zusatzterme zur Bewertungsfunktion ("lbf-weights" in Abb. 13) angestrebt. Die Zusatzbedingungen werden im Rahmen einer Fehler-Rückpropagation am Ort ihres Auftretens im Prozeßablauf erzeugt. Dies gilt auch für walztechnologisch und maschienentechnisch bedingte Kosten ("curve" in Abb. 13). Die hohe Anzahl von Randbedingungen wirkt sich insgesamt erschwerend auf das Konvergenzverhalten der Steuerung aus. Deshalb kommen fortgeschrittene Verfahren zur Optimierung unter Randbedingungen zum Einsatz. Eine erste, vereinfachte Version von SPIN-SSC ist zur Zeit an zwei Walzstraßen im Einsatz. Das vollständige Verfahren wird zur Zeit an einigen weiteren Anlagen in Betrieb gesetzt oder erprobt.

4.3 Einsatz Neuronaler Netze in Kaltwalzstraßen

Neuronale Netze zur Prozeßmodellierung werden auch bei der Steuerung von Kaltwalzstraßen eingesetzt. Im Unterschied zum Warmwalzen nimmt beim Kaltwalzen die Materialhärte der Stahlbänder beim Durchlauf durch die Walzstraße zu. Diese Tatsache erschwert die Prozeßmodellierung erheblich. Beim Kaltwalzen werden deshalb zwei wichtige Modellierungsziele verfolgt: Das erste Ziel ist die Modellierung der Materialhärte. Das zweite Ziel ist die Modellierung der Walzkräfte an den Walzgerüsten. Man beachte, daß beide Ziele verkoppelt sind: Je härter ein Stahlband ist, um so größer werden, bei sonst gleichen Randbedingungen, die sich einstellenden Walzkräfte sein.

Modellierung der Materialhärte

Zentrales Element des Konzepts ist ein sogenanntes *Materialnetz*, ein Neuronales Netz, das die Chemieabhängigkeit der Materialhärte modelliert. Eingangsgrößen des Materialnetzes sind im wesentlichen die chemischen Legierungsbestandteile des Stahls. Ausgangsgrößen des Materialnetzes sind Parameter, die die Materialhärte beschreiben. Die Schwierigkeit besteht darin, Targetwerte für das Materialnetz zu ermitteln, weil Materialhärten an Kaltwalzstraßen nicht gemessen werden. Schätzwerte für die Materialhärte-Targets werden deshalb auf Basis der gemessenen Walzkräfte modellgestützt durch Lösung eines Optimierungsproblems berechnet.

Modellierung der Walzkräfte

Mittels der durch das Materialnetz gewonnenen Materialhärteparameter und zahlreicher weiterer Eingangsgrößen (wie z.B. Geometriedaten, Materialeigenschaften, Züge, etc.) wird ein analytisches Modell betrieben, das die Verhältnisse im Walzspalt modelliert und als eine Ausgangsgröße die gesuchte Walzkraft besitzt.

Mit dem System bestehend aus Materialnetz und analytischem Walzspaltmodell lassen sich für die Modellierungsqualität der Walzkräfte schon sehr gute Werte erreichen.

Die Modellierungsqualität der Walzkräfte kann noch weiter verbessert werden, indem sogenannte *Gerüstnetze* eingeführt werden, die die systematischen Fehler des analytischen Walzspaltmodells gerüstindividuell erlernen. Die Gerüstnetze geben einen Korrekturfaktor aus, mit dem der Walzkraft--Ausgang des analytischen Modells korrigiert wird.

Ergebnisse

Zur Veranschaulichung der Effizienz des Einsatzes Neuronaler Netze zur Prozeßmodellierung bei Kaltwalzstraßen sind in Abb. 15 die normierten root-mean-square (rms) Fehler der Walzkraftprognose bei einem exemplarisch gewählten Gerüst für verschiedene Verfahren als Alternativen zu den Gerüstnetzen angegeben. *Mean* ist der rms-Fehler der simplen Mittelwertvorhersage; *roll* stellt die Prognosequalität des analytischen Modells in Kombination mit dem Materialnetz ohne Korrekturfaktor dar. Beim Verfahren *linReg* wurden die Korrekturfaktoren durch eine lineare Regression berechnet. Beim Verfahren *int* wird ein einfaches lineares adaptives Verfahren ohne Eingänge verwendet; bei *linReg+* online-adaptive lineare Regression. Für jedes Verfahren sind die rms-Fehler auf einer Trainingsmenge *train*, auf einer Validierungsmenge *valid* und auf der Gesamtmenge *all*, die aus Trainings- und Validierungsmenge besteht, angegeben.

Neuronale Netze zur Bestimmung der Korrekturfaktoren wurden bei *NN* (statisches Neuronales Netz) und *NN+* (online adaptives Neuronales Netz) eingesetzt.

Korrekterweise darf man jeweils nur statische Verfahren, d.h. mean, linReg und NN, sowie online-adaptive Verfahren, d.h. int, linReg+ und NN+, miteinander vergleichen.

Aus Abb. 15 ist zu entnehmen, daß die neuronalen Lösungen sowohl für den statischen als auch für den online-adaptiven Fall die jeweils besten Ergebnisse liefern. Vergleicht man beispielsweise das beste lineare Verfahren linReg+ mit dem besten neuronalen Verfahren NN+, so ergibt sich eine Verbesserung auf der Validierungsmenge durch Einsatz des Neuronalen Netzes um ca. 25%.

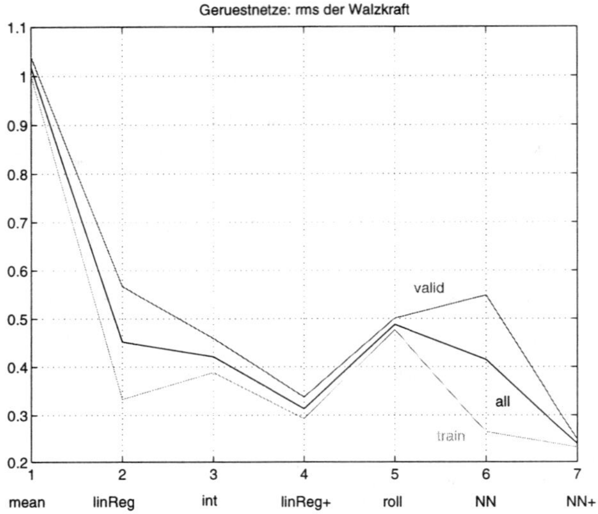

Abb. 15: Normierter root-mean-square Fehler der Walzkraft für verschiedene Verfahren

6 Zusammenfassung und Ausblick

Neuronale Netze haben sich seit mehreren Jahren in der Prozeßautomatisierung in Stahlwerken erfolgreich bewährt. Sie werden dort hauptsächlich in der Level-2 Automatisierung eingesetzt. Anwendungen sind sowohl die Optimierung von Elektrolichtbogenöfen als auch die Vorhersage von Walzkräften, Materialeigenschaften, Breitenverläufen und Temperaturen in Walzwerken. Neuronale Steuerung und Regelung trägt zur Steigerung der Produktion, zur Energieeinsparung und zur Vermeidung von unnötigem Recycling bei. Kosteneinsparungen in mehrstelliger Millionenhöhe werden erzielt.

Eine wichtige Voraussetzung für den erfolgreichen Einsatz der Netze ist ihre Fähigkeit zur robusten online Adaption direkt auf der Anlage. Damit können sich die Netze an die Tagesform der Anlage effektiv anpassen. Mit Hilfe des Initiallernens kann die Inbetriebsetzung der Netze wesentlich vereinfacht und beschleunigt werden.

Die vorgestellten Verfahren sind vom Prinzip her auf ähnlich gelagerte Probleme übertragbar. Besonders dort, wo die Methoden der nichtlinearen Modellierung, das Erstellen von hybriden Modellen und die darauf aufbauende Optimierung der nichtlinearen Zielfunktion unter beliebig nichtlinearen Randbedingungen, sowie die online Adaption der Neuronalen Netze notwendig sind.

Aufbauend auf diesen Methoden wird man dem Ziel der "künstlichen Intelligenz" in nächster Zukunft näher kommen. Dies mit dem Ziel, neuronal gestützte Konzepte zu realisieren, die auch auf den beiden oberen Automatisierungsebenen, dem Fertigungsleitsystem und dem Managementsystem, zum Einsatz kommen und damit das große Potential zu ganzheitlichen, ressourcenschonenden und kostensparenden Produktionsverfahren nutzen.

7 Literatur:

[1] Portmann, N.F.; Lindhoff, D.; Sörgel, G.; Gramckow, O.: "Application of neural networks in rolling mill automation", Iron and steel engineer (USA), vol.72(2), 1995.

[2] Schlang, M.; Poppe, T.; Gramckow, O.: "Neural networks for steel manufacturing", IEEE Expert Intelligent Systems, Vol. 11(4), Aug. 1996.

[3] Lindhoff, D.; Sörgel, G.; Gramckow, O.; Klode, K.-D.: "Erfahrungen beim Einsatz Neuronaler Netze in der Walzwerksautomatisierung", Stahl und Eisen 114, Heft 4, Verlag Stahleisen, 1994.

[4] Obradovic, D.; Poppe, T.; Schlang, M.: "Neuronale Netze vermindern Energie- und Rohstoffbedarf", Siemens Zeitschrift Nr. 2, Herbst 1995.

[5] Poppe, T.; Martinetz, T.: "Estimating material properties for process optimization", Proc ICANN 1993.

[6] Poppe, T.; Martinetz, M.; Hohendahl, K.: "Optimierte Steuerung eines Elektrolichtbogenofens" in Schlang, M.; Schürmann, B.; Linzenkirchner, E.: "Neue Techniken der Informationsverarbeitung", R. Winkler Verlag, München 1994.

[7] Martinetz, T.; Protzel, P.; Gramckow, O.; Sörgel, G.: "Neural network control for steel rolling mills", in Kappen, B.; Gielen, S., "Neural networks: artificial intelligence and industrial applications", Springer Verlag, 1995.

[8] Martinetz, T.; Gramckow, O.; Protzel, P.: "Walzwerksteuerung mit Neuronalen Netzen", VDI Berichte Nr. 1184, 1995.

[9] Röscheisen, R.; Hofmann, R.; Tresp, V.: "Neural control for rolling mills: incorporating domain theories to overcome data deficiency", NIPS 4, Morgan Kaufmann, 1992.

[10] Preuß, H.-P.; Tresp, V.: "Neuro-Fuzzy", atp-Automatisierungstechnik Praxis, Heft 5, 1994.

[11] Schlang, M.; Broese, E.; Feldkeller, B.; Gramckow, O.; Jansen, M.; Köhler, G.; Poppe, T.; Schäffner, C.; Sörgel, G.: "Neuronale Netze zur Prozeßsteuerung in der Stahlverarbeitung", VDI Berichte 1282, VDI Verlag, 1996.

[12] Schlang, M.; Broese, E.; Feldkeller, B.; Jansen, M.; Gramckow, O.; Poppe, T.; Schäffner, C.; Sörgel, G: "Neural networks for process control in steel manufacturing", Proc. IEEE ICASSP, 1997.

[13] Schlang, M.; Broese, E.; Feldkeller, B.; Jansen, M.; Gramckow, O.; Poppe, T.; Schäffner, C.; Sörgel, G: "Verbesserung der Prozeßsteuerung mit Neuronalen Netzen", INNOVATION, Technologie-Workshop Automatisierungstechnik, Leipzig 1997.

[14] Schlang, M.; Broese, E.; Feldkeller, B.; Jansen, M.; Gramckow, O.; Poppe, T.; Schäffner, C.; Sörgel, G: "Real time control with neural networks in steel processing", Proc. IAR, Mercator Universität Duisburg, 1997.

Einsatz von Methoden der Computational Intelligence zur Produktionsplanung in Ringwalzwerken

Ralf Mikut, Freiberg
Frank Hendrich, Ralf Ihle, Gröditz
Georg Bretthauer, Karlsruhe

Zusammenfassung:
Für ein Ringwalzwerk wird mit Hilfe von Regeln aus Expertenbefragungen, Evolutionären Algorithmen, daraus abgeleiteten heuristischen Suchstrategien und Methoden der unscharfen Datenanalyse automatisch ein Walzprogramm generiert. Die zu lösende Aufgabe ähnelt dem bekannten Travelling Salesman Problem, das hier aber durch nichtlineare und zeitvariante Einflüsse überlagert ist. Eine hybride Strategie unter Nutzung aller genannten Methoden liefert die besten Ergebnisse. Gegenüber einer manuellen Planung werden etwa 15% der Umbauzeiten eingespart.

1. Motivation

Das Ringwalzwerk stellt neben dem Stahlwerk, der Stahlgießerei und der Schmiede mit mechanischer Bearbeitungswerkstatt einen Betrieb der Gröditzer Stahlwerke GmbH dar. Die flexible Fertigung schließt Aufträge mit kleinen Stückzahlen ein, die wegen der häufigen Werkzeugwechsel an Presse und Walzwerk einen erheblichen Planungsaufwand erfordert. Die Produktionsreihenfolgeplanung bestimmt maßgeblich die erreichbare Anlagenkapazität. Bisher wurde diese Planung manuell vorgenommen, wodurch die erreichbare Güte aufgrund der Komplexität der Aufgabenstellung limitiert ist. Zur Lösung solcher und ähnlicher Aufgaben sind aus der Literatur verschiedene Algorithmen bekannt (z.B. [1-7]).

Diese Güte einer Produktionsreihenfolge hängt von verschiedenen Forderungen ab. Das wichtigste Ziel ist die Minimierung der notwendigen Umbauten. Allerdings beeinflussen weitere Faktoren die Aufgabe, die im Gegensatz zur quantifizierbaren Umbauzeit mehr in qualitativer und regelbasierter Form gegeben sind. Das betrifft technologisch gewünschte und unerwünschte Reihenfolgen (z.B. bezüglich der Erwärmungsstrategie), die Einhaltung der Termine usw.

Eine erste wesentliche Planungsaufgabe besteht folglich in der Erfassung solcher Regeln und Einschätzungen, um dennoch in Rücksprache mit den Technologen zu einem quantitativen Gütemaß zu kommen. Allerdings ist dieser erste Schritt einer automatischen Planung mit einer ständigen Aktualisierung und Modifizierung verbunden, weil erst die Auswertung von Unterschieden zwischen manueller und automatischer Planung diese technologischen Einschätzungen spezifiziert. Zudem sind die Expertenregeln durch ein kompliziertes System von Vorrangregeln gekennzeichnet, z.B. welche von mehreren Strategien ist akzeptabel, um einen Termin einzuhalten. Ein ebenfalls nicht zu vernachlässigender Punkt ist die Akzeptanz der Lösung bei den Experten, die wesentlich vom Verständnis des Lösungsweges und einer Nachvollziehbarkeit der gefundenen Lösung abhängt.

In dieser Arbeit soll in Weiterführung von [8-10] gezeigt werden, daß sich ein wissensbasiertes Verfahren in Kombination mit einem modifizierten Evolutionären Algorithmus (EA) zur Lösung dieser Aufgabe eignet, obwohl die einzelnen Verfahren nicht zu befriedigenden Lösungen führen. Die Ursachen liegen in einer nur teilweisen Erfassung wichtiger Expertenregeln und in einem inakzeptablen Rechenaufwand bei der alleinigen Anwendung des Evolutionären Algorithmus. In der gefundenen Lösung dienen die Expertenregeln zur Bereitstellung einer Startlösung für die Evolutionären Algorithmen, um die Rechenzeit und die Gefahr des Einlaufens in ungünstige lokale Minima der Zielfunktion zu reduzieren.

Ziel dieser Arbeit ist es,

- die Strategie bei der Aufstellung der Kostenfunktion zu erläutern, die durch den Technologen parametrierbar sein muß,
- den hybriden Lösungsalgorithmus vorzustellen und
- die Effizienz des Algorithmus anhand eines Walzprogrammes für eine Kalenderwoche mit realen Daten zu demonstrieren.

2. Prozeßbeschreibung

Der technologische Ablauf ist in Bild 1 dargestellt. Als Ausgangsmaterial (1 in Bild 1) dienen im Stahlwerk gegossene Blöcke in unterschiedlichen Blockformaten, Strangguß aus Fremdzukauf und Schmiedewellen aus der Fertigung der Schmiede. Dieses Vormaterial wird in Teilblöcke gesägt (2), die auf eine Palette geschoben und im Palettenlager (3) abgelegt werden.

Dieses Palettenlager sorgt dafür, daß die Erstellung des Säge- und Walzprogrammes weitestgehend entkoppelt ist. Hier muß nur sichergestellt werden, daß die gesägten Teilblöcke rechtzeitig für die weiteren Verarbeitungsschritte zur Verfügung stehen.

Nachfolgend transportiert ein Kran die Paletten an die Beschickungseinrichtung des Drehherdofens (DHO, 4), dessen Temperaturführung von der Stahlmarke und der Einsatzmasse abhängt. Anschließend bearbeitet die Stauchpresse (5) die erwärmten Teilblöcke und locht mit einem Lochdorn einen Butzen aus. In der Technologie ist festgelegt, ob sofort zur Walzung übergegangen wird oder ob ein vorheriges Aufweiten der Lochscheibe erforderlich ist. Über den Rollgang (7) erfolgt entweder der Transport zur Aufweitpresse (6) oder direkt zum Radial-Axial-Walzwerk (RAW, 8), wo der Rohling seine endgültige Form erhält.

Die Werkzeuge an (5), (6) und (8) werden auftragsspezifisch konfiguriert. Die notwendigen Werkzeugumbauten nehmen zwei Krananlagen vor, von denen eine die Stauchpresse bedient und die andere für den Bereich Aufweitpresse und Radial-Axial-Walzwerk zuständig ist.

Innerhalb der Bearbeitungsschritte (4) bis (8) kann die Reihenfolge der Aufträge nicht mehr verändert werden.

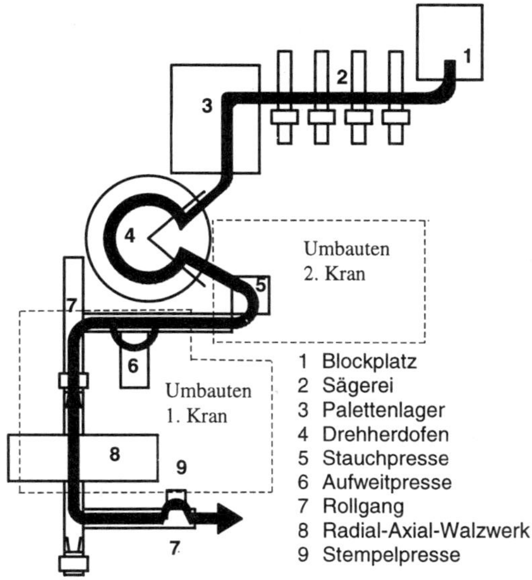

Bild 1: Schematische Darstellung Ringwalzwerk

3. Formulierung der Gütefunktionen

Die Gütefunktion G_{ges} ist für die Optimierung der Auftragsreihenfolge $\underline{s}$ von *n* Aufträgen mit der Werkzeugkonfiguration **W** durch

$$G_{ges} = \underbrace{\sum_{k=1}^{n-1} u_k\left(\mathbf{W}(\underline{s})\right)}_{\text{Umbauzeit}} + \underbrace{\sum_{k=2}^{n} v_k^{WP}(\underline{s})}_{\text{Strafterme für Restriktionen}} + \underbrace{\sum_{k=2}^{n} T_k(\underline{s})}_{\text{Terminbewertung}} \overset{!}{=} \underset{\underline{s}}{Min} \tag{1}$$

gegeben. Die Reihenfolge beinhaltet als ersten Auftrag die Ausgangskonfiguration, für die entsprechend keine Strafterme für Terminverletzungen und Restriktionen anfallen.

Die Termine T_k der Aufträge werden über Fuzzy-Mengen (*zu spät*, *zu zeitig*, *rechtzeitig*) bewertet (Bild 2). Hinzu kommen Regeln, welche diese Situationen vergleichen. Wenn eine Sequenz zu zeitig eingeplant ist, dann ist die Situation als *mittel* einzustufen. Eine rechtzeitige Einplanung ist *günstig*, eine zu späte *sehr ungünstig*. Die Terme *mittel, günstig* und *ungünstig* werden über Singletons als Fuzzy-Mengen wieder defuzzifiziert, wobei die Prozeßgröße dieser Singletons die Umbauzeit in Minuten ist. Dadurch werden knappe Termine und zu zeitige Termine, die unnötig Lagerkapazitäten blockieren, mit Strafzeiten versehen, die zusätzlichen Umbauzeiten entsprechen. Außerdem ist eine Verspätung um so gravierender, je größer die Stückzahl des Auftrags ist. Folglich wird der Strafterm aus der Defuzzifizierung noch mit der Stückzahl multipliziert.

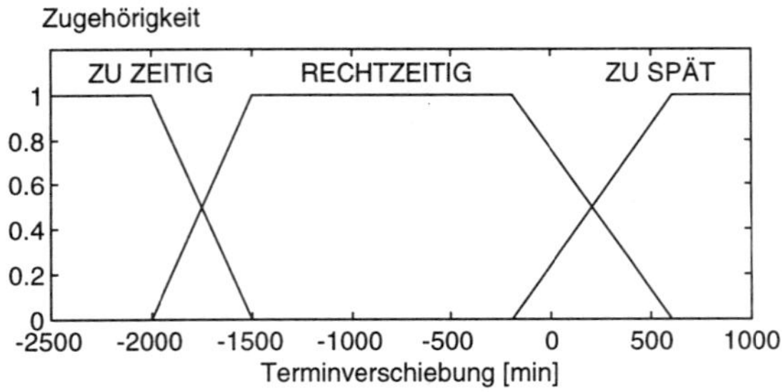

Bild 2: Zugehörigkeitsfunktionen der Terminbewertung

Ebenso wird bei technologischen Restriktionen v_k^{WP} vorgegangen (z.B. das Aufeinanderfolgen von Teilen unterschiedlicher Masse im Drehherdofen), wodurch unerwünschte Situationen ("unscharfe Restriktionen") reduziert und verbotene Situationen ("scharfe Restriktionen") vermieden werden. Der Technologe kann jederzeit die Parametrierung der Gütefunktion und somit die Reihenfolge verändern.

Die Umbauzeit zwischen dem *k*-ten und (*k+1*)-ten Auftrag ergibt sich aus den Umbauten der *m* Werkzeuge $(\underline{w}_k \neq \underline{w}_{k+1})$, den Umbauzeiten der Werkzeuge, die mit Hilfe des 1. Krans ($\underline{\alpha}$) und des 2. Krans ($\underline{\beta}$) gewechselt werden, sowie mindestens notwendigen Justierzeiten γ.

$$u_k = \max\left(\left(\underline{w}_k \neq \underline{w}_{k+1}\right)^T \cdot \underline{\alpha}, \left(\underline{w}_k \neq \underline{w}_{k+1}\right)^T \cdot \underline{\beta}, \gamma\right). \tag{2}$$

Der Operator "$\neq$", der die Tatsache eines Umbaus anzeigt, ist durch

$$\begin{aligned} &\underline{z} = \left(z_1 \quad \ldots \quad z_m\right)^T = \left(\underline{x} \neq \underline{y}\right)^T, \quad \underline{x}, \underline{y} - \text{Werkzeugkonfigurationen} \\ &z_i = \begin{cases} 1\, \mathit{für}\, \left(x_i \neq y_i\right) \wedge \left(y_i \neq 0\right) \\ 0\, \mathit{sonst} \end{cases} \quad \text{für } i = 1, \ldots, m \end{aligned} \tag{3}$$

definiert. Die **eingebauten** Werkzeugkonfigurationen

$$\begin{aligned} &\underline{w}_k = \left(w_{1k} \quad w_{2k} \quad .. \quad w_{mk}\right)^T \\ &w_{ik} = \begin{cases} \widetilde{w}_{i,\underline{s}(k)} \text{ für } \widetilde{w}_{i,\underline{s}(k)} \neq 0 \\ \widetilde{w}_{i,\underline{s}(k-r)} \text{ mit n: } \forall_{j:\, j=0,\ldots,r-1} \left(\left(\widetilde{w}_{i,\underline{s}(k-j)} = 0\right) \wedge \left(\widetilde{w}_{i,\underline{s}(k-r)} \neq 0\right)\right) \end{cases} \end{aligned} \tag{4}$$

hängen von der **technologisch vorgegebenen** Konfiguration $\widetilde{w}_{i,\underline{s}(k)}$ des *i*-ten Werkzeuges des *k*-ten Auftrages der Reihenfolge $\underline{s}$ und den Umbauten an der Aufweitpresse ab (Fallunterscheidung, wenn Aufweitpresse nicht benötigt: $\widetilde{w}_{i,\underline{s}(k)} = 0$).

Außerdem wird die Aufgabe dadurch komplizierter, daß bei vielen Werkzeugen noch technologische Freiräume bestehen (mehrere Werkzeuge sind zulässig), deren Nutzung eine weitere Optimierung gestattet. Als Konsequenz ergibt sich die Aufgabe, eine zulässige Werkzeugkonfiguration für jeden Auftrag mit Alternativen auszuwählen.

Zur Reduzierung des Berechnungsaufwandes wird eine reihenfolgeunabhängige Umbaumatrix $\tilde{\mathbf{U}}$ eingeführt. Deren Elemente

$$\tilde{u}_{i,j} = \begin{cases} \infty \text{ für } (\mathrm{i}=\mathrm{j}) \vee (\mathrm{j}=1) \\ \max\left(\left(\underline{\tilde{w}}_i \neq \underline{\tilde{w}}_j\right)^T \cdot \underline{\alpha}, \left(\underline{\tilde{w}}_i \neq \underline{\tilde{w}}_j\right)^T \cdot \underline{\beta}, \gamma \right) \text{ sonst} \end{cases} \tag{5}$$

enthalten die Umbauzeit von der *i*-ten zur *j*-ten Werkzeugkonfiguration, wobei Umbauten auf denselben Auftrag (*i=j*) und Rückbauten auf die Ausgangskonfiguration (*j=1*) verboten werden. Diese Matrix wird später um die anderen Einflüsse korrigiert. Die Funktionsweise soll anhand eines Beispiels erläutert werden. Gegeben ist eine technologisch vorgegebene Werkzeugkonfiguration

$$\tilde{\mathbf{W}} = \begin{pmatrix} 2 & 7 & 1 & 4 & 3 & 2 & 99 & 8 \\ 3 & 7 & 2 & 3 & 2 & 9 & 8 & 8 \\ 22 & 19 & 2 & 0 & 0 & 4 & 5 & 8 \\ 6 & 19 & 2 & 3 & 2 & 4 & 16 & 8 \end{pmatrix}. \tag{6}$$

Der erste Auftrag kennzeichnet dabei die bereits eingebaute Werkzeugkonfiguration und kann im folgenden in seiner Position nicht mehr verändert werden. Der dritte Auftrag (3. Zeile) benötigt keine Aufweitpresse, was durch die Nullelemente kodiert ist.

Mit den notwendigen Umbauzeiten pro Werkzeug

$$\begin{aligned} \underline{\alpha} &= \begin{pmatrix} 30 & 20 & 20 & 20 & 15 & 10 & 0 & 0 \end{pmatrix}^T \text{ und} \\ \underline{\beta} &= \begin{pmatrix} 0 & 0 & 0 & 0 & 0 & 0 & 15 & 15 \end{pmatrix}^T \end{aligned}, \tag{7}$$

dem Verbot des Umbaus auf den gleichen Auftrag ($\tilde{u}_{ii} = \infty, i = 1,\dots,n$) und dem Rückbau auf die Ausgangskonfiguration ($\tilde{u}_{i,1} = \infty, i = 1,\dots,n$) folgt die Umbaumatrix

$$\tilde{\mathbf{U}} = \begin{pmatrix} \infty & \underline{95} & 80 & 115 \\ \infty & \infty & \underline{60} & 60 \\ \infty & 95 & \infty & \underline{\underline{65}} \\ \infty & 60 & 30 & \infty \end{pmatrix}. \tag{8}$$

Die sequenzabhängigen Umbauzeiten bewirken, daß bei Umbauten von Auftrag 3 (3. Zeile der Matrix) auf einen anderen Auftrag ausgewählte Zeiten aus einem Intervall (60..95 bei Umbau auf Auftrag 2 bzw. 30..65 bei Umbau auf Auftrag 4 - doppelt unterstrichen) auftreten können. Die Umbauzeiten in $\underline{u}$ hängen also noch von der Reihenfolge ab. Für eine Reihenfolge 1-2-3-4 gilt

$$\underline{u}(\underline{s}) = \underline{u}\left(\begin{pmatrix} 1 & 2 & 3 & 4 \end{pmatrix}^T\right) = \begin{pmatrix} \underline{95} & \underline{60} & \underline{\underline{30}} \end{pmatrix}^T, \tag{9}$$

während für eine Reihenfolge 1-3-4-2

$$\underline{u}(\underline{s}) = \underline{u}\left((1 \quad 3 \quad 4 \quad 2)^T\right) = (80 \quad \underline{\underline{65}} \quad 60)^T \tag{10}$$

folgt.

Eine andere Darstellung des Reihenfolgevektors $\underline{s}$ ist durch den Positionsvektor $\underline{p}$ angegeben, der die Position *j* des *i*-ten Auftrages in der Produktionsreihenfolge angibt:

$$\underline{p}(\underline{s}) \text{ mit } p_i = j \text{ wenn } s_j = i\,. \tag{11}$$

Eine Reihenfolge $\underline{s} = (1 \quad 3 \quad 4 \quad 2)^T$ ergibt z.B. einen Positionsvektor $\underline{p} = (1 \quad 4 \quad 2 \quad 3)^T$.

4. Problemlösung

4.1. Übersicht

Die Erstellung des Walzprogrammes ähnelt einem Travelling Salesman Problem (TSP). Dieses Problem des Handlungsreisenden besteht darin, eine Rundreise durch eine Anzahl von Orten und zurück zum Ausgangsort so zu verknüpfen, daß der Weg minimal wird. Unterschiede bestehen in zeitvarianten Termineinflüssen und nichtlinearen Umbaukosten ("Entfernungen" im TSP), sowie der nicht notwendigen Rückkehr zur ersten Werkzeugkonfiguration ("Rückkehr zum Ausgangspunkt"). Außerdem können Parallelen zur Transportoptimierung für die Erstellung von Näherungslösungen ausgenutzt werden.

Exakte Verfahren garantieren eine optimale Lösung. Die Berechnung der Gütewerte aller Permutationen wird vollständige Enumeration [2] genannt. Für ein typisches Wochenprogramm mit 135 Aufträgen folgen hier allerdings $2{,}7 \cdot 10^{230}$ mögliche Lösungen, weshalb sich diese Methode wegen ihres hohen Rechenaufwandes nur für weniger umfangreiche Probleme eignet. Durch Entscheidungsbaumverfahren [3] kann der Aufwand reduziert, aber nicht in akzeptable Regionen gebracht werden.

Deswegen werden vielfach **heuristische** Verfahren [3-5] untersucht, die hinreichend gute Näherungen ermitteln sollen. Dazu zählen z. B. das Verfahren des besten Nachfolgers, Verfahren mit Prioritätsregeln oder der Einsatz unscharfer Methoden.

4.2. Wissensbasierte Verfahren

Ein interessanter Vorteil rein regelbasierter Ansätze ist die Tatsache, daß der Entwurf der Gütefunktion entfallen kann. Die Befragung der Technologen ergibt hier eine Regelbasis aus 24 Regeln [8], die in erster Linie Prioritätsregeln bei der Zusammenfassung von Aufträgen unterschiedlichen Werkzeugkonfigurationen und die Formulierung von Restriktionen enthält. Diese Regeln liefern allerdings nur suboptimale Ergebnisse. Zudem ist der Wissenserwerb durch die Nichterfassung unbewußten Wissens, die ständige Aktualisierung des

Wissens, die notwendige Quantifizierung der Regeln und die z.T. fehlenden Angaben über Prioritäten bei widersprüchlichen Regeln problematisch. Deshalb soll mit Evolutionären Algorithmen ein weiterer Optimierungsansatz untersucht werden.

4.3. Evolutionäre Algorithmen

Die Generierung des Walzprogrammes mit Evolutionären Algorithmen (siehe z.B. [11-13]) hängt in ihrer Effizienz entscheidend von der Auswahl einer geeigneten Kodierung und passender genetischer Operatoren ab. In der hier gewählten Kodierung stellt jedes Individuum eine codierte Auftragsreihenfolge dar, die aus natürlichen Zahlen von 1 bis zur Anzahl der Aufträge besteht. Deren Reihenfolge im Code bezeichnet die Reihenfolge der Aufträge. Jeder Auftrag kommt genau einmal vor.

Bei allen Operatoren ist darauf zu achten, daß

- Erbinformationen aus der Elterngeneration oder des Individuums selbst erhalten bleiben,
- ein großer Teil des Suchgebietes überstrichen werden kann, um ein Verlassen suboptimaler Gebiete zu ermöglichen, und
- nur gültige Lösungen generiert werden, um den Rechenaufwand nicht unnötig zu erhöhen.

Die **Rekombination** zweier Individuen zur Erzeugung von Nachkommen (neue Lösungen) nimmt das in Bild 3 dargestellte Order Crossover (OX) [1] vor. Aus dem Code des Elters A wird ein Segment mit zufälliger Länge gewählt (unterstrichen), das in den Nachkommen implantiert wird. Aus dem Elter B werden die in diesem Segment vorkommenden Aufträge gelöscht (* in B-A), die verbleibenden Aufträge zusammengeschoben und das Segment aus A eingefügt. Dadurch entsteht ein Nachkomme C, der Erbinformationen beider Eltern enthält. Für das hier vorliegende Probleme ist ebenfalls eine Modifikation sinnvoll, die einen zusätzlichen Nachkommen D erzeugt, dessen Segment aus A gedreht wird. Dieser Nachkomme D bewährt sich insbesondere bei der Optimierung von Programmen mit komplizierter Terminsituation.

Elter A:	1	4	5	7	3	2	6
Elter B:	2	5	3	6	4	1	7
B - A:	2	*	*	6	4	1	*
B - A (z)	2	6	4	*	*	*	1
Nachkomme C:	2	6	4	5	7	3	1
Nachkomme D:	2	6	3	7	5	4	1

Bild 3: Funktionsweise des OX-Operators (zusätzliche Modifikation im Nachkommen D: Chromosom aus Elter A wird gedreht)

Ein sinnvoller **Mutationsoperator** ist das zufällige Vertauschen zweier Aufträge, wodurch wiederum die Gültigkeit der Lösung garantiert wird.

Zusätzlich wurden **heuristische Operatoren** eingesetzt, die auf dem systematischen Vertauschen einzelner Aufträge oder von Auftragsblöcken aus 2-6 Aufträgen beruhen (Prinzip siehe Bild 4). Entsprechend ihrer Ähnlichkeit mit Mutationsoperatoren wird diese Operation im folgenden als "gezielte Mutation" bezeichnet.

Elter :	1	4	5	7	3	2	6
Nachkommen:	4	1	5	7	3	2	6
(Mutanten)	1	4	5	7	3	2	6
				...			
	1	5	7	3	2	6	4

Bild 4: Funktionsweise der gezielten Mutation für einen Auftrag (hier Auftrag 4)

Die Vorteile liegen im systematischen Absuchen des Zielgebietes und in Rechenvereinfachungen bei der Gütefunktion. Eine Abschätzung der Erfolgschancen durch das Mutieren besonders ungünstiger Umbauzeiten und die Beachtung einer realisierbaren DHO-Belegung durch ähnliche Stahlsorten und Blockmassen führen für das Walzprogramm zu einer entscheidenden Reduzierung der Rechenzeit. Nachteilig ist allerdings der eingeschränkte Suchraum, was insbesondere bei ungünstigen Startnäherungen und Aufgaben mit aufwendiger Terminplanung zu nichtoptimalen Lösungen führen kann.

Um zu schnelle Konvergenz gegen lokale Maxima zu vermeiden, wurden verschiedene evolutionäre Konzepte auf ihre Anwendbarkeit hin untersucht:

- Hierarchische Evolutionäre Algorithmen

  Mehrere Optimierungsläufe mit einer geringen Anzahl von Individuen werden bis zu einem Abbruchkriterium (keine Güteverbesserung über eine bestimmte Anzahl von Generationen) durchgeführt. Mit den jeweils besten Individuen der einzelnen Durchläufe wird eine neue Generation guter Individuen gestartet. Diese Vorgehensweise entspricht der Einführung von sich getrennt entwickelnden Unterpopulationen [14], deren beste Individuen später zusammengeführt werden.

  Dabei ist in einem multimodalen Gütefunktional (mit mehreren lokalen Minima) davon auszugehen, daß mehrere Minima gefunden werden. Im hier diskutierten Beispiel entspricht das dem Finden guter Teilreihenfolgen, der Konzentration auf Termine oder Umbauzeiten usw., so daß eine Kombination dieser suboptimalen Lösungen Potentiale für die weitere Verbesserung bietet.

- Evolutionäre Algorithmen mit Schutz abweichender Individuen

  Zum Wert der Gütefunktion wird ein Ähnlichkeitsmaß zum besten Individuum addiert. Dadurch werden Individuen bevorzugt, die bei mittleren Gütewerten deutlich vom bisher besten Individuen der Population abweichen und so in der Rekombination interessante Chromosomen zur Verfügung stellen.

Wenn z.B. bei der vereinfachten Suchraumdarstellung in Bild 5 mit der bisher besten Lösung A die Gütewerte der Individuen B und C gleich sind, wird der weiter entfernten Lösung B der Vorzug gegeben. Die Achsenbezeichnungen x und y stehen dafür z.B. für die Position zweier Aufträge in der Produktionsreihenfolge.

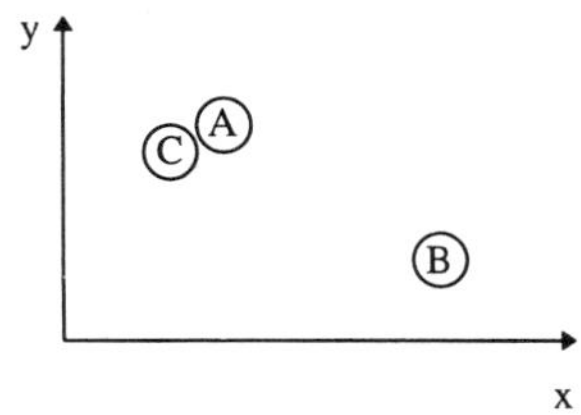

Bild 5: Bevorzugung abweichender Individuen

Damit wird nicht nur eine Walzreihenfolge $\underline{s}$, sondern die gesamte Population aus q Individuen bewertet, die durch eine Matrix **S** mit den Walzreihenfolgen der verschiedenen Individuen in den Spalten beschrieben ist. Die Realisierung erfolgt über eine Modifikation der Gütefunktion, die sich nun aus

$$\underline{G'}_{ges}(\mathbf{S}) = \underline{G}_{ges}(\mathbf{S}) - \underline{v}(\mathbf{S}, \underline{s}_1) \quad (12)$$

ergibt. Dabei ist $\underline{v}$ ein Maß, das die Verschiedenheit der einzelnen Reihenfolgen vom besten Individuum $\underline{s}_1$ der ursprünglichen Gütefunktion (1) bewertet. Ein solches Maß ist beispielsweise die Anzahl ungleicher Elemente oder die gemittelten Beträge der Differenzen der Auftragspositionen, die den Positionsvektor $\underline{p}$ (11) des i-ten Individuums bzw. die daraus gebildete Matrix **P** verwenden:

$$\begin{aligned} &\underline{v}(\mathbf{S}, \underline{s}_1) = \underline{v}\left(\mathbf{S}(\mathbf{P}), \underline{s}_1(\underline{p}_1)\right) \\ &\text{mit } v_i = \mu \cdot \frac{1}{n} \sum_{k=1}^{n} \left| p_{ki} - p_{k1} \right|,\ i = 1, \ldots, q \end{aligned} \quad (13)$$

Der Faktor μ ist dabei ein Wichtungsfaktor, der positive Werte annimmt, wobei für μ=0 kein Schutz der abweichenden Individuen vorgenommen wird und steigende Werte von μ einen verstärkten Schutz bedeuten. Bei der Selektion wird allerdings dafür gesorgt, daß zumindest das bisher beste Individuum überlebt, um ein Pendeln zwischen verschiedenen lokalen Optima zu vermeiden.

Das Konzept weist Parallelen zu Einnischungs-Strategien auf, wobei hier im Unterschied zu [15] der Schutz über Änderungen an der Gütefunktion und nicht über eine Modifikation der Selektionskriterien erfolgt.

- Unterdrückung gleicher Individuen

  In der Population werden nur unterschiedliche Individuen zur Fortpflanzung zugelassen, um ein vorschnelles Durchsetzen guter Individuen mit identischen Genmaterial zu vermeiden. Die Erkennung erfolgt über einen Vergleich von Individuen mit gleichem Gütewert.

In diesem Beispiel bewähren sich außerdem Strategien, die bei der **Selektion** von einer Übernahme der besten Individuen der Elterngeneration ausgehen (*elitist reinsertion*). Hier erhöht sich im Vergleich zur alleinigen Übernahme der besten Individuen der Nachkommen die Konvergenzgeschwindigkeit durch den gesicherten Erhalt der besten Individuen. Diese Vorgehensweise reduziert zwar die Fähigkeit, lokal optimale Situationen zu überwinden, was aber durch die obengenannten Strategien auf anderem Wege erreicht wird.

5. Ergebnisse

Zur Einschätzung der Leistungsfähigkeit der vorgestellten Methoden für das Walzprogramm wurden über einen längeren Zeitraum Wochenprogramme ausgewertet. Die besten Ergebnisse werden erzielt, wenn die Reihenfolge nach Anwendung der Expertenregeln als ein Individuum der Startpopulation hinzugefügt wird und die Optimierung mit der gezielten Mutation erfolgt. Dabei ergaben sich in Abhängigkeit von der jeweiligen Schwierigkeit der Planungen Einsparungen von 10-15% der Umbauzeiten.

Auch für ein weiteres Wochenprogramm mit 89 Aufträgen liefert dieser Ansatz die besten Ergebnisse mit einem Gütewert von 1610 Minuten nach einer Rechenzeit von 240s (Bild 6). Die Vorgabe einer Startlösung beschleunigt das Finden einer akzeptablen Lösung bedeutend. Solche Startlösungen können auch aus klassischen Optimierungsansätzen der Transportoptimierung [3,16], wie der Regel des besten Nachfolgers, der Regel der minimalen Kosten und der Regel nach Vogel, mit anschließenden Verfahren zum Erzeugen gültiger Lösungen kommen.

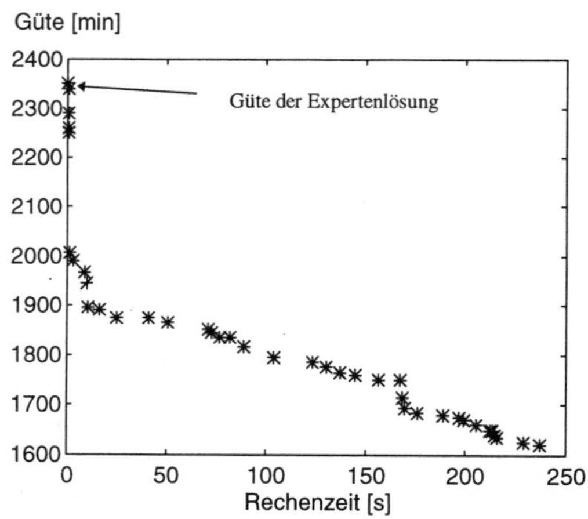

Bild 6: Optimierungsablauf mit Startlösung Expertenregeln und gezielten Mutationsoperatoren

Vielversprechender ist aber der Einsatz prozeßspezifischer Regeln zur Optimierung:

- Die Regeln liefern trotz ihrer Unvollständigkeit und Suboptimalität durchführbare Walzprogramme.
- Die Regeln erzeugen von vornherein Lösungen, die auch in der Gütefunktion nicht berücksichtigte Restriktionen und technologische Präferenzen einhalten, die durch die Evolutionären Algorithmen nur dann geändert werden, wenn andere Lösungen vorteilhafter sind.
- Die Akzeptanz beim Technologen wird erhöht, weil das Programm verständlicher bleibt und somit manuellen Bewertungen und Modifikationen zugänglich ist.

Andere evolutionäre Ansätze, bei denen der OX-Operator dominiert, liefern für das Beispiel mit 89 Aufträgen bei längerer Rechenzeit deutlich schlechtere Ergebnisse (exemplarischer Verlauf siehe Bild 7). Die Ursache liegt im Finden eines lokalen Minimums, dessen genetische Repräsentation bald die gesamte Population dominiert, insbesondere wenn nach einer zufälligen großen Verbesserung andere Individuen deutlich schlechtere Gütewerte aufweisen und verdrängt werden.

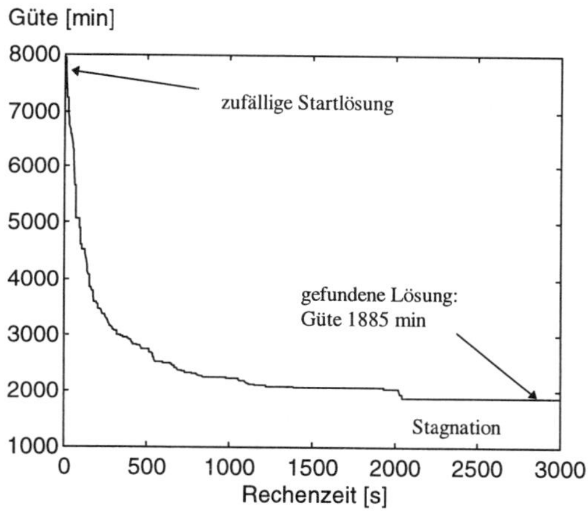

Bild 7: Optimierung mit OX-Operator und zufälliger Startlösung

Deswegen erwiesen sich insbesondere die Unterdrückung gleicher Individuen und die Modifikation der Gütefunktion entsprechend (13) als erfolgreiche Strategien, eine vorzeitige zu große Ähnlichkeit der Population zu verhindern. Der Vergleich von Optimierungsverläufen mit und ohne Bevorzugung abweichender Individuen ist in Bild 8 dargestellt. Auffällig ist dabei die Fähigkeit, mit kleinen Optimierungsschritten Stagnationserscheinungen zu vermeiden und eine Güte von 1785 Minuten zu erreichen.

So wird bei Erreichen lokaler Minima erzwungen, daß auch andere Individuen mit schlechterer Güte, aber deutlich abweichender genetischer Repräsentation eine Vererbungschance haben und so die genetische Vielfalt erhalten bleibt. Auch hier verhilft eine bessere Startlösung zu einer schnelleren Konvergenz und verbesserten Gütewerten (1735 Minuten). Insbesondere bei Wochenprogrammen mit einer hohen Auslastung der Produktionskapazitäten stellen diese Ansätze eine gleichwertige Alternative zu gerichteten Mutationsoperatoren dar.

Andere Ansätze, die *gesamte* Population auf unterschiedliches genetisches Material zu untersuchen und einmalige Individuen zu bevorzugen, versprechen noch bessere Ergebnisse, sind aber mit einer deutlichen Erhöhung des Rechenaufwandes verbunden und wurden deshalb nicht realisiert. Auch bei Einsatz größerer Populationen lassen sich weitere Verbesserungen erzielen (Gütewert 1680 Minuten bei Verdoppelung der Populationsgröße und über 3 Stunden Rechenzeit).

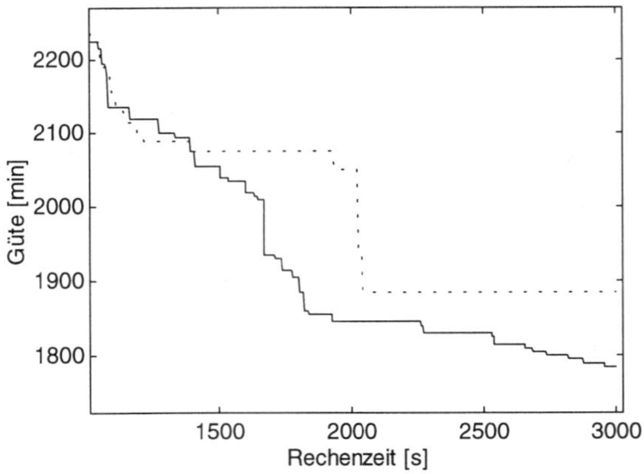

Bild 8: Ausschnitt aus den Güteverläufen mit OX-Operator; Bevorzugung abweichender Individuen: durchgezogene Linie ja, gestrichelte Linie nein

Hingegen konnten für hierarchische Konzepte mit unabhängigen Unterpopulationen hier keine befriedigenden Einstellungen gefunden werden, weil durch die Vielzahl von Optimierungsläufen zu lange Rechenzeiten auftreten und zu kleine Populationen schnell stagnieren.

Diese Situation, daß neben der Codierung und der Anzahl der Individuen die Anpassung der Operatoren an die Suchaufgabe eine wichtige Aufgabe ist, stellt eine typische Problematik Evolutionärer Algorithmen dar. Eine ausschnittsweise Visualisierung der Gütefunktion erlaubt in einigen Einsatzfällen eine zielgerichtete Auswahl, weil alle Operatoren spezielle Wirkungsrichtungen und Einzugsgebiete haben.

Insbesondere bei reell- und ganzzahligen Kodierungen bietet sich ein dimensionsreduzierter Ausschnitt aus dem Gütegebirge an, bei der in der Umgebung einer Lösung zwei Aufträge aus der Walzsequenz herausgenommen und auf allen möglichen Plätzen wieder in die Sequenz eingefügt werden. Die x- und die y-Richtung geben folglich die neue Position der Aufträge an. In z-Richtung ist der resultierende Wert der Gütefunktion dargestellt. Während bei einer zufällig generierte Startlösung zunächst stark zerklüftete Gütegebirge mit einer Vielzahl lokaler Minima auftreten [10], fällt in der Umgebung guter Lösungen eine deutlich verbesserte Ordnung mit orthogonal ausgerichteter Topologie auf (Bild 9). Folglich bestehen für Operatoren gute Erfolgschancen, die diese Suchrichtungen bevorzugen. Beispielsweise sucht der Operator mit der gezielten Mutation mit einem Auftrag (Bild 4) in Bild 9 achsenparallel, indem er den Auftrag 14 bzw. 15 an jede andere Position in der Auftragsreihenfolge setzt. Damit werden die deutlich erkennbaren Täler der Gütefunktion durchlaufen.

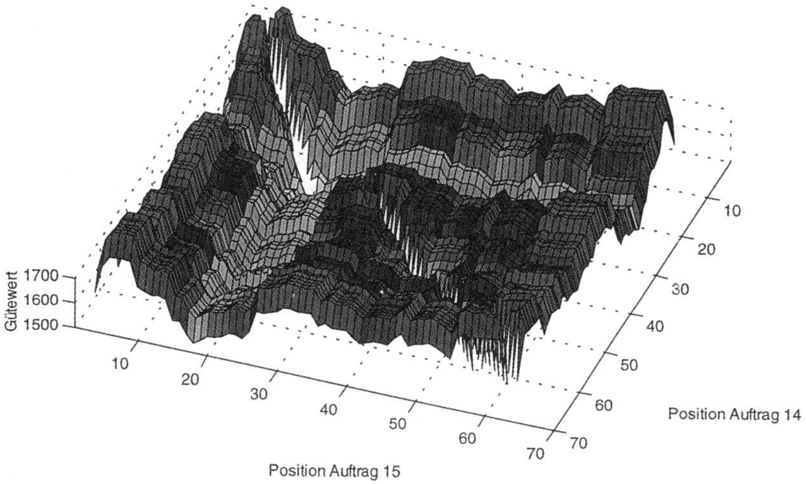

Bild 9: Ausschnitt aus dem Gütegebirge in Abhängigkeit der Positionen zweier Aufträge in einer Walzreihenfolge

Hingegen bewegt sich der gezielte Mutationsoperator mit zwei Aufträgen diagonal durch dieses Gütegebirge und bleibt damit parallel zu dem ausgeschnittenen Bereich, der die Restriktion widerspiegelt, daß nicht zwei Aufträge an der gleichen Position liegen dürfen. Diese Suchrichtungen sind in Bild 10 nochmals vereinfachend dargestellt, wobei die durchgezogenen achsenparallelen Linien die Verschiebung des Auftrages x bzw. y und die gestrichelte Linie die Verschiebung der Aufträge x und y beschreibt.

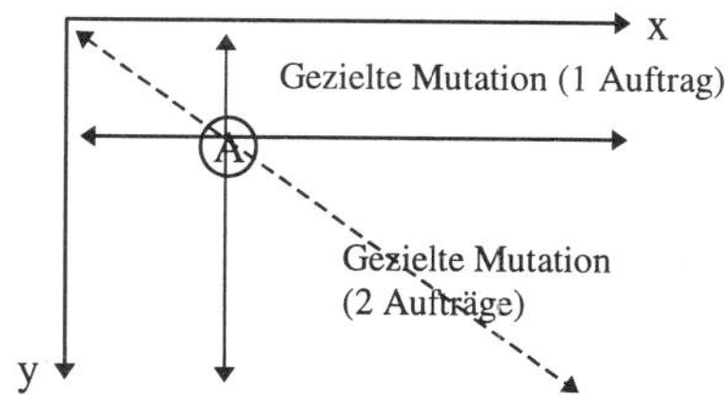

Bild 10: Suchrichtungen gezielter Mutationsoperatoren

6. Rechentechnische Realisierung

Ein wesentliches Problem bei der Umsetzung der gefundenen Lösung stellt die Einbindung in den betrieblichen Informationsfluß dar. Die Akzeptanz hängt wegen der anfallenden Datenmenge (Aufträge, Auswahl der Technologie, Übergabe der Reihenfolge) von einer online Kopplung der Planungssoftware an das im Ringwalzwerk Gröditz eingesetzte SAP-System R/2 ab.

Mit diesem System kann der Anwender auf ein zugrundeliegendes Datenbanksystem zugreifen, das betriebswirtschaftliche und technologische Daten verwaltet, welche die Ausgangsbasis der Reihenfolgeplanung darstellen. Da das SAP-System R/2 und MATLAB über ein Netzwerk voneinander getrennt, auf verschiedener Hardware und unter verschiedenen Betriebssystemen laufen, stellt sich das Problem der Kommunikation zwischen beiden Programmen.

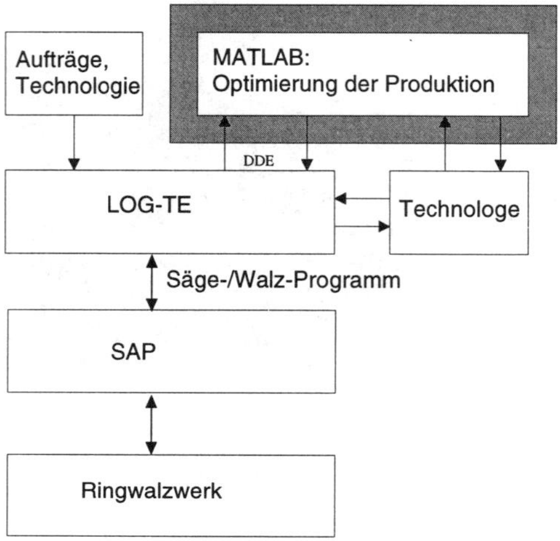

Bild 11: Kopplung zwischen MATLAB und SAP

Die Realisierung erfolgt über die unter MS Windows laufende Terminalemulation LOG-TE des SAP-Systems, die über eine mehrschichtige Protokollstruktur mit dem Betriebssystem (BS2000) des IBM Großrechners und dem darunter laufenden SAP-System R/2 kommuniziert. Dadurch kann eine Standardkommunikation mittels Dynamic Data Exchange (DDE) unter Windows erfolgen. Diese Kommunikation umfaßt das Laden der Ausgangsdaten von MATLAB aus und die Übergabe der vorgeschlagenen Reihenfolge und der entstehenden Umbauzeiten zurück an das SAP. Die Datenhaltung erfolgt ausschließlich im SAP, wobei MATLAB bei der Übergabe an das SAP die Datenkonsistenz bezüglich zwischenzeitlicher Änderungen überprüft [17].

Eingriffsmöglichkeiten bestehen für den Technologen in MATLAB bezüglich verschiedener Parameter der Gütefunktion, der Schaffung zusätzlicher Restriktionen (Zusammenhalten von Aufträgen, Festsetzen absoluter Positionen eines oder mehrerer Aufträge in der Reihenfolge) und im SAP, wo bei Bedarf vorgeschlagene Reihenfolgen verändert werden können. Der prinzipielle Informationsfluß ist in Bild 11 dargestellt.

7. Zusammenfassung und Ausblick

In dieser Arbeit wurde ein hybrider Algorithmus aus Expertenregeln und modifizierten Evolutionären Algorithmen zur Optimierung des Walzprogrammes der Gröditzer Stahlwerke GmbH vorgestellt. Die Effizienz der Algorithmen wurde anhand praktischer Daten nachgewiesen. Die Umbauzeit des Walzprogrammes konnte im Vergleich zu der vom Technologen heuristisch entworfenen Strategie unter Einhaltung der technologischen Restriktionen um ca. 15% reduziert werden.

Diese problemangepaßte Kombination aus Expertenwissen, zufälligen und systematischen Suchverfahren ist für das hier untersuchte Beispiel der alleinigen Anwendung von Expertenregeln und klassischen Evolutionären Algorithmen überlegen und ermöglicht gute Ergebnisse bei kurzen Rechenzeiten. Wesentlich für den Erfolg ist eine strukturelle Analyse des Problems, wodurch der Suchraum reduziert und dekomponiert werden kann. Die kostenorientierte Betrachtung in der Belegung des Drehherdofens mit der Koordinierung zwischen einer energieoptimierten Fahrweise und den Auswirkungen auf das Walzprogramm beinhaltet ebenfalls noch erhebliche Einsparungspotentiale.

Die Autoren danken Herrn Dipl.-Ing. (FH) Thiel von den Gröditzer Stahlwerken GmbH sowie Herrn Dr.-Ing. Gröll und Herrn cand.-Ing. Nestler von der TU Bergakademie Freiberg für ihre fachliche Unterstützung.

Literatur

[1] *Bierwirth, C.:* Flowshop Scheduling mit parallelen Genetischen Algorithmen, Deutscher Universitäts-Verlag GmbH, Wiesbaden; 1993

[2] *Ablay, P.:* Optimieren mit Evolutionsstrategien: Reihenfolgeprobleme, nichtlineare und ganzzahlige Optimierung, Dissertation, Universität Heidelberg; 1979

[3] *Zimmermann, H. J.:* Operations Research, Methoden und Modelle. Vieweg-Verlag, Braunschweig, Wiesbaden; 1987

[4] *Dorn, J., Froesch, K. (Hrsg.):* Scheduling of Production Processes, Ellis Horwood Limited, Chichester; 1993

[5] *Albrecht, H.-J., Strietzel, R.:* A Fuzzy Algorithm for Planning the Production Sequence. Proc. , 8th IFAC Symposium on Information Control Problems in Manufacturing (INCOM'95), Peking; 1995

[6] *Thomalla, C., Eschbach, O.:* Maschinenbelegungsplan mit einem genetischen Algorithmus, Automatisierungstechnik 43 (3), S. 136-141; 1995

[7] *Stolp, W.:* Ein Beitrag zur wissensbasierten Auftragsreihenfolgeplanung in der Fertigung, Fortschritts-Berichte VDI, Reihe 20, Nr. 72, Düsseldorf; 1992

[8] *Hendrich, F.:* Erarbeitung einer Wissensbasis für ein Expertensystem im Säge- und Walzprogramm unter Beachtung der technologischen Durchsetzbarkeit im Bereich des Walzwerkes. Diplomarbeit, TU Dresden, Institut für Automatisierungstechnik; 1997

[9] *Hendrich, F.; Ihle, R.; Thiel, V.; Mikut, R.:* Optimierung der Produktionsreihenfolgeplanung in Walzwerken durch Auswertung von Expertenregeln und Einsatz von Evolutionären Algorithmen. Proc., Berg- und Hüttenmännischer Tag, Freiberg; 1997

[10] *Mikut, R., Hendrich, F.:* Produktionsreihenfolgeplanung in Ringwalzwerken mit wissensbasierten und evolutionären Methoden. Erscheint in Automatisierungstechnik 46 (1); 1998

[11] *Rechenberg, I.:* Evolutionsstrategie: Optimierung technischer Systeme nach Prinzipien der biologischen Evolution. Frommann Holzboog, Stuttgart; 1993

[12] *Schwefel, H.-P.:* Numerische Optimierung von Computermodellen mittels der Evolutionsstrategie. Birkhäuser, Stuttgart; 1977

[13] *Holland, J. H.:* Adaption in Natural and Artificial Systems. The University of Michigan Press, Ann Arbor, MI; 1975

[14] *Pohlheim, H.:* Ein genetischer Algorithmus mit Mehrfachpopulationen zur numerischen Optimierung. Automatisierungstechnik 43 (3), S. 127-135; 1995

[15] *Kahlert, J.:* Globale vektorielle Optimierung mit Evolutionsstrategien. Automatisierungstechnik 43 (3), S. 118-126; 1995

[16] *Vogel, W.:* Lineares Optimieren. Akademische Verlagsgesellschaft Geest & Portig K.-G.; Leipzig; 1970

[17] *Nestler, R.:* Entwurf einer Datenschnittstelle zwischen MATLAB V4.2 und SAP-System R/2. Studienarbeit, TU Bergakademie Freiberg, Institut für Automatisierungstechnik; 1997

Automatisierungsverfahren mit Fuzzy-Systemen und neuronalen Netzen für Stranggießanlagen und Stahlbehandlungslinien

J. Adamy, Erlangen
W. Tautz, Erlangen
M. Niemann, Erlangen
H.-J. Nitsche, Erlangen
J. Göpel, Erlangen

Zusammenfassung. Die Automatisierung der Stahlerzeugung und -bearbeitung hat neben der Erhöhung der Produktivität und der Senkung der Produktionskosten auch die Steigerung der Stahlqualität zum Ziel. Dementsprechend werden in Stahlwerken, Gießereien, Walzwerken und Behandlungslinien immer effektivere Automatisierungsverfahren eingesetzt. Neben konventionellen Verfahren finden hierbei auch zunehmend Fuzzy-Systeme und neuronale Netze Verwendung. Aufgrund ihrer Eigenschaften, menschliches Kausalwissen auf Rechnern abbilden bzw. unbekanntes Verhalten lernen zu können, ergänzen sie oft klassische Lösungen oder schaffen neue Lösungsmöglichkeiten. In diesem Beitrag werden die von der Siemens AG entwickelten Diagnose- und Regelungssysteme für Stranggießanlagen und Behandlungslinien zur Zinkbeschichtung von Stahlbändern beschrieben, die auf Fuzzy-Systemen und neuronalen Netzen basieren oder diese nutzen. Betrachtet werden des weiteren die mit diesen Verfahren, die auf mehreren Anlagen in Betrieb sind und als kommerzielle Produkte vertrieben werden, erzielten Kosteneinsparungen, Produktivitäts- und Qualitätssteigerungen.

1 Einleitung

An die Automatisierung von Prozessen in der Stahlerzeugung und -verarbeitung stellt der Anlagenbetreiber nicht nur Anforderungen, die die technische Funktionalität betreffen, sondern er wünscht auch Kosten zu sparen, die Verfügbarkeit der Anlage sowie ihre Produktivität zu steigern, die Wartbarkeit zu verbessern und die Bedienbarkeit zu vereinfachen. Insbesondere der Kostenfaktor ist bei einem Standardprodukt wie Stahl ein zentraler Gesichtspunkt.

Dementsprechend sucht und entwickelt der Anlagenersteller Automatisierungsverfahren, die diese Anforderungen erfüllen. Des weiteren ist er auch bestrebt, die Kosten für die Entwicklung und die Inbetriebsetzung niedrig zu halten. Aus diesen primären Zielen heraus leiten sich Vorgaben für die zu verwendenden Automatisierungsverfahren und -systeme ab. So werden neben einer hohen technischen Leistungsfähigkeit, die u. a. wesentlich für die Produktivität ist, Einfachheit und Verständlichkeit gefordert, die wesentlich für Akzeptanz, Bedienbarkeit, Wartbarkeit und Inbetriebssetzungszeiten sind.

Neben klassischen Automatisierungsverfahren, die diese Anforderungen oft erfüllen und sich in der Praxis bewährt haben, werden für diese Zwecke in der Stahlindustrie zunehmend auch Fuzzy-Systeme und neuronale Netze verwendet [1], [2], [3], [4], [5]. Dies geschieht zum einen, um klassische Systeme, z. B. PID-Regler oder analytisch ermittelte Prozeßmodelle, zu ergänzen und so zu verbessern. Zum anderen ermöglichen diese Verfahren aber auch neue Lösungsansätze. Die wichtigsten Merkmale von Fuzzy-Systemen [6], [7] sind dabei ihre gute Verständlichkeit und die Möglichkeit, verbal formulierbare Verhaltensweisen des Menschen auf einen Rechner zu transformieren und so zu automatisieren. Neuronale Netze [8] werden in diesem Bereich oftmals benutzt, um unbekanntes Prozeßverhalten, das man nicht oder nur mit großem Aufwand modellieren kann, anhand von Meßdaten zu lernen und nachzubilden. Dabei entstehen Blackbox-Lösungen, deren Handhabbarkeit (wenn auch nicht immer ihre Funktionsweise) einfach ist.

Anwendungen mit Fuzzy-Systemen und neuronalen Netzen in der Stahlindustrie sind beispielsweise die Steuerung von Lichtbogenöfen [9], die Prädiktion von Walzkräften und Temperaturen bei Walzstraßen [9], [10] oder die Ablaufplanung [11]. Themen dieses Beitrages sind die von der Siemens AG mit Fuzzy-Systemen und neuronalen Netzen entwickelten Automatisierungsverfahren für Stranggießanlagen und Zinkbeschichtungsanlagen [12], [13], [14], [15]. Bei ihrer Entwicklung wurde neben einer möglichst hohen Leistungsfähigkeit besonderer Wert auf einfache Einstellbarkeit, Wartbarkeit und einen niedrigen Realisierungsaufwand gelegt. Außer auf die technische Funktionsweise wird im weiteren auch auf erzielte Produktionssteigerungen, Kostenersparnisse und die verbesserte Anlagenverfügbarkeit eingegangen.

2 Gießspiegelregelung und Durchbruchvorhersage bei Stranggießanlagen

Beim Stranggießverfahren [16] wird flüssiger Stahl aus einem Transportbehälter, der Gießpfanne, in einen Verteiler, den Tundish, gegossen. Der Tundish versorgt im allgemeinen mehrere parallele Anlagen, wobei der flüssige Stahl jeweils über ein Tauchrohr in den strangformenden Anlagenteil, die Kokille, gelangt. Dabei wird der Stahlzufluß über einen hydraulisch betätigten Stopfen reguliert. Die Innenwände der Kokille sind wassergekühlt, so daß die Schmelze an den Wänden so weit abkühlt, daß sie aushärtet. So entsteht eine feste Strangschale, die den noch flüssigen Stahl umschließt, und der Strang kann, wie in Bild 1 illustriert, aus der Kokille herausgezogen werden. Damit der Strang dabei nicht an der Kokille haftet, wird zum einen ein Gleitmittel, das Gießpulver, zwischen Kokillenwand und Strangschale eingebracht, und zum anderen wird die Kokille oszillatorisch auf- und abbewegt. Letzteres wird als Kokillenoszillation bezeichnet. Über Leitrollen geführt kühlt der Strang weiter ab und wird schließlich durch eine Schneidevorrichtung in einzelne Brammen zerteilt.

Zwei Automatisierungsaufgaben sind beim Stranggießverfahren von zentraler Bedeutung: die Konstanthaltung des Gießspiegels, d. h. der Füllhöhe y, in der Kokille und die Vorhersage und Vermeidung von Durchbrüchen. Durchbrüche entstehen aufgrund von Schwachstellen der Strangschale, die aus einem fehlerhaften Schalenwachstum in der Kokille resultieren und nach dem Herausziehen aus der Kokille aufbrechen. Flüssiger Stahl tritt aus. Beschädigungen und Anlagenstillstand sind die Folge.

Die Regelung des Gießspiegels ist zwingend, da die Kokille weder über- noch leerlaufen darf. Darüber hinaus soll der Gießspiegel aber auch möglichst konstant auf einem Sollwert y_{soll} gehalten werden, da Schwankungen die Stahlqualität beeinträchtigen. Denn durch Auf- und Abbewegungen des Gießspiegels kann Schlacke in den Strang gelangen. Und Schlackeeinschlüsse können zu Durchbrüchen führen. Eine leistungsfähige Gießspiegelregelung, wie sie im weiteren beschrieben wird, vermindert also auch die Wahrscheinlichkeit von Durchbrüchen.

2.1 Modular aufgebaute Gießspiegelregelung mit Fuzzy-Adaption

Ausgangspunkt für den Entwurf der Gießspiegelregelung ist ein Modell des Prozesses. Dieser besteht aus dem über eine Hydraulik und eine Mechanik bewegten Stopfenheber, der das Stellglied bildet, der Durchflußcharakteristik der Ausflußöffnung und dem Füllverhalten der Kokille. Des weiteren ist die Dynamik der Gießspiegelmessung zu berücksichtigen, die radiometrisch oder induktiv erfolgt [17], [18], [19], [20].

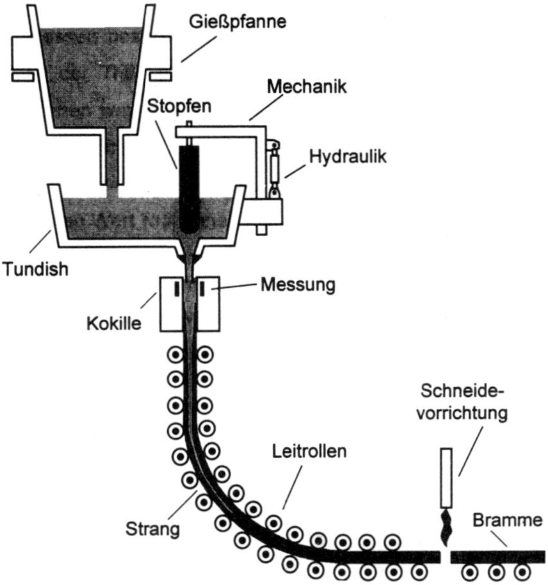

Bild 1: Prinzipieller Aufbau einer Stranggießanlage

Das Servoventil der Hydraulik, dessen Eingangsgröße der Stellwert u ist und das den Hydraulikzylinder ansteuert, kann näherungsweise durch eine lineare Differentialgleichung erster Ordnung beschrieben werden und der Hydraulikzylinder durch einen Integrierer. Der Verfahrweg des Zylinders bestimmt schließlich über das mechanische Gestänge und einen entsprechenden Übersetzungsfaktor die Stopfenposition s. Demzufolge erhält man als Beschreibung des Stopfenhebers

$$a_1 \ddot{s} + a_0 \dot{s} = u. \tag{1}$$

Der Stahlfluß q in das Tauchrohr hängt nichtlinear über

$$q = f(s) \tag{2}$$

vom Öffnungsquerschnitt und damit von der Stopfenposition s ab. Und der Füllstand y in der Kokille resultiert aus der Integration der Differenz von Stahlzufluß q und Stahlabfluß. Letztere ist das Produkt von Gießspiegelfläche A und Stranggeschwindigkeit, d. h. Gießgeschwindigkeit v. Also gilt

$$\dot{y} = q - Av. \tag{3}$$

Die drei Gleichungen (1) bis (3) beschreiben das prinzipielle Systemverhalten. Eine Reihe nicht oder nur ungenau modellierbarer Prozeßcharakteristika und -störungen, die die Gießspiegelregelung wesentlich beeinträchtigen können, beschreibt obiges Modell allerdings nicht.

Zum einen sind dies weitere Streckeneigenschaften. So können Reibungen und Losen in der Gestängeführung des Stopfens vorhanden sein, die eine genaue Einstellung der Stopfenposition erschweren. Des weiteren bilden sich Ablagerungen am Stopfen und im Tauchrohr [21], so daß sich die Durchflußkennlinie f ändert, d. h. sie ist zeitvariant. Die Ablagerungen können abbrechen, so daß es zu einer abrupten Änderung des Durchflußquerschnittes und der Durchflußkennlinie kommt. Diese Abbrüche verursachen eine starken Anstieg des Gießspiegels. Abhängig ist die Durchflußkennlinie auch von der Viskosität der jeweils gegossenen Stahlsorte.

Zum anderen sind es Prozeßstörungen. So können periodische Schwankungen der Gießgeschwindigkeit v auftreten, die sich gemäß Gl. (3) in der Gießspiegelhöhe y wiederfinden. Ursache hierfür können Bulgingschwingungen sein [22]. Sie entstehen, wenn der weiche Strang nach Verlassen der Kokille zwischen zwei Leitrollenpaaren ausbaucht und diese Ausbauchungen beim Durchlaufen eines Rollenpaares wieder zusammengedrückt werden. Des weiteren können sich, z. B. angeregt durch die Kokillenoszillation, stehende Wellen auf dem Gießspiegel ausbilden [23].

Obige Prozeßeigenschaften und -störungen müssen beim Entwurf einer Gießspiegelregelung berücksichtigt werden, um einen sicheren Betrieb zu gewährleisten und eine niedrige Ausschußrate zu erzielen. Klassische Gießspiegelregelungen bestehen aus PI- oder PID-Reglern, die im störungsfreien Betrieb gute, aber bei den oben geschilderten Situationen unbefriedigende Regelergebnisse erbringen. Dementsprechend sind verschiedene Regelungen entwickelt worden, deren Leistungsfähigkeit über die des PID-Reglers hinausgehen, beispielsweise Regler mit Fuzzy-Logik [24], [25], [26], [27], prädiktive Regler [28], H_∞-Regler [19], Regler mit prozeßabhängiger Reglereinstellung [17], spezielle Verfahren zur Kompensation von Reibungen, Störungen etc. [29], [30], [18] oder Expertensysteme [31].

Die hier betrachtete Regelung [12] besteht aus mehreren Funktionsmodulen, die jeweils gezielt für eines der oben beschriebenen Probleme entwickelt wurden. Die Struktur der Regelung ist in Bild 2 dargestellt, und die einzelnen Module haben folgende Aufgaben: Als Basisregler fungiert ein PID-Regler (1), der wie erwähnt im störungsfreien Betrieb gute Ergebnisse erbringt. Ein Störbeobachter (2) bildet eventuell vorhandene Bulgingschwingungen nach und die nachgebildete, um 180° phasenverschobene Schwingung wird der Stopfenposition überlagert und die Störung so kompensiert. Ein weiteres Funktionsmodul (3), das in den Positionsregler der Servohydraulik integriert ist, reduziert die Auswirkungen von Reibungen und Losen. Da die Regelstrecke, insbesondere die Durchflußkennlinie, zeitvariant ist und vom Prozeßzustand abhängt, wird der Übertragungsbeiwert K_P des PID-Reglers mittels einer On-line-Optimierung (4) ständig neu eingestellt. Als Gütemaß dient dabei die Standardabweichung des Regelfehlers in einem Zeitintervall von mehreren Minuten.

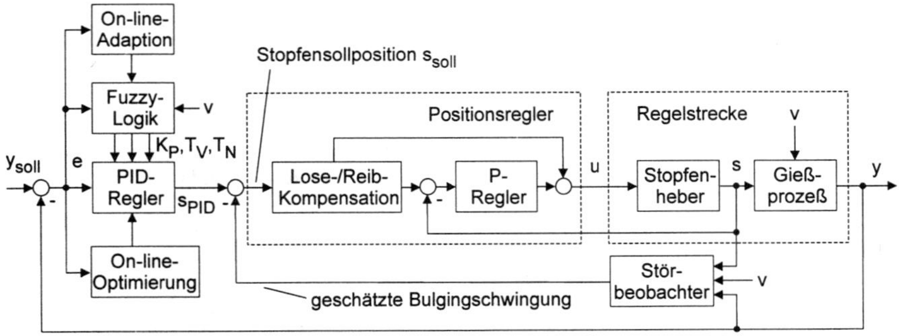

Bild 2: Strukturbild des Gießspiegelregelkreises mit den Funktionsmodulen PID-Regler, Störbeobachter, Lose- und Reibkompensation, On-line-Optimierung und Fuzzy-Logik.

Im Gegensatz zur On-line-Optimierung, die nur K_P langsam und in kleinen Schritten ändert, reagiert die Fuzzy-Logik (5) als weiteres Funktionsmodul sofort auf größere Prozeßänderungen und -störungen und verändert die Parameter K_P, T_V, T_N des PID-Reglers

$$s_{PID} = K_P \left(e + T_V \cdot \dot{e} + \frac{1}{T_N} \int e \, dt \right) \qquad \text{mit} \quad e = y_{soll} - y \tag{4}$$

so, daß eine möglichst schnelle Ausregelung erfolgt. Dies geschieht vor allem, indem für große und sehr große Regelabweichungen e die Parameter des P- und des D-Anteils erhöht werden, während sie für kleine, immer vorhandene Schwankungen von e die Normaleinstellung aufweisen. Die Einstufungen normal, groß und sehr groß erfolgen durch die Unterteilung von e in die fünf linguistischen Werte NH (negative huge), NB (negative big), Z (zero), PB (positive big) und PH (positive huge), deren Zugehörigkeitsfunktionen Bild 3 zeigt. Dabei beschreibt Z die durch Prozeßrauschen und kleine Störungen verursachte Schwankungsbreite von e im Normalbetrieb.

Des weiteren ändert bzw. adaptiert die Fuzzy-Logik die Reglerparameter K_P, T_V, T_N in Abhängigkeit von der Gießgeschwindigkeit v, deren Änderung eine Verschiebung des Arbeitspunktes auf der Durchflußkennlinie bedeutet. Hier fungiert die Fuzzy-Logik als Tabelle von Reglereinstellungen, die sich für verschiedene Arbeitspunkte des Prozesses als günstig erwiesen haben und zwischen denen die Fuzzy-Logik interpoliert. So ist durch die Fuzzy-Logik eine weiche, d. h. stetige Veränderung der Reglerparameter in Abhängigkeit von e und v gewährleistet. Regeln zur Verstellung der Parameter lauten z. B.: „wenn e PH und v normal, dann K_P hoch und T_V sehr hoch und T_N sehr hoch" oder „wenn e Z und v normal, dann K_P normal und T_V normal und T_N normal". Die Wirksamkeit der Fuzzy-Logik für den Fall einer großen Regelabweichung, die durch einen Abbruch und den damit verbundenen Gießspiegelanstieg verursacht wurde, illustriert Bild 4.

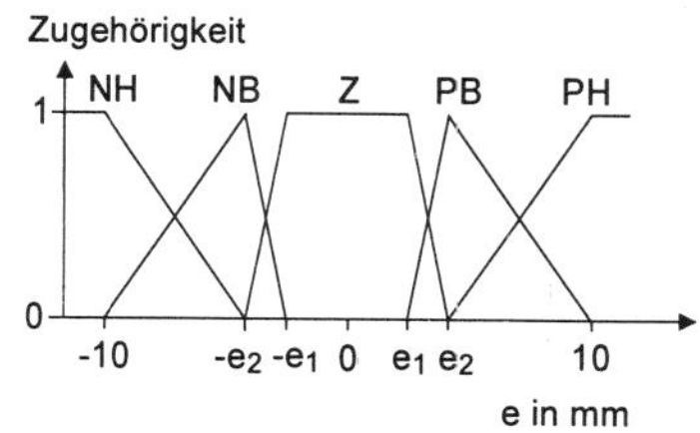

Bild 3: Die Regelabweichung e ist in die Zugehörigkeitsfunktionen NH, NB, Z, PB, PH unterteilt. Die Fußpunktwerte e_1 und e_2 werden ständig durch die Adaption an den aktuellen Betriebszustand angepaßt

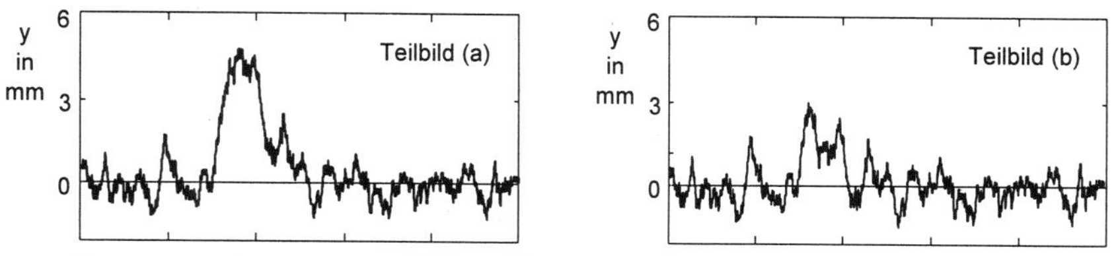

Bild 4: Simulierte Verläufe des Gießspiegels y bei einem Abbruch: Teilbild (a) zeigt den Ausregelvorgang ohne Fuzzy-Logik, Teilbild (b) den mit Fuzzy-Logik.

Da die Schwankungsbreite im Normalbetrieb von den jeweiligen Prozeßbedingungen, z. B. der Stahlsorte, abhängt, muß die Zugehörigkeitsfunktion Z entsprechend adaptiert werden. Dies geschieht, indem man die Standardabweichung des Regelfehlers e in einem Zeitraum von mehreren Minuten ermittelt und die in Bild 3 dargestellten Fußpunkte der Zugehörigkeitsfunktionen mittels

$$e_1 = f_{MF} \cdot \sigma \qquad \text{und} \qquad e_2 = e_1 + 1 \tag{5}$$

durch eine On-line-Adaption anpaßt. Der Faktor $f_{MF} = 1.4...2$ ist anlagenabhängig.

Eingesetzt wird die Regelung seit 1996 in Duisburg bei HKM im Werk Huckingen und bei Thyssen im Werk Bruckhausen sowie seit 1997 im Werk Beckerwerth. Kosteneinsparungen, wie sie sich durch den Austausch bestehender Regelungen durch obige Gießspiegelregelung ergeben, sind konkret nicht oder nur sehr aufwendig bestimmbar. Mittelbar reduzieren sich die Kosten aber durch die erreichte Erhöhung von Produktqualität und Anlagenverfügbarkeit. So erzielen HKM und Thyssen durch die neue Regelung und der mit ihr erzielten Gießspiegelkonstanz (1) einen gleichmäßigeren Abtransport des Gießpulvers und der Schlacke in den Gießspalt, (2) einen gleichmäßigeren Schmierfilm zwischen Kokille und Strang, (3) einen gleichmäßigeren Aufbau der Strangschale und (4) weniger Einschlüsse von Schlacke- und Gießpulver. Dies bewirkt eine hohe Oberflächenqualität und eine Reduktion von Schwachstellen der Strangschale, die Durchbrüche verursachen könnten. Auch die Verfügbarkeit der Anlagen konnte erhöht werden, da durch die Regelung bisher problematische Prozeßstörungen und Betriebszustände sicherer beherrscht werden.

2.2 Durchbruch-Vorhersage mit Fuzzy-Automaten

Für Schwachstellen der Strangschale in der Kokille, die zu Durchbrüchen führen, gibt es verschiedene Ursachen [32], [33], [34]. Die mit ca. 80% Anteil häufigste Ursache, der Kleber, resultiert aus einem lokalen Mangel an Gießpulver zwischen Kokillenwand und Strangschale. Das fehlende Gleitmittel führt dazu, daß der Strang an der Wandung einer höheren Reibung unterliegt - er klebt. Die sich ausbildende Strangschale reißt daher an dieser Stelle immer wieder auf. Aus diesem Grund ist sie beim Verlassen der Kokille nur schwach ausgeprägt und bricht auf.

Mit ca. 15% Anteil sind Luftpolster zwischen Strang und Kokillenwand, Cracks genannt, die zweithäufigste Durchbruchursache. Sie bilden sich z. B. aufgrund eines Schrumpfprozesses während der Stahlaushärtung in der Strangschale und vermindern die Wärmeabfuhr vom Strang in die gekühlte Kokillenwand wesentlich. Entsprechend schwach bildet sich die Strangschale an dieser Stelle aus. Schlackeeinschlüsse sind eine weitere Durchbruchursache.

Um Durchbrüche zu vermeiden, muß man Schwachstellen frühzeitig in der Kokille erkennen und dann die Gießgeschwindigkeit reduzieren [35], [36]. So erhöht sich die Verweil- und damit die Kühldauer des Stranges in der Kokille, und die Schwachstellen heilen aus. Erkannt werden Schwachstellen anhand charakteristischer Temperaturverläufe, die rundum in der Kokille gemessen werden. Ein Kleber verursacht z. B. durch die aufgerissene Strangschale und den an die Kokillenwand gelangenden flüssigen Stahl eine typische Temperaturerhöhung, wie sie Bild 5 zeigt. Ein Crack dagegen bewirkt aufgrund der verminderten Wärmeabfuhr durch das Luftpolster einen kurzzeitigen Temperaturabfall.

Für die Erkennung von Schwachstellen existieren verschiedene Verfahren. Die einfacheren verwenden die Temperaturamplitude für die Erkennung [37], [38], z. B. bei einer Schwellwertüberschreitung. Leistungsfähigere, aber auch aufwendigere basieren auf Mustererkennungsverfahren. Neuronale Netze [39] oder mittels Fast-Fourier-Transformationen durchgeführte Spektralanalysen [34] werden für diesen Zweck benutzt. Dabei ist neben der sicheren Erkennung von Schwachstellen eine niedrige Erkennungsfehlerrate ein wichtiges Leistungsmerkmal, da bei einem Erkennungsfehler die Gießgeschwindigkeit unnötigerweise reduziert wird. Dies beeinträch-

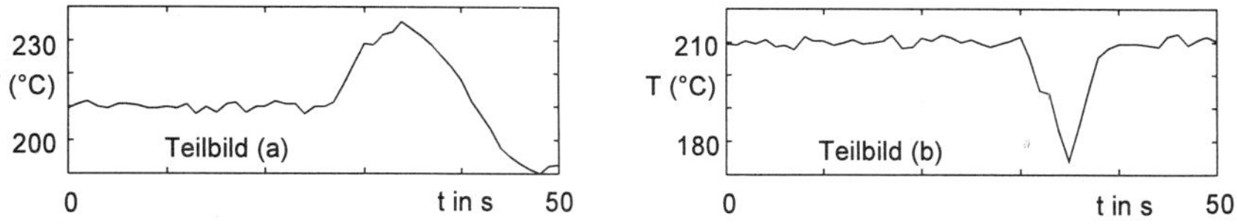

Bild 5: Typische Temperaturverläufe für den Fall eines Klebers in Teilbild (a) und für den Fall eines Cracks in Teilbild (b).

tigt Produktionsleistung und Qualität. Des weiteren sinken Akzeptanz und Aufmerksamkeit des Bedieners gegenüber Erkennungsalarmen.

Das hier beschriebene Verfahren [13] verwendet eine syntaktische Mustererkennung und ist sehr aufwandsarm. Mit einer syntaktischen Mustererkennung [40] können in einer Folge von Symbolen bestimmte Muster, d. h. Teilfolgen von Symbolen, erkannt werden. Ein einfaches Beispiel sind Folgen binärer Symbole, wie 1011101011001, in denen man nach Mustern, z. B. 1010, sucht. Verallgemeinert spricht man von formalen Sprachen, deren Alphabet die Symbole bilden. Durchgeführt wird die Erkennung von Mustern in den Symbolfolgen mittels deterministischer Automaten. Die Folge wird sequentiell, d. h. Symbol nach Symbol, durch den Automaten auf zu erkennende Muster untersucht, wobei der Automat im Verlauf des Musters immer höhere Erkennungszustände, d. h. Erkennungsgrade, annimmt.

Für die syntaktische Erkennung von Mustern in Kurvenverläufen müssen die Kurvenwerte erst in Symbole transformiert werden. Dafür sind aus den Kurvenverläufen Merkmale zu extrahieren. Den Merkmalen, z. B. einer großen positiven Steigung oder einem Minimum, werden dann die Symbole einer Sprache zugeordnet, z. B. eine 1 oder ein m. Beim Entwurf einer syntaktischen Mustererkennung für Kurvenverläufe sind also zwei Aufgaben zu lösen: (1) die Transformation von Zahlenwerten in die Elemente, d. h. Symbole, einer formalen Sprache und (2) die Auslegung eines Automaten, der anhand der Abfolge von Symbolen Muster erkennt.

Mittels einer Fuzzy-Logik lassen sich beide Entwurfsaufgaben auf einfache und systematische Weise lösen. Zum einen werden die Kurvenwerte durch die Fuzzifizierung in linguistische Werte, d. h. in Sprachsymbole oder genauer in Zugehörigkeitswerte zu ihnen, transformiert. Zum anderen kann mittels eines geeignet ausgelegten Regelwerkes und eines Zustandsspeichers ein Fuzzy-Automat entworfen werden, der die eigentliche Erkennung durchführt. Fuzzy-Automaten ergeben sich hierbei als Verallgemeinerung deterministischer Automaten

$$\begin{aligned} \mathbf{z}(i+1) &= \mathbf{f}(\mathbf{z}(i), \mathbf{u}(i)) \\ \mathbf{y}(i) &= \mathbf{g}(\mathbf{z}(i), \mathbf{u}(i)), \end{aligned} \tag{6}$$

wenn man die Logikfunktionen $\mathbf{f}$ und $\mathbf{g}$, mit denen aus einem Eingangsvektor $\mathbf{u}(i)$ und einem Zustandsvektor $\mathbf{z}(i)$ ein neuer Zustandsvektor $\mathbf{z}(i+1)$ und ein Ausgangsvektor $\mathbf{y}(i)$ berechnet werden, durch Fuzzy-Logik-Funktionen ersetzt [13]. Diese Fuzzy-Logik-Funktionen bestehen jeweils aus einer Fuzzifizierung, einer Regelbasis und einer Defuzzifizierung, so daß die Elemente von $\mathbf{u}$, $\mathbf{z}$ und $\mathbf{y}$ crispe Größen sind. Bild 6 zeigt die Struktur des Fuzzy-Automaten.

Im vorliegenden Fall bilden die Temperaturwerte $T(i)$ und ihre zeitliche Änderung $\Delta T(i) = T(i) - T(i-1)$ die Elemente des Eingangsvektors u, wobei ΔT die linguistischen Werte NB (negative big), NS (negative small), (Z) zero, PS (positive small) und (PB) positive big und T noch zusätzlich den Wert (PH) positive huge besitzt. Diese Werte bilden die Sprachelemente, mit denen die Kurvenmerkmale beschrieben werden, z. B. im Fall $(T, \Delta T)$=(PH,Z) ein Klebermaximum. Des weiteren existieren nur ein Zustands- und ein Ausgangswert mit $y(i) = z(i+1)$, d. h. f

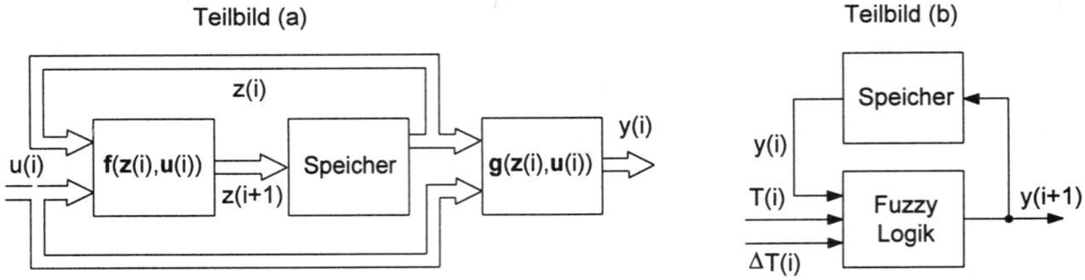

Bild 6: Teilbild (a) zeigt die prinzipielle Struktur eines deterministischen Automaten. Aus ihr ergibt sich als Verallgemeinerung ein Fuzzy-Automat, wenn die Logikfunktionen **f** und **g** durch Fuzzy-Logik-Funktionen ersetzt werden. In Teilbild (b) ist der spezielle Fuzzy-Automaten für die betrachtete Mustererkennung dargestellt.

und g sind identisch. Der Ausgangswert $y(i)$ schätzt dabei die Durchbruch-Wahrscheinlichkeit anhand der linguistischen Werte Z (zero), T (tiny), S (small), M (middle), B (big) und H (huge) ab.

Anschaulich betrachtet läuft die Erkennung eines Klebers wie folgt ab: Ist die Temperatur konstant und im normalen Bereich, so ist die geschätzte Durchbruch-Wahrscheinlichkeit y gleich Z. Zu Beginn einer Kleberentwicklung steigt die Temperatur an, d. h., es gilt $(T, \Delta T)$=(PS,PS). Als Folge steigt y auf den Wert T. Nach dem Kleberbeginn erhöhen sich T und ΔT, d. h. es ist $(T, \Delta T)$=(PB,PB). Weist dann $z(i) = y(i-1)$ den Wert T auf, was gleichbedeutend damit ist, daß der Kleberanstieg gerade durchlaufen wurde, so geht der Fuzzy-Automat in den nächsthöheren Erkennungszustand S über. Im weiteren Verlauf des Klebers wird so zu immer höheren Erkennungszuständen fortgeschritten. In Bild 7 ist dies anhand des Fuzzy-Zustandsgraphen, einer Analogie zum klassischen Zustandsgraphen, illustriert. Die Knoten geben die Erkennungszustände an und die Pfeile die Übergänge zwischen ihnen. Ein Übergang erfolgt, wenn die neben dem Pfeil stehende Regel aktiv ist, z. B. R5/S. Der Wert nach dem Schrägstrich gibt den Ausgangswert y an. Während der Erkennung aktivieren die aufeinanderfolgenden Merkmale die Regeln R2, R5, R9, R13, R17 und während eines Merkmals wird der jeweilige Zustand beibehalten. Dann sind Regeln wie R4 aktiv. Größere Abweichungen vom Muster aktivieren R8, R12, R16 oder R20 und setzen den Automaten zurück auf Z. Kleinere Abweichungen leiten in den vorherigen Zustand.

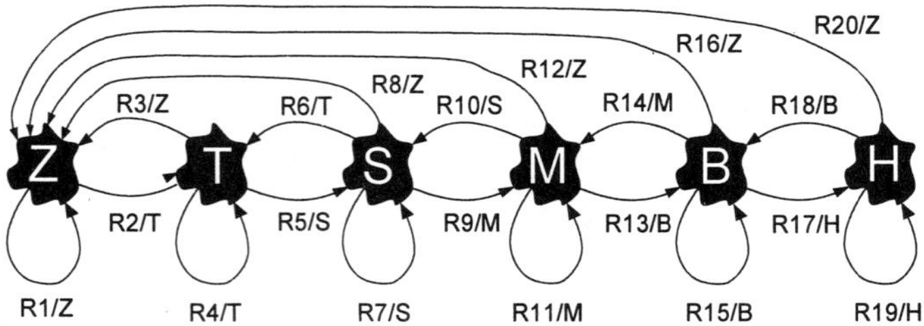

Bild 7: Fuzzy-Zustandsgraph für die betrachtete syntaktische Mustererkennung. Die schwarzen Knoten symbolisieren die Erkennungszustände. Der Fuzzy-Automat nimmt auch Werte zwischen diesen Zustandswerten an.

Jeder Temperatursensor besitzt einen solchen Fuzzy-Automaten, mit dem die Temperaturverläufe auf Kleber und Cracks überwacht werden. Überschreitet das Maximum aller so geschätzten Durchbruch-Wahrscheinlichkeiten einen bestimmten Schwellwert, z. B. 90%, so wird ein Alarm ausgelöst und die Gießgeschwindigkeit reduziert.

Eingesetzt wird obiges System ab 1998 bei Essar Ltd. in Hazira (Indien) und bei Saldanha Steel Ltd. in Kapstadt. Erprobt wurde es sechs Monate bei HKM in Duisburg (Werk Huckingen) im Vergleich mit einem konventionellen System, das auf einer Schwellwertüberschreitung der Temperaturamplitude beruht. Dabei betrug die Erkennungsfehlerrate nur ein Viertel derjenigen des konventionellen Systems, und es konnte der einzige in der Erprobungszeit stattfindende Durchbruch vorhergesagt werden, den das konventionelle System nicht erkannte. Eine niedrigere Erkennungsfehlerrate führt, wie erwähnt, zu einer erhöhten Produktqualität, und jeder vermiedene Durchbruch erspart einen vier- bis achtstündigen Anlagenstillstand mit Kosten von 100.000...500.000,-DM.

3 Regelung der Schichtdicke in Bandverzinkungsanlagen

Verzinkte Stahlbleche werden in vielen unterschiedlichen Bereichen wie dem Automobilbau, der Bauindustrie oder bei der Herstellung von Elektrogeräten und Haushaltsartikeln eingesetzt. Grund der Verzinkung ist die hohe Korrosionsbeständigkeit, d. h. Lebensdauer verzinkter Stahlbleche. Neben der Korrosionsbeständigkeit sind aber auch noch andere Eigenschaften bei der Oberflächenvergütung, wie gute Tiefziehbarkeit, konstante Schichtdicke, eine bestimmte Rauhigkeit, gute Schweißbarkeit und gute Lackierbarkeit wesentlich [41].

Neben Anlagen, in denen einzelne Werkstücke verzinkt werden, gibt es Behandlungslinien, in denen gewalzte Stahlbänder mit Zink oder einer Zinklegierung in einem kontinuierlichen Prozeß beschichtet werden. Dabei werden die Stahlbänder einzelner Coils vor der Anlage aneinandergeschweißt und durchlaufen dann als Endlosband die Beschichtungsanlage. Hinter der Anlage werden die Bänder wieder getrennt und auf ein oder mehrere Coils gewickelt. Vor der eigentlichen Beschichtung werden im allgemeinen zunächst eine Entfettung und eine Beizung als Vorbehandlung durchgeführt, um das Band zu reinigen. Erst dann erfolgt die eigentliche Beschichtung. Abschließend kann das Band in einer Nachbehandlung z. B. phosphatiert, mit Chromsäure passiviert und gegebenenfalls noch geölt werden.

Für die Verzinkung von Stahlbändern gibt es unterschiedliche Verfahren. Bei der Feuerverzinkung durchläuft das Band ein Tauchbecken mit einer Zinkschmelze [41], [42]. Bei der elektrolytischen Verzinkung durchläuft es einen flüssigen Elektrolyten, der Zink enthält, das sich durch die Einwirkung eines elektrischen Stromes auf der Bandoberfläche ablagert [42], [43], [44]. In den weitaus meisten Anlagen wird eines dieser beiden Verfahren verwendet. Es gibt weitere Verfahren, wie das Beschichten mit Zinkdampf [45] oder das Spritzverzinken (Flame Spraying).

Beim Betrieb von Beschichtungsanlagen ist man bestrebt, ein möglichst gleichmäßig beschichtetes Band zu erhalten. Wenn die Standardabweichung der Schichtdicke gering ist, kann nämlich die mittlere Schichtdicke, d.h. ihr Sollwert, entsprechend niedrig eingestellt werden, ohne die geforderte Mindestbeschichtung zu unterschreiten. So werden Zinkverbrauch und Kosten reduziert. Ziel ist es daher, die Schichtdicke möglichst exakt zu regeln, damit sich eine kleine Standardabweichung ergibt.

3.1 Schichtdickenregelung mit neuronalem Netz für Feuerverzinkungsanlagen

Bei Feuerverzinkungsanlagen wird nach dem Zinkauftrag im Tauchbecken überschüssiges, noch flüssiges Zink mittels eines Luftstromes, der links wie rechts vom Band durch speziell geformte Düsen austritt, entfernt. Dabei kann durch Einstellung des Druckes p und des Abstandes a

der Düsen vom Band die Zinkschichtdicke bzw. die ihr proportionale Flächenmasse w, d. h. die abgeschiedene Masse pro Flächeneinheit, reguliert werden. Gemessen wird die Flächenmasse je nach Anlagentyp 100...200m hinter dem Tauchbad. Der Meßwert wird dann, verglichen mit dem Flächenmasse-Sollwert w_{soll}, zur Regelung genutzt. In Bild 8 ist der Beschichtungsvorgang dargestellt.

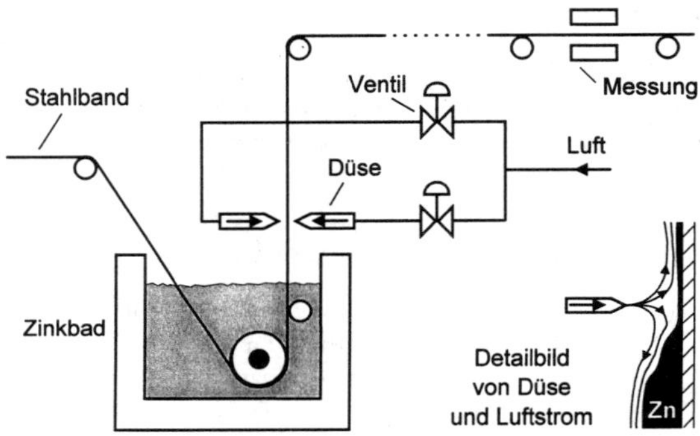

Bild 8: Schematische Darstellung des Feuerverzinkungsprozesses.

Der zu regelnde Prozeß ist durch zwei Charakteristika geprägt: Zum einen ist dies die statische, nichtlineare Abhängigkeit der Flächenmasse w vom Druck p, dem Düsenabstand a und der Bandgeschwindigkeit v. Dieser Zusammenhang $w = f(p, a, v)$ wird im allgemeinen durch ein vereinfachtes Modell

$$w = f(p, a, v) \approx k \cdot \frac{a^{\alpha} \cdot v}{p^{\gamma}} \qquad \text{mit} \quad \alpha \approx 1,\ \beta \approx 0.5,\ \gamma \approx 0.5 \text{ und der Prozeßkonstanten } k \tag{7}$$

beschrieben [46], [47], [48], das aus den physikalische Prozeßverhältnissen ableitbar ist [49], den Prozeß aber nur ungenau beschreibt. Insbesondere sind die Parameter der Funktion f zeitvariant. Zum anderen wird die Dynamik des zu regelnden Prozesses durch ein Totzeitglied

$$G(s) = e^{-Ts} \tag{8}$$

dominiert, dessen Totzeit T der Transportzeit des Bandes von den Düsen bis zur Meßstelle entspricht und im Bereich mehrerer Minuten liegt. Als Stellgrößen für die Regelung stehen der Druck p und der Düsenabstand a zur Verfügung.

Für die Regelung des Prozesses, d. h. der Flächenmasse w, sind verschiedene Verfahren entwickelt worden [45], [46], [47], [48], [49], [50], [51], [52], [53], [54]. In [46] wird z. B. eine prädiktive Regelung zur Einstellung der Flächenmasse w mittels des Druckes p verwendet. Dabei werden die für die Regelung benötigten Streckenparameter mittels eines Kalman-Filters ermittelt und die Regelung entsprechend adaptiert. Adaptive Regelungen, die - wie die in [46] - auf dem Modell aus Gl. (7) und Gl. (8) basieren, sind in [47] und [48], beschrieben. Bei dem in [50], [51] angebenen Verfahren wird ein neuronales Netz zur Vorsteuerung und ein weiteres direkt als Regler für die Flächenmasse verwendet.

Die hier betrachtete Regelung [14] besteht aus der eigentlichen Regelung und einem Modell für $w = f(p, a, v)$ auf Basis eines neuronalen Netzes. Verwendet wird ein neuronales Netz, da sich mit ihm eine wesentlich genauere Nachbildung von $w = f(p, a, v)$ erzielen läßt als mit der Modellgleichung (7). Das Modell hat drei Aufgaben: (1) Als nach p invertiertes Modell $p = f^{-1}(w, a, v)$ ist es dem Prozeß vorgeschaltet und wird als Vorsteuerung genutzt, um aus dem Sollwert w_{soll} den benötigten Druck p voreinzustellen. Siehe Bild 9. (2) Durch die Vorsteuerung der Stellgröße p werden Abweichungen, die auf Modellungenauigkeiten zurückzuführen sind, und Störungen nicht eliminiert. Diese Störungen und Abweichungen werden durch einen auf einem Smith-Prädiktor [55] basierenden Regler ausgeregelt, wobei das nach p invertierte Modell - vorausgesetzt das Modell ist genau genug - die Nichtlinearität des Prozesses kompensiert. Der Regelkreis wird dann linear und ist einfach für ein definiertes Verhalten auslegbar. (3) Als nach a invertiertes Modell $a = f^{-1}(p, w, v)$ wird es als Vorsteuerung genutzt, um aus dem Sollwert w_{soll} der Flächenmasse die zweite zur Verfügung stehende Stellgröße, den Düsenabstand a, zu ermitteln. Dies geschieht so, daß der als Stellgröße des Regelkreises verwendete Druck p in einem günstigen Bereich variieren kann.

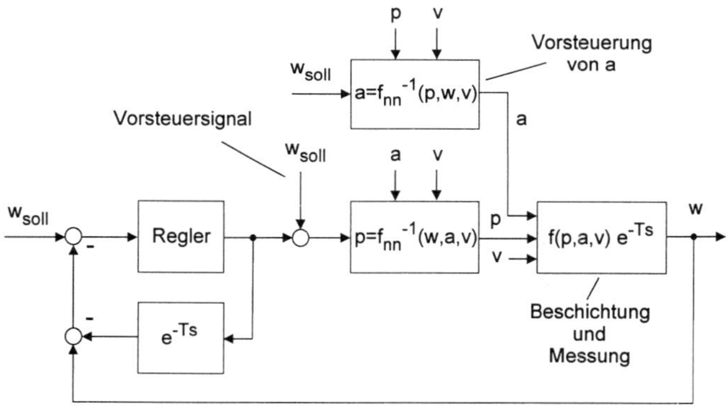

Bild 9: Strukturbild der Beschichtungs-regelung.

Das für die Modellierung verwendete Netz $f_{nn}(p, a, v) \approx f(p, a, v)$ besteht aus zwei Komponenten:

$$f_{nn}(p, a, v) = f_{sn}(p, a, v) + f_{mlp}(p, a, v). \tag{9}$$

Hierbei ist die erste Komponente

$$f_{sn}(p, a, v) = \frac{v}{k_1 \cdot v + k_2 \cdot p^{\kappa} \cdot (k_3 + k_4 \cdot a + k_5/a) + k_6} \tag{10}$$

ein strukturiertes neuronales Netz mit den Netzparametern $k_1, ..., k_6$ und κ. Seine Struktur ist empirisch aus Kennfeldern abgeleitet worden, die am Prozeß ermittelt wurden. Anhand von Prozeßdaten trainiert, bildet es $w = f(p, a, v)$ bereits sehr gut nach - wesentlich besser als es Gl. (7) vermag. Die Strukturierung des Netzes hat den Vorteil, daß das Netz nur wenige Neuronen aufweist und überschaubar ist. Des weiteren repräsentiert die Struktur bereits einen Teil des Prozeßverhaltens, der nicht mehr gelernt werden muß, wie es bei einem unstrukturierten Netz der Fall wäre. Die zweite Komponente $f_{mlp}(p, a, v)$ ist ein Multilayer-Perzeptron und dient dazu, den durch $f_{sn}(p, a, v)$ nicht erfaßten Anteil nachzubilden.

Das für die Regelung wie auch die Vorsteuerung benötigte inverse Modell

$$p = f^{-1}(w, a, v) \qquad \text{bzw.} \qquad a = f^{-1}(w, p, v) \tag{11}$$

wird punktuell durch Lösen der impliziten Gleichung $w_{nn} = f_{nn}(p, a, v)$ nach p bzw. a bestimmt. Dies geschieht in jedem Zyklus der zeitdiskret realisierten Regelung erneut.

Da der Prozeß, wie erwähnt, zeitvariant ist, wird das Netz anhand von während des Betriebes aufgezeichneten Meßpunkten (w, p, a, v) ständig nachtrainiert, so daß es das Kennfeld $w = f(p, a, v)$ stets möglichst gut approximiert. Das zur Regelung aktuell verwandte Netz wird dabei allerdings nicht direkt trainiert. Das wäre zu riskant. Die Regelung könnte sich im Falle eines fehlerhaften Lernvorganges verschlechtern oder instabil werden. Daher lernt, wie in Bild 10 illustriert, eine Kopie des Netzes anhand der Meßdaten und mittels des Backpropagation-Algorithmus das sich ändernde Prozeßverhalten, und sobald diese Kopie das Prozeßverhalten besser beschreibt als das aktuelle Netz im Regelkreis, wird dieses schrittweise durch die Kopie ersetzt. Der schrittweise Austausch der Gewichte stellt dabei sicher, daß es zu keinen sprungförmigen Änderungen der Stellgröße kommt. Ein Austausch der Netze erfolgt, wenn der Fehler des neugelernten Netzes, der anhand der gemessenen Testdaten bestimmt wird und die Übereinstimmung mit dem Prozeßkennfeld $w = f(p, a, v)$ widerspiegelt, geringer ist als der Fehler des aktuell genutzten Netzes.

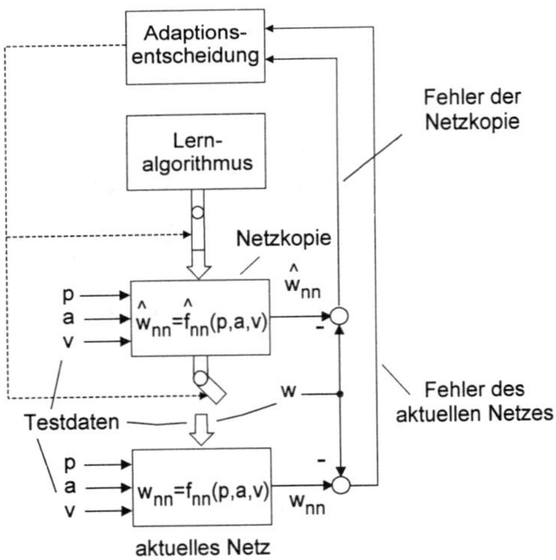

Bild 10: Darstellung des Lernvorganges.

Die Beschichtung der Unter- und Oberseite des Bandes erfolgt jeweils durch eine eigene Regelung obiger Struktur, denn so kann sich die jeweilige Regelung auf die für eine Bandseite spezifischen Beschichtungsverhältnisse einstellen. Einen Ausregelvorgang verglichen mit der manuellen Betriebsweise zeigt Bild 11. Die Regelung hält dabei w trotz einer fünffach höheren Geschwindigkeitsänderung gegenüber dem manuellen Fall deutlich innerhalb des Toleranzbandes von $60...70g/m^2$.

Eingesetzt wird die Regelung seit 1994 bei Thyssen in Duisburg in einer Zinkbeschichtungsanlage und einer ähnlich aufgebauten Aluminiumbeschichtungsanlage. Beide Anlagen wurden vorher, wie es heute noch oft üblich ist [47], von einem Bediener gesteuert. Durch den Einsatz der Regelung konnte nicht nur die Produktqualität erhöht, sondern vor allem auch der Materialverbrauch und die Kosten reduziert werden. So wurden im ersten Betriebsjahr $101t$ Zink mit einem Gegenwert von 220.000,-DM und $93t$ Aluminium im Wert von 310.000,-DM eingespart.

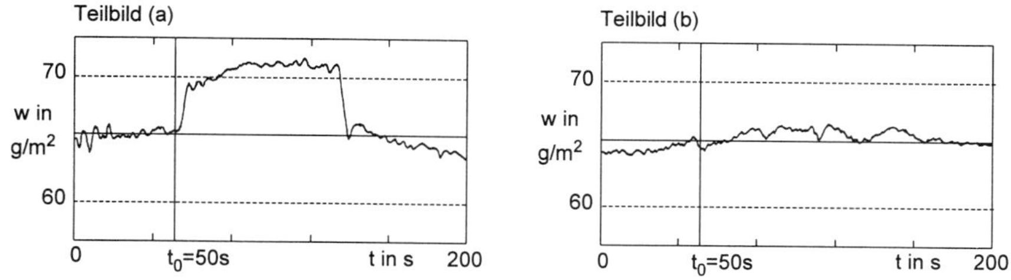

Bild 11: Gemessene Verläufe der abgeschiedenen Flächenmasse w bei einer Geschwindigkeitsänderung von 3m/min und manuellem Betrieb in Teilbild (a) sowie bei einer Geschwindigkeitsänderung von 15m/min und Betrieb mit Regelung in Teilbild (b). Die Geschwindigkeitsänderung erfolgt jeweils zum Zeitpunkt t=50s.

3.2 Summenstromregelung mit Fuzzy-System für elektrolytische Verzinkungsanlagen

In einer elektrolytischen Bandverzinkungsanlage werden Stahlbänder beim Durchlaufen mehrerer Galvanisierungszellen mit Zink oder einer Zinklegierung beschichtet. In den Galvanisierungszellen, die je nach Art der Beschichtung verschiedene Elektrolyten enthalten, sind gegenüber dem Band, das als Kathode dient, Anoden angebracht, in die ein elektrischer Strom eingeprägt wird. Dieser Strom bewirkt, daß die Metallionen des Elektrolyten sich auf der Bandoberfläche abscheiden. Ungefähr $150m$ hinter dem Galvanisierungsbad ermittelt ein Meßgerät die Flächenmasse w des abgeschiedenen Zinks. In Bild 12 ist der Prozeß schematisch illustriert.

Die auf dem Stahlband abgeschiedene Flächenmasse w ist proportional dem Summenstrom I_{total} aller Anoden. Des weiteren ist w um so kleiner, je größer die in einer bestimmten Zeiteinheit zu beschichtende Fläche, d. h. der Flächendurchsatz durch das Beschichtungsbad, ist. Dieser Flächendurchsatz ist das Produkt aus Bandbreite b und Bandgeschwindigkeit v. Somit ergibt sich

$$w = \eta \cdot c_s \cdot \frac{I_{total}}{b \cdot v}, \tag{12}$$

wobei η der Zellenwirkungsgrad ist und c_s das Ablagerungsäquivalent in g/Ah.

Mit Gl. (12) könnte der Strom I_{total}, der für einen gewünschten Wert w_{soll} erforderlich ist, durch eine Steuerung berechnet und dann die Flächenmasse w exakt eingestellt werden. Dies ist jedoch mit der nötigen Genauigkeit nicht möglich, da der Zellenwirkungsgrad nur näherungsweise bekannt ist. Abhängig ist er im wesentlichen von der Anodenstromdichte J, vom pH-Wert h des Elektrolyten und seiner Temperatur T, die je nach Betriebszustand unterschiedliche Werte besitzen.

Aufgrund der ungenauen Kenntnis und der betriebsabhängigen Schwankungen des Zellenwirkungsgrades ist der Einsatz einer Regelung sinnvoll, um w exakt einstellen zu können [56], [57]. Der zu regelnde Prozeß wird dabei im wesentlichen durch die Beschichtungsgleichung (12) und ein Totzeitglied beschrieben, das die Transportzeit zwischen Galvanisierungsbad und Meßgerät nachbildet.

Die entwickelte Beschichtungsregelung [15] besteht aus verschiedenen Elementen: Zum einen ist dies ein modellbasierter Regler, der mittels eines Faktors k einen geschätzten Zellenwirkungs-

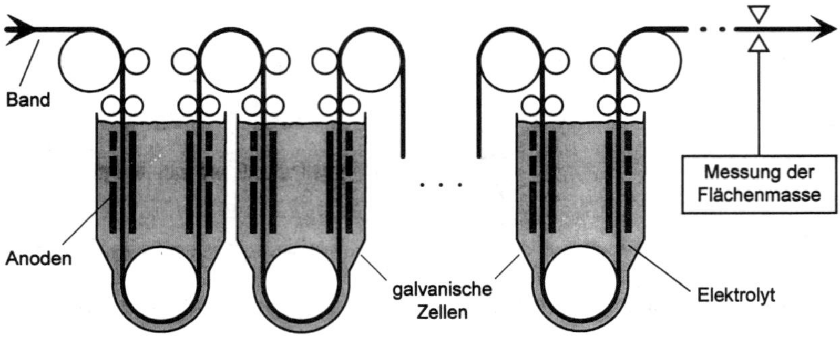

Bild 12: Schematische Darstellung einer elektrolytischen Verzinkungsanlage

grad η_e korrigiert und dann den Summenstrom I_{total} gemäß

$$I_{total} = \frac{b \cdot v}{\eta_e \cdot k \cdot c_s} \cdot w_{soll} \tag{13}$$

einstellt. Zum anderen sind es eine Fuzzy-Logik und eine Lernkomponente, die aufgrund linguistisch formulierbarer Zusammenhänge zwischen η und den Meßwerten von J, h und T sowie eines Lern- bzw. Adaptionsvorganges den Schätzwert η_e in Gl. (13) bestimmen und fortlaufend verbessern. Im Prinzip wirken Regler und Fuzzy Logik in Gl. (13) hierbei auf denselben Einflußfaktor, den Zellenwirkungsgrad η. Allerdings liegt ihr Einfluß in völlig unterschiedlichen Dynamikbereichen. Der Regler sorgt über den Korrekturfaktor k für eine schnelle Ausregelung von Störungen oder Änderungen des Betriebszustandes. Fuzzy-Logik und Lernkomponente bestimmen dagegen den Zellenwirkungsgrad η_e langsam aber kontinuierlich und passen mit ihm Gl. (13) immer besser an das Anlagenverhalten an. Die Struktur des Systems, mit ihren im weiteren erläuterten Elementen, ist in Bild 13 dargestellt. Anzumerken ist, daß der durch die Fuzzy-Logik und die Lernkomponente bestimmte Zellenwirkungsgrad η_e noch mit einem durch die Prozeßleitebene bestimmten Zellenwirkungsgrad kombiniert werden kann, um die Effizienz der Adaption zu erhöhen [15].

Der modellbasierte Regler ist, da die Dynamik der Regelstrecke wie schon im Fall der Feuerverzinkungsanlage aus einem Totzeitglied besteht, an einen Smith-Prädiktor angelehnt. Demgemäß besteht der Regler aus einem Modell, das den Beschichtungs- und Transportprozeß sowie den Meßvorgang nachbildet, und dem eigentlichen Regler, der den Korrekturfaktor k und mittels diesem die Stellgröße I_{total} bestimmt.

Die Fuzzy-Logik bestimmt aus ihren Eingangsgrößen J, h und T eine Ausgangsgröße i_{fuzzy}, die ein Maß für den tatsächlichen Zellenwirkungsgrad ist. Aufgrund des beschränkten Wissens über den Zusammenhang zwischen J, h, T und η ist i_{fuzzy} allerdings nur eine grobe Schätzung. Unterteilt werden die Eingangswerte J und h in die drei linguistischen Werte S (small), M (middle) und B (big) sowie T in S (small) und (M) middle und i_{fuzzy} selbst in die sechs Werte T (tiny), S (small), M (middle), B (big), H (huge) und E (enormous). Die entsprechenden Zugehörigkeitsfunktionen sind in Bild 14 dargestellt, und die Zugehörigkeitsfunktionen von i_{fuzzy} sind als Singletons mit den Positionen $i_1, ..., i_6$ ausgelegt. Die Regelbasis wird durch 18 Regeln gebildet, die direkt aus dem Prozeßwissen abgeleitet sind, und eine dieser Regeln lautet

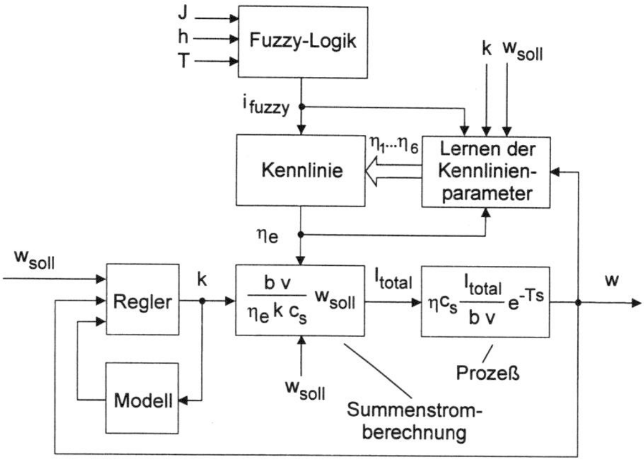

Bild 13: Strukturbild der Beschichtungsregelung

beispielsweise „wenn die Temperatur S und die Stromdichte M und der pH-Wert B ist, dann besitzt i_{fuzzy} den Wert H".

Die Lernkomponente, die der Fuzzy-Logik nachgeschaltet ist, bestimmt schließlich aus dem Wert i_{fuzzy} über eine nichtlineare Kennlinie

$$\eta_e = g(i_{fuzzy}) \tag{14}$$

den geschätzten Zellenwirkungsgrad in Gl. (13). Dabei ist es ihre Hauptaufgabe, anhand der Größen w, w_{soll}, k sowie i_{fuzzy} und η_e die Kennlinie fortlaufend so zu lernen bzw. zu adaptieren, daß η_e gegen den tatsächlichen Zellenwirkungsgrad η konvergiert. Ausgelegt ist die Kennlinie, wie in Bild 15 illustriert, als Polygonzug durch sechs Stützstellen (i_i, η_i), deren Abzissenwerte i_i durch die Positonen der Singletons von i_{fuzzy} gegeben sind, und nur die Ordinatenwerte η_i werden durch den Lernalgorithmus verändert.

Eingesetzt wird die Regelung ab 1998 in Korea bei Hyundai in einer Beschichtungsanlage mit einer Jahreskapazität von 300.000t Stahl. Die Beschichtungsflächenmasse liegt bei 20...150g/m^2, die Blechdicken bei 0.23...2.3mm und die Blechbreiten bei 1560mm. Aufgrund der verbesserten

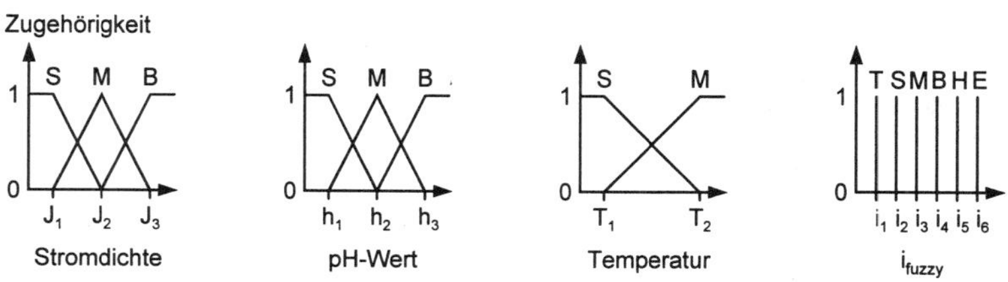

Bild 14: Zugehörigkeitsfunktionen der linguistischen Werte S (small), M (medium) und B (big) für die Stromdichte J, den pH-Wert h, die Temperatur T und die Ausgangsgröße i_{fuzzy}.

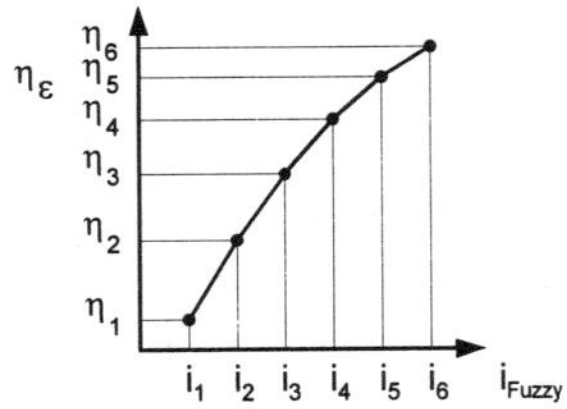

Bild 15: Kennlinie der Lernkomponente

Ausregelung und Konstanthaltung der Schichtdicke wird gegenüber konventionellen Regelungen eine Einsparung von ca. 3% des Zinkverbrauches oder 120t Zink pro Jahr prognostiziert. Das entspricht einer Kostenersparnis von ca. 240.000, –DM. Des weiteren vereinfachen sich aufgrund des selbsteinstellenden und adaptiven Charakters der Regelung ihre Inbetriebsetzung und ihre Wartung. Zeit- und kostenintensive Justierungen und Optimierungen, wie sie z. B. nach einem Elektrolytwechsel nötig sind, entfallen daher.

4 Zusammenfassung

In der Stahlindustrie werden in allen Bereichen, wie den Stahlwerken, den Gießereien, den Walzwerken, den Behandlungslinien und der weiterverarbeitenden Industrie, zunehmend Verfahren der Computational Intelligence eingesetzt. Bei den hier beschriebenen Automatisierungslösungen für Stranggießanlagen und Bandverzinkungsanlagen wurden Fuzzy-Systeme und neuronale Netze mit klassischen Verfahren der Regelungs- und Automatisierungstechnik kombiniert. So konnten eine Erhöhung des Automatisierungsgrades bzw. der Anlagenverfügbarkeit und eine Verbesserung der Produktqualität - zentrale Ziele jeder Automatisierungsinnovation - erreicht werden. Vor allem lassen sich aber auch die Betriebskosten durch diese Verfahren deutlich senken.

Literatur

[1] Shivathaya, S.S.; Fang, X.D. und Williams, J.G.: Fuzzy Logic Applications in Iron and Steel Making. Proc. of the 8th Intern. Conf. of Industrial and Engineering Applications of Artificial Intelligence and Expert Systems, Melbourne, 6.-8. Juni 1995, S. 171-179

[2] Peters, H. und Plum, H.-D.: Künstliche Neuronale Netze und deren Anwendung in der Stahlindustrie. Stahl und Eisen 114 (1994) Nr. 4, S. 39-46

[3] Bretthauer, G. und Janda, O.: Neue Methoden und Verfahren der Informationsverarbeitung in Stahl- und Walzwerken. In Bretthauer, G. (Hrsg.): Automatisierung in der Montanindustrie. Freiberger Forschungshefte A 839, ISBN 3-86012-043-3, 1997, S. 160-168

[4] Carayannis, G.: Artificial Intelligence and Expert Systems in the Steel Industry. The Journal of the Minerals, Metals and Materials Society 45 (1993) Nr. 10, S. 43-51

[5] Wakisaka, S.; Nakakita, T. und Fukushima, T.: Application of AI Technology in Iron and Steel Industry: Present and Future. Proc. of the Conf. of Computerized Production Control in Steel Plant, Seoul, 1.-5. Nov. 1993, S. 131-145

[6] Kiendl, H.: Fuzzy Control methodenorientiert. München: R. Oldenbourg-Verlag, 1997

[7] Driankov, D.; Hellendoorn, H. und Reinfrank, M.: An Introduction to Fuzzy Control. Berlin: Springer-Verlag, 1993

[8] Cichocki, A. und Unbehauen, R.: Neural Networks for Optimization and Signal Processing. Chichester: John Wiley & Sons, 1993

[9] Schlang, M.; Feldkeller, B.; Jansen, M.; Köhler, G.; Poppe, Th., Schäffner, C.; Broese, E.; Gramckow, O. und Sörgel, G.: Neuronale Netze zur Prozeßsteuerung in der Stahlverarbeitung. VDI-Berichte 1282, Düsseldorf: VDI-Verlag, 1996, S. 615-625

[10] Martinetz, T.; Gramckow, O. u. Protzel, P.: Walzwerksteuerungen mit neuronalen Netzen. VDI Berichte 1184, Düsseldorf: VDI-Verlag, 1995, S. 35-42

[11] Bernatzki, K.-P.; Fengler, D.; Kaiser, H.P. und Lanzer, W.: Disposition und Zeitwirtschaft im Stahlwerk Huckingen unter Einsatz von Fuzzy-Technologie. Stahl und Eisen 114 (1994) Nr. 5, S. 89-95

[12] Niemann, M.; Adamy, J. und Nitsche, H.-J.: Modular Mould Level Control for Continuous Casting Plants. Metallurgical Plant and Technology 20 (1997) Nr. 5, S. 92-98; auch: Niemann, M.; Adamy, J. und Nitsche, H.-J.: Modular aufgebaute Gießspiegelregelung für Stranggießanlagen. Stahl und Eisen 117 (1997) Nr. 9, S. 77-83

[13] Adamy, J.: Breakout Prediction for Continuous Casting by Fuzzy Mealy Automata. Proc. of the 3rd European Congress of Intelligent Techniques and Soft Computing (EUFIT 95), Aachen, 1995, S. 754-759

[14] Niemann, M.: Verfahren und Vorrichtung zur Führung eines Prozesses. US Patent 5,598,329, 1997

[15] Tautz, W.; Wilke, E. und Göpel, J.: Coating Weight Fuzzy Control for Electrolytic Galvanizing Lines. Proc. of SEAISI (South East Asia Iron & Steel Institute) Conference, Seoul, 12.-14. Mai 1997, S. 4/1-4/9

[16] Boehmer, J.-R.: Methodik computergestützter Prozeßmodellierung: dargestellt am Beispiel der Modellbildung für kontinuierliche Erstarrungsprozesse. München: R. Oldenbourg, 1997

[17] Böcher, G.; Obermann, R. und Krüger, G.: Slab quality improvement by means of advanced mould level control systems. Metallurgical Plant and Technology 16 (1993) Nr. 3, S. 50-55

[18] Graebe, S.F.; Goodwin, G.C. und Elsley, G.: Control Design and Implementation in Continuous Steel Casting. IEEE Control Systems, Aug. 1995, S. 64-71

[19] Kurokawa, T.; Kondo, T.; Mita, T.; Liu, K. und Sampei, M.: Development of Mold Level Control in Continuous Casting by H_∞ Control Theory. Second IEEE Conf. on Control Applications, Vancouver, 13.-16. Sept. 1993, S. 865-871

[20] Mairy, B.; Melardy, N.; Ramelot, D. und Balthasart, P.: Recent Developments in Mold Monitoring. Proc. of the Process Technology Conf., Vol. 9, Detroit, 25.-28. März 1990, S. 73-81

[21] Horbach, U.; Rödl, S.; Abratis, H. und Höfer, F.: Strömungsuntersuchungen in geregelten Verteilerausgüssen zur Vermeidung von Clogging. Stahl und Eisen 115 (1995) Nr. 11, S. 71-76

[22] De Keyser, R.M.C.: Improved Mould-Level Control in a Continuous Steel Casting Line. Control Eng. Practice 5 (1997) Nr. 2, S. 231-237

[23] Watters, J.H.; Jiang, G.S.; Treadgold, C.J. und Kumar, A.: Model Studies of Surface Wave Phenomena in the Continuous Casting Mould. METEC Cong. 94, 2nd European Continuous Casting Conf., 6th Internat. Rolling Conf., Vol. 1, Düsseldorf, 20.-22. Juni 1994, S. 95-102

[24] Mikut, R.; König, St.; Dumitriu, B. und Garbe, J.: Erhöhung der Qualität moderner Stranggießanlagen durch Einsatz von Fuzzy-Technologie. VDI-Berichte Nr. 1282, 1996, S. 627-636

[25] Dumitriu, B.; Mikut, R., Bretthauer, G. und Garbe, J.: Erprobung einer Fuzzy-Gießspiegelregelung für Stranggießanlagen. In Bretthauer, G. (Hrsg.): Automatisierung in der Montanindustrie. Freiberger Forschungshefte A 839, ISBN 3-86012-043-3, 1997, S. 66-80

[26] Kiupel, N.; Frank, P.M. und Wochnik, J.: Improvement of Mould-Level Control using Fuzzy Logic. Engineering Applications of Artificial Intelligence 7 (1994) Nr. 5, S. 493-499

[27] Kiupel, N.: PI-Fuzzy-D, ein Konzept zur Erweiterung der konventionellen PI-Regelung. VDI-Berichte Nr. 1113, Düsseldorf: VDI-Verlag, 1994, S. 349-358

[28] Jolly, T.; Bentsman, J. und Ross, D.: Generalized Predictive Control with Dynamic Filtering for Process Control Applications. Proc. of the American Control Conf., San Francisco, 2.-4. Juni 1993, S. 1741-1745

[29] Kong, F. und De Keyser, R.: Identification and Control of the Mould Level in a Continuous Casting Machine. Second IEEE Conf. on Control Applications, Vancouver, 13.-16. Sept. 1993, S. 53-58

[30] Graebe, S.F.; Elsley, G. und Goodwin, G.C.: Accurate Control of Mould Level in Continuous Bloom Casting. Control 92, Perth, Australien, 2.-4. Nov. 1992, S. 345-350

[31] Kubota, S.; Koyama, A.; Sasabe, Y. und Miki, H.: A Real-time Expert System Applied to the Mold Bath Level Control of a Continuous Caster. The Sumitomo Search 50, Juli 1992, S. 51-58

[32] Mills, K.C.; Billany, T.J.H.; Normaton, A.S.; Walker, B. und Grieveson, P.: Causes of sticker breakout during continuous casting. Ironmaking and Steelmaking 18 (1991) Nr. 4, S. 253-265

[33] Lu, M.J.; Lin, K.J.; Kuo, C.H. und Chien, W.C.: Sticker Breakout Theory and its Prediction in Slab Continuous Casting. Proc. of the 76th Steelmaking Conf., Dallas, Vol. 76, 28.-31. März 1993, S. 343-353

[34] Tsuneoka, A.; Ohasi, W.; Ishitobi, S.; Kataoka, T. und Tenma, M.: Measurement and Control System of Solidification in Continuous Casting Mold. Proc. ISS-AIME Steelmaking Conf., Detroit, April 1985, S. 3-10
[35] Patton, M.A.; Klein, A. and Wolf, M.M.: Advanced Breakout Prevention System Custom-Made to Product Mix. Proc. of the 74th Steelmaking Conference, Washington, D.C., USA, Vol. 74, 14.-17. April 1991, S. 553-560
[36] Emling, W.H. und Dawson, S.: Mold Instrumentation for Breakout Detection and Control. Proc. of the 74th Steelmaking Conf., Washington, Vol. 74, 14.-17. April 1991, S. 197-217
[37] Bardet, P.; Leclercq, A.; Mangin, M.; Sarter, B.: Contrôle du processus de coulée continue de brames à la Sollac. Revue de Metallurgie - CIT, Vol. 80, April 1983, S. 303-312
[38] Itoyama, S. et. al.: Process of and Apparatus for Continuous Casting with Detection of Possibility of Break Out. US Patent 4,949,777, Aug. 21,1990
[39] Tanaka, T.; Endo, H.; Kamada, N.; Naito, S. und Kominami, H.: Trouble Forecasting System by Multi-Neural Network on Continuous Casting Process of Steel Production. In T. Kohonen et. al. (Ed.): Artificial Neural Networks. Proc. of the 1991 Int. Conf. on Artificial Neural Networks, Espoo, Finland, 24.-28. Juni 1991, Elsevier Science Publishers B. V. (North-Holland), 1991, S. 835-840
[40] Niemann, H.: Klassifikation von Mustern. Berlin: Springer, 1983
[41] Ottersbach, W. J. und Siber, H.: Hot-dip galvanizing line with vertical annealing furnace. Metallurgical Plant and Technology 14 (1991) Nr. 4, S. 132-144
[42] Suemitsu, Y.: New Coating Line Technologies. Proc. of Galvatech 95, Chicago, 17.-21. Sept. 1995, S. 3-12
[43] Riedesel, U.: Electrolytically galvanized sheet - applications, product requirements and manufacturing process. Metallurgical Plant and Technology 7 (1984) Nr. 4, S. 72-75
[44] Knühl, H.: Elektrolytische Bandverzinkungsanlagen mit Jet-Zellen-Technik zum ein- und zweiseitigen Verzinken. Stahl und Eisen 101 (1981) Nr. 7, S. 69-74
[45] Maeda, M.; Ito, T.; Furuya, S. und Furukawa, H.: Coating weight control in a zinc vapor deposition line. Iron and Steel Engineer 65 (1988) Nr. 9, S. 41-47
[46] Chen, D.: Adaptive Control of Hot-dip Galvanizing. Automatica 31 (1995) Nr. 5, S. 715-733
[47] Jacobs, O. L. R.: Designing Feedback Controllers to Regulate Deposited Mass in Hot-dip Galvanizing. Control Eng. Practice 3 (1995) Nr. 11, S. 1529-1542
[48] Fenot, C.; Rolland, F.; Vigneron, G. und Landau, I. D.: Open-loop Adaptive Feedback Control of Deposited Zinc in Hot-dip Galvanizing. Control Eng. Practice 1 (1993) Nr. 5, S. 779-790
[49] Edwards, W. J.; Carlton, A. J.; Harvey, G. F.; Evans, R. F. K. und McKerrow, P. J.: Coating Mass Control System Design for a Continuous Galvanizing Line. Automatica 12 (1976) Nr. 3, S. 225-235
[50] Markward, S. W. und Lu, Y.-Z.: Integrated neural system for coating weight control of a hot dip galvanizing line. Iron and Steel Engineer 72 (1995) Nr. 11, S. 45-49
[51] Lu, Yong-Zai und Markward, S. W.: Development and Application of an Integrated Neural System for a HDCL. Proc. of the American Control Conf., Vol. 3, Washington, 21.-23. Juni 1995, S. 2302-2306
[52] Landau, I. D. und Rolland, F.: System Identification, Robust Control and Adaptation - a Methodology for Process Control. Journal A 38 (1997) Nr. 1, S. 31-39
[53] McKerrow, P. J.: Computer Controlled Galvanizing. Computers in Industry 4 (1983) Nr. 1, S. 19-30
[54] Harris, V. E. und Watchers, J. G.: DMC closed-loop air knife control for galvanizing lines. Iron and Steel Engineer 71 (1994) Nr. 6, S. 47-50
[55] Franklin, G. F.; Powell, J.D. und Emami-Naeini, A.: Feedback Control of Dynamic Systems. New York: Addison-Wesley, 1994
[56] Krupinski, R. A., Nemura, R. E. und Shaw, R. W.: Improved process line control - I/N Kote electrolytic galvanizing line. Iron and Steel Engineer 71 (1994) Nr. 6, S. 41-46
[57] Iiyoshi, T.; Hama, K.; Katayama, S.; Watanabe, T.; Yano, S.: Controls and drives for a modern electrolytic galvanizing line. IAS (IEEE Industry Applications Society) Annual Meeting 1984, S. 58-63

Einsatzoptimierung von Gas- und Dampfturbinenkraftwerken mit Genetischen Algorithmen und Neuronalen Netzen

Dr. rer. nat. Joachim Keppler, Erlangen

Zusammenfassung

In Mehrblock-Dampfkraftwerken und in kombinierten Gas-/Dampfturbinenkraftwerken (GUD-Anlagen) wird häufig die Aufgabe gestellt, im Rahmen einer Tagesplanung die Fahrweise der einzelnen Kraftwerksblöcke bzw. Turbinen in Bezug auf die Gesamtbrennstoffkosten des Kraftwerks zu optimieren. Diese Aufgabe kann als zweistufiger Prozeß betrachtet werden, der einerseits die Ermittlung des günstigsten Block- bzw. Turbinenbetriebsplans für den gesamten Planungszeitraum und andererseits, für jede einzelne Zeitscheibe, die Bestimmung der optimalen Lastaufteilung auf die angeschalteten Blöcke bzw. Turbinen umfaßt.

Um diese Aufgaben zu erfüllen, wurde das System SLOGAN (Software based Load Optimization by Genetic Algorithms and Neural Networks) entwickelt. Die Optimierungsaufgabe wird durch die Verwendung moderner Optimierungs- und Modellierungsmethoden in Kombination mit bewährten Berechnungsverfahren gelöst, wodurch sowohl der Forderung nach hoher Genauigkeit bei der Abbildung des Kraftwerks als auch nach kurzen Rechenzeiten genüge getan wird. Zum Einsatz kommen Genetische Algorithmen, ein gradientenbasiertes Verfahren zur nichtlinearen Optimierung unter Nebenbedingungen, Neuronale Netze sowie das bei Siemens/KWU für die thermodynamische Kraftwerksauslegung bewährte Berechnungsverfahren.

Vorgestellt wird ein rechnergestütztes Optimierungssystem, durch welches die Betreiber von Kraftwerken in die Lage versetzt werden, die Fahrweise der Anlage nach ökonomischen Gesichtspunkten zu optimieren.

1 Aufgabenstellung und Zielsetzung

Die Optimierung des Einsatzes von Dampfkraftwerken mit mehreren Blöcken ist eine komplexe Aufgabe. Selbst bei baugleichen Kraftwerksblöcken ist aufgrund des nichtlinearen Teillastverhaltens und anderer Einflußgrößen eine gleichmäßige Verteilung der elektrischen Leistung,

Heizwärme und/oder Prozeßdampfentnahme nur in bestimmten Konstellationen die wirtschaftlichste Fahrweise. Eine ähnliche Aufgabenstellung besteht auch bei der Optimierung der Fahrweise eines GUD-Kraftwerks, bestehend aus mehreren Gas- und Dampfturbinen. Mit dem System SLOGAN soll die Einsatzplanung für Mehrblock-Dampfkraftwerke und GUD-Anlagen vereinfacht und optimiert werden.

Das Ziel der Einsatzoptimierung besteht darin, die Gesamtfahrweise einer Anlage nach ökonomischen Kriterien zu optimieren. Bei Mehrblock-Dampfkraftwerken bedeutet dies, daß die von den Verbrauchern angeforderten Lasten (elektrische Leistung, Heizleistung und/oder Prozeßdampf) durch die zur Verfügung stehenden Blöcke möglichst kostengünstig bereitzustellen sind. Bei kombinierten Gas-/Dampfturbinen-Kraftwerken (GUD) bedeutet dies, daß die zu erfüllenden Lastanforderungen möglichst kostengünstig auf die zur Verfügung stehenden Gas- und Dampfturbinen verteilt werden. Im Unterschied zum Dampfkraftwerk liegt hier bereits bei einem Block eine Optimierungsaufgabe vor.

Um neben den Brennstoffkosten auch die An- und Abfahrkosten von Kraftwerksblöcken bzw. Turbinen zu minimieren, sind die An- und Abfahrzeitpunkte der einzelnen Kraftwerkskomponenten ebenso Gegenstand der Optimierung.

Als Ausgangspunkt für die Optimierung dient ein Anforderungsprofil der prognostizierten Lastgänge in Form von Zeitscheiben (Minimum: ½ Stunde). Mit dem bereitgestellten Anforderungsprofil erfolgt die Optimierung dann über einen kurzfristigen Planungshorizont von 24 Stunden. Auf Bedarfsänderungen kann durch eine Momentanoptimierung für eine Zeitscheibe flexibel reagiert werden. Als Ergebnis der Optimierung ergibt sich letztendlich der im Rahmen der Zeitvorgabe und der zugrunde liegenden Modellierungsgenauigkeit wirtschaftlichste Einsatzplan für die einzelnen Kraftwerksblöcke bzw. Turbinen, der die Gesamtanforderungen bestmöglich erfüllt.

Im Gegensatz zu anderen Problemstellungen der Kraftwerkeinsatzplanung geht das hier vorgestellte System davon aus, daß die Gesamtleistung an einer Stelle ins Netz eingespeist wird. Verluste bei der Energieübertragung und Übertragungsengpässe werden deshalb nicht berücksichtigt. Ferner ist für eine sinnvolle Anwendung der Einsatzoptimierung davon auszugehen, daß die verfügbaren Blöcke bzw. Turbinen annähernd gleich wirtschaftlich arbeiten. Bei sehr großen Unterschieden in der Wirtschaftlichkeit ergibt sich automatisch eine vereinfachte Problemlösung bei der Lastaufteilung, da dann der Kraftwerksblock bzw. die Turbine mit den geringsten Betriebskosten möglichst mit Vollast betrieben werden muß. Die

Einsatzplanung zielt also explizit auf jene Anwendungsfälle, in denen mehrere relativ ähnliche Blöcke bzw. Turbinen über weite Betriebsbereiche gefahren werden müssen.

Mathematisch gesehen stellt sich die Einsatzoptimierung als Constraint-Optimierungsproblem dar, bei dem insgesamt folgende Randbedingungen berücksichtigt werden (GUD-Version):

- relevante Umweltbedingungen,
- Bilanzgleichungen für die einzelnen Lastarten
- Anfahrzeiten und Anfahrkosten,
- Eigenbedarf der wichtigsten Komponenten,
- zulässige Anlagengrenzwerte

Die maximale Auslegung des Systems SLOGAN (GUD) ist durch folgende Charakteristika gegeben:

- elektrische Leistung,
- Fernwärmeauskopplung,
- Prozeßdampfentnahme,
- 3 Blöcke mit bis zu 3 Gasturbinen pro Block.

Aus den obigen Ausführungen wird deutlich, daß eine computergestützten Optimierung der Anlagenfahrweise eine Reihe ineinandergreifender Einzelaufgaben bedingt, die in ihrer Gesamtheit erst ein geschlossenes Optimierungswerkzeug bilden. Die Vielfalt der Aufgaben läßt sich dabei zwei großen Komplexen zuordnen, nämlich einerseits dem algorithmischen Hintergrundsystem und andererseits der graphischen Benutzeroberfläche. Diese beide Hauptkomponenten werden nun sukzessive anhand der Version für GUD-Kraftwerke beschrieben.

2 Algorithmische Lösungsstrategie

Zur Lösung des oben spezifizierten Optimierungsproblems wurde ein dreistufiger Algorithmus [1,2] konzipiert, siehe auch Abb.1:

- Auf der obersten Stufe erzeugt ein Genetischer Algorithmus mögliche AN/AUS-Szenarien für die Gasturbinenauswahl im vorgegebenen Zeitintervall [3]. Der AN/AUS-Zustand der Dampfturbinen ist kein eigentlicher Freiheitsgrad und deshalb nicht Gegenstand der Optimierung. Die so erzeugte Gasturbinenauswahl wird anhand der Summe von Brennstoff- und Anfahrkosten über den gesamten Optimierungshorizont bewertet. Die kostengünstigsten Einsatzszenarien, die alle Randbedingungen erfüllen, setzen sich durch.

- Ein untergeordneter Optimierungsalgorithmus bestimmt zu einer gegebenen Gasturbinenauswahl die kostengünstigste Lastaufteilung auf die in Betrieb befindlichen Turbinen. Die Aufteilung erfolgt separat für jede Zeitscheibe. Eine Lastaufteilung wird anhand der Summe der Brennstoffkosten für die einzelnen Gasturbinen bewertet. Dabei muß ermittelt werden, ob die Gasturbinen die zugeteilte Last überhaupt erbringen und ob alle Turbinen zusammen die Lastanforderungen erfüllen können. Das Ergebnis ist die ökonomischste realisierbare Lastaufteilung. Aufgrund des komplexen, nichtlinearen Charakters der Zielfunktion und der Nebenbedingungen wird auf dieser Stufe die zur Zeit effektivste nichtlineare Constraint-Optimierungsmethode (SQP) [4] verwendet.
- Auf der niedrigsten algorithmischen Stufe wird festgestellt, mit welchem Kostenaufwand die geforderten Lasten verbunden sind und ob der Lastfall überhaupt realisierbar ist. Dazu wird prinzipiell die Modellierungsgenauigkeit des bei Siemens/KWU vorhandenen Kraftwerksimulationsprogramms ABHIKRA genutzt. Aus Gründen der Rechenzeit wird bei der Implementierung des Optimierungsalgorithmus jedoch nicht das Simulationsprogramm ABHIKRA sondern ein Neuronales Netz aufgerufen, das eine sehr gute Approximation an ABHIKRA darstellt. Lediglich die Validierung des gefundenen Optimums findet direkt mit ABHIKRA statt.

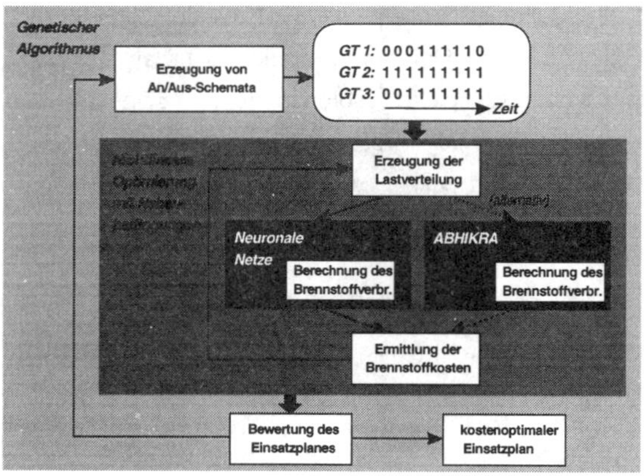

Abb. 1: Funktionsschema des Optimierungsalgorithmus

Die mathematische Formulierung des Optimierungsproblems sowie die auf der ersten bzw. dritten Stufe des Gesamtkonzepts eingesetzten Genetischen Algorithmen bzw. Neuronalen Netze werden nun kurz dargestellt.

3 Mathematische Formulierung des Optimierungsproblems

Für die Problembeschreibung wird davon ausgegangen, daß es sich um eine Anlage mit n Gasturbinen handelt. Der Lastgang ändert sich nur zu bestimmten Zeiten $t \in \{t_0, \ldots, t_k\}$ und ist für den Zeitraum $\Delta t_j = t_j - t_{j-1}$ konstant. t_0 ist der Startzeitpunkt der Optimierungsrechnung, t_k der Endzeitpunkt. Die Lastanforderungen für elektrische Leistung, Heizleistung und Prozeßdampfauskopplung werden mit P_{el}, P_{heiz} und m_{proz} bezeichnet.

Die gesamten Brennstoffkosten für den Planungszeitraum ergeben sich zu

$$K_{brenn} = \Sigma_j \Sigma_i \alpha_i B^i_{brutto}(t_j)\, \Delta t_j = \Sigma_j \Sigma_i \alpha_i B^i_{brutto}[P^i_{el,GT}(t_j), T_L(t_j), p_L(t_j), \varphi_L(t_j), HW(t_j)]\, \Delta t_j ,$$

und hängen damit von der elektrischen Gasturbinenleistung ($P^i_{el,GT}$), der Lufttemperatur (T_L), dem Luftdruck (p_L), der Luftfeuchtigkeit (φ_L) und dem Heizwert (HW) ab. Dabei ist i der Gasturbinenindex (i = 1...n) und j der Zeitscheibenindex (j = 1...k). Jede Gasturbine wird durch ihren Brennstoffverbrauch B^i und einen Brennstoffkostenfaktor α_i beschrieben. In den berechneten Brennstoffkosten ist der elektrische Eigenbedarf P_{eigen} der Gesamtanlage bereits berücksichtigt, d.h. die Lastwerte $P^i_{el,GT}$ der einzelnen Gasturbinen sind Brutto-Werte.

Die Bewertung der Anfahrkosten ist anlagenspezifisch und vom Betreiber abhängig. Sie kann nicht auf der Basis einer thermodynamischen Simulation erfolgen. Für die Optimierung wird vielmehr vorausgesetzt, daß eine Funktion der Form

$$K_{anfahr} = \Sigma_j \Sigma_i K^i_{anfahr}(t_j)$$

zur Verfügung steht, mit der die Anfahrkosten berechnet werden.

Bei der Problemlösung ist zu berücksichtigen, daß sich die Turbinenleistungen pro Leistungsart zur erforderlichen Bruttoleistung addieren müssen. Mathematisch gesehen ergeben sich daraus zu erfüllende Nebenbedingungen, die sich für jeden Zeitpunkt t in der Form folgender Bilanzgleichungen darstellen iassen (i ist der Gasturbinen-, l der Blockindex):

$$P_{el}(t) + P_{eigen} - (\Sigma_i P^i_{el,GT}(t) + \Sigma_l P^l_{el,DT}(t)) = 0 ,$$

$$P_{heiz}(t) - \Sigma_l P^l_{heiz}(t) = 0 ,$$

$$m_{proz}(t) - \Sigma_l m^l_{proz}(t) = 0 .$$

Zur Bestimmung der zulässigen Leistungsbereiche werden zwei Informationen herangezogen. Einerseits sind die überhaupt möglichen Lasten durch Minimal- und Maximalwerte der Kraftwerksauslegung beschränkt:

$$P^{i,min}_{el} \leq P^{i}_{el}(t) \leq P^{i,max}_{el}\,,$$

$$P^{l,min}_{heiz} \leq P^{l}_{heiz}(t) \leq P^{l,max}_{heiz}\,,$$

$$m^{l,min}_{proz} \leq m^{l}_{proz}(t) \leq m^{l,max}_{proz}\,.$$

Andererseits ergeben sich in Abhängigkeit der Umweltparameter und Einflußgrößen für die einzelnen Leistungsarten komplexe, nichtlineare Grenzen zwischen realisierbaren und nicht realisierbaren Anforderungen. Da bei der Optimierung sicherzustellen ist, daß jede Turbine die zugeteilte Last auch wirklich erzeugen kann, muß in jedem Fall überprüft werden, ob die geforderten Lastwerte auch real erreichbar sind.

4 Genetischer Algorithmus

Zur Optimierung der Turbinenauswahl über einen 24-stündigen Optimierungshorizont müssen insgesamt n•k Binärzahlen festgelegt werden (wobei n die Gasturbinenzahl und k die Anzahl der Zeitscheiben bedeutet). Eine Festlegung aller n•k Binärvariablen sei im folgenden als Einsatzplan bezeichnet.

Der Suchraum hat die Mächtigkeit $2^{n \bullet k}$, so daß man bei Zugrundelegung der typischen Problemdimensionen ($n \geq 2$, $k \geq 24$) mit einem diskreten Optimierungsproblem in einem sehr hochdimensionalen Raum konfrontiert ist. Hier scheidet im allgemeinen ein Kostenvergleich aller möglichen Einsatzpläne aus Rechenzeitgründen aus. Benötigt wird daher eine Näherungsmethode zum Auffinden guter Einsatzpläne. Als modernes und für derartige Problemstellungen besonders effektives Verfahren wird hier ein Genetischer Algorithmus (GA) [5] verwendet.

Bei einem GA entwickelt sich eine Population von Individuen zeitlich unter dem Einfluß genetischer Operatoren. Am Ende eines jeden Zeitschritts werden die einzelnen Individuen gemäß ihres Zielfunktionswerts beurteilt. Die Individuen mit den besten Zielfunktionswerten werden dazu auserwählt (*Selektion*), durch Kombination ihrer Information (*Rekombination*) zu Eltern neuer Individuen zu werden. Dabei werden Informationseinheiten stochastisch verändert (*Mutation*), um lokale Minima zugunsten besserer Lösungen wieder verlassen zu können. Die erzeugten Individuen ersetzen schlechtere Individuen der alten Population, wobei die Mächtigkeit der Population stets konstant bleibt. Nach einer - mit der Problemkomplexität wachsenden - Zahl von Generationen konvergiert die Population zu einer optimalen oder zumindest nahezu optimalen Lösung.

Jeder Einsatzplan für die Turbinen eines GUD-Kraftwerks wird als Individuum interpretiert. Die n•k Binärvariablen eines Einsatzplans lassen sich als n x k - Matrix anordnen und können direkt als genetische Kodierung eines Individuums verwendet werden. Es sei betont, daß diese Repräsentation einen wesentlichen Vorteil darstellt, da jedes Individuum die volle Information über die AN/AUS-Zustände aller Gasturbinen in allen Zeitscheiben enthält und dadurch übergreifende Nebenbedingungen problemlos berücksichtigt werden können.

Um einen Überblick über die Evolutionsstrategie bei der Einsatzoptimierung zu geben, ist in Abb. 2 die Abfolge der genetischen Operatoren in einem Evolutionsschritt dargestellt.

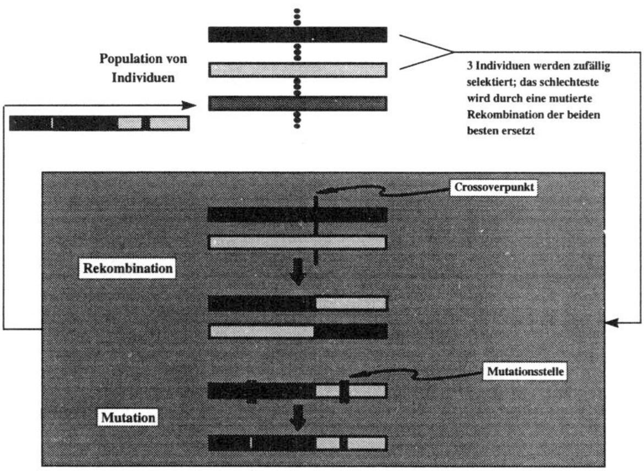

Abb. 2: Abfolge der genetischen Operatoren in einem Evolutionsschritt

Als robustes Selektionsverfahren für Eltern neuer Einsatzpläne wird das *2 aus 3* -Verfahren gewählt. Dabei werden zufällig 3 Einsatzpläne aus der Population ausgesucht und nach ihrem Zielfunktionswert beurteilt. Das schlechteste Individuum wird durch ein Kind der beiden besten ersetzt. Dieses Verfahren hat den Vorteil, daß der jeweils beste Einsatzplan auf jeden Fall in der Population verbleibt.

Die Rekombination eines neuen Einsatzplans aus den Binärmatrizen der Eltern geschieht in Form eines 1-Punkt-Crossovers. Dabei wird zufällig eine zeitliche Bruchstelle t_B zwischen 1 und k gewählt. Der resultierende Einsatzplan enthält bis t_B die Information des Vaters und ab t_B die der Mutter oder umgekehrt. Ein Rekombinationsvorgang erfordert keine neue Optimierung der Lastaufteilung.

Um die Lösungsvielfalt innerhalb der Population zu erhalten, wird auf den durch Rekombination erzeugten Einsatzplan noch eine Sequenz von Mutationsoperatoren angewendet. Neben dem Standard-Mutationsoperator sind dies zwei problemspezifische Operatoren [1,3], die nicht auf einzelnen Bits der Binärmatrix sondern auf ganzen Teilmatrizen agieren. Dadurch erhöht sich die Wahrscheinlichkeit, daß gute Teilschemata unbeeinflußt an die Nachkommen weitergegeben werden.

Die Evolution der Population von Einsatzplänen wird abgebrochen, wenn eine Maximalzahl von Generationen erreicht ist. Der kostengünstigste Einsatzplan der Endpopulation wird dann dem Benutzer ausgegeben.

5 Neuronale Netze

Eine entscheidende Voraussetzung für die Einsatzoptimierung ist die möglichst exakte thermodynamische Modellierung des Kraftwerks innerhalb sehr kurzer Rechenzeiten. Dazu werden Neuronale Netze verwendet, welche die Ergebnisse des bei Siemens/KWU entwickelten Simulationsprogramms ABHIKRA mit großer Genauigkeit abbilden und innerhalb von Millisekunden der Optimierungsroutine zur Verfügung stellen.

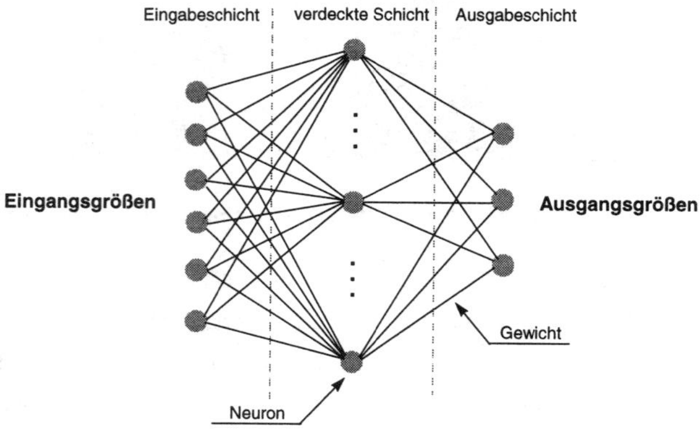

Abb. 3: Aufbau eines Drei-Schichten-Perzeptrons.

Zur Approximation von komplizierten funktionalen Zusammenhängen bietet sich die Verwendung von Drei-Schichten-Perzeptrons [6] an, siehe auch Abb. 3. Die Eigenschaft dieses Netztyps besteht darin, daß eine Schicht nur mit der jeweils darauffolgenden verschaltet ist und die Aktivierungsmuster das Netz nur in der Vorwärtsrichtung durchlaufen können. Die erste Schicht entspricht dabei immer der Eingabeschicht, die dritte Schicht der Ausgabeschicht. Dazwischen liegt eine intermediäre Schicht, welche die verborgenen Zellen beinhaltet. Jedem Input der zu approximierenden Funktion wird genau eine Zelle der Eingabeschicht, jedem Output eine Zelle der Ausgabeschicht zugeordnet.

Das Lernproblem für ein derartiges Netz besteht darin, eine vorgegebene Trainingsmenge von Input-Output-Relationen so gut wie möglich abzubilden und gleichzeitig eine möglichst große Generalisierungsfähigkeit zu gewährleisten. Bei vorgegebener Netzarchitektur kann dies durch eine iterative Anpassung der Netzgewichte erreicht werden. Die Genauigkeit der Abbildung wird dabei durch den quadratischen Abbildungsfehler des Netzes definiert. Zum Netztraining, d.h. zur optimalen Festlegung der Netzgewichte, wird die empirisch erfolgreichste Variante des Quasi-Newton-Verfahrens (BFGS-Algorithmus) [7] verwendet. Dieses Verfahren gewährleistet das Auffinden eines lokalen aber nicht notwendigerweise globalen Minimums im Fehlergebirge, weshalb es sinnvoll ist, mehrere Optimierungsläufe mit verschiedenen Initialisierungen der Gewichte durchzuführen. Die prinzipielle Verfahrensweise des Netz-Trainings ist in Abb. 4 dargestellt.

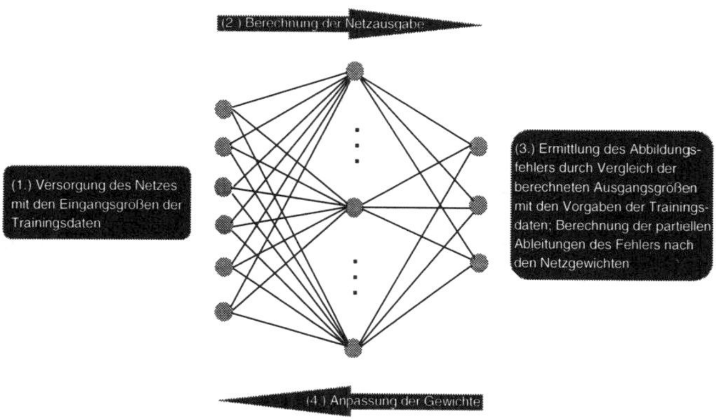

Abb. 4: Schema des Netztrainings

Zur Abbildung von ABHIKRA werden mehrere Neuronale Netze verwendet. Die Netze für die reine Gasturbinensimulation besitzen jeweils einen Input für die elektrische Lastanforderung, den Heizwert sowie die relevanten Umweltparameter. Ausgabeparameter sind der Brennstoffverbrauch, die Rauchgasparameter und ein Klassifikationswert, der festlegt, ob die gestellte Lastforderung unter den aktuellen Bedingungen überhaupt erbracht werden kann. Der Klassifikationswert fließt in die Nebenbedingungen der Optimierungsroutine ein. Die gekoppelte Simulation des Abhitzedampferzeugers und Dampfkreislaufs ist auf der Basis mehrerer Expertennetze realisiert, deren Eingabegrößen die Rauchgasparameter der Gasturbinen sowie die Umweltparameter sind und die als Ausgabegröße die resultierende Leistung der Dampfturbine besitzen.

Mit den oben spezifizierten Netzen und Trainingsalgorithmen ist eine hinreichend gute funktionale Abbildung der von ABHIKRA vorgegebenen thermodynamischen Zusammenhänge gewährleistet. Die typischen mittleren Fehler, bestimmt auf einer Menge mehrerer tausend Generalisierungsdaten, liegen bei wenigen Promille, punktuelle Abbildungsfehler von mehr als 1.0 % treten kaum auf. Der Rechenzeitgewinn gegenüber ABHIKRA liegt in der Größenordnung von 10^5 bis 10^6. Gerade durch die Kombination von sehr präziser thermodynamischer Simulation und äußerst kurzer Rechenzeit sind die Neuronalen Netze die wesentlichen Komponenten des Systems SLOGAN. Ohne deren Einsatz wären letztendlich die hohen Ansprüche an die Modellierungsgenauigkeit und Rechengeschwindigkeit nicht zu erfüllen.

6 Graphische Benutzeroberfläche

Der gesamte Leistungsumfang und alle zur Durchführung von Optimierungsrechnungen notwendigen Funktionen stehen dem Benutzer in der graphischen Benutzeroberfläche des Systems SLOGAN zur Verfügung. Die wesentlichen Leistungsmerkmale sind:

- Eingabe der prognostizierten Lastgänge sowie der über den 24-stündigen Planungszeitraum variierenden Umweltparameter und Einflußgrößen (tabellarisch).
- Eingabe technischer Randbedingungen bzw. manueller Festlegungen von Anlagenbetrieb und Turbinenfahrweise (tabellarisch).
- Diagrammatische Visualisierung der Eingaben.
- Einstellung von Optimierungsparametern.
- Speicherung aller Eingaben in Dateien.
- Optimierung der Anlagenfahrweise im Hinblick auf Turbinenauswahl und Lastaufteilung unter Berücksichtigung der anlagentechnischen Realisierbarkeit.
- Anzeige des Verlaufs der Kostenfunktion während der Optimierung.
- Graphische Darstellung der optimalen Anlagenfahrweise über den Prognosezeitraum.
- Speicherung der zum jeweiligen Lastgang gehörenden optimalen Anlagenfahrweise.
- Ausdrucken von Eingabetabellen und Optimierungsergebnissen.

Zwei Fenster der Bedienoberfläche sind exemplarisch in Abb. 5 und Abb. 6 dargestellt.

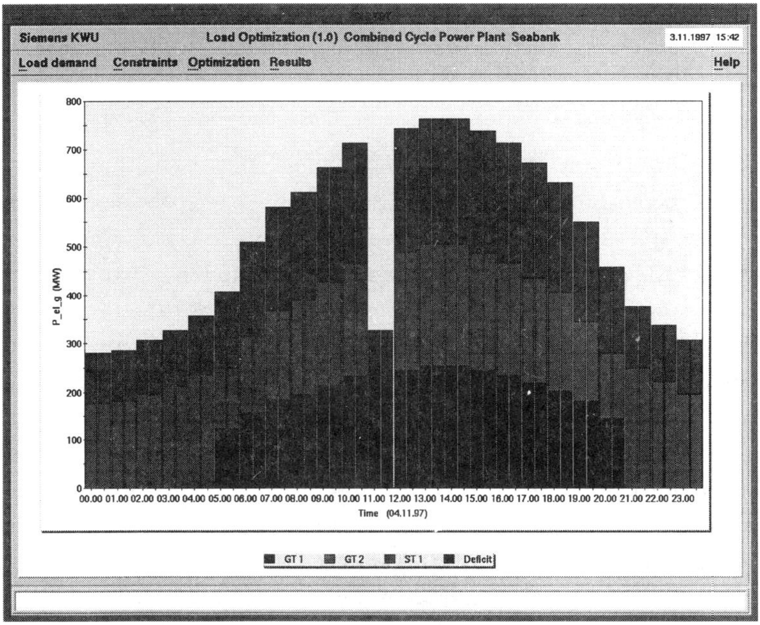

Abb. 5: Hauptfenster des Systems SLOGAN.

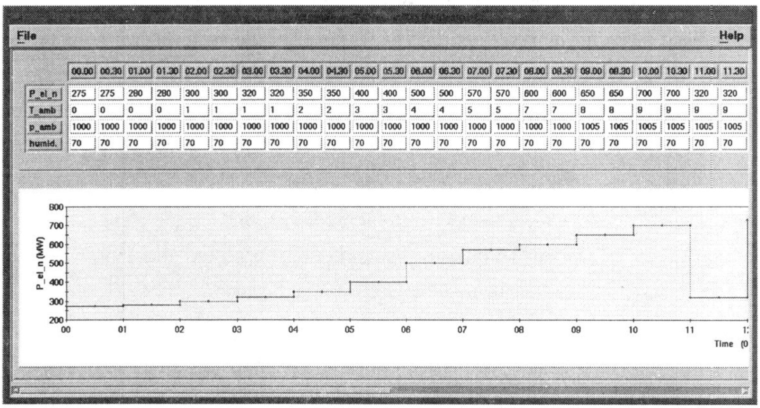

Abb. 6: Eingabefenster des Systems SLOGAN.

7 Ergebnisse und Nutzen

Um den kommerziellen Nutzen des Optimierungssystems aufzuzeigen, wurden zahlreiche Optimierungsrechnungen anhand von realistischen Vorgaben durchgeführt. Die daraus gewonnenen Erkenntnisse sind geeignet, um die vorhandenen Optimierungspotentiale abzuschätzen. Die Ergebnisse lassen sich wie folgt zusammenfassen:

- Innerhalb des Gesamtbereichs erlaubter Lastanforderungen, die an das Kraftwerk gestellt werden können, gibt es in sehr komplexer Weise von den Umweltparametern und Nebenbedingungen abhängige Teilbereichsgrenzen, die mögliche An- bzw. Abfahrvorgänge von Gasturbinen markieren. So gibt es z.B. eine Grenze, welche Lastanforderungen trennt, die einerseits den Betrieb von zwei Gasturbinen erfordern, andererseits jedoch bereits mit einer Gasturbine erbracht werden können. Diese Klassifikationsaufgabe wird mit den trainierten Neuronalen Netzen äußerst schnell und zuverlässig gelöst und eröffnet Brennstoffkosteneinsparungen von bis zu 20 % für den Fall, daß eine Turbine in einem bestimmten Zeitintervall heruntergefahren werden kann.
- Für den Fall, daß alle Gasturbinen eines GUD-Kraftwerks identisch sind, mit genau gleichem Brennstoff befeuert werden und das Kraftwerk nur elektrischen Strom produziert, ergeben sich in einer Zeitscheibe im wesentlichen keine Einsparpotentiale durch eine asymmetrische Turbinenfahrweise. Der Nutzen des Optimierungssystems liegt hier insbesondere in der schnellen und sehr exakten Ermittlung der einzustellenden Brutto-Lasten der Gasturbinen, die bereits den elektrischen Eigenbedarf berücksichtigen und in Summe mit dem resultierenden Output der Dampfturbinen die Lastanforderungen exakt erfüllen.
- Einsparpotentiale durch asymmetrischen und damit auf konventionelle Art nur sehr schwer zu ermittelnden Gasturbinenbetrieb gibt es, sobald das Kraftwerk aus unterschiedlichen Gasturbinen besteht, anfänglich identische Gasturbinen eine Drift erfahren haben, die einzelnen Turbinen unterschiedlich befeuert werden oder das Kraftwerk neben elektrischem Strom auch Fernwärme und/oder Prozeßdampf produziert. Die Höhe des Einspargewinns hängt in diesen Fällen von den jeweiligen Lastanforderungen und Gegebenheiten ab. Treten mehrere der hier genannten Voraussetzungen in Kombination auf, macht sich der Einsatz einer computergestützten Optimierung noch deutlicher bezahlt.
- Sehr interessant ist die Optimierung für den reinen Gasturbinenbetrieb. Dieser liegt vor, wenn es sich bei der zu optimierenden Anlage um ein Gasturbinen-Kraftwerk handelt oder wenn der Dampfturbinenteil einer GUD-Anlage aus technischen Gründen nicht genutzt wird. In diesen Fällen treten im Mittellastbereich signifikante Einspargewinne von bis zu 2 % gegenüber dem entsprechenden Referenzwert für die symmetrische Gasturbinenfahrweise

auf. Falls es die Randbedingungen zulassen, ist sogar eine maximale Lastasymmetrie erstrebenswert.

Die Ergebnisse zeigen, daß durch eine computergestützte Einsatzoptimierung mittels SLOGAN verschiedene Einsparpotentiale beim Betrieb einer Kraftwerksanlage ausgeschöpft werden können. Dies belegt die außerordentliche Relevanz von Genetischen Algorithmen und Neuronalen Netzen für zukünftige Weiterentwicklungen auf dem Kraftwerkssektor.

Literatur

[1] C. Hillermeier and J. Keppler
An Application of Genetic Algorithms and Neural Networks to Scheduling Power Generating Systems.
Parallel Problem Solving from Nature - PPSN IV, Internat. Conf. on Evolutionary Computation, Berlin; Lecture Notes in Computer Science, Springer (1996).

[2] D. Blanck, M. Grühn und J. Keppler
Einsatzplanung von Kraftwerken mittels SLOGAN.
Optimierung in der Energieversorgung II, Tagung der VDI-Gesellschaft Energietechnik, Leverkusen; VDI-Berichte 1352 (1997).

[3] S. Kazarlis, A. Bakirtzis and V. Petridis
A Genetic Algorithm Solution to the Unit Commitment Problem.
Winter meeting of the IEEE Power Engineering Society, New York (1995).

[4] M. Bazaraa, H. Sherali and C. Shetty
Nonlinear Programming, Theory and Algorithms.
John Wiley, New York (1993).

[5] D. Goldberg
Genetic Algorithms in Search, Optimization and Machine Learning.
Addison Wesley, Redwood City, (1989).

[6] J. Hertz, A. Krogh and R. Palmer
Introduction to the Theory of Neural Computation.
Addison Wesley, Redwood City, (1991).

[7] W.H. Press, S.A. Teukolsky, W.T. Vetterling and B.P. Flannery
Numerical Recipes in C: The Art of Scientific Computing.
Cambridge University Press (1992).

Flexibilisierung der Verarbeitung in dekomponierten Fuzzy-Systemen

Dr.-Ing. Werner Brockmann, Lübeck

In vielen Applikationen müssen Fuzzy-Systeme eine Vielzahl von Eingangsgrößen auswerten. Die Größe der Regelbasis wird daher in der Praxis oft unhandlich groß, so daß die Entwicklungszeiten stark ansteigen, die Wartbarkeit leidet und der Speicher- und Rechenzeitbedarf unpraktikabel werden. Als Lösungsansatz wird in diesem Beitrag anhand von Fuzzy-Regelungen die Dekomposition eines komplexen Fuzzy-Systems in Teilsysteme beschrieben, die auf zwei Ebenen arbeiten, nämlich ein übergeordnetes, regelbasiertes System, das je nach Betriebszustand ein oder ggf. mehrere untergeordnete Teilsysteme für vorgegebene Betriebsbereiche aktiviert. Der Einsatz derartig dekomponierter Fuzzy-Systeme wird am Beispiel eines Fuzzy-gesteuerten Spannungs-Frequenzkennlinien-Umrichters für Drehstromantriebe vorgestellt.

1. Einleitung

1.1 Motivation

Fuzzy-Systeme sind für Anwendungen ohne formales Prozeßmodell weit verbreitet, weil sie wegen der regelbasierten Spezifikation Erfahrungswissen direkt aufnehmen können. Sie sind darüber hinaus als universelle Funktionsapproximatoren einsetzbar, wie vielfältig gezeigt wurde [1-5]. Sie sind also zumindest theoretisch in der Lage, jede beliebige nichtlineare Abbildung mehrerer Eingangsgrößen auf eine oder mehrere Ausgangsgrößen beliebig genau darzustellen. Als Anwendungsgebiet sind deshalb Fuzzy-Regelungen nichtlinearer Prozesse besonders weit verbreitet. Diese bilden daher den Schwerpunkt der nachfolgenden Betrachtungen, die aber auch leicht auf andere Anwendungsgebiete übertragbar sind.

In der Praxis wächst die Größe der Regelbasis von Fuzzy-Systemen überproportional mit der Anzahl der Eingangsvariablen. Das wirft zwei Problembereiche auf. Zum einen ist bei der Umsetzung mittels eines großen Fuzzy-Systems das Wissen sehr schwer zu handhaben und zu überschauen, weil es mit zunehmender Größe schwieriger wird, die Konsistenz der Regelbasis zu gewährleisten. Die erschwerte Übersicht führt zu entsprechend großen

Entwicklungszeiten und begrenzt wegen des „knowledge-engineering-bottleneck" schließlich die Komplexität, die mit einem einstufigen Ansatz zu erreichen ist. Zum anderen nimmt der Speicher- und Rechenzeitbedarf ebenfalls überproportional mit der Größe der Regelbasis zu und begrenzt dadurch auch die erreichbare Komplexität („curse-of-dimensionality"). Dieser Punkt ist besonders in Low-Cost-Applikationen wie beispielsweise in der KFZ- und Antriebstechnik wichtig, wo geringe Herstellungskosten eine zentrale Rolle spielen.

Die Ursache für die kombinatorische Explosion der Regelbasen bzw. des Speicherbedarfs liegt in der Partitionierung des Eingangsraums, die durch das Aufteilen des Wertebereichs der Fuzzy-Variablen in Fuzzy-Mengen [6] entsteht. Bekanntermaßen spannen die n Eingangsvariablen eines Fuzzy-Systems einen n-dimensionalen Eingangsraum auf. Für eine Funktionsapproximation muß dieser gesamte Eingangsraum durch Regeln abgedeckt sein. Bei einstufigen Systemen ist folglich auch der Regelraum n-dimensional, was zu den oben beschriebenen Problemen führt.

1.2 Statische Dekomposition

Um auch bei einer größeren Komplexität einfacher zu handhabende Fuzzy-Systeme zu erhalten, wird ein einstufiges Fuzzy-System (Abb. 1a) in eine statische Struktur interagierender Fuzzy-Teilsysteme dekomponiert [7,8]. Durch diese Dekomposition entsteht eine mehrstufige Struktur aus teilweise parallel angeordneten Fuzzy-Teilsystemen, die nach außen die gleichen Ein- und Ausgangsvariablen benutzen (Abb. 1b).

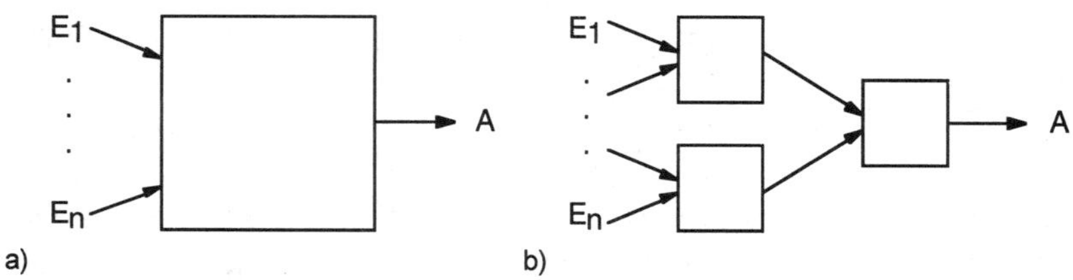

Abb. 1: Schematischer Aufbau von einstufigen (a) und dekomponierten Fuzzy-Systemen (b)

Durch diese Dekomposition entsteht eine zusätzliche Abstraktionsebene beim Entwurf komplexer Fuzzy-Applikationen. Dabei werden sinnvollerweise separierbare Aufgaben durch separate Teilsysteme wahrgenommen. Das führt zu einer applikationsspezifischen Zerlegung eines großen Problems in anschauliche, übersichtliche Teilprobleme. Dazu müssen zusätzliche Fuzzy-Variablen als Zwischengrößen eingeführt werden. Daß so innere Zusammenhänge explizit gemacht werden können und separate Einheiten entstehen, kann die Beschreibung des Wissens vereinfachen, wenn diese Zerlegung für einen Menschen intuitiv einsichtig und naheliegend ist.

Jedes Teilsystem übernimmt spezielle Aufgaben. Dazu sind spezifische Strategien mit spezifischen Eingangs- und Ausgangsvariablen erforderlich. Das sind i.d.R. nur eine kleine Untermenge der Variablen, die ein einstufiges System zu verarbeiten hätte und die während des Wissenserwerbs alle gleichzeitig berücksichtigt und gegeneinander abgewogen werden müßten. Eine statische Dekomposition erweitert folglich für komplexere Aufgaben den Engpaß beim Wissenserwerb, weil die Teilsysteme jeweils von handhabbarer Komplexität sind und sich der Experte bei der Wissenserfassung auf kleinere Teile konzentrieren kann, deren Zusammenwirken mit anderen Teilsystemen und mit der Umgebung (statisch) festgelegt ist. Das überwiegt den Effekt deutlich, daß durch die Aufteilung in Teilsysteme zusätzliche, innere Zwischengrößen neu entstehen. Der Wissenserwerb ist dadurch auch für komplexere Problemstellungen angemessen, effektiv und verläßlich möglich.

Da durch die Dekomposition eine Ansammlung kleinerer Fuzzy-Systeme mit einer reduzierten Dimensionalität der Eingangsräume entsteht, ist auch i.d.R. die Summe der zu spezifizierenden Regeln deutlich geringer. Das reduziert sowohl den Aufwand für den Wissenserwerb als auch für die Implementierung. Als nachteilig kann sich erweisen, daß Zwischengrößen künstlich eingefügt werden müssen, die keinen Bezug zum Problem haben und dadurch unverständlich sind. Weiterhin sind wegen der verketteten Wissensverarbeitung nur Fuzzy-Teilsysteme konsistent miteinander verknüpfbar. Für Teilbereiche oft existierende und bereits gut funktionierende Teillösungen wie konventionelle Regler können nicht harmonisch eingefügt werden und behindern den Wissenserwerb, weil die Ebene der regelbasierten Spezifikation verlassen werden muß, um anhand numerischer (Zwischen-)Größen das Verhalten eines konventionell implementierten Teilsystems gezielt berücksichtigen zu können.

Außerdem liegt immer eine Verkettung und ein Nebeneinander von sequentiellen und parallelen Teilsystemen vor. Der Experte muß bei der Spezifikation einer Regelbasis folglich den gesamten Systemkontext auch im Detail berücksichtigen. Das ist insbesondere wegen der Mehrstufigkeit der Systemstruktur nicht gerade einfach und übersichtlich, insbesondere weil ab der zweiten Stufe meist mehrere Ausgänge von vorhergehenden Fuzzy-Systemen kombiniert werden, deren Verhalten genau bekannt sein muß. Die Wechselwirkungen der Teilsysteme sind dabei schwer überschaubar, obwohl sie wegen der statischen Struktur immer nach dem gleichen Berechnungsschema ausgewertet werden. Im folgenden soll deshalb ein einfacher Ansatz vorgestellt werden, der über eine Art Strukturumschaltung eine flexible Verarbeitung ermöglicht und den Wissenserwerb weiter erleichtern kann.

2. Metasystem-Ansatz

2.1 Grundprinzip

Betrachtet man das Zusammenspiel von einem geregelten Prozeß und einer Fuzzy-Regelung, spiegelt sich der Zustand des geregelten Prozesses zu jedem Zeitpunkt genau in einem Punkt im Eingangsraum der Fuzzy-Regelung wider. Gelingt es, den globalen Betriebszustand des geregelten Prozesses zu erfassen und die einzelnen Betriebszustände separat zu behandeln, sind in den meisten Fällen nicht alle Eingangsvariablen gleich relevant, weil der Betriebszustand eine globalere Bedeutung als der Arbeitspunkt hat. Er ist wie ein mehrdimensionaler Unterraum aufzufassen, in dem der sich der Arbeitspunkt wiederum lediglich als ein Punkt befinden kann. Da durch die Erfassung des Betriebszustandes bereits einige Dimensionen des Eingangsraums abgedeckt sind, muß in einer betriebszustandsbezogenen Teilregelung nur noch der relevante Teil der Eingangsvariablen ausgewerten werden. Für einen gegebenen Betriebszustand muß die Teilregelung also nur noch einen Unterraum mit Regeln abdecken, wodurch die Ursache der kombinatorischen Explosion des Regelraums eingedämmt wird.

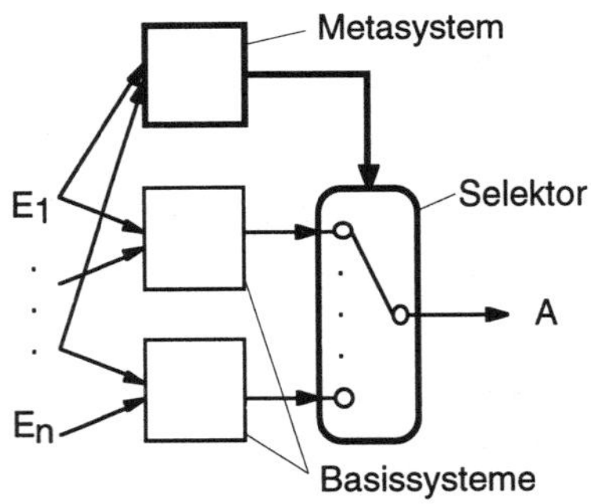

Abb. 2: Struktur eines nach dem Metasystem-Ansatz dekomponierten Fuzzy-Systems

Diesem Umstand wird dadurch Rechnung getragen, daß der Eingangsraum nach Betriebszuständen dekomponiert wird, denen jeweils spezifische Teilsysteme zugeordnet werden. Ausgehend von dieser Art der Dekomposition werden dann abhängig vom vorliegenden Betriebszustand nach übergeordneten, funktionalen Gesichtspunkten nur das oder die jeweils relevanten Fuzzy-Teilsysteme zur Anwendung gebracht. Die Auswahl erfolgt auf einer funktional übergeordneten Ebene durch ein ebenfalls regelbasiertes Teilsystem. Dieses enthält Wissen darüber, welches Wissen in welcher Situation angewendet werden soll. Das Wissen, nach dem diese Auswahl erfolgt, kann als Metawissen angesehen werden. Das regelbasierte Systeme, das den Betriebszustand identifiziert, wird folglich „Metasystem“ genannt.

Durch diese Dekomposition in zwei Ebenen wertet ein Metasystem i. allg. nur einen Teil der Prozeßgrößen und ggf. innerer Zustandsgrößen grob aus, weil lediglich Betriebszustände global unterschieden werden müssen. Es steuert die Verarbeitung derart, daß situationsabhängig nur die jeweils relevanten Teilsysteme in der untergeordneten Ebene (Abb. 2) aktiviert werden, in denen die spezifische Feinarbeit erfolgt. Diese Teilsysteme stellen einzelne Strategien für Teillösungen parallel zur Verfügung und werden folglich „Basissysteme“ genannt. Da diese nur für einen eingeschränkten Betriebsbereich und nicht für den gesamten Zustandsraum entworfen werden müssen, sind auch für sie nur eine Untermenge der Eingangsvariablen relevant und vergleichsweise wenig Regeln nötig.

2.2 Realisierung

Die einfachste Realisierungsform des Metasystem-Ansatzes ist die der scharfen Auswahl genau eines Basissystems zu einer Zeit. Das Metasystem aktiviert dabei passend zu dem vorliegenden Betriebszustand nur das eine Teilsystem, das das anzuwendende Regelwissen enthält. Dazu wird das Metasystem (in jeder Abtastperiode) zuerst ausgewertet und dann das entsprechend ausgewählte Basissystem. Da die Systemstrukturierung ebenfalls statisch ist, ist sie direkt in einem festen Programmcode ohne besondere Scheduling-Maßnahmen implementierbar. Abhängig von der Ausgabe des Metasystems werden lediglich verschiedene Prozeduren aufgerufen. Die zustandsabhängige Steuerung durch das Metasystem bewirkt trotzdem eine flexible, situationsgerechte Verarbeitung.

Funktional läßt sich dies wie in Abb. 2 so darstellen, daß der Aufruf eines Basissystems mit der Auswahl seines Ausgangs über einen Selektor gleichgesetzt wird. Werden zu einer Zeit mehrere Basissysteme aufgerufen, um einen Ausgangswert zu bestimmen, müssen deren Ausgangssignale überlagert werden. Bei einer scharfen Auswahl erfolgt dies je nach Applikation über eine Addition oder Mittelung. Weil es bei einem harten Umschalten auf ein anderes Basissystem zu Sprüngen in der Stellgröße kommen kann, ist auch ein weiches Überblenden zwischen den Ausgängen mehrerer Basissysteme denkbar. Ein derartiges „Fuzzy Blending“ [9] setzt voraus, daß immer alle Basissysteme ausgewertet werden. Das erhöht natürlich den Rechenbedarf, was evtl. für zeit- oder kostensensitive Applikationen von Nachteil sein kann. Desweiteren ist beim weichen Überblenden der Wissenserwerb dadurch erschwert, daß beim Debuggen und Optimieren der Regelbasen genau abgewogen werden muß, wie stark die einzelnen Basissysteme jeweils zum Ausgangssignal beitragen. Wegen dieser Interaktionen muß wieder ein größerer Kontext berücksichtigt werden als bei der scharfen Auswahl.

2.3 Diskussion

Wie bei der statischen Dekomposition wirkt der Metasystem-Ansatz in mehrerlei Hinsicht kostensenkend. Zum einen reichen meist einstufige Teilsysteme aus. Sie sind einfach zu entwerfen, da wegen der natürlichen Strukturierung durch Betriebszustände nur der lokale Kontext berücksichtigt werden muß. So sind nur überschaubare Teilaufgaben zu lösen. Im Gegensatz zur statischen Dekomposition ist im einfachsten Fall immer nur ein Basissystem mit einer reduzierten Anzahl von Eingangsvariablen aktiv. Wegen der resultierenden einstufigen Verarbeitung und der fehlenden Interaktion mit anderen Basissystemen muß ausschließlich der lokale Kontext berücksichtigt werden. Selbst bei der gleichzeitigen Aktivierung mehrerer Basissysteme sind so einfache Überlagerungsprinzipien anwendbar, daß deren Interaktion beim Wissenserwerb einfach zu berücksichtigen sind. Dadurch wird der Wissenserwerb stärker vereinfacht als bei der statischen Dekomposition, bei der die Teilsysteme zwingend mehrstufig angeordnet sind und die Interaktion der Teilsysteme implizit durch Zwischenvariablen erfolgt. Das Wissen ist dadurch schwieriger zu durchschauen, zu optimieren und zu warten.

Im Gegensatz dazu beschränken sich beim Metasystem-Ansatz Interaktionen mit anderen Fuzzy-Systemen auf die Aktivierung eines Basissystems durch das Metasystem, wobei das Metasystem die Interaktionen der Teilsysteme explizit steuert. Ist die Komplexität eines Basissystems immer noch zu groß, kann dieses wiederum aus mehreren Teilsystemen mit statischer Dekomposition realisiert werden. Da sich also der Metasystem-Ansatz und die statische Dekomposition ergänzen, steigt die Übersichtlichkeit weiter, weil die einzelnen Teilsysteme nur für einen klar umgrenzten Betriebszustand entworfen werden müssen. Das reduziert die Größe der Regelbasen wesentlich und spart damit Speicheraufwand sowie Entwicklungskosten ein. Durch das dynamische Aktivieren von Teilsystemen läßt sich ggf. auch die Laufzeiteffizienz steigern, weil nur einzelne Teilsysteme situationsgerecht erst dann aktiviert werden, wenn es der Betriebszustand erfordert. Deshalb läßt sich diese Art der Strukturierung auch ausnutzen, um die Prozessorbelastung bzw. -kosten zu minimieren. Dabei bestimmt das rechenintensivste Basissystem die erreichbare Abtastrate.

Verglichen mit dem Wissensmodell nach Rasmussen (in [10]) entspricht ein einstufiges Fuzzy-System einer regelbasierten Abkürzung in der Handlungshierarchie eines Prozeßbedieners von der Aktivierung (durch die Eingangssignale) zum Ausführen (Ausgabe der Stellgrößen). Durch den Metasystem-Ansatz wird das Wissensmodell dahingehend ausgebaut, daß das Metasystem zunächst auf einer höheren Ebene das Vorgehen festlegt und dann erst das Ausführen folgt. Analog dazu erfolgt der Wissenserwerb beginnend beim Metawissen mit der Festlegung der relevanten zu unterscheidenden Betriebszustände. Daraus sind die erforderlichen Basissysteme und Variablen leicht abzuleiten. Sinnvollerweise wird zunächst das Metawissen spezifiziert und dann erst das Wissen in den Basissystemen.

Die Möglichkeiten, die sich aus dem Metasystem-Ansatz ergeben, sind prinzipiell auf verschiedene Weise sinnvoll nutzbar. Wie im nachfolgenden Beispiel kann sie nicht nur dazu dienen, den Aufwand sowohl für den Wissenserwerb als auch für die Realisierung in eine praxisgerechte Größenordnung zu bringen, sondern auch zum harmonisches Einfügen bereits existierender und erprobter Teillösungen. Dadurch können auch anstelle von Fuzzy-Systemen problemlos konventionelle Subysteme wie PID-Regler eingesetzt werden. Als Anwendungsbeispiel wurde deshalb ein nicht triviales Beispiel aus der Antriebstechnik gewählt, um diesen Aspekt und die Eignung des Metasystem-Ansatzes auch für kostensensitive Applikationen zu demonstrieren.

3. Beschreibung am Beispiel „Fuzzy-Umrichter“

3.1 Einführung in das Beispiel

Im Bereich der Antriebstechnik sind viele Probleme nichtlinear und teilweise schwer oder nur aufwendig formal zu modellieren. Klassische Methoden auf analytischer Basis sind daher teilweise nur begrenzt einsetzbar. Ein typisches Beispiel sind einfache, gesteuerte Drehstromantriebe, bei denen aus Kostengründen auf eine Drehzahlerfassung verzichtet wird. Bei diesen gesteuerten Antrieben kommen dann Pulswechselrichter mit einer Spannungs-Frequenzkennlinien-Steuerung, hier kurz Umrichter genannt, zum Einsatz. Wegen der fehlenden Drehzahlinformation zeigen diese Antriebe ungünstige Eigenschaften wie lastabhängige Drehzahlabweichungen (sog. Schlupf), schlechte dynamische Eigenschaften und eine suboptimale Leistungsausbeute des Motors bzw. Umrichters.

Um trotzdem ein akzeptables Verhalten zu erzielen, werden Kennliniensteuerungen mit einer unterschiedlich großen Zahl von Parametern eingesetzt (z.B. Beschleunigungs- und Bremsrampensteilheit, DC-Haltespannung). Weil manche Parameter in ihrer Wirkung nicht oder nur schwer abschätzbar sind, sind häufig iterative Einstellarbeiten bei der Inbetriebnahme erforderlich, um eine Kennliniensteuerung trotz der fehlenden Drehzahlinformation auf eine Anwendung anzupassen. Diese Trial&Error-Methode kann sehr aufwendig werden, zumal das Betriebspersonal oft nicht speziell für die Inbetriebnahme ausgebildet ist. Die Einstellung gilt dann meist nur für einen Betriebsfall und bewirkt oft eine suboptimale Ausnutzung einer bestehenden Motor-Umrichter-Kombination.

Die heute üblichen Frequenzumrichter verfügen durchweg über Mikrocontroller und in den meisten Fällen auch über eine Stromerfassung. Die Berechnung des Wirkstroms aus den gemessenen Strangströmen ermöglicht dann bereits eine einfache Schlupfkompensation. Sie geht von der Tatsache aus, daß sich die Belastung einer Maschine, und damit auch die Drehzahlveränderung, mittelbar im Wirkstrom zeigt. Weil dynamische Zustandsänderungen bei der konventionellen Schlupfkompensation nicht berücksichtigt werden, ist es das Ziel des nachfolgend beschriebenen „Fuzzy-Umrichters", durch den Austausch oder die Erweiterung der Software eines bestehenden Umrichters das Verhalten eines gesteuerten Drehstromantriebs mit Standard-Frequenzumrichtern im Low-Cost-Bereich zu verbessern. Die Verbesserung beziehen sich auf eine höhere stationäre Drehzahlgenauigkeit bei beliebiger Last (Schlupfkompensation) sowie auf ein gutes dynamisches Verhalten insbesondere bei Laständerungen, Schweranlauf und beim Reversieren.

Als mögliche Lösung wird im folgenden zunächst das Grundprinzip anhand der Implementierung mit einstufigen Fuzzy-Systemen beschrieben. Zur genaueren Beurteilung der Effektivität des Metasystem-Ansatzes wird dann eine entsprechende Implementierung eines Fuzzy-Umrichters vorgestellt.

3.2 Grundprinzip des Fuzzy-Umrichters

Beim Entwurf des Fuzzy-Unrichters ist insbesondere für das Erreichen eines guten dynamischen Verhaltens wichtig, den Fluß in der Maschine möglichst stabil auf Nennfluß zu halten. Gleichzeitig muß immer ein Überschreiten der Kippschlupffrequenz vermieden werden, um einen Zusammenbruch des Motormomentes zu vermeiden. Außerdem ist der Feldschwächbereich speziell zu behandeln.

Den prinzipiellen Aufbau eines Fuzzy-Umrichters ohne Dekomposition zeigt Abb. 3. Er basiert auf einer Erweiterung einer Spannungs-Frequenz-Kennliniensteuerung um Fuzzy-Korrektursysteme zur Veränderung des Spannungsraumzeigers in Frequenz und Amplitude. Diese Korrekturgrößen werden durch einzelne, einstufige Fuzzy-Systeme ohne Motormodell bestimmt und zu den Ausgaben der unterlagerten Spannungs-Frequenz-Kennliniensteuerung addiert. Dazu ziehen sie Rückschlüsse über das Verhalten und den Betriebszustand des Motors u.a. aus der Kenntnis der Sollfrequenz, Wirk- und Blindströme, Korrekturgrößen und deren Ableitungen.

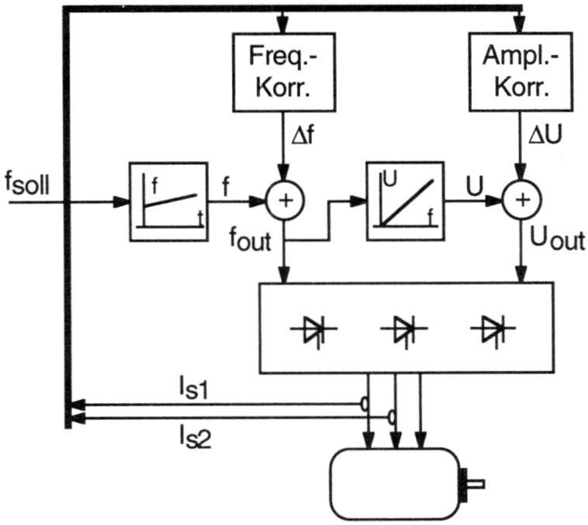

Abb. 3: Schematischer Aufbau eines Fuzzy-Umrichters ohne Dekomposition

Bei diesem einstufigen Ansatz sind für die Frequenzkorrektur 10 und für die Amplitudenkorrektur 9 Eingangsvariablen auszuwerten. Der Aufwand für die Fuzzy-Systeme belief sich dadurch selbst bei einem eingeschränkten Drehzahlbereich, für den der Fuzzy-Umrichter zunächst ausgelegt wurde, auf jeweils weit über 200 Regeln und einen Regelraum von jeweils über 20000 Regeln. Damit sind, obwohl nur ein sehr eingeschränkter Betriebsbereich behandelt wurde, die Grenzen der Erweiterbarkeit und Wartbarkeit sowie der Implementierbarkeit auf Low-Cost-Umrichtern erreicht.

3.3 Anwendung des Metasystem-Ansatzes

Um das Wissen auf den gesamten Betriebsbereich auszudehnen und das dynamische Verhalten weiter zu verbessern und um überhaupt einen Fuzzy-Umrichter auf einem Standard-8 Bit-Mikrocontrollersystem mit vertretbarem Speicheraufwand implementieren zu können, erfolgte eine Reimplementierung mit Hilfe des Metasystem-Ansatzes, weil die Aufgaben je nach Betriebszustand wechseln. Dazu wurde ein Metasystem mit scharfer Auswahl der Basissysteme eingesetzt und mit dem ARON-Verfahren [11,12] realisiert.

Wie Abb. 4 zeigt, wurde der grundsätzlich Aufbau aus unterlagerter Spannungs-Frequenz-Kennliniensteuerung beibehalten und zusätzlich um eine dynamische Verstellung der Phasenlage des Spannungsraumzeigers erweitert, um das dynamische Verhalten zu verbessern. Insgesamt kommen 8 Basissysteme zum Einsatz, von denen 5 Fuzzy und 3 konventionell realisiert wurden. Diese konventionell gelösten Basissysteme fügen sich wegen der zustandsbezogenen Sichtweise und scharfen Auswahl harmonisch in den Entwurfsvorgang und in die Implementierung ein, so daß insgesamt eine stark vereinfachte Parametrierung und Wartbarkeit gewährleistet ist.

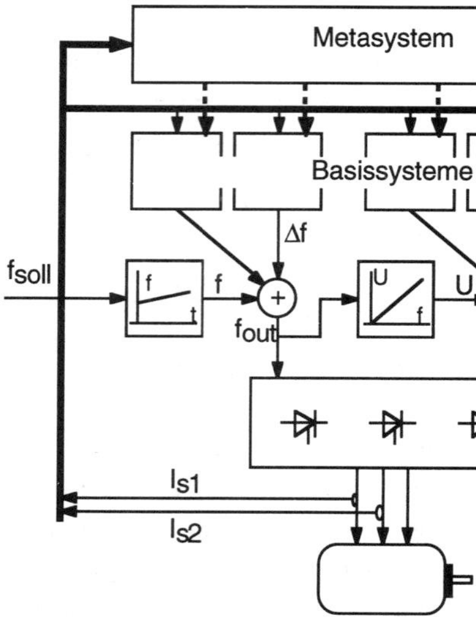

Abb. 4: Schematischer Aufbau eines Fuzzy-Umrichters mit Dekomposition

Obwohl der erweiterte Fuzzy-Umrichter den gesamten Standard-Betriebsbereich eines gesteuerten Antriebs abdeckt und dazu weitere Eingangsvariablen auswertet, konnten durch den Metasystem-Ansatz die Regelräume in der Summe auf eine Größe von insgesamt ca. 700 möglichen Regeln reduziert werden. Das System mit dem größten Regelraum ist dabei das Metasystem mit 288 möglichen Regeln. Tatsächlich ist es aber nur mit 16 Regeln spezifiziert. Die anderen Teilsysteme bestehen aus bis zu 30 Regeln. Lediglich für die Veränderung des Spannungsraumzeigers in Amplitude und Phase sind mehr Regeln nötig.

3.4 Untersuchungsergebnisse

Das Beispiel des Fuzzy-Umrichters verdeutlicht recht gut die Einsparmöglichkeiten des Metasystem-Ansatzes und die Auswirkungen auf den Wissenserwerb. Um auch zu demonstrieren, was durch die Fuzzy-Erweiterung erreicht werden kann, zeigt Abb. 5 exemplarisch den Anlauf eines simulierten 380W-Drehstrommotors auf halbe Nenndrehzahl im

Leerlauf. Zum Zeitpunkt t=0.12 erfolgt dann schlagartig eine Belastung mit Nennmoment. Die in den Diagrammen verwendeten Größen und Normierungen sind:

Größe	Zeichen	Einheit	Bemerkung
Statorfluß	ψ	%	vom Nennfluß
Stellfrequenz	f_{out}	Hz	
Amplitude	u_{out}	%	von Nennspannung
Solldrehzahl	f_{soll}	Hz	
Istdrehzahl	f_{ist}	Hz	

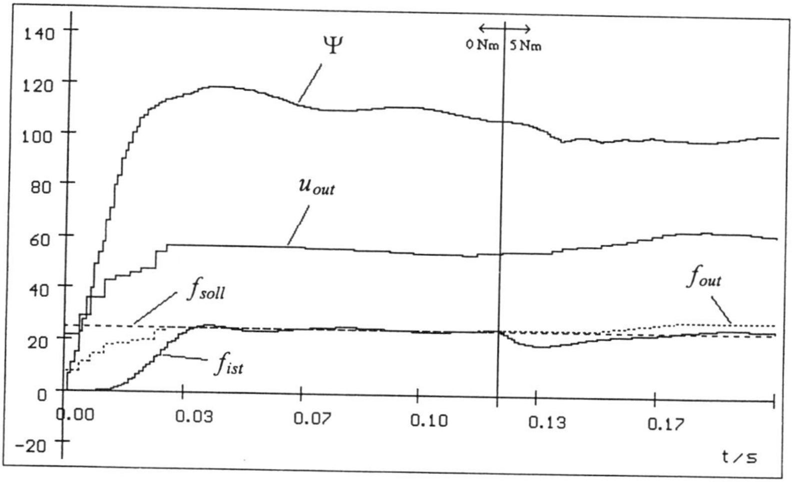

Abb. 5: Verhalten des Fuzzy-Umrichters beim Anlauf und bei Belastung mit Nennmoment

Der Abb. 5 kann entnommen werden, daß der Aufbau des Statorflusses Ψ und entsprechend des Drehmomentes sehr schnell erfolgt. Infolgedessen steigt die Istdrehzahl des Motors f_{ist} schnell an. Wegen der guten Stabilisierung des Flusses treten auch nach Erreichen der Solldrehzahl f_{soll} nur geringe Drehzahlschwankungen auf. Bei der schlagartig auftretenden Belastung wirkt sich die Flußstabilisierung ebenfalls positiv aus, weil der Einbruch der Istdrehzahl relativ schnell und ohne große Drehzahlpendelungen ausgeglichen wird. An der gegenüber der Istdrehzahl f_{ist} erhöhten Stellfrequenz f_{out} sieht man deutlich den eingestellten Schlupf zur Kompensation der Last.

Zum Vergleich zeigt Abb. 6 das Verhalten der Istdrehzahlen für konventionelle Steuerungen unter den gleichen Bedingungen. Dabei steht „U/f" für den unkompensierten Betrieb, „R*I" für eine einfache Kompensation auf Basis des Wirkstroms und ein verwandtes mit „L" bezeichnetes Verfahren, das für große Drehzahlen und Belastung mit Nennmoment ausgelegt ist. Alle drei Varianten zeigen beim Anlauf ein schlechteres dynamisches Verhalten, was an dem langsameren Anstieg und einer größeren Pendelung der Istdrehzahlen zu erkennen ist. Bei Belastung treten mehr oder weniger große Drehzahlpendelungen auf abhängig davon, für welchen Betriebsfall eine Steuerung ausgelegt ist. Im unkompensierten Betrieb stellt sich erwartungsgemäß eine bleibende Drehzahlabweichung (Schlupf) ein. Die R*I-Kompensation zeigt ein deutliches Überschwingen, gleicht aber den Schlupf aus. Die Variante „L" zeigt bei Belastung ein Verhalten, das dem Fuzzy-Umrichter ebenbürtig ist, weil sie für diesen Betriebsfall ausgelegt ist. Beim Anlauf tritt dagegen bei dieser Variante ein besonders starkes Überschwingen auf.

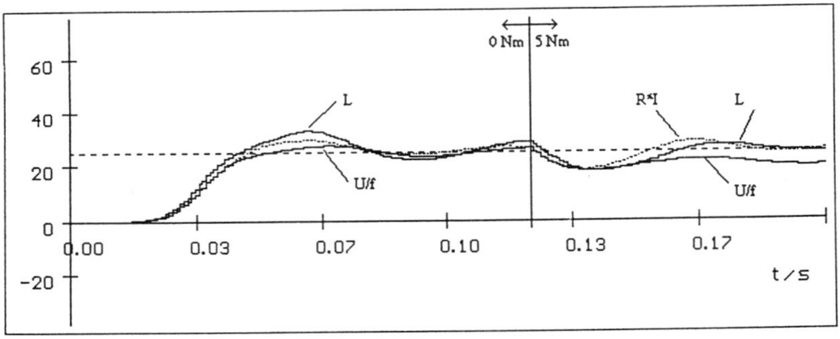

Abb. 6: Istdrehzahl bei konventionellen Steuerungen beim Anlauf und bei Belastung mit Nennmoment

Dieser Vergleich verdeutlicht bereits das flexible Verhalten des Fuzzy-Umrichters, durch das sowohl gute stationäre als auch dynamische Eigenschaften erreicht werden. Seine Modularität bietet noch Potential für Erweiterungen, so daß weitere Funktionalitäten einfach implementiert werden können, z.B. für spezielle Betriebsfälle wie Schweranlauf oder die Anpassung an bestimmte Lastprofile. Für die meisten bestehenden Frequenzumrichter stellt der Fuzzy-Umrichter ausschließlich eine Software-Erweiterung dar. Die hier beschriebene Realisierung kommt dank der speziellen Verfahren mit wenigen kByte Speicher aus und benötigt selbst auf einem 8 Bit-Mikrocontroller unter 1ms Rechenzeit.

4. Zusammenfassung

Die geschilderte Art zur Strukturierung des Wissens und des Systems auf zwei Ebenen führt in komplexen Fuzzy-Applikationen zum einen zu einer deutlichen Einschränkung der kombinatorischen Explosion einer Regelbasis und damit zu einer entsprechend großen Reduktion der Regelzahlen und des Speicherbedarfs. Zum anderen wird das Wissen durch die applikationsspezifische Strukturierung auch für einen Anwendungsexperten intuitiv einsichtig und nachvollziehbar, gerade weil die Struktur nicht nur statisch sondern auch einstufig ist (bezogen auf die Basissysteme) und eine direkte Berücksichtigung der von der Problemstellung vorgegebenen Struktur und relevanter Betriebszustände auf einer abstrakten Ebene erlaubt. Das Wissen ist selbst für komplexe Problemstellungen leichter zu erfassen, zu erweitern und zu warten. Damit reduziert der Metasystem-Ansatz verglichen mit einem einstufigen Fuzzy-System gleichzeitig den Entwicklungs- und den Realisierungsaufwand.

Wie das Beispiel des Fuzzy-Umrichters demonstriert, verbessert der Metasystem-Ansatz nicht nur die Beherrschbarkeit komplexer Fuzzy-Systeme. Die an Betriebszuständen orientierte, flexible Verarbeitung gestattet auch das direkte Einbinden bewährter Lösungen für Teilprobleme und die Mischung aus Fuzzy und konventionellen Teilsystemen. Dieser Aspekt soll verstärkt im Bereich mobiler Roboter untersucht werden, weil dort viele verschiedene Teilsysteme benötigt werden und sich die Situation, in der sich der Roboter gerade befindet, schnell und drastisch ändern kann. Ein besonderes Augenmerk gilt dabei der Handhabbarkeit der scharfen Aktivierung im Vergleich zum weichen Überblenden, um die extrem große Abhängigkeit der internen Verarbeitung bei der Koordinierung interner Verhaltensweisen effektiv zu spezifizieren und umzusetzen.

5. Literatur

[1] Buckley, J.J.: Universal Fuzzy Controllers. Automatica 28 (1992), 1245-1248.

[2] Buckley, J.J.: Sugeno Type Controllers are Universal Controllers. Fuzzy Sets and Systems 53 (1993), 299-303.

[3] Wang, L.-X.: Adaptive Fuzzy Systemes and Control. Prentice Hall, Englewood Cliffs 1994

[4] Zeng, X.J.; Singh, M.G.: Approximation Theory of Fuzzy Systems - SISO Case. IEEE Trans. Fuzzy Systems 2 (1994), 162-175.

[5] Zeng, X.J.; Singh, M.G.: Approximation Theory of Fuzzy Systems - MIMO Case. IEEE Trans. Fuzzy Systems 3 (1995), 219-235

[6] Zadeh, L.A.: Outline of a New Approach to the Analysis of Complex Systems and Decision Processes. IEEE Trans. Systems, Man, and Cybernetics SMC-3 (1973), 28-44

[7] Raju, G.V.S.; Zhou, J.; Kisner, R.A.: Hierarchical fuzzy control. Int. Journal of Control 54(1991), 1201-1216

[8] Steyer, J.P.; Estaben, M.; Polit, M.: Fuzzy Control of an Aerobic Digestion Process for the Treatment of an Industrial Wastewater. Proc. FUZZ-IEEE 1997, Piscataway, IEEE Press 1997, 1245-1249

[9] Saffiotti, A.: Fuzzy Logic in Autonomous Robotics: behavior coordination. Proc. FUZZ-IEEE 1997, Piscataway, IEEE Press 1997, 573-578

[10] Weisang, C.: Wissensbasierte Informationsverarbeitung in der Prozeßführung. GMA-Aussprachetag: Wissensverarbeitung in der Automatisierungstechnik, VDI-Berichte 897, Düsseldorf, VDI-Verlag 1991, 135-144

[11] Brockmann, W.: Architektur für eine echtzeitfähige Wissensverarbeitung. KI - Künstliche Intelligenz: Forschung, Entwicklung, Erfahrungen 5(1991), 52-61

[12] Brockmann, W.: Combining Real-Time with Knowledge Processing Techniques. In: Belli, F.; Rademacher, F.J. (Hrsg.): Industrial and Engineering Applications of Artificial Intelligence and Expert Systems IEA-AIE, Lecture Notes in Artificial Intelligence 604, Berlin, Springer Verlag 1992, 594-603

Dynamische Fuzzy-Systeme zur qualitativen Prozeßmodellierung [1]

Volker Krebs, Elmar Schäfers

Universität Karlsruhe (T.H.), Institut für Regelungs- und Steuerungssysteme
Kaiserstr. 12, 76131 Karlsruhe
Tel. 0721/608-3181, Fax 0721/608-2707
e-mail: krebs@irs.etec.uni-karlsruhe.de

1 Einleitung

Ein mathematisches Prozeßmodell stellt Beziehungen zwischen den Größen her, die für die spätere Anwendung als wesentlich angenommen werden. Sollen darüber hinaus Aussagen über die Modellgenauigkeit oder über Einflüsse von Störungen in die mathematische Prozeßbeschreibung integriert werden, ist dazu eine Beschreibungsform erforderlich, die auch die Verläßlichkeit einer Information auszudrücken vermag. Eine solche Beschreibungsform findet gerade in der Chemie- und Verfahrenstechnik zahlreiche Anwendungen, da in diesen Bereichen viele Prozesse nicht exakt, sondern nur unter Berücksichtigung auch qualitativer Komponenten modelliert werden können.

Informationen, die mit einer Ungenauigkeit behaftet sind, können durch sprachliche Konstrukte verständlich beschrieben werden. Kausalzusammenhänge sind sprachlich als Wenn-Dann-Regeln faßbar; um damit ungenaues Wissen über das Verhalten eines Prozesses darzustellen, ist ein geeigneter mathematischer Formalismus erforderlich. Dieser ist im allgemeinen ein Fuzzy-Inferenzverfahren, das linguistische Terme einem Regelsatz entsprechend verarbeiten kann. In Verbindung mit externer Dynamik läßt sich damit als qualitatives Modell ein unscharfes, dynamisches Prozeßmodell erstellen (Bild 1).

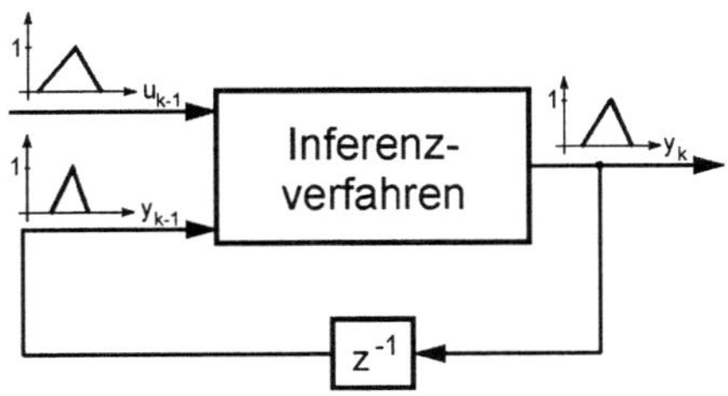

Bild 1: Dynamisches Fuzzy-System erster Ordnung

Wird die Ausgangsgröße eines solchen unscharfen dynamischen Prozeßmodells *ohne Defuzzifizierung* rückgekoppelt, muß das verwendete Fuzzy-Inferenzverfahren spezielle Forderungen erfüllen, die nachfolgend herausgearbeitet werden. Damit sollen *Grundlagen einer Systemtheorie* geschaffen werden, die sowohl die Analyse linguistisch beschriebener dynamischer Prozesse ermöglicht als auch der Regelungssynthese anhand einer unscharfen Systembeschreibung den Weg bereitet.

In [1], [2] wurde bereits ausführlich eine wesentliche Eigenschaft herausgearbeitet, die ein Inferenzverfahren zur Beschreibung dynamischer Fuzzy-Systeme aufweisen muß: Orientiert man sich

[1] Diese Arbeit wird von der DFG unter Kr 949/5 gefördert

an der menschlichen Schlußweise, so ist lediglich die Verarbeitung interpretierbarer unscharfer Mengen sinnvoll. Daher muß die Ausgangsgröße eines dynamischen Fuzzy-Systems eine interpretierbare unscharfe Menge sein, da sie in zeitlich folgenden Schritten als Eingangsgröße der Inferenz verwendet wird. Deshalb hat ein geeignetes Inferenzverfahren die Eingangsgrößen, die als interpretierbare unscharfe Mengen vorausgesetzt werden, wieder auf solche abzubilden.

Ein weiterer Schwerpunkt dieses Beitrags liegt in der allgemeinen Beschreibung eines neuen Inferenzverfahrens, das die Einhaltung der zuvor erläuterten Forderungen gewährleistet und sich daher als Inferenzverfahren für dynamische Fuzzy-Systeme eignet. Diese sogenannte *Inferenz mittels interpolierender Regeln* nutzt zur Auswertung eines Regelsatzes nicht nur das explizite, in Form der Wenn-Dann-Regeln gegebene Wissen, sondern erzeugt aus den ursprünglichen Regeln weitere interpolierende Regeln, die als implizites Wissen eines Regelsatzes interpretierbar sind. Damit bietet sich dieses Verfahren auch zur Auswertung von Regelsätzen mit spärlich besetzten Regelbasen an, für die herkömmliche Inferenzverfahren nur nach einer vorhergehenden geeigneten Ergänzung des Regelsatzes angewendet werden können.

Die bereits in [1] beschriebene *Inferenz mittels linear interpolierender Regeln* ist eine spezielle Ausprägung des hier vorgestellten allgemeinen Inferenzverfahrens, die bereits das Potential erkennen läßt, das eine Systemtheorie für dynamische Fuzzy-Systeme in sich trägt: So wurden in [1], [2] Ansätze zur Analyse dynamischer Fuzzy-Systeme beschrieben und in [2], [3] ein Reglerentwurfsverfahren vorgestellt, dessen Ergebnis ein vollständiger Regelsatz mit entsprechenden Zugehörigkeitsfunktionen ist. Dieser Regelsatz kann auch mit konventionellen Inferenzverfahren ausgewertet werden und ist daher direkt mit Hilfe standardisierter industrieller Fuzzy-CAE-Tools implementierbar.

Neben linguistisch formuliertem Wissen können auch Prozeßmeßdaten bei der Modellbildung mit dynamischen Fuzzy-Systemen berücksichtigt werden. Liegen ausreichend Meßdaten vor, so lassen sich damit sowohl die Struktur als auch die Parameter eines dynamischen Fuzzy-Systems vollständig ermitteln. Wenn-Dann-Regeln können als linguistisches Wissen in Form von Anfangswerten bei der Parameteridentifikation des dynamischen Fuzzy-Systems einfließen und darüber hinaus zur Beschreibung des Systemverhaltens in solchen Prozeßzuständen herangezogen werden, in denen nicht ausreichend Meßdaten für eine Identifikation vorliegen. Die Stragtegie zur Identifikation eines dynamischen Fuzzy-Systems einzig anhand von Meßdaten wird am Beispiel eines Zweitanksystems verdeutlicht.

Im folgenden Kapitel 2 werden einige Begriffe und Definitionen vorgestellt, die die formale Darstellung der weiteren Betrachtungen vereinfachen. In Kapitel 3 werden dann unverzichtbare Eigenschaften geeigneter Inferenzverfahren erläutert. Kapitel 4 beschreibt zunächst eine mögliche Interpretation von linguistischen Regeln, auf deren Grundlage dann die den Anforderungen aus Kapitel 3 genügende „Inferenz mittels interpolierender Regeln“ in allgemeiner Form eingeführt wird. Als Spezialfall wird auf die bereits in [1],[2] vorgestellte Inferenz mittels linear interpolierender Regeln eingegangen. In Kapitel 5 wird die Identifikation dynamischer Fuzzy-Systeme erläutert und am Beispiel eines Zweitanksystems veranschaulicht, bevor eine Zusammenfassung diesen Beitrag beschließt.

2 Definitionen und Begriffe

Die Interpretierbarkeit ist eine im Zusammenhang mit dynamischen Fuzzy-Systemen notwendige Eigenschaft unscharfer Mengen, die zunächst definiert werden soll. Im allgemeinen kann die Zugehörigkeitsfunktion $\mu_M(x)$ einer unscharfen Menge M, solange sie sich im Intervall $[0,1]$ bewegt, beliebiger Form sein. Eine interpretierbare unscharfe Menge wird *hier* dadurch gekennzeichnet, daß sie genau *ein Element mit der Zugehörigkeit 1* aufweist und darüber hinaus *konvex* ist. Das Element mit der Zugehörigkeit 1, der Center, entspricht dem sogenannten „Prototypen" [4], auf den die Eigenschaft, die dieser unscharfen Menge zugeschrieben wird (z. B. „Temperatur ungefähr 30°C"), uneingeschränkt zutrifft. Konvexität ist dann gewährleistet, wenn $\mu_M(x)$ links vom Prototypen monoton ansteigt und rechts vom Prototypen monoton fällt. Eine formale Definition der Konvexität findet man in [5].

Weiterhin soll die Zugehörigkeitsfunktion einer interpretierbaren unscharfen Menge auf einem *kontinuierlichen, endlichen Grundbereich definiert* sein und einen *stetigen Verlauf* haben. Unstetigkeiten von Zugehörigkeitsfunktionen sind Ausdruck äußerst präzisen Wissens, das in den betrachteten linguistischen Formulierungen nur in Form eines einzigen scharfen Wertes vorkommen soll, der sich durch ein Singleton darstellen läßt. Daher gehören lediglich *Singletons* trotz ihrer unstetigen Zugehörigkeitsfunktion zu den interpretierbaren unscharfen Mengen.

Für eine unscharfe Menge M, deren Zugehörigkeitsfunktion als Möglichkeitsverteilung interpretiert wird und damit den Grad der Möglichkeit für das Auftreten eines bestimmten Ereignisses angibt, kann ein *Informationsgehalt* Info(M;X) bestimmt werden. Ein Singleton ordnet genau einem Element des Grundbereichs X einen Möglichkeitsgrad ungleich Null zu und erhält deshalb den höchsten Informationsgehalt von Eins. Steigt bei einer normalen unscharfen Menge der Möglichkeitsgrad für Elemente des Grundbereichs, sinkt der Informationsgehalt dieser unscharfen Menge. Können anhand einer unscharfen Menge keinerlei Präferenzen für das Auftreten irgendwelcher Werte abgeleitet werden, ist der Informationsgehalt gleich Null. Dies ist genau dann der Fall, wenn jedes Element des Grundbereichs einen Möglichkeitsgrad von Eins erhält und damit jeder Wert gleichermaßen möglich ist. Als ein Maß für den *Informationsgehalt* Info(M;X), das diese Randbedingungen einhält, bietet sich die Beziehung

$$\mathrm{Info}(M;\mathrm{X}) = 1 - \frac{1}{b-a}\int_a^b \mu_M(x)dx \tag{1}$$

an [7]. M ist eine normale unscharfe Menge, die als Möglichkeitsverteilung interpretiert wird und deren Zugehörigkeitsfunktion $\mu_M(x)$ auf dem Grundbereich $\mathrm{X} = [\mathrm{a}, \mathrm{b}]$ definiert ist.

Für Funktionen, die unscharfe Mengen wieder auf unscharfe Mengen abbilden, ist der Begriff der Stetigkeit geeignet zu definieren. Mit der Stetigkeit bezüglich einer Eingangsgröße ist die Vorstellung verbunden, daß eine kleine Änderung einer Eingangsgröße nur eine kleine Änderung der Ausgangsgröße bewirken darf. Darüber hinaus umfaßt die folgende Definition die Stetigkeit bezüglich eines unscharfen Parameters, von dem die Funktion abhängt:

Definition 2.1 (Stetigkeit)
G sei eine Funktion, die unscharfe Eingangsgrößen auf eine unscharfe Ausgangsgröße $\mathcal{N}$ abbildet und die von unscharfen Parametern abhängen kann.

$\mathcal{M} = M_0$ sei eine unscharfe Eingangsgröße oder ein unscharfer Parameter mit der Zugehörigkeitsfunktion $\mu_{M_0}(x)$. Durch die Abbildung

$$N_0 = G\Big|_{\mathcal{M} = M_0}$$

wird M_0 die unscharfe Ausgangsgröße $\mathcal{N} = N_0$ mit der Zugehörigkeitsfunktion $\mu_{N_0}(y)$. zugeordnet. Alle weiteren Eingangsgrößen oder Parameter seien beliebig, aber fest gewählt. Die Funktion G ist stetig in M_0, wenn

$$\forall\epsilon > 0,\ \exists\delta > 0,\ |\mu_{M_0}(x) - \mu_{M_0^*}(x)| \ < \ \delta,\ |\mu_{N_0}(y) - \mu_{N_0^*}(y)| \ < \ \epsilon$$

gilt, wobei $N_0^* = G\Big|_{\mathcal{M}=M_0^*}$ *eine frei vorgebbare unscharfe Menge ist, deren Zugehörigkeitsfunktion sich im* ϵ*-Schlauch um* $\mu_{N_0}(y)$ *befindet und die durch Anwendung der Funktion* G *auf* $\mathcal{M} = M_0^*$ *entsteht.* G *ist stetig in* $\mathcal{M}$*, wenn obige Aussage für beliebige* M_0 *gilt.*

Während für reelle Zahlen eine Ordnung existiert, die die Anwendung der Vergleichsoperatoren (bspw. $<, >$) ermöglicht, sind für unscharfe Zahlen oder interpretierbare unscharfe Mengen vergleichende Aussagen wie "*M ist kleiner als M**" nicht ohne weiteres möglich. Aus der Literatur sind verschiedene "ranking methods" bekannt [6], von denen einige mittels Ordnungsfunktionen unscharfe Mengen auf die Menge der reellen Zahlen abbilden, wo eine natürliche Ordnung vorhanden ist. In [7] werden Anforderungen genannt, die eine Ordnungsfunktion $\mathrm{O} : \mathcal{P} \longmapsto \mathbb{R}$ hierzu erfüllen muß.

Eine mögliche Ordnungsfunktionen $\mathrm{O}(A)$ für interpretierbare unscharfe Mengen $A \in \mathcal{P}$ ergibt sich beispielsweise durch Betrachtung des Centers: Die Ordnung resultiert aus der Lage des Prototypen der interpretierbaren unscharfen Menge zu $\mathrm{O}_C(A) = \mathrm{center}(A)$. Auch der Flächenschwerpunkt der Zugehörigkeitsfunktion $\mu_A(x)$ kann als Ordnungsfunktion verwendet werden.

Mit solchermaßen definierten Ordnungsfunktionen kann nun der Begriff der *Nähe* eingeführt werden, der eine Aussage über die relative Lage einer interpretierbaren unscharfen Menge bezüglich zweier anderer ermöglicht. Die Nähe N einer unscharfen Menge E zu einer anderen Menge A kann nur mit einer weiteren Referenzmenge B beurteilt werden. Eine mögliche Nähe $N_I(E; A, B)$ der Menge E zur Menge A bezüglich der Menge B (wobei A und B unterschiedlicher Ordnung sind) kann wie folgt festgelegt werden:

$$N_I(E; A, B) = \frac{O_C(B) - O_C(E)}{O_C(B) - O_C(A)} = \frac{c_B - c_E}{c_B - c_A}$$

N_I erfüllt alle notwendigen Randbedingungen nach [7], wie beispielsweise $N_I(A; A, B) = 1$ oder $N_I(B; A, B) = 0$.

Schließlich wird noch der Begriff der *Situation* eingeführt, der eine abkürzende Schreibweise ermöglicht, die den Umgang mit Fuzzy-Systemen erleichtert, deren Eingangsgrößen durch UND verknüpft im Wenn-Teil der Regeln auftreten.

Definition 2.2 (Situation)
Eine Situation $\mathcal{S}$ *ist ein geordnetes* n*-Tupel unscharfer Mengen,*

$$\mathcal{S} = (S_1, S_2, \ldots, S_n).$$

Es seien n *linguistische Variablen* $\mathcal{E}_i$ *gegeben.* M_i *sei jeweils eine unscharfe Menge, durch die ein linguistischer Wert von* $\mathcal{E}_i$ *beschrieben wird. Dann ist die Situation*

$$\mathcal{S} = (M_1, M_2, \ldots, M_n)$$

gleichbedeutend mit der linguistischen Aussage n*-ter Ordnung*

$$„\mathcal{E}_1 = M_1 \quad UND \quad \mathcal{E}_2 = M_2 \quad UND \quad \cdots \quad UND \quad \mathcal{E}_n = M_n\text{“}.$$

Zwei Situationen $\mathcal{S} = (S_1, S_2, \ldots, S_n)$ *und* $\mathcal{S}^* = (S_1^*, S_2^*, \ldots, S_n^*)$ *werden als gleich bezeichnet, wenn ihre* n *Komponenten paarweise gleich sind,*

$$\mathcal{S} = \mathcal{S}^* \quad \Longleftrightarrow \quad S_i = S_i^*, \quad i = 1, 2, \ldots, n.$$

Die Situation $\mathcal{S}$ *heißt in der anderen Situation* $\mathcal{S}^*$ *enthalten, wenn die Komponenten paarweise ineinander enthalten sind,*

$$\mathcal{S} \subseteq \mathcal{S}^* \quad \Longleftrightarrow \quad S_i \subseteq S_i^*, \quad i = 1, 2, \ldots, n.$$

Der Begriff der Nähe, der bereits für den eindimensionalen Fall erläutert wurde, kann für mehrdimensionale Betrachtungen, nämlich für die Nähe von Situationen, erweitert werden [7]. Die Nähe einer Situation $\mathcal{S} = (S_1, S_2, \ldots, S_n)$ zu einer Situation $\mathcal{S}^* = (S_1^*, S_2^*, \ldots, S_n^*)$ bezüglich der Situation $\mathcal{S}^{**} = (S_1^{**}, S_2^{**}, \ldots, S_n^{**})$ kann durch das Produkt aller eindimensionalen Nähen beschrieben werden:

$$N(\mathcal{S}; \mathcal{S}^*, \mathcal{S}^{**}) = N(S_1; S_1^*, S_1^{**}) \cdot N(S_2; S_2^*, S_2^{**}) \cdot \ldots \cdot N(S_n; S_n^*, S_n^{**})$$

Die soweit eingeführten Begriffe und Definitionen erlauben es, im folgenden Kapitel näher auf die Forderungen einzugehen, die ein Inferenzverfahren zu erfüllen hat, wenn es zur Beschreibung eines Fuzzy-Systems herangezogen werden soll, dessen unscharfe Ausgangsgröße weiterverarbeitet wird.

3 Allgemeine Forderungen an Inferenzverfahren für dynamische Fuzzy-Systeme

Ein Fuzzy-Inferenzverfahren IV bildet n unscharfe Eingangsgrößen E_i entsprechend einem zugrunde liegenden Regelsatz auf eine unscharfe Ausgangsgröße Y ab. Die erste Forderung nach Interpretierbarkeit der Ausgangsgrößen wurde bereits in der Einleitung motiviert:

Forderung 3.1 (Interpretierbarkeit) *Die durch das Inferenzverfahren aus den interpretierbaren unscharfen Eingangsgrößen berechneten Ausgangsgrößen müssen interpretierbare unscharfe Mengen sein.*

Diese oben genannte Forderung wird beispielsweise bei der Methode der Aktivierungsgrade, dem Inferenzverfahren, das in Fuzzy-Reglern implementiert ist, nicht erfüllt, weil die Attraktivitätsfunktion im allgemeinen keine interpretierbare unscharfe Menge ist. Diese wohl bekannteste Inferenzmethode scheidet deshalb als mögliches Verfahren für die hier betrachtete Anwendung aus.

Wenn sich die dem menschlichen Schlußfolgern zugrunde liegenden Eingangsgrößen wenig ändern, bewirkt dies, daß sich auch die Ausgangsgröße nur wenig ändert. Betrachtet man eine feste Eingangsgröße, so würde sich auch bei einer kleinen Änderung des Erfahrungswissens die Ausgangsgröße kaum ändern. Die Abbildung des Eingangs auf den Ausgang weist also Stetigkeit auf, sowohl in den Eingangsgrößen selbst als auch in der Nutzung des gespeicherten Wissens. Das mathematische Inferenzverfahren muß diese Eigenschaften daher ebenfalls besitzen; mit der Stetigkeitsdefinition 2.1 ergeben sich somit die beiden folgenden Forderungen:

Forderung 3.2 (Stetigkeit der Abbildung) *Das Inferenzverfahren muß stetig in allen Eingangsgrößen sein.*

Forderung 3.3 (Stetigkeit des gespeicherten Wissens) *Eine kleine Änderung des gespeicherten Wissen, also eine geringfügige Modifikation des Regelsatzes, darf nur zu einer kleinen Änderung des Ergebnisses der Inferenz führen. Das Inferenzverfahren hat deshalb stetig in allen Prämissen und Konklusionen des Regelsatzes zu sein.*

Wenn sich der Informationsgehalt einer Eingangsgröße verringert, wenn also das Wissen über die tatsächliche Situation unsicherer wird, dann kann sich die Sicherheit der Schlußfolgerung nicht erhöhen. Eine Verringerung des Informationsgehaltes am Eingang kann also keine Erhöhung des Informationsgehaltes am Ausgang bewirken. Dies gilt allerdings nur dann, wenn die verglichenen Eingangsgrößen die gleiche Eigenschaft beschreiben, sich aber in der Unschärfe unterscheiden. Zwei interpretierbare unscharfe Mengen beschreiben genau dann die gleiche Eigenschaft, wenn ihre beiden Prototypen – also ihre Center – identisch sind. Damit kann der bereits definierte Informationsgehalt unscharfer Mengen verwendet werden, um diese Forderung nach einer Berücksichtigung des Informationsgehaltes auf das Inferenzverfahren zu übertragen.

Forderung 3.4 (Informationsgehalt) *Steigt der Informationsgehalt einer Eingangsgröße bei gleichbleibendem Center, darf der Informationsgehalt der Ausgangsgröße nicht abnehmen. Sinkt der Informationsgehalt einer Eingangsgröße bei gleichbleibendem Center, so kann der Informationsgehalt der Ausgangsgröße nicht zunehmen.*

Dies ist gleichbedeutend mit folgender Aussage: Sind alle Werte des Grundbereichs, die in der Situation $\mathcal{S}$ zu einem gewissen Grad möglich sind, in der Situation $\mathcal{S}^*$ mindestens zu demselben Grad möglich, dann müssen auch alle Werte, die entsprechend der Ausgangsgröße $Y = \mathrm{IV}(\mathcal{S})$ möglich sind, entsprechend der Ausgangsgröße $Y^* = \mathrm{IV}(\mathcal{S}^*)$ mindestens genauso möglich sein:

$$\mathcal{S} \subseteq \mathcal{S}^* \quad \Longrightarrow \quad \mathrm{IV}(\mathcal{S}) \subseteq \mathrm{IV}(\mathcal{S}^*). \tag{2}$$

Einem Inferenzverfahren, das die soweit formulierten Forderungen einhält, fehlt allerdings noch eine wesentliche Eigenschaft: Ein Bezug zum Regelsatz, der durch diese Inferenzmethode mathematisch ausgewertet werden soll. Randbedingungen, die ein solcher Bezug zum Regelsatz in Zusammenhang mit den bereits aufgeführten Bedingungen einhalten muß, finden sich in der folgenden Forderung:

Forderung 3.5 (Bezug zum Regelsatz)

1. **Identität:** *Stimmt der Wert E_i einer Eingangsgröße mit einer Prämisse der entsprechenden linguistischen Variablen $\mathcal{E}_i$ überein, so brauchen nur diejenigen Regeln betrachtet zu werden, die diese Prämisse in ihrer Bedingung enthalten.*

   Stimmt die gesamte Eingangssituation $\mathcal{S}$ mit der Bedingung $\mathcal{S}_k$ einer Regel überein, so ist die Ausgangsgröße gleich der Konklusion dieser Regel:

$$\mathrm{IV}(\mathcal{S}_k) = K_k. \tag{3}$$

2. **Zusatzinformation:** *Ist eine Eingangsgröße E_i in einer Prämisse P^{j_i} der entsprechenden linguistischen Variablen $\mathcal{E}_i$ enthalten, so enthält die Eingangsgröße mehr Information als im Regelsatz vorgesehen ist. Diese zusätzliche Information soll deshalb nicht berücksichtigt werden:*

$$E_i \subseteq P^{j_i} \quad \Longrightarrow \quad \mathrm{IV}(E_1, \ldots, E_i, \ldots, E_n) = \mathrm{IV}(E_1, \ldots, P^{j_i}, \ldots, E_n). \tag{4}$$

3. **Monotonie:** *Sind auf einer Eingangsgröße $\mathcal{E}_i$ nur die beiden Prämissen A_i und B_i definiert und wird – bei ansonsten konstanten Eingangsgrößen E_j, $j \neq i$ – der Eingangsgröße $\mathcal{E}_i$ einmal der Wert E_i mit $Y = \mathrm{IV}(E_i)$, dann der Wert E_i^* mit $Y^* = \mathrm{IV}(E_i^*)$ zugeordnet, so muß mit $Y_A = \mathrm{IV}(A_i)$ und $Y_B = \mathrm{IV}(B_i)$ folgendes gelten:*

$$N(E_i, A_i, B_i) > N(E_i^*, A_i, B_i) \Longrightarrow N(Y, Y_A, Y_B) \geq N(Y^*, Y_A, Y_B).$$

Die in der Forderung 3.5 aufgeführten Bedingungen sind bereits eine von vielen möglichen Interpretationen eines Regelsatzes, die vor allem in Verbindung mit den übrigen Forderungen sinnvoll sind. Bevor eine darüber hinausgehende Interpretation eines Regelsatzes in Kapitel 4 vorgestellt wird, werden im folgenden Abschnitt einige weitere Aussagen angegeben, die sich anhand der allgemeinen Forderungen herleiten lassen.

3.1 Konsequenzen aus den allgemeinen Forderungen

Die erste aufgeführte Folgerung ergibt sich aus der Forderung 3.4 und bringt eine weitreichende Erkenntnis zum Ausdruck [7]:

Satz 3.1 (Center der Ausgangsgröße)
Der Center der Ausgangsgröße ist durch die Center der Eingangsgrößen eindeutig festgelegt. Er hängt nicht von der Form der Zugehörigkeitsfunktionen der Eingangsgrößen ab.

Dies bedeutet, daß jedes geeignete Inferenzverfahren implizit eine Abbildungsvorschrift beinhaltet, die den Center der Ausgangsgröße einzig anhand der Center der Eingangsgrößen eindeutig festlegt! In [8] wird ein Verfahren vorgestellt, bei dem sich der Center der Ausgangsgröße anhand der Äste[2] der Eingangsgrößen ergibt, was Satz 3.1 widerspricht und auch bedeutet, daß Forderung 3.4, anhand derer sich obiger Satz herleiten läßt, verletzt wird.

Weitere Konsequenzen aus den Forderungen 3.1 bis 3.5 lassen zusätzliche Randbedingungen erkennen:

Satz 3.2 (Verlust von Zusatzinformation)
Ist die Eingangssituation $\mathcal{S}$ in der Bedingung der k-ten Regel $\mathcal{S}_k$ enthalten, so ist die Ausgangsgröße gleich der Konklusion K_k dieser Regel.

Satz 3.3 (Begrenzung des Informationsgehaltes durch den Regelsatz)
Ist die Bedingung $\mathcal{S}_k$ der k-ten Regel in der Eingangssituation $\mathcal{S}$ enthalten, so ist die Konklusion K_k dieser Regel in der Ausgangsgröße enthalten.

Satz 3.4 (Centergleichheit mit Prämisse)
Stimmt der Center einer Eingangsgröße E_i mit dem Center einer Prämisse P^{j_i} dieser Eingangsgröße überein, dann ist eine Ausgangsgröße, die folgen würde, wenn die Eingangsgröße E_i gleich *dieser Prämisse P^{j_i} wäre, in der Ausgangsgröße enthalten:*

$$\mathrm{IV}(E_1, \ldots, P^{j_i}, \ldots, E_n) \subseteq \mathrm{IV}(E_1, \ldots, E_i, \ldots, E_n).$$

4 Inferenz mittels interpolierender Regeln

Die bisherigen allgemeinen Aussagen bestimmen zwar den Rahmen, innerhalb dessen geeignete Inferenzverfahren definiert werden können, liefern aber keine konstruktiven Hinweise, wie ein Inferenzverfahren konkret aussehen könnte. In diesem Kapitel wird auf eine mögliche Interpretation eines Regelsatzes eingegangen, aus der sich ein Inferenzverfahren herleiten läßt.

[2]Unter dem linken (bzw. rechten) Ast versteht man hier den Teil der Zugehörigkeitsfunktion einer interpretierbaren unscharfen Menge, der links (bzw. rechts) des Centers verläuft.

Am Beispiel eines Regelsatzes mit den beiden Regeln

$$\begin{array}{ll} \text{Wenn } \textit{Temperatur } T \text{ „}\textit{sehr niedrig}\text{“} & \text{Dann } \textit{Ventil } \varphi \text{ „}\textit{weit auf}\text{“} \\ \text{Wenn } \textit{Tempertatur } T \text{ „}\textit{sehr hoch}\text{“} & \text{Dann } \textit{Ventil } \varphi \text{ „}\textit{zu}\text{“} \end{array} \tag{5}$$

soll eine mögliche Interpretation, die auch zur Auswertung von Regelsätzen mit spärlich besetzten Regelbasen geeignet ist, erläutert werden.

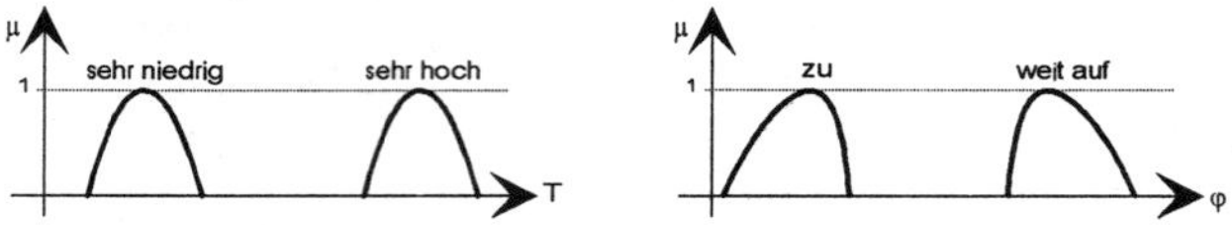

Bild 2: Prämissen und Konklusionen der beiden Regeln

Bild 2 zeigt die Zugehörigkeitsfunktionen der Prämissen und Konklusionen. Mit herkömmlichen Inferenzmethoden, beispielsweise der Methode der Aktivierungsgrade, läßt sich der Regelsatz für Temperaturen wie "mittel", deren Zugehörigkeitsfunktion zwischen den Prämissenzugehörigkeitsfunktionen liegt, erst auswerten, wenn der Regelsatz durch weitere Regeln ergänzt wird. Beispielsweise schaffen die zusätzlichen Regeln

$$\begin{array}{ll} \text{Wenn } T = \text{„}\textit{niedrig}\text{“} & \text{Dann } \varphi = \text{„}\textit{auf}\text{“} \\ \text{Wenn } T = \text{„}\textit{mittel}\text{“} & \text{Dann } \varphi = \text{„}\textit{mittel}\text{“} \\ \text{Wenn } T = \text{„}\textit{hoch}\text{“} & \text{Dann } \varphi = \text{„}\textit{fast zu}\text{“} \end{array} \tag{6}$$

mit den entsprechenden Zugehörigkeitsfunktionen aus Bild 3 eine vollständige Überdeckung des Grundbereichs der Eingangsgröße.

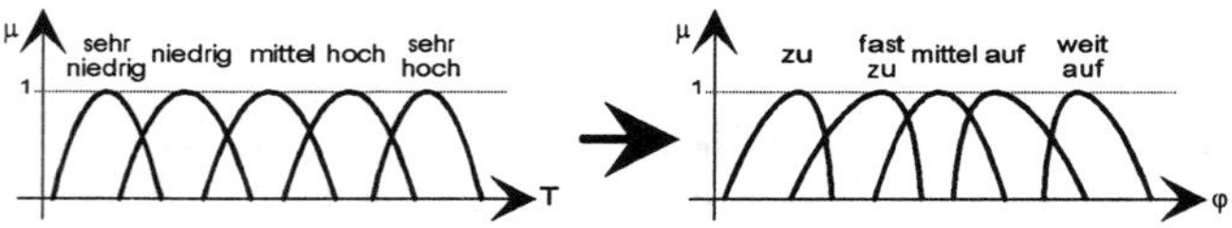

Bild 3: Mit unscharfen Mengen überdeckter Grundbereich

Bei dieser Erweiterung des Regelsatzes wurde die Interpretation, die auch der Inferenz mittels interpolierender Regeln zugrunde liegt, bereits verwendet. Um den Regelsatz mit Hilfe der Methode der Aktivierungsgrade auswerten zu können, mußte ein Teil des bereits in den beiden Regeln (5) *implizit* enthaltenen Wissens in Form der Regeln (6) *explizit* aufgeführt werden.

Bei der Inferenz mittels interpolierender Regeln werden nun, anstatt sehr viele Regeln fest im Regelsatz abzulegen, aus wenigen ursprünglichen Regeln nur diejenigen Regeln, die für die Inferenz letztendlich benötigt werden, durch das Inferenzverfahren selbst erzeugt. Die Bedingungen der vorhandenen expliziten Regeln sind die Stützstellen, die Konklusionen die Stützwerte, aus denen durch eine Art Interpolation die sogenannten interpolierenden Prämissen und die interpolierenden Konklusionen bestimmt werden. In den folgenden Unterabschnitten wird auf die Bestimmung dieser interpolierenden Prämissen und Konklusionen eingegangen. Sie bilden interpolierende Regeln, deren Auswertung in Abschnitt 4.3 erläutert wird.

Das bereits in [1], [2] vorgestellte Inferenzverfahren ist ein Spezialfall des hier eingeführten Verfahrens und wird im folgenden als "Inferenz mittels linear interpolierender Regeln" bezeichnet. Ein Interpolationsansatz wird auch in [9] verfolgt, das Verfahren genügt allerdings nicht den allgemeinen Forderungen aus Kapitel 3. [10] beschreibt eine Verbesserung dieses Verfahrens und verwendet zur Auswertung des Regelsatzes ebenfalls eine interpolierende Regel. Allerdings ist die Vorgehensweise auf Systeme mit lediglich einer Eingangsgröße beschränkt, auf deren Grundbereich zwei Prämissenzugehörigkeitsfunktionen definiert sind.

Zur Vereinfachung der weiteren Vorgehensweise wird zunächst davon ausgegangen, daß für jede Eingangsgröße $\mathcal{E}_i$ zwei Prämissen A_i und B_i definiert sind. Abschnitt 4.4 erläutert die Erweiterung auf Systeme mit mehr als zwei Prämissen pro Eingangsgröße.

4.1 Bestimmung einer interpolierenden Prämisse

Die interpolierende Prämisse wird für jede Eingangsgröße getrennt bestimmt, weshalb die Betrachtung eines Systems mit nur einer Eingangsgröße zunächst ausreicht. Die interpolierende Prämisse soll schließlich verwendet werden, um aus der aktuellen Eingangsgröße unter Verwendung der interpolierenden Konklusion die unscharfe Ausgangsgröße zu bestimmen. Wegen Satz 3.4 kann die interpolierende Konklusion nur zum Aufbau der gesuchten Ausgangsgröße verwendet werden, wenn der Center c_{IP} der interpolierenden Prämisse mit dem Center c_E der Eingangsgröße übereinstimmt. Weil die interpolierende Regel eine bereits implizit im Regelsatz vorhandene Regel sichtbar machen soll, muß die interpolierende Prämisse darüber hinaus auch von den ursprünglichen Prämissen A und B abhängen, die für die Eingangsgröße $\mathcal{E}$ definiert sind. Somit ergibt sich die interpolierende Prämisse als Funktion des Centers c_E mit den Parametern A und B zu

$$\text{IP} = G_{IP}(c_E;\, A, B).$$

Diese Funktion G_{IP} darf keine beliebige Abhängigkeit von ihrer Eingangsgröße und ihren unscharfen Parametern aufweisen, sondern muß bestimmten Anforderungen genügen.

Damit das implizite Wissen dem expliziten nicht widerspricht, muß, wenn der Center der Eingangsgröße c_E mit dem Center c_A bzw. c_B einer ursprünglichen Prämisse übereinstimmt, die interpolierende Prämisse gleich einer der Prämissen A bzw. B sein.

Weiterhin ist durch einen geeigneten Bezug zu den ursprünglichen Prämissen zu gewährleisten, daß das implizite Wissen in Form interpolierender Regeln auch aus dem expliziten Wissen, den ursprünglichen Regeln, generiert wird. Deshalb gilt: Zum einen soll die interpolierende Prämisse von derselben interpretierbaren Form, beispielsweise glockenförmig oder triangulär, sein wie die ursprünglichen Prämissen. Zum anderen soll bei der Berechnung der interpolierenden Prämisse, die als interpretierbare unscharfe Menge in ihren linken und rechten Ast aufgeteilt werden kann, der *linke* (bzw. *rechte*) Ast aus den *linken* (bzw. *rechten*) Ästen der beiden Prämissen A und B bestimmt werden.

Auch muß, um eine insgesamt stetige Abbildung der Eingangsgrößen auf die Ausgangsgröße zu erreichen, G_{IP} stetig in allen Parametern und Eingangsgrößen sein.

Über die stetige Abhängigkeit vom Center der Eingangsgröße hinaus muß G_{IP} auch noch monoton von c_E abhängen, weil eine nichtmonotone Abhängigkeit nicht aus dem ursprünglichen Regelsatz hervorgehen kann und deshalb nur als Umsetzung von "Metawissen", das über die Stützregeln hinausgeht, interpretierbar wäre.

Damit sind die Randbedingungen, die eine Funktion G_{IP} zur Berechnung interpolierender Prämissen einzuhalten hat, aufgeführt. Der gleichen Vorgehensweise folgend, werden im folgenden Abschnitt Bedingungen für die Bestimmung der Konklusion einer interpolierenden Regel vorgestellt.

4.2 Bestimmung einer interpolierenden Konklusion

Mit den interpolierenden Prämissen, die auf dem Grundbereich jeder Eingangsgröße bestimmt werden, sollen schließlich weitere, den ursprünglichen Regelsatz ergänzende sogenannte interpolierende Regeln eingeführt werden. Die Konklusionen dieser Regeln werden interpolierende Konklusionen genannt; diese dürfen als implizites Wissen des ursprünglichen Regelsatzes nicht von den Eingangsgrößen, sondern nur von den ursprünglichen Regeln abhängen. Durch den Bedingungsteil einer interpolierenden Regel soll die interpolierende Konklusion dieser Regel eindeutig festgelegt sein. Ist $\mathcal{S}_{k^*}$ die Bedingung der interpolierenden Regel, dann hängt die interpolierende Konklusion IK von der Lage der Situation $\mathcal{S}_{k^*}$ bezüglich der jeweiligen ursprünglichen Prämissen A_i und B_i und den ursprünglichen Konklusionen $K_1, \ldots, K_{2^n}$ ab:

$$\mathrm{IK} = G_{IK}\Big(\mathcal{S}_{k^*}; (A_1, B_1), \ldots, (A_n, B_n); K_1, \ldots, K_{2^n}\Big).$$

G_{IK} hat, wie G_{IP}, bestimmte Anforderungen zu erfüllen. So muß G_{IK} eine in allen Parametern stetige Abbildung sein, die eine interpolierende Konklusion von der gleichen interpretierbaren Form wie die ursprünglichen Konklusionen erzeugt. Deren rechte bzw. linke Äste werden nur aus den rechten bzw. linken Ästen der ursprünglichen Konklusionen gebildet. Stimmt $\mathcal{S}_{k^*}$ mit der Bedingung $\mathcal{S}_k$ einer ursprünglichen Regel überein, ist die interpolierende Konklusion gleich der Konklusion dieser ursprünglichen Regel. Ist eine Prämisse der Situation $\mathcal{S}_{k^*}$ mit einer ursprünglichen Prämisse A_i (bzw. B_i) identisch, hängt die interpolierende Konklusion entsprechend der Forderung (3) nicht von Regeln ab, die B_i (bzw. A_i) als Prämisse in ihrer Bedingung enthalten. Weiterhin soll gelten, daß die Konklusion einer ursprünglichen Regel umso stärker zur Bildung der interpolierenden Konklusion beiträgt, je näher die Bedingung der interpolierenden Regel der Bedingung dieser ursprünglichen Regel ist.

Da der Center der Ausgangsgröße nach Satz 3.1 nur von den Centern der Eingangsgrößen abhängt, ergibt sich der Center c_{IK} der interpolierenden Konklusion einzig aus den Centern der Prämissen, nicht aus deren spezieller Form. c_{IK} läßt sich anhand einer stetigen Interpolationsfunktion

$$c_{IK} = F\Big(\underline{c}_e = (c_1, c_2, \ldots, c_n)\Big) \tag{7}$$

aus den Centern c_i der Prämissen der interpolierenden Regel durch Interpolation zwischen den Centern der ursprünglichen Konklusionen ermitteln.

Soweit sind nun mit G_{IP} und G_{IK} zwei Operatoren eingeführt, von denen der erste anhand der Eingangsgrößen interpolierende Prämissen erzeugt. Der zweite ermittelt dann für die interpolierenden Regeln, die mit den interpolierenden Prämissen gebildet werden können, die passenden interpolierenden Konklusionen. Zur Bestimmung der Ausgangsgröße wird im folgenden diejenige interpolierende Regel verwendet, deren Bedingungsteil sich vollständig aus interpolierenden Prämissen zusammensetzt.

Schließlich bleibt noch die Auswertung der interpolierenden Regel, die aus zwei prinzipiellen Schritten besteht: Zunächst einer Modifikation der Eingangsgrößen, dann einer „Verunschärfungsoperation" in Abhängigkeit von den modifizierten Eingangsgrößen.

4.3 Auswertung einer interpolierenden Regel

Im ersten Schritt, der *Modifikation der Eingangsgrößen*, werden die modifizierten Eingangsgrößen $\tilde{E}_i$ durch die Vereinigung der interpolierenden Prämissen IP_i mit den ursprünglichen

Eingangsgrößen E_i gewonnen:

$$\mu_{\tilde{E}_i}(x) = \max[\mu_{E_i}(x), \mu_{IP_i}(x)].$$

Eine Verschärfung der Eingangsgrößen innerhalb einer Prämisse kann nach Satz 3.2 keine Auswirkung auf die Ausgangsgröße haben. Die modifizierte Eingangsgröße hat einen geringeren oder höchstens gleichen Informationsgehalt wie die ursprüngliche Eingangsgröße; sie trägt nur noch die Information in sich, die vom Regelsatz tatsächlich ausgewertet werden kann. Somit vereinfacht sich der finale Schritt, die *Verunschärfungsoperation*, die nun mit den modifizierten Eingangsgrößen erfolgt.

Diese "Verunschärfung" der interpolierenden Konklusion, aus der schließlich die Ausgangsgröße Y folgt, läßt sich allgemein als Abbildung V_{IR} beschreiben:

$$Y = V_{IR}(\tilde{E}_1, \ldots, \tilde{E}_n; (A_1, B_1), \ldots, (A_n, B_n), K_1, \ldots, K_{2^n}).$$

$Y = V_{IR}$ muß einigen Randbedingungen genügen: Neben der Stetigkeit in allen Parametern und Eingangsgrößen muß die daraus resultierende Ausgangsgröße Y von der gleichen interpretierbaren Form sein wie die Prämissen und Konklusionen des Regelsatzes. Entsprechen die modifizierten Eingangsgrößen E_i den interpolierenden Prämissen IP_i, muß die Ausgangsgröße Y gleich der Konklusion IK der interpolierenden Regel sein.

Hinzu kommen weitere Forderungen, die in [7] näher ausgeführt werden und festlegen, welche Äste der Eingangsgrößen die jeweiligen Äste der Ausgangsgröße beeinflussen. Im Falle nur einer Eingangsgröße sind diese Zusammenhänge unschwer zu erkennen, bei mehreren Eingangsgrößen sind aufwendigere Betrachtungen notwendig. In [2] wird die Komplexität am Beispiel eines Systems mit zwei Eingangsgrößen und der Inferenz mittels linear interpolierender Regeln deutlich.

Bisher wurde davon ausgegangen, daß für jede Eingangsgröße $\mathcal{E}_i$ genau zwei Prämissen A_i und B_i definiert sind. Sind mehr Prämissen vorhanden, wird das Verfahren für verschiedene sogenannte Interpolationsbereiche durchgeführt und die resultierende Ausgangsgröße anhand der Ergebnisse der einzelnen Interpolationsbereiche durch Aggregation gewonnen, wie im folgenden Abschnitt näher ausgeführt wird.

4.4 Aggregation der Interpolationsbereiche

Der einfachste Fall eines Systems mit mehreren Interpolationsbereichen ist ein System mit einer Eingangsgröße $\mathcal{E}$, auf deren Grundbereich drei Prämissen P_1, P_2 und P_3 definiert sind. Drei Regeln der Form

$$\text{Wenn } \mathcal{E} = P_i \text{ Dann } \mathcal{Y} = K_i$$

beschreiben die Abbildung. Beschränkt man sich bei der Auswertung des Regelsatzes auf jeweils einen Interpolationsbereich $\mathbf{B}_1 = \{P_1, P_2\}$ oder $\mathbf{B}_2 = \{P_2, P_3\}$, kann ein Inferenzverfahren IV, das den bisherigen Vorschriften genügt, angewendet werden, um für jeden Interpolationsbereich eine Ausgangsgröße $Y_1 = \text{IV}(E; \mathbf{B}_1)$ bzw. $Y_2 = \text{IV}(E; \mathbf{B}_2)$ zu generieren. Die resultierende Ausgangsgröße ergibt sich dann durch Aggregation aus den beiden Ausgangsgrößen Y_1 und Y_2.

Im allgemeinen erhält man für ein Fuzzy-System mit n Eingangsgrößen $\mathcal{E}_i$, auf denen jeweils g_i Prämissen definiert sind, $\kappa = (g_1 - 1) \cdot (g_2 - 1) \cdots (g_n - 1)$ verschiedene Interpolationsbereiche, für die die interpolierenden Regeln und die „Verunschärfung“ getrennt berechnet werden sollen. Es entstehen dadurch κ verschiedene Ausgangsgrößen Y_l, die durch Aggregation zu einer einzigen, resultierenden Ausgangsgröße Y_{res} zusammengefaßt werden müssen. Dazu wird eine gewichtete

Summe dieser Y_l verwendet:

$$Y_{res} = \sum_{l=1}^{\kappa} \mu_l \cdot Y_l.$$

Dabei ist μ_l jeweils das Gewicht, mit dem der Interpolationsbereich $\mathbf{B}_l$ bewertet wird. Die Summe der Gewichtungsfaktoren μ_l, deren Werte auf das Intervall $[0, 1]$ beschränkt sind, ist konstant gleich Eins.

Darüber hinaus sind die Gewichtungsfaktoren stetige Funktionen, die lediglich von den Centern der Eingangsgrößen und nicht von deren Verlauf abhängen, da ansonsten der Center von Y_{res} ebenfalls vom Verlauf der E_i abhängen würde, was jedoch durch Satz 3.1 ausgeschlossen ist. Außerdem folgt aus der allgemeinen Forderung 3.5, daß, wenn der Center einer Eingangsgröße identisch mit dem Center einer Prämisse ist, die Gewichtungsfaktoren sämtlicher Interpolationsbereiche, die diese Prämisse nicht enthalten, verschwinden müssen.

Durch die Aggregation wird die Verarbeitung der Eingangsgrößen bei der Auswertung eines Regelsatzes durch die Inferenz mittels interpolierender Regeln abgeschlossen. Im letzten Abschnitt dieses Kapitels wird noch auf ein spezielles Verfahren, die Inferenz mittels linear interpolierender Regeln, eingegangen.

4.5 Inferenz mittels linear interpolierender Regeln

In [1] wurde bereits ein Inferenzverfahren vorgestellt, das in die hier vorgegebenen Rahmenbedingungen paßt. Dieses Verfahren wird Inferenz mittels linear interpolierender Regeln genannt, da die lineare Interpolation als grundlegende Operation verwendet wird. So erfolgt sowohl die Bestimmung der interpolierenden Prämisse als auch der interpolierenden Konklusion und damit auch des Centers der Ausgangsgröße nach Gleichung (7) durch lineare Interpolation. Die „Verunschärfung" basiert ebenfalls auf linearer Interpolation, allerdings müssen noch zusätzlich Max- und Min- Operatoren verwendet werden [2], ohne die eine Einhaltung der hier aufgeführten Forderungen nicht möglich wäre. Die Gewichtungsfaktoren μ_l der einzelnen Interpolationsbereiche hängen zonenweise linear von den Centern der jeweiligen Eingangsgrößen ab.

Die Inferenz mittels linear interpolierender Regeln ist ein mögliches spezielles Inferenzverfahren, mit dem sich dynamische Fuzzy-Systeme adäquat beschreiben lassen und dadurch systemtheoretischen Betrachtungen zugänglich werden. Die Identifikation geht der Behandlung systemtheoretischer Fragestellungen wie der Systemanalyse oder der Regelungssynthese voraus. Die konkrete Vorgehensweise bei der Identifikation eines dynamischen Fuzzy-Systems wird im folgenden Kapitel verdeutlicht.

5 Identifikation dynamischer Fuzzy-Systeme

Ein dynamisches Fuzzy-Modell erlaubt es, sowohl eine Systemanalyse als auch eine Reglersynthese durchzuführen, ohne daß dabei der Bereich unscharfer Mengen verlassen wird. Eine Schnittstelle aus diesem Bereich in die reale Welt ist die Defuzzifizierung. Damit werden unscharfe Mengen auf scharfe, real existierende Werte abgebildet. Eine Defuzzifizierung ist beispielsweise dann erforderlich, wenn ein fuzzy-modellbasiert entworfener Fuzzy-Regler schließlich zur Prozeßregelung eingesetzt werden soll.

Darüber hinaus sind geeignete weitere Schnittstellen zu definieren, die es erlauben, scharfe Werte einer unscharfen Systemtheorie zugänglich zu machen. Bei der Identifikation eines dynamischen

Fuzzy-Systems sollen scharfe Meßwerte bei der Bildung eines unscharfen Prozeßmodells berücksichtigt werden, was einer Übertragung von Wissen aus der realen Welt wertkontinuierlicher Signale in den Geltungsbereich der unscharfen Systemtheorie entspricht.

Ein Identifikationsverfahren, das allein anhand der Prozeßmeßdaten ein dynamisches Fuzzy-System automatisch ermittelt, läßt sich auf der Grundlage der Inferenz mittels interpolierender Regeln herleiten. Die zugrunde liegende Aufgabenstellung wird aus Bild (4) ersichtlich.

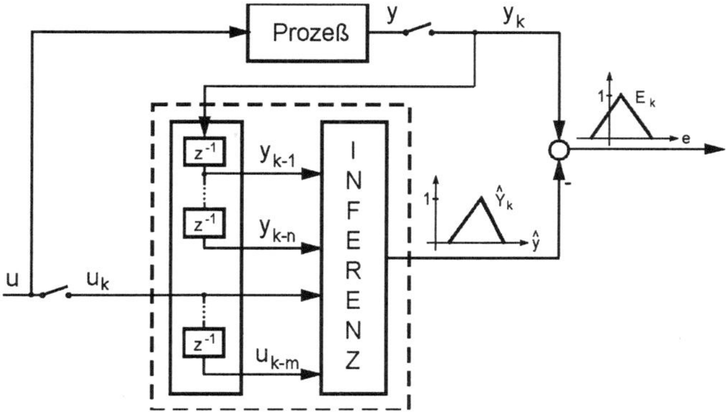

Bild 4: Seriell-parallel betriebenes Fuzzy-Modell

Das dynamische Fuzzy-Systemmodell wird seriell-parallel zum Prozeß betrieben, was bedeutet, daß - im Gegensatz zur reinen Parallelstruktur - die verzögerten Ausgangsgrößen des Prozesses, nicht des Modells an den Modelleingang gelegt werden. Als Ergebnis der Identifikation wird ein Fuzzy-Systemmodell mit einer vom Anwender vorgegebenen Zahl von Regeln gewonnen, das den Ausgangsfehler minimiert. Der Ausgangsfehler im Schritt k entspricht der Differenz zwischen der scharfen Prozeßausgangsgröße y_k und dem unscharfen Modellausgang $\hat{Y}_k$. Der resultierende Ausgangsfehler ist ebenfalls eine trianguläre unscharfe Zahl $E_k =< e_{c,k}; e_{l,k}, e_{r,k} >$ mit dem Center $e_{c,k}$ und dem linken bzw. rechten Fuß $e_{l,k}$ bzw. $e_{r,k}$, für die nach dem Zadehschen Erweiterungsprinzip

$$y_k - \hat{Y}_k =< e_{c,k}; e_{l,k}, e_{r,k} >=< y_k - \hat{y}_{c,k}; y_k - \hat{y}_{l,k}, y_k - \hat{y}_{r,k} > \tag{8}$$

gilt. $\hat{y}_{c,k}$, $\hat{y}_{l,k}$ und $\hat{y}_{r,k}$ stehen für den Center, den linken und den rechten Fuß der unscharfen Modellausgangsgröße $\hat{Y}_k$.

Die Identifikation erfolgt in zwei Schritten. Zunächst werden die Verzögerungen der Ein- und Ausgangsgrößen bestimmt, die zur Darstellung der Dynamik erforderlich sind, womit die Struktur des dynamischen Fuzzy-Systems festgelegt wird. Den relevanten Verzögerungen, die Ergebnis der Strukturidentifikation sind, werden in den Prämissen der Regeln linguistische Werte zugeordnet. Mit den bekannten Verzögerungen können im zweiten Schritt alle für den Regelsatz benötigten Zugehörigkeitsfunktionen nach Lage und Form ermittelt werden, wodurch schließlich auch der Regelsatz vollständig identifiziert ist.

5.1 Strukturermittlung von dynamischen Fuzzy-Systemen

In Anlehnung an ein Verfahren, das in Zusammenhang mit der Modellierung nichtlinearer dynamischer Systeme durch Künstliche Neuronle Netze erarbeitet wurde ([11], [12]), können auch die relevanten Verzögerungen eines dynamischen Fuzzy-Systemmodells in folgender Weise detektiert werden. Bei dieser rein datenorientierten Methode werden anhand der Prozeßmeßdaten an verschiedenen Punkten des Arbeitsraumes die Tangentialebenen der Systemnichtlinearität geschätzt. Dazu werden schrittweise Matrizen aus Meßdaten aufgebaut, deren Konditionierung sich genau dann sprunghaft verschlechtert, wenn Vergangenheitswerte der Eingangsgröße oder Ausgangsgröße verwendet werden, die weiter zurückliegen als es zur Darstellung der Systemdynamik notwendig wäre. Die am weitesten zurückliegenden notwendigen Verzögerungen lassen sich folglich dadurch ermitteln, daß solange weitere verzögerte Größen beim Aufbau der Matrizen berücksichtigt werden, bis diese Matrizen schlecht konditioniert sind. Damit ist die Systemordnung bestimmt; welche der Vergangenheitswerte, die weniger als die maximal erforderliche Schrittzahl zurückliegen, für das Modell relevant sind, läßt sich anhand der letzten zuvor berechneten Tangentialebenen ermitteln [12].

5.2 Identifikation eines Regelsatzes

Die weitere Aufgabenstellung der Identifikation erstreckt sich auf die Bestimmung sämtlicher unscharfer Parameter des Inferenzverfahrens, also aller Prämissen- und Konklusionszughörigkeitsfunktionen. Dabei hat der Anwender die Möglichkeit, die Granularität des Fuzzy-Systems vorzugeben, indem er die maximal zulässige Anzahl von Prämissenzugehörigkeitsfunktionen festlegt, die auf den Grundbereichen der verschiedenen Eingangsgrößen des Inferenzmechanismus definiert werden dürfen.

Die unscharfen Parameter sollen so bestimmt werden, daß zunächst der Center $e_{c,k}$ des unscharfen Ausgangsfehlers E_k (Bild 4) möglichst nahe bei Null liegt. Dies entspricht nach Gleichung (8) der Forderung, daß der Center der unscharfen Modellausgangsgröße $\hat{y}_{c,k}$ nahe der scharfen Prozeßausgangsgröße y_k liegen sollte. Der Informationsgehalt Info(E_k) des Ausgangsfehler E_k sollte möglichst groß werden

Nach Satz 3.1 wird, unabhängig von der speziellen Ausprägung des gewählten Inferenzverfahrens, der Center der Modellausgangsgröße durch die Center der Eingangsgrößen eindeutig bestimmt. Es ist daher ausreichend, zunächst allein die Centerbeziehung zu betrachten, um die Forderung bezüglich des Centers der Modellausgangsgröße zu realisieren.

Diese zunächst zu betrachtende Centerbeziehung (7) ist eine stetige Funktion, die den Center der interpolierenden Konklusion durch Interpolation zwischen den Centern der Konklusionen des Regelsatzes bestimmt. Die Interpolationsfunktion hängt von dem speziell gewählten Inferenzverfahren ab; bei linear interpolierenden Regeln ergibt sich beispielsweise eine stetige, zonenweise multilineare Interpolationsfunktion.

Um die prinzipielle Vorgehensweise zur Identifikation der Centerbeziehung deutlich zu machen, ist es ausreichend, ein statisches Fuzzy-System mit einer Eingangs- und Ausgangsgröße (Bild 5) für den Fall linear interpolierender Regeln zu betrachten: Bei der Identifikation dynamischer Fuzzy-Systeme, die nach Bild (4) seriell-parallel zum Prozeß betrieben werden, ist die Identifikation des Regelsatzes offensichtlich ein statisches Problem. Außerdem lassen sich die für ein System mit einer Ein- und Ausgangsröße angestellten Überlegungen auf Systeme höherer Ordnung übertragen.

5.2.1 Bestimmung der Centerbeziehung

Im Eingrößenfall ist bei linear interpolierenden Regeln eine stetige, zonenweise lineare Centerbeziehung $\hat{y}_c = f(x_c)$ zu bestimmen. Die gesuchten Prämissen- und Konklusionszugehörigkeits-

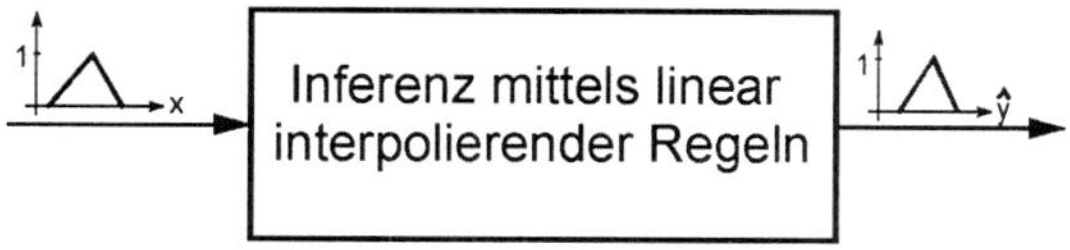

Bild 5: Statisches Fuzzy-System mit einer Ein- und Ausgangsgröße

funktionen seien auf x bzw. $\hat{y}$ definiert.

Um zu gewährleisten, daß der Center der unscharfen Ausgangsgröße des Fuzzy-Modells für alle auftretenden Eingangsgrößen möglichst nah an den entsprechenden Meßwerten liegt, wird das folgende zu minimierende quadratische Fehlerfunktional

$$J = \sum_{i=1}^{n} (\underbrace{f(x_i)}_{\hat{y}_{c,i}} - y_i)^2 \tag{9}$$

angesetzt, das durch Aufsummieren des quadrierten Centers des Modellfehlers $e_c(x_i, y_i)^2 = (f(x_i) - y_i)^2$ über alle Meßwerte $(x_i, y_i), i = 1 \ldots n$ entsteht; $y_c = f(x_c)$ stellt die gesuchte Centerbeziehung dar. Bild 6 zeigt schematisch das Ergebnis einer Optimierung, wobei in diesem Beispiel die Center von vier Prämissenzugehörigkeitsfunktionen $cp_1, \ldots cp_4$ und vier Konklusionszugehörigkeitsfunktionen $ck_1, \ldots ck_4$ gesucht waren.

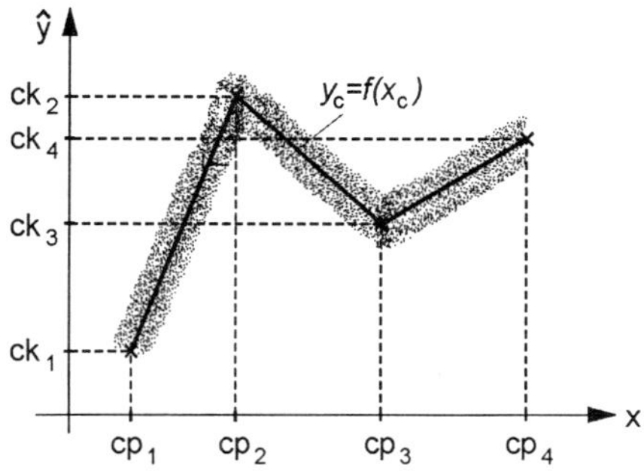

Bild 6: Centerbeziehung $y_c = f(x_c)$

Der Center des Modellfehlers $e_c(x_i, y_i)$ ergibt sich im Eingrößenfall für jeden Meßpunkt x_i entsprechend

$$cp_r \leq x_i \leq cp_{r+1} : \quad e_c(x_i, y_i) = y_i - f(x_i) = y_i - (ck_r + \frac{ck_{r+1} - ck_r}{cp_{r+1} - cp_r} \cdot x_i), \tag{10}$$

wobei für das betrachtete Beispiel $r = 1, 2, 3$ gilt.

Für *feste* Center der Prämissenzugehörigkeitsfunktionen cp_r hängt der Center des Modellfehlers $e_c(x_i, y_i)$ damit linear von den Centern ck_r der Konklusionszugehörigkeitsfunktionen ab! Damit läßt sich der Modellfehlervektor $\underline{e}_m^T = (e_c(x_1, y_1), \ldots, e(x_n, y_n))$ für alle Meßwerte $(x_i, y_i), i = 1 \ldots n$ durch die Gleichung

$$\underline{e}_m = \underline{y}_m - \underline{M}\,\underline{ck} \tag{11}$$

bestimmen. $\underline{y}_m^T = (y_1, \ldots, y_n)$ ist der aus den gemessenen Ausgangsgrößen gebildete Meßvektor, $\underline{ck}$ enthält die gesuchten Center ck_r der Konklusionszugehörigkeitsfunktionen. Die Meßmatrix

$\underline{M}$ wird aus den Meßwerten x_i unter Berücksichtigung von Gleichung (10) in Abhängigkeit von den bekannten cp_r aufgebaut. Das Minimum der Zielfunktion (9) wird wegen der linearen Abhängigkeit des Modellfehlers von den gesuchten Parametern bekanntlich für

$$\underline{ck} = (\underline{M}^T \underline{M})^{-1} \underline{M}^T \underline{y}_m \tag{12}$$

erreicht. Die Wahl des quadratischen Gütekriteriums (9) ermöglicht damit die geschlossene Lösung des Optimierungsproblems bei bekannten cp_r.

Mit Gleichung (12) können somit beliebig gewählten Centern cp_r der Prämissenzugehörigkeitsfunktionen solche Center der Konklusionszugehörigkeitsfunktionen ck_r zugeordnet werden, mit denen J minimal wird; auch bei der Betrachtung von Fuzzy-Systemen mit mehr als einer Eingangsgröße ergibt sich bei festen Centern cp_r der Prämissenzugehörigkeitsfunktionen eine lineare Abhängigkeit des Modellfehlers von den Centern ck_r der Konklusionszugehörigkeitsfunktionen, so daß die optimalen ck_r bei festen cp_r geschlossen bestimmt werden können.

Damit ist die eigentliche Schwierigkeit im Auffinden der geeigneten cp_r zu sehen.

Die cp_r fließen nämlich nichtlinear in den Modellfehler (10) ein, so daß eine nichtlineare Optimierungsaufgabe gelöst werden muß. Darüber hinaus ist das Gütefunktional (9) bezüglich der gesuchten cp_r nicht stetig differenzierbar. Optimierungsverfahren, die in irgend einer Weise die Ableitung des Gütefunktionals verwenden, können daher nicht ohne weiteres zur Bestimmung der optimalen cp_r herangezogen werden. Evolutionsstrategien, deren Einsatz mit keinerlei Stetigkeitsanforderungen an das verwendete Gütefunktional verbunden sind, führten bei dem in Abschnitt 5.3 angeführten Zweitanksystem zum Erfolg.

Ist die optimale Centerbeziehung gefunden, sind nur noch die Äste der Prämissen- und Konklusionszugehörigkeitsfunktionen des Regelsatzes anhand der Meßdaten festzulegen.

5.2.2 Bestimmung der Äste der Zugehörigkeitsfunktionen

Die Ungenauigkeit, mit der das Wissens behaftet ist, das bei der Modellbildung berücksichtigt wurde, zeigt sich bei einem Fuzzy-Modell in der Form der Prämissen- und Konklusionszugehörigkeitsfunktionen. Die Meßdaten liegen innerhalb eines Schlauchs um die bereits identifizierte Centerbeziehung verteilt (Bild 7). Mit dem identifizierten Fuzzy-Modell läßt sich jedem der Meßwerte x_i eine interpretierbare unscharfe Menge $\hat{Y}_i = \mathrm{IV}(x_i)$ mit einem Center y_c gemäß der Centerbeziehung $y_c = f(x_i)$ zuordnen. Wegen der scharfen Eingangsgröße x_i hat die Verunschärfungsoperation bei der Auswertung der interpolierenden Regel keine Auswirkung auf die Ausgangsgröße. Deshalb ist jede unscharfe Ausgangsgrößen $\hat{Y}_i$ gleich der interpolierenden Konklusion.

Die zu den x_i gehörenden gemessenen Ausgangsgrößen y_i stimmen mit den Centern $\hat{y}_{c,i} = f(x_i)$ der Modellausgangsgrößen $\hat{Y}_i$ im allgemeinen nicht überein; die Zugehörigkeitsfunktion $\mu_{\hat{Y}_i}(\hat{y})$ der unscharfen Modellausgangsgröße gibt für jedes $\hat{y}$ den Möglichkeitsgrad für das tatsächliche Auftreten dieses Wertes an. Daher muß gewährleistet sein, daß für alle n Meßwerte (x_i, y_i) durch die Inferenz aus jedem der x_i eine unscharfe Ausgangsgröße erzeugt wird, die dem zugehörigen y_i einen Möglichkeitsgrad größer Null zuordnet:

$$\forall x_i,\ i = 1 \ldots n: \quad \mu_{\hat{Y}_i}(y_i) > 0 \quad \text{mit} \quad \hat{Y}_i = \mathrm{IV}(x_i). \tag{13}$$

Werden als interpretierbare unscharfe Mengen trianguläre unscharfe Zahlen verwendet, so bedeutet Bedingung (13), daß die gemessenen Ausgangsgrößen immer zwischen den linken und rechten Füßen der Fuzzy-Modellausgangsgröße liegen müssen. Die Füße der interpolierenden

Konklusion (und damit Ausgangsgröße) werden bei linear interpolierenden Regeln durch lineare Interpolation aus den Füßen der Konklusionszugehörigkeitsfunktionen ermittelt. Für jeden Interpolationsbereich ist daher eine Gerade oberhalb und eine unterhalb der Centergeraden zu bestimmen. Anfangs- und Endpunkt einer oberen bzw. unteren Geraden entsprechen jeweils dem linken bzw. rechten Fuß einer Konklusionszugehörigkeitsfunktion. Sämtliche Meßpunkte müssen zwischen dieser oberen ($\hat{y} = g_o(x)$) und unteren ($\hat{y} = g_u(x)$) Begrenzungsgeraden liegen, damit Bedingung (13) eingehalten wird:

$$\forall(x_i, y_i),\ i = 1 \ldots n: \quad g_u(x_i) \leq y_i \leq g_o(x_i). \tag{14}$$

Dadurch wird gleichzeitig erzwungen, daß durch die Zugehörigkeitsfunktion des unscharfen Modellfehlers $\mu_{E_k}(e)$ (Bild 4) jedem möglichen Modellfehler e ein Zugehörigkeitsgrad größer Null zugeordnet wird.

Das identifizierte Fuzzy-System sollte - unter Berücksichtigung der Bedingung (14) - aus den Meßwerten möglichst viel Information extrahieren. Maximal werden muß daher der *normierte Informationsgehalt* INF des Fuzzy-Systems, der dem mittleren Informationsgehalt aller Ausgangsgrößen $\hat{Y}$ des Fuzzy-Systems entspricht, die aus scharfen Eingangsgrößen x resultieren. Der *normierte Informationsgehalt* INF eines Fuzzy-Systems mit einer Ein- und Ausgangsgröße ergibt sich folglich aus:

$$\mathrm{INF} = \frac{\int_{\mathrm{X}} \mathrm{Info}(\hat{Y} = \mathrm{IV}(x))dx}{\int_{\mathrm{X}} dx}. \tag{15}$$

Dabei ist Info($\hat{Y}$) der durch Beziehung (1) ermittelte Informationsgehalt der Modellausgangsgröße $\hat{Y}$. Dieser wird für alle auf dem Grundbereich X definierten scharfen Eingangsgrößen x bestimmt, integriert und auf das Integral über den Grundbereich der Eingangsgrößen bezogen. INF liegt immer im Intervall $[0, 1]$ und wird maximal, d.h. Eins, wenn alle Konklusionszugehörigkeitsfunktionen Singletons sind, weil dann das Fuzzy-System aus scharfen Eingangsgrößen scharfe Ausgangsgrößen erzeugt.

Bei festliegender Centerbeziehung bedeutet die Forderung eines maximalen normierten Informationsgehalts INF des Fuzzy-Modells, daß die Fläche zwischen den oberen und unteren Geraden zu minimieren ist, wobei die Nebenbedingung (14) eingehalten werden muß. Liegen diese Geraden im Mittel nah zusammen, ist auch der Informationsgehalt der Ausgangsgröße im Mittel groß und INF dadurch ebenfalls groß. Bild (7) verdeutlicht, wie, nachdem die optimalen unteren und oberen Geraden bestimmt wurden, aus einer scharfen Eingangsgröße x eine unscharfe Ausgangsgröße $\hat{Y}$ bestimmt werden kann.

Auf Fuzzy-Systeme mit mehr als einer Eingangsgröße ist die in diesem Abschnitt geschilderte Vorgehensweise übertragbar: Der mittlere Informationsgehalt des Fuzzy-Systems wird dadurch maximiert, daß eine obere und untere multilineare Begrenzungsfläche so bestimmt wird, daß das Volumen zwischen diesen Flächen minimal ist. Dabei müssen sämtliche Meßpunkte zwischen den Begrenzungsflächen liegen. Die Werte der Begrenzungsflächen an den Stützstellen der multilinearen Kennfelder entsprechen den Füßen der Konklusionszugehörigkeitsfunktionen.

Alle Konklusionszugehörigkeitsfunktionen sind durch die Optimierung der Centerbeziehung bezüglich ihrer Lage und durch die Ermittlung der Begrenzungsgeraden (bzw. Begrenzungsflächen bei mehreren Eingangsgrößen) bezüglich ihrer Form bestimmt. Als Prämissenzugehörigkeitsfunktionen sind Singletons zu verwenden, da die Meßdaten (x_i, y_i) lediglich eine Aussage darüber liefern, mit welcher Unsicherheit das Schließen von den *scharfen* Eingangsgrößen x_i auf die zugehörige unscharfe Ausgangsgröße $\hat{Y}_i$ behaftet ist.

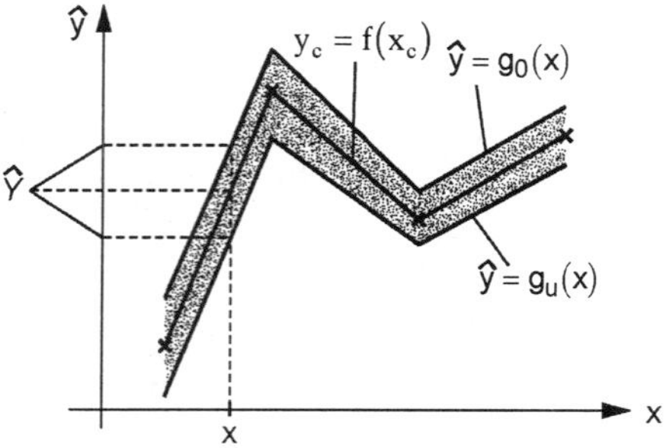

Bild 7: Bestimmung einer unscharfen Ausgangsgröße

Das Identifikationsverfahren wurde an einem Zweitanksystem einer Praktikumsanlage validiert, worauf im folgenden Abschnitt näher eingegangen wird.

5.3 Identifikation eines Zweitanksystems

Beide Tanks des betrachteten Zweitanksystems (Bild 8a) sind miteinander verbunden, außerdem kann dem ersten Tank, der einen Ausfluß besitzt, mittels einer Pumpe Flüssigkeit zugeführt werden.

Das System wurde so angeregt, daß alle interessierenden Raumbereiche mit ausreichend vielen Meßdaten gefüllt wurden. Ausgangsgröße des Systems ist der Flüssigkeitsstand h im ersten Tank, Eingangsgröße der Zufluß q. Der maximale Flüssigkeitspegel eines Tanks beträgt 60 cm. Die Pumpe ist in der Lage, einen Zufluß von bis zu $7\frac{l}{min}$ einzustellen. Die Abtastzeit konnte, da sich die Füllstände nur langsam ändern, zu einer Sekunde gewählt werden.

Bild (8b) verdeutlicht die Vorgehensweise zur Strukturermittlung: Zunächst wurde davon ausgegangen, daß die maximale Systemordnung nicht größer als drei sei, es wurde daher ein dynamisches Fuzzy-System 3. Ordnung angesetzt.

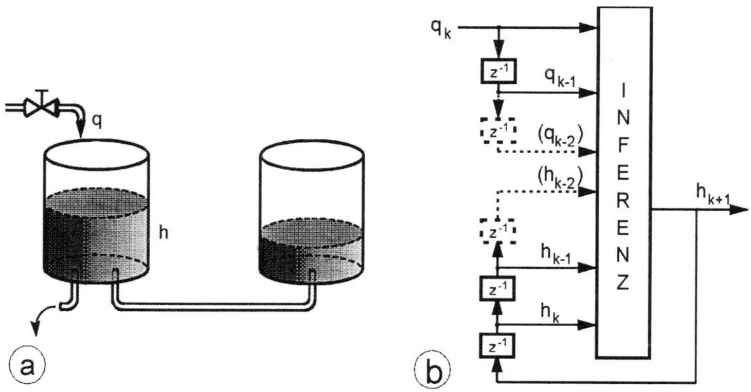

Bild 8: a: Zweitanksystem, b: Vorläufige Struktur des Fuzzy-Modells

Die Konditionierung der Matrizen zur Bestimmung der Tangentialebenen verschlechtert sich sprungartig, wenn Vergangenheitswerte der Ausgangsgröße bei deren Aufbau berücksichtigt werden, die drei Schritte zurückliegen. Die wirkliche Systemordnung beträgt damit zwei. h_{k+1} hängt von seinen Vergangenheitswerten h_k und h_{k-1} sowie vom Zufluß q_k und dessen Vergangenheitswert q_{k-1} ab, die nicht relevanten Verzögerungen h_{k-2} und q_{k-2} sind in Bild (8b) gestrichelt eingezeichnet.

Die Struktur des zu identifizierenden Fuzzy-Systems wurde allerdings entsprechend Bild (9a) angesetzt. Statt der vergangenen Ausgangsgröße wurde die Änderung der vergangenen Ausgangsgröße $\Delta h_k = h_k - h_{k-1}$ aus folgendem Grund als Eingangsgröße des Fuzzy-Systems verwendet: Innerhalb einer Sekunde kann sich die Füllstandshöhe um maximal einen Zentimeter ändern. Die Höhen h_k und h_{k-1} sind somit stark korreliert, und es ist daher nicht möglich, den gesamten von h_k und h_{k-1} aufgespannten Raumbereich mit Daten zu füllen. Ersetzt man jedoch h_k durch Δh_k, so spannt das dadurch erhaltene neue Koordinatensystem einen Raum auf, der mit Meßdaten gefüllt werden kann (Bild (9b).

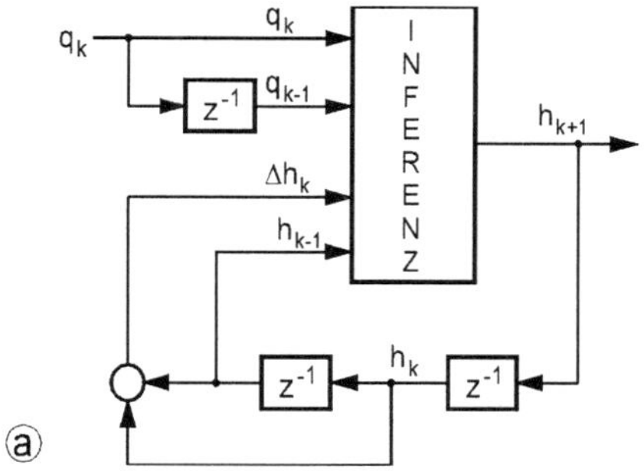

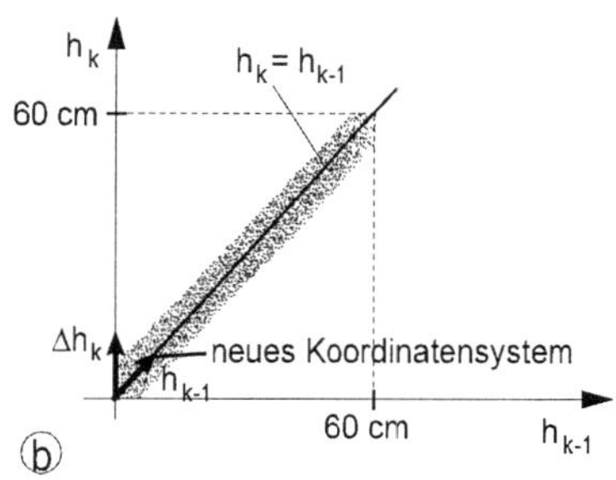

Bild 9: a: Entgültige Struktur des Fuzzy-Modells, b: Koordinatentransformation

Werden auf den Grundbereichen von h_{k-1} und Δh_k jeweils drei und auf den Grundbereichen von q_k und q_{k-1} jeweils zwei Prämissenzugehörigkeitsfunktionen zugelassen, ergibt die Identifikation des Regelsatzes $3 \cdot 3 \cdot 2 \cdot 2 = 36$ Regeln der Form

Wenn $h_{k-1} = 11.9$ und $\Delta h_k = 0.6$ und $q_k = 1$ und $q_{k-1} = 1$ Dann $h_{k+1} =< 13.23; 13.18, 13.46 >$.

Im Wenn-Teil der Regeln treten nur Singletons auf, die in der oben aufgeführten Regel durch ihren scharfen Wert gekennzeichnet werden. Die Konklusionen sind trianguläre unscharfe Zahlen. Wird das Fuzzy-Modell zur Einschrittprädiktion verwendet, liegt die mittlere Abweichung der gemessenen Ausgangsgröße vom Center der Modellausgangsröße bei $\overline{\mid y_i - \hat{y}_{c,i} \mid} = 0.47mm$ und die maximale Abweichung bei $\max \mid y_i - \hat{y}_{c,i} \mid = 0.54cm$. Zur Validation wurde das identifizierte Fuzzy-System seriell-parallel zu einem kontinuierlichen scharfen Prozeßmodell betrieben. Bild (10) zeigt den Verlauf der unscharfen Ausgangsgröße des Fuzzy-Systems $\hat{Y} =< y_c; y_l, y_r >$ und den scharfen Ausgang y des kontinuierlichen Modells bei variierendem Zufluß q.

Erst durch eine genauere Betrachtung von wenigen Schritten im rechten Teil von Bild (10) wird eine Abweichung der scharfen Ausgangsgröße zum Center der unscharfen Ausgangsgröße sichtbar. Diese geringe Abweichung kann im reinen Parallelbetrieb, in dem die Vergangenheitswerte des Modells an den Modelleingang rückgekoppelt werden, durch die Fehlerfortpflanzung allerdings dazu führen, daß sich der Ausgang des Fuzzy-Systems mit wachsender Schrittzahl vom Ausgang des kontinuierlichen Systems entfernt. Das hier identifizierte Fuzzy-System zeigt jedoch auch im Parallelbetrieb bereits gute Ergebnisse: Bild (11) verdeutlicht, daß sich bei einem konstanten Zufluß von $3.5\frac{l}{min}$ die Ausgangsgröße des kontinuierlichen Systems erst nach etwa

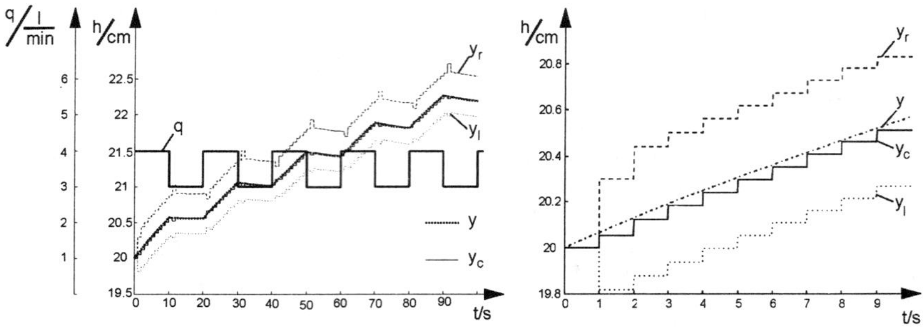

Bild 10: Kontinuiertliches Modell mit parallel-seriellem Fuzzy-System

330 Schritten von der Ausgangsgröße des parallelen Fuzzy-Modells entfernt. Das Verhalten des dynamischen Fuzzy-Systems im reinen Parallelbetrieb läßt sich beispielsweise durch explizites Berücksichtigen der Dynamik im Gütekriterium noch weiter verbessern.

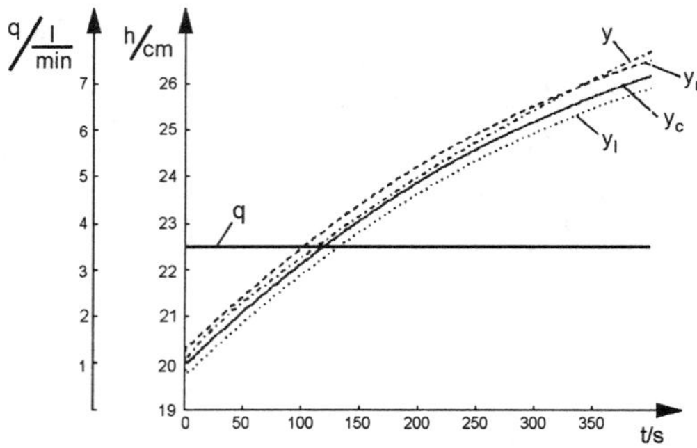

Bild 11: Kontinuierliches Modell mit parallelem Fuzzy-System

Insgesamt eignet sich das vorgestellte Identifikationsverfahren zur experimentellen Bestimmung eines dynamischen Fuzzy-Systems, das im seriell-parallelen Betrieb sehr gute Ergebnisse erzielt und auch im reinen Parallelbetrieb erfolgreich einsetzbar ist.

6 Zusammenfassung

In diesem Beitrag wurden Randbedingungen angeführt und erläutert, die ein Inferenzverfahren erfüllen muß, dessen unscharfe Ausgangsgröße ohne vorherige Defuzzifizierung weiterverarbeitet wird. Ein allgemeines Inferenzverfahren, die Inferenz mittels interpolierender Regeln, wurde hergeleitet. Damit kann sprachlich formuliertes Regelwissen als Grundlage zur Modellierung dynamischer Systeme verwendet werden. Auf der Basis der hier entwickelten Inferenzverfahren wird mit dynamischen Fuzzy-Systemen eine adäquate qualitativ beschriebene neue Repräsentation dynamischer Prozesse möglich. Ansätze für eine darauf gründende Systemtheorie wurden für das spezielle Verfahren "Inferenz mittels linear interpolierender Regeln" mit der Stabilitätsanalyse und einem Verfahren zur Reglersynthese bereits an anderer Stelle [1], [2] publiziert.

Zur Identifikation dynamischer Fuzzy-Systeme wurde ein neues leistungsfähiges Verfahren entwickelt, das allein unter Verwendung von Prozeßmeßdaten zu einem vollständigen Regelsatz führt, der das dynamische Systemverhalten qualitativ beschreibt. Die Leistungsfähigkeit des Identifikationsverfahrens wurde an einem Zweitanksystem demonstriert. Auf die Einbeziehung qualitativen Wissens ist man gerade zur Modellierung komplexer Prozesse, wie sie in der Verfahrenstechnik auftreten, häufig angewiesen. Das hier vorgestellte Verfahren bietet darüber hinaus die Möglichkeit, qualitatives linguistisches Regelwissen mit meßdatengestütztem Wissen (experimentelle Identifikation) in einem dynamischen Fuzzy-System zu vereinigen.

Literatur

[1] *E. Schäfers:* Inferenz mittels interpolierender Regeln - ein neues Verfahren zur Beschreibung von Fuzzy-Systemen. 5. Workshop „Fuzzy-Control" des GMA-UA 1.4.2, 1995.

[2] *E. Schäfers, V. Krebs, M. Sackmann:* Dynamische Fuzzy-Systeme: Stabilitätsanalyse und Reglerentwurf. 6. Workshop „Fuzzy-Control" des GMA-UA 1.4.2, 1996

[3] *E. Schäfers, V. Krebs:* Stability Analysis and Controller Design for Dynamic Fuzzy Systems based on a new Fuzzy Inference Approach. 6th IEEE International Conference on Fuzzy Systems, Barcelona 1997.

[4] *D. Dubois, H. Prade, R. Yager:* Introduction to Readings in Fuzzy Sets for Intelligent Systems. Readings in Fuzzy Sets for Intelligent Systems, Morgan Kaufmann Publishers, S. 1-19, 1993.

[5] *D. Dubois, H. Prade:* Fuzzy Sets And Systems. Academic Press, 1980.

[6] *G. Bortolan, R. Degani:* A Review of some Methods for Ranking Fuzzy Subsets. Fuzzy Sets and Systems (15), S. 1-19, 1985.

[7] *K. Schmid:* Inferenzverfahren zur mathematischen Beschreibung dynamischer Fuzzy-Systeme. Diplomarbeit D688, Institut für Regelungs- und Steuerungssysteme, 1997.

[8] *M. Setnes, U. Kaymak, H.R. van Nauta Lemke, H.B. Verbruggen:* Fuzzy Arithmetic-Based Interpolative Reasoning. Proceedings (AIRTC) Kuala Lumpur, Malaysia, Sep. 1997.

[9] *L. T. Kóczy, K. Hirota:* Approximate Reasoning by Linear Rule Interpolation and General Approximation. International Journal of Approximate Reasoning (9), S. 197-225, 1993.

[10] *Wu Zhi Qiao, M. Mizumoto, S. Yan:* An Improvement to Kóczy and Hirota's Interpolative Reasoning in Sparse Fuzzy Rule Bases. International Journal of Approximate Reasoning (15), S. 185-201, 1996.

[11] *J. Schultz:* Eine Strategie zur Gewinnung Neuronaler Modelle für nichtlineare dynamische Systeme. VDI-GMA-Kongreß '96 Meß- und Automatisierungstechnik, 10.-11.9.1996, Baden-Baden, VDI-Verlag, S. 733-742.

[12] *J. Schultz, Stefan Hillenbrand:* Determining the structure of nonlinear models. Fourth European Control Conference ECC '97, Brüssel, 1997.

Ein Trainingswerkzeug zur Simulation und Steuerung der Feuerleistung einer Müllverbrennungsanlage

Hubert B. Keller, Bernd Müller, Institut für Angewandte Informatik, Forschungszentrum Karlsruhe
Jette Paulsen, Steen Weber, Dept. of Optics and Fluid Dynamics, RISØ National Laboratories, Roskilde, Denmark

Abstract: Das EU-Projekt CLEAN hat zum Ziel, die Schadstoffemissionen von Müllverbrennungsanlagen durch die Modellierung, Simulation und Steuerung des Verbrennungsprozesses mit Hilfe neuronaler Netze zu reduzieren. Mit Hilfe einer grafischen Benutzeroberfläche kann das System zu Trainingszwecken benutzt werden, um das (simulierte) Verhalten der Anlage durch manuelle Eingriffe in den Stellgrößen zu beeinflussen. Andererseits produziert der interne neuronale Controller Vorschläge für die Änderung der Stellgrößen der realen Anlage, die von einem Benutzer manuell zur Steuerung der Anlage benutzt werden können.

Das entwickelte System läuft zur Zeit testweise online an einer Müllverbrennungsanlage. Neben einer Darstellung der Modellierung, Simulation und Steuerung wird in diesem Papier auch auf die grafische Benutzerschnittstelle eingegangen.

Einleitung

Das EU-Projekt CLEAN befaßt sich mit der Modellierung / Simulation und Regelung des Verbrennungsprozesses einer Müllverbrennungsanlage mit Hilfe von neuronalen Netzen hinsichtlich einer zu verringernden Schadstoffemission. Die Ursache bei der Entstehung gewisser Schadstoffe (CO, NOx usw.) liegt teilweise in einem ungleichmäßig verlaufenden Verbrennungsvorgang. Innovative Regelungskonzepte versprechen eine Minimierung dieser Schwankungen durch den Einsatz einer modellbasierten Regelung, die bisher durch das Fehlen expliziter mathematischer Modelle in diesem Bereich nicht realisierbar war. Neuronale Netze besitzen die Fähigkeit, Datenabhängigkeiten aus vorgegebenen Datensätzen zu lernen, und somit eine funktionale Abhängigkeit nachzubilden (/2/). Dies wird ausgenutzt, um ein (neuronales) Modell zu erzeugen, und darauf basierend einen neuronalen Regler zu entwickeln.

Der Verbrennungsprozeß

In einer Müllverbrennungsanlage wird der Müll von einem Aufgabetrichter auf den Verbrennungsrost geschoben (vgl. /1/). Dort wird er durch Vorschubbewegungen entlang des

Rostes geführt (Vorschubrost). Dabei durchläuft der Müll die Tocknungs-, Hauptverbrennungs- und Ausbrandphase. Die verbleibende Schlacke gelangt am Ende des Rostes in einen Schlackenauffangbehälter. Die Verweilzeit des Mülls auf dem Rost von der Aufgabe bis zum Rostende beträgt ca. 30 Minuten. Die Verbrennung wird über eine externe Luftzufuhr, sowie aufzugebende Müllmenge und Rostgeschwindigkeit gesteuert. Ziel der Prozeßsteuerung ist eine effiziente Energieausbeute des Mülls bei einer möglichst konstanten Dampferzeugung sowie vollständiger Verbrennung und geringen Schadstoffemissionen. Erschwert wird dies durch eine zeitlich variierende Müllbeschaffenheit in Form von Stückung, Heizwert und Feuchte. Diese Eigenschaften lassen sich mit der vorhandenen Sensorik nicht messen. Das aktuelle Verbrennungsverhalten wird momentan von den Anlagenbedienern abgeschätzt und entsprechende Steuerparameter manuell vorgegeben.

Simulation

Die Daten, die für das Clean Projekt bereitgestellt wurden, stammen vom Prozeßleitsystem einer großindustriellen Müllverbrennungsanlage. Diese Daten sind in Datensätze unterteilt, wobei ein Datensatz periodisch in einem Intervall von 10 sec gemessen wird. Ein Datensatz besteht aus 28 Prozeßparametern. In einer einwöchigen Meßkampagne wurden ca. 40000 Datensätze erfaßt. Diese Datensätze stellen das Material dar, mit dem eine Simulation mit neuronalen Netzen aufgebaut wurde.

Eine Abschätzung der für die Prozeßdynamik einzubeziehenden Prozeßhistorie liefert einen zeitlichen Rahmen von 10 Min. in dem Daten an das Netz gehen. In einem ersten Schritt wurden die Datensätze einer Minute zusammengefaßt und gemittelt. Dies ist aufgrund der Trägheit des Verbrennungsprozesses erlaubt, und vermindert zugleich stochastische Schwankungen.

Dann wurde eine a priori Selektion der Parameter durchgeführt, welche den internen Systemzustand repräsentieren. Ein neuronales Netz übernimmt in diesem Fall die Abbildung des Systemzustands in einen Folgezustand, so daß die Ausgabe des Netzes auf die Eingabe zurück gekoppelt werden kann (Mehrschrittprädiktion). Neben dem Systemzustand erhält das Netz zusätzlich die Stellgrößen des Prozesses als Eingabe (vgl. /3/).

Der Systemzustand wird durch folgende Parameter definiert: Gesamtluftmenge, O2 Gehalt, erzeugte Dampfmenge und Temperaturen des Rohgases an verschiedenen Punkten im Verbrennungsraum. Da die Repräsentation der Daten eine funktionale Abhängigkeit darstellt (raum-zeitliche Differenzengleichung), erfolgt die Simulation einer Funktion ohne interne

Zustände. Dies ermöglicht den Einsatz von Standardmodellen. Die Simulation wird im folgenden mit Feed Forward Netzen durchgeführt.

Folgende Abbildung zeigt die Funktionsweise der Simulation auf Basis eines in sich selbst abgebildeten Systemzustandes und den daraus ableitbaren Parametern.

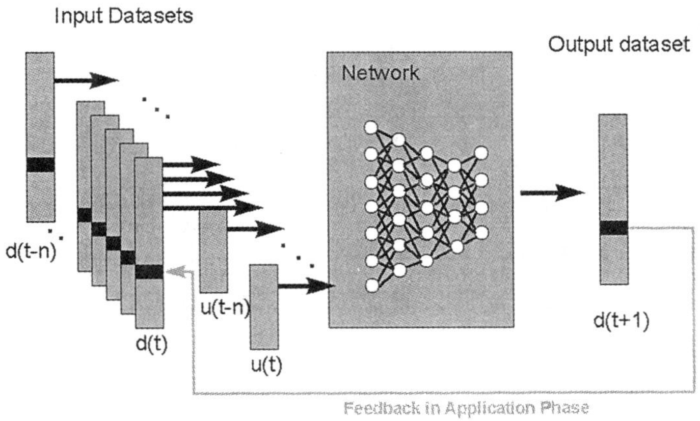

Abb. 1 Das Schema der neuronalen Simulation. Vergangene Systemzustände und Stellgrößen werden auf einen Folgezustand abgebildet.

Um ein möglichst kleines Netz mit minimaler Redundanz zu erhalten, wurde das Netz bzgl. seiner Topologie (Verbindungen, Eingabeneuronen) mit evolutionären Algorithmen optimiert. Folgende Abbildung 2 zeigt das so erhaltene Netz. Es zeigte sich, daß nicht jedes evolutionär mit einer guten Fitness generierte Netz (wenig Gewichte/ Neuronen, kleiner Netzfehler) in der Lage war, Mehrschrittprädiktionen auf Testdatensätzen zufriedenstellend durchzuführen. Daher mußten geeignete Netze manuell ausgewählt werden.

Die so gewonnene Simulation ist in der Lage, Mehrschrittprädiktionen in einem Horizont von 5 Iterationen zufriedenstellend zu durchlaufen. Über diesen Horizont hinweg lassen sich keine verläßlichen Aussagen über den Verbrennungszustand fällen, da hier die Schwankungen in der Müllbeschaffenheit einen zu großen Fehlerterm liefern.

Ein Zeithorizont von 5 Iterationen ist jedoch ausreichend, um den Effekt von Steuereingriffen zu beobachten.

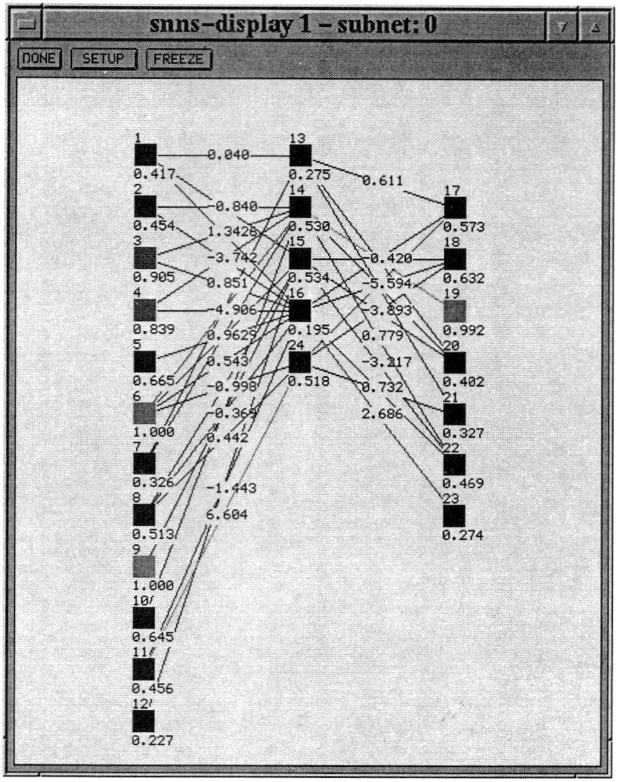

Abb. 2 Das neuronale Netz zur Simulation, optimiert mit ENZO

DER STEUERUNGSMECHANISMUS

Den Verbrennungsprozeß zu steuern bedeutet letztlich das Anlegen der geeigneten Stellgrößen an das System, um das gewünschte Verhalten einer Führungsgröße zu erhalten. Um eine einfache modellbasierte Steuerung zu realisieren, genügt eine Simulation der Führungsgröße, in diesem Fall der Dampfmenge. Ein zweites, als Simulator trainiertes, neuronales Netz wird benutzt, um Stellgrößen zu erhalten, die den Prozeß bzgl. der Führungsgröße in eine Sollvorgabe überführen. Hierzu wird aufgrund der Differenz von Netzausgabe und temporärer Sollvorgabe eine Korrektur für die Stellgrößen rückwärts propagiert. Es findet in dieser Phase kein Lernen mehr statt, d.h. die Gewichte bleiben fest. Auf diese Weise wird eine Pseudoinverse berechnet (Abbildung 3) Die so ermittelten

Parameter umfassen die Vorschubgeschwindigkeit des Rostes, Müllaufgabe und Luftzuführung.

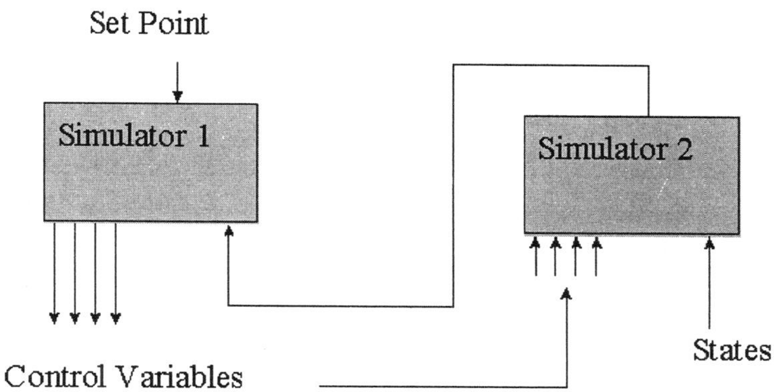

Abb. 3 Die Konfiguration zur durchgeführter Steuerung.

Abbildung 4 zeigt den Verlauf des Parameters Dampfmenge bei Kontrolleingriffen eines so eingesetzten Netzes. Da die Dynamik des Prozesses zu unerwünschten Nebeneffekten (Schwingverhalten) führen kann, muß die Auswirkungen des Eingriffs auf den Prozeß abgeschätzt werden. Daher wird durch mehrfache Anwendung der Stellgrößen auf die Simulation eine Handlungssequenz auf Basis von temporären Sollwerten aufgebaut. Eine Gütefunktion bestimmt, ob diese Sequenz sinnvoll ist, und die temporäre Sollvorgabe wird modifiziert. Dieser Vorgang läuft iterativ, bis eine zufriedenstellende Handlungssequenz gefunden wurde. Dann erst werden die ermittelten Stellgrößen als Steuerungsvorschlag an das Interface gebracht.

Das User Interface

Die grafische Benutzeroberfläche zur Simulation und Steuerung wurde so ausgelegt, daß sie einem Anlagenbediener die von ihm benötigte Information zum Prozeß übersichtlich darstellt. Diese Information ist unter anderem erforderlich, um den Verbrennungsprozeß so gleichmäßig wie möglich zu halten. In dieser ersten Implementierung der Steuerung muß der Bediener in die Steuerung eingreifen, indem er Vorschläge der Steuerung an das Prozeßleitsystem manuell weitergibt. So durchgeführt bietet das System die Eigenschaft einer (manuellen) closed-loop Steuerung.

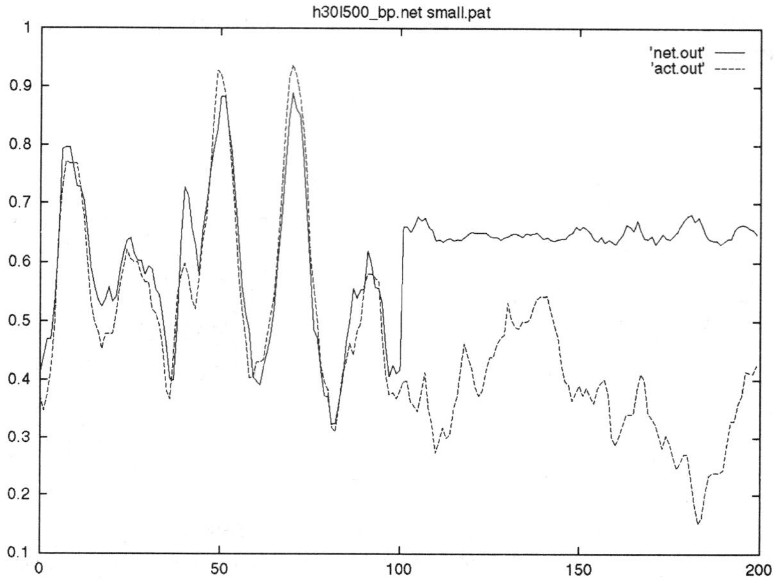

Abb. 4 Steuerungsverhalten der Simulation bei online Ermittlung der Primärluftzufuhr.

Die Benutzung des Displays:

Die vorläufige Implementierung des Systems liefert Vorschläge für zu ändernde Stellgrößen und der Bediener kann diesen Vorschläge folgen und die Größen manuell ändern. Das Problem beim Einsatz neuronaler Netze ist die fehlende Erklärungsfähigkeit seiner Ausgaben. Daher muß das Display in der Lage sein, dem Operator die notwendige Information geben, um diese Vorschläge hinsichtlich ihrer Plausibilität verifizieren zu können (Trend, Abweichung vom Sollwert usw.). Somit bewirkt das Display eine Akzeptanzsteigerung von Seiten des Benutzers.

Folgende Abbildung zeigt das Interface. Es wurde auf eine gleichzeitige Darstellung der wichtigsten Prozeßvariablen in einer räumlich sinnvollen Anordnung Wert gelegt. Proeßparameter werden grafisch dargestellt, und Werte können manuell an den Ausgabeelementen mit Hilfe von Schiebebalken modifiziert werden.

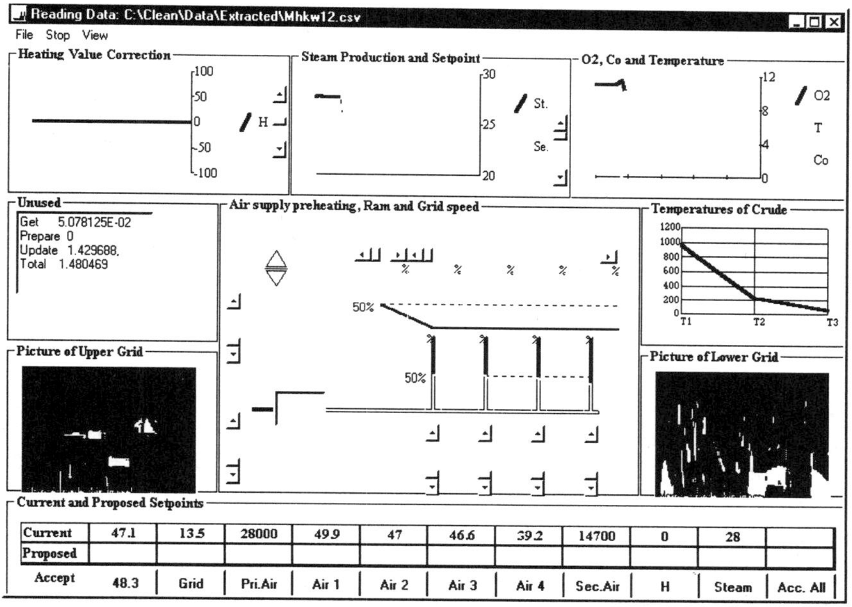

Abbildung 5: Die Benutzerschnittstelle zu Simulation und Steuerung.

Aspekte des industriellen Einsatzes

Die grafische Benutzerschnittstelle dient neben der komfortablen Eingabe auch der plausiblen Überwachung der Simulation im Vergleich zum realen Prozeß. Das neuronale Modell ist in einem gewissen Arbeitspunkt des Prozesses gültig. Bei späteren on-line Tests an der realen Anlage stellte sich heraus, daß der Prozeß mittlerweile um einen anderen Arbeitspunkt gefahren wurde. Dies war bedingt durch kleine Änderungen in der Konfiguration der Anlage und durch den Einsatz in einer anderen Jahreszeit. Der eingehende Müll ist in seinem Brennwert und der Feuchte saisonalen Schwankungen unterlegen. Die resultierenden geänderten Prozeßbedingen führen also zu einer Änderung des Grundbereichs, so daß das neuronale Modell die Prädiktionen nicht ohne merkliche Abweichungen durchführen konnte. Dies mindert die Akzeptanz neuronaler Netze im industriellen Einsatz. Zusätzliche Mittel zur Sicherstellung einer adäquaten Simulation sind nötig.

Ausblick

Um eine verläßliche Steuerung mit neuronalen Netzen zu realisieren, muß für jeden auftretenden Arbeitspunkt die korrekte Zugehörigkeit der Daten mit dem Grundbereich des neuronalen Netzes verglichen bzw. das neuronale Netz angepaßt werden. Eine Adaption über einen neuronalen Beobachter schlug fehl, da die Abweichungen nicht eindeutig auf zwei abstrakte Kenngrößen (stellvertretend für Feuchte und Brennwert) zurück gerechnet werden konnten. Um die aufgetretenen Schwankungen abdecken zu können, kommen Multi-Modell-Verfahren zum Einsatz, die eine insgesamte Modellierung des Verbrennungsprozesses abhängig von der saisonalen Beschaffenheit des Mülls realisieren. Über eine Qulitätssicherung wird die korrekte Nachbildung geprüft und entsprechend den Abweichungen auf ein passendes Modell umgeschaltet.

Eine direkte, exaktere Bestimmung der Verbrennungsbeschaffenheiten erfordert eine Erweiterung der bestehenden Sensorik einer Anlage. Am Institut für Angewandte Informatik des Forschungszentrums Karlsruhe wird hierzu ein Verfahren entwickelt, bei dem durch Auswertung von Daten einer Infrarotkamera anhand der laufenden Verbrennung die Verbrennungseigenschaften des aufliegenden Mülls ermittelt werden, um daraus Informationen zur grundsätzlichen Verbesserung der Regelung von Müllverbrennungsanlagen abzuleiten. Insbesondere stehen hier Arbeiten zur trajektoriellen Klassifikation des Verbrennungsverhaltens von steuerungstechnisch (Rostelemente) relevanten Müllelementen über dem Ort und der Zeit im Vordergrund.

Literatur

/1/ Braun, H., Abfallverbrennung, in: Umweltforschung Umwelttechnik, Karlsruhe: Kernforschungszentrum Karlsruhe GmbH, 1990, S. 3-17.

/2/ Keller, H. B.: "Prozeßführung in Müllverbrennungsanlagen mit neuronalen Netzen", Vortrag auf dem 38. Darmstädter Seminar Abfalltechnik, TH Darmstadt, 24. Februar 1994.

/3/ Müller, B.; Keller, H. B.: "Neural Networks for Combustion Process Modelling", International Conference on Engineering Applications of Neural Networks (EANN 96), London, UK, 17-19 June 1996.

Optimieren mit subjektiven Gütekriterien

Dipl.-Ing. Michael Herdy, Berlin

Dipl.-Inform. Dirk Holste, Wetzlar

Kurzfassung

Es wird der Einsatz der Evolutionsstrategie (ES) bei Problemen beschrieben, bei denen die Qualitätsmerkmale eines Nachkommen nicht allein durch Berechnung oder Messung sondern auch subjektiv durch einen menschlichen Bewerter ermittelt werden müssen. Am Beispiel der Optimierung von Glasurmischungen im Bereich der Keramikindustrie werden die eingesetzten Strategien erläutert.

Im Computerexperiment wird bei der Farbanpassung einer Mischung aus unterschiedlich teuren Grundfarben an eine Zielfarbe die Verbindung von subjektiver Selektion (Farbe) und objektiver Bewertung (Kosten) demonstriert.

1. Einleitung

In vielen Bereichen der Optimierung oder Qualitätssicherung können die Eigenschaften eines Objektes nicht oder nur sehr unzureichend durch Messungen oder Berechnungen objektiv ermittelt werden. Dies ist insbesondere dann der Fall, wenn die umfangreichen sensorischen Fähigkeiten des Menschen für eine Bewertung notwendig sind. Beispiele sind hier die visuelle und haptische Bewertung von Oberflächen, z.B. bei Fliesenglasuren oder Kunstleder, die Bewertung von Farbe, Geschmack und/oder Geruch von Lebensmitteln oder die Bestimmung der akustischen Qualität von Beschallungsanlagen.

Bei der Optimierung mit subjektiven Gütekriterien werden grundsätzlich zwei Arten der Selektion unterschieden [1]. Als *subjektive Bewertung* wird die absolute Bewertung der subjektiven Kriterien z. B. anhand einer Punkteskala oder eines Schulnotensystes bezeichnet. Ist hingegen nur die Selektion eines Besten aus einem Satz von Objekten mit differierenden Ausprägungen möglich, so handelt es sich hierbei um eine *subjektive Selektion*.

Die Evolutionsstrategie ist sowohl für die subjektive Selektion als auch die subjektive Bewertung - im Gegensatz zu den meisten anderen Optimierungsverfahren - ohne Änderungen einsetzbar [2], weil weder ein Zielfunktional noch eine absolute Bewertung notwendig ist. Die Evolutionsstrategie bietet zudem die Möglichkeit, sowohl subjektive als auch objektive Kriterien in einer Optimierung zu vereinen. Hierdurch können weitere Kriterien wie z.B. Kosten, Lagerbestände oder sonstige objektiv meßbare Größen mit in die Optimierung aufgenommen werden.

Das Verfahren der subjektiven Selektion wird im Abschnitt 2 anhand einer Farboptimierung von Fliesenglasuren veranschaulicht, bei der die Farbpigmentanteile einer Glasur zum Erhalt einer vorgegebenen Farbe zu bestimmen waren. In Abschnitt 3 wird ein Experiment zur Optimierung einer kompletten Keramikglasur beschrieben, bei der eine subjektive Bewertung von Schmelzverhalten, Oberfläche und Fehlerhäufigkeit erfolgte und zusätzlich objektive Kriterien, wie Viskosität und Oberflächenbeurteilung beachtet wurden. Abschließend wird in Abschnitt 4 eine Methode zur Verknüpfung von subjektiv selektierten Kriterien und objektiven Gütekriterien vorgestellt, bei dem die subjektive Selektion einer Farbe mit dem objektiven Kriterium Kosten verbunden wird. Es werden erste Optimierungsergebnisse an einem Testproblem präsentiert.

2. Sub jektive Selektion

Erste Versuche zur evolutionsstrategischen Optimierung von Fliesenglasuren bei der Firma KORZILIUS dienten zur Validierung der Optimierung mit subjektiver Selektion im keramischen Bereich. Um die Ergebnisse objektiv überprüfen zu können, wurde als Problemstellung die Anpassung einer Glasurfabe gewählt, da hierfür auch objektive Meßmethoden existieren.

2.1 Problembeschreibung

Aufgabe der Optimierung war es, eine Glasurmischung (im Keramikbereich als Versatz bezeichnet) zu finden, bei der die Fliesen nach dem Brennen eine vorgegebene Farbe aufweisen. Es wurde bei dieser Optimierung das Qualitätsmerkmal *Farbe* an die Zielfarbe *türkis mint* (CIE-Lab: L=44.2, a=-7, b=-6.5) angepaßt. Andere Qualitätsmerkmale wie Glanz oder Härte wurden bei dieser Optimierung nicht berücksichtigt. Die Glasurmischung enthielt zwölf Bestandteile, davon wurden sieben Bestandteile während der gesamten Optimierung nicht verändert. Bei den fünf variablen Bestandteilen handelt es sich um drei grüne Farbkörper und zwei gelbe Farbkörper. Alle Farbkörper waren zu Beginn in der Glasurmischung enthalten, für die einzelnen Farbkörper wurden feste Ober- und Untergrenzen vorgegeben, wobei die Untergrenze für alle Farbkörper 0 war. Damit konnten die Farbkörper auch aus der Mischung herausfallen. Die Summe aller Farbkörper war auf eine Summenobergrenze von 8 % beschränkt.

2.2 Qualitätsfunktion und verwendete Strategie

Zur Optimierung wurde eine (1, 10)-ES mit subjektiver Selektion verwendet. Ausgehend von einem Elternversatz wurden 10 Nachkommenversätze generiert, der beste Nachkommenversatz subjektiv ermittelt und als Elternversatz der nächsten Generation verwendet. Die Schrittweite wurde manuell angepaßt.

2.3 Ergebnisse

Um eine objektive Beurteilung der Optimierung zu ermöglichen, wurden für alle realisierten Fliesen sowie für das Ziel die CIE-Lab-Farbwerte bestimmt. Der Abstand der einzelnen Realisierungen zum Ziel berechnete sich als quadrierter Fehler bezüglich der L-, a- und b-Werte, sowie der Gesamtfehler als Summe der Einzelfehler. Die Fehler sind wie folgt definiert:

$$Q_{Lab} = Q_L + Q_a + Q_b \quad (1)$$

$$Q_L = \left(L_{ist} - L_{soll}\right)^2 \quad (2)$$

$$Q_a = \left(a_{ist} - a_{soll}\right)^2 \quad (3)$$

$$Q_b = \left(b_{ist} - b_{soll}\right)^2 \quad (4)$$

In **Bild 1d** ist der Verlauf des (objektiven) Gesamtfehlers (Gleichung 1) über den Generationen dargestellt. Als Fehler wurde die Summe der Fehlerquadrate der CIE-Lab Farbwerte der einzelnen Versätze in Bezug auf die Lab-Zielwerte berechnet. In **Bild 1a** bis **Bild 1c** sind die Fehlerquadrate für die Einzelfehler bei den CIE-L, -a und -b Farbwerten dargestellt. Nach diesen Fehlern scheint es so, daß in Generation 4 eine Fehlbewertung stattgefunden hat. Zwar wurde bezüglich des a-Wertes der beste Versatz selektiert, bezüglich des L-Wertes und des b-Wertes wurde jedoch der schlechteste Versatz gewählt. Die objektiven Bewertungen müssen nicht notwendigerweise mit der Einordnung der Versätze bei der subjektiven Selektion übereinstimmen. Bei Betrachtung der realisierten Fliesen erscheint jedoch die Selektion auch im nachhinein als Fehlselektion. Möglicherweise ist die Selektion bei Generation 4 unter anderen Lichtverhältnissen oder sonstigen anderen Bedingungen durchgeführt worden.

Der in der 6. Generation selektierte Versatz stimmte bezüglich des L-Wertes exakt und bezüglich des a-Wertes im Rahmen der Meßgenauigkeit mit dem Ziel überein; der b-Wert zeigte noch eine größere Abweichung.

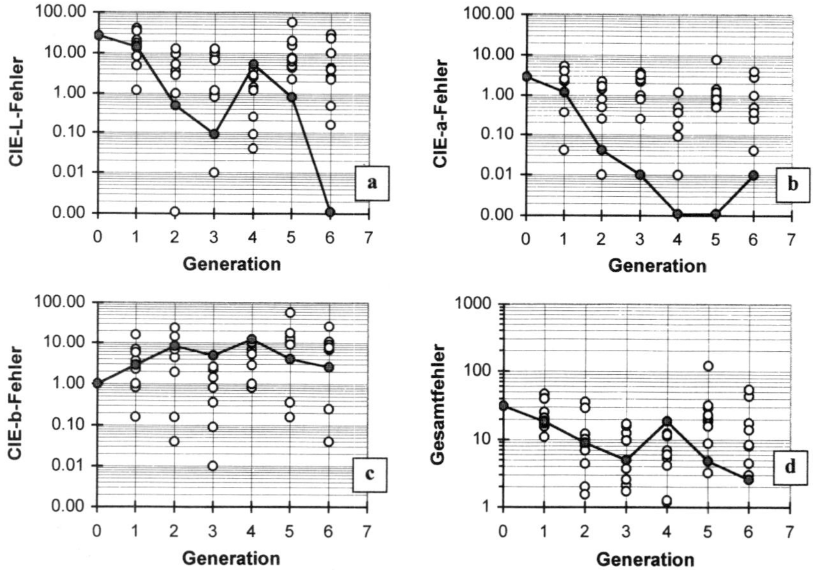

Bild 1a-1d: Verlauf des CIE-L-Fehlers, des CIE-a-Fehlers, des CIE-b-Fehlers und des Gesamtfehlers über den Generationen. Es sind alle Versätze dargestellt, die selektierten Versätze sind durch ausgefüllte Kreise dargestellt und mit einer Linie verbunden.

Um die Reproduzierbarkeit der Versuche zu überprüfen, fand in jeder Generation eine erneute Realisation des Elternversatzes, welches der selektierte Versatz der vorgehenden Generation ist, statt. Beim Vergleich der Lab-Werte der selektierten Nachkommen und den vom Mischungsverhältnis her völlig identischen Eltern der nächsten Generation fielen starke Abweichungen auf. Es wurden daher für die ersten fünf Generationen die Lab-Werte erneut gemessen, um festzustellen, ob es sich dabei um Meßunsicherheiten oder Realisierungsunsicherheiten handelt. Beides ist der Fall: Neben Meßunsicherheiten, welche durch die unterschiedliche Oberflächenstruktur der Fliesen bedingt sind, liegen Realisierungsunsicherheiten vor, die vermutlich mit dem verwendeten Schnellbrand der Glasuren in Zusammenhang gebracht werden können.

3. Subjektive Bewertung in Verbindung mit objektiven Kriterien

Bei der subjektiven Bewertung werden den Individuuen numerische Werte für die Güte der einzelnen subjektiven Merkmale zugeordnet [3]. Dies ermöglicht es zum einen, in einer Qualitätsfunktion mehrere subjektive und objektive Kriterien zur Berechnung einer Gesamtqualität zusammenzufassen, und zum anderen, eine Rangfolge der Individuen bezüglich der unterschiedlichen Merkmale aufzustellen. Stellvertretend für viele Bereiche, in denen eine Verknüpfung von subjektiven und objektiven Kriterien notwendig ist, soll an dieser Stelle als praktisches Beispiel die Optimierung einer Glasur in der Sanitärkeramik näher betrachtet und erste Ergebnisse einer evolutionsstrategischen Optimierung in Zusammenarbeit mit der Firma VILLEROY & BOCH dargestellt werden.

3.1 Problembeschreibung

Keramikglasuren müssen für den Einsatz in der Fertigung vielen verschiedenen Kriterien genügen, die einerseits durch den Produktionsprozeß und andererseits durch die zu erzielenden Produkteigenschaften bedingt sind. Zu den Prozeßmerkmalen zählen:

- Viskosität (Lauflänge in mm beim Ablaufen eines Glasurtropfens); sie gewährleistet eine gleichmäßige Verteilung der Glasur ohne kompletten Ablauf vom Trägermaterial
- Schmelzverhalten (Temperatur in °C); von einem Testbrand in einem Gradientenofen wird auf das Schmelzverhalten im späteren Brennprozeß geschlossen
- Ausdehnungskoeffizient (Dehnung*$10^{-7}K^{-1}$); dieser muß auf den Scherben abgestimmt sein, um Rißbildungen in der Glasur zu vermeiden

Die Produkteigenschaften werden unter anderem durch folgende Merkmale spezifiziert:

- Farbe (CIE-Lab-Werte)
- Oberfläche (matt bis glänzend)
- Häufigkeit Oberflächenfehler (keine bis sehr viele Nadelstiche)

Während die gewünschten Prozeßmerkmale aufgrund des vorgegebenen Fertigungsprozesses für alle Glasuren gleichermaßen gelten, hängen die Produkteigenschaften von dem gewünschten Design bzw. dem angestrebten Kundenkreis ab und unterscheiden sich dadurch von Glasur zu Glasur zum Teil erheblich.

Zu den meß- bzw. berechenbaren Merkmalen zählen die Viskosität, der Ausdehnungskoeffizient und die Farbe, während das Schmelzverhalten, die Oberfläche und die Oberflächenfehler nur von Experten subjektiv zu bewerten sind. Der Einfluß einzelner Rohstoffe einer Keramikglasur auf die genannten Merkmale ist in Bezug auf den Anteil am Versatz extrem nichtlinear und hängt zudem von der weiteren Versatzzusammensetzung ab. Außerdem beeinflussen die meisten Rohstoffe eine ganze Reihe von Merkmalen, so daß eine Separierung des Optimierungsproblems auf die einzelnen Merkmale nicht möglich ist. Berechnungen der Versatzeigenschaften z.B. nach der sog. *Segerformel* (diese gibt die chemisch-oxidische Zusammensetzung des Versatzes unter Berücksichtigung der verschiedenen Molekulargewichte der Oxide an) ermöglichen derzeit nur eine grobe Abschätzung der Qualitätsmerkmale, wodurch die Keramikindustrie bei Neuentwicklungen auf die praktische Realisierung von bis zu einigen tausend Versätzen angewiesen ist.

3.2 Qualitätsfunktion und Verwendete Strategie

Ziel der Optimierung in Zusammenarbeit mit der Firma VILLEROY & BOCH war die Entwicklung einer Sanitärglasur mit neuer und bisher unbekannter Zusammensetzung. Vorgegeben war ein Satz von 15 Rohstoffen, wobei fünf der Rohstoffe bisher noch nicht in diesem Bereich zum Einsatz kamen und die Experten hier somit Neuland betraten. Aus diesem Satz von Rohstoffen galt es, die einzelnen Rohstoffanteile an einer neuen Rezeptur zu ermitteln, die den gewünschten Produkt- und Prozeßeigenschaften genügt.

Die Bewertung einer Glasur erfolgte für alle Qualitätsmerkmale nach einem vorgegebenen Punkteschema, bei dem proportional zur Abweichung von den Sollwerten ein Punktabzug erfolgte. Die maximal zu erreichende Punktezahl war bei allen Merkmalen 20, mit Ausnahme des Merkmals *Farbe*, das im Maximum nur fünf Punkte erhielt. Die geringe Gewichtung der Farbe ist nicht dadurch begründet, daß sie in der Güte des Endproduktes eine untergeordnete Rolle spielt, sondern weil sie im Nachhinein durch Zusatz von Farbkörpern korrigiert werden kann, ohne daß andere Qualitätsmerkmale in Mitleidenschaft gezogen werden.

Die Gesamtqualität einer Glasur entsprach der Punktesumme aller Qualitätsmerkmale, welche in den beschriebenen Versuchen einen Maximalwert von 105 Punkten hatte. Die Nachbildung der Expertenbeurteilung war mit den gegebenen Qualitätsmerkmalen nicht vollständig möglich, weshalb den Experten die Möglichkeit gegeben wurde, maximal bis zu zehn Punkte zur Gesamtqualität einer Glasur hinzuzufügen.

Für die Optimierung wurde eine (1,10)-ES mit individuellen Schrittweiten und kumulativer Schrittweitenregelung [4] eingesetzt. Die Startwerte der individuellen Schrittweiten richtete sich nach der Einflußstärke eines Rohstoffes auf die Glasur. Zur Begrenzung des Suchraumes auf ein für die Keramikglasuren sinnvolles Gebiet wurde für jeden Rohstoff ein maximaler und minimaler Versatzanteil festgelegt. Nachkommen, welche diese Grenzen verletzten, wurden sofort verworfen. Des weiteren fand eine Vorselektion der Versätze mittels des AK-Wertes (Ausdehnungskoeffizient) statt, da der AK-Wert anhand der Rezeptur ohne vorherige Realisierung berechenbar ist. Hatte ein Versatz einen AK-Wert von mehr als 60 (Dehnung*$10^{-7}K^{-1}$), so wurde dieser Versatz mit einer sehr geringen Gesamtqualität versehen und nicht realisiert.

Um die Reproduzierbarkeit der Versuchsergebnisse zu gewährleisten, wurde in jeder Generation neben den Nachkommenversätzen eine sogenannte Nullprobe realisiert, deren Prozeß- und Produktmerkmale bekannt sind.

3.3 Ergebnisse

Die dargestellten Ergebnisse stellen den Stand der Optimierung im November '97 nach elf Generationen dar. In den Bildern 2a-2d sind die Gesamtqualität, die Produkt- und die Prozeßqualität aufgetragen. Die Optimierung startete mit einer großen globalen Schrittweite, um mit einer sehr breiten Streuung der Nachkommen im Parameterraum einen geeigneten Ausgangspunkt für die Optimierung zu bestimmen. In der Generation Zwei wurde von den Experten ein solcher Versatz selektiert und von diesem Versatz ausgehend ist die Optimierung mit einer um die Hälfte reduzierten globalen Schrittweite fortgesetzt worden.

In den folgenden Generationen nimmt die Gesamtqualität von 35,7 (abzüglich 10 Expertenpunkte) fast beständig zu und erreicht ihr vorläufiges Maximum in der zehnten Generation mit 87,5 Punkten. Die Produktqualität nimmt nach der dritten Generation zunächst ab, was durch die stark steigende Prozeßqualität in bezug auf die Gesamtqualität ausgeglichen wird, und steigt anschließend wieder leicht an.

In der achten Generation steigt die Produktqualität um fünf Punkte an, wobei die Prozeßqualität gleichzeitig abnimmt, und kehrt in der folgenden Generation fast zu den alten Qualitätswerten aus Generation sieben zurück. Dieses Verhalten läßt vermuten, daß die Qualitätsmerkmale nicht getrennt voneinander optimiert werden können, ohne daß es zu einem Verlust bei den nicht beachteten

Qualitätsmerkmalen kommt, und bestätigt damit Aussagen der Keramikexperten, daß nur eine integrale Bewertung aller Merkmale sinnvoll ist.

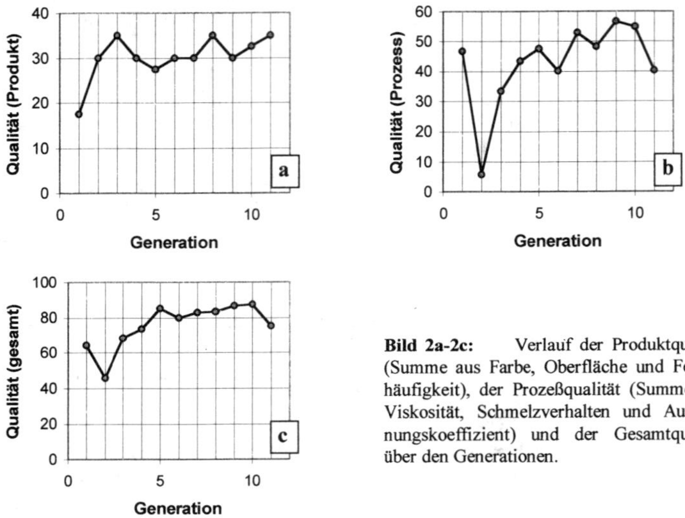

Bild 2a-2c: Verlauf der Produktqualität (Summe aus Farbe, Oberfläche und Fehlerhäufigkeit), der Prozeßqualität (Summe aus Viskosität, Schmelzverhalten und Ausdehnungskoeffizient) und der Gesamtqualität über den Generationen.

In der Generation Sechs selektierten die Experten einen Versatz der nach der Summe der Qualitätsmerkmale die drittschlechteste Gesamtqualität hatte. Die Experten entschieden sich allerdings eindeutig für diese Glasur und brachten zehn Expertenpunkte in die Bewertung ein, so daß der Verlust in den Prozeßqualität sich kaum auf die Gesamtqualität auswirkte. In allen weiteren Generationen ist eine gute Übereinstimmung von Expertenurteil und Qualitätsfunktion vorhanden. Die verbleibende Diskrepanz, die sich besonders in der Generation sechs auswirkte, konnte bisher nicht vollständig beseitigt werden, weshalb die Eingriffsmöglichkeiten des Experten in die Qualitätsbewertung weiterhin notwendig sind.

4. Subjektive Selektion in Verbindung mit objektiven Kriterien

Bei einer industriellen Testanwendung [1], bei der eine Mischung aus fünf unterschiedlichen Kaffeesorten mit Hilfe der Evolutionsstrategie mit subjektiver Selektion so anzupassen war, daß deren Geschmack genau dem vorgegebenen Geschmack eines von der Firma vielfach verkauften Markenkaffees entsprach, ergab sich als Resultat der Parameterverlauf nach **Bild 3**. Das Ergebnis war für die Experten der Kaffeefirma überraschend, denn die mit der ES gefundene Mischung war im Geschmack von der Zielmischung nicht zu unterscheiden, obwohl die gefundenen Mischungsbestandteile um bis zu 9.9% von der bisherigen Mischung abwichen. Da offensichtlich unterschiedliche Mischungen zum gleichen Geschmack führen, ist neben der Geschmacksoptimierung auch eine Kostenoptimierung möglich, mit der dann eine kostengünstigere Mischung gefunden werden kann.

Als Verfahren zur Kostenoptimierung bei Anwendung der ES mit subjektiver Selektion hat sich in Hinsicht auf Robustheit und Wirksamkeit die sequentielle Selektion bewährt, die im Abschnitt 4.2 besprochen wird.

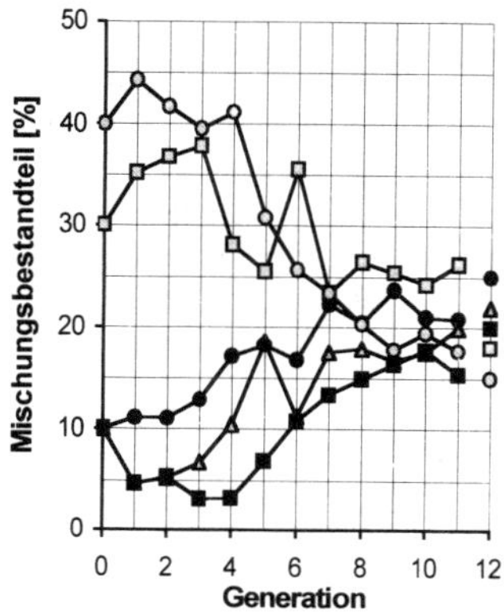

Bild 3: Verlauf der fünf Mischungsbestandteile bei der Anpassung einer Kaffeemischung an den Geschmack eines Markenkaffees mit Hilfe der ES. Generation 0 ist die Ausgangsmischung, in Generation 1 bis 11 ist jeweils die Mischung des als Besten selektierten Nachkommen dargestellt. Die Symbole am rechten Bildrand stehen für die Anteile der einzelnen sortenreinen Komponenten, wie sie üblicherweise bei der Realisierung dieses Marken-Zielkaffees Anwendung finden.

4.1 Testfunktion zur Untersuchung der ES mit subjektiver Selektion in Verbindung mit objektiven Kriterien

Um die ES mit subjektiver Selektion in Verbindung mit dem objektiven Kriterium *Kosten* mit erträglichem Zeitaufwand testen zu können, wurde eine Testfunktion auf dem Computer geschaffen. Es ist hierbei aus neun farbigen Nachkommenquadraten auf dem Bildschirm jeweils das auszuwählen, das nach der subjektiven Entscheidung eines Experimentators farblich einer vorgegebenen Zielfarbe am nächsten ist. Die Farbe jedes Quadrates wird durch den Rotanteil, den Grünanteil und den Blauanteil bestimmt, von denen sich jeder wiederum additiv aus einer teuren und einer preiswerten Komponente zusammensetzt. Damit wird die Farbe jedes Quadrates durch folgende sechs Variablen bestimmt:

rotP (preiswert)	grünP (preiswert)	blauP (preiswert)
rotT (teuer)	grünT (teuer)	blauT (teuer).

Der Rotanteil der Farbe jedes Quadrates ergibt sich aus der Addition von rotT und rotP; analog ergeben sich der Grünanteil und der Blauanteil. Die Kosten jedes Quadrates ergeben sich aus

$$\begin{aligned} \text{Kosten} = \; & \left(rotP + 10 \cdot (rotT - 10)^2 \right) \\ + \; & \left(rotP + 10 \cdot (rotT - 10)^2 \right) \\ + \; & \left(blauP + 10 \cdot (blauT - 10)^2 \right) \end{aligned} \tag{5}$$

Damit die untere Grenze eines Parameters vom Kostenoptimum unterschieden werden kann, ist die Kostenfunktion nach Gleichung (5) so gestaltet, daß bei optimalen Kosten von jeder teuren Komponente ein Anteil von mindestens 10 Einheiten in der Mischung enthalten ist.

4.2 Versuchsbedingungen und Ergebnisse der Testläufe auf dem Computer

Bei den Testläufen, bei denen die Kosten bei der Selektion nicht berücksichtigt werden, findet eine (1,9)-ES Anwendung. Der farblich beste Nachkomme wird vom Experimentator ausgewählt; dieser wird Elter der nächsten Generation.

Bei Anwendung der ES mit subjektiver Selektion und Berücksichtigung der Kosten besteht die Selektion aus zwei aufeinanderfolgenden Stufen. Bei dieser sequentiellen Selektion werden auf der ersten Stufe vom Experimentator die besten Nachkommen aus neun Nachkommen subjektiv gemäß ihrem farblichen Abstand zum Ziel ausgewählt. Im Extremfall können auf dieser subjektiven Selek-

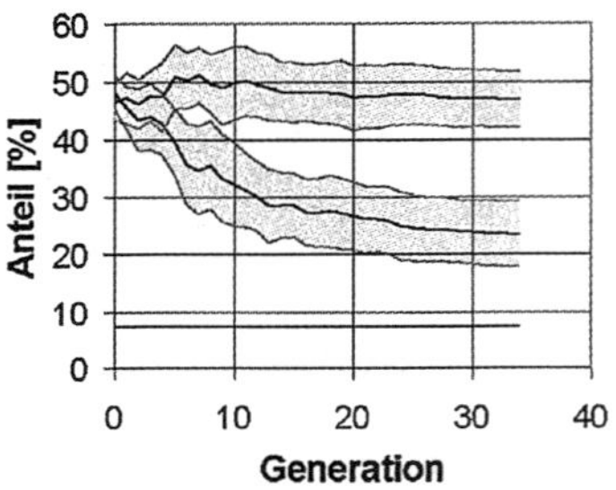

Bild 4: Anteil der teuren Komponenten an der Mischung ohne Berücksichtigung der Kosten (obere Kurve) und mit Berücksichtigung der Kosten (untere Kurve). Es wurden 15 Läufe gemittelt, die grauen Kurven beschreiben jeweils das 95%-Konfidenzintervall.

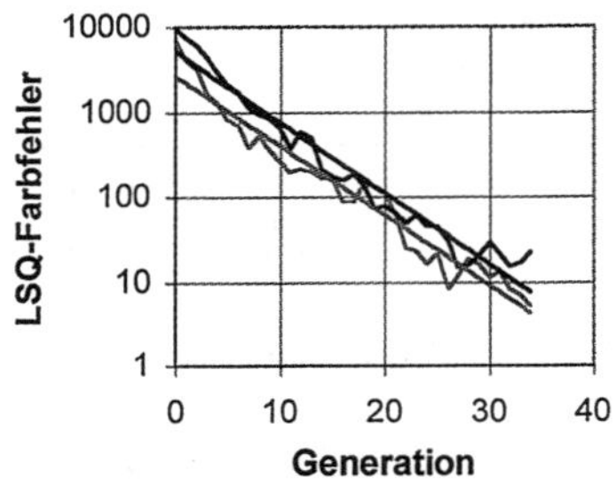

Bild 5: Verlauf des Least-Square-Farbfehlers (mit eingezeichneter Trendlinie). Bei Berücksichtigung der Kosten ergibt sich der obere Verlauf , ohne deren Berücksichtigung der untere Verlauf. Es wurden 15 Läufe gemittelt.

tionsstufe alle Nachkommen ausgewählt werden. Auf der zweiten, objektiven, Selektionsstufe wird aus den zuvor selektierten Nachkommen der kostenminimale bestimmt, der Elter der nächsten Generation wird. Es wurden für beide Strategien jeweils 15 Testläufe durchgeführt. Für den Anteil der teuren Komponenten an der Mischung ist in **Bild 4** der Mittelwert sowie das 95%-Konfidenzintervall der Läufe dargestellt. Die Linie bei 7.5% markiert den Sollwert für den Anteil der teuren Komponenten an der Mischung. Bei Berücksichtigung der Kosten während der Optimierung sind am Ende der Optimierung die teuren Komponenten signifikant weniger vertreten. Statt 47% sind im Mittel nur noch 23% der teuren Komponenten vorhanden. In **Bild 5** ist der mittlere Verlauf des Farbfehlers mit Trendlinie für die beiden untersuchten Strategien dargestellt. Die untere Regressionsgerade steht für den mittleren Farbfehler bei Nichtbeachtung der Kosten. Die gleichzeitige Reduktion der Kosten während der Optimierung nach dem subjektiv zu beurteilenden Merkmal benötigt kaum mehr Generationen, um zu gleichen Farbqualitäten wie bei Nichtbeachtung der Kosten zu gelangen.

In **Bild 6** ist der Anteil der teuren Komponenten bei einem einzelnen Lauf dargestellt, bei dem exakt das Kostenminimum erreicht wird. Im Mittel gelang dies mit der vorgeschlagenen sequentiellen Selektion noch nicht.

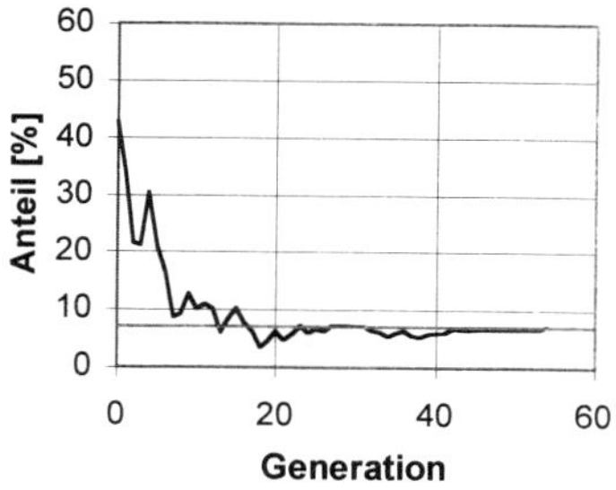

Bild 6: Einzelner Testlauf mit Berücksichtigung der Kosten, bei dem der Anteil der teuren Komponenten an der Mischung auf den minimal erreichbaren Wert (ca. 7%) gesunken ist.

5. Zusammenfassung

Im vorliegenden Artikel wird der Einsatz der Evolutionsstrategie bei Optimierung von industriellen Problemstellungen aus dem Bereich der Keramikindustrie mit subjektiv zu beurteilenden Merkmalen gezeigt. Mittels rein subjektiver Selektion erfolgte die Anpassung einer Glasurmischung zur Erlangung einer vorgegebenen Zielfarbe bei gebrannten Fliesen. Hier zeigte sich die Robustheit des Verfahrens gegen Fehlselektionen sowie Meß- und Fertigungstoleranzen.

Bei der Optimierung einer Sanitärglasur wurden neben subjektiv zu bewertenden Merkmalen auch objektiv meßbare Merkmale berücksichtigt. Die Bewertung der unterschiedlichen Merkmale fand nach einem vorgegebenen Punktesystem statt. Beim Industriepartner VILLEROY & BOCH wird diese Art der Optimierung trotz des nicht unerheblichen Versuchsaufwandes insbesondere für den Bereich der Neuentwicklung von Glasuren als eine aussichtsreiche Alternative zu dem bisherigen Vorgehen angesehen.

In Computerexperimenten gelang die Verbindung von subjektiver Selektion mit dem objektiven Gütekriterium ‚Kosten'. Durch eine mehrstufige Selektion konnte die Farbe einer Mischung aus unterschiedlich teuren Grundfarben an eine Zielfarbe angepaßt und die Kosten der Mischung signifikant reduziert werden.

6. Literatur

[1] Michael Herdy. Evolutionsstrategie mit subjektiver Selektion zur Optimierung von Kaffeemischungen. *atp* 39 (9):18-24, 1997.

[2] Ingo Rechenberg. *Evolutionsstrategie '94*, Stuttgart-Bad Cannstatt: frommann-holzboog, 1994.

[3] Michael Herdy. Evolution Strategies with Subjective Selection. In: *Proceedings of the ICEC / PPSN IV, International Conference on Evolutionary Computation, Berlin, Sept. 22 - 26, 1996*, edited by W. Ebeling, I. Rechenberg, H.-P. Schwefel, and H.-M. Voigt, 1996,

[4] A. Ostermeier, A. Gawelczyk, and N. Hansen, A Derandomized Approach to Self Adaptation of Evolution Strategies *Evolutionary Computation*, vol. 2, (4),pp. 369-380, 1995.

Evolutionsstrategische Prozeßoptimierung in der Kunststoffverarbeitung und der Umwelttechnik

Dr.-Ing. Martin Haupt, Chemnitz

1 Einleitung

Knapper werdende materielle und finanzielle Ressourcen sowie die wachsende Einsicht, daß nicht die Quantität sondern die vielmehr die Qualität in einem nachhaltig weiterentwickelten Umweltschutz für die Leistungsfähigkeit einer Gemeinschaft bedeutsam ist, verlangen in den verschiedensten Prozessen nach Verbesserungen. Techniker, Ingenieure und Wissenschaftler sind aufgefordert, Prozesse bestmöglich zu gestalten.

Die Beurteilung der Güte ist dabei eine Funktion aus technischen, ökologischen, ökonomischen und sicherheitsrelevanten Kriterien, die je nach Prozeß unterschiedlich bewertet in die Berurteilung einfließen müssen. Dieser Gestaltungsvorgang ist eine Optimierung, die in den meisten Fällen mehrkriteriell und mehrdimensional durchgeführt werden muß.

Der Einsatz angepaßter evolutionärer Algorithmen ist eine Methode, komplexe Prozesse zu optimieren. In diesem Beitrag werden Praxisanwendungen aus zwei ganz unterschiedlichen Bereichen dargestellt, nämlich der

- Kunststoffverarbeitung und der
- Umwelttechnik.

Es wird gezeigt, daß durch den Einsatz einer vergleichbaren Systematik in unterschiedlichen Bereichen ein großer Nutzen erzielt werden kann. Weiterhin soll verdeutlicht werden, daß die Methodik auf den jeweiligen Anwendungsfall angepaßt werden muß. Hier besteht ein großes Betätigungsfeld für künftige Forschungs- und Entwicklungsprojekte für verschiedene Prozesse.

In diesem Beitrag wird auf die Darstellung der Theorie weitestgehend verzichtet, da die Praxisanwendung im Vordergrund stehen soll.

2 Optimierung von Spritzgießprozessen in der Kunststoffverarbeitung

Im Bereich des Kunststoffspritzgießens ist es bis heute nicht gelungen, den Verarbeitungsprozeß geschlossen mit einem mathematischen Modell ausreichend genau zu modellieren. Es erscheint in absehbarer Zeit ausgeschlossen, die komplexen und mehrdimensionalen rheologischen und thermodynamischen Vorgänge während des gesamten Spritzgießvorganges mit ausreichender Genauigkeit zu beschreiben, um ausreichend präzise Aussagen bezüglich der Produktqualität, das heißt, aller relevanten Qualitätsmerkmale wirtschaftlicher und technischer Art, ziehen zu können. Trotz der unbestreitbaren Vorteile einer guten und extrapolationsfähigen Beschreibung hängt die Güte des Modells in starkem Maße von den zu treffenden Vereinfachungen, Annahmen und Stoffunktionen ab.

Die bisherige manuelle Vorgehensweise bei der Optimierung der Maschineneinstellung ist, daß der Maschinenführer die Qualität des Produktes und die wirtschaftlichen Kennzahlen, z. B. Zykluszeit, beurteilt. Er entscheidet, welche Einstellgrößen an der Maschine zu ändern sind und welcher neue Betriebspunkt auf eine Verbesserung hin erprobt wird. Das Ergebnis der Optimierung ist dabei in starkem Maße von der Erfahrung und Motivation des Personals und von der zur Verfügung stehenden Zeit abhängig.

2.1 Strategie des Optimiersystems

Grundlage des hier vorgestellten Optimiersystems ist die evolutionäre Optimierung. Die Evolution ist ein sehr effizientes Optimierverfahren, das in unserer Natur erstaunliche Resultate erzielt hat. Die Evolutionsstrategie benutzt dieselben grundlegenden Prinzipien wie die biologische Evolution, nämlich die Mutation und Selektion.

In der Biologie entspricht die Mutation der zufälligen Veränderung des Erbgutes, die Selektion der Auslese der an die Umwelt am besten angepaßten Lebewesen. Durch die Selektion besitzt die Strategie einen Lerneffekt. Die Evolutionsstrategie zur Optimierung technischer Systeme versucht, sich diese vorteilhaften Mechanismen nutzbar zu machen. Beim Spritzgießen ist die Mutation die zufällige Variation der Maschineneinstellparameter, die Selektion eine Bewertung und Auswahl der besten eingestellten Betriebspunkte.

	Mutation	Selektion
Biologie	Zufällige Veränderung des Erbgutes	Auslese der an die Umwelt bestangepaßten Lebewesen
Technik	Zufällige Veränderung der freien Systemparameter	Bewertung und Auswahl der besteingestellten Systeme

Abb. 2.1.1: Mutation und Selektion bei technischen Systemen

Das nachfolgende Bild zeigt ein fiktives Qualitätsgebirge, das über einem zweidimensionalen variablen Raum aufgespannt ist. Bezogen auf den Spritzgießprozeß kann das Gebirge beispielsweise als Gesamtqualität eines Formteils in Abhängigkeit von zwei Stellgrößen der Maschine interpretiert werden.

Eine beliebig gewählte Starteinstellung der Maschine erzeugt eine definierte Qualität. Die Starteinstellung sei links unten und wird als "ELTER" bezeichnet. Durch die Mutation werden nun die freien Systemparameter (Stellgrößen der Maschine) zufällig verändert, wodurch sich ein neuer Betriebspunkt ergibt. In dem angegebenen Beispiel werden ausgehend von einem "Elter" neue Betriebspunkte ("NACHKOMMEN") erzeugt. In der Selektionsphase wird die Qualität der Nachkommen bewertet und entschieden, welcher Betriebspunkt (Elter oder Nachkommen) als neuer Ausgangspunkt für eine weitere Mutation dienen soll. Auf diese Weise bewegt sich die Strategie vom Fuß zum Gipfel des Qualitätsgebirges hin, was der bestmöglichen Betriebspunkteinstellung entspricht.

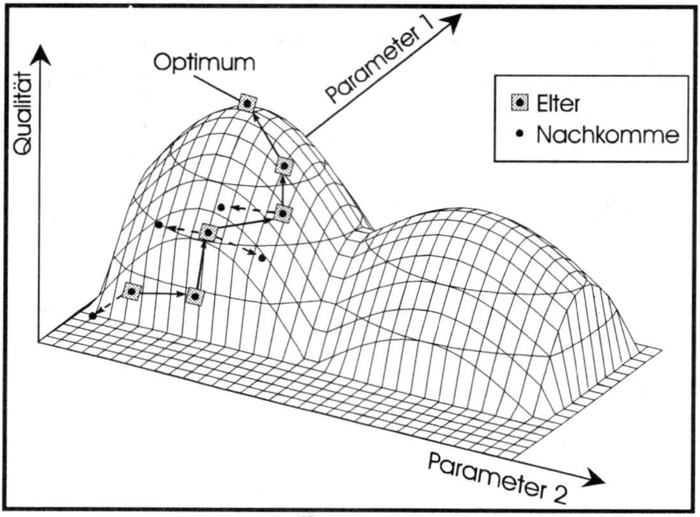

Abb. 2.1.2: Systemgrenzen der Simulation

Diese Optimierstrategie ist theoretisch breit untersucht und in zahlreichen Anwendungen erfolgreich eingesetzt worden. Die Evolutionsstrategie kann durch unterschiedlichste Mechanismen wie z. B. Überlebenszeit der Eltern, Population und Rekombination optimal an die zu lösende Problemstellung angepaßt werden. Die wichtigsten Vorteile dieses Verfahrens sind:

- hohe Störgrößenunabhängigkeit und Effizienz
- sehr gute Eignung für hochdimensionale Problemstellungen
- keine Notwendigkeit der Existenz von Modellvorstellungen
- Möglichkeit des Einbringens von partiellem Prozeßwissen
- beliebige Zielfunktionen (Qualitäten) und Randbedingungen sind definierbar
- dynamisches Optimieren (Ausregeln von Störgrößen) ist möglich. Ist eine optimale Maschineneinstellung ermittelt, kann die Optimierung

mit kleinen Schrittweiten weitergeführt werden. Bei Störungen des Produktionsprozesses ist das System dann in der Lage, einem zeitlich wandernden optimalen Betriebspunkt zu folgen

- gutes Verhältnis zwischen Konvergenzgeschwindigkeit und -sicherheit

2.2 Prozeßwissen

Die Strategie kann ohne Prozeßwissen arbeiten. Der Vorteil des Verfahrens liegt aber darin, daß vorhandenes Prozeßwissen eingebracht werden kann, selbst wenn es sich nur um Teilwissen handelt. Auch wenn eine vollständige Modellbeschreibung für das Spritzgießen nicht möglich ist, sind jedoch viele Teilzusammenhänge bekannt. Dieses partielle Wissen kann zur Beschleunigung der Konvergenz des Verfahrens in die Evolutionsstrategie eingebaut werden.

2.3 Erweiterte Evolutionsstrategie für das Spritzgießen

Das Prinzip der erweiterten evolutionären Optimierung ist in der nachfolgenden Grafik dargestellt. Die Evolutionsstrategie ist um die Komponenten festes und adaptives Prozeßwissen erweitert. Unter festem Prozeßwissen werden hier allgemeingültig bekannte Prozeßzusammenhänge verstanden, die qualitativ oder quantitativ bekannt sind und auf Erfahrungen oder auf physikalischen bzw. mathematischen Modellen basieren.

Adaptiertes Prozeßwissen ist Wissen, das während der laufenden Optimierung erlangt wird und gegenüber dem festen Prozeßwissen detaillierter, aber nur für die jeweilige Maschinen-, Material- und Werkzeugkombination gültig ist. Es wird durch die Auswertung der Erfolge und auch Mißerfolge der einzelnen Optimierschritte, durch klassische statistische Methoden und neue Technologien, wie z.B. neuronale Netze, generiert. Festes und adaptives Prozeßwissen beschleunigen die Konvergenzgeschwindigkeit der Evolutionsstrategie erheblich.

Die Einbindung des Prozeßwissens entspricht einer Überlagerung der stochastischen Optimierstrategie mit deterministischen Verfahren. Je exakter das Prozeßverhalten für bestimmte Bereiche bekannt ist, desto mehr wird der deterministische Charakter der Optimierung für diese Bereiche überwiegen und umgekehrt.

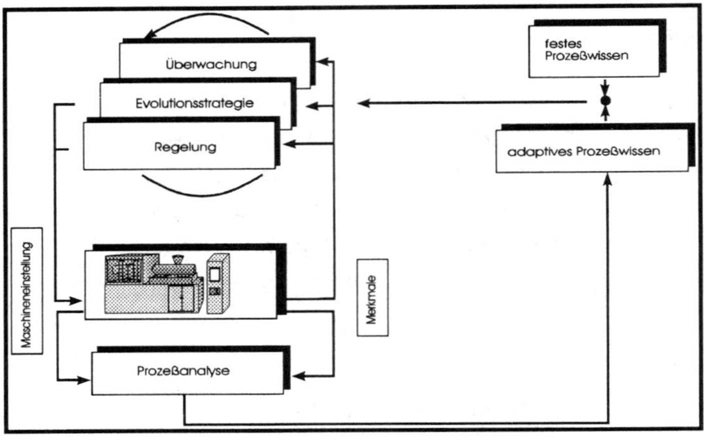

Abb. 2.3.1: Struktur der on-line-Optimierung

Die Vorgehensweise des Optimiersystems ist der Vorgehensweise des Maschinenpersonals sehr ähnlich. Das Personal stellt die Maschine mit seiner Erfahrung und seinem Wissen über das Spritzgießen ein. Die Erfahrungen und das Wissen können allgemeingültig sein oder nur für eine besondere Maschinen-Werkzeug-Material-Kombination gelten. In Bereichen, in denen keine Erfahrungen vorliegen, wird es einige Maschinenparameter leicht variieren, um ihre Auswirkungen auf das Produkt bewerten zu können und somit neue Erfahrungen zu sammeln. Bessere Betriebspunkte werden dabei als Ausgangspunkt für weitere Variationen gewählt.

Im Gegensatz zum Maschinenführer, der nur wenige Maschinenparameter gleichzeitig variieren wird, werden mit dem Optimiersystem alle ausgewählten Stellgrößen während eines Optimierschrittes variiert, was der Konvergenzbeschleunigung zugute kommt. Durch die Variation aller Stellgrößen werden auch Wechselwirkungen hohen Grades berücksichtigt.

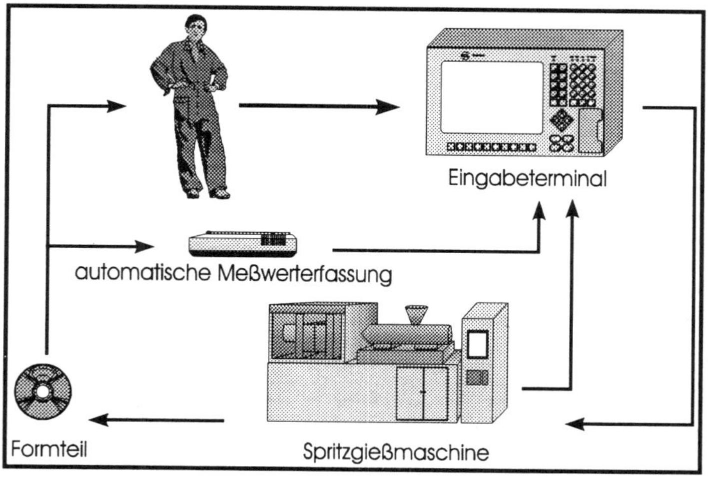

Abb. 2.3.2: Einbindung des on-line-Optimiersystems für Spritzgießmaschinen

Das System ist über die Leitrechnerschnittstelle mit der Spritzgießmaschine verbunden und kann somit wie ein Bediener Parameter verändern und lesen. Die Qualitätsbewertung erfolgt über einen Prüfplatz, an dem die manuelle Bewertung erfolgt. Die Meßdaten von automatischen Meßsystemen werden über Schnittstellen eingelesen. Sind alle Qualitätsbewertungen und Prozeßgrößen eingelesen, wird die Maschineneinstellung ausgehend von der bisher besten Maschineneinstellung leicht verändert. Erst wenn die nächste Bewertung vorliegt, werden wiederum Maschinenparamter optimiert. Eingebunden in ein Netzwerk wird die Qualitäts- und Prozeßdokumentation in einer Datenbank abgelegt, so daß unter anderem SPC-Dokumentationen erstellt werden können. Das Prüfplatzterminal kann gleichzeitig als BDE- Bedienstation genutzt werden.

2.4 Optimierung beim CD - Spritzgießen

In die Optimierung gehen nicht nur technische Aspekte, wie Qualitätsanforderungen, sondern auch wirtschaftliche Aspekte ein. Die Ziele einer Optimierung sind:

- Erfüllung der technischen Anforderungen
- minimale Zykluszeit
- hohe Robustheit.

Bei der CD - Herstellung wird der Rohling in der Spritzgieße hergestellt. Dabei werden die digitalen Informationen, die später als Daten oder Musik von der CD gelesen werden können, mit Hilfe einer Maske in das Kunststoffformteil eingeprägt. Anschließend wird die Kunststoffscheibe einseitig mit Aluminium beschichtet und mit einem Schutzlack versehen. Nach dem Abkühlen der CD wird die Qualität mit einem Scanner überprüft. Die Qualität der Produktion wird dabei von 60 Einstellgrößen der Spritzgießmaschine wie Drücke, Zeiten, Temperaturen, Wege, etc. beeinflußt.

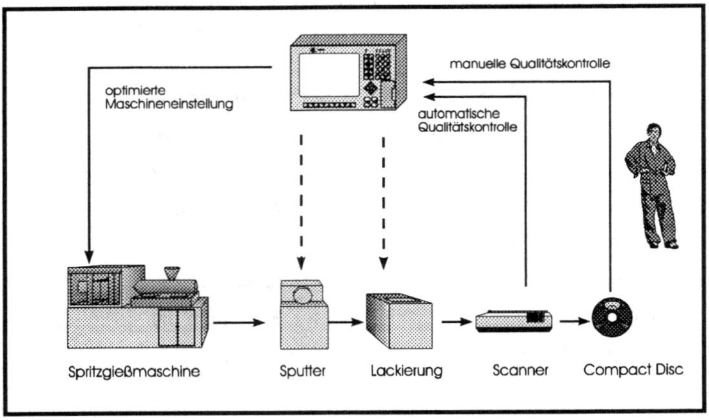

Abb. 2.4.1: Optimiersystem für das CD-Spritzgießen

Für den optimalen Betrieb einer Maschine müssen alle für den Qualitätsbegriff notwendigen Merkmale Berücksichtigung finden. Dies sind die Einhaltung der Qualitätsmerkmale, wobei hier noch unterschieden werden kann in:

- Streuung der Qualitätsmerkmale und
- Abstand der Qualitätsmerkmale von den Ausschußgrenzen.

Aus diesen Kriterien muß der bestmögliche Kompromiß gefunden werden. Die Optimierung muß alle Qualitätsmerkmale (inklusive der Wirtschaftlichkeit) berücksichtigen. Diese müssen je nach Anforderung frei definiert werden.

Die Streuung eines Qualitätsmerkmales muß genau wie jedes andere Kriterium direkt als Qualitätsmerkmal vorgegeben werden. Ein wichtiger Punkt ist die Festlegung von Prioritäten für die einzelnen Qualitätsmerkmale. Die Wichtigkeit jedes einzelnen Merkmals bestimmt die Optimierrichtung bzw. das erreichbare Optimierziel. Für die Priorität ist das Verhältnis der Merkmalswichtungen entscheidend.

Im folgenden Bild sind die Optimiergebnisse für die Doppelbrechung, die Zykluszeit und der Gutteilrate als wirtschaftliche Kriterien einer CD dargestellt. Der zu erreichende Sollwert liegt bei 0, was aber praktisch nicht erreichbar ist.

Man erkennt, daß man gleichzeitig das Qualitätsmerkmal Doppelbrechung einerseits und die Varianz des Merkmals andererseits optimieren kann. Robustheit und Qualitätsanforderungen schließen sich nicht unbedingt gegeneinander aus.

Streuungen der einzelnen Qualitätsmerkmale sollen nur Berücksichtigung finden, wenn die Qualität des Prozesses maßgeblich hiervon berührt wird. Der Meßaufwand wird hierdurch erheblich erhöht.

Ein weiterer wichtiger Punkt zur Stabilisierung des Prozesses ist die Lage der Qualitätsmerkmale im Toleranzfeld. Dies muß durch eine interne Wichtungsfunktion berücksichtigt werden. Ein Qualitätsmerkmal, welches in der Nähe des Sollwertes ist, wird geringer gewichtet als Qualitätsmerkmale, die sich nahe an den Ausschußgrenzen befinden.

Sind alle Qualitätsmerkmale in der Nähe des Sollwertes, so sind die Auswirkungen einer weniger konstant laufenden Maschine auf die Qualität geringer, da ein größerer Spielraum bis zur Toleranzgrenze gegeben ist. Kleine Abweichungen haben keinen Einfluß auf Gut- oder Schlechtproduktion.

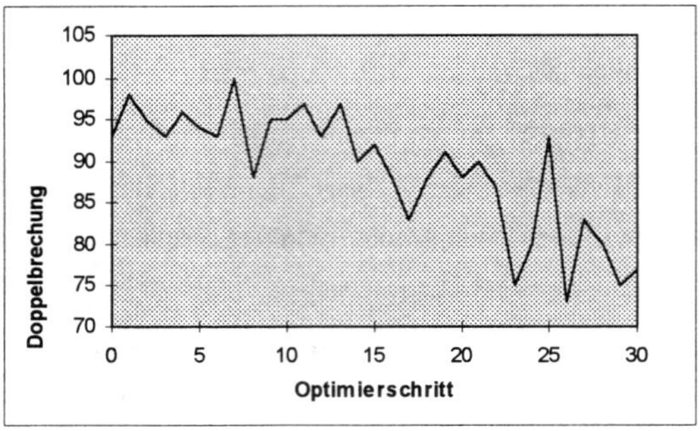

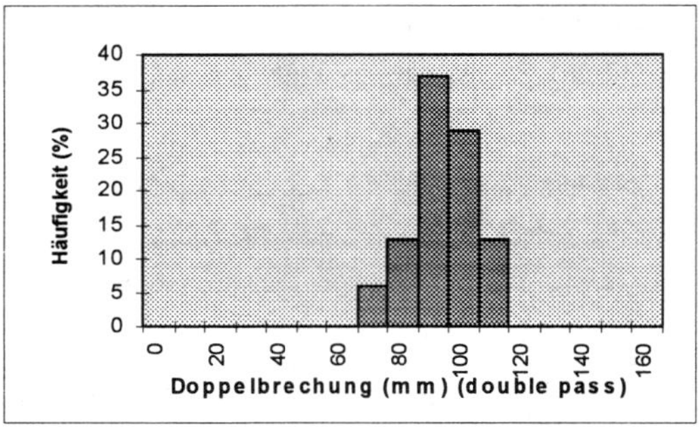

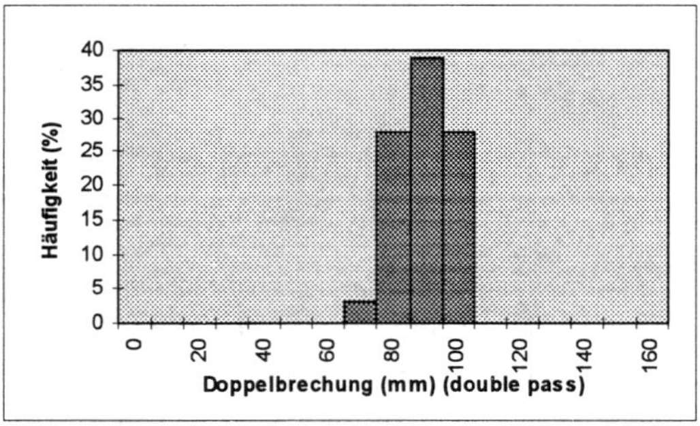

Abb. 2.4.2: Ergebnisse der Optimierung beim CD-Spritzgießen

Zusammenfassend läßt sich feststellen, daß die evolutionäre Optimierung und -regelung einen weiteren Schritt zur Automatisierung des Spritzgießprozeßes in Richtung der "zero-defect-Produktion" darstellt.

3 Optimierung des Betriebes von Kläranlagen

Die Notwendigkeit der Realisierung intelligenter Lösungen bei der Erweiterung, Ertüchtigung oder dem Neubau von Abwasserreinigungsanlagen ist aufgrund immer knapper werdender finanzieller Ressourcen und gleichzeitig steigender Anforderungen an die Reinhaltung der Gewässer unbestritten und in zahlreichen Veröffentlichungen und Vorträgen ergiebig dargestellt worden. Dabei werden die Kostenreduzierungspotentiale im Betrieb durch den Einsatz neuer Technologien zur Kostenreduzierung erzielt.

Dabei ist die Zielstellung, die Kläranlage und das Kanalnetz so optimal zu bewirtschaften, daß die in den Vorfluter eingeleiteten Frachten und die Kosten für die Bewirtschaftung minimiert werden, insgesamt also die ökologische und wirtschaftliche Verbesserung des Betriebes der Kläranlage. Dazu zählen:

- Senkung der eingeleiteten Schadstofffrachten zur Reduzierung der Abwasserabgabe und der Verbesserung der ökologischen Situation der Fließgewässer
- Senkung des Betriebsmitteleinsatzes und der Energiekosten
- Steigerung der Verfügbarkeit und Sicherheit der Anlage
- Finden des optimalen Kompromisses zwischen ökologischem Nutzen und vertretbarem Aufwand

In diesem Abschnitt werden daher Wege zur Optimierung im Betrieb der Anlagen vorgestellt. Die Durchführung dieser Optimierung ist mit vergleichsweise geringen finanziellen Aufwendungen verbunden, so daß sich sehr schnell ein gutes Kosten/Nutzen-Verhältnis ergibt und Returns on Investment von wenigen Monaten erreicht werden können. Unabhängig davon müssen je nach Problemstellung andere Optimierungsmaßnahmen, die baulicher, organisatorischer oder anlagentechnischer Natur sind, durchgeführt werden.

3.1 Die weitergehende EDV für Kläranlagen

Im Gegensatz zum Spritzgießprozeß in der Kunststoffverarbeitung ist der Prozeß Kläranlage ein Langzeitprozeß und er benötigt auch eine langfristige Beobachtung, damit er unter wirtschaftlichen und anderen Gesichtspunkten optimiert werden kann. Die Methoden und Werkzeuge zur Optimierung müssen daher anders strukturiert und eingesetzt werden, um den Besonderheiten dieses Prozesses Rechnung zu tragen.

Zum Stand der Technik auf Kläranlagen gehören Prozeßleitsysteme mit der Aufgabe, sämtliche Daten aus dem Prozeß Kläranlage zur Verfügung zu stellen und zum zweiten die Beobachtung und das Einwirken auf die Kläranlage über die Visualisierung zu ermöglichen. Das PLS bildet also die Schnittstelle der Kommunikation zwischen dem Prozeß und dem Menschen, der den Prozeß beobachtet und beeinflußt. Leitsysteme sind aber nicht in der Lage, langfristig Daten zur strategischen Entscheidungsfindung und Optimierung des Betriebes aufzubereiten und auszuwerten, weil dies nicht zu den Originalaufgaben eines Prozeßleitsystems gehört.

Die weitergehende EDV ergänzt deshalb die traditionelle Prozeßleittechnik. Sie bildet zuerst einen sogenannten Datenpool. Alle Daten aus dem Kläranlagenprozeß werden dort gesammelt und für weitere Auswertungen bereitgestellt. Diese weiteren Auswertungen sind vielfältig und reichen vom Dokumentationswesen über die vorbeugende Instandhaltung bis hin zu Aufgaben der Diagnose, Prognose und Optimierung des Kläranlagenbetriebes. Zusätzlich werden Funktionen zur Unterstützung der kaufmännischen Organisation und Controlling installiert.

Das System der weitergehenden EDV für Kläranlagen wird erstmals auf der Kläranlage in Chemnitz/Heinersdorf realisiert, wobei sich die Einzelkomponenten des Gesamtsystems schon seit Jahren in anderen Projekten bewährt haben. Der Begriff weitergehende EDV wurde gewählt, weil die Systemtechnik über den bisherigen Stand der Technik hinaus geht und auf die traditionelle Automatisierung mit SPS und Leittechnik aufbaut. Die Funktionsmodule der weitergehenden EDV sind in nachfolgender Grafik dargestellt.

In diesem Beitrag sollen die Module der wEDV, die zur Optimierung des Kläranlagenbetriebes beitragen, vorgestellt werden. Hierzu zählen die Module Prognose und Optimierung. Das Modul Diagnose, das ebenfalls in diese Gruppe einzuordnen ist, wird aufgrund des Umfanges in einem späteren Beitrag vorgestellt.

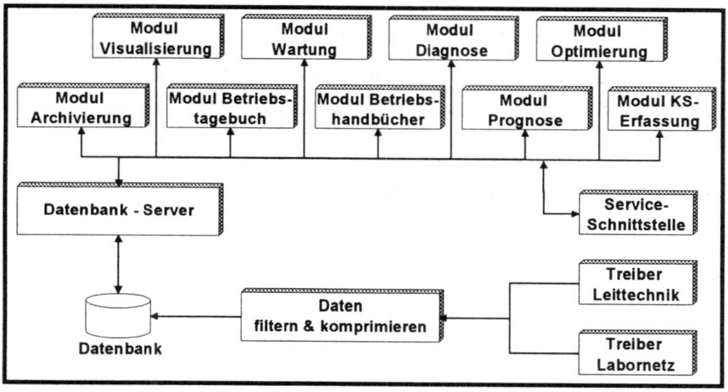

Abb. 3.1.1: Module der weitergehenden EDV

3.2 Einführung zum Prognosesystem

Während des Klärprozesses laufen verschiedene biologische, chemische und physikalische Prozesse ab, die untereinander in Wechselwirkung stehen. Diese Prozesse können mit einer für Aufgabenstellung der Optimierung ausreichenden Genauigkeit mathematisch nachgebildet, modelliert werden. Mit Hilfe eines solchen mathematischen Kläranlagenmodells ist es möglich, die Vorgänge in einer Kläranlage auf einem Computer zu simulieren.

Dem Prognosesystem der wEDV liegt das mathematische Modell (IAWQ Modell Nr.1 / ASM 1) zugrunde. Dieses Modell hat sich in zahlreichen Simulationsanwendungen als handhabbar mit ausreichender Genauigkeit bewährt.

Zur Realisierung des Prognosesystems wird das mathematische Modell der Kläranlage mit den gemessenen Werten im Zulauf der realen Kläranlage verknüpft. Das Modell berechnet somit parallel zur realen Anlage das Verhalten des Klärprozesses. Da das Modell die Vorgänge im Zeitraffer beschleunigt darstellen kann, ergibt sich die Möglichkeit, mit dem Prognosesystem in die Zukunft zu schauen. Der Betreiber bedient und beobachtet dabei das Prognosesystem über eine der Leittechnik vergleichbare benutzerfreundliche, einfache Bedieneroberfläche.

Mit einem derartigen Prognosesystem für Kläranlagen lassen sich unterschiedliche Aufgabenstellungen bearbeiten. Im Projekt der weitergehenden EDV in Chemnitz / Heinersdorf werden mit dem Prognosesystem folgende Zielstellungen verfolgt:

- Steigerung der Transparenz des Klärprozesses
- Vorhersage des Anlagenverhaltens
- Bereitstellung real nicht erfaßbarer Informationen
- Lerneffekt für Betreiber
- Leistungsfähigkeit der Anlage abschätzen und Reserven aufdekken
- Szenarien entwickeln, z.B. Havariepläne überprüfen
- Test der Automatisierungstechnik
- Fehlerüberwachung der Meßtechnik.

3.3 Modellbildung

Der erste Schritt bei der Einführung eines Prognosesystems ist die Modellbildung. Im Prozeß der Modellierung einer Kläranlage werden die verfahrenstechnischen und regelungstechnischen Prinzipien originalgetreu nachgebildet. Je genauer die Abbildung erfolgt, desto genauer werden die gewünschten Simulationsergebnisse erzielt werden. So findet man zum Beispiel im Modell die Anlagenteile Nitrifikation, Denitrifikation und Nachklärung als Modellblöcke abgebildet.

Der Aufbau eines Modells erfolgt in mehreren Schritten:

1. Erstellen der Modellstruktur durch Aufteilung der Anlage in einzelne Blöcke. Diese Blöcke beinhalten sowohl biologisch-chemische Wachstums- und Abbauprozesse (Nitrifikation, Denitrifikation) als auch physikalische Prozesse (Straßenaufteilung, Absetzprozesse...). Verfahrenstechnische Aspekte der Kläranlage wie Kaskadierung, tote Zonen, Rezirkulationen usw. werden durch die Verschaltung der Blöcke realisiert.
2. Die Definition einer Übertragungsfunktion von online gemessenen Zulaufgrößen (Ammonium, Nitrat, Menge, BSB-M3) auf die 13 Zulauffraktionen des Modells s.u. Die Zusammenhänge werden durch Analysen-Meßreihen ermittelt, für die ein besonderes Meßprogramm aufgestellt wird.
3. Durch biologische Parameter wird das Modell an die Wirklichkeit angepaßt. Je genauer diese Parameter bestimmt werden, desto genauer wird die Simulation der Praxis entsprechen.

Nach der erfolgten Anpassung des Modells ist dieses in der Lage, Aussagen über das theoretische Verhalten der Anlage zu treffen. Das bedeutet, man kann Prognosen über die Ablaufwerte, den Energieverbrauch usw. erstellen, wenn man dem Modell die Zulaufwerte der Kläranlage vorgibt. Die dynamische Modellierung erlaubt es hierbei, nicht nur statische Aussagen zu erhalten, sondern das Verhalten der Anlage wird im Zeitverlauf nachgebildet.

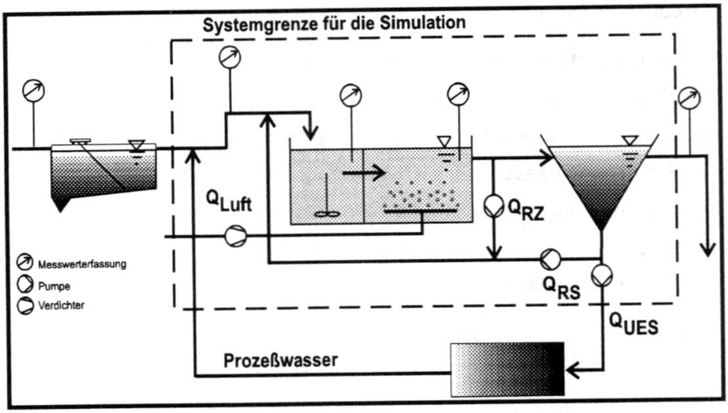

Abb. 3.3.1: Systemgrenzen der Simulation

Da die Abwasserströme in der Simulation durch 13 Stofffraktionen nachgebildet werden und diese Fraktionen im Modell auch zwischen den o.g. verfahrenstechnischen Blöcken zur Verfügung stehen, lassen sich auch sog. virtuelle Meßgrößen ableiten, d. h. Meßgrößen wie z.B. NO3-N nach der Denitrifikationsstufe, das oft nicht als physikalische Meßgröße zur Verfügung steht.

Durch die Simulation wird nicht die gesamte Kläranlage abgebildet, Vorklärung und Schlammbehandlung sind nicht oder nur ungenau mathematisch modelliert. Deshalb sollte man die Systemgrenzen um Belebung und Nachklärung ziehen.

In der Abbildung ist die Kläranlage schematisch dargestellt. Besonders gekennzeichnet sind die empfohlenen Systemgrenzen der Simulation. Erkennbar sind auch die Abwasserströme für Zulauf, Rezirkulation (RZ), Rücklaufschlamm (RS) und Überschußschlamm (ÜS). Das dazugehörige Fließbild der Simulation wird im nachfolgenden Bild dargestellt.

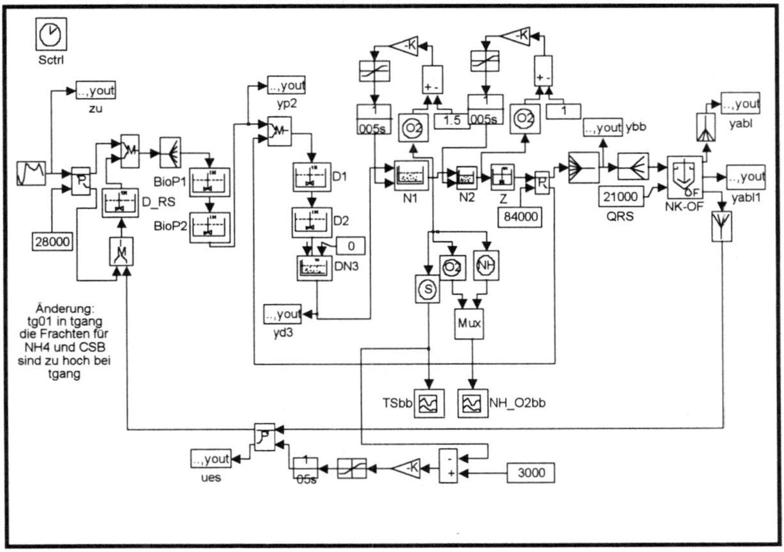

Abb. 3.3.2: Simulationsmodell der ZKA Heinersdorf

3.4 Nutzen des Prognosesystems

Das On-Line-Prognosesystem für Kläranlagen ist eine neue Technologie, die in dieser Form erstmals auf der Kläranlage Schwelm des Wupperverbandes eingesetzt worden ist. In diesem Projekt, das seit November 1996 durchgeführt wird, wurde der Nutzen und die Akzeptanz sowie die Sicherheit der Voraussage intensiv untersucht.

Als Ergebnis dieser Untersuchung ergeben sich folgenden Vorteile durch das Prognosesystem für den Betreiber:

- Steigerung der Sicherheit
- Vorwarnung bei möglichen Grenzwertüberschreitungen
- Erkennen von Prozeßfehlern
- Erkennen von Fehlfunktionen der Meßtechnik
- Optimierung der Reinigungsleistung
- Zeiteinsparung und Steigerung der Sicherheit beim Test von Betriebsführungskonzepten
- Besseres Verständnis und Interpretation verfahrenstechnischer Größen wie Wachstum, Nährstoffbestandteile, Volumenströme, etc.

3.5 Einführung zum Optimiersystem

Im Rahmen der weitergehenden EDV wird das Prognosesystem erstmalig in Kombination mit dem Optimiermodul eingesetzt. Hierdurch ist die Möglichkeit gegeben, den Langzeitprozeß Kläranlage mit Hilfe evolutionärer Algorithmen im Betrieb zu optimieren. Die Optimierung wird wie üblich in drei Schritten durchgeführt.

1. Definition der Zielstellung
2. Definition der Einflußgrößen
3. Auswahl einer geeigneten Optimiermethode

Bei Kläranlagen sind zusätzlich drei Gesichtspunkte zu betrachten, die den Erfolg der Optimierung entscheidend mit beeinflussen:

1. Freiheitsgrad der Optimierung
2. Einfluß der Störgrößen
3. Zeitverhalten des Prozesses Kläranlage

Freiheitsgrad der Optimierung

Optimieren bedeutet, bestmöglich gestalten. Bei der Optimierung aus der Sicht der Automatisierung werden nur Veränderungen der Anlageneinstellung vorgenommen. Wenn aber das Optimierpotential nicht durch die Anlageneinstellung ausgeschöpft werden kann, wird diese Optimierung erfolglos bleiben.

Wenn beispielsweise eine schlechte Denitrifikation durch Substratmangel begründet ist, wird eine veränderte Rezirkulation keine Abhilfe schaffen. Vor der Durchführung von Optimiermaßnahmen muß daher eine Prozeßanalyse durchgeführt werden, die das Optimierpotential im Prozeß aufzeigt.

Einfluß der Störgrößen

Eine Vielzahl der Einflußgrößen auf den Prozeß sind nicht gezielt beeinflußbar und somit Störgrößen im System. Für die Optimierung gibt es zwei Möglichkeiten, auf den Einfluß von Störgrößen zu reagieren. Entweder konvergiert die Optimierung schneller als die Störgrößen den Prozeß verändern, so daß die Optimierung den Einfluß der Störgrößen kompensieren kann. Diese Kompensation wird nur die langsamen Störgrößen wie Temperatureinfluß, Veränderung der Biomasse, etc. greifen.

Die zweite Möglichkeit besteht darin, den Einfluß der Störgrößen durch unterlagerte Steuerungen und Regelungen zu kompensieren und die Optimierung für das System „Prozeß mit Steuerung/Regelung“ auszulegen. Diese Variante wird für alle schneller greifenden Störgrößen eingesetzt werden.

Eine schnelle Störgröße ist in der Regel die Zulaufmenge. Zur Optimierung des Volumenstroms Rücklaufschlamm wird nicht direkt auf den Volumenstrom eingegriffen, sondern eine Steuerung unterlagert, die in Abhängigkeit von der Zulaufmenge den Volumenstrom des Rücklaufschlammes verändert. Die Optimierung verändert dann das Rücklaufverhältnis.

Zeitverhalten des Prozesses Kläranlage

Die Optimierung basiert auf statischem bzw. quasi statischem und reproduzierbarem Prozeßverhalten. Das bedeutet, das sich die für eine Anlageneinstellung ergebenden Meßwerte innerhalb eines genügenden Zeitraumes nicht ändern und daß die selbe Anlageneinstellung auch die selben Ergebnisse liefert (Kausalität).

Diese Voraussetzungen gelten für Kläranlagen nur bedingt. Insbesondere durch den mengen- und frachtbezogen teilweise sich schnell ändernden Zulauf ist eine Stationärität nicht gegeben. Die einzelnen Teilprozesse innerhalb der Anlage haben zudem ein sehr unterschiedliches Zeitverhalten. Während beispielsweise der Teilprozeß Lufteintrag in die Belebung ein T95-Verhalten von wenigen Minuten aufweist, haben dagegen Teilprozesse, die durch die Sterbe- und Wachstumsraten der Biozynose bestimmt werden, ein Zeitverhalten von Tagen bis Wochen. Um die Optimierung dennoch für Kläranlagen einsetzen zu können, kann man folgende Methoden nutzen:

Zur Erzielung einer Quasi-Stationärität können analog der Störgrößenkompensation unterlagerte Steuerungen und Regelungen die Dynamik des Prozesses ausgleichen. Die Optimierung wird dann nicht am eigentlichen Prozeß, sondern an dem durch die Automatisierung „geglätteten" Prozeß eingesetzt. Ist dies nicht möglich, so müssen Zeiträume betrachtet werden, die wiederum quasi stationär sind. So können beispielsweise Tagesmittelwerte oder Wochenmittelwerte verwendet werden, die für sich wieder stationär sind.

Das unterschiedliche Zeitverhalten der Teilprozesse würde bei der ganzheitlichen Optimierung eine deutliche Verlangsamung der Optimierung bewirken. Um dem entgegenzuwirken, kann man die langsamen von den schnellen Teilprozessen getrennt betrachten und getrennt optimieren. Es entstehen somit mehrere Optimiersysteme, die getrennt arbeiten, aber das gleiche Ziel verfolgen und miteinander in Wechselwirkung stehen.

3.6 Optimierung von Anlagen mit vorgeschalteter Denitrifikation

Bei vorgeschalteter Denitrifikation durchfließt das mechanisch gereinigte Abwasser zuerst den anoxischen und dann den aeroben Teil des Belebungsbeckens. Ein Großteil des nitratreichen Abwassers aus der Nitrifikation wird in den vorgeschalteten anoxischen Bereich zurückgepumpt (interne Rezirkulation) und dort mit dem Rücklaufschlamm (externer Kreislauf) sowie dem substratreichen Rohabwasser gemischt. Somit wird gewährleistet, daß das zum Abbau der Nitratfrachten benötigte Substrat (organische Kohlenstoffverbindungen) bereitgestellt wird.

In der folgenden Abbildung ist das Verfahrensprinzip einer Anlage mit vorgeschalteter Denitrifikation schematisch dargestellt:

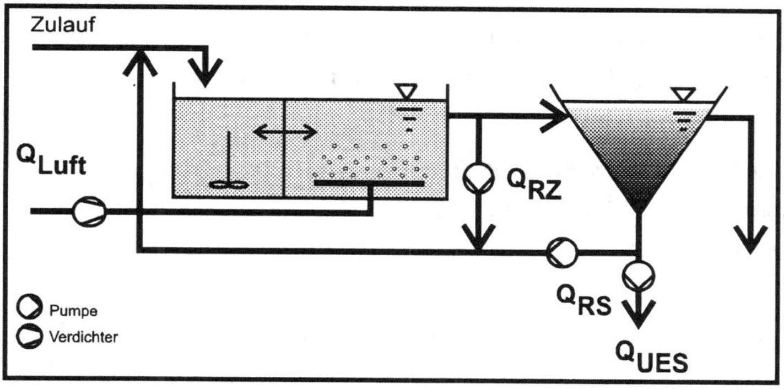

Abb. 3.6.1: Verfahrensschema der vorgeschalteten Denitrifikation

Die Denitrifikationsleistung ist von der zu eliminierenden Stickstoffmenge, dem Anteil an leicht abbaubarem Substrat und dem Verhältnis Stickstoff / Substrat abhängig. Weiterhin beeinflussen die Abwassertemperatur und die Kontaktzeit diesen Prozeß. Folgende Meßwerte werden erfaßt:

- Ammonium im Ablauf der Nitrifikation
- Nitrat im Ablauf der Nitrifikation und Denitrifikation
- Sauerstoffkonzentration
- Trockensubstanz-Gehalt
- Abwassertemperatur

Zur Optimierung der Anlageneinstellung wird auf die maßgeblichen Stellgrößen des Klärprozesses zugegriffen.

- Volumenstrom Luft (Q Luft)
- Volumenstrom Rezirkulation (Q RZ)
- Volumenstrom Rücklaufschlamm (Q RS)
- Volumenstrom Überschußschlamm (Q ÜS)

- Anteil des Denitrifikationsvolumens am Gesamtbelebungsvolumen.

Die Veränderungen der einzelnen Stellgrößen wirken sich unterschiedlich schnell auf die Teilprozesse aus und besitzen Wechselwirkungen untereinander. Dies wird im Entwurf der Optimierung berücksichtigt, indem die Häufigkeit der einzelnen Stellgrößenvorschläge mit der Reaktionszeit des Systems abgestimmt wird. Die Ziele der Optimierung werden durch folgende Kriterien definiert:

- Einhaltung und ggf. Verbesserung der Ablaufwerte
- Energieeinsparung, Kostenreduzierung
- Stabilisierung der Prozesse

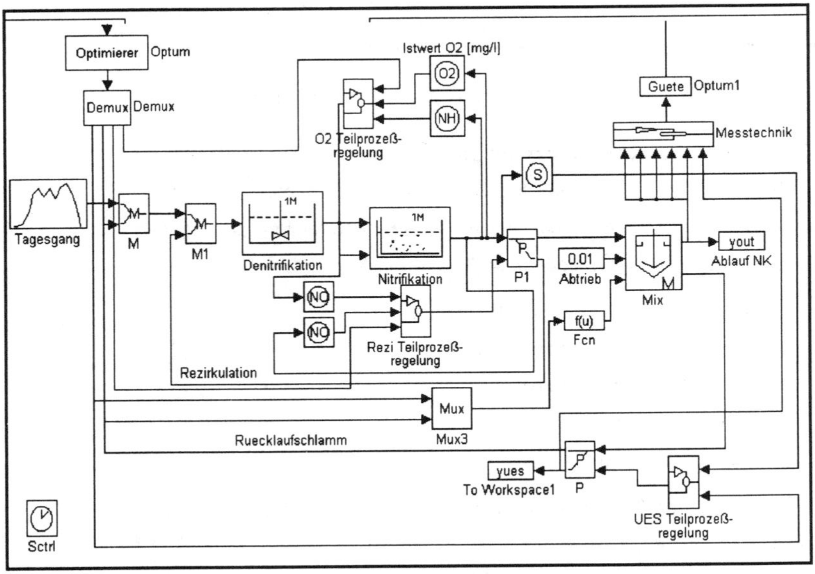

Abb. 3.6.2: Off-line-Optimierung der Anlage mit vorgeschalteter Denitrifikation

Die Abbildung zeigt das Modellbild der simulierten Anlage mit der für die Optimierung erforderlichen Meßtechnik und dem Optimierer, der auf die

Teilprozeßregler zugreift. Zur Anlagenoptimierung wurde je eine Teilprozeßregelung für die Stellgrößen Belüftung, Rezirkulation und Überschußschlammabzug implementiert. Der Rücklaufschlamm wird proportional zum Zulauf gefahren. Der Optimierer greift auf die Teilprozeßregelungen und das Rücklaufverhältnis zu.

Das Ergebnis der Optimierung wird anhand der täglich anfallenden Energiekosten und der Ablaufwerte für Ammonium und Nitrat dargestellt. Die Kosten für den Betrieb der Anlage bei Standardeinstellungen (ohne Optimierung) betragen durchschnittlich 1.000 DM/d. Dieser Betrag wird bei folgender Einstellung benötigt:

- Sauerstoffsollwert: 2,0 mg/l
- Rücklaufverhältnis: 1,5
- Rezirkulationsverhältnis: 4
- Überschußschlammabzug: TS BB = 4,0 g/l

Mit der Einstellung werden folgende Ablaufwerte erreicht:

NO3-N:	5,0	mg/ l
NH4-N:	0,8	mg/ l

Die folgenden Abbildungen stellen die Energiekosten sowie die erzielten Ablaufwerte mit und ohne Optimierung gegenüber.

Es ist deutlich zu erkennen, daß der Energieverbrauch der Anlage durch den Einsatz der Optimierung gesenkt werden konnte. Die Einsparung an dieser Beispielanlage beträgt 15%.

Die Ammonium- und Nitratwerte im Ablauf der Anlage zeigen, daß mit Hilfe der Optimierung Nitrat um 0,5 mg/l gesenkt wurde. Die Prozeßstabilität ist erhalten geblieben. Die Teilprozeßregelungen verbessern besonders das dynamische Anlagenverhalten bei schwankenden Zulaufbedingungen.

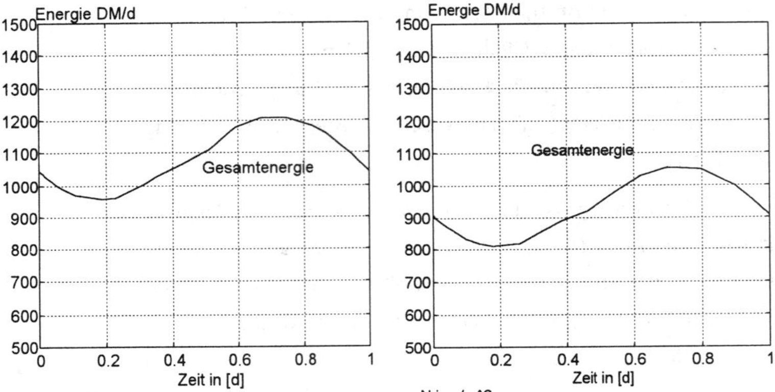

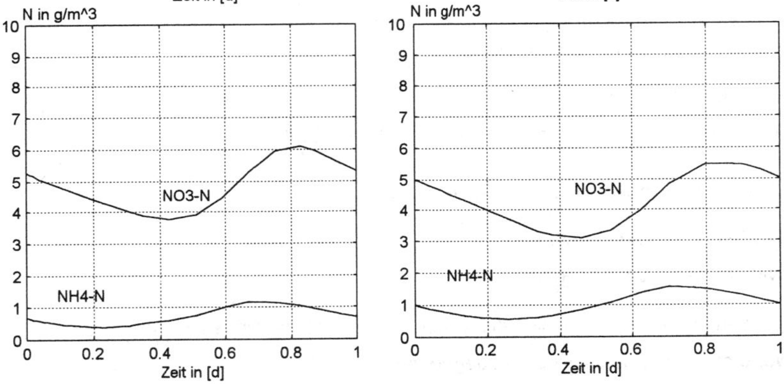

Abb. 3.6.3: Energieverbrauch ohne (links) und mit Optimierung

Abb. 3.6.4: Stickstoff im Ablauf ohne (links) und mit Optimierung

Die Ergebnisse wurden auf eine großtechnische Versuchskläranlage in Chemnitz / Heinersdorf übertragen und das Systemverhalten in einer Langzeitstudie untersucht. Folgende Ergebnisse wurden bei der Langzeitoptimierung erzielt:

- Verringerung des Energieverbrauchs der Anlage (bezogen auf die Ammoniumfracht) um 14% (Nov 94 - Mär 95 / Nov 95 - Mär 96)
- Stark verminderter Lufteintrag durch Einstellen eines an die Schmutzfrachten angepaßten O_2-Sollwertes, Anpassen von $V_{DN/BB}$
- Verringerung des RV und der dosierten Kalkmenge

- Gleichbleibend hoher Wirkungsgrad der C- und NH_4-N-Elimination
- Abzug des ÜS entsprechend des Schlammalters und damit Gewährleistung eines stabilen Prozesses.

Die Ergebnisse zeigen, daß die Ziele der Optimierung voll erreicht wurden. Die Verringerung des frachtbezogenen Energieverbrauchs um 14% entspricht bei einem Arbeitspreis von 17 Pf/kWh und gleichbleibender NH_4-N-Fracht einer Einsparung von ca. 16.000 DM/a je 10.000 EW.

4 Zusammenfassung

In den beiden Abschnitten dieses Beitrags wurde der Einsatz evolutionärer Algorithmen zur Optimierung zwei verschiedener Prozesse dargestellt, dem Kunststoffspritzgießen und der Abwasserreinigung. Als Ergebnis zeigt sich, daß durch Einsatz der jeweils angepaßten Strategie durch diese Vorgehensweise das Potential des jeweiligen Prozesses bestmöglich ausgeschöpft werden kann. Der Betreiber erhält mit der Optimierung ein Werkzeug, das ihn dabei unterstützt, die Prozesse

- sicher sowie
- technisch und
- wirtschaftlich

optimal zu betreiben. Der Nutzen durch höhere Transparenz, gesteigerte Sicherheit sowie die Betriebsunterstützung wird durch Langzeituntersuchungen belegt werden. Aber allein der Nutzen durch direkte Einsparungen amortisiert die Maßnahmen zum Teil in wenigen Monaten.

Einsatz Neuronaler Netze in der chemischen Industrie

Dr. Thomas Mrziglod, Leverkusen

1. Einführung

Neuronale Netze gehören zur Klasse der empirischen mathematischen Modelle und sind besonders gut geeignet, Zusammenhänge zwischen physikalischen, chemischen, ökonomischen u. a. Größen zu erkennen und zu beschreiben. Dies wird durch eine Fülle von positiven Erfahrungen bei ihrem Einsatz in der Praxis belegt. Ihre mathematische Struktur ist an der Informationsverarbeitung im tierischen und menschlichen Gehirn orientiert. Analog zum biologischen Vorbild bestehen Neuronale Netze aus einer Vielzahl einfacher, nichtlinearer Übertragungsfunktionen (Neuronen), die untereinander linear vernetzt sind. Aufgrund dieser einfachen Struktur sind Neuronale Netze ein äußerst leistungsfähiges Instrument, um das Wissen, welches in Form von Daten, abgespeichert in Datenbanken und Meßdatenerfassungssystemen, zunächst nur latent vorhanden ist, aufzudecken und für Anwendungen nutzbar zu machen.

Beispielsweise bieten Neuronale Netze die Möglichkeit auf der Basis von Meßdaten aus der Anlagenhistorie ein Modell des zugrundeliegenden Prozesses zu generieren. Dabei werden keine a priori Annahmen über die Struktur der funktionalen Zusammenhänge zwischen verschiedenen Größen benötigt. Da die Automatisierung in der Industrie beständig zunimmt und somit für eine immer größere Zahl von Anlagen entsprechende Meßdatenerfassungssysteme zur Verfügung stehen, kann davon ausgegangen werden, daß von dieser Möglichkeit in Zukunft zunehmend Gebrauch gemacht werden wird.

Der Ansatz zeichnet sich gegenüber einer Modellierung auf der Basis physikalisch-chemischer Modelle durch die folgenden Eigenschaften aus:

- Die Anforderungen an das vorab notwendige Prozeßverständnis sind deutlich geringer
- Sehr geringer Aufwand
- Vorurteilsfreie Modellierung
- Anlagendrifts (Veränderungen mit großen Zeitkonstanten) sind leicht zu erfassen.

Insbesondere ermöglichen Neuronale Netze die direkte Modellierung makroskopischer Qualitätsgrößen (Viskosität, Festigkeit, optische Eigenschaften) als Funktion der Einflußgrößen auch in Fällen, wenn die dahinterstehenden physikalisch-chemischen Abhängigkeiten unverstanden sind. Typische Einsatzgebiete für Neuronale Netze in der chemischen Industrie sind daher:

- Modellierung von Struktur-Eigenschaftsbeziehungen (z.B. bei der Prognose thermophysikalischer Eigenschaften von Stoffen auf der Basis der Molekülstruktur)
- Modellierung von Rezeptur-Eigenschaftsbeziehungen (z.B. bei der Analyse, Prognose und Optimierung von Qualitätsgrößen eines Produktes auf Basis der Rezepturzusammensetzung)
- Direktes Modellieren makroskopischer Qualitätsgrößen eines Produkts als Funktion der Stellgrößen einer Anlage (z.B. zum Einsatz für eine prädiktive Regelung).

Im folgenden werden zunächst die Methode und anschließend diese typischen Einsatzgebiete in der chemischen Industrie dargestellt.

2. Funktionsweise Neuronaler Netze

Künstliche Neuronale Netze entstanden aus dem Versuch das Prinzip der Informationsverarbeitung in biologischen Systemen nachzubilden und technisch nutzbar zu machen. Ein Neuronales Netz besteht aus einer Menge miteinander vernetzter Verarbeitungseinheiten, auch Neuronen oder Knoten genannt. Ein Teil dieser Einheiten dient der Kommunikation mit externen Ein- und Ausgabequellen (Rechnertastatur, Prozeßleitsystem, etc.). Die in der chemischen Industrie am häufigsten verwendeten Neuronalen Netze sind vom Typ der *feedforward networks*, bei denen die Neuronen in Schichten (Layers) angeordnet sind. Jedes Neuron erhält Eingangswerte von allen Neuronen der vorhergehenden Schicht und gibt seinen Ausgangswert an alle Neuronen der nachfolgenden Schicht (Abb. 1).

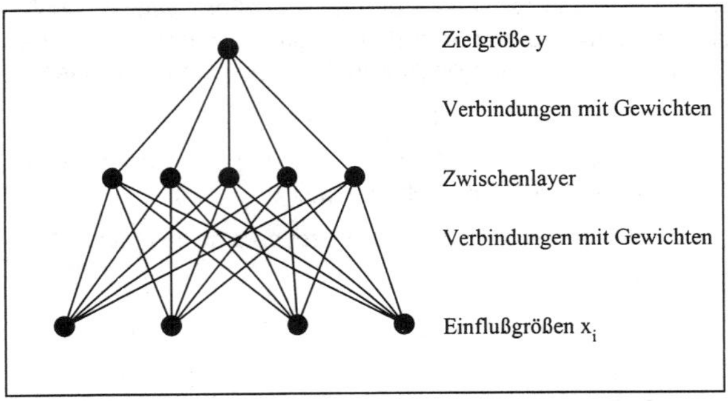

Abb. 1: Voll verbundenes Netz mit drei Schichten (Layers)

Die Eingänge eines jeden Neurons sind mit Parametern ("Gewichten") versehen, die die Eingangswerte unterschiedlich stark wichten. Innerhalb einer jeden Verarbeitungseinheit wird ein Skalarprodukt der Eingangswerte mit den Gewichten gebildet und auf den Ergebniswert eine Funktion, die sogenannte Aktivierungsfunktion, angewendet. Der entstehende Wert wird an die Neuronen der nachfolgenden Schicht weitergegeben (Abb. 2).

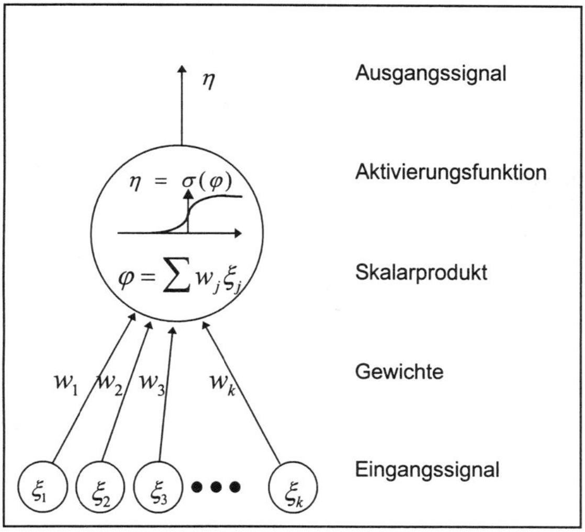

Abb. 2: Schema einer Verarbeitungseinheit (Neuron)

Die Neuronen der ersten Schicht (Inputlayer) bilden die Einflußgrößen x_j, die Neuronen der letzten Schicht (Outputlayer) liefern die entsprechenden Funktionswerte.

Als Aktivierungsfunktion hat sich die sogenannte Sigmoidfunktion bewährt (Abb. 3).

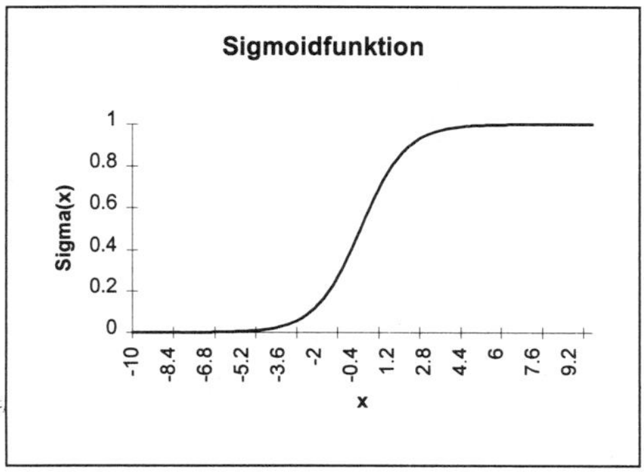

Abb. 3: Sigmoidfunktion

Die Gewichte w_i werden anhand von Beispieldatensätzen mittels eines numerischen Verfahrens an die konkrete Aufgabenstellung angepaßt. Nach Abschluß dieser sogenannten *Lernphase* bildet das Neuronale Netz ein in gewissem mathematischen Sinne optimales *Black-Box*-Modell des gesuchten funktionalen Zusammenhangs. Dieses mathematische Konzept weist Gemeinsamkeiten mit der sogenannten linearen Regression auf. Tatsächlich kann die lineare Regression als das einfachste Neuronale

Netz aufgefaßt werden. Komplexere Neuronale Netze weisen jedoch eine wesentlich größere Modellierungsfähigkeit (selbst im Vergleich zur linearen Regression mit nichtlinearen Ansatzfunktionen) auf. Diese verbesserte Modellierungsfähigkeit im Vergleich zu den linearen Methoden der klassischen Statistik wird durch einen beträchtlich höheren numerischen Aufwand erkauft. Es stehen jedoch leistungsfähige Algorithmen und entsprechende Softwarepakete zur Verfügung, so daß der Aufwand zur Erstellung eines Neuronalen Netzes kein Thema mehr ist. In vielen Fällen kann innerhalb von wenigen Stunden aus den Rohdaten ein validiertes Modell erstellt werden. Dieses Modell kann nun u.a. zur Optimierung der Zielgrößen (z.B. bei der Bestimmung von Rezepturen mit gewünschten Eigenschaften oder optimaler Betriebspunkte von Anlagen) herangezogen werden.

3. Rezeptur-Eigenschaftsbeziehungen

Bei der Entwicklung von Rezepturen z.B. in der chemischen Forschung oder der Anwendungstechnik aber auch in der laufenden Produktion stellen sich immer wieder die folgenden Fragen:

- Welche Eigenschaften wird eine gegebene Rezeptur, die in der Regel durch ihre Zusammensetzung (und ggf. weitere Betriebsparameter) definiert ist, aufweisen?
- Wie wirken sich die Betriebsparameter Druck, Temperatur, Durchsatz etc. auf die Eigenschaften aus? Welches sind die wichtigsten Einflußgrößen?
- Wie muß eine Rezeptur aussehen um ein vorgegebenes Eigenschaftsprofil zu erfüllen („optimale Rezeptur“) ?

Auf herkömmliche Art und Weise wird dieses Problem durch viele Versuche im Labor gelöst, geleitet durch das Wissen und die Erfahrung der Mitarbeiter. Mittlerweile werden Neuronale Netze eingesetzt, um diese Aufgabenstellung anzugehen.

Die Vorgehensweise für diesen wichtigen Anwendungsfall in der chemischen Industrie sieht folgendermaßen aus:

1. Auf der Basis vorhandener Datensätze aus Versuchsreihen oder Betriebsdaten lernt ein Neuronales Netz den Zusammenhang zwischen der Zusammensetzung der Rezeptur und dem gesamten Eigenschaftsprofil. Variable Betriebsparameter müssen als zusätzliche Eingangsgrößen mit berücksichtigt werden.

2. Das Netz wird anschließend auf einer Testmenge von Daten validiert, d.h. es wird geprüft, ob der interessierende Zusammenhang hinreichend genau gelernt werden konnte, ob gegebenenfalls weitere Einflußgrößen berücksichtigt werden müssen oder ob zusätzliche Meßreihen erforderlich sind. Dazu wird in der Regel ein sogenannter Scatterplot (Abb. 4) eingesetzt.

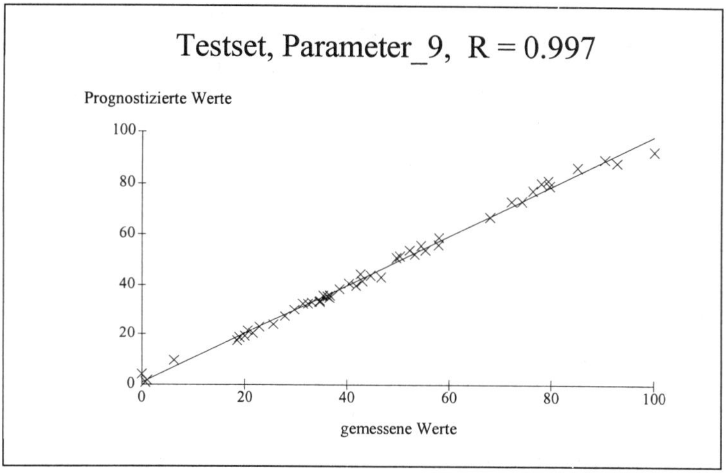

Abb. 4: Scatterplot (Vergleich prognostizierter und gemessener Werte)

3. Anschließend lassen sich die ersten beiden oben genannten Fragen mit Hilfe des Netzes direkt beantworten. Dazu können beispielsweise sogenannte Einflußplots (Abb. 5) verwendet werden:

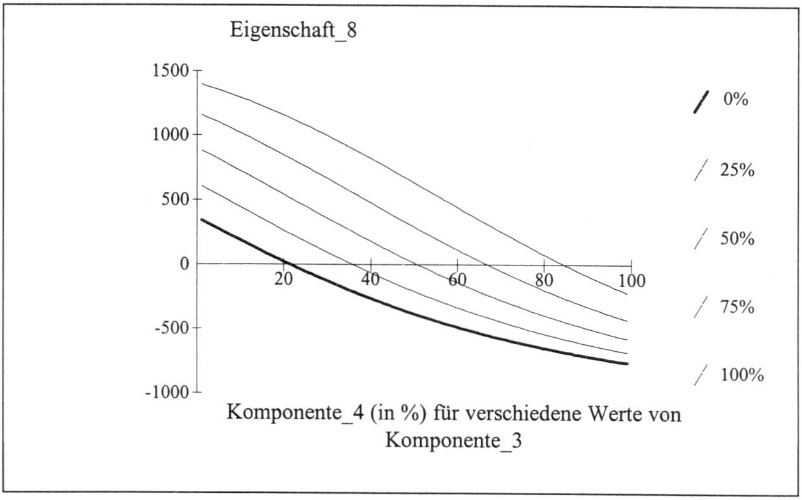

Abb. 5: Einflußplot (Eigenschaft 8 in Abhängigkeit von Komponente 4 für verschiedene Werte von Komponente 3)

4. Die Frage nach der optimalen Rezeptur läßt sich nicht dadurch lösen, daß die gewünschten Eigenschaften als Eingangsgrößen und die zugehörige Zusammensetzung als Ausgangsgrößen eines Netzes verwendet werden. In dieser Richtung besteht in der Regel kein eindeutiger Zusammenhang. Verschiedene Rezepturen können das gleiche Eigenschaftsprofil aufweisen. Zu einem anderen Eigenschaftsprofil muß es überhaupt keine passende Rezeptur geben. Es wird wohl keine Gummimischung für Autoreifen geben, die gleichzeitig maximale Straßenhaftung und maximale Abriebfestigkeit bietet. Aus diesen Gründen muß das Neuronale Netz weiterhin mit der Zusammensetzung der Rezeptur als Eingangs- und dem Eigenschaftsprofil als Ausgangsgrößen verwendet werden. Ein solches Netz wird anschließend in eine Optimierungsroutine integriert, die durch systematische Variation der Eingangsgrößen immer bessere Rezepturen bestimmt. Dabei können alle möglichen Arten von Nebenbedingungen berücksichtigt werden, z.B.:

   - Aus den 500 zur Verfügung stehenden Einsatzstoffen sollen in der zu berechnenden Rezeptur höchstens 10 vorkommen. Diese sollen bei der Optimierung ebenfalls bestimmt werden.
   - Komponenten aus bestimmten Gruppen (z.B. Flammschutzstoffe) müssen mit bestimmten Minimalkonzentrationen vertreten sein.
   - Aus produktionstechnischen Gründen sind für Betriebsparameter (z.B. Temperatur und Druck), die prinzipiell mitoptimiert werden können, bestimmte Grenzen vorgegeben.
   - Die Gesamtkosten der Rezeptur dürfen einen vorgegebenen Betrag nicht überschreiten.

Durch die Extraktion der Information aus bereits vermessenen Rezepturen mit Hilfe Neuronaler Netze wird das Wissen mehrerer Mitarbeiter an einer Stelle zusammengeführt, anderen verfügbar gemacht und damit Know-How geschaffen und gesichert. Eine integrierte Softwarelösung erlaubt dem Experimentator, beliebige Rezepturen vorzugeben und deren Eigenschaften berechnen zu lassen, ohne aufwendige Meßreihen durchführen zu müssen. Umgekehrt kann er auch ein Eigenschaftsprofil vorgeben und dazu optimale Rezepturen (gegebenenfalls unter Berücksichtigung komplexer Nebenbedingungen) bestimmen lassen. Die Entwicklungszeiten für neue Rezepturen nach Kundenanforderungen lassen sich so erheblich verkürzen!

4. Struktur-Eigenschaftsbeziehungen

Bei der Entwicklung neuer Wirkstoffe ist der Zusammenhang zwischen der Molekülstruktur und deren Wirkung von entscheidendem Interesse. Zur Modellierung dieses Zusammenhangs mit Hilfe Neuronaler Netze auf Basis entsprechender Meßdaten ist dabei zunächst eine geeignete Codierung der Molekülstruktur erforderlich, die dem Netz in Form numerischer Eingangsgrößen zugänglich gemacht werden kann. Dies ist die eigentliche Schwierigkeit und der wesentliche Aufwand, der bei dieser Problemklasse erforderlich ist. Liegt eine Codierung der Molekülstruktur vor, so daß eine ausreichende Abhängigkeit zum Eigenschaftsprofil vorhanden ist, so kann hier analog zur Aufgabenklasse der Rezeptur-Eigenschaftsbeziehungen vorgegangen werden.

5. Empirische Verfahrens- und Anlagenmodelle

Neben der Rezepturoptimierung bildet die Verfahrensanalyse das zweite Haupteinsatzgebiet Neuronaler Netze in der chemischen Technik. Die Vorgehensweise bei der Erstellung, Validierung und Auswertung der Netze ist im wesentlichen gleich. Es gehen jedoch in stärkerem Maße dynamische Aspekte in die Modellierung mit ein, denen durch zeitliche Verschiebungen (Delays, Totzeiten etc.) Rechnung getragen werden muß. Dafür ist die Datensituation meist ungleich besser als bei den Rezepturberechnungen. Eine wesentliche Kenngröße für die Erfolgsaussichten einer empirischen Modellierung ist das Verhältnis der Zahl der Datensätze zur Zahl der Eingangsgrößen (unabhängigen Größen). Je größer dieses Verhältnis ist, desto besser sind die Erfolgsaussichten. Bedingt durch automatische Meßdatenerfassungssysteme stehen bei Anwendungen zur Verfahrensanalyse häufig sehr viele Datensätze (einige Tausend) bei relativ wenigen unabhängigen Größen (wenige Dutzend) zur Verfügung. Im Bereich der Verfahrensanalyse bieten sich die folgenden Einsatzmöglichkeiten für Neuronale Netze an:

- Aufdeckung von Zusammenhängen im Produktionsprozeß.
- Optimierung von Betriebspunkten.
- Meßdatenvalidierung (Data Reconciliation), d.h. Ergänzung ausgefallener und Korrektur fehlerbehafteter Messungen.
- Softsensors, d.h. (teilweiser) Ersatz von Laboruntersuchungen durch Prognosen auf der Basis von Betriebsdaten.
- Fehlerdiagnose und Überwachung.
- Qualitätsoptimale Regelung.

In der genannten Reihenfolge steigen die Anforderungen an die Modellgüte. Während die Untersuchungen zu den ersten beiden Punkte typischerweise offline durchgeführt werden, dienen die Punkte Meßdatenvalidierung, Softsensors und Fehlerdiagnose der Unterstützung und Information der Anlagenfahrer. Dabei besteht normalerweise keine Rückkoppelung des Neuronalen Modells zum Produktionsprozeß. Bei der qualitätsoptimalen Regelung, die im Zusammenhang mit Neuronalen Netzen normalerweise als modellgestützte prädiktive Regelung eingesetzt wird, greift das Netz dagegen selbständig in den Prozeß ein.

Eine modellgestützte Regelung auf der Basis eines künstlichen Neuronalen Netzes wurde bei der Bayer AG erstmals 1994 bei einem Nachreaktionsturm für Kunststoffgranulat in Uerdingen eingesetzt. Mit dem Netz wurde der dynamische Zusammenhang zwischen den Stell- bzw. Zustandsgrößen des Nachreaktionsturms und der Viskosität des Produkts nach Ablauf der Reaktion (qualitätsbestimmende Größe) modelliert. Das Modell dient als Beobachter in einer modellgestützten Regelung zur qualitätsoptimalen Fahrweise (model based predictive control). Das System wurde in das Prozeßleitsystem der Anlage integriert und ist seit Mitte Februar 94 im Einsatz.

Mittlerweile wird die Methode der Neuronalen Netze für diese Problemklasse vom reinen black-box Modell hin zum *hybriden* Modell weiterentwickelt. Ziel ist es, Vorwissen in das Netz zu integrieren. Beispielsweise ist häufig bekannt, daß das Gesamtproblem in mehrere Teilmodelle zerfällt, auf die jeweils nur wenige Eingangsgrößen einwirken. Dieses vorab vorhandene Prozeßverständnis kann genutzt werden, um die Zahl der Datensätze, die zum Erreichen einer bestimmten Modellgenauigkeit erforderlich sind, teilweise erheblich zu reduzieren. Die einzelnen Submodelle können dabei Neuronale Netze (black boxes) oder auch physikalisch-chemische Teilmodelle (eventuell mit anzupassenden freien Parametern) sein. Wesentlich ist, daß die Wirkung der einzelnen Teilmodelle auf die Ausgangsgrößen des Gesamtmodells (gegebenenfalls bis auf freie Parameter) bekannt ist. Diese Verschaltung der Teilmodelle ist in Abbildung 6 als große white box dargestellt.

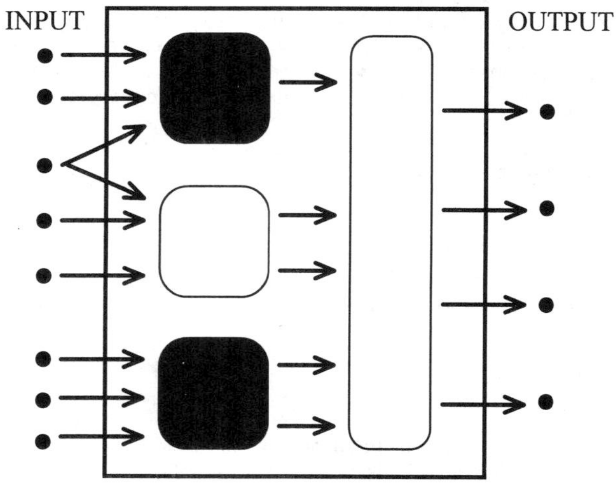

Abb. 6: Integration von strukturellem Vorwissen in Neuronale Netze

So ist beispielsweise bei chemischen Reaktionssystemen häufig bekannt, daß an gewissen Teilreaktionen nur zwei oder wenige Spezies beteiligt sind. Sehr komplexe Teilreaktionen, über die nur wenig bekannt ist, können mit Hilfe Neuronaler Netze als black box und einfachere Teilreaktionen rigoros als white box (mit anzupassenden Parametern) modelliert werden.

Dieser vielversprechende Ansatz ist neben anderen im Rahmen des BMBF-Pilotprojektes *Nichtlineare Dynamik in der chemischen Industrie* entwickelt und erfolgreich angewendet worden. Allerdings sind bis zum routinemäßigen Einsatz der Methoden weitere Vorarbeiten erforderlich.

6. Software

Das Angebot an Softwarepaketen für Neuronale Netze ist ausgesprochen vielfältig und reicht von einzelnen Algorithmen bis zu kompletten Entwicklungsumgebungen für bestimmte Anwendungsbereiche. Aus den bei der Bayer AG durchgeführten Projekten resultieren für einen produktiven Einsatz in der chemischen Industrie vor allem die folgenden Anforderungskriterien an geeignete Softwareprodukte:

- Effiziente Datenvorverarbeitung.
- Geeignete Behandlung unvollständiger Datensätze.
- Automatische Netzstrukturoptimierung, d.h. der Anwender sollte sich nicht um die richtige Zahl innerer Knoten oder Lernschritte kümmern müssen.
- Schnelle Lernalgorithmen. Für Anwendungen mit hunderten von Eingangsparametern und vielen tausend Datensätzen ist das klassische Lernverfahren „Backpropagation“ in der Regel viel zu langsam. Dies gilt insbesondere, wenn noch verschiedene Varianten (wie bei der automatischen Netzstrukturoptimierung) gerechnet werden müssen.
- Berücksichtigung von Klassifikatoren, d.h. Parameter mit nichtnumerischen Werten, wie z.B. der Parameter „Verfärbung“ mit den Werten „keine“, „gelblich“, „bläulich“ oder „rötlich“ (oder ein Parameter „Rührertyp“), sollten in das Modell integriert werden können.
- Grafische Auswertemöglichkeiten, insbesondere zur Beurteilung der Modellgüte.
- Komfortable Benutzeroberfläche.
- Runtime-Komponenten und integrierte Prognose- und Optimierungsmöglichkeiten. Damit besteht die Möglichkeit der Einbettung der Modelle in Datenbanken und Prozeßleitsysteme.

Bei der Bayer AG werden u.a. die Eigenentwicklung „NeuroTool“ sowie das kommerziell verfügbare Softwarepaket „NN-Tool“ eingesetzt. Beide Softwarepakete sind unter Berücksichtigung der genannten Anforderungskriterien entwickelt worden.

7. Zusammenfassung

Neuronale Netze sind ein äußerst leistungsfähige Werkzeuge zur Rezepturberechnung sowie zur Analyse, Optimierung und Regelung bestehender Anlagen. Sie sind insbesondere für Fragestellungen nach der Qualität eines Produktes, für die häufig kein physikalisch-chemisches Modell zur Verfügung steht, geeignet. Tiefgehende mathematische Kenntnisse über Lernalgorithmen, Netzstrukturen etc. sind beim Einsatz entsprechender Softwarepakete nicht mehr erforderlich.

Literatur

/1/ Neuronale Netze: Anwendungen in der Automatisierungstechnik; Tagung Langen VDI/VDE-Gesellschaft Mess- und Automatisierungstechnik.- Düsseldorf : VDI-Verlag 1995.

/2/ Bärmann, Greye, Lüdeke: Prozeßregelung einer Nachreaktion auf der Basis eines künstlichen neuronalen Netzmodells, **atp** 8/95.

/3/ Hunt, Sbarbaro, Zbikowski, Gawthrop: Neural Networks for Control Systems - A Survey, Automatica **28** (1992), 1083-1112.

/4/ Schuppert: New approaches to data oriented reaction modeling. Proceedings of the 3rd Workshop on Modelling of Chemical Reaction Systems, IWR Heidelberg 1996.

Genetische Programmierung zur transparenten Modellierung von Bioprozessen

Dipl.-Ing. Peter Marenbach, Darmstadt
Dipl.-Ing. Michael Hansmann, Ludwigshafen
Dr. rer.nat. Stephan Freyer, Ludwigshafen
Dr.-Ing. Ulrich Nieken, Ludwigshafen

Zusammenfassung

Die Methode der Genetischen Programmierung gestattet die automatische Optimierung von Strukturen. Hierauf aufbauend wurde ein neuartiges Modellbildungsverfahren entwickelt, mit dem sich aus gemessenen Prozeßdaten transparente und nachvollziehbare dynamische Modelle von komplexen nichtlinearen Prozessen entwickeln lassen. Das Verfahren ermöglicht es, datengetrieben Modellstrukturen zu generieren, aber auch vorgegebene Teilmodelle zu erweitern oder Modellideen zu verifizieren. Dabei stellt die transparente mathematische Form der erhaltenen Modelle, die dem Bediener die Interpretation sowie die interaktive Beeinflussung des Modellbildungsprozesses erlaubt, einen wesentlichen Vorteil dar. Dieser Beitrag stellt zwei Beispiele vor, an denen das Verfahren mit Erfolg angewendet wurde.

1 Einleitung

Die Entwicklung von physikalisch-biologisch motivierten Modellen zur Beschreibung von komplexen Systemen in der Biotechnologie ist erfahrungsgemäß schwierig und zeitaufwendig. Datengetriebene Verfahren, wie neuronale Netze, ermöglichen zwar ein automatisiertes und damit zeitsparendes Vorgehen, lassen aber vorhandenes Wissen ungenutzt und bieten aufgrund mangelnder Transparenz des neuronalen Netzes auch keine Möglichkeit zur Erweiterung des Prozeßverständnisses.

Das in diesem Beitrag beschriebene, auf der Methode der Genetischen Programmierung aufbauende Verfahren geht einen anderen Weg der datengetriebenen Modellbildung. Anstatt – wie beim neuronalen Netz – das Prozeßverhalten durch geeignete Einstellung numerischer Parameter innerhalb einer sehr allgemeinen Struktur nachzubilden, wird gezielt nach einer möglichst kompakten und dadurch nachvollziehbaren Modellstruktur gesucht. Dieses Prinzip ermöglicht eine interaktive Vorgehensweise, bei der der Bediener bekannte oder auch nur vermutete Zusammenhänge direkt in die Modellbildung einbringen kann. Zudem können aus den automatisch generierten Modellvorschlägen Rückschlüsse auf den Prozeß und/oder das verwendete Datenmaterial gezogen werden.

Nach einer Motivation und Beschreibung des Verfahrens wird in diesem Beitrag einerseits eine Verifikation der Methodik anhand eines Simulationsbeispiels und andererseits Ergebnisse aus dem praktischen Einsatz am realen Prozeß vorgestellt.

2 Datengetriebene Modellbildung

Der Begriff der datengetriebenen Modellbildung galt lange Zeit schon fast als Synonym für die Nachbildung von Prozeßverhalten mittels künstlicher neuronaler Netze. Vernachlässigt wird bei diesem Ansatz, daß der betrachtete Prozeß in der Regel nicht vollkommen unbekannt ist, da vorhandenes Vorwissens oft nur schwer mit der Art der Wissensrepräsentation des neuronalen Netzes zu verbinden ist. Ein weiterer Nachteil der *black box* Struktur neuronaler Netze ist ihr Mangel an Transparenz. Da das erlernte Prozeßwissen einzig durch eine große Anzahl numerischer Koeffizienten repräsentiert wird, ist es – mit Ausnahme von Netzen mit niedriger Eingangsdimension, deren Ein-Ausgangsverhalten graphisch darstellbar ist – nicht möglich das Modell anschaulich auf Plausibilität und augenscheinliche Lücken oder Fehler hin zu überprüfen.

Um eine effiziente Nutzung vorhandenen Prozeßwissens bei der datengetriebenen Modellbildung zu ermöglichen und um am Ende ein nachvollziehbares Modell zu erhalten, ist es notwendig, die Wissensrepräsentation im Modell mit der Vorstellungs- oder Denkweise des Experten oder Ingenieurs in Einklang zu bringen. Im Falle verfahrenstechnischer Anlagen geht man typischerweise von den bekannten Bilanzen, die mathematisch formuliert sind, aus. Weniger bekannt hingegen sind die Kinetiken, die die Geschwindigkeiten der Stoffumwandlung und deren nichtlineare Abhängigkeiten von den unterschiedlichsten Umgebungsparametern beschreiben. Daher ist es naheliegend für die datengetriebene Modellbildung solcher Prozesse eine Repräsentationsform zu wählen, die mathematisch-physikalische Zusammenhänge liefert.

Die Aufgabe datengetrieben einen mathematischen Ausdruck zu generieren unterscheidet sich wesentlich von den konventionell betrachteten Identifikationstechniken. Es sind nicht nur die Parameter in einer vorgegeben Struktur an die gegebenen Daten anzupassen, sondern auch die Struktur selbst muß entwickelt werden. Es handelt sich also um ein Problem der Strukturoptimierung.

Strukturen zeichnen sich im Gegensatz zu Parametervektoren zum einen durch ihre variable Größe und zum anderen durch die Tatsache aus, daß sich die Bedeutung eines einzelnen Elements nicht aus seiner absoluten Position sondern aus seinem Kontext ergibt. Da sich im Suchraum der Strukturen keine Gradienten oder Richtungen im herkömmlichen Sinne definieren lassen, handelt es sich bei den bekannten Verfahren zur Strukturoptimierung zumeist um heuristische Suchstrategien. Im folgenden wird dagegen ein evolutionärer Algorithmus zur Strukturoptimierung vorgestellt, der durch seine große Flexibilität neue Wege in der datengetriebenen Modellbildung eröffnet.

3 Strukturoptimierung mit EAs

Der Begriff der Genetischen Programmierung (*genetic programming*) wurde von Koza [1] für ein evolutionäres Verfahren zur automatischen Erzeugung von Computerprogrammen in der Programmiersprache LISP geprägt. Das zugrundeliegende Konzept, das die Optimierung von **Strukturen** in einer baumartigen Repräsentation erlaubt und in ähnlicher Form schon einige Jahre zuvor von Cramer [2] vorgeschlagen wurde, läßt sich einfach und flexibel auf eine Vielzahl von Problemen anwenden. Wesentlich für die Anwendbarkeit ist nur, daß sich eine geeignete Kodierung finden läßt, die den Lösungsraum des Strukturoptimierungsproblems in einer solchen Baumstruktur darstellt.

3.1 Das Programm SMOG

Basierend auf dem Ansatz der Genetischen Programmierung wurde an der TU Darmstadt in enger Kooperation mit der BASF AG das Modellbildungswerkzeug SMOG (*Structured MOdel Generator*) zur datengetriebenen Erzeugung von Modellstrukturen entwickelt [3, 4, 5]. Der Schwerpunkt der aktuellen Arbeiten liegt auf einer generellen Leistungssteigerung insbesondere im Hinblick auf eine Anwendung bei biotechnologischen Prozessen.

Ein wesentliches Merkmal des in SMOG verfolgten Ansatzes ist, daß das Problem der Modellbildung in zwei Teilprobleme

- die Suche nach einer geeigneten Modellstruktur und
- die Suche nach den optimalen Parametern für eine vorgeschlagene Modellstruktur

zerlegt wird. Dabei wird für die Struktursuche die Genetischen Programmierung verwendet, während für die Parameteroptimierung hierbei bewährte Methoden wie Quasi-Gauß-Newton- oder direkte Suchverfahren oder auch eine Evolutionsstrategie zum Einsatz kommen.

3.1.1 Modellrepräsentation

Wie oben angedeutet ist die Wahl einer geeigneten Kodierung von eminenter Bedeutung für die evolutionäre Struktursuche. Für SMOG wurde eine blockorientierte Repräsentationsform gewählt, d.h. die von der Genetischen Programmierung generierten Lösungen beschreiben ein Modell in der Art eines Blockschaltbildes. Dabei repräsentiert die Wurzel einer erzeugten Baumstruktur den Modellausgang, vom dem aus das Modell sukzessive zu den Eingängen, die wiederum durch Blätter in der Baumstruktur repräsentiert werden, hin entwickelt wird. In Bild 1 ist ein Beispiel einer solchen Baumstruktur und des korrespondierenden Blockschaltbildes gegeben.

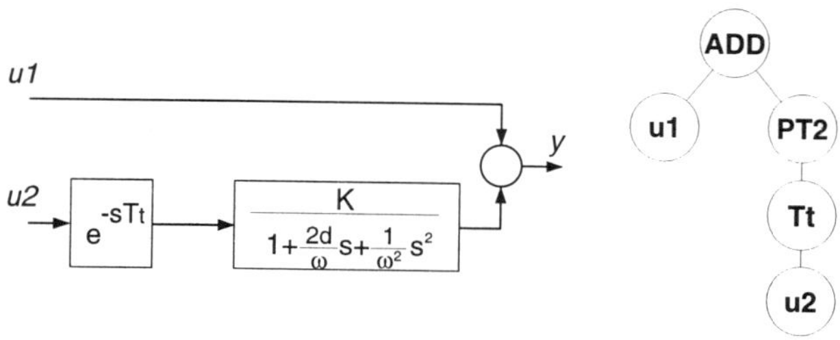

Bild 1: Einfaches Prozeßmodell dargestellt als Blockschaltbild (links) und als Baumstruktur (rechts). Die Blöcke '**PT2**' und '**Tt**' stehen für eine Verzögerung 2. Ordnung bzw. eine Totzeit und sind im Blockschaltbild durch deren Übertragungsfunktion dargestellt.

Die in großer Anzahl implementierten Modellblöcke lassen sich so beliebig zu Modellstrukturen verkoppeln, die sich vom Ausgang her gesehen immer weiter auffächern. Neben den eigentlichen Modellblöcken stehen zudem Bausteine zur Verfügung, die strukturelle Manipulationen (z.B. Rückkopplungen oder Parallelschaltungen von Zweigen) bewirken.

Die angewendeten genetischen Operatoren (Mutation und Rekombination) orientieren sich an den von Koza [1] formulierten Prinzipien der Syntaxerhaltung (vgl. Bild 2), wobei im Gegensatz zu Koza bei der Mutation nur einzelne Knoten und nicht vollständige Unterbäume ausgetauscht werden. Mögliche hierbei auftretende Strukturfehler, z.B. wenn der neue Knoten eine andere Anzahl von Ästen hat als der alte, werden durch einen nachgestellten Reparaturmechanismus korrigiert (vgl. Bild 2 links: Der Block '**log**' mit einem wird durch '*' mit zwei Eingängen ersetzt; durch das Ergänzen des Eingangs '**1.2**' wird die Struktur wieder vollständig).

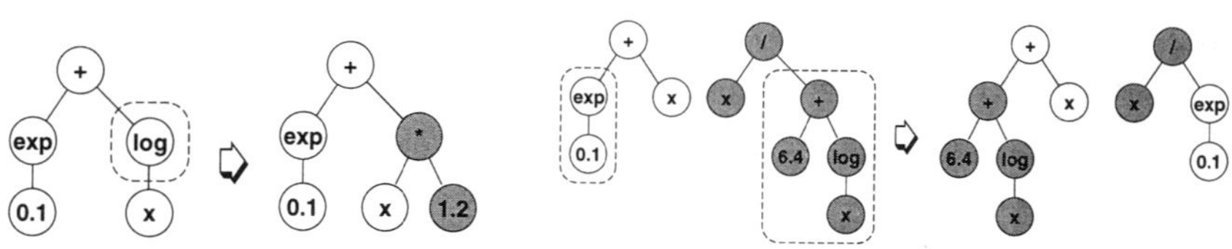

Bild 2: Syntaxerhaltende Mutation (links) und Rekombination (rechts).

Mehrere Modellausgänge werden durch ein entsprechende Anzahl von Bäumen, die jedem Modell-Individuum zugeordnet werden ,repräsentiert. Darüberhinaus können auch Zwischengrößen definiert werden, denen ebenfalls ein eigener Baum zugeordnet wird, dessen Ausgang aber nicht mit einem (gemessenen) Sollwert verglichen wird. Die einzelnen Bäume können beliebig auf den Ausgangwert der anderen zugreifen, wobei die Bildung von algebraischen Schleifen wiederum durch einen Reparaturmechanismus unterbunden wird.

3.1.2 Nutzung von Vorwissen

Ein wesentlicher Kritikpunkt beim Einsatz neuronaler Netze zur datenbasierten Modellbildung ist, daß vorhandenes Prozeßwissen häufig ungenutzt bleibt. Dies liegt vor allem daran, daß es oft nur unter erheblichem Aufwand möglich ist, Wissen, das z.B. in Form von Bilanzgleichungen vorliegt, in einer geeigneten Weise mit lernenden Komponenten zu verbinden. In der Regel (z.B. bei hybriden Ansätzen) muß hierzu insbesondere der Trainingsalgorithmus für das Netzwerk individuell angepaßt werden, was bei fertiger Software nicht immer möglich ist.

Bei der Modellbildung mit SMOG ist dies anders. Bekannte (bzw. als bekannt angenommene) Teilmodelle können direkt als unveränderlicher Teil des evolutionär zu erzeugenden Modells definiert werden. Dazu wird bei der Erstellung der Anfangspopulation ein solches festes Teilmodell in jedes Modell integriert und im weiteren evolutionären Verlauf wird verhindert, daß dieses durch genetische Operatoren verändert wird.

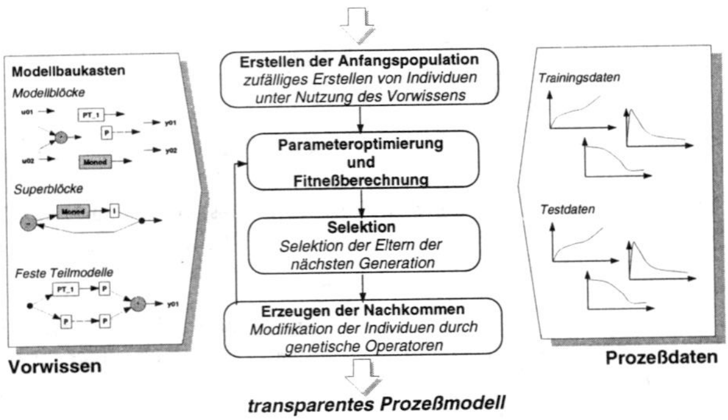

Bild 3: Nutzung von Vorwissen und Prozeßdaten für die datengetriebene Modellbildung mit SMOG

Derartige Vorgaben sind in SMOG Teil des sog. Modellbaukastens (vgl. Bild 3) in dem das für den konkreten Anwendungsfall zur Verfügung stehende „genetische Material" vorgegeben wird. Neben der Definition fester Teilmodelle erfolgt hier die Auswahl der Modellblöcke, die im konkreten Fall geeignet bzw. gewünscht sind. Hierbei kann zum einen auf eine Bibliothek vordefinierter Modellblöcke zurückgegriffen werden, zum anderen besteht auch die Möglichkeit durch untrennbare Verkopplungen neue anwendungsspezifische Blöcke („Superblöcke" in Bild 3) zu definieren.

Weitere optionale Möglichkeiten Vorwissen zu nutzen, um den Suchraum einzuschränken, wurden bei den numerischen Parametern geschaffen. Während diese standardmäßig von SMOG frei wähl- bzw. einstellbar sind, können für sie auch eingeschränkte Wertebereiche oder auch feste Werte vorgegeben werden.

3.1.3 Fitneßberechnung

Neben der Wahl der Kodierung ist die Definition eines Fitneßkriteriums eine der kritischsten Aufgaben bei der Anwendung evolutionärer Algorithmen. Insbesondere wenn mehr als nur ein Gütekriterium zu beachten ist und daher zudem die Frage zu beantworten ist, wie das Verfahren zu einem geeigneten Kompromiß zu lenken ist, hängt der Erfolg der evolutionären Suche in hohem Maße von der Fitneßberechnungs- bzw. damit eng verbunden von der Selektionsvorschrift ab.

Kriterien zur Modellbewertung

Ein verbreitetes Kriterium zur Beurteilung, wie gut ein Modell das gemessene Prozeßverhalten wiedergibt, ist der mittlere quadratische Fehler zwischen Modellausgang und Meßgröße. Da sich die Teilmodelle für verschiedene Ausgangsgrößen mehr oder weniger unabhängig voneinander entwickeln, können Modelle entstehen, die bezüglich einer Ausgangsgröße einen kleinen, bezüglich einer anderen aber einen sehr großen Fehler aufweisen. Um dieser Tatsache gerecht zu werden, ist es sinnvoll, den Fehler jedes Ausgangs als separates Gütekriterium zu betrachten. Zur Gewährleistung eines guten Generalisierungsverhaltens ist es zudem ratsam, zur abschließenden Bewertung der Modellgüte Testdatensätze zu verwenden, die von den Trainingsdatensätzen, mit denen die Parameteroptimierung durchgeführt wurde, zumindest teilweise verschieden sind [6].

Die variable Länge der erzeugten Lösungen ist eine wesentliche Eigenschaft der Genetischen Programmierung. Wirkt man dem nicht entgegen, neigt das Verfahren im Verlauf der Optimierung dazu, immer größere Strukturen hervorzubringen [7]. Angesichts des Wunsches nach größtmöglicher Transparenz des Prozeßmodells ist eine solche „Aufblähung" der Modellkomplexität durch oftmals redundante und nicht-signifikante Modellteile zu vermeiden. Das Einführen eines komplexitätsabhängigen Stafterms ist gleichsam der einfachste wie auch der problematischste Weg kompakte Strukturen zu erzwingen [8]. Im Einzelfall wird der Optimierer vor die Wahl gestellt, entweder den Modellfehler oder die Komplexität zu verringern. Da letzteres bei einer zufälligen Strukturveränderung (durch Mutation oder Rekombination) i.a. einfacher zu erreichen ist, haben in früheren Untersuchungen (z.B. [3, 4]) minimale Strukturen schnell die Oberhand gewonnen.

Der inzwischen kaum noch überschaubare Ideenreichtum, der in der Literatur beschriebenen Ansätze, ist ein Indiz, einerseits für die Bedeutung die der Forderung nach kompakten Lösungen zuteil wird, andererseits aber auch für das Fehlen einer allgemeingültigen Methodik mit der dies zu erreichen ist. In SMOG wurde daher eine problemangepaßte Strategie realisiert: Ähnlich wie bei der klassischen Modellbildung wird angestrebt, daß alle im Modell vorkommenden Parameter signifikant sind. Dazu wird der Rangabfall der Fisher'schen Informationsmatrix bestimmt und dieser bezogen auf die Gesamtzahl der Parameter als Kriterium verwendet.

Mehrkriterielle Optimierung

Aus der gleichzeitigen Verwendung von mehreren Gütekriterien heraus ergibt sich die Notwendigkeit, diese in geeigneter Form zu einem einzigen Fitneßwert zu verrechnen. Gerade bei dem häufig gewählten Weg einer gewichteten Addition der Gütewerte ist oftmals der Effekt zu beobachten, daß der Optimierer zwar die Fitneß kontinuierlich verbessert, sich die Ergebnisse aber nicht in die gewünschte Richtung entwickeln. Der Grund hierfür ist, daß die Zielvorstellungen des Benutzers nicht mit der von ihm formulierten Vorschrift zur Fitneßberechnung übereinstimmen.

Um diesen Fall zu vermeiden wird bei der sog. MOGA (*multiobjective genetic algorithm*) Methode [9] auf eine explizite Formulierung einer Vorschrift zur Fitneßberechnung aus den Einzelkriterien verzichtet. Im evolutionären Prozeß werden die im Sinne der Pareto-Optimalität nicht-dominierten Individuen gefördert. Dadurch erhält der Benutzer am Ende eines Laufs nicht ein Individuum als „beste" Lösung, sondern eine Menge nicht-dominierter Individuen (im Idealfall entspricht diese Menge der Pareto-Menge), unter denen er die endgültige Auswahl zu treffen hat.

Realisiert wird dieses Verhalten durch Nutzung des sog. Pareto-Rangs als Selektionskriterium. Der Pareto-Rang eines Individuums ist gleich der Anzahl der Individuen, die es dominieren. So hat z.B. ein nicht-dominiertes Individuum den Pareto-Rang 0. Bei der üblicherweise verwendeten Turnierselektion wird dann dasjenige Individuum als Gewinner betrachtet, das den besseren (d.h. kleineren) Pareto-Rang besitzt.

3.1.4 Implementierung

Die Modellstruktursuche ist ein sehr rechenintensives Problem, da für jede vom evolutionären Algorithmus vorgeschlagene Lösung ein eigenes Parameteroptimierungsproblem gelöst werden muß, für das wiederum vielfache numerische Simulationen benötigt werden. Um die heute zunehmend in Netzwerken verfügbare Rechenleistung effizient nutzen zu können, wurde bei der durchgehend objektorientierten Implementierung von SMOG für UNIX-Systeme das oben beschriebene zweistufige Konzept auf eine Client-Server-Struktur abgebildet. Dabei übernimmt der Server die Aufgabe der Strukturgenerierung und Koordination, während die rechenintensive Parameteroptimierung und Modellbewertung parallel und asynchron von den Clients übernommen wird.

4 Experimentelle Ergebnisse

Zur Validierung des oben vorgestellten Ansatzes im Rahmen der Modellbildung biotechnologischer Prozesses wurden bei der BASF AG verschiedene Untersuchungen durchgeführt. Zunächst wurden Experimente an einem einfachen Simulationsmodell durchgeführt, die zu Beantwortung der Frage dienten, ob SMOG in der Lage ist, ein gegebenes Modell anhand von mit eben diesem Modell erzeugten Simulationsdaten „wiederzufinden". Daran anschließend erfolgten Untersuchungen zur Modellierung eines realen bei der BASF AG betriebenen Prozesses.

4.1 Simulierter Bioprozeß

Für die Validierung wurde ein einfaches biologisch motiviertes Modell einer Fed-batch-Fermentation erstellt. In diesem Prozeß wachsen die Mikroorganismen (Biomasse, X) unter Verbrauch des Substrates S mit der Wachstumsrate μ, die durch die Konzentration von S bestimmt wird. Gleichzeitig verbrauchen die Mikroorganismen Substrat zur Aufrechterhaltung ihrer Struktur (Erhaltungsstoffwechsel). Durch Zudosierung einer wässrigen Substratlösung F wird der Substratverbrauch teilweise ausgeglichen. Aus diesen Überlegungen ergibt sich für die Bilanzen des Prozesses:

$$\begin{aligned} \frac{dX}{dt} &= (\mu - \frac{F}{V})X \\ \frac{dS}{dt} &= (S_0 - S)\frac{F}{V} - \frac{\mu}{Y_{X|S}}X \\ \frac{dV}{dt} &= F \end{aligned} \tag{1}$$

mit

S_0 : Konzentration des Substrates im Zulauf

V : Volumen

Der Term F/V in den Bilanzen für Biomasse und Substrat trägt der Verdünnung durch den Zulauf Rechnung. Durch $dX/dt = \mu \cdot X$ wächst die Biomasse autokatalytisch. Für die kinetischen Beziehungen der spezifischen Wachstumsrate μ und des Ertragskoeffizienten $Y_{X|S}$ wurden folgender Standardansatz aus der Literatur [10] entnommen:

$$\begin{aligned} \mu &= \mu_{max} \cdot \frac{S}{K_S + S} - m_S Y_{X|S}^{max} \\ Y_{X|S} &= Y_{X|S}^{max} \cdot \frac{\mu}{\mu + m_S\, Y_{X|S}^{max}} \end{aligned} \tag{2}$$

mit

$\mu_{max} =$ 1.4 $[1/h]$: maximale spezifische Wachstumsrate

$$K_S = 0.73\,[g/l] \quad : \text{Substratsättigungskonstante}$$
$$Y^{max}_{X|S} = 0.6\,[g/g] \quad : \text{maximaler Ertrag}$$
$$m_S = 6 \cdot 10^{-4}[1/h] \quad : \text{Maintenance-Koeffizient}$$

Der erste Teil von μ entspricht dem klassischen Ansatz von Monod der die Wachstumsgeschwindigkeit der Biomasse in Abhängigkeit von der Substratkonzentration beschreibt und für hohe Substratkonzentrationen in eine Reaktion 0. Ordnung übergeht, der 2. Term beschreibt den Substratverbrauch für den Erhaltungsstoffwechsel und den Zelltod bei $S = 0$. Der Ertragkoeffizient $Y_{X|S}$ ist in der obigen Beziehung wiederum in einer hyperbolischen Funktion von μ abhängig.

Mit diesem Modell wurden mehrere Simulationsläufe mit unterschiedlichen Zudosierungsstrategien (vgl. Bild 4) durchgeführt. Die gewählten Strategien entsprechen der gängigen Laborpraxis und regen das System stark an. Pro Simulationslauf wurden 20 Datenpunkte aufgezeichnet.

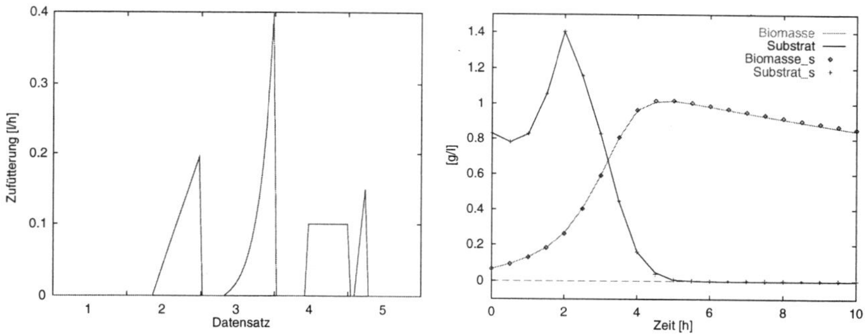

Bild 4: Fünf verschiedene Zudosierungsstrategien (links) und Vergleich zwischen dem von SMOG erstellten Modell und dem Simulationsmodell (mit Endung '**_s**') beim 5. Datensatz (rechts).

Entsprechend ergaben sich fünf verschiedene Datensätze für Biomasse und Substrat, die nun als Fermentationsverläufe für die Generierung eines Modells mit SMOG verwendet werden. Dabei wurden die Datensätze in 1 bis 4 als Trainings- sowie 1 und 5 als Testdatensätze verwendet. Die Bilanzen aus (1) wurden fest vorgegeben. Für die Kinetiken wurde $\mu = f_1(X, S)$ bzw. $Y_{X|S} = f_2(X, S, \mu)$ als Vorgaben für die möglichen Eingänge gemacht. Als Bausteine für die Funktionen f_1 und f_2 lagen dem Programm die in Tabelle 1 gegebenen Blöcke vor. Verknüpfungen zwischen den Bausteinen waren beliebig möglich.

Bezeichnung	Systemblock
C	Konstante
P	Proportionalglied
Ofs	Offset
Add	Additionsglied
Sub	Subtraktionsglied
Mult	Multiplikationsglied
Div	Divisionsglied

Bezeichnung	Systemblock
Monod	$\mu(S) = \mu_{max} \cdot \frac{S}{K_S+S}$
SubLimTeissier	$\mu(S) = \mu_{max} \cdot \left[1 - exp(-\frac{S \cdot ln2}{K_S})\right]$
SubLimJost	$\mu(S) = \mu_{max} \cdot \frac{S^2}{(K_1+S)(K_2+S)}$
SubInhAndrews	$\mu(S) = \mu_{max} \cdot \frac{1}{1+\frac{K_S}{S}+\frac{S}{K_{I,S}}}$
SubInhWebb	$\mu(S) = \mu_{max} \cdot \frac{S(1+\frac{S}{K'_S})}{S+K_S+\frac{S^2}{K_S}}$

Tabelle 1: Modellbausteine für den Simulationsprozeß. Die im rechten Teil aufgeführten Blöcke sind aus der Literatur entnommene Kinetiken.

Bei 12 durchgeführten SMOG-Läufen wurde in zehn Fällen das oben aufgestellte Orginalmodell mit seinen Parametern bzw. ein nur geringfügig abweichendes gefunden werden. Diese geringfügige Abweichung bestand darin, daß an einer Stelle eine Kinetik mit einem zusätzlichen Parameter verwendet wurde ('**SubInhWebb**' anstelle von '**Monod**'), wobei der Eingangsbereich, in dem sich die beiden Nichtlinearitäten unterscheiden, nicht in Erscheinung tritt. Für hohe Substratkonzentrationen wird bei der substratinhibierenten Kinetik nach Webb μ wieder kleiner, während es nach Monod gegen μ_{max} strebt. Ein solcher „falscher" Ansatz wird auch bei der klassischen Modellentwicklung oft gemacht. In Bild 4 rechts sind die Verläufe eines solchen Modells am Beispiel des Testdatensatzes 5 dargestellt.

4.2 Realer Bioprozeß

Aufbauend auf den am simulierten Prozeß gewonnenen Erkenntnissen wurde ein realer, aktuell bei der BASF AG in der Entwicklung befindlicher Prozeß betrachtet. Bei diesem Prozeß handelt es sich um eine sogenannte Precursor-Fermentation. In diesem Verfahren wird ein chemisch synthetisiertes Edukt (*Precursor*) von den Mikroorganismen aufgenommen, modifiziert und als Produkt wieder ausgeschieden. Wie beim Simulationsbeispiel handelt es sich dabei um eine Fed-batch-Fermentation. Mit einer bestimmten Zulaufstrategie wird zum einen das Edukt, zum anderen eine C-Quelle zur Versorgung der Mikroorganismen zudosiert. Die Mikroorganismen benötigen die C-Quelle um, wie oben beschrieben, zu wachsen und zum Strukturerhalt, aber auch als Energiequelle zur Umsetzung des Precursors in das gewünschte Produkt.

Wie bei der Simulation standen von diesem Prozeß fünf unter gleichen Rahmenbedingungen erzeugte Datensätze zur Verfügung, die sich zudem durch eine unregelmäßige und seltene Messung und hohe Rauschanteile auszeichnen. Wenngleich diese für Bioprozesse typischen Bedingungen für SMOG relativ unproblematisch sind, sind sie erwähnenswert, da sie bei der verbreiteten Anwendung von neuronalen Netzen als NARMAX-Modell (z.B. [11]) erhebliche Schwierigkeiten bereiten.

4.2.1 Klassische Modellentwicklung

Die Modellierung eines solchen Prozesses gestaltet sich aufgrund der im Verhältnis zur Komplexität der Stoffwechselvorgänge in den Organismen geringen Kenntnisse schwierig. Das oben beschriebene Wachstum der Mikroorganismen $\dot{X} = (\mu - \frac{F}{V})X$ subsummiert hunderte von Einzelreaktionen (z.B. Ab- und Aufbau von Zuckern, Fetten, Aminosäuren, DNA, RNA) in eine Gesamtreaktion. Ähnliches gilt für die Substratbilanz und für die bei diesem Prozeß zu betrachtende Edukt- und Produktreaktion. Eine weitere Eigenschaft biologischer Systeme ist die starke Kopplung der einzelnen Bilanzen durch die kinetischen Ausdrücke. Im hier vorliegenden Fall wird die C-Quelle für die Biomassebildung (Wachstum) und die

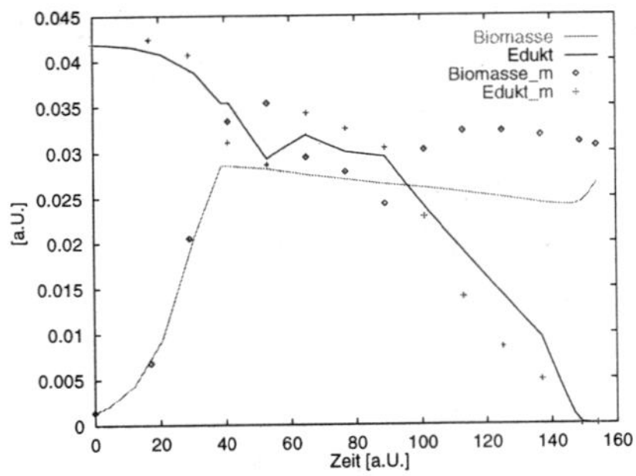

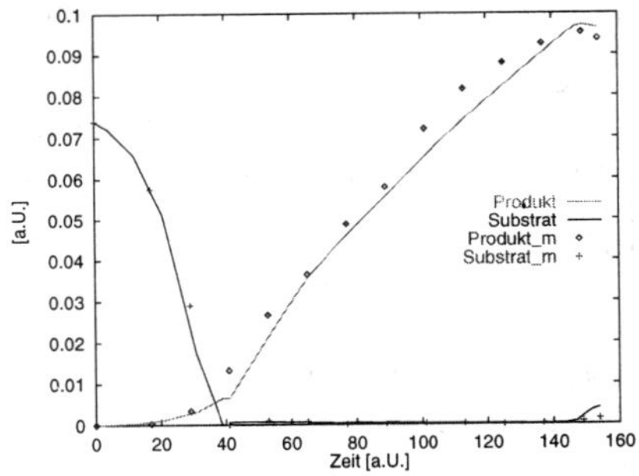

Bild 5: Vergleich von Meßdaten (mit Endung '_m') und Modellverhalten.

Produktbildung verbraucht. Das Edukt hemmt wiederum das Wachstum, ebenso das Produkt – allerdings in geringerem Maße.

Damit ergibt sich für die Beschreibung des Prozesses ein Ansatz mit vier Bilanzen für Edukt, Produkt, Biomasse und C-Quelle. Die kinetischen Gleichungen müssen obige Effekte berücksichtigen. Eine auf Basis dieser Modellvorstellung durchgeführte Simulation im Vergleich zu den Meßwerten zeigt Bild 5. Das prinzipielle Verhalten der Fermentation wird wiedergegeben. Die Dynamik des Systems wird allerdings nicht vollständig erfaßt. Das etwa nach der Hälfte der Zeit wieder einsetzende Wachstum der Biomasse wird von dem Modell nicht beschrieben. Eine weitergehend Modellierung des Prozesses ist bisher aufgrund des Aufwands nicht durchgeführt worden.

4.2.2 Modellierung mit SMOG

Parallel zu der in 4.2.1 beschriebenen Modellierung „per Hand“ wurde ein SMOG-Lauf gestartet. Als feste Modellteile wurden hier ebenfalls vier Bilanzen vorgegeben (mit $D = F/V$):

$$\begin{aligned} \frac{dX}{dt} &= \mu X - DX \\ \frac{dS}{dt} &= D \cdot \big(S_0 - S\big) - \Big(\frac{\mu}{Y_{X|S}} + \frac{\pi}{Y_{P|S}} + m\Big) \cdot X \\ \frac{dE}{dt} &= D \cdot \big(E_0 - E\big) - \pi X \\ \frac{dP}{dt} &= \pi X - KP - DP \end{aligned} \tag{3}$$

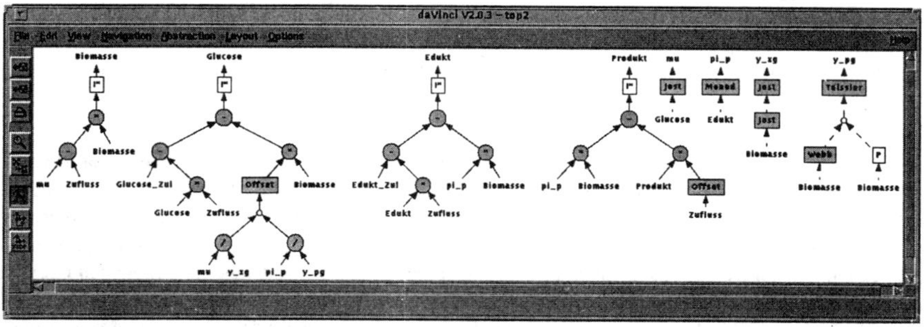

Bild 6: Baumstruktur des von SMOG erzeugten Modells.

SMOG erzeugte hierzu die folgenden Kinetiken (K_i ; $i = 1 \ldots 11$ sind die von SMOG eingestellten Modellparameter), die in Bild 6 in der von SMOG verwendeten Baumstruktur dargestellt ist:

$$\begin{aligned} \mu &= \mu_{max} \cdot \frac{S^2}{(K_1 + S) \cdot (K_2 + S)} \\ \pi &= \pi_{max} \cdot \frac{E}{K_s + E} \\ Y_{X|S} &= Y_{X|S}^{max} \cdot \frac{K_{10}^2 \cdot \frac{X^4}{(K_5+X)^2 \cdot (K_6+X)^2}}{\left(K_3 + K_{10} \cdot \frac{X^2}{(K_5+X)\cdot(K_6+X)}\right) \cdot \left(K_4 + K_{10} \cdot \frac{X^2}{(K_5+X)\cdot(K_6+X)}\right)} \\ Y_{P|S} &= Y_{P|S}^{max} \cdot (1 - e^{-\frac{1}{K_7} \cdot (K_8 X + K_{11} \cdot \frac{X \cdot (1+\frac{X}{K_9})}{X + K_{10} + \frac{X^2}{K_9}}) \cdot \ln(2)}) \end{aligned}$$

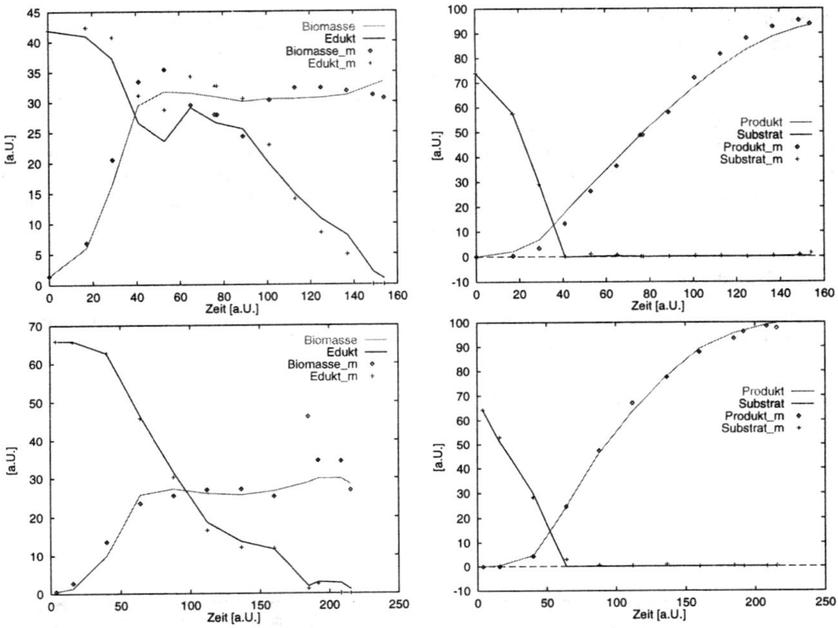

Bild 7: Vergleich von Meßdaten (mit Endung '_m') und Modellverhalten für zwei unterschiedliche Fermentationen.

Bild 7 zeigt den Vergleich der Meßwerte mit den Ausgängen des von SMOG generierten Modells. Man erkennt wie bei dem klassisch erstellten Modell eine recht gute, im Zweifelsfall sogar etwas bessere Übereinstimmung. Hervorzuheben ist dabei, daß dieses gute Resultat bei allen zur Verfügung stehenden Datensätzen (nur zwei davon sind in Bild 7 dargestellt) erreicht wurde, während die klassische Modellentwicklung zunächst auf einen Datensatz beschränkt wurde, um den Aufwand in vertretbaren Grenzen zu halten.

SMOG hat für μ und π zwei einfache, nachvollziehbare Ansätze gefunden. Die gesamte Komplexität des Prozesses befindet sich in den Ausdrücken für die Ertragskoeffizienten. Eine genaue Analyse dieser Funktionen steht gerade wegen ihrer Komplexität noch aus. Man erkennt jedoch, daß sie letztlich mit der für $Y_{X|S}$ in (2) „verwandt" sind, da die Zunahme der Biomasse die Wachstumsrate μ bestimmt. Die Frage, wie sich an dieser Stelle Präferenzen für die eine oder andere Eingangsgröße definieren lassen, um dadurch die Interpretierbarkeit weiter zu verbessern, wird Inhalt weiterer Untersuchungen sein.

5 Zusammenfassung

In diesem Beitrag wurde das Programm SMOG, ein Werkzeug zur datengetriebenen Generierung transparenter Prozeßmodelle, vorgestellt und es wurden Ergebnisse aus dessen Anwendung zur Modellierung biotechnologischer Fermentationsprozesse beschrieben. SMOG ist in der Lage, Modellstrukturen sowohl selbständig zu erzeugen als auch Strukturvorschläge zu verarbeiten und weiterzuentwickeln und dabei in vielfältiger Form Vorwissen zu integrieren. Die Optimierung der Modellstruktur ermöglicht ein auf der Idee der Genetischen Programmierung fußender evolutionärer Algorithmus, der in mehrerer Hinsicht auf anwendungsspezifische Bedürfnisse und Notwendigkeiten hin angepaßt wurde. Insbesondere bei der Modellbewertung finden nicht nur Standardkriterien sondern auch gezielte statistische Analysemethoden Anwendung.

Im experimentellen Teil des Beitrags wurde an einem Simulationsprozeß die prinzipielle Eignung des Ansatzes zur Modellgenerierung demonstriert. Bei der Anwendung auf reale Daten wurde der Vorteil deutlich, daß das datengetriebenen erstellte Modell nicht nur anhand seines Verhaltens sondern auch bezüglich seines Aufbaus diskutiert werden kann. Am konkreten Beispiel wirft das erhaltene Ergebnis neue Fragestellungen auf, die nicht zuletzt auch im Zusammenhang mit gezielten Experimenten am Prozeß am Ende zu einem verbesserten Prozeßverständnis beitragen.

Literatur

[1] *Koza, J. R.* Genetic Programming: On the Programming of Computers by Means of Natural Selection. The MIT Press, Cambridge, Massachusetts, 1992.

[2] *Cramer, N. L.* A representation for the Adaptive Generation of Simple Sequential Programs. In Grefenstette, J. J. (Hrsg.), Proc. Int. Conf. on Genetic Algorithms and the Applications, Seiten 183–187, Pittsburgh, PA, 1985.

[3] *Marenbach, P., Bettenhausen, K. D.* und *Cuno, B.* Selbstorganisierende Generierung strukturierter Prozeßmodelle. at – Automatisierungstechnik, 43(6):277–288, 1995.

[4] *Bettenhausen, K. D., Marenbach, P., Freyer, S., Rettenmaier, H.* und *Nieken, U.* Self-organizing Structured Modelling of a Biotechnological Fed-batch Fermentation by Means of Genetic Programming. In Zalzala, A. (Hrsg.), Proc. Int. Conf. on Genetic Algorithms in Engineering Systems: Innovations and Applications, Band 414 aus IEE Conference Publication, Seiten 481–486, Sheffield, UK, 1995. IEE.

[5] *Bettenhausen, K. D.* Automatische Struktursuche für Regler und Strecke: Beiträge zur datengetriebenen Analyse und optimierenden Führung komplexer Prozesse mit Hilfe evolutionärer Methoden und lernfähiger Fuzzy-Systeme. Dissertation, TH Darmstadt, FG Regelsystemtheorie & Robotik, 1996. VDI Fortschritt-Berichte 8 (574), VDI-Verlag.

[6] *Marenbach, P., Bettenhausen, K. D.* und *Freyer, S.* Signal Path Oriented Approach to Generation of Dynamic Process Models. In Koza, J. R., Goldberg, D. E., Fogel, D. B. *und* Riolo, R. L. (Hrsg.), Proc. 1st Conf. on Genetic Programming, Seiten 327–332, Stanford, CA, 1996. The MIT Press.

[7] *Nordin, P.* und *Banzhaf, W.* Complexity Compression and Evolution. In Proc. 6th Int. Conf. on Genetic Algorithms, Pittsburgh, PA, 1995.

[8] *Blickle, T.* Evolving Compact Solutions in Genetic Programming: A Case Study. In Voigt, H.-M., Ebeling, W., Rechenberg, I. *und* Schwefel, H.-P. (Hrsg.), Parallel Problem Solving from Nature - PPSN IV, Nummer 1141 in LNCS, Seiten 564–573, Berlin, GER, 1996. Springer Verlag.

[9] *Fonseca, C. M.* Multiobjective Genetic Algorithms with Application to Control Engineering Problems. Dissertation, University of Sheffield, Dept. of Automatic Control, 1995.

[10] *Moser, A.* Bioprocess technology. Springer-Verlag, Wien, 1988.

[11] *Saucedo, V. M.* und *Karim, M. N.* Analysis and Comparison of Input-Output Models in a Recombinant Fed-Batch Fermentation. J. Fermentation and Bioengineering, 83(1):70–78, 1997.

Automatisierung durch datenbasierte Fuzzy–Modellierung von Prozeßbedienern

Dipl.-Phys. Timo Slawinski, Dortmund
Dipl.-Ing. Angelika Krone, Dortmund
Prof. Dr. rer. nat. Harro Kiendl, Dortmund

1 Einleitung

An vielen Stellen in der Industrie werden Prozeßbediener für Steuerungs- und Regelungsaufgaben eingesetzt. Dabei ist es erstrebenswert, dort Teilaufgaben des Prozeßbedieners zu automatisieren, wo Entlastungen des Bedieners sinnvoll und gleichmäßigere Produktionsabläufe wünschenswert sind. Der zweite Punkt kommt insbesondere dann zum Tragen, wenn unterschiedliche Prozeßbediener sehr verschiedene Verfahrensweisen haben und damit auch unterschiedlich gute Produktionsergebnisse erzielen.

Bereiche, in denen diese Automatisierung bisher nicht stattgefunden hat, sind dadurch gekennzeichnet, daß die Prozesse so komplex sind, daß ein einfacher Reglerentwurf nicht möglich ist. In diesen Fällen gibt es meist auch kein mathematisches Modell, an dem Regelungskonzepte getestet werden könnten. Hinzu kommt, daß sich die Betriebe vor Ort gegen Komponenten wehren, in die sie keinen Einblick haben und in die sie nicht gezielt eingreifen können.

In diesen Fällen ist die datenbasierte Modellierung von Prozeßbedienern durch Fuzzy–Regeln ein vielversprechender Weg. Zum einen bedarf es hier nicht eines vorhandenen Prozeßmodells oder aufwendiger Interviews, zum anderen vermittelt das Ablegen der Strategie durch Regeln die Möglichkeit, einen Einblick zu erhalten und Änderungen vorzunehmen. Dazu ist es allerdings auch notwendig, solche Verfahren zur datenbasierten Modellierung zu wählen, die interpretierbare und relevante Regeln und nicht zu umfangreiche Regelsätze liefern.

In diesem Beitrag wird die Problematik der Modellierung von Prozeßbedienern näher erläutert (Abschnitt 2) und die sich daraus ergebenden Anforderungen an das Modellierungsverfahren abgeleitet (Abschnitt 3). Der Einsatz des Fuzzy–ROSA–Verfahrens in diesem speziellen Einsatzfeld wird in Abschnitt 4 dargestellt. Anhand zweier Anwendungen (chemischer Prozeß, Industrieroboter) wird gezeigt, wie sich — anhand von Meßdaten und der Protokollierung der Bedieneingriffe — in der Praxis einsetzbare Fuzzy–Systeme automatisch generieren lassen (Abschnitt 5).

2 Problematik der Fuzzy–Modellierung von Prozeßbedienern

Die mit Fuzzy–Control erzielten Erfolge bei zahlreichen Anwendungen in der Automatisierungstechnik legen es nahe, dieses Potential für immer komplexere Prozesse zu nutzen.

Im Gegensatz zu klassischen Entwurfsmethoden können mit den Methoden von Fuzzy–Control auch qualitative Erfahrungen „unscharf" formuliert und somit zum Reglerentwurf genutzt werden. Hierzu wird üblicherweise Erfahrungswissen, das bereits vorliegt oder durch Interviews mit Prozeßexperten erschlossen wird, in Form von WENN–DANN–Regeln gefaßt und als Regelbasis im Fuzzy–Modul abgelegt.

Für komplexe und nicht vollständig beschreibbare Prozeßabläufe zeigt sich, daß diese wissensbasierte Vorgehensweise zur Regelgenerierung an ihre Grenzen stößt. Abhilfe verspricht die datenbasierte Modellierung von Prozeßbedienern.

2.1 Datenbasierte Modellierung für komplexe Prozesse

Die datenbasierte Modellierung zielt darauf ab, intelligente Fuzzy–Module zu schaffen, die einen Prozeß in möglichst gleicher Weise beeinflussen wie ein als „Vorbild" fungierender Prozeßbediener.

In einfachen Fällen reduziert sich die Aufgabe darauf, ein Fuzzy–Modul zu schaffen, dessen Ausgangsgrößenverlauf $\hat{u}(t)$ mit dem Verlauf $u(t)$ des Stelleingriffs des Prozeßbedieners ausreichend gut übereinstimmt, wenn das Fuzzy–Modul mit den gleichen Eingangsgrößen $x_i(t)$ beaufschlagt wird (Abbildung 1). Hierzu werden dem Modellierungsverfahren in der Lernphase die Prozeßgrößenverläufe $x_i(t_k)$, auf die der Prozeßbediener reagiert, sowie die Verläufe $u(t_k)$ seiner resultierenden Reaktionen zugeführt.

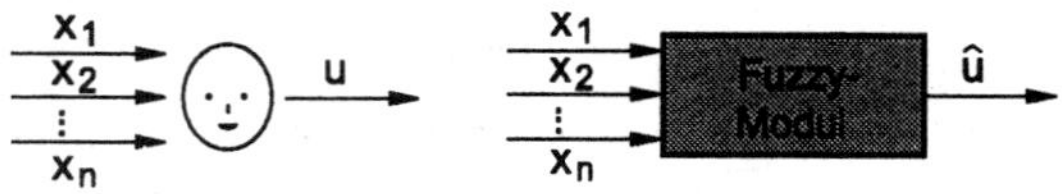

Abbildung 1: Einsatz eines Fuzzy–Moduls zur Prozeßbedienermodellierung

Im folgenden werden die Schwierigkeiten, die sich bei komplexeren Prozessen ergeben können, herausgearbeitet. Wie in Abbildung 2 schematisch dargestellt, hat der Prozeßbediener die Aufgabe, auf die ihm zugänglichen Größen mit einer geeignete Regelstrategie, hier vereinfachend als Stelleingriff $u(t)$ bezeichnet, zu reagieren.

Dazu müssen aus den beobachtbaren Prozeßgrößenverläufen Rückschlüsse auf den aktuellen Prozeßzustand gezogen werden. Weiterhin kann die Kenntnis äußerer Einflußgrößen, die sich unter Umständen erst auf zukünftige Prozeßzustände auswirken, die Bedienstrategie entscheidend beeinflussen.

Die Kunst eines erfahrenen Prozeßbedieners besteht zunächst darin, aus der Vielzahl der beobachtbaren Größen die für einen Prozeßzustand charakteristischen herauszufiltern. Dieser oftmals intuitiv ablaufende Vorgang kann durch eine vorgeschaltete Datenanalyse automatisiert werden (Abschnitt 4.1). Organischer ist es allerdings, ein Modellerierungsverfahren zu wählen, das von sich aus relevante Größen findet (Abschnitt 3.2).

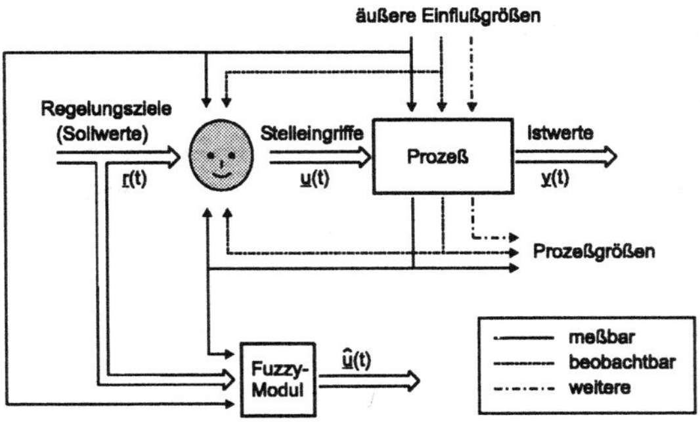

Abbildung 2: Vorgehensweise eines Prozeßbedieners im Vergleich zum Einsatz eines Fuzzy-Moduls bei der Regelung eines komplexen Prozesses

Der Erfolg der datenbasierten Modellierung hängt entscheidend davon ab, ob alle relevanten Größen direkt gemessen werden können oder aus den Meßdaten ableitbar sind.

2.2 Lernen aus widersprüchlichen Daten

Bei komplexen Prozessen kann nicht davon ausgegangen werden, daß die Meßdaten widerspruchsfrei sind. Die Ursache für solche Widersprüche kann in der Komplexität des Prozesses selbst liegen. Dies ist zum einen dann der Fall, wenn nicht alle Größen gemessen werden und deswegen relevante Größen nicht berücksichtigt werden können. Des weiteren werden kontinuierliche Verläufe nur zeitdiskret gemessen, und bei dem Lernprozeß können nur bestimmte Zeittiefen berücksichtigt werden. Ferner kann es durch Meßfehler und Rauschen in Daten zu Widersprüchen kommen.

Ein weiterer Unsicherheitsfaktor ist der Prozeßbediener selbst. So wird die Reaktion auf einen Prozeßzustand bei kontinuierlich einstellbaren Stellgrößen nie präzise sein. Darüber hinaus hängen die Bedieneingriffe auch von der Tagesform des Prozeßbedieners ab.

Eine grundsätzlich andere Situation liegt vor, wenn Prozesse von verschiedenen Prozeßbedienern mit unterschiedlichen Strategien gesteuert werden. Die Befragung von Experten kann aufgrund der unterschiedlichen Strategien unter Umständen zu widersprüchlichen Regeln führen. In diesem Zusammenhang ist interessant, daß auf zwei prinzipiell unterschiedliche Weisen auch von schlechten Strategien etwas gelernt werden kann.

Die erste Möglichkeit bezieht sich auf den Fall, daß der Prozeßbediener wegen seiner schlechten Bedienstrategie eine große Regelabweichung verursacht. Diese muß durch die nachfolgenden Eingriffe ausgeregelt werden. Falls auch diese Daten dem Modellierungsverfahren zugeführt werden, können Fuzzy–Regeln generiert werden, mit denen ähnlich hohen Regelabweichungen begegnet werden kann. Der resultierende Regelsatz hat also eine größere Regelbandbreite und ist somit robuster gegen äußere Störungen.

Die zweite Möglichkeit besteht darin, daß die Regelstrategie durch ein geeignet zu wählendes Maß für die Regelungsgüte bewertet wird. Aus schlechten Bedieneingriffen kann dann gelernt werden, welche Stelleingriffe in bestimmten Situationen sinnvoll bzw. nicht sinnvoll sind. In organischer Weise können sinnvolle Eingriffe durch Empfehlungen, also positive Regeln, beschrieben werden, und für nicht sinnvolle Eingriffe, die einer Warnung entsprechen, bietet sich die Beschreibung durch negative Regeln an [1]. Eine Anwendung hierzu wird in Abschnitt 5.2 vorgestellt.

2.3 Erschließung von unbewußtem Erfahrungswissen

Gerade in schlecht strukturierten Wissensgebieten erfaßt die üblicherweise angewandte Interviewtechnik nur den Teil des Wissens, der den Experten bewußt ist und damit verbalisiert werden kann [2]. Die ebenso wichtigen unbewußten Kenntnisse und Fähigkeiten der Experten, wie das häufig entscheidende Fingerspitzengefühl, werden auf diese Weise nicht erschlossen. Daher ist es sinnvoll, den Wissenserwerb durch datenbasierte Verfahren, die Regeln automatisch aus Meßdaten generieren, zu unterstützen. Dies hat den Vorteil, daß weder ein Prozeßmodell vorliegen noch aufwendige Interviews durchgeführt werden müssen.

Sofern das datenbasierte Verfahren transparente und somit interpretierbare Regelsätze generiert, kann anhand der erzeugten Regeln auch neues Wissen über den Prozeß gewonnen werden. Dafür ist es notwendig, daß sich die unbewußten Erfahrungen und das Fingerspitzengefühl in den Beobachtungsdaten widerspiegeln. Durch die Auswertung solcher Daten können dann Regeln gefunden werden, die dieses unbewußte Wissen repräsentieren. Durch die anschließende Analyse eines solchen datenbasiert gewonnenen Regelsatzes kann somit empirisches Wissen erlangt werden.

Bei der Konzeption regelbasierter Systeme in der Praxis ist die Kooperationsbereitschaft der Prozeßbediener essentiell. Verschiedene Gründe, wie Skepsis gegenüber neuer Technologien oder auch Angst vor Arbeitsplatzverlust, können dazu führen, daß die Experten vor Ort nicht ausreichend kooperieren. Dann ist eine wissensbasierte Vorgehensweise problematisch.

Für eine datenbasierte Modellierung hingegen macht es prinzipiell keinen Unterschied, ob das Wissen unbewußt oder aus anderen Gründen schwer zugänglich ist.

3 Anforderungen an das Modellierungsverfahren

Der Erfolg eines Fuzzy-Systems im Praxiseinsatz hängt in starkem Maße von der Akzeptanz durch die Prozeßbediener und Entscheidungsträger vor Ort ab. Dies stellt hohe Ansprüche an das Modellierungsverfahren.

3.1 Transparenz und Interpretierbarkeit der Regelsätze

Besonders wichtig ist die Transparenz und Interpretierbarkeit der generierten Regelsätze. Sie ist eine wesentliche Voraussetzung, falls in die Regelsätze nachträglich noch eingegriffen werden soll. Außerdem erhöht sich die Akzeptanz bei den Entscheidungsträgern vor Ort, da die Regeln nachvollziehbar und damit besser bewertbar sind. Ein für die Industrie zusätzlich interessanter Aspekt ist, daß das Know-How von Prozeßbedienern in einem gewissen Grade in der Regelbasis „konserviert" werden kann.

Geht eine Regelbasis aus einer Parameteroptimierung hervor, so wird der Regelsatz insgesamt danach bewertet, wie gut er das Gesamtverhalten des zu modellierenden Systems, hier den Prozeßbediener, beschreibt. Das bedeutet dann nicht, daß jede einzelne Regel eine sinnvolle Information über sein Verhalten enthält. Liefern mehrere Regeln gemeinsam einen zweckmäßigen Ausgangsgrößenwert, so steht die Konklusion einer einzelnen Regel unter Umständen mit diesem Ausgangsgrößenwert in keinem erkennbaren Zusammenhang. Solche durch Parameteroptimierung erzeugten Regelbasen nutzen einen wichtigen potentiellen Vorteil ihrer regelbasierten Struktur nicht. Er besteht darin, daß Regeln prinzipiell besonders zur Wiedergabe *qualitativer* Systemeigenschaften geeignet sind. Bei der Regelgenerierung ausschließlich durch Parameteroptimierung wird jedoch nur das *quantitative* Eingangs-/Ausgangsverhalten betrachtet.

Das Fuzzy-ROSA-Verfahren zielt darauf ab, diese Nachteile grundsätzlich zu vermeiden. Hierzu werden solche Aussagen der Form

$$\text{WENN} \quad < \textit{Bedingung} > \quad \text{DANN} \quad < \textit{Stelleingriff} >$$

als Regeln bezeichnet, die für sich genommen nachvollziehbare Verhaltensmuster des Prozeßbedieners beschreiben und somit Einsicht in seine Vorgehensweise vermitteln. Diese Einsicht ist Voraussetzung für eine Übertragung der Regeln auf andere Zusammenhänge und erleichtert nachträgliche Ergänzungen oder Veränderungen der Regelsätze. Allerdings stellt diese Anforderung eine Nebenbedingung dar, die die Flexibilität im Hinblick auf die Modellierung des Eingangs-/Ausgangsverhaltens einschränkt. Dies ist der Preis, der für die höhere Aussagekraft der einzelnen Regel gezahlt werden muß.

3.2 Generalisierende Regeln

Bei der Bedienung von komplexen Prozessen ist es teilweise unmöglich, den gesamten Prozeßzustand anhand der Beobachtungsgrößen vollständig zu erfassen und daraufhin zu reagieren. Vielmehr wird die Bedienstrategie auf relevante Teilaspekte des Prozesses ausgerichtet sein.

Als Beispiel kann ein Druckkessel dienen, bei dem ab einem bestimmten Maximaldruck ein Ventil geöffnet wird, unabhängig davon, welchen Zustand die anderen Betriebsparameter haben. Eine solche Regel WENN $< \textit{Druck} = \textit{hoch} >$ DANN $< \textit{Ventil} = \textit{auf} >$ wird als generalisierende

Regel bezeichnet im Gegensatz zu der spezielleren Regel WENN $< \mathit{Druck} = \mathit{hoch} >$ UND $< \mathit{Temperatur} = \mathit{hoch} >$ DANN $< \mathit{Ventil} = \mathit{auf} >$.

Speziellere Regeln sind oftmals schwerer zu interpretieren, und anders als generalisierende decken sie weniger Situationen ab. So können vollständige Regeln, die alle Beobachtungsgrößen in einer Situation berücksichtigen, nur dann generiert werden, wenn für diese spezielle Situation Meßdaten vorliegen. Ferner kann die starke Spezialisierung zu einer hohen Empfindlichkeit gegenüber Störungen in den Meßdaten führen. Damit sind sie zur Modellierung aus widersprüchlichen Meßdaten oder unterschiedlichen Bedienstrategien nur bedingt geeignet.

In Abschnitt 5.1 wird an einem Beispiel vorgestellt, wie durch den Einsatz generalisierender Regeln ein neuer Prozeßverlauf, der nach Abschluß der Lernphase auftritt, erfolgreich und robust gegen Störungen geregelt werden kann.

Das Fuzzy–ROSA–Verfahren berücksichtigt grundsätzlich auch generalisierende Regeln. Dabei kann eine maximale Zeittiefe und eine maximale Kombinationstiefe, also die Anzahl der linguistischen Ausdrücke in der Prämisse, vorgegeben werden (Abschnitt 4.2.1).

Hervorzuheben ist, daß durch die Wahl dieser beiden Parameter der Zeitaufwand der Regelsuche entscheidend beeinflußt werden kann. Insbesondere bei der Entwicklung der Fuzzy–Module muß der Rechenaufwand auch für komplexe Prozesse handhabar sein.

Auch die Anzahl der generierten Regeln hängt von diesen Parametern ab. Das ist für sehr dynamische Prozesse, die in Echtzeit geregelt werden sollen, interessant, denn die Zeit, die das Fuzzy–Modul für die Berechnung der Ausgangsgröße benötigt, hängt stark von der Größe der Regelbasis ab. Die unter Verwendung von generalisierenden Regeln generierten kleineren Regelbasen sind in der Praxis auch noch aus folgendem Grund von Vorteil: Das Zusammenspiel von vielen Regeln, die teilweise nur in bestimmten Situationen anwendbar sind, ist schwierig nachzuvollziehen. Damit ist die Interpretation der Regelbasen zeitaufwendiger, Transparenz geht verloren und die Nachbearbeitung ist nicht so einfach möglich.

4 Das Fuzzy–ROSA–Verfahren

Das Fuzzy–ROSA–Verfahren erzeugt aus Meßdaten automatisch einen Satz von WENN–DANN Regeln, von denen jede einzelne einen Relevanztest bestanden hat und mit einem Bewertungsindex bewertet ist. Eine Vorverarbeitung der Daten ist der eigentlichen Regelgenerierung vorangestellt. Darunter wird die Fuzzifizierung der Meßdaten und das Auffinden relevanter Eingangsgrößen verstanden. Die Regelgenerierung, die in den Schritten Suchraumstrukturierung, Regelsuche, Regeltest und Regelbewertung erfolgt, sowie die Nachbearbeitung der erhaltenen Regelsätze wird in Abschnitt 4.2 vorgestellt.

4.1 Vorverarbeitung der Daten

Die hier betrachteten Modellierungsverfahren sollen ein Eingangs-/Ausgangsverhalten nachbilden. Auf den Fall der Modellierung eines Prozeßbedieners bezogen sind die Eingangsgrößen die Beobachtungsgrößen und die Ausgangsgrößen die Bedieneingriffe.

Für das Fuzzy–ROSA–Verfahren müssen zunächst Zugehörigkeitsfunktionen für die vorgesehenen linguistischen Werte der Eingangs- und Ausgangsvariablen festgelegt werden. Dabei kann neben heuristischen Ansätzen, wie bei der Modellierung selbst, wissensbasiert und datenbasiert vorgegangen werden (Abschnitt 2). Bei der wissensbasierten Vorgehensweise wird das Vorwissen der Experten zur Festlegung der Zugehörigkeitsfunktionen beispielsweise durch spezielle Interviewtechniken ausgenutzt [3].

Alternativ kann dieses Wissen durch Datenanalyse gewonnen werden. Hierfür werden in der Literatur verschiedene Methoden vorgeschlagen. In [4] werden die n–dimensionalen Datenvektoren durch ein Fuzzy–Clusterverfahren [5] klassifiziert. Der Zugehörigkeitsgrad der Datenvektoren zu den Clustern wird auf die einzelnen Eingangs-/Ausgangsgrößen projiziert und daraus die Zugehörigkeitsfunktionen dieser Größen festgelegt. Ein alternativer Lösungsansatz ist, in zweidimensionalen Unterräumen zu clustern [6].

In hochdimensionalen Eingangsgrößenräumen bietet sich an, das Ergebnis einer Clusteranalyse zur Komplexitätsreduktion auszunutzen. Dabei wird davon ausgegangen, daß ähnliche Prozeßzustände zu gleichen Stelleingriffen des Bedieners führen. Dazu werden die Datenvektoren der Eingangsgrößen geclustert, und die Zugehörigkeit zu einem Cluster wird als Zugehörigkeit zu einem Prozeßzustand interpretiert. Die generierten Regeln beziehen sich in diesem Fall auf die Prozeßzustände. Analog kann auch mit Künstlichen Neuronalen Netzen verfahren werden, wobei die Ausgangsneuronen die Prozeßzustände repräsentieren.

Eine andere Vorgehensweise zur Komplexitätsreduktion besteht in dem Auffinden relevanter Eingangsgrößen. So kann eine Korrelationsanalyse innere Abhängigkeiten in den Eingangsgrößen aufdecken oder eine Clusteranalyse nichtrelevante Größen identifizieren [7].

4.2 Generierung der Regelsätze

Mit den fuzzifizierten Lerndaten sind die linguistischen Ausdrücke, aus denen die die Regeln zusammengesetzt werden können, vorgegeben. Vor der Generierung der Regelsätze muß zunächst die Struktur der Regeln festgelegt werden.

4.2.1 Stukturierung des Suchraums

Die Komplexität des Suchraums kann durch die Vorgabe einer maximalen Kombinationstiefe und einer maximalen Zeittiefe beeinflußt werden. Damit kann der Rechenaufwand bei der Regelsuche entscheidend gesteuert werden.

Mit der Kombinationstiefe wird festgelegt, wieviel linguistische Ausdrücke maximal in der Regelprämisse logisch verknüpft werden sollen. Das entspricht der Vorgehensweise eines Prozeßbedieners, der einen Prozeßzustand anhand weniger signifikanter Parameter erkennt und somit nicht alle Eingangsgrößen gleichzeitig betrachtet.

Die maximale Zeittiefe ist ein Maß dafür, wie weit Prozeßzustände aus der Vergangenheit berücksichtigt werden sollen. Damit können beispielsweise Regeln formuliert werden, die in den Prozeß eingreifen, wenn ein Prozeßparameter eine vorgegebene Zeitspanne über einem kritischen Wert liegt.

4.2.2 Regelsuche und Regeltest

Nach der Vorgabe der Struktur des Suchraums erfolgt die Regelgenerierung in zwei Schritten. Zunächst werden in einer Regelsuche potentielle Kandidaten für eine Regel, sogenannte Hypothesen, aufgestellt. Anschließend werden diese Hypothesen mit Hilfe eines Relevanztests daraufhin überprüft, ob sie eine signifikante Regelmäßigkeit im Datensatz beschreiben. Besteht die Hypothese diesen Test, dann wird sie zu einer Regel erhoben und mit einem Bewertungsindex bewertet. Dieser gibt an, wie stark die Signifikanz der Regel durch die Daten abgesichert ist [8]. Ferner gibt er an, ob sich die Relevanz auf eine Interpretation als positive Regel (Empfehlung) oder negative Regel (Warnung) bezieht.

Die Aufgabe der Regelsuche besteht also darin, möglichst viele aussichtsreiche Hypothesen aufzustellen. Bei nicht so komplexen Suchräumen bietet sich eine komplette Suche an. Dabei werden alle möglichen Kombinationen der linguistischen Ausdrücke für diesen Suchraum zu Hypothesen zusammengesetzt und anschließend getestet. Bei großen Suchräumen führt diese Vorgehensweise zu inakzeptablen Rechenzeiten. Im Hinblick auf diese Problematik ist ein evolutionäres Suchverfahren entwickelt worden, mit dem effizienter nach Regeln gesucht werden kann [9].

4.2.3 Nachbearbeitung der Regelsätze

Der resultierende Regelsatz wird abschließend auf logische Abhängigkeiten zwischen den Regeln überprüft und gegebenenfalls entsprechend reduziert. Zusätzlich zu der logischen Reduktion kann eine situationsbasierte und datenbasierte Reduktion vorgenommen werden [10].

Erstere entfernt Regeln aus den Regelsätzen, die in keiner Situation als beste Regel bewertet werden. Die datenbasierte Reduktion hingegen führt zu einer gleichmäßigeren Ausnutzung der Meßdaten. Mit den Reduktionsverfahren können die teilweise sehr umfangreichen Regelsätze auf ein übersichtlicheres Maß reduziert werden. Diese können von dem Prozeßbediener dann nachvollzogen und gegebenenfalls ergänzt oder korrigiert werden.

Die auf dem beschriebenen Weg gewonnenen Modelle zielen nicht nur auf die Nachbildung des Eingangs-/Ausgangsverhaltens ab, sondern bestehen aus Regeln mit statistisch signifikantem Informationsgehalt über den zu modellierenden Prozeßbediener: Jede positive Regel repräsentiert die Empfehlung eines Bedieneingriffs bei einem speziellen Prozeßzustand, eine negative Regel kann als eine Warnung vor diesem Eingriff interpretiert werden.

5 Anwendungen des Fuzzy–ROSA–Verfahrens

In diesem Abschnitt wird der Einsatz des Fuzzy–ROSA–Verfahrens zur Prozeßbedienermodellierung für zwei Anwendungen vorgestellt.

Auf der Grundlage von Beobachtungsdaten konnte im ersten Beispiel ein Fuzzy–Regler für einen komplexen chemischen Produktionsprozeß erhalten werden. Dabei zeigt sich, daß das Fuzzy–ROSA–Verfahren aus verschiedenen Bedienstrategien und Produktionsverläufen ein generalisierendes Reglerverhalten ableiten kann.

Während bei diesem Beispiel vorzugsweise das richtige Verhalten der Prozeßbediener modelliert wird, lernt das Fuzzy–ROSA–Verfahren in dem zweiten Anwendungsbeispiel (Industrieroboter) auch aus schlechten Bedienstrategien, welche Einstellungen nicht sinnvoll sind.

5.1 Automatisierung eines chemischen Produktionsprozesses

In der chemischen Industrie werden viele Produktionsabläufe immer noch von Hand gefahren, weil ein klassischer Reglerentwurf aufgrund der Vielzahl und Komplexität der Einflußgrößen nicht durchführbar ist. Aus den gleichen Gründen gestaltet sich ein wissensbasierter Entwurf eines Fuzzy–Reglers in diesem Anwendungsfeld oftmals als sehr schwierig. Im folgenden wird ein Reglerentwurf auf der Basis einer datenbasierten Prozeßbedienermodellierung vorgestellt.

5.1.1 Eigenschaften des Prozesses

Bei dem zu automatisierenden Prozeß handelt es sich um einen Semi–Batch–Reaktor, in dem Polyether aus Ethylen und Propylen hergestellt wird (Abbildung 3).

Das Reaktionsprodukt dieser stark exothermen Reaktion ist wesentlich von den Reaktionsparametern Temperatur und Druck abhängig. Die Dosierraten für Ethylenoxid und Propylenoxid, die entscheidend den Ablauf der Reaktion und damit den Reaktordruck und die Reaktortemperatur bestimmen, werden durch erfahrene Experten mit dem Hintergrundwissen, um welches Produkt es sich handelt, von Hand eingestellt.

Die Schwierigkeit einer automatischen Dosierrateneinstellung besteht in der Vielzahl der Produkte sowie dem komplexen Polymerisationsprozeß selbst. Es ergibt sich eine große Bandbreite von dynamischen Eigenschaften des Prozeßverhaltens, welches insbesondere bei Anfahrprozessen kritisch ist.

Darüber hinaus wurde von seiten der Industrie die Einhaltung folgender Randbedingungen bei dem Reglerentwurf gefordert:

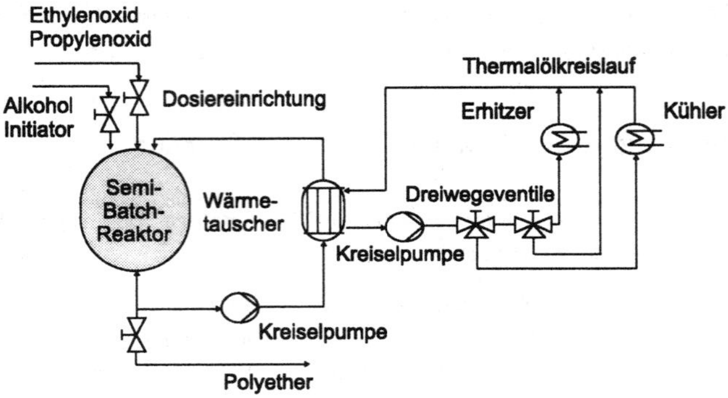

Abbildung 3: Schematische Darstellung der Produktionsanlage

- Die laufende Produktion darf nicht unterbrochen werden.
- Grenzwerte für Temperatur und Druck müssen eingehalten werden.
- Der Dosierregler soll ohne Produktinformation auskommen.
- Es besteht keine Möglichkeit, spezielle Tests durchzuführen oder einzelne Zusammenhänge separat zu untersuchen.

Im Hinblick auf diese speziellen Anforderungen bietet sich der Einsatz eines datenbasierten Verfahrens, wie das Fuzzy–ROSA–Verfahren, zum Reglerentwurf an.

5.1.2 Einsatz des Fuzzy–ROSA–Verfahrens

Mit dem Ziel, die Dosierung zu automatisieren, wurde mit dem Fuzzy–ROSA–Verfahren eine Modellierung der Prozeßbediener in folgenden Schritten vorgenommen [11]:

1. Für die datenbasierte Regelgenerierung wurde die Einstellung der Dosierraten verschiedener Prozeßbediener beobachtet und deren Vorgehensweise sowie die meßbaren Prozeßgrößen protokolliert. So konnten die Daten für drei Anfahrprozesse zu unterschiedlichen Produkten erhalten werden.

2. Aufgrund einer vorangestellten Clusteranalyse konnten sieben Einflußgrößen sowie ihre Zugehörigkeitsfunktionen ermittelt werden [12]. Die durchschnittliche Anzahl der Zugehörigkeitsfunktionen der Eingangsgrößen beträgt etwas über fünf, und für die Ausgangsgrößen sind acht Zugehörigkeitsfunktionen gewählt.

3. Mit dem Fuzzy–ROSA–Verfahren konnten in einer kompletten Durchmusterung des Suchraumes für Regeln mit maximal zwei Prämissenausdrücken ungefähr 2100 relevante Fuzzy–Regeln gefunden werden.

4. Durch eine automatische Nachbearbeitung des Regelsatzes konnte dieser auf 128 Regeln reduziert werden, mit denen alle möglichen Eingangssituationen immer noch abdeckt werden [13].

Der so gewonnene Fuzzy-Dosierregler konnte anschließend direkt an der Reaktoranlage getestet werden.

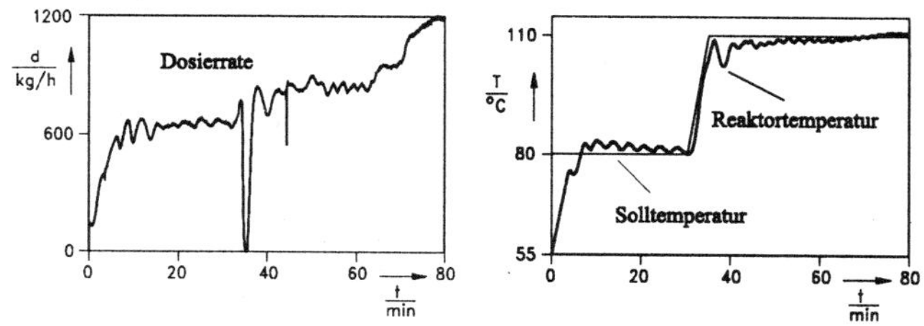

Abbildung 4: Dosierrate während des Anfahrprozeß eines neuen Produktes (links) und die Reaktorsoll- und Reaktoristtemperatur (rechts).

Abbildung 4 zeigt die Verläufe bei einem Produkt, das nicht für die Lerndaten verwendet wurde. Es zeigt sich, daß die spezifizierte Reaktortemperatur des Produktplans sowie die Grenzen des Reaktordrucks sehr gut eingehalten werden konnten.

Hervorzuheben ist hierbei, daß eine Dosierrate auch für ein neues, dem Lernverfahren „unbekanntes" Produkt erfolgreich eingestellt wurde[1]. Das unterstreicht die Eigenschaft des Fuzzy-ROSA-Verfahrens, nicht nur das Eingangs-/Ausgangsverhalten nachzubilden, sondern vorzugsweise generalisierende Regeln zu generieren.

Darüber hinaus zeigt sich, daß das Fuzzy-ROSA-Verfahren in der Lage ist, auch von widersprüchlichen Daten, in diesem Fall von unterschiedlichen Bedienern und verschiedenen Produktchargen, zu lernen.

5.2 Anwendungsbeispiel Industrieroboter

In diesem Abschnitt wird die Leistungsfähigkeit des Fuzzy-ROSA-Verfahrens am Beispiel des Entwurfs einer adaptiven Regelstrategie für einen Industrieroboter zur Erhöhung seiner Bahngenauigkeit vorgestellt. Das entspricht einem Prozeßbediener, dessen Aufgabe es ist, in jeder Situation eine möglichst optimale Einstellung der Parameter eines Lagereglers vorzunehmen. Eine Besonderheit dieser Anwendung ist, daß auch aus schlechten „Bedienstrategien", also schlechten Reglereinstellungen, etwas gelernt werden kann.

[1] Der Dosierausfall nach 35 min beruht auf einem technischen Fehler in den Zuleitungen des Ethylenoxids und führt zu einer deutlichen Regelabweichung, der sofort nach Beendigung der Störung erfolgreich begegnet wird.

5.2.1 Regelungsstrategien eines Industrieroboters

Das nichtlineare System Industrieroboter besitzt keinen ausgeprägten Arbeitspunkt. Folglich können fest eingestellte Lagereglerparameter nicht für den gesamten Arbeitsraum des Roboters die optimalen Werte aufweisen. Die Fuzzy-Adaption hat die Aufgabe, die Lagereglerparameter situationsabhängig zu adaptieren, so daß beim Verfahren aller im Arbeitsraum des Roboters liegenden Bahnen eine möglichst hohe Regelungsgüte erzielt wird. Die Strategie einer solchen gesteuerten parameteradaptiven Regelung ist in Abbildung 5 dargestellt.

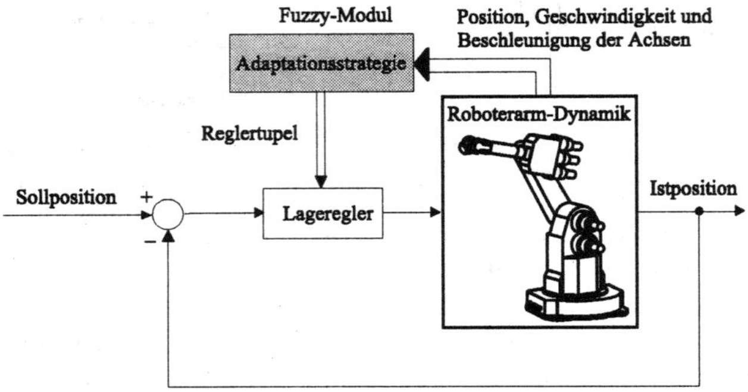

Abbildung 5: Gesteuerte adaptive Regelungsstrategie eines Industrieroboters

Der Entwurf des Fuzzy-Moduls wird in folgenden Schritten durchgeführt:

1. Für unterschiedliche ausgewählte Arbeitspunkte des Roboters erfolgt ein separater Entwurf eines Satzes von Reglerparametern. Des weiteren werden Trajektorien festgelegt, mit deren Hilfe Beobachtungsdaten aufgenommen werden. Diese Trajektorien werden im Arbeitsraum so gewählt, daß alle möglichen Arbeitspunkte des Roboters weitestgehend abgedeckt sind. Dabei sollten die potentiellen Einflußgrößen, wie Position, Geschwindigkeit und Beschleunigung der Achsen, die die Arbeitssituation charakterisieren, möglichst gleichmäßig über ihren Wertebereich verteilt sein.

2. Zur Bewertung der Regelqualität wird ein Gütemaß definiert (Vergleiche 5.2.2). Anhand dessen kann jede Parametereinstellung für alle Situationen hinsichtlich ihrer Regelqualität bewertet werden [14, 15].

3. Zur Aufnahme der Lerndaten werden alle ausgewählten Trajektorien mit jeder entworfenen Reglerparametrisierung abgefahren. Hierbei werden die Verläufe aller potentiellen Einflußgrößen und der Wert des Gütemaßes protokolliert.

4. Die aufgenommenen Lerndaten werden dann zunächst einer Clusteranalyse unterzogen, um zum einen die relevanten Einflußgrößen herauszufiltern und zum anderen die Zugehörigkeitsfunktionen für die linguistischen Werte der Einflußgrößen zu konstruieren [16].

5. Anschließend werden die Daten fuzzifiziert und zusammen mit dem Gütemaß dem verwendeten Lernverfahren zugeführt. Als Ergebnis erhält man einen Satz von relevanten Fuzzy–Regeln, die in den unterschiedlichen Arbeitspunkten die aufzuschaltenden Reglerparametersätze empfehlen oder vor ihnen warnen.

Auf das verwendete Gütemaß und die daraus resultierende „Kompromißfähigkeit" des Fuzzy–ROSA–Verfahrens wird im folgenden Abschnitt genauer eingegangen.

5.2.2 Einsatz des Fuzzy–ROSA–Verfahrens

Das Fuzzy–ROSA–Verfahren erzeugt auch bei widersprüchlichen Beobachtungsdaten statistisch relevante Regeln, die einen Kompromiß bezüglich der protokollierten Daten darstellen. Dies ist auch dann der Fall, wenn unterschiedliche Reglereinstellungen zu einer unterschiedlichen Regelungsgüte führen.

Für die vorliegende Anwendung wurde ein Bewertungsverfahren entwickelt, mit dem das Systemverhalten anhand eines Gütemaßes bewertet wird. Die monotone Abbildung der Werte des Gütemaßes auf den Bereich zwischen 0 und 1 (1 für die beste und 0 für die schlechteste Bewertung) ergibt für jeden stützenden Datensatz ein für die Regelgenerierung zu berücksichtigendes Bewertungsmaß in Form des Eignungsgrades des aktuellen Reglerparametertupels.

Indem das Fuzzy–ROSA–Verfahren als Ausgänge die Eignungsgrade der Reglerparametertupel erhält, greift das Bewertungsmaß in den statistisch motivierten Test des Fuzzy–ROSA–Verfahrens auf organische Weise ein [15]. Dadurch wird erreicht, daß gute Regelungsstrategien zur Generierung von positiven und schlechte Regelungsstrategien zur Generierung von negativen Regeln beitragen und damit sinnvoll an der Kompromißbildung beteiligt sind.

Die Regelsuche wird unter Anwendung eines evolutionären Suchalgorithmus durchgeführt [9].

5.2.3 Ergebnisse

Im folgenden sind die Ergebnisse einer Adaption der Reglerparameter des Lagereglers von Achse 1 exemplarisch dargestellt. Von den drei Hauptachsen hat prinzipiell das Verhalten dieser Achse den größten Einfluß auf die Bahngenauigkeit, so daß eine Verbesserung des dynamischen Verhaltens durch eine Adaption der Lagereglerparameter der Achse 1 auch den größten Erfolg verspricht. Als Gütemaß für die erzielten Regelungsergebnisse wird das ISE–Kriterium verwendet.

In Abbildung 6 sind die Verläufe der Regelabweichung dargestellt, die mit einer konstanten Einstellung der Adaptionsfaktoren für Proportional-, Integrier- und Vorsteueranteil (zeitliche Änderung der Sollposition) erzielt werden. Die Faktoren für Proportional- und Vorsteueranteil sind in beiden Fällen gleich, während der Integrieranteil auf das kleinste bzw. größte Niveau eingestellt ist. Dabei läßt sich feststellen, daß ein hoher Wert einen guten Verlauf im mittleren

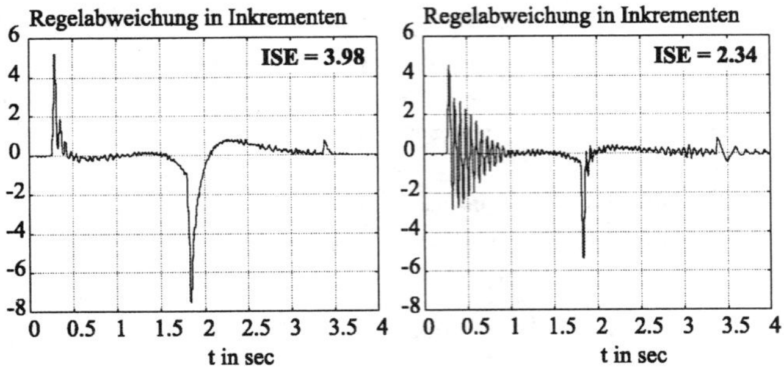

Abbildung 6: Verlauf der Regelabweichung bei konstanten Parametern (links: I–Anteil = 1, rechts: I–Anteil = 3)

Bereich der Bahn und ein niedriger Wert einen guten Verlauf in den Randbereichen der Bahn zur Folge hat.

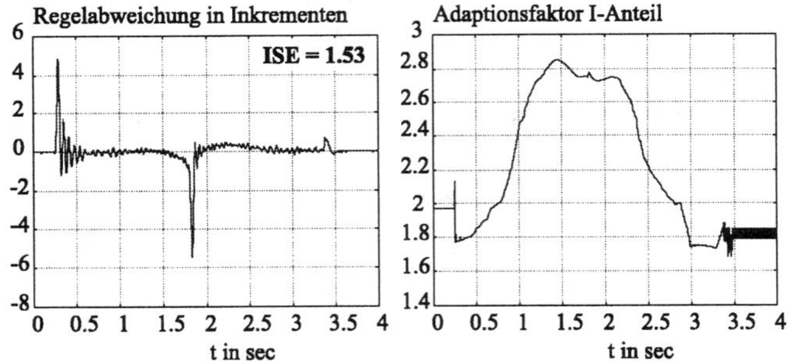

Abbildung 7: Verlauf der Regelabweichung (links) und des I–Anteils (rechts) bei Verwendung nur positiver Regeln mit dem neuen Verfahren ($\gamma = 2$)

Bei einer Fuzzy–Adaption der Reglerparameter bei der ausschließlichen Verwendung von positiven Regeln werden die in Abbildung 7 dargestellten Regelungsergebnisse erzielt. Der dargestellte Verlauf verbindet die guten Eigenschaften des Verlaufs mit einem hohen konstanten Wert für den Adaptionsfaktor des I–Anteils im mittleren Bereich mit den Eigenschaften des Verlaufs bei niedrigem konstantem Wert in den Randbereichen.

Dieses Verhalten läßt sich durch die zusätzliche Verwendung der negativen Regeln weiter verbessern (Abbildung 8, links). Im Fall dieser Bahn wird mit $\gamma = 5$ als Wert für den Grad der Inferenzfilterfunktion (Vergleiche [1]) ein nochmalig verbessertes Verhalten erzielt (Abbildung 8, rechts).

Deutlich wird der Einfluß der negativen Regeln im Falle des Adaptionsfaktors des Vorsteueranteils. Werden nur positive Regeln zur Adaption der Reglerparameter eingesetzt, ist im Bereich

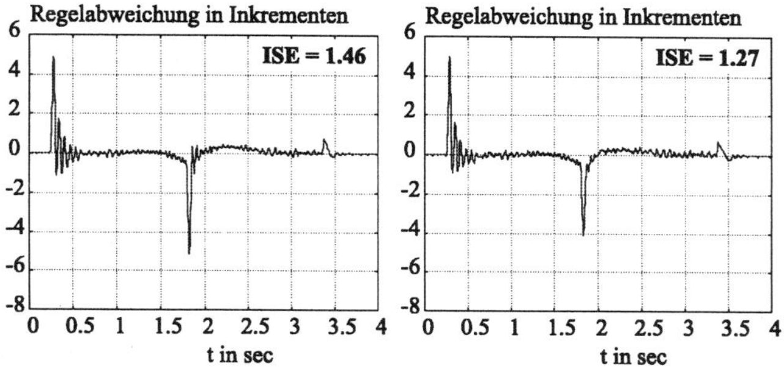

Abbildung 8: Verlauf der Regelabweichung mit dem neuen Verfahren (links: $\gamma = 2$, rechts: $\gamma = 5$)

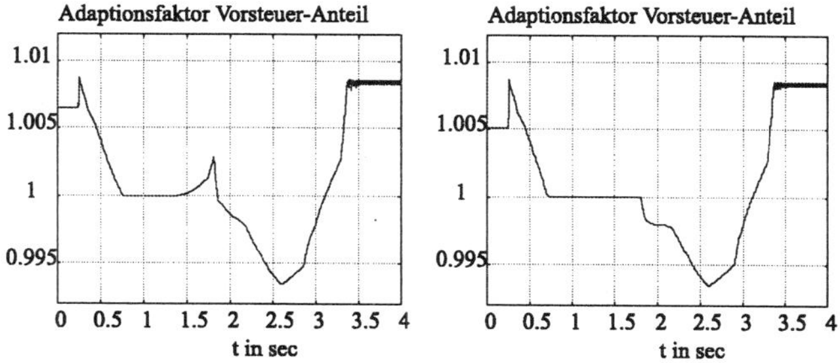

Abbildung 9: Verlauf des Vorsteueranteils mit dem neuen Verfahren ($\gamma = 2$), links nur positive Regeln, rechts positive und negative Regeln

zwischen 1.5 und 1.8 sec eine nicht sinnvolle Erhöhung des Faktors des Vorsteueranteils festzustellen (Abbildung 9, links). Diese wird bei zusätzlicher Verwendung der ebenfalls generierten negativen Regeln vermieden (Abbildung 9, rechts).

Mit dem hier vorgestellten Verfahren konnte für das Anwendungsbeispiel, einem sechsachsigen Industrieroboter, eine Erhöhung der Bahngenauigkeit durch regelbasierten Adaptionsstrategie erreicht werden. Der Regelsatz für die Fuzzy–Adaption konnte dabei mit dem Fuzzy–ROSA–Verfahren anhand von Lerndaten für exemplarisch ausgewählte Trajektorien und Reglereinstellung, generiert werden.

6 Zusammenfassung

In diesem Beitrag wird der Einsatz eines datenbasierten Verfahrens zur Automatisierung von komplexen Prozessen vorgestellt, die bisher nur von Prozeßbedienern gesteuert werden konnten. Dabei wird herausgearbeitet, unter welchen Voraussetzungen datenbasierte Verfahren zur Fuzzy–Modellierung aus widersprüchlichen Daten etwas lernen und unbewußte Erfahrungen erschließen können. Als wichtige Anforderungen ergeben sich Transparenz und Interpretierbarkeit der Fuzzy–Regelsätze sowie die Fähigkeit zur Generierung von generalisierenden Regeln.

Im Hinblick auf diese Anforderungen wird auf die Arbeitsweise des Fuzzy–ROSA–Verfahrens zur datenbasierten Fuzzy–Modellierung eingegangen. Anhand einer Industrieanwendung (chemischer Reaktor) konnte gezeigt werden, daß das Fuzzy–ROSA–Verfahren in der Lage ist, aus dem Verhalten verschiedener Prozeßbediener bei unterschiedlichen Produktionsabläufen einen robusten Fuzzy–Regler zu generieren. Dieser wurde an der Produktionsanlage erfolgreich für einen neuen Produktionsablauf getestet.

Die Fähigkeit des Fuzzy–ROSA–Verfahrens, auch aus schlechten Bedienstrategien etwas zu lernen, konnte mit der Anwendung Industrieroboter demonstriert werden. Die Erhöhung der Bahngenauigkeit wurde dabei durch eine mit dem Fuzzy–ROSA–Verfahren generierte Fuzzy–Adaptionsstrategie erreicht.

Diese Arbeit wurde von der Deutschen Forschungsgemeinschaft im Rahmen des Sonderforschungsbereiches „Computational Intelligence“ (531) gefördert.

Literatur

[1] H. Kiendl. *Fuzzy-Control methodenorientiert.* Oldenbourg Verlag, München, 1997.

[2] F. Puppe. *Einführung in die Expertensysteme.* Springer-Verlag, Berlin, 2. Auflage, Heidelberg 1991.

[3] Lianwen Zhang. Structural and Functional Quantization. *Fuzzy Sets and Systems 55*, Seite 51–60, 1993.

[4] F. Höppner, F. Klawonn und R. Kruse. *Fuzzy-Clusteranalyse.* Computational Intelligence. Vieweg, Braunschweig, 1997.

[5] J.C. Bezdek. *Pattern Recognition with Fuzzy Objective Function Algorithm.* Plenum Press, New York, 1981.

[6] A. Krone und T. Slawinski. Data-based Extraction of Unidimensional Fuzzy Sets for Rule Generation. In *FUZZ IEEE 1998*, angenommen als Beitrag # 1237. Fifth IEEE International Conference on Fuzzy Systems, Anchorage, 1998.

[7] J. Praczyk und H. Jessen. Datenbasierte Komplexitätsreduktion eingereicht für *GMA-Kongreß'98*, 1998.

[8] M. Krabs und H. Kiendl. Anwendungsfelder der automatischen Regelgenerierung mit dem ROSA–Verfahren. *at - Automatisierungstechnik*, 43(6), Seite 269–276, 1995.

[9] A. Krone, Th. Bäck und P. Teuber. Evolutionäres Suchkonzept zum Aufstellen signifikanter Fuzzy-Regeln. *at - Automatisierungstechnik*, 44(8), Seite 405–411, 1996.

[10] A. Krone. Advanced Rule Reduction Concepts for Optimising Efficiency of Knowledge Extraction. In *EUFIT '96*, Seite 919–923, 1996.

[11] A. Krone, Ch. Frenck und O. Russak. Design of a Fuzzy Controller for an Akoxylation Process using the ROSA Method for Automatic Rule Generation. In *EUFIT '95*, Seite 760–764, 1995.

[12] W. Klöden, S. Böhlmann und R. Seyfahrt. Datengestütztes Lernen von Fuzzy–Regeln. *VDI–Berichte* VDI–Verlag Düsseldorf. Seite 17–27, 1994

[13] A. Krone und H. Kiendl. Strategieelemente zur Beherrschung von Komplexität bei der rechnergestützten regelbasierten Modellierung. In *5. Workshop "Fuzzy Control" des GMA-UA 1.4.2*, Seite 56–70, Forschungsbericht der Fakultät für Elektrotechnik, Nr. 0295, Universität Dortmund, 1995.

[14] U. Schwane und J. Praczyk. Ein echtzeitfähiges Verfahren zur kontinuierlichen Fuzzy-Adaption mehrparametriger Regler. In *6. Workshop "Fuzzy Control" des GMA-UA 1.4.2*, Seite 163–172, Forschungsbericht der Fakultät für Elektrotechnik, Nr. 0796, Universität Dortmund, 1996.

[15] A. Krone und U. Schwane. Generating Fuzzy Rules from Contradictory Data of Different Control Strategies and Control Performances. In *FUZZ IEEE 1996*, Seite 492–497, Fifth IEEE International Conference on Fuzzy Systems, New Orleans, 1996.

[16] R. Seyfarth, A. Krone und U. Schwane. Fuzzy-Datenanalyse zur Regelbasierten Modellierung der Achsregelgüte eines sechsachsigen Industrieroboters. In *5. Workshop "Fuzzy Control" des GMA-UA 1.4.2*, Seite 71–84, Forschungsbericht der Fakultät für Elektrotechnik, Nr. 0295, Universität Dortmund, 1995.

Anwendung von Evolutionsstrategien zur Optimierung von Algorithmen der Videosignalverarbeitung

H. Blume+, O. Franzen+, M. Schmidt*, H. Schröder+

+Universität Dortmund, AG Schaltungen der Informationsverarbeitung
*Hewlett Packard GmbH, Semiconductor Test Division, Böblingen

Email: blume@nt.e-technik.uni-dortmund.de

1 Einleitung

In multimedialen Anwendungen werden heute eine Vielzahl von Algorithmen zur Verbesserung der Bild- und Tonqualität verwendet. Diese Algorithmen müssen optimal an die audiovisuellen Eigenschaften der menschlichen Wahrnehmung angepaßt werden. Da die menschliche Wahrnehmung aber viele nichtlineare Eigenschaften aufweist, die keine analytische Beschreibung erlauben, werden beim Algorithmenentwurf und der Algorithmenoptimierung häufig heuristische Methoden oder stark vereinfachte Signalmodelle eingesetzt.

Dies stellt eine starke Einschränkung dar, da häufig gegenläufige Optimierungskriterien auftreten und das Optimierungsproblem hier zumeist nicht analytisch lösbar ist.

In diesem Beitrag soll ein neuer Ansatz zur Optimierung multimedialer Anwendungen und hier insbesondere von Algorithmen aus dem Bereich der Videosignalverarbeitung auf der Basis von Evolutionsstrategien vorgestellt und seine Wirksamkeit anhand einiger Beispiele belegt werden.

2 Evolutionsstrategien

Evolutionsstrategien werden seit Ende der 60er Jahre zur Optimierung einer Vielzahl von technischen Aufgabenstellungen verwendet [10]. Die Vorteile dieser Strategien zeigen sich insbesondere bei komplexen Optimierungsproblemen, die aufgrund der Größe und Struktur des Parameter- und Güteraumes keine analytische Optimierung erlauben, oder bedingt durch den großen Simulationsaufwand jeder einzelnen Realisierung kein vollständiges Absuchen des Parameterraumes erlauben. Genau diese Randbedingungen sind bei der Optimierung einiger Algorithmen der Videosignalverarbeitung gegeben.

Optimierungsverfahren, die die Mechanismen der biologischen Evolution verwenden, um technische Probleme zu optimieren, werden als "Evolutionäre Algorithmen" bezeichnet. Da die biologische Evolution zu extrem komplexen Lebensformen geführt hat, die optimal an ihre Umwelt angepaßt sind, wird vermutet, daß nicht nur die Ergebnisse einer biologischen Evolution optimal sind, sondern auch ihre Mechanismen [10]. Sogenannte "Evolutionsstrategien" (ES) stellen eine Methode aus der Menge der "Evolutionären Algorithmen" dar.

Bei einer ES wird eine potentielle Lösung im Parameterraum als Individuum in einer künstlichen Umwelt angesehen. Dieses Individuum wird gemäß des Grades seiner Anpassung an die künstliche Umwelt durch eine sogenannte Fitneßfunktion bewertet. Faßt man mehrere Individuen zu einer Population zusammen, so kann man verschiedene Mechanismen der biologischen Evolution modellieren, wie z.B.

- Mutation,
- Rekombination,
- Selektion.

Mutation

Die Mutation ist eine willkürliche Änderung des genetischen Materials eines Individuums. Angewendet auf das Problem einer technischen Optimierung bedeutet dies, daß Zufallswerte zu den Parametern eines Systems hinzuaddiert werden.

Die Verteilungsfunktion dieser Zufallszahlen (mit einem Mittelwert von Null) wird als geometrische Verteilung für diskrete Parameter und als Normalverteilung für kontinuierliche Parameter gewählt [12].

Um eine hohe Konvergenzgeschwindigkeit der Evolutionsstrategie sowie eine große Anzahl geeignet mutierter Individuen zu erzielen, werden die zu optimierenden Parameter p(i), (die "Objektvariablen") mit einem jeweils zugehörigen Streuwert $\sigma(i)$ ("Strategieparameter") korreliert, mit der die Objektvariablen additiv modifiziert werden.

Diese Streuwerte $\sigma(i)$ werden durch Multiplikation der alten Streuwerte mit dem Exponentialfunktionswert einer normalverteilten Zufallszahl ebenfalls mutiert [12].

Die Streuwerte werden mit den korrespondierenden Parametern an die nächste Generation vererbt. Hierdurch entsteht ein Selbstadaptionsprozeß der Streuwerte während der Parameteroptimierung. Im Verlaufe des Optimierungsprozesses setzen sich die Individuen durch, deren Streuwerte ein möglichst schnelles Fortschreiten in Richtung des Optimums ermöglichen.

Die Mutation eines Individuums wird in Glg. (1) beschrieben, wobei N(0,x) eine normalverteilte Zufallszahl mit einem Mittelwert von Null und einer Standardabweichung x ist. W stellt die Dimension des Optimierungsproblems dar und c ist eine Konstante des Mutationsprozesses.

$$\tau_0 = N\left(0, \tfrac{c}{\sqrt{2W}}\right)$$

$$\left.\begin{aligned} \sigma(i) &= \sigma(i) \cdot e^{\left(\tau_0 + N\left(0, \frac{c}{\sqrt{2\sqrt{W}}}\right)\right)} \\ p(i) &= p(i) + \sigma(i) \cdot N(0,1) \end{aligned}\right\} \text{für } i = 1 \ldots W \qquad (1)$$

Die Mutation der Streuwerte enthält je einen für alle Streuwerte gemeinsamen Anteil τ_0 sowie einen spezifischen Anteil für jeden einzelnen Streuwert. Mit diesen Streuwerten werden anschließend die Objektvariablen mutiert.

Rekombination

Mit Rekombination wird die Schaffung eines neuen Individuums ("offspring") unter Verwendung der Gene zweier anderer Individuen ("Eltern") bezeichnet. Dieser Mechanismus korrespondiert mit der sexuellen Fortpflanzung in der Natur.

Durch die Rekombination können Distanzen im Parameterraum überbrückt werden, die die Streuweiten der Mutation weit überschreiten.

Es werden zwei Methoden der Rekombination unterschieden: die diskrete und die intermediäre Rekombination.

Im Falle der diskreten Rekombination werden die Parameter p(i) sowie die Streuwerte σ(i) für ein neues Individuum zufällig mit der gleichen Wahrscheinlichkeit entweder von dem einen oder von dem anderen Eltern-Individuum ausgewählt. Bei der intermediären Rekombination wird jeder Parameter eines neuen Individuums als arithmetischer Mittelwert der jeweiligen Parameter der Eltern berechnet [12].

Selektion

Mutation und Rekombination sind Mechanismen zur Erzeugung neuer Individuen. Um einen Fortschritt beim Optimierungsprozeß zu erzielen, ist die Selektion der besten Individuen einer Generation in jedem Optimierungsschritt erforderlich. Hierbei wird die Populationsgröße, d.h. die Anzahl von Eltern- und Kind-Individuen in einer Generation während der Optimierung konstant gehalten. Die am häufigsten verwendeten Evolutionsstrategien sind die sogen. (μ+λ)- und (μ,λ)-Strategien [12].

Bei diesen Strategien bestehen die Generationen jeweils aus μ Eltern und λ Kindern. Jedes der λ Kind-Individuen wird durch Rekombination zweier zufällig ausgewählter Eltern-Individuen und anschließende Mutation des Individuums erzeugt.

Die Qualität des neuen Individuums wird durch eine Fehler- bzw. Gütefunktion bewertet. Verwendet man eine (μ+λ)-Strategie zur Selektion, so werden als Eltern-Individuen für die nächste Generation die μ besten Individuen der insgesamt μ+λ Eltern- und Kind-Individuen der aktuellen Generation ausgewählt. Bei einer (μ,λ)-Strategie werden nur die besten Individuen der λ Kinder der aktuellen Generation als Eltern-Individuen für die nächste Generation ausgewählt. Die (μ,λ)-Strategie stellt eine bessere Repräsentation der biologischen Evolution dar, da sie das Konzept einer begrenzten Lebensspanne der Individuen beinhaltet.

3 Optimierung linearer Filter

Eine Filterung von Bildsignalen ist eine der wichtigsten Aufgaben in der digitalen Video-Signalverarbeitung. Die gefilterten Bilder sollen dabei häufig eine möglichst hohe Auflösung und eine hohe Bildschärfe besitzen. Aus diesen Forderungen resultieren Vorgaben an die Eigenschaften eines Filters sowohl im Frequenz- als auch im Ortsbereich.

Hier soll nun ein Verfahren zum Filterentwurf für FIR-Filter vorgestellt werden, das Vorgaben in beiden Bereichen erlaubt. Ein Filter wird hierzu durch mehrere Teilfehlerfunktionen bewertet, die die Abweichungen der Eigenschaften des Filters von den Vorgaben repräsentieren. Eine weitere Fehlerfunktion bewertet den Hardwareaufwand bei der Implementierung des Filters. Die gewichtete Addition der Werte der einzelnen Teilfehlerfunktionen ergibt eine zu minimierende Gesamtfehlerfunktion, die ein direktes Maß für die Eignung des Filters darstellt. Durch die Wahl der Gewichte können beim Entwurf Schwerpunkte auf verschiedene Eigenschaften des Filters gelegt werden.

Weil sich die Gesamtfehlerfunktion additiv aus komplexen Teilfehlerfunktionen zusammensetzt, weist das korrespondierende Gütegebirge viele Maxima und Minima auf, ("multimodales Gütegebirge"). Aus diesem Grund bietet sich für dieses Optimierungsproblem die Verwendung von ES an, da so mit höherer Wahrscheinlichkeit als bei herkömmlichen Optimierverfahren das globale Optimum im multimodalen Gütegebirge erreicht wird.

3.1 Eindimensionale FIR-Filter

Wie schon zuvor diskutiert, unterliegen Filter, die eine für Bildsignale optimale Signalformung vornehmen sollen, Toleranzvorschriften sowohl im Frequenzbereich als auch im Orts- (bzw. Zeit-) Bereich. Es ergibt sich eine allgemeine Fehlerfunktion, die im Sinne einer optimalen Approximation minimiert werden soll

$$E_{total} = E_{Freq}(\Theta_x, \Theta_y) + E_{Ort}(x, y) \quad . \tag{2}$$

Dabei stellt sich heraus, daß beide Fehleranteile nicht unabhängig voneinander sind. Bei linearen Systemen bedeutet dies, daß z.B. eine stärkere Bandbegrenzung des Frequenzgangs eine Ausdehnung in der Impulsantwort (und umgekehrt) bewirkt. Es liegt hier also ein nichtlineares komplexes Approximationsproblem vor.

Bekannte klassische Entwurfsmethoden berücksichtigen keine Ortsbereichsforderungen, so daß auf dieser Basis nur suboptimale Lösungen insbesondere mit Blick auf die Bildschärfe möglich sind. Ein Anhebungsnetzwerkes [11] stellt eine einfache Möglichkeit zur Berücksichtigung von Ortsbereichsforderungen beim Filterentwurf dar. Ein solches erlaubt durch Anhebung des ersten Überschwingers der Sprungantwort eine Erhöhung der Bildschärfe. Allerdings bewirkt ein Anhebungsnetzwerk, wie in Bild 1 dargestellt, auch eine Verschiebung der 6 dB-Grenzfrequenz zu höheren Frequenzen hin. Damit sind etwa präzise Festlegungen von Sperr-/Durchlaßbereichsfrequenzen sofort verletzt. In ähnlicher Weise ist auch ein gewisser Resteinfluß auf die Überschwinger höherer Ordnung durch das Anhebungsnetzwerk gegeben. Die Technik der Evolutionsstrategien gestattet auf der Basis einer wohldefinierten Fehlerfunktion eine Optimallösung des vorliegenden nichtlinearen mehrdimensionalen Optimierungsproblems.

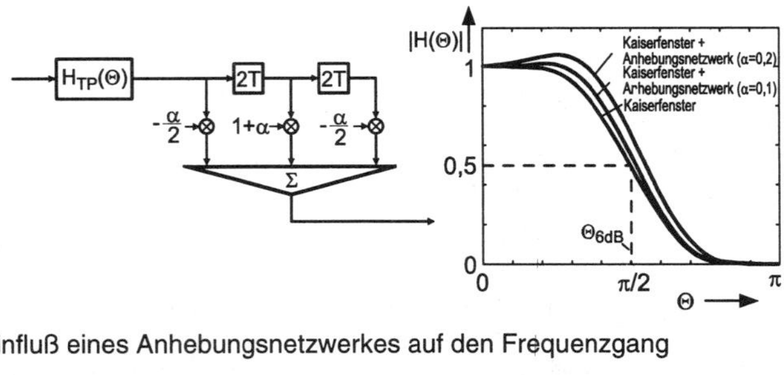

Bild 1: Einfluß eines Anhebungsnetzwerkes auf den Frequenzgang

Ausgehend von Arbeiten zur "Linearen Programmierung" [8] und zum "Simulated Annealing" [7] wird eine zusammengesetzte Fehlerfunktion zur Lösung des Entwurfsproblems auf der Basis einer Summe von mit λ_i gewichteten Teilfehlerfunktionen E_i gebildet

$$E_{total} = \sum_{i=1}^{I} \lambda_i \cdot E_i \quad . \tag{3}$$

Für den 1D-Filterentwurf werden neun Teilfehlerfunktionen aufgestellt. Mit diesen Teilfehlerfunktionen werden Entwürfe für 1D-FIR-Filter durchgeführt. Bei einer Optimierung eines linearphasigen Filters mit L Filterkoeffizienten können $W = \lfloor \frac{L+1}{2} \rfloor$ Filterkoeffizienten frei gewählt werden, was bedeutet, daß es sich um eine Optimierung in einem W-dimensionalen Parameterraum handelt.

Der Einfachheit halber werde ein FIR-Filter mit ungerader Koeffizientenanzahl L=2N+1, der Verzögerung Null und mit Geradsymmetrie für lineare Phase angenommen, d.h. es gilt:

$$h(n) = h(-n)$$
$$H(\Theta) = h(0) + 2 \cdot \sum_{n=1}^{N} h(n) \cdot \cos(n\pi\Theta) \quad . \tag{4}$$

1) Frequenzgangabweichung

Zur Optimierung wird der Frequenzgang des Filters ähnlich wie bei der Frequenzabtastmethode [9] mit einem Gitter von M Stützstellen m=0...M-1 überzogen, so daß die Abweichung vom Sollfrequenzgang an diesen Stützstellen numerisch gebildet werden kann (siehe Bild 2).

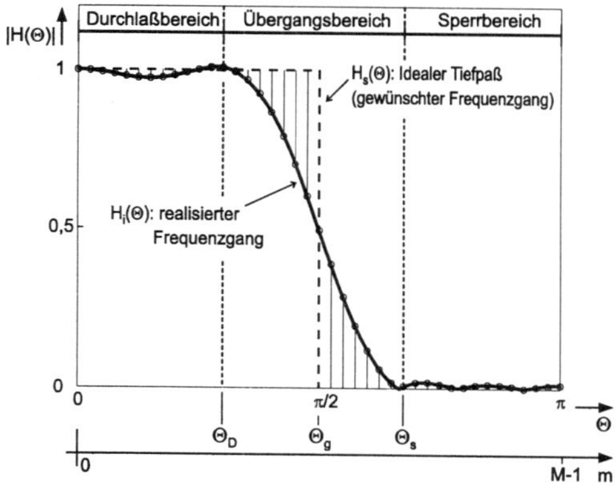

Bild 2: Abweichung zwischen gewünschtem und realisiertem Frequenzgang an den Stützstellenpositionen (Filterlänge L=11, Stützstellenanzahl M=41)

Die zugehörige erste Teilfehlerfunktion wird als Maximum der gewichteten Abweichung der beiden Frequenzgänge definiert. Als Sollfrequenzgang wird ein idealer Tiefpaß gefordert

$$E_1 = \underset{m=0...M-1}{\mathrm{Max}} \left[W(\Theta) \cdot |H_s(\Theta) - H_i(\Theta)| \right] \quad . \tag{5}$$

Die frequenzabhängige Gewichtungsfunktion W(Θ) kann z.B. konstante Werte im Durchlaß- und Sperrbereich und ein monotones Absinken von beiden Seiten zur Grenzfrequenz hin [4] besitzen.

2) Flankenweite zwischen Durchlaß- und Sperrbereich

Die Flankenweite ist bei einem Filter mit Frequenzselektionsforderungen ein sehr wichtiges Kriterium. Die Durchlaß- und Sperrfrequenzen Θ_D und Θ_S werden entsprechend Bild 2 durch Schwellwertentscheidungen ermittelt. Um einen möglichst schmalen Übergangsbereich zu erzielen wird

$$E_2 = \Theta_{Stop} - \Theta_{Pass} \tag{6}$$

als weitere Teilfehlerfunktion verwendet.

3) Gleichanteilverstärkung

Für Bildsignalfilter ist insbesondere mit Blick auf die Aussteuerung bei digitaler Realisierung der Erhalt der mittleren Helligkeit eines Bildes ein wichtiges Kriterium. Als Teilfehlerfunktion wird die Abweichung $H_i(\Theta=0)$ gegenüber dem Sollwert 1 gewählt:

$$E_3 = \left|H_i(\Theta = 0) - 1{,}0\right| \quad . \tag{7}$$

4) Amplitude an der Grenzfrequenz

Die Amplitude an der Grenzfrequenz kann als Maß zur Definition der Detailauflösung verwendet werden. Hieraus resultiert eine weitere Teilfehlerfunktion:

$$E_4 = \left|H(\Theta_g) - 0{,}5\right| \quad . \tag{8}$$

5) Amplitude des ersten Überschwingers der Sprungantwort

Zur Analyse wird hier die wegen der Phasenlinearität symmetrische Sprungantwort des Filters mit $u_1(n)$ der Sprungsequenz verwendet

$$g_s(n) = h(n) * u_1(n) = \sum_{k=-N}^{N} h(k) \quad . \tag{9}$$

Der erste Überschwinger ist dann durch das Maximum der Sprungantwort gegeben und es gilt für die Teilfehlerfunktion

$$E_5 = \left|g_s(n_{max}) - g_{opt}\right| \quad . \tag{10}$$

Dabei bezeichnet n_{max} die Abtastwertposition für das Sprungantwortmaximum und g_{opt} das vorgegebene Optimum des ersten Überschwingers für maximale Bildschärfe z.B. g_{opt}=1,2 wie in Bild 3.

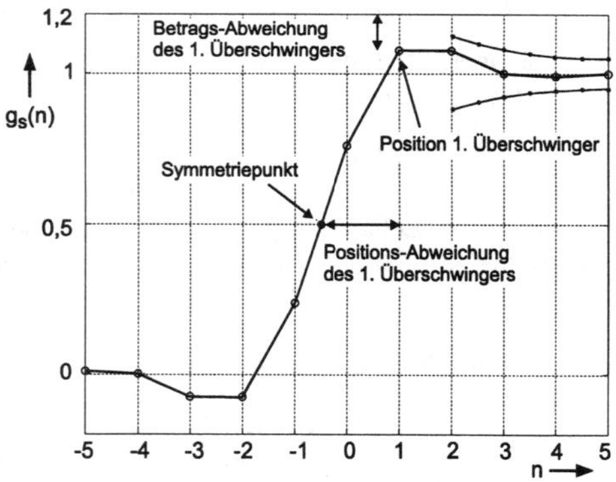

Bild 3: Abweichungen der Überschwinger der Sprungantwort

6) Position des ersten Überschwingers der Sprungantwort

Der erste Überschwinger kann die Bildschärfe deutlich verbessern, sofern seine Position möglichst dicht am Symmetriepunkt der Sprungantwort, mit der Position -1/2 liegt.

Aus der Differenz der Positionen resultiert die Teilfehlerfunktion E_6:

$$E_6 = n_{max} + \frac{1}{2} \quad . \tag{11}$$

7) Abweichung der weiteren Überschwinger der Sprungantwort

Die weiteren Überschwinger sollten zur Vermeidung von störendem "Ringing" so gering wie möglich ausfallen. Entsprechend den Einschwingmasken in Bild 3 ist darüber hinaus noch eine abstandsproportionale Gewichtung der Überschwinger entsprechend ihrer Position zur Erfassung ihrer Störwirkungen zweckmäßig. Dabei können Amplitudenschwankungen unterhalb einer (Sichtbarkeits-) Schwelle vernachlässigt werden. Es folgt eine weitere Teilfehlerfunktion, die die größte Abweichung der weiteren Überschwinger vom Sollwert 1,0 bewertet

$$E_7 = \underset{n=n_{max} \cdots L-1}{\mathrm{Max}} \left[c(n) \cdot \left| g_s(n) - 1{,}0 \right| \cdot \left(n + \frac{1}{2} \right) \right] \quad . \tag{12}$$

Hierbei ist c(n) eine unter Berücksichtigung der Sichtbarkeit der weiteren Überschwinger geeignet zu wählende Schwellwertfunktion.

8) Relativer Sprunggradient

Eine hohe Sprungsteilheit ist zur Erzielung maximaler Bildschärfe von großer Bedeutung. Sie wird zwischen dem 10 % und 90 %-Wert der Sprungantwort bewertet, wobei für die diskrete Sprungantwort die Abtastwerte gerade unterhalb 10 % und gerade oberhalb 90 % verwendet werden (n_{10} bzw. n_{90}):

$$E_8 = \frac{n_{90} - n_{10}}{g_s(n_{90}) - g_s(n_{10})} \quad . \tag{13}$$

9) Hardwareaufwand

Optional kann beim Filterentwurf bereits von Beginn an mit realisierbaren quantisierten Koeffizienten gearbeitet werden. Hierbei dient dann die Summe der 1-Bits als ein erstes (grobes) Maß für den Implementierungsaufwand des Filters.

Minimierung der Fehlerfunktion durch eine Evolutionsstrategie

Die Approximationsqualität bzgl. der Anforderungen an ein Videosignalfilter ist nach Glg. (2) durch die gewichtete Summe der Teilfehlerfunktionen gegeben. Die Minimierung der Gesamtfehlerfunktion ist analytisch nicht möglich, da das W-dimensionale Optimierungsproblem hochgradig nichtlinear ist (W: Anzahl der frei wählbaren Koeffizienten, auf Grund der geforderten Phasenlinearität gilt $W = \left\lfloor \frac{L+1}{2} \right\rfloor$).

Ein erster Schritt bei einer Verwendung von Evolutionsstrategien ist, die Stabilität des Optimierungsvorganges zu überprüfen. Hierzu werden Optimierungsläufe von willkürlich gewählten (schlechten) Initialwerten aus gestartet und die Ergebnisse mit Lösungen von Standardverfahren verglichen. Ergeben sich bei diesen Optimierungsläufen jeweils sinnvolle Ergebnisse, so ist dies ein Hinweis auf die Stabilität des Optimierungsprozesses.

Beim 1D-Filterentwurf wurden daher z.B. Zufallskoeffizienten als Startparameter gewählt. Das sich aus diesen Initialwerten ergebende Filter besitzt Eigenschaften, die in keiner Weise die Vorgaben erfüllen (siehe Bild 4), so daß beim Optimiervorgang große Distanzen im Parameterraum überwunden werden müssen.

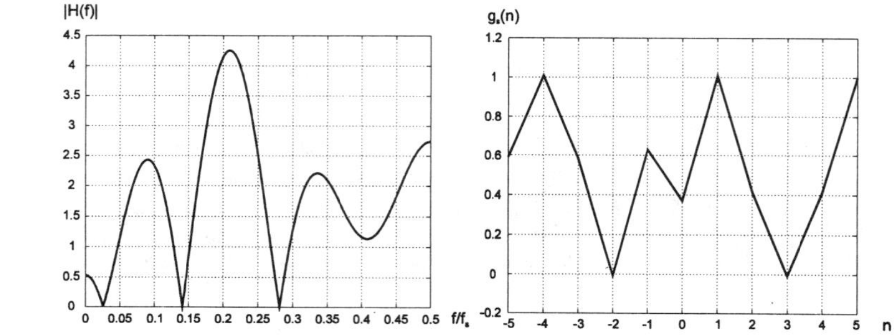

Bild 4: Frequenzgang |H(f)| und Sprungantwort $g_s(n)$ eines FIR-Filters mit Zufallskoeffizienten (L=11 Filterkoeffizienten)

Als weitere Initial-Parametersätze wurden die Koeffizienten eines reinen Mittelwertfilters sowie die mittels eines Kaiserfenster-Entwurfes gewonnenen Parameter verwendet, die Nebenoptima im Parameterraum darstellen.

Ausgehend von diesen Initialsätzen wurden Filter mit L=11 und L=19 Koeffizienten unter Verwendung von $(\mu+\lambda)$- und (μ,λ)-ES sowie unter Verwendung von herkömmlichen Gradientenstrategien entworfen. Die ES erweisen sich als geeignet zur Minimierung der Gesamtfehlerfunktion. Sowohl von Zufallswerten als auch von mit anderen Entwurfstechniken entworfenen Initial-Koeffizienten ausgehend können Verbesserungen erzielt werden. Bild 5 stellt das Ergebnis der Optimierung ausgehend von zufälligen Initialwerten unter Verwendung einer (10,200)-Strategie (intermediäre Rekombination von Objekt- und Strategieparametern) dar.

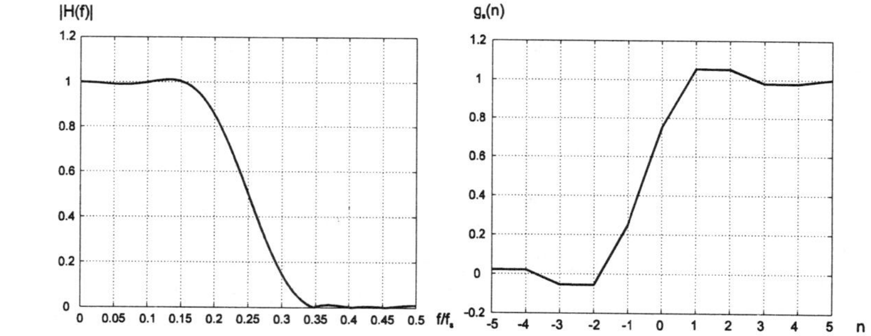

Bild 5: Frequenzgang |H(f)| und Sprungantwort $g_s(n)$ eines FIR-Filters, der mit einer (10,200)-ES entworfenen wurde (L=11 Koeffizienten)

Die Optimierungsläufe mit Gradientenstrategien zeigen, daß diese im Allgemeinen nicht zum Entwurf von FIR-Filtern durch Minimierung der Gesamtfehlerfunktion geeignet sind, da sie entweder keine Verbesserung der Gesamtfehlerfunktion ermöglichen oder ausgehend von den Zufallswerten in ein Filter ohne Tiefpaßcharakter konvergieren. Das Versagen von Gradientenstrategien ist ein Hinweis auf die Multimodalität des Fehlergebirges.

Die Simulationen mit ES erforderten durchschnittlich 300.000 Bewertungen der Fehlerfunktion, was ca. 1500 Generationen entspricht. Die Simulationszeit betrug ca. 5 Minuten auf einem Pentium PC mit einem 233 MHz Prozessor. Im Gegensatz zu Standardverfahren zum Filterentwurf ermöglichen ES durch Wahl der Gewichtungswerte λ_i dedizierte Filterfunktionen direkt zu beeinflussen.

Sind die Korrespondenzen zwischen subjektiver Bildqualität und dedizierten Filtereigenschaften bekannt, kann eine detaillierte Anpassung der Filtereigenschaften vorgenommen werden, um eine hohe resultierende Bildqualität zu erzielen.

Von besonderem Interesse ist bei der Optimierung ein Vergleich mit Standardentwurfsverfahren. Exemplarisch sind für ein 11-Tap-Filter die Ergebnisse verschiedener Verfahren zusammengestellt (Tabelle 1).

Der ES-Entwurf mit einer (10,200)-Strategie ermöglicht eine günstigere Einstellbarkeit des ersten und zweiten Überschwingers der Sprungantwort wogegen die minimale Sperrbanddämpfung beim Kaiserfenster etwas höher liegt. Das Anhebungsnetzwerk (auf Basis des Kaiserfensterentwurfs) ermöglicht zwar eine Variation des ersten Überschwingers, vergrößert aber den zweiten Überschwinger, verschiebt die Grenzfrequenz und reduziert die Sperrdämpfung.

Tabelle 1: Ausgewählte Eigenschaften der mit unterschiedlichen Entwurfstechniken entworfenen Filter (jeweils 11 Koeffizienten)

Eigenschaft	(10,200)-Strategie	Kaiser-Fenster	Anhebungs-Netzwerk	Remez-Exchange[1]
1. Überschwinger	7,51 %	5,38 %	7,51 %	7,51 %
2. Überschwinger	1,82 %	2,12 %	2,47 %	2,11 %
max. Durchlaßband Ripples	0,61 dB	0,11 dB	0,46 dB	0,64 dB
min. Sperrband-dämpfung	38,00 dB	38,57 dB	37,26 dB	40,78 dB
f_{6dB}/f_s	0,25	0,25	0,26	0,25
Gesamtfehler E_{total}	1,02	1,12	1,18	1,05

In Bild 6 ist der Verlauf der Optimierung über den Generationen sowie die Differenz der verglichenen Optimierungsverfahren aufgetragen. Ersichtlich übertreffen die Evolutionsstrategien die verfügbaren herkömmlichen Verfahren ab etwa der 400. Generation.

[1] Durch nachträglichen Entwurf eines FIR-Filters mit Hilfe des Remez-Exchange Verfahrens nach Kenntnis der Ergebnisse der ES läßt sich ein bzgl. der Sperrdämpfung deutlich besseres Filter finden. Der Gesamtfehler bleibt aber vor allem wegen der Größe des zweiten Überschwingers deutlich größer als bei der ES.

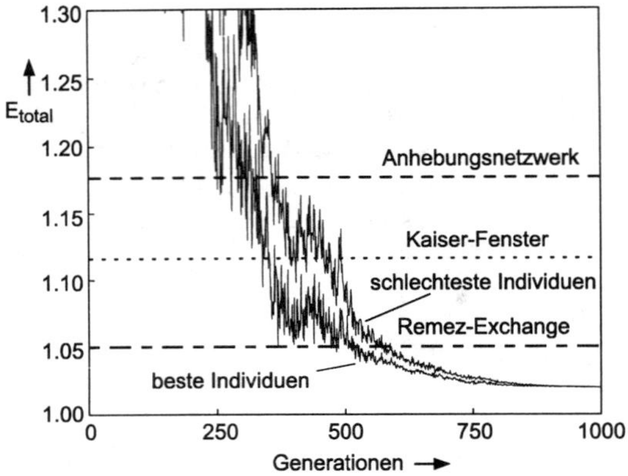

Bild 6: Verlauf der Fehlerfunktion E_{total} über den Generationen für einen Filterentwurf mit einer (10,200)-ES

3.2 Zweidimensionale FIR-Filter

Der Entwurf von 2D-FIR-Filtern mit ES erfordert einen drastisch höheren Simulationsaufwand als im 1D-Fall. Prinzipiell sind allerdings die gleichen Verfahren anwendbar. Bild 7 und Bild 8 stellen den Frequenzgang eines Filters mit zufälligen Koeffizienten sowie das Ergebnis eines Filterentwurfs mit ES für ein separierbares 2D-Filter (mit L_x=L_y=L=11) dar. Wiederum ist die ES in der Lage - aus den Zufallswerten heraus, in eine gute Lösung des Optimierungsproblems der Ordnung $2\cdot\left\lfloor\frac{L+1}{2}\right\rfloor$ zu konvergieren.

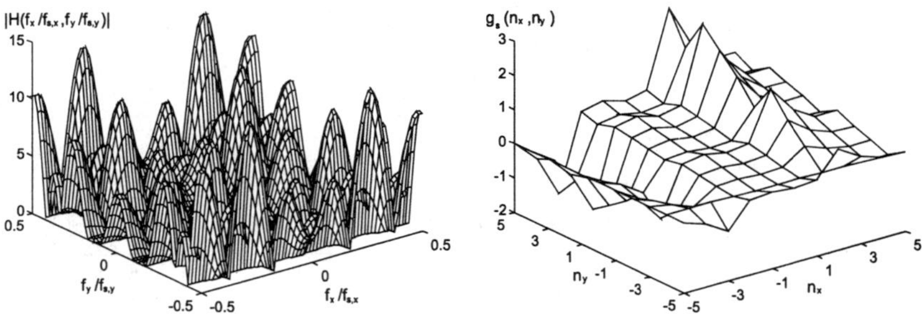

Bild 7: Frequenzgang H(f) und Sprungantwort g_s(n) eines Filters mit Zufallskoeffizienten

Der Entwurf des Filters in Bild 8 (separierbares 11 x 11 Filter, $f_{6dB,x/y}=0.25\cdot f_{s,x/y}$) erforderte ca. 2300 Generationen und eine Rechenzeit von ca. 20 Stunden auf einer DEC-Alpha Workstation mit 266 MHz Taktfrequenz.

In [4] werden hierzu auch Ergebnisse für nichtseparierbare 2D-Filter (z.B. Diagonalfilter) vorgestellt.

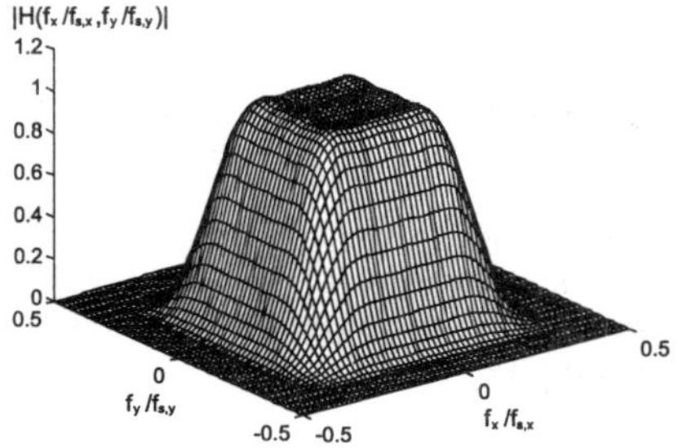

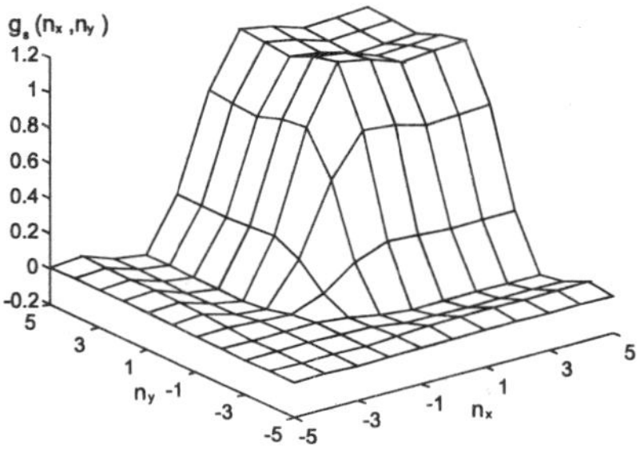

Bild 8: Frequenzgang H(f) und Sprungantwort $g_s(n)$ eines Filters mit Koeffizienten aus einer Optimierung mit einer (10,200)-ES

4 Optimierung nichtlinearer Filter

Nichtlineare Filter, die in vielen Anwendungen wie einer Formatkonversion oder einer Reduktion von Impulsrauschen heute eingesetzt werden [2], werden bisher zumeist heuristisch entworfen. Es existieren für nichtlineare Filter lediglich deterministische (Modellsignale) oder statistische (Verteilungsfunktionen) Beschreibungs- und Analysemethoden. Daher bietet es sich für nichtlineare Filter ebenfalls an, eine Optimierung über ES vorzunehmen.

4.1 Nichtlineare Filter zur Proscan-Konversion

Ein wichtiges Anwendungsbeispiel für nichtlineare Filter stellt die Proscan-Konversion dar, bei der für die Zeilensprungsignale eines TV-Signals die fehlenden Zwischenzeilen berechnet werden, um eine progressive Bildwiedergabe zu ermöglichen. Dieses als auch De-Interlacing bekannte Verfahren ist z.B. für eine Darstellung von TV-Signalen auf LC-Projektoren bzw. LC-Displays erforderlich, da diese keine Zeilensprung-Darstellung erlauben. Bild 9 stellt die Problematik einer Proscan-Konversion an einem Bildbeispiel (Ausschnitt aus der Sequenz "Train") dar.

a)  b) 

Bild 9: Beispiel zur Proscan-Konversion, a) fehlerbehaftete statische Proscan-Konversion b) ideale vektorgestützte Proscan-Konversion

Im Bild 9 a) ist eine fehlerbehaftete statische Proscan-Konversion (d.h. ohne Verwendung von Bewegungsvektoren) dargestellt. Erkennbar ergeben sich Zähnchen an den Kanten des bewegten Wagons. Bei der in Bild 9 b) dargestellten idealen vektorgestützten Proscan-Konversion ergeben sich demgegenüber keinerlei Bewegungsstörungen an den Kanten.

Einige hochqualitative Algorithmen zur Proscan-Konversion verwenden nichtlineare Filter (gewichtete Medianfilter) [2]. Für jede mögliche Position im Fenster des Medianfilters muß ein Gewichtungswert bestimmt werden (Integer-Wert im Intervall [0,10]). Das Optimierungsproblem ist aufgrund der Freiheitsgrade der gewichteten Medianfilter (50 Maskengewichte in den drei Masken, siehe Bild 10) 50-dimensional und es existieren 11^{50} verschiedene Kombinationen, so daß ein vollständiges Absuchen des Parameterraumes nicht möglich ist. Daher müssen intelligente Optimierungsalgorithmen eingesetzt werden.

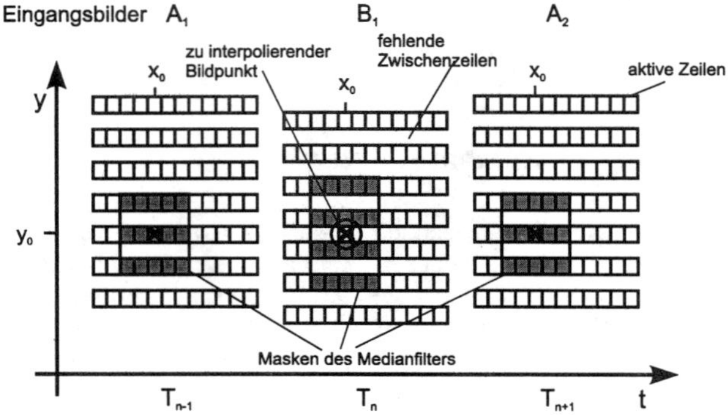

Bild 10: Medianmasken für eine Proscan-Konversion

Bild 11 stellt die Ergebnisse einer Optimierung vektorgestützter gewichteter Proscan-Medianfilter ausgehend von zufälligen und heuristischen Startwerten dar. Als Gütefunktion wurde hier das "Peak Signal to Noise Ratio" (PSNR) [2] der interpolierten progressiven Bilder verwendet. Bei der Optimierung wurde eine (10,70)-ES eingesetzt (diskrete Rekombination der Objektparameter, intermediäre Rekombination der Strategieparameter).

a)

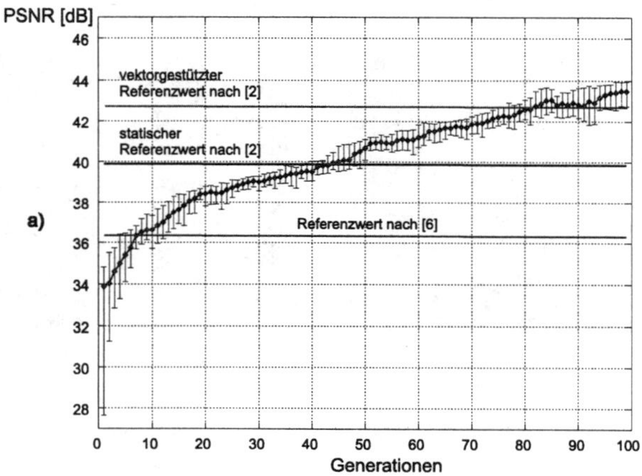

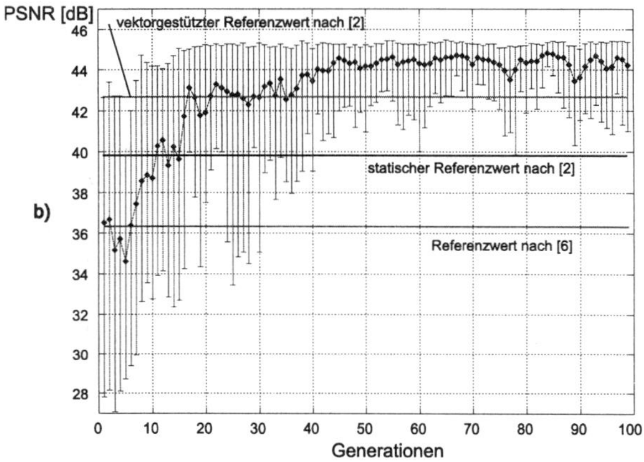

Bild 11: Optimierung einer Proscan-Konversion a) zufällige Initialwerte, b) heuristische Initialwerte, Testsequenz "Train", maximale, minimale und mittlere Güte jeder Population

Deutlich zu erkennen ist in Bild 11, daß die Referenzverfahren sowohl bei zufälligen Initialwerten als auch bei heuristischen Initialwerten übertroffen werden.

Die sich im Laufe der Optimierung ergebenden Maskenkonfigurationen sind in Bild 12 aufgetragen. Dargestellt sind jeweils die Gewichtungsmaske im Vorgänger-, aktuellen und Nachfolger-Bild. Die Höhe der Balken repräsentiert dabei die Größe der Gewichte. Ausgehend von den zufälligen Initialwerten bilden sich Ergebnisse heraus, die eine deutliche Zeilenorientierung im Vorgänger- und Nachfolgerbild sowie eine Spaltenorientierung im aktuellen Bild widerspiegeln.

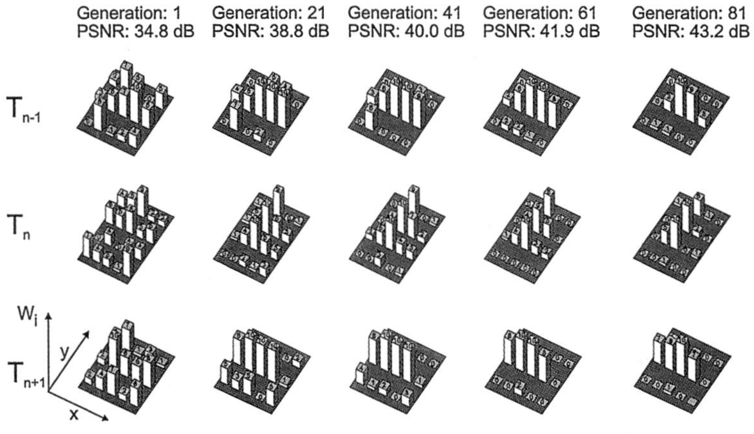

Bild 12: Optimierung einer Proscan-Konversion, Adaption der Gewichtungsmasken, Testsequenz "Train"

4.2 Nichtlineare Filter zur Zwischenbildinterpolation

Neben einer Proscan-Konversion ist die Interpolation von Zwischenbildern eine sehr wichtige Aufgabenstellung im Bereich der Videosignalverarbeitung. Anwendungen hierzu liegen z.B. in der Konversion eines 50 Hz TV-Signals auf ein 100 Hz TV-Signal zur Flimmerreduktion in TV-Geräten (Upconversion), aber auch in Graphikkarten bzw. in der Studiotechnik (PAL-NTSC-Konversion) [2]. Auch in diesem Bereich werden vorteilhaft Algorithmen eingesetzt, die vektorgestützte nichtlineare Interpolationsfilter (gewichtete Medianfilter) verwenden. Die Vorteile dieser gewichteten Medianfilter liegen insbesondere in ihrer Eigenschaft, Fehler von Bewegungsvektoren in einem gewissen Maße zu kompensieren [1].

Als weiteres Anwendungsbeispiel für Evolutionsstrategien im Bereich der Videosignalverarbeitung wurde deshalb der Entwurf von gewichteten Medianfiltern zur Zwischenbildinterpolation untersucht. Bild 13 stellt dar, wie unter Zuhilfenahme eines vektorgestützten gewichteten Medianfilters aus zwei Originalbildern (A_n und B_n) und eines Bewegungsvektors $\vec{V}_{A_nB_n}$ ein Bildpunkt aus dem Zwischenbild (β_n) berechnet wird. Das Design der Gewichtungsmasken für diese Interpolation ist Aufgabe des evolutionären Optimierungsvorgangs. Ziel ist es dabei, eine möglichst hohe Bildqualität (z.B. Kompensation von fehlerhaften Bewegungsvektoren, Erhalt feiner Bilddetails etc.) zu erreichen.

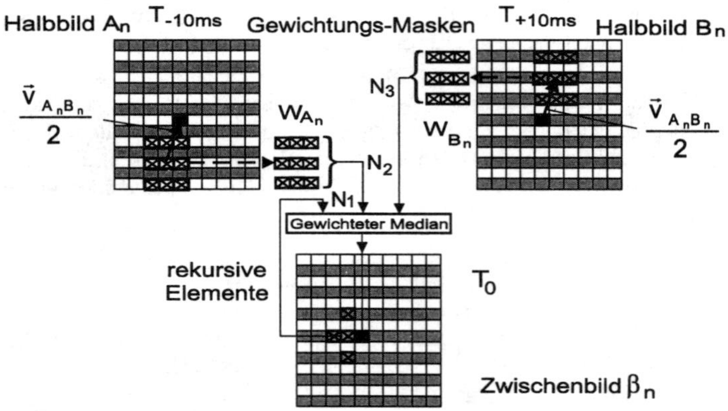

Bild 13: Vektorgestützte gewichtete Zwischenbildinterpolation

Bild 14 zeigt hierzu die Ergebnisse eines Optimierungsvorganges für eine sehr komplexe Bewegungssituation. Betrachtet wird die Zwischenbildinterpolation für die Testsequenz "Football", bei der ein Zoom auf ein Spielfeld dargestellt ist. Neben der vorherrschenden Zoom-Bewegung treten hier viele unterschiedliche Partialbewegungen der Spieler auf. Die zu dieser Sequenz mittels eines Bewegungsschätzers [2] ermittelten Bewegungsvektorfelder sind häufig fehlerhaft. In der in Bild 14 dargestellten Simulation wurde ein stark fehlerhaftes Bewegungsvektorfeld verwendet. Aufgabe bei diesem Optimierungsvorgang war es, Interpolationsfilter so zu entwerfen, daß möglichst viele Vektorfehler kompensiert werden können und somit eine optimale Bildqualität für das Zwischenbild erzielt wird. Bild 14 stellt dar, daß die Interpolationsqualität der Referenzverfahren [1,2] durch die für diese Situation entworfenen Interpolationsfilter deutlich übertroffen werden kann.

Ein Filterentwurf auf der Basis von Evolutionsstrategien bietet somit eine gute Möglichkeit, speziell für dedizierte kritische Situationen Filter zu entwerfen, um sie dann z.B. in signaladaptiven Verfahren zu kombinieren.

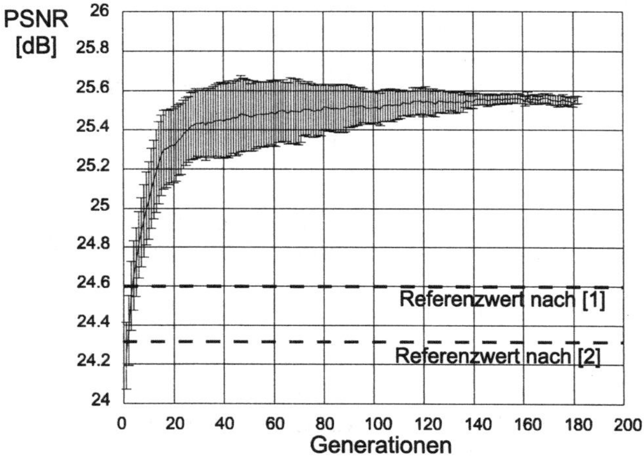

Bild 14: Optimierung einer zeitlichen Zwischenbildinterpolation; Testsequenz "Football"; dargestellt sind maximale und minimale sowie die mittlere Güte jeder Population

Da die Berechnung von Zwischenbildern jeweils an Bildsequenzen mit einigen Bildern erfolgen muß, erfordert die Bewertung eines Interpolationsfilters einen erheblichen Rechenaufwand. Da ein typisches Entwicklungsumfeld für Algorithmen der Videosignalverarbeitung allerdings von einer Laborsituation mit vernetzten Workstations geprägt ist, bietet es sich an, zur Reduktion der hohen Simulationszeiten diese Workstations über eine parallele Programmiersprache zu koppeln.

Zu diesem Zweck wurde für die vorliegenden Untersuchungen das Softwarepaket PVM (Parallel Virtual Machine) eingesetzt [5]. Es ermöglicht dem Programmierer vernetzte Rechner als sogenannte Virtual Machine, d.h. als einen Parallelrechner mit verteiltem Speicher zu behandeln. Unter Verwendung dieses Softwarepaketes war es möglich, die vorhandene heterogene Rechnerstruktur (ca. 15 Workstations) effektiv zu nutzen. Es konnten so sehr rechenintensive Simulationen mit einer für die Konvergenz der ES hinreichenden Anzahl von Generationen durchgeführt werden.

5 Schlußfolgerungen

Zahlreiche Anwendungen in der Videotechnik besitzen derzeit suboptimale Lösungen, die nicht auf analytischem Wege optimiert werden können. Hier bietet sich eine Verwendung von Evolutionsstrategien an. Mit Evolutionsstrategien ist es z.B. möglich, Filter zu entwerfen, die optimal an eine vorgegebene Situation (z.B. an ein Testsignal) angepaßt sind. Evolutionsstrategien sind somit ein sehr nützliches Hilfsmittel bei der Entwicklung signalangepaßter Algorithmen.

Insbesondere beim Entwurf nichtlinearer Filter, die bisher nur durch deterministische (anhand von Modellsignalen) bzw. statistische Entwurfsmethoden (anhand von Verteilungsfunktionen) entworfen werden konnten, bietet sich der Einsatz von Evolutionsstrategien an.

Bei den in diesem Beitrag diskutierten Beispielen konnten die Ergebnisse der Algorithmen durch den Einsatz der Evolutionsstrategien jeweils deutlich verbessert werden. Mögliche weitere Anwendungsfelder für Evolutionsstrategien im Bereich der Videosignalverarbeitung liegen bei der Optimierung von Algorithmen zur Interpolation, zur Bewegungsschätzung, zur Objekterkennung oder zur Codierung.

6 Danksagung

Die Autoren möchten sich an dieser Stelle bei Herrn Prof. Dr. H.-P. Schwefel für seine Unterstützung und Beratung bzgl. der Theorie der Evolutionsstrategien bedanken.

7 Literaturverzeichnis

[1] Blume, H.: "A new algorithm for nonlinear vectorbased upconversion with center weighted medians", SPIE Journal of Electronic Imaging, Vol. 06, Nr. 03, 1997, pp. 368-378

[2] Blume, H.; Schröder, H.: "Image Format Conversion - Algorithms, Architectures, Applications", Proc. of the IEEE ProRISC Workshop on Circuits, Systems and Signal Processing, Mierlo, Niederlande, 27.-29.11.1996, pp. 19-37

[3] Dudgeon, D. E.; Mersereau, R. M. : "Multidimensional Digital Signal Processing", Prentice-Hall, Englewood Cliffs, New Jersey, 1984

[4] Franzen, O.; Blume, H.; Schröder, H.: "FIR-Filter Design with Spatial and Frequency Design Constraints using Evolution Strategies", zur Veröffentlichung eingereicht beim Signal Processing Journal, 1997

[5] Geist, A. et al.: "PVM: Parallel Virtual Machine -User's Guide and Tutorial for Networked Parallel Computing", MIT Press Cambridge, MA, 1994

[6] Ivanov, K. V.: "Ein neues Verfahren zur Konversion von Fernsehbildsignalen für die progressive Wiedergabe", FKT-Magazin, 48. Jhg.; Nr. 10, pp. 1-7, 1994

[7] Konrad, J.; Radecki, J.; Dubois, E.: "The application of Two-Dimensional Finite Precision IIR-Filters to Enhanced NTSC Coding", IEEE Transactions on Circuits and Systems for Video Technology, Vol. 6, Nr. 4, August 1996, pp. 355-374

[8] Ouvrard, V.; Siohan, P.: "Design of two-dimensional video filters with spatial constraints", Proc. of Signal Processing VI, Theories and Applications, pp. 1000-1004, August 1992

[9] Rabiner, L.; Gold, B.: "Theory and Application of Digital Signal Processing", Prentice Hall, Englewood Cliffs, New Jersey, 1975

[10] Rechenberg, H.: "Evolutionsstrategie", fromann-holzboog Verlag, Stuttgart, 1973

[11] Schröder, H.; Elsler, H.: "Planare Vor- und Nachfilterung für Fernsehsignale", NTZ-Archiv 4 (1982), Nr. 10, pp. 302-312

[12] Schwefel, H. P.; Bäck, T.: "Evolution Strategies I/II" chap. 6/7 in "Genetic Algorithms in Engineering and Computer Science", ed. by J. Périaux, G. Winter; Wiley & sons, New York, 1995

Neural understanding of low–resolution images

L. Spaanenburg, J. deGraaf, J.A.G. Nijhuis, H. Stevens and W. Wichers,
IMPACTs – Intelligent Systems, Rijksuniversiteit Groningen,
P.O.Box 800, 9700 AV Groningen (The Netherlands)
Email: info@impacts.nl

Abstract. *Neural networks can be applied for a number of innovative applications in a production environment, ranging from security & safety in the environmental conditions to the product control & diagnosis. For visual monitoring the use of low–resolution images is promising to bridge the time elapse between more elaborous stampings. This facility for image–based decision–making is illustrated by two real–life applications: stain detection and grain mixture diagnosis.*

1. Introduction

Two aspects are prevalent in industrial fabrication. First are the safety aspects of production, ranging from restrictions on admittance to handling precautions. Connected to safety is security: a package of general measures to ensure safety in an unconditional manner. Second are the quality aspects of production. This involves the adherence to specification, but discrepancies may be differently valued; sometimes it is too costly to accept a false product, sometimes to reject a good product.

Quality of production is assumed to lead to quality products. The machinery involved is an investment that comes with its own monitoring & diagnosis system. Nevertheless it may be hard to relate these measurements to the characteristics of the fabrication line. On the other hand, these products can only be qualified after fabrication and often even after a complex off–line effort. In the meantime, the production of ill–qualified products continues and an on–site alternative is required to limit the fabrication waste.

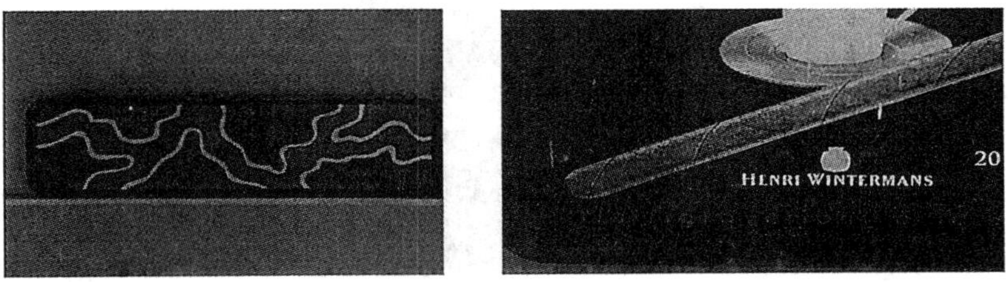

Figure 1: Some examples of image–inspected products.

While the products move through the factory, only contactless measurements can be afforded. A typical and very popular one is through images (Figure 1). At present, the bottleneck in matching computing performance with camera cost blocks a further outgrowth of the image–processing market for industrial applications. Quality camera's are expensive and so is conventional, real–time image processing hardware.

For large–scale application, high fault–tolerance and low cost, we limit ourselves to low–resolution images such as produced by low–cost CCD cameras or infra–red sensors. This brings the challenge to quantify a low–resolution, real–time image with full accuracy. In Section 2 the overall architecture of a neural solution is discussed. Then in Section 3 we illustrate the major operationals on a laundry street. Subsequently, we present a more complex example in dredging and finally we discuss further implications for factory automation.

2. System components

In a typical image processing application, a number of operations are performed in sequence. The typical system consists of several parts: a preprocessor, a segmentation unit, a recognizer and (if required) a content analyzer. The preprocessor applies some standard image processing techniques (contrast stretching, noise filtering, etc.) to enhance the quality of an image. This part of the system will not be elucidated any further in this paper as the desired preprocessing depends strongly on characteristics of the camera unit. The second part of the system is the segmentation unit that determines features on which the neural net can operate. The segmentation is based on a judicious choice of fuzzy, statistical and classical techniques. Recognition is then performed by neural nets, of which the results are analyzed to give the required results.

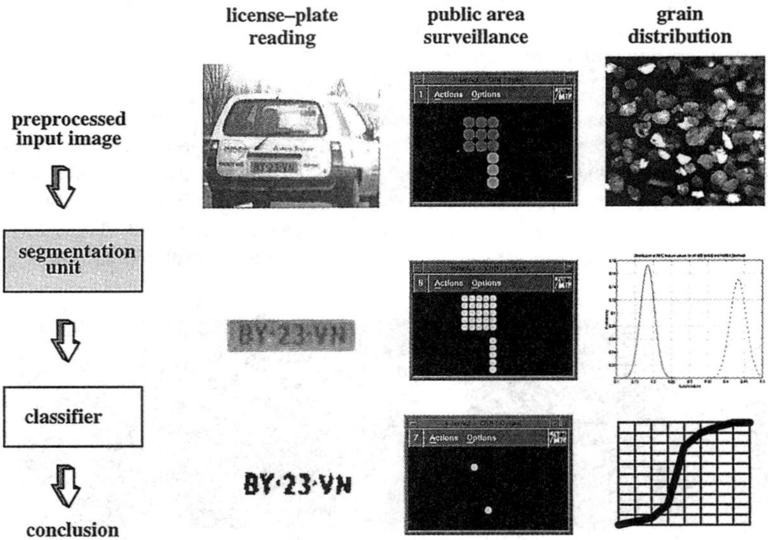

Figure 2: Outline of a neural recognition system with applications.

Figure 2 gives three examples. For license–plate recognition [1], fuzzy segmentation can be employed on basis of the grey–level transitions characteristic for the interesting object. In public area surveillance [2], grey–level transitions are quantized to neurally cluster into the object parts. Lastly, in grain distribution (this paper) we segment by statistical means into texture features. All these applications share a refrainment from complex (per pixel) image processing and attempt to imitate nature by an understanding of its principle functioning. In this paper, we will focus largely on the latter type of application.

The statistical approaches can be divided into Difference and Run–Length Statistics. Literature also discusses the *grey level dependence matrices* or *co–occurrence matrices* as first introduced by Haralick et. al. [3]. They analyze textures by looking at the differences in grey–values of a given image. We will not consider these features here as [4] states that the features derived from the Dependence Matrices and those from the Difference Statistics should have nearly the same values.

Grey Level Difference Statistics. An useful set of features are (first–order) statistics of local properties, i.e., the means, variances, etc. of the values of local properties computed at all points in an image. In particular, local properties based on absolute differences of grey levels are considered. These differences may be measured between two pixels at some displacement $\delta \equiv (\Delta x, \Delta y)$. As in [4] we define $f_\delta(x, y)$ as $f_\delta(x, y) = |f(x, y) - f(x + \Delta x, y + \Delta y)|$, which denotes the absolute grey–level difference between the points (x, y) and $(x + \Delta x, y + \Delta y)$. In order to find a distribution describing these differences we define p_δ to be the probability distribution of $f_\delta(x, y)$. Having m grey levels, p_δ has the form of an m–dimensional vector whose ith component is the probability that $f_\delta(x, y)$ will have value i. If a texture is coarse, and δ is small, the pairs of points at separation δ should usually have similar grey levels, so that $f_\delta(x, y)$ should be small, i.e., the values of p_δ should be concentrated near $i = 0$. For a fine texture, with δ also small, there should be a large difference between grey levels at separation δ, causing the values of p_δ spread out more.

Thus a good way to analyze texture coarseness would be to compute some measurements of the spread of values in p_δ away from the origin. A useful measurement, as pointed out in [4], is the MEAN–feature defined by $\text{MEAN} \equiv (1/m) \sum i p_\delta(i)$. For coarse textures, the MEAN–value should have low values, and for fine textures the values should be relatively high. The paper states that features derived from M_δ matrices will be quite similar to features derived from p_δ vectors.
In our experiments, the MEAN feature is used with δ=(1,0) and δ=(2,0). Higher distances such as δ=(8,0) are discarded, as images with fine details will cause values of higher distances to be uncorrelated (δ should be in relation to texture element size).

Grey–Level Run Length Statistics. Another set of features may be obtained by examining the grey levels of the picture along some given line. Sometimes we will find runs of pixels that have nearly the same grey level value. In coarse structures, these runs are expected to be longer, whereas in fine structures the runs are expected to be shorter. If we scan the whole image line by line, we may define the run–length matrix P, whose (i,j)th element $p(i, j)$ is defined to be the number of runs with length j, consisting of points whose grey–levels lie in the ith range. Then we can define the following features:

(1) Long Run Emphasis: $\mathrm{LRE} \equiv \frac{\sum j^2 p(i,j)}{\sum p(i,j)}$. The LRE measure stresses the presence of long runs of any grey level. Thus the LRE measure should give relatively high values for coarse textures, and relatively low values for fine textures.

(2) Run Length Distribution: $\mathrm{RLD} \equiv \frac{\sum_j (\sum_i p(i,j))^2}{\sum p(i,j)}$. This is smallest when the run–lengths are evenly distributed. This should be useful for images taken from particles with a broad size–distribution, i.e., both fine and coarse details may be observed.

(3) Run Percentage: $\mathrm{RPC} \equiv \frac{\sum p(i,j)}{N^2}$, where N^2 is the number of points in the image. This measures the number of run–lengths relative to the image size (number of pixels). The relation is largest when there are many runs in the image, which is the case when all runs are short. So, for images taken from fine details, the value of this measure is expected to be high.

We have investigated Grey–Level Run–Length statistics of *similar* grey–levels. In [4], ranges of grey levels are used, where the whole range of possible grey–levels (in their case 64) is partitioned into 8 ranges, in which the grey–levels are assumed to be similar. In our case we have 256 different grey–levels, and we also divide it in 8 classes.

In [4], the use of specific features is analysed. The outcome is that the MEAN feature derived for different δ yields good performance, and thus will be an appropriate one to use. Intuitively, one might expect that if the different sized details are present in the image, the run–length features should give additional information on the actual size–distribution, instead of some global measure of coarseness. We thus may use:

- the coarseness, measured with the MEAN features, should give a rough indication of the size–distribution, and
- the run–lengths should give a more detailed indication.

3. Stain recognition on a laundry street

This section describes a prototype for the automatic recognition of stains in laundry sheets. First the raw data, provided by a manufacturer of washing equipment is analysed. Then a model is derived which can distinguish between stains, logos and folds. A system based on this model is able to automatically send back only those sheets that need to be washed again.

The client washing company demands that a clean sheet will never be sent back to be washed again. The washing company doesn't mind if a few 'clean' sheets still have a stain or a hole. So a sheet may only be rejected if it is one hundred percent certain that the sheet has got a stain or hole in it.

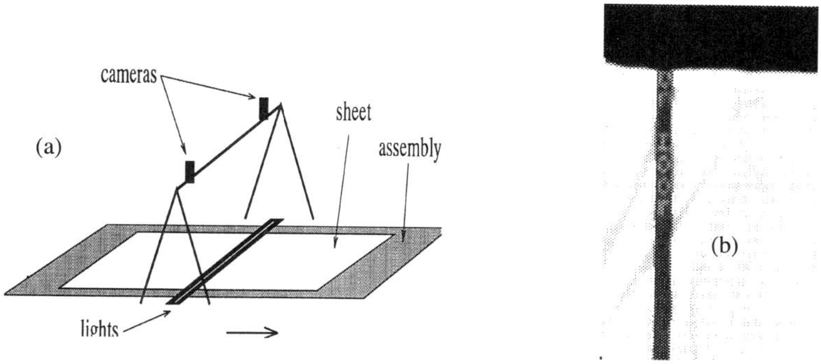

Figure 3: (a) Two cameras scan the sheets and give (b) a low-resolution image.

The manufacturer of washing equipment is currently capable of detecting holes and tears in white sheets. These sheets can have logos and light-colored lines at the sides of the sheets. The manufacturer uses the construction as seen in Figure 3a. The sheets are illuminated from above. Every 11.7 ms a line-camera takes a recording of 4 ms. The sheet moves with a speed of 25 cm/s. (Approximately 1 mm of the sheet will be recorded while the next 2 mm are skipped.) The data from this camera is converted into grey-values, ranging from 0 (black) to 255 (white), see Figure 3b. Currently a hole or tear is detected by a sharp transition of grey-values. Grey-values beneath a certain threshold are currently considered to belong to holes.

One problem that now occurs is that dark lines are regarded as holes. Dark lines have low grey-values and these grey-values lie beneath the threshold and are thus regarded as holes. The manufacturer of washing equipment would also like to detect stains. The problem that now arises is that one scan-line doesn't contain enough information to decide whether an object in the scan-line is part of a stain or part of a logo belonging to the sheet. The manufacturer wants to distinguish between sheets with only stains and sheets with holes or tears in them.

3.1 Data pre-processing

Twenty binary data-files were provided by the manufacturer. These files contain images of interesting parts of sheets, like stains, logos, etc.. These files were created by taking line-images of the sheets as it passes two cameras. Each scan-line consists of grey-values ranging from 0 (black) to 255 (white). To get a first impression of the quality of the data, the binary data-files were converted to TIFF-format. As seen in figure 3b, the image has a poor resolution. This is caused by the fact that only one in three millimeters is scanned by the cameras.

To get more information about the data, a few utilities were developed which calculate the following: (a) the histogram of an image, (b) a grey-value plot of a scan-line, and (c) a 3D-plot of the grey-values of the scan-lines (see Figure 4).

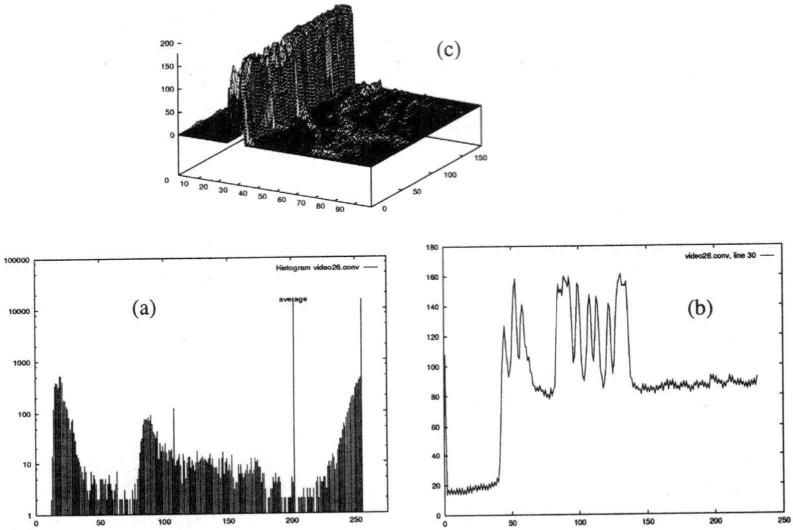

Figure 4: (a) Histogram of sheet 26. (b) Grey–value plot of a scan–line, part of the logo 'De Hoop'. (c) 3D–plot. The big blob is the logo 'De Hoop'. The small blobs are caused by folds.

In these different representations, we have to locate stains and (non–stain) marks. It is clear that stains may have more aspects in common than marks. I.o.w. it may be too laborious to classify marks; probably every individual mark has to be trained for individually. To solve the problem, the stains themselves have to be modeled.

3.2 An elaboration of the model

Using just our common sense, we were able to determine the following features. Stains have a contrasting color, are oddly shaped, be small, consist of dark and light parts, and can often be found near other stains. These features are vague and give rise to the following questions: "What is a contrasting color?", "What is oddly shaped?", etc.. In order to perform calculations on the features, we need to have a measure for them. These are related to the before given statistical measures, but require some more local content to sieve the stains from the set of distinguishable objects:

(1) contrasting color. Per pixel the grey–value is compared to the most common grey–value. The absolute difference between these two grey–values indicates the color contrast.

(2) oddly shaped. The area of an object is compared to the bounding box (the smallest rectangle which encloses the object). The smaller the area of the object with respect to the area of the bounding box, the more oddly shaped the object is.

(3) size. The size of an object is determined by the area of the object in proportion to the area of the entire sheet.

(4) dark and light parts. To what extend an object consists of dark and light parts is determined by the difference between the highest and lowest grey–value of the pixels within the object.

(5) near other stains. A measure for this feature is determined by simply counting the number of objects within a certain radius.

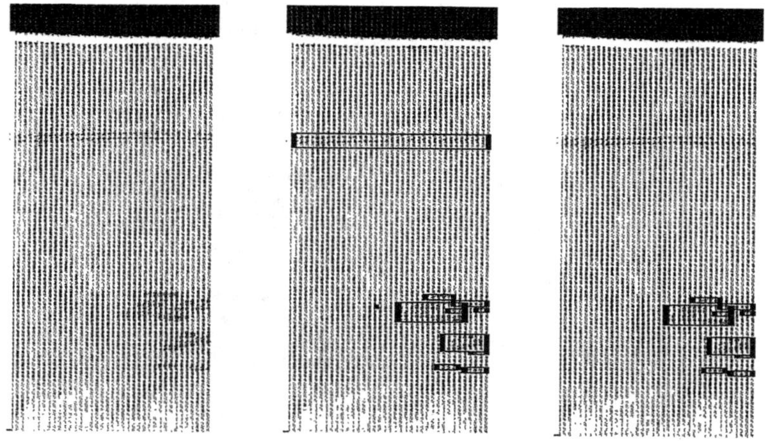

Figure 5: (a) Original image. (b) Detected objects.(c) Detected stains.

A logo such as 'Rented never Sold' may be regarded as a series of stains. What immediately shows is that these stains lie on a straight line. This feature is easily calculated by looking in the horizontal and vertical direction from a stain, counting the number of stains and how they are distributed in both directions. With this additional feature, all stains in the test–data are recognized and logos are not noted as stains (Figure 5).

The above approach to stain detection uses global texture information as well as local application information, and can therefore not be based on only statistical data. In the next application, we do not have to localize the different objects. Only their distribution is required and we can therefore suffice with only statistical texture characterization.

4. Judgement for justice

Dredging is one of the basic techniques in marine technology. Sand of unknown quality is removed from the bottom of a channel, river or sea, cleaned and stored, while sand of a known quality can later be demanded for several types of construction work. It is therefore required to diagnose the size–distribution of the grains during dredging to optimize sieving.

The images of sand–grains in water were taken under laboratory circumstances, i.e., the images were not taken from sand in water within an upstream classifier in action, but within a vertical transparent column filled with known sand/water mixtures. As to use *supervised* learning for network training, one has to know the desired output values for each training–sample, which are in our case the sieve characteristics.

During the image acquisition stage we tried to keep external influences, such as the concentration of the grains, as constant as possible for all sand–types. We were only partly successful in doing so, as shown in Figure 6. This means that our final system must be able to deal with these differences in concentrations as well. A *histogram equalization* or *flattening* operation is applied to each of the images to make each grey–level occur equally often (i.e., the histogram of the grey levels should be as flat as possible). This normalization process was done in order to reduce unequal overall *brightness* and *contrast* in the original images, due to unequal circumstances during image–acquisition (for example, contrast in images taken at night or during daytime may differ). These effects might otherwise have dominated the measured feature values, that will be discussed in the next section.

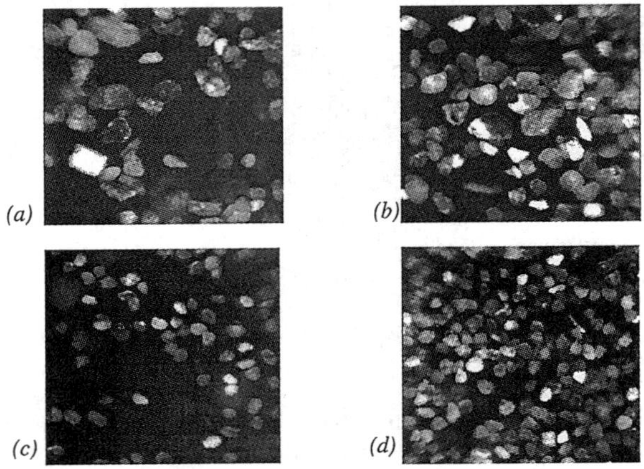

Figure 6: Concentration differences in images could not be avoided for different sand–types : (a) and (b) are from class H0528, (c) and (d) from class H0608.

4.1. Feature Analysis

Before offering the extracted features to the network, it may be interesting to investigate the feature values, i.e., some basic statistical properties like the mean values and variances. The main interest of this is to check whether the features of different sand–types have different values, and if the features from images of one sand–type have nearly the same values. Thus here we want to check if the extracted features are suitable to represent the differences in structure of the images from sand–grains (theoretically, they should, but what about practice ?).

As an example, the (normal) probability distribution of the MEAN feature value with $\delta = (1, 0)$ for images from the classes H0004 and H1420 is given in Figure 7. The normal probability distribution was obtained from the histogram of the feature–values. We observe that the relatively high feature values for fine grains (H0004) and low feature values for coarse grains (H1420) meet the theoretical expectations (the feature values of other sand–types satisfied the theoretical expectation, that coarse structures should have relatively lower values when compared to feature values of finer structures). This means that the MEAN (1,0) feature may be used as an indication of the coarseness of an image of sand–grains. Similar results have been obtained for the RPC–feature.

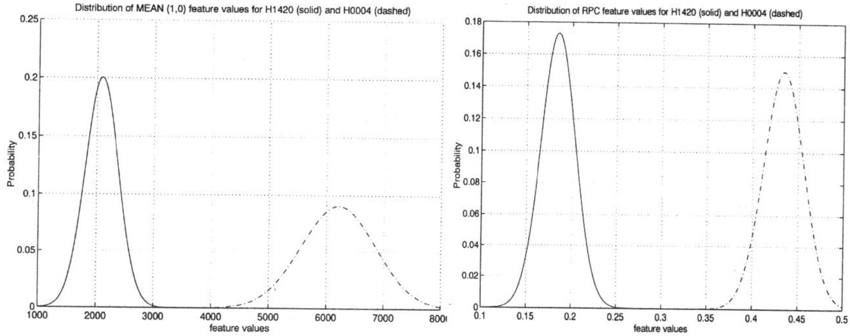

Figure 7: Normal probability distributions of the MEAN (1,0) (left) and RPC (right) feature values for images of coarse grains (sand–type H1420, solid) and fine grains (H0004, dashed).

We observe that the LRE–feature values do not satisfy the theoretical expectation, which state that coarse structure should have relatively higher values than fine structures. This lead to the investigation of a *histogram* of run–lengths of any grey–level. From this histogram we noticed that, in general, coarse structures are characterized by a relatively low amount of short runs, rather than the extensive presence of long runs (which actually sounds logical, since the occurrence of one long run 'replaces' several short runs). This explains why the LRE feature does not give the desired values for coarse images, since the formula for the LRE feature gives greater weight to the presence of long runs, instead of giving weight to the absence of short runs.

By looking at the run–length histogram features directly we were able to identify fine and coarse sand–types, by the former mentioned absence of short runs for coarse structures. Therefore we have chosen to investigate the run–length histograms also. Currently, the maximum possible length a run can have is fixed to 32 pixels, but this can be easily extended. We also investigated the probability distributions of the RLD–feature values, and found that the RLD–feature did have high values for broad size–distributions such as H_020 (as expected), but for a class like H0205 it had high values as well, which does not match the theoretical expectation, since H0205 is a rather small distribution (in the sense that only fine particles are present). So here we have another case in which we have to deal with the fact that the feature values do not reflect the expectations.

The reason for the occurrence of conflicts in our data–set is comprised in the definition of the D10..D90 sieve characteristics. Hence the sieve characteristics give an indication of weight percentages, instead of the percentage of grains belonging to each fraction. For some broad distribution, the weight percentages on fine and coarse sieves may be equal. But keeping the fine and coarse sieve–diameters in mind, it will be clear that in order to have the same weight percentage on both fine and coarse sieves, the number of fine grains must be huge compared to the number of grains on the coarse sieve.

For example, if we assume one coarse grain with a diameter of 4 mm. to have a weight of 0.02 g, and a fine grain with a diameter of 0.1 mm. to have a weight of 0.0000003 g, it will be clear that there will be a factor 100.000 of fine grains more on the fine sieves for every coarse grain measured on the coarse sieves. If such a sieve characteristic is actually measured, this means that the ratio in which the fine and coarse grains are present is in the same order of magnitude. This again means that the chance of actually observing a coarse particle in an image taken from a broad distribution is rather small, resulting in images in which the coarse particles are not visible (either not present, or even *overlapped* by fine particles), and thus similar to images of fine sand–types (Figure 8).

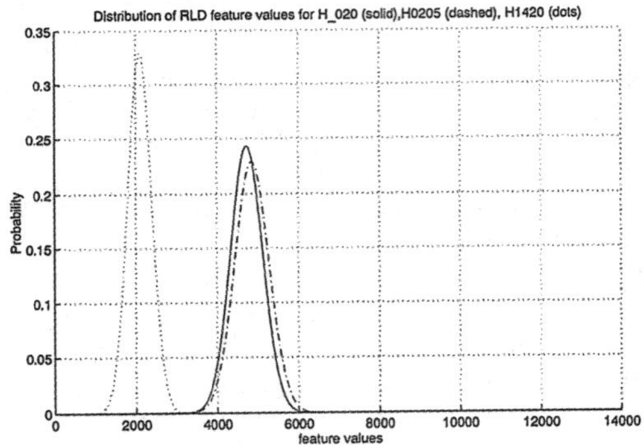

H_020

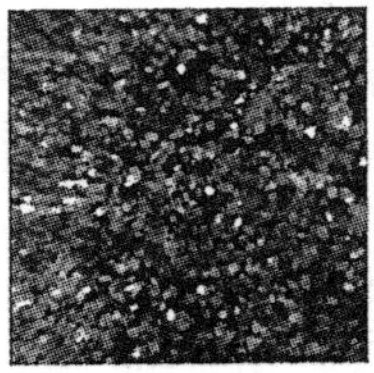

H0205

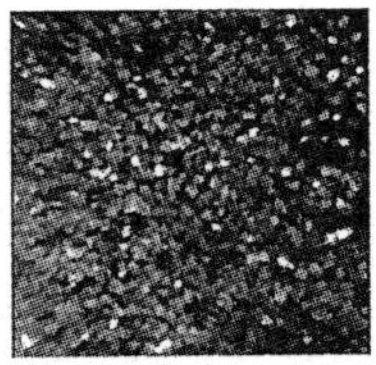

Figure 8: Probability distributions of RLD feature values for different sand–types.

4.2 Network Generalization

All experiments are performed with feedforward networks (typically with 13 input–, 5 hidden–, and 9 output neurons). The inputs of the network are the feature values extracted from the images: the grey–level difference statistics, run–length statistics and run–length histograms. The output of the network is a size–distribution, approximated by the D10..D90 points. The input and output values, given by the extracted features and the size–distribution respectively, have to be scaled in order to provide the network with uniform value ranges on each of the inputs. For input values, the reason to do this is the fact that we want to speed up the learning process. Recall that each successive weight adjustment is proportional to the derivative of the activation function, and by scaling the input values, we can force the weighted sum of inputs for each neuron to be in the desired range in which the derivative of the activation function is high (i.e. not to close to zero). The investigation on the networks response is performed by:

(1) Untrained patterns from all sand–types. The network is trained with a randomly chosen subset from all sand–types. This means that the network has seen some images from every sand–type, but not all of them. The untrained images are then used to determine the generalization ability of the neural network. In Table 1 we can see that the mean network error (second column) measured over all Dxx points and all sand–types in the specific classes (*fine, fine/coarse, coarse and broad distribution*) is relatively small. It must be noticed that the maximum error over all D10..D90 sieve characteristics (third column) is mainly due to a relatively higher error of the D10 characteristic. The network estimation for the broad distributions is poor, but the estimations of the D90..D70 points, which denote the fine fraction in the mixture, are relatively good. Previously it was already stated that the images taken from a sand–mixture with a broad distribution resemble those taken from a fine one.

	known sand classes		*known sand classes*	
size–distribution of sand grains	*mean error (mm)*	*maximum error (mm)*	*mean error (mm)*	*maximum error (mm)*
fine	*0.025*	*0.28*	*0.045*	*0.25*
fine/coarse	*0.013*	*0.43*	*0.046*	*0.97*
coarse	*0.028*	*0.68*	*–0.097*	*0.66*
broad distribution	*–.0163*	*1.07*	*–0.163*	*1.07*

Table 1: Network generalization results

(2) Untrained patterns from unknown sand–classes. We can also investigate the response of the network to images from sand–types it never has seen before, thereby looking at the networks ability to give good estimation for size–distributions from sand–types it never has seen before. The results are shown in the fourth and fifth column of Table 1. It is noticed that the estimations for the extreme classes, i.e., *very* fine and *very* coarse, are not as good as the estimations given when training the network with these classes. The reason for this, is that the network is asked to give an estimate on inputs that are *outside* the already learned region, i.e., it is asked to *extrapolate* on basis of a (relatively small) training set. It is observed that in general, the standard deviation of the error increases (so estimations are more 'spread out'), but the mean error is still small.

The relatively high standard deviation may imply the need for more images to be processed. This can be done by looking at network estimation for images taken in the near past. If we assume that the size–distribution will not differ extremely within a short period we may take the average of the network over a certain period, in order to reduce the influence of single outliers, thereby improving the quality of the overall performance.

5 Discussion

Neuro–engineering has proven to be a viable means to fulfill the many classification and diagnosis tasks in industrial fabrication. Failures must be detected on–line, but the environmental conditions are often not favorable for high–speed, high–accuracy computing. Under such circumstances only very robust and/or cheap sensors can be used. Where measurements can only be vision–based, the infra–red sensors or CCD–cameras will produce lowest–grade images. To classify products or diagnose production, high–image accuracy is not always required. An occasional calibration serves to ear–mark the definition of quality to which later observations can refer to by resemblance. Using statistical features such a degree of resemblance can be easily certified. Admittedly, this neural technology will never be precise in absolute values, but the high–precision relative values suffice if the point of reference is of sufficient precision.

Similar to what happens in natural systems, we have applied two methods. For diagnostic purposes, the objects of interest are first vaguely determined on its global properties, followed by a closer inspection of its local characteristics [5]. As was also discussed in [1] for the case of a car license–plate recognition system, the feature definition can be alternatively performed in Fuzzy logic. This is (a) because this allows to bring in foreknowledge, and (b) because this allows reasoning on the derived solution. In practice, one has to ensure that the solution covers the problem space. In section 3 this leads to additional features to guarantee that marks are distinguished from stains.

For classification purposes, we use the historical impression of granularity to educate the network on size distributions. Both examples show, that neural image understanding does not only perform in a biologically–inspired manner but also provides for very practical solutions on the workfloor. Precision is then to be gained from the occasional off–line calibration.

Acknowledgements

This paper is based on projects performed for AMKO, IHC Dredging and HSA, all in the Netherlands.

References

[1] J.A.G. Nijhuis, M.H. terBrugge, K.A. Helmholt, J.P.W. Pluim, L. Spaanenburg, R.S. Venema, and M.A. Westenberg, "Car License Plate Recognition with Neural Networks and Fuzzy Logic", *Proceedings ICNN'95* **V** (Perth, Australia, 1995) pp. 2232–2236.

[2] L. Spaanenburg, M.H. ter Brugge and J.A.G. Nijhuis, "Low–cost robust public area surveillance", *Proceedings 15th IMACS World Conference* (Berlin, Germany, August 1997) pp. 349–354.

[3] R.M. Haralick, K. Shanmugam, and I. Dinstein. "Textural Features for Image Classification", *IEEE Transactions on Systems, Man and Cybernetics* **3**, no. 6 (1973) pp. 610–621.

[4] J.S. Weszka, C.R. Dyer and A. Rosenfeld. "A Comparative Study of Texture Measurements for Terrain Classification", *IEEE Transactions on Systems, Man and Cybernetics* **6**, no. 4 (1976) pp. 269–285.

[5] B. Breznen, "Place–to–time code transformation during saccades", *Proceedings ESANN'93* (Bruxelles, Bergium, 1993) pp. 117–122.

Akustische Qualitätsprüfung mit neuronalen Netzen

Dr.-Ing. Michael Hormel, Bochum

Dr.-Ing. Stefan Gehlen, Bochum

Zusammenfassung

Das menschliche Gehör ist ein überaus feines Instrument zur Erfassung akustischer Signale. Aus diesem Grund sind Geräusche ein wesentlicher Träger von Informationen für menschliches Bedienpersonal. Trotzdem erfordert das bewußte Zuhören ein hohes Maß an Konzentration und ermüdet daher sehr stark.

Trainierbare Systeme auf der Basis neuronaler Netze gewährleisten einen ermüdungsfreien Betrieb rund um die Uhr bei gleichbleibend guten Klassifikationsleistungen. Einige prototypische Anwendungen werden vorgestellt.

1 Einführung

Die Überwachung und Analyse von Geräuschen gewinnt eine immer größere Bedeutung in verschiedenen Bereichen der Produktion.

- Auf dem Gebiet der Qualitätssicherung werden Fehler in Bauteilen, Materialien und Fertigprodukten anhand ihrer Auswirkungen auf den spezifischen Klang des Produktes erkannt. Die korrekte Klassifikation der Geräusche erfordert ein gutes Hörvermögen, Konzentration und ausreichende Erfahrung in der Beurteilung.

- Analysen von Luft- und Körperschall an Werkzeugmaschinen und anderen Geräten können auf Schäden am Werkzeug oder vorzeitigen Verschleiß hindeuten. Sie ermöglichen die Wartung in zeit- und kostenoptimalen Intervallen. Plötzlich auftretende Schäden, wie beispielsweise der Werkzeugbruch an einer Drehbank sind relativ leicht in den Körperschallsignalen detektierbar.

- Die Klassifikation akustischer Daten ermöglicht die Diagnose und Lokalisierung von Fehlern beispielsweise an Motoren und Getrieben. Menschliche Experten benötigen auch hier langjährige Erfahrung zur Erkennung der auslösenden Ursache.

- Hochwertige und hochpreisige Produkte wie beispielsweise PKWs werden einem Sound-Quality-Engineering oder Sound-Styling unterzogen, bei dem ein zielgruppenspezifischer Klang für das Produkt oder einzelne Teile davon erreicht werden soll.

Das menschliche Gehör ist in der Lage eine hochdifferenzierte Erkennung von akustischen Signalen durchzuführen. Dabei ist es dem Menschen in der Regel aber nicht möglich, zu spezifizieren, was konkret das Charakteristische eines Signals ist. Die Beschreibung erfolgt vielmehr in Relation zu anderen bekannten Signalen. Der Eindruck, den das Geräusch hinterläßt, ist dabei in jedem Fall subjektiv, d.h. einer zusätzlichen Interpretation durch den Hörer unterworfen. Damit ist die Klassifikation unter anderem auch abhängig von der individuellen Tagesform des Hörers.

Automatische Klassifikationssystem ermöglichen eine ermüdungsfreie, objektive und tagesformunabhängige Beurteilung. Die Leistungsfähigkeit und „Objektivität" des Systems wird in der Konfigurationsphase durch die Einstellung der Parameter bzw. durch die Auswahl geeigneter Beispiele bestimmt.

2 Anforderungen an das System

Für den praktischen Einsatz muß ein akustisches Klassifikationssystem eine Reihe von Anforderungen erfüllen:

- Es muß für die Entwicklung von Klassifikatoren Off-Line genauso einsetzbar sein, wie für die spätere Anwendung des Klassifikators in der Produktion

- Es muß auf unterschiedlichsten Hardwareplattformen verfügbar sein.

- Die Klassifikation muß robust gegen Hintergrundgeräusche sein

- Die relevanten Muster müssen mit hoher Zuverlässigkeit erkannt werden.

- Es dürfen keine Fehlklassifikationen unverdächtiger Muster auftreten.

- Eine leichte Adaption an unterschiedliche Umgebungsbedingungen muß möglich sein.
- Das System muß auf der Basis möglichst preiswerter, standardisierter Hard-und Softwarekomponenten realisiert sein.

Angesichts der Vielfältigkeit akustischer Signale auch für einzelne Phänomene ist eine manuelle Definition charakteristischer Muster unmöglich.

Der Vorteil neuronaler Netze bei der Analyse akustischer Daten gegenüber anderen Verfahren liegt in ihrer leichten und selbsttätigen Adaptierbarkeit an beliebige Trainingsmuster. Das Netz wird anhand ausgewählter Beispiele darauf trainiert, spezifische Signale zu erkennen. Gerade bei der Analyse akustischer Signale bestimmt hierbei, genau wie bei anderen Methoden auch, eine geeignete, problemangepasste Datenvorverarbeitung wesentlich die Leistungsfähigkeit des Systems.

3 ZN-Lisa

Am Zentrum für Neuroinformatik wurde mit ZN-Lisa (LISA = **L**earning **I**mproved **S**ignal **A**nalysis) ein Werkzeug geschaffen, das mit geringem meß- und gerätetechnischem Aufwand die Erfassung, Visualisierung, Speicherung und Analyse akustischer Daten gestattet.

3.1 Datenvorverarbeitung

Bei der Realisierung intelligenter Systeme auf der Basis neuronaler Netze kommt der Datenvorverarbeitung eine herausragende Bedeutung zu. Durch eine fundierte Analyse des Problems und eine geeignete Repräsentation der Daten kann der Lernaufwand für ein neuronales Netz stark reduziert werden. Letztlich muß dabei dafür gesorgt werden, daß die relevanten Daten in einer möglichst kompakten Form repräsentiert werden.

Häufig spielt bei der Analyse akustischer Signale die Berechnung einzelner Frequenzspektren mit hoher Frequenzauflösung, die jeweils das Signal eines bestimmten Zeitfensters repräsentieren, eine wesentliche Rolle. Die kontinuierliche Darstellung der Frequenzspektren über die Zeit liefert ein Sonogramm, das es anhand zweidimensionaler Muster ermöglicht, akustisch wahrnehmbare Phänomene zu lokalisieren. Abbildung 1 zeigt ein Beispiel für ein solches Sonogramm.

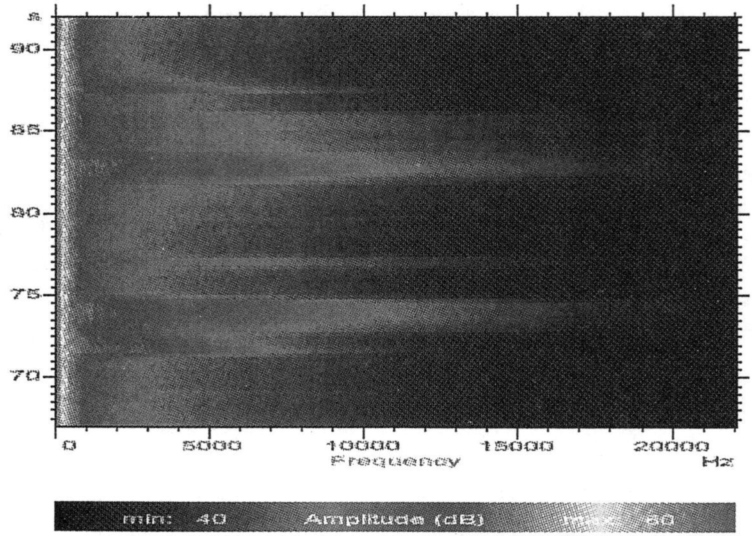

Abbildung 1: Grauwert-/Farbdarstellung der Frequenzspektren über die Zeit (Sonogramm) eines Geräuschphänomens bei Ottomotoren

Wählt man die Zeitfenster zur Berechnung der Frequenzspektren ausreichend klein, so erhält man nur eine geringe Auflösung im Frequenzraum, dafür aber eine hohe Auflösung im Zeitverlauf. Im Gegensatz zu Spektrogrammen mit hoher Frequenzauflösung kann man hier schnelle Veränderungen im zeitlichen Frequenzverlauf erkennen.

Neben vielen, nicht periodischen Änderungen eines Signals treten bei verschiedenen Aufgabenstellungen mitunter auch periodisch wiederkehrende Frequenzmuster auf. Dieses Merkmal der periodischen Signale wurde bisher allgemein stark vernachlässigt. Um nun aus diesen periodischen Änderungen einen eventuell geeigneten Mustervektor zu bilden, bietet sich eine weitere Fourier-Transformation (in Form einer FFT) der einzelnen Frequenzbänder an. Man wählt dazu die Werte eines jeden Frequenzbandes über die Zeit als zu transformierendes Signal. Zur Verdeutlichung der Methode ist in Abbildung 2 ein Beispiel dargestellt.

Als Ausgangssignal (a) wurde ein Sinuston der Frequenz 2000 Hz bei einer Abtastrate von

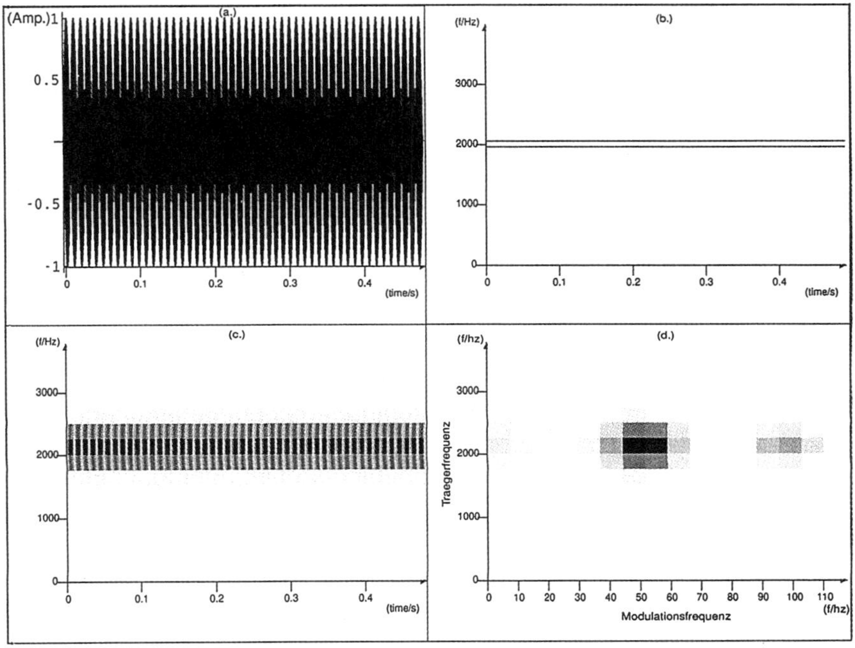

Abbildung 2: Vier verschiedene Darstellungen eines mit 50 Hz modulierten 2000-Hz-Sinustones (Abtastrate 8012 Hz): (a) Zeit-Amplituden-Darstellung, (b) Zeit-Frequenz-Darstellung mit 7.8 Hz Auflösung, (c) Zeit-Frequenz-Darstellung mit 250.4 Hz Auflösung, (d) Trägerfrequenz/Modulationsfrequenz-Darstellung mit 250.4 Hz bzw. 7.8 Hz Auflösung. In den Abbildungen (b,c,d) liegt das Minimum bzw. Maximum im weißen bzw. schwarzen Bereich der Grauwertskala.

8012 Hz erzeugt und mit 50 Hz moduliert. Im Fourierspektrum mit hoher Frequenzauflösung (b) erscheint dieses wie erwartet in Form von zwei benachbarten Frequenzspitzen. Dagegen sieht man im Fourierspektrum mit hoher Zeitauflösung (c) deutlich die zeitliche Struktur des Signals. Daraus folgt in (d) die bispektrale Darstellung von Modulations- gegen Trägerfrequenz.

Aus Geräuschen lassen sich für Geräuschphänomene so signifikante Muster im Frequenzspektrum, im Sonogramm oder im Modulationsspektrum generieren, die sich in idealer Weise für die Klassifikation durch ein neuronales Netz eignen.

3.2 Realisierung

Die Software des realisierten Systems ist stark modularisiert, wodurch sie leicht für die unterschiedlichsten Anwendungsfälle adaptiert werden kann. Die Softwarestruktur ist in Abbildung 3 dargestellt.

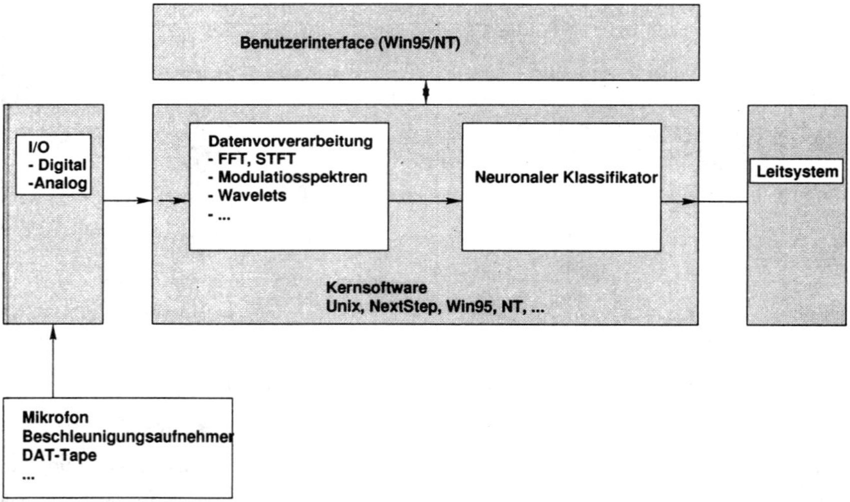

Abbildung 3: Softwarestruktur des LISA-Systems

Die Kernsoftware zur Datenvorverarbeitung, Analyse und Klassifikation ist ebenso vollständig plattformunabhängig wie die Routinen zur Simulation der neuronalen Netze.

Die Meßdatenerfassung kann durch Mikrofone, Beschleunigungssensoren aber auch durch Geophone erfolgen. Dabei können entweder handelsübliche A/D-Wandlerkarten oder Soundkarten eingesetzt werden, wobei insbesondere in letzterem Fall auch die Möglichkeiten digitaler Ein- und Ausgänge z.B. von DAT-Recordern genutzt werden können.

4 Anwendungen

4.1 Sound-Quality Engineering

Beim Sound-Quality-Engineering oder Sound-Styling werden die subjektiven Beurteilungen verschiedener Experten dazu herangezogen, akustische Verbesserungen an den vermessenen Anlagen vorzunehmen. Ziel ist es durch eine Befragung verschiedener Experten und die Auswertung der subjektiven Befunde zu einer objektiven Bewertung zu gelangen.

Durch die Einbeziehung mehrerer erfahrener Personen ist das Verfahren extrem zeitaufwendig, personalintensiv und daher teuer. Ziel eines automatischen Verfahrens ist daher

- eine Objektivierbarkeit der Bewertung,
- die Beibehaltung des bisherigen Bewertungsmaßstabs durch Übernahme des verfügbaren Expertenwissens
- und die schnelle Klassifikation innerhalb weniger Sekunden.

Durch den Einsatz neuronaler Netze konnte ein System realisiert werden, das mit bewerteten Geräuschproben trainiert wird. Da System erlernt dabei eine mittlere Bewertung des betrachteten Phänomens, die sehr gut mit der früher berechneten mittleren Bewertung der Experten übereinstimmt.

4.2 Vermessung der Blaslanzenposition am Elektro-Lichtbogenofen

Bei der Produktion von Edelstahl wird Schrott in einem Elektrolichtbogenofen bei Strömen von ca. 60kA und 1000V Spannung geschmolzen. Gleichzeitig wird Sauerstoff durch eine Blaslanze in die Schmelze geblasen, um einerseits durch Oxidationsprozesse zusätzlich Energie in den Prozeß einzutragen und andererseits unerwünschte Substanzen wie z.B. Kohlenstoff und Aluminium aus der Schmelze auszutragen. Damit ein vernünftiger Wirkungsgrad erzielt wird, ist darauf zu achten, daß der Sauerstoffeintrag wirklich in die Schmelze stattfindet. Wird Sauerstoff in die Luft oder in die Schlacke geblasen, so wird im günstigsten Fall der erwünschte Effekt nicht erzielt, im ungünstigsten Fall kommt es zu vorzeitigem Verschleiß der Ausmauerung des Tiegels oder der Blaslanze.

Erfahrene Anlagenfahrer können anhand der Geräusche des Blasvorgangs erkennen, ob Sauerstoff in die Luft, in die Schlacke oder in die Schmelze geblasen wird. Dazu ist aber ihre unmittelbare Anwesenheit am Ofen erforderlich, während Stelleinrichtungen für die Blaslanze in einem separaten Leitstand angebracht sind. Die Arbeitumgebung am Lichtbogenofen macht wegen der hohen Lärmbelästigung eine Meßeinrichtung für die Lanzenposition notwendig. Abbildung 4 zeigt die Anordnung der Mikrofone relativ zum Ofen bzw. zur Blaslanze an der Anlage.

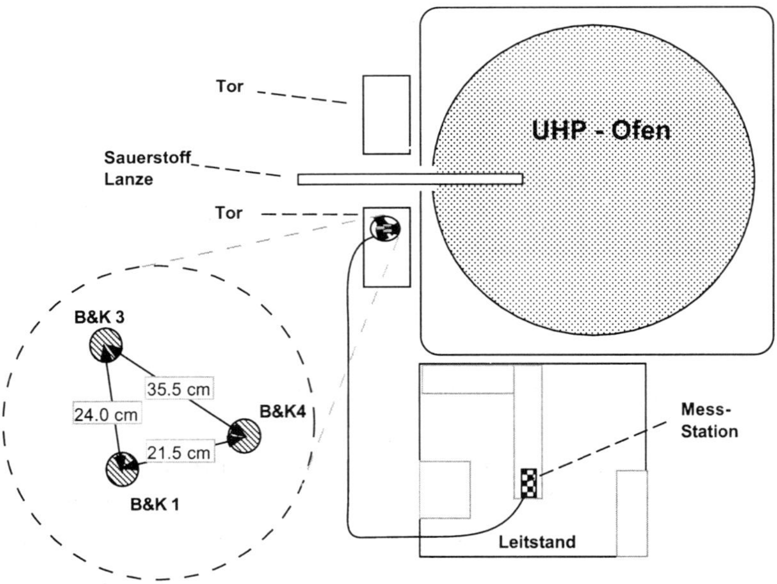

Abbildung 4: Anordnung der Mikrofone zur Bestimmung der Blaslanzenposition am Elektro-Lichtbogenofen.

Untersuchungen der im laufenden Betrieb gemessenen Geräusche zeigen, daß eine Klassifikation der Blaslanzenposition anhand der unterschiedlichen entstehenden Spektren realisierbar ist. Der Einsatz neuronaler Netze zur Klassifikation der vorverarbeiteten Schalldaten liefert hier zusätzlich eine hohe Robustheit gegen überlagerte Hintergrundgeräusche, wie beispielsweise, das Abkippen von Schrott.

4.3 Fehlerdiagnose in laufenden Anlagen

In immer mehr Geräten des Dienstleistungsbereichs werden komplette Personal-Computer zur Datenverarbeitung eingesetzt, wie zum Beispiel in Geld- und Fahrkartenautomaten. Während die elektronischen Bauteile weitgehend verschleißfrei arbeiten sind die mechanischen Komponenten durch die hohe Benutzungsfrequenz einer starken Beanspruchung ausgesetzt. Die rechtzeitige Erkennung von Schäden an der Mechanik, bzw. von vorzeitigem Verschleiß führt hier zu geringeren Ausfallzeiten. Die zunehmende Vernetzung der Geräte (Bankautomaten) ermöglicht sogar die unmittelbare Signalisierung des Ausfalls an das Wartungspersonal.

5 Schlußbetrachtung

Die moderne Rechnertechnik macht es mit ihrer Verarbeitungsgeschwindigkeit möglich akustische Signale in Echtzeit zu erfassen, zu verarbeiten und zu klassifizieren. Eine immer größere Zahl von Anwendungen in der Produktion profitiert von diesen neuen Möglichkeiten.

Die zu verarbeitende Datenmenge bei der Klassifikation erfordert einerseits leistungsfähige Datenvorverabeitungsmechanismen, die es gestatten in kurzer Zeit die wesentlichen Anteile des Geräuschs zu extrahieren und andererseits einfach adaptierbare Klassifikatoren. Da die Konfiguration bzw. Adaption neuronaler Netze auf der Basis von Beispielen erfolgt, eignen sie sich in besonderer Weise für die einfache Erstellung angepasster Klassifikatoren.

Verbesserungen im Produktionsalltag ergeben sich durch

- objektivere Klassifikationsergebnisse,
- eine konstante Klassifikationsleistung,
- kürzere Turn-Around Zeiten durch die automatische Verarbeitung
- und die Bewahrung des Experten-Know-Hows bei der Klassifikation.

Einsatzmöglichkeiten selbständig lernender neuronaler Regler im Automobilbereich

Martin Riedmiller Ralf Schoknecht
Universität Karlsruhe
Institut für Logik, Komplexität und Deduktionssysteme
D-76128 Karlsruhe

Zusammenfassung

Im Zuge einer angestrebten Verbesserung der Wirtschaflichkeit und des Komforts sowie einer stärkeren Berücksichtigung von Umweltaspekten gewinnt die *Regelung* technischer Prozesse in der modernen Produktentwicklung immer mehr an Bedeutung. Die Anwendung auf eine Vielzahl sehr unterschiedlicher und zunehmend komplexer werdender Prozesse bedingt gleichzeitig eine notwendige Erweiterung der klassischen Reglerentwurfsmethoden. Im folgenden wird ein lernfähiges, neuronales Regelungskonzept vorgestellt. Der Hauptunterschied zu bisherigen Verfahren besteht darin, daß der Entwickler lediglich die stationären Sollwerte der Prozeßausgangsgrößen vorgibt. Es wird a priori weder die Analyse des Prozeßverhaltens (wie beim klassischen Reglerentwurf) noch die Formulierung von Regeln durch einen Experten (wie beim Entwurf von Fuzzy-Reglern) benötigt. Der vorgestellte Regler lernt vielmehr selbständig aus der Erfahrung vorangegangener Regelungstrajektorien. Neben Aufwandsersparnis liegen die Hauptvorteile in der Anwendbarkeit auf komplexe, nichtlineare Prozesse und Mehrgrößensysteme. Am Beispiel des Ottomotors wird die Lösung verschiedener Regelungsaufgaben durch die selbständig lernende neuronale Regelungsarchitektur demonstriert.

1 Einleitung

1.1 Einsatz alternativer Reglerentwurfsmethoden

In vielen Bereichen gewinnt die Regelung dynamischer Prozesse immer mehr an Bedeutung. Gründe dafür sind z.B. Verbesserungen der Wirtschaftlichkeit, Erhöhung des Komforts oder Berücksichtigung von Umweltaspekten. Ein Beispiel für ein solches Anwendungsgebiet ist der Automobilbereich, insbesondere die Regelung des Verbrennungsvorgangs im Motor. Hier führt der Zwang zur Erfüllung von immer restriktiveren Normen zur Abkehr von den bisher eingesetzten vorwärtsgerichteten Kennfeld-Steuerungen hin zu einer aufwendigen Regelung durch die Rückführung der interessierenden Größen in einem geschlossenen Regelkreis. Der Verbrennungsmotor ist aufgrund der komplexen thermodynamischen Zusammenhänge ein typisches Beispiel für einen nichtlinearen Prozeß, der analytisch nur sehr schwer und nur approximativ erfaßt werden kann. Der Wunsch, auch ohne ein Prozeßmodell, das einer mathematischen Reglersynthese zugänglich wäre, eine praktikable Regelung aufzubauen, führte in den vergangenen Jahren zum vermehrten Einsatz alternativer, sogenannter 'intelligenter' Entwurfsverfahren. Hierunter fallen beispielsweise Verfahren der unscharfen Logik (Fuzzy Logic) und auf neuronalen Netzen basierende Ansätze.

Diese alternativen Entwurfsmethoden stellen unterschiedlichste Anforderungen an Art und Umfang des vorausgesetzten a priori Wissens. Der Entwurf eines Fuzzy-Reglers erfordert beispielsweise die Kenntnis einer Regelstrategie und deren Formulierung in Form linguistischer Regeln. Das komplette Wissen über das Regelgesetz seitens eines Experten muß also bereits vor dem Entwurf zur Verfügung stehen.

Dem gegenüber versuchen *lernfähige* Ansätze auf der Basis neuronaler Netze, Regelungswissen durch die Adaption von Parametern zu akquirieren. Dies geschieht im einfachsten Fall durch die Imitation eines Experten (überwachtes Lernen aus Beispielen), wobei vor allem Generalisierungseffekte des neuronalen Netzes ausgenutzt werden sollen, um in unbekannten neuen Situationen ein adäquates Verhalten des gelernten Reglers zu erzielen. Beim aufwendigeren neuronalen MRAC-Ansatz [NM92], [Rie96a] wird ein gefordertes Referenzverhalten des geregelten Kreises vorgegeben. Aufgabe des neuronalen Reglers ist es dann, die Prozeßgrößen durch geeignete Adaption einer neuronal realisierten Regelstrategie dem Referenzmodell nachzuführen.

Der anspruchsvollste Fall für ein lernendes System schließlich ist dann gegeben, wenn lediglich der *stationär* zu erreichende Sollwert vorgegeben wird und das System selbständig aus der Erfahrung von Erfolg und Mißerfolg lernen muß, ein Regelgesetz zu finden, das die Prozeßgrößen auf ihre jeweiligen Sollwerte überführt. Weder ist a priori ein Regelgesetz bekannt, noch wird die Kenntnis eines Prozeßmodells vorausgesetzt. Das Regelgesetz wird vielmehr in der direkten Interaktion mit dem Prozeß selbständig aus der Erfahrung wiederholt durchgeführter Regelungsvorgänge gelernt.

Der folgende Artikel setzt sich mit den Grundlagen und Möglichkeiten solcher *selbständig lernender* neuronaler Regelungssysteme auseinander.

1.2 Warum selbständig lernende Regler?

Selbständig lernende Regelungssysteme sind charakterisiert durch folgende Punkte:

- es wird kein Wissen über eine Regelungsstrategie vorausgesetzt
- es wird kein Wissen über das Prozeßverhalten vorausgesetzt, insbesondere liegt kein analytisches Prozeßmodell vor
- lediglich das Regelungsziel (Sollwerte für die einzelnen Prozeßgrößen) ist vorgegeben
- optional: Vorgabe zusätzlicher Optimierungskriterien (z.B. schnellstmöglich, energiesparend, ...)
- optional: Vorgabe unerlaubter/ unerwünschter Situationen (explizite Constraints)

Die Vorteile eines Systems, das in der Lage ist, in obigem Szenario gültige Regelungsvorschriften zu erlernen, liegen auf der Hand:

- Anwendung auf 'komplexe' Prozesse, insbesondere solche, die analytisch nur unter hohem Aufwand, nur approximativ oder gar nicht zu behandeln sind
- Menschlicher Entwurfsaufwand reduziert sich auf die Spezifikation des zu erreichenden Regelungsziels
- Einheitliche Behandlung von Eingrößen-/ Mehrgrößensystemen, linearer und nichtlinearer Prozesse

2 Eine selbständig lernende neuronale Steuerungsarchitektur

2.1 Grundlagen

Im folgenden wird die Regelung eines dynamischen Systems betrachtet, das in Zustandsraumnotation gegeben sei:

$$\begin{aligned} \dot{x} &= f(x_t, u_t) \\ y_t &= g(x_t) \end{aligned} \qquad (1)$$

Dabei bezeichnet x den Vektor der Zustandsvariablen, u den Vektor der Stellgrößen, und y den Vektor der beobachteten Prozeßgröën. Das Verhalten des Systems wird durch die Übergangsfunktion f und die Ausgangsfunktion g beschrieben. Im hier interessierenden Falle der Regelung eines a priori unbekannten Prozesses darf die Kenntnis dieser Funktionen für den Reglerentwurf nicht vorausgesetzt werden.

Der im folgenden vorgestellte Ansatz basiert auf der Formulierung der Regelungsaufgabe als dynamisches Optimierungsproblem: Gesucht ist eine Regelungsvorschrift oder Regelstrategie $\pi : u_t = \pi(x_t)$, die jedem Zustand x_t eine geeignete Steuergröße oder Aktion u_t zuweist. Dabei sollen die während eines Regelungsvorgangs auftretenden kumulierten Gesamtkosten

$$J(x_0) = \sum_{t=0}^{\infty} r_t$$

minimiert werden. Die bei jedem Regeleingriff anfallenden direkten Kosten r_t können in ihrer Höhe sowohl vom aktuellen Systemzustand als auch von der ausgewählten Steuergröße abhängen: $r_t = r(x_t, u_t)$. Durch die Summation der gesamten während eines Regelungsvorgangs auftretenden Einzelkosten pro Zeitschritt, muß bei der Suche nach einer optimalen Regelstrategie der gesamte zeitliche Verlauf des geregelten Prozesses (und die dadurch implizierten direkten Kosten) berücksichtigt werden. Die Lösung der Optimierungsaufgabe liefert die gesuchte optimale Regelstrategie.

Im Fall eines linearen Systems (f ist eine lineare Übertragungsfunktion) und unter der zusätzlichen Annahme einer quadratischen Kostenfunktion kann die obige Optimierungsaufgabe analytisch gelöst werden. Ist eine der beiden Annahmen verletzt, kann im allgemeinen kein analytisches Entwurfsverfahren angegeben werden. Im folgenden wird ein iteratives Verfahren vorgestellt, das die Grundlage für den lernfähigen neuronalen Regler bildet.

2.2 Die Value Iteration Methode

Optimierungsprobleme, wie sie hier vorliegen, können mit Methoden des *dynamischen Programmierens* [Bel57] gelöst werden. Das Gebiet des dynamischen Programmierens umfaßt eine Vielzahl von Verfahren, die auf dem von Bellman aufgestellten *Optimalitätsprinzip* beruhen. Ein solches Verfahren ist das sogenannte Value Iteration Verfahren. Für jeden möglichen Prozeßzustand x werden dabei iterativ diejenigen kumulierten Kosten $J^*(x)$ ermittelt, die sich ergeben, wenn der Regelungsvorgang in x gestartet wird und die optimale Strategie π^* angewendet wird. Die gesuchte Regelstrategie weist dabei jedem Zustand x_t eine Aktion u_t aus einer *endlichen* Menge möglicher Aktionen/ Stellgrößen zu. Diese Menge wird mit $\mathcal{U} = \{u^1, \dots u^i, u^N\}$ bezeichnet.

Die Iteration startet mit einer Anfangsbelegung $J^0(x)$. Die neuen Werte für J^{k+1} berechnen sich wie folgt:

$$\forall x: \quad J^{k+1}(x) := \min_{u \in \mathcal{U}} \{r(x,u) + J^k(f(x,u))\} \tag{2}$$

Unter bestimmten Voraussetzungen [Ber87] läßt sich zeigen, daß die Schätzung der Kosten gegen die optimalen Kosten konvergiert

$$\lim_{k \to \infty} J^k \to J^*$$

Mit der optimalen Kostenfunktion J^* ist gleichzeitig die gesuchte optimale Strategie definiert. Es gilt nämlich, daß

$$\pi^*(x) = \arg\min_{u \in \mathcal{U}} \{r(x,u) + J^*(f(x,u))$$

zu minimalen Gesamtkosten eines Regelungsvorgangs führt.

2.3 Umsetzung in ein neuronales Lernsystem

Bei der Umsetzung des Value Iteration Verfahrens nach Gleichung (2) unter Berücksichtigung der in Abschnitt 1.2 aufgestellten Forderungen an eine selbständig lernenden Steuerung müssen folgende Punkte beachtet werden [Rie96b]:

Die Zustandsvariablen haben in der Regel einen kontinuierlichen Wertebereich. Damit ist die Anzahl möglicher Zustände unendlich. Dies hat zwei Konsequenzen: zum einen kann die geschätzte Kostenfunktion J^k nicht in Form einer endlichen Tabelle abgespeichert werden. Stattdessen wird hier J^k durch ein neuronales Netz repräsentiert. Es handelt sich dabei um ein mehrschichtiges vorwärtsgerichtetes Netz (Multilayer-Perceptron), dessen Eingabeschicht der Anzahl der Zustandsvariablen entspricht und dessen Ausgabeschicht ein einzelnes Neuron besitzt, das den Wert der Kostenfunktion angibt. Das Netz wird nicht wie sonst üblich aus Beispielen trainiert. Die Umsetzung des Value Iteration Verfahrens führt hier zu einer speziellen Lernregel, dem sogenannten Temporal Difference Lernverfahren [Sut88].

Eine weitere Konsequenz der unbeschränkten Anzahl an Zuständen ist, daß die Durchführung der Value Iteration Vorschrift (2) nicht wie vorgesehen für alle Zustände durchgeführt werden kann. Eine Lösung dieser Problematik besteht darin, die Anpassung der Kostenfunktion beim Durchlaufen von Zustandstrajektorien während der Durchführung von Regelungsvorgängen vorzunehmen [BBS93]. Das Lernen findet also durch wiederholtes Regeln des Prozesses statt, bei dem iterativ die optimale Kostenfunktion angenähert wird.

Die Übergangsfunktion f ist unbekannt In Iterationsvorschrift (2) wird die Kenntnis der Übergangsfunktion f zur Berechnung des Folgezustands bei Anwendung einer bestimmten Aktion u vorausgesetzt. Die selbständig lernende Steuerung soll aber in der Lage sein, ohne a priori Kenntnis der Übergangsfunktion f - also modellfrei - zu lernen. Die Lösung besteht in der Aufsplittung der Gleichung 2 in drei Schritte:

1. Aktionswahl auf der Basis der aktuellen Kostenfunktion J^k:

$$u_t := \arg\min_{u \in \mathcal{U}} \{r(x_t, u) + J^k(f(x_t, u))\}$$

2. Anwendung der Aktion auf den Prozeß:

$$x_{t+1} := f(x_t, u_t)$$

3. Anpassung der Kostenfunktion:

$$J^{k+1}(x_t) := r(x_t, u_t) + J^k(x_{t+1})$$

In obigem Algorithmus kommt die Übergangsfunktion f an zwei Stellen vor: In Schritt 2 bezeichnet sie das Verhalten des Prozesses bei Anwendung der ausgewählten Aktion u_t. Der sich daraus ergebende Folgezustand x_{t+1} wird sozusagen vom Prozeß selbst 'berechnet' und braucht vom Regelalgorithmus nur beobachtet zu werden. In Schritt 2 braucht die Übergangsfunktion f also nicht explizit bekannt zu sein. Im Schritt 1 wird hingegen im Regler selbst zur Auswahl der geeigneten Aktion noch die Kenntnis des Übergangsverhalten f vorausgesetzt. Die Lösung dieses Problems kann durch eine Änderung der Repräsentation der Kostenfunktion erreicht werden. Anstelle der Bewertung der Folgezustände wird stattdessen eine Bewertung von Zustands-Aktions-Paaren gelernt. Diese wird gemeinhin mit $Q : \mathcal{X} \times \mathcal{U} \rightarrow \Re$ bezeichnet. Damit ergibt sich folgende Änderung in Schritt 1 und 3 des Algorithmus':

1. Aktionswahl auf der Basis der aktuellen Kostenfunktion Q^k:

$$u_t := \arg\min_{u \in \mathcal{U}} \{r(x_t, u) + Q^k(x_t, u)\}$$

2. Anwendung der Aktion auf den Prozeß (unverändert):

$$x_{t+1} := f(x_t, u_t)$$

3. Anpassung der Kostenfunktion:

$$Q^{k+1}(x_t, u_t) := r(x_t, u_t) + J^k(x_{t+1})$$

   mit

$$J^k(x_{t+1}) := \min_{u \in \mathcal{U}} \{Q^k(x_{t+1}, u)\}$$

In obiger Form kommt der im Regler realisierte Algorithmus zur Aktionswahl und Adaption komplett ohne Prozeßwissen aus. Diese Vorgehensweise wird als *Q-Learning* [Wat89] bezeichnet. Die Konvergenzeigenschaften des Value Iteration Verfahrens bleiben erhalten, d.h. die Q-Funktion nähert sich mit steigender Anzahl an Iterationen den optimalen Gesamtkosten an. Die Eingabeschicht des neuronalen Netzes wird um die Eingabe der Aktion erweitert.

2.4 Reglerentwurf mit der selbstlernenden Regelungsarchitektur

Wie bereits erwähnt setzt der Reglerentwurf weder die Kenntnis der dynamischen Zusammenhänge des Prozesses in Form eines analytischen Prozeßmodells noch die Kenntnis einer Regelungsstrategie voraus. Die Aufgabe des Anwenders besteht in der Spezifikation des Regelungsziels, der Parametrierung der Reglerfähigkeiten und der Parametrierung des Lernsystems.

Spezifikation des Regelungsziels Die Spezifikation des Regelungsziels umfaßt bei der vorliegenden neuronalen Steuerungsarchitektur im wesentlichen nur die Vorgabe des Sollwerts bzw. der Sollwerte für die zu regelnden Prozeßgrößen. Gegebenenfalls ist zusätzlich die Angabe unerwünschter bzw. unerlaubter Prozeßzustände (Constraints) - beispielsweise das Überschreiten von Grenzwerten einzelner Prozeßgrößen - möglich. Diese Forderungen können direkt durch enstprechende Wahl der direkten Kostenfunktion $r(x,u)$ formuliert werden [Rie96b], [Rie98]. Desweiteren kann ein Optimierungskriterium für den *dynamischen* Verlauf der Regeltrajektorien vorgegeben werden. Beispielsweise läßt sich der Wunsch nach einer möglichst schnellen, also zeitoptimalen Regelung einfach formulieren in Form einer positiv konstanten direkten Kostenfunktion $r(x,u) = r = constant$. Alternativ ist es möglich, durch die Berücksichtigung des momentanen Energieaufwands der angewendeten Aktion engergieoptimale Regelungsverläufe zu lernen. In diesem Fall hängt dann $r(x,u) = r(u)$ von der ausgewählten Aktion ab. Bei der Wahl von $r(x,u) = r(x)$ lassen sich explizit die Werte einzelner Prozeßgrößen bewerten, um beispielsweise besonders emmisionsarme Regelungsverläufe zu fordern. Man hat also durch die freie Wahl der direkten Kosten die Möglichkeit, den *dynamischen* Verlauf des Regelungsvorgangs zu beeinflußen bzw. zu spezifizieren. Im Gegensatz zum analytischen optimalen Reglerentwurf ist man dabei nicht auf die Wahl einer quadratische Kostenfunktion beschränkt. Wie oben ausgeführt lassen sich dadurch sehr flexibel eine Vielzahl von möglichen dynamischen Regelungszielen vorgeben.

Parametrierung der Reglerfähigkeiten Die Eingriffsmöglichkeiten des Reglers werden durch die Menge der dem Regler zur Verfügung stehenden Aktionen, $\mathcal{U}$, festgelegt. Bei der Festlegung dieser Aktionsmenge durch den Anwender gibt es zwei entgegengesetzte Gesichtspunkte zu beachten: Einerseits erlaubt eine größere Aktionsmenge eine feinere Abstufung der Steuergrößen und wirkt sich deshalb im allgemeinen positiv auf die Regelgüte aus. Andererseits führt jede zusätzliche Aktion zu einer drastischen Aufwandserhöhung im Bezug auf die zugrundeliegende Optimierungsaufgabe und somit sollte die Aktionsmenge möglichst klein gehalten werden. Das Problem der a priori Wahl der Aktionsmenge kann jedoch durch die Anwendung verbesserter Verfahren deutlich entschärft werden. Beispiele solcher Verfahren sind die sukzessive Vergrößerung der Aktionsmenge [Rie96b], die Erweiterung der Reglerarchitektur um dynamische Ausgabeelemente [Rie97] oder das neuronale Vorfilterverfahren [Rie96b].

Parametrierung des Lernsystems Hierunter soll die Festlegung der Parameter des Lernverfahrens verstanden werden, also im wesentlichen die Wahl der Architektur des neuronalen Netzes (Festlegung der relevanten Eingabegrößen, Anzahl verborgener Neuronen), die Skalierung der Eingabegrößen und die Wahl der Lernparameter. Dieser Punkt erfordert zur Zeit noch einige Erfahrung seitens des Entwicklers. Diese Erfahrung ist jedoch weitgehend unabhängig vom zu regelnden Prozeß. Deshalb ist zu erwarten, daß hier mittelfristig Verfahren zur Verfügung stehen, die eine weitgehend automatische Einstellung der Lernparameter erlauben.

Integration von a priori Wissen Die hier vorgestellte neuronale Reglerarchitektur kommt vollständig ohne Prozeß- bzw. Regelungswissen aus. In vielen Fällen ist jedoch Wissen über das Prozeßverhalten oder über eine geeignete Regelungsstrategie zumindest partiell vorhanden. Es liegt nahe, dieses Wissen zu nutzen, um den Lernvorgang zu beschleunigen. Im Falle von vorliegendem Prozeßwissen kann der modellbasierte Ansatz verwendet werden. Dadurch vereinfacht sich zum einen das Lernproblem - die Kostenfunktion hängt nur von den Zustandsvariablen und nicht von Zustandsvariablen und der ausgewählten Aktion ab - zum anderen können Generalisierungseffekte besser ausgenützt werden. Anwendungsbeispiele dafür sind dann gegeben, wenn zwar ein Simulationsmodell des Prozesses vorliegt, dieses aber nicht in eine kompakte analytische Form gebracht werden kann, die einen konventionellen Reglerentwurf ermöglichen würde.

Liegt Wissen über eine Regelvorschrift vor, das jedoch unvollständig sein kann oder zu einem noch unbefriedigenden Regelverhalten führt, kann dies ebenfalls als Grundlage für den Lernvorgang verwendet werden. Im Rahmen des DFG Projekt FYNESSE [RSW97] werden zur Zeit Methoden untersucht, um a priori Regelungswissen in die selbständig lernende Regelungsarchitektur zu integrieren. Dabei kann dieses Wissen in beliebiger Form vorliegen, beispielsweise in Form linguistischer Regeln (Fuzzy-Regler), in Form eines linearen Regelgesetzes oder als Beispiele von einem Experten. Während des Lernvorgangs wird ausgehend von diesem Grundwissen analog zum wissensfreien Ansatz eine bezüglich der vorgegebenen Kriterien optimale Regelungssstrategie gelernt.

3 Regelung des Saugrohrdrucks

3.1 Beschreibung der Regelstrecke

In diesem Kapitel soll die Übertragung der dargestellten Konzepte auf ein reales System erfolgen. Dazu wurde basierend auf einer Kooperation mit der Daimler Benz AG ein Saugrohrdruckmodell als Teil eines kompletten Motormodells ausgewählt.

Abhängig vom Außendruck und dem Öffnungswinkel α der Drosselklappe bildet sich im Saugrohr ein Druck aus, der maßgeblich dafür verantwortlich ist, wieviel Luft schließlich in die Brennkammer gelangt, um dort mit dem Kraftstoff zu reagieren. Das vorliegende Modell beschreibt den Zusammenhang zwischen Drosselklappenwinkel α sowie Drehzahl n als Eingangsgrößen und dem Saugrohrdruck P_S als Ausgangsgröße.

Die am realen Motor gemessenen Kennfelder in Verbindung mit der Struktur der Regelstrecke bewirken, daß im Saugrohrdruckmodell sowohl dynamische als auch statische Nichtlinearitäten auftreten. Beim Entwurf eines Reglers mit analytischen Methoden ist man deshalb mit folgenden Problemen konfrontiert

- erheblicher Entwicklungsaufwand
- Fehlen eines Prozeßmodells, mit dem ein analytischer Reglerentwurf durchgeführt werden könnte
- Fertigungstoleranzen beim Bau der Motoren

Aus diesem Grund bietet sich der Einsatz eines selbständig lernenden neuronalen Reglers an, der nur aus der Erfahrung wiederholt durchgeführter Regelungsvorgänge lernt und so schließlich eine Regelstrategie findet, über die keinerlei Wissen vorausgesetzt wurde.

3.2 Störausregelung

3.2.1 Reglerentwurf

Der Reglerentwurf besteht nach Kap. 2.4 aus mehreren Schritten, die fast vollständig von einem Laien durchgeführt werden können, da keinerlei spezielle Kenntnisse aus dem konventionellen Reglerentwurf notwendig sind. Bei der Störausregelung soll das System von einem beliebigen Anfangszustand durch eine geschickte Abfolge von Regeleingriffen in einen noch zu spezifizierenden Endzustand oder Zielbereich überführt werden.

Spezifikation des Regelungsziels Die Spezifikation des Regelungsziels besteht aus der Vorgabe des Sollwerts w für den Saugrohrdruck. Da dieser jedoch nie ohne jegliche Abweichung erreicht werden wird, ist zusätzlich die Angabe einer Toleranz T erforderlich, so daß man insgesamt einen Zielbereich $X^+ = [w - T, w + T]$ für die Regelaufgabe erhält.

Bei dem vorliegenden System bewegen sich die Werte für den Saugrohrdruck im Bereich von ca. $20000 Pa$ bis $100000 Pa$. Die im folgenden verwendete Toleranz von $T = 1000 Pa$ entspricht also ungefähr einem Prozent des gesamten Wertebereichs für den Saugrohrdruck und erscheint deshalb gerechtfertigt. Als Sollwert wird ein Saugrohrdruck von $67775 Pa$ gewählt.

Für die vorgestellte Regelungsarchitektur erfolgt die Festlegung des Zielbereichs X^+ implizit über die Kosten. Da das verwendete neuronale Verfahren versucht, die Gesamtkosten für eine Regeltrajektorie zu minimieren, werden die direkten Regelkosten $r(x, u)$, die innerhalb von X^+ anfallen, auf Null gesetzt [Rie96b],[Rie98].

Das Ziel des dynamischen Programmierens, kostenoptimale Strategien zu wählen, ermöglicht darüberhinaus dem Anwender regelungstechnische Optimalitätskriterien in Form von Kosten zu formulieren. Für den hier gewählten zeitoptimalen Reglerentwurf werden einfach die direkten Kosten $r(x, u)$ auf den konstanten Wert 0.002 gesetzt. Damit werden die Kosten einer Strategie durch die Anzahl der Regeleingriffe, bis der Toleranzbereich X^+ dauerhaft erreicht ist, bestimmt.

Parametrierung der Reglerfähigkeiten Da die Komplexität der Regelungsaufgabe stark von der Anzahl der Aktionen, die als Stellgrößen zur Verfügung stehen, abhängt, ist das Ziel, den gesamten Wertebereich der Regelgröße mit möglichst wenigen Stellgrößen abdecken zu können. Wie bereits erwähnt bewegen sich die Werte für den Saugrohrdruck im Bereich von ca. $20000 Pa$ bis $100000 Pa$. Diese Ausgabewerte des Systems sind mit Aktionen aus dem Intervall $\mathcal{U}_{cont} = [0^0, 15^0]$ als Eingabe erreichbar. Eine Diskretisierung diese Menge ist notwendig, damit man eine praktikable Anzahl von Stellgrößen erhält. Mit $\mathcal{U} = \{0^0, 5^0, 10^0, 15^0\}$ ergibt sich eine gleichmäßige Abdeckung der ursprünglichen Menge. Durch die Diskretisierung ist es natürlich nicht mehr möglich jeden Sollwert durch Anlegen genau einer Aktion zu erreichen. Vielmehr müssen nun Strategien gefunden werden, die aus einer abwechselnden Anwendung verschiedener Aktionen bestehen und dabei aufgrund der Trägheit der Strecke den Sollwert möglichst gut annähern.

Parametrierung des Lernsystems Ausgehend von diesen Festlegungen soll nun eine Kostenfunktion gelernt werden, die jedem Zustand die Kosten einer optimalen Regeltrajektorie bis in den Zielbereich X^+ zuordnet. Zur Repräsentation wird ein neuronales Netz verwendet. Es handelt sich dabei um ein vorwärtsgerichtetes Netz (Multilayer-Perceptron). Die geeignet skalierten Eingabegrößen sind der Saugrohrdruck y und die Abweichung vom Sollwert $y - w$. Um die notwendige Generalisierungsfähigkeit zu gewährleisten, wird eine verborgene Schicht mit zehn Neuronen gewählt. Die Ausgabeschicht enthält ein Neuron, das die Kosten für den durch die Eingabe repräsentierten Zustand ausgibt.

Integration von a priori Wissen Für die Saugrohrdruckregelung soll hier beispielhaft der modellbasierte Ansatz verwendet werden[1], d.h. a priori Wissen liegt in der Form eines simulationsbasierten Prozeßmodells vor, mit dem testweise für alle Aktionen der Folgezustand ermittelt werden kann, um dann unter Berücksichtigung der Kosten für den Folgezustand und der direkten Kosten die optimale Aktion auszuwählen. Diese wird auf den Prozeß angewendet und anschließend erfolgt mittels des TD-Lernverfahrens eine Anpassung der Kostenfunktion.

[1] Wie in Kap. 2.4 beschrieben, ist auch ein modellfreier Ansatz anwendbar, der ohne Prozeßmodell auskommt.

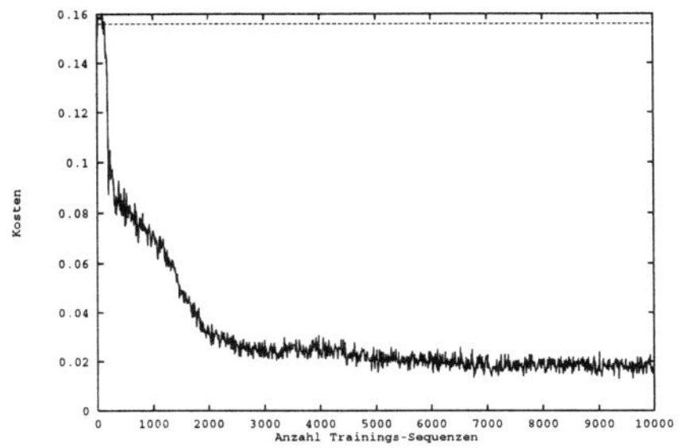

Abbildung 1: Kosten für die Regelung auf den Sollwert 67775 aufgetragen über der Anzahl der Trainingsläufe (durchgezogen) im Vergleich zum Kostenniveau 0.156 des Einschwingvorgangs (gestrichelt)

3.2.2 Lern- und Regelverhalten

Nachdem die Parameter für der Reglerentwurf festgelegt wurden, soll an einem Beispiel die Leistungsfähigkeit des Verfahrens demonstriert werden. Wie schon beschrieben, besteht die Aufgabe darin, das System von beliebigen Anfangspositionen auf den Sollwert $67775Pa$ zu regeln. Dazu werden mehrere Trainingssequenzen durchlaufen. Die Aktionswahl erfolgt dabei immer gemäß der bis dahin gelernten Strategie, die allerdings nach jedem Regelvorgang angepaßt wird. Für jeden dieser Durchläufe kann man die Kosten protokollieren, die ein Maß für die Güte der gelernten Strategie darstellen. Bei der vorliegenden Aufgabe ergibt sich der in Abb. 1 dargestellte Kostenverlauf. Schon nach wenigen Trainingsläufen fallen die Kosten deutlich unter die ebenfalls aufgetragenen Kosten des ungeregelten Einschwingvorgangs (gestrichelt).

Im Verlauf des Trainings fallen die Kosten für die gelernte Strategie beständig, bis bei ca. 0.020 keine Verbesserung mehr stattfindet. Da dem Training ein Regelintervall von $0.01s$ zugrundeliegt, wird X^+ also nach ungefähr $0.1s$ erreicht.

Die Leistungsfähigkeit des nach 10000 Sequenzen gewonnenen Netzes läßt sich gut ermessen, wenn man das Regelverhalten mit dem einfachen Einschwingverhalten vergleicht. Dazu ist in Abb. 2(a) der Verlauf des Saugrohrdrucks in beiden Fällen aufgetragen. Die Leistung des Reglers besteht darin, die Zeit bis zum Erreichen des Zielbereichs, hier durch das Band symmetrisch zum Sollwert dargestellt, zu minimieren. Benötigt das System dafür im ungeregelten Fall noch $0.78s$, so werden im geregelten Fall nur noch $0.12s$ also ungefähr ein Sechstel benötigt. Der neuronale Regler hat also gelernt, das System schnell und dauerhaft in den Zielbereich zu führen.

Es fällt auf, daß der Saugrohrdruck im geregelten Fall sehr stark innerhalb des Toleranzbereichs oszilliert. Das hängt mit dem im Vergleich zur Schnelligkeit der Strecke großen Regelintervall Δt zusammen. Dieses kann jedoch zumindest für das Training nicht kleiner gewählt werden, da sonst zu viele Regeleingriffe nötig werden und der Regler damit auch mehr Entscheidungen treffen muß, wodurch das Lernproblem komplexer wird.

Für den Regelverlauf in Abb. 2(a) wurde zunächst das Regelintervall aus dem Training beibehalten, um das dem Training zugrundeliegende Verhalten zu veranschaulichen. Eine deutliche Verbesserung läßt sich durch die Verkleinerung von Δterreichen [Rie96b]. Abb.2(b) zeigt für $\Delta t = 0.001s$ wie die stationäre Genauigkeit des Regelverlaufs erhöht wird. Das Training bleibt

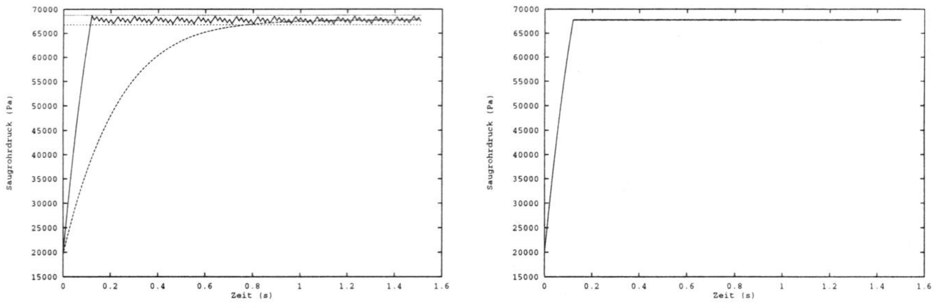

(a) (b)

Abbildung 2: Verlauf der Regelgröße für die Regelaufgabe 67775 bei einem Regelintervall Δt von (a) 0.01 und (b) 0.001; in (a) ist neben der Regelgröße (durchgezogen) auch noch der Einschwingvorgang (gestrichelt) und der Toleranzbereich dargestellt.

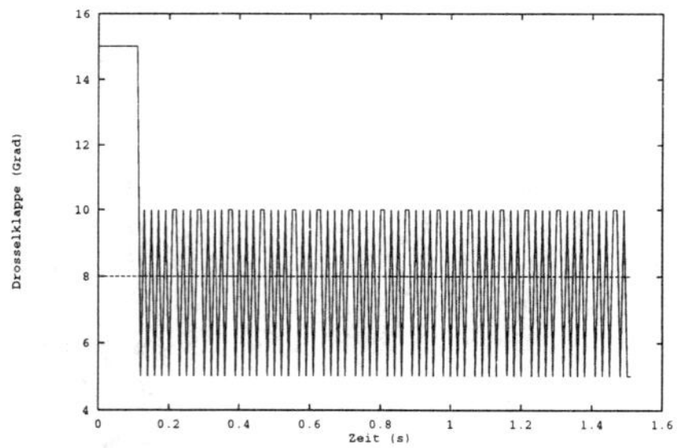

Abbildung 3: Verlauf der Steuergröße für die Regelaufgabe 67775 (durchgezogen) und den Einschwingvorgang (gestrichelt) bei einem Regelintervall von $0.01s$

von dieser Modifikation unberührt. Es ist insbesondere kein erneutes Lernen mit dem veränderten Regelintervall erforderlich.

Abb. 3 zeigt für den geregelten und ungeregelten Fall den zugehörigen Verlauf der Drosselklappe, die im Regelkreis die Stellgröße darstellt. Die gelernte Strategie besteht darin, möglichst lange die maximale Aktion 15^0 zu wählen, dann aber rechtzeitig zu 'bremsen', damit das System nicht über den Toleranzbereich hinausschwingt. Im vorliegenden Fall wird die maximale Aktion genau $0.12s$ lang angewendet. Wäre diese Zeit länger, so fände ein Überschwinger statt, der aus dem Toleranzbereich hinausführen würde.

Interessant ist, wie der Regler das Fehlen der Aktion 8^0, die das System exakt auf den gewünschten Sollwert führen würde, dynamisch ausgleicht. Sobald der Einschwingvorgang beendet ist, werden die Aktionen 5^0 und 10^0 in einer bestimmten Abfolge angewendet. Die Frequenz, mit der die Aktionen gewählt werden, ist also nur eine andere Repräsentation für die zu ersetzende Aktion und damit für den Sollwerts, d.h. der Sollwert findet sich in 'codierter' Form in der Strategie wieder.

3.3 Folgeregelung

Bisher wurde die Aufgabe betrachtet, das System von beliebigen Anfangszuständen auf einen festen Sollwert zu regeln. Die Aufgabe wird schwieriger, wenn ein und derselbe Regler nun in der Lage sein soll, das System von beliebigen Anfangszuständen auf beliebige Sollwerte zu führen. Solch ein Regler ist dann in der Lage, einem beliebig vorgegebenen Sollwertverlauf zu folgen.

3.3.1 Entwurf des selbstlernenden Reglers

Der Entwurf eines neuronalen Folgereglers erfolgt ganz analog zu dem einfachen Fall einer Störausregelung. Die Aktionenmenge $\mathcal{U}$ bleibt unverändert ebenso wie die Toleranz T. Der wesentliche Unterschied besteht in der Spezifikation des Regelziels. Hier wird jetzt kein fester Sollwert mehr vorgegebenen sondern für jeden Regellauf wird ein beliebiger Zielwert gewählt, der von einem ebenfalls beliebigen Anfangswert aus erreicht werden muß. Gemeinsam mit diesem von Lauf zu Lauf variierenden Sollwert wird natürlich auch der Zielbereich X^+ verändert, der unter Berücksichtigung der Toleranz T immer symmetrisch relativ zum Sollwert liegt. Weil die Regelaufgabe jetzt wesentlich aufwendiger geworden ist, muß dem neuronalen Netz durch eine Erhöhung der Zahl der verborgenen Neuronen die Möglichkeit gegeben werden, die komplexere Kostenfunktion zu repräsentieren. Aus diesem Grund wird die Zahl der verborgenen Neuronen auf vierzig erhöht. Nach diesen Änderungen kann der neuronale Regler trainiert werden. Sein Regelverhalten wird im nächsten Kapitel an einem beispielhaften Saugrohrdruckverlauf mit dem eines PI-Reglers verglichen werden.

3.3.2 Vergleich mit einem PI-Regler

Am Beispiel der Folgeregelung soll ein Vergleich zwischen einem konventionellen PI-Regler und dem selbstlernenden neuronalen Regler durchgeführt werden. Die Parameter des PI-Reglers wurden dazu für die vorliegende Strecke möglichst optimal eingestellt. Da es sich jedoch um eine Strecke mit nichtlinearer Dynamik und nichtlinearer stationärer Kennlinie handelt, kann die Einstellung nicht für alle Saugrohrdruckbereiche optimal sein. Abb. 4 zeigt das Regelverhaltens des oben beschriebenen neuronalen Reglers im Vergleich zum PI-Regler. Der nachzubildende Sollwertverlauf enthält zwei verschiedenen Werte aus dem mittleren und oberen Druckbereich.

Der PI-Regler hat Probleme, dem Sollwertverlauf genau zu folgen und zeigt deutliche Überschwinger. Für den Sollwertsprung in den mittleren Druckbereich ($46000Pa$) ist dieser gerade noch im Toleranzbereich. Beim Sprung in den oberen Druckbereich ($78000Pa$) führt das Überschwingverhalten allerdings aus dem Zielbereich heraus, was ein ungünstiges Regelverhalten darstellt. Der negative Sollwertsprung wird aufgrund der Dynamik der Strecke von beiden Reglern deutlich langsamer nachvollzogen. Auch hier tritt beim PI-Regler ein Überschwinger auf.

Der selbstlernende neuronale Regler kommt erwartungsgemäß deutlich besser mit der nichtlinearen Streckendynamik zurecht als der PI-Regler. Er zeigt keine Überschwinger und die stationäre Genauigkeit liegt innerhalb des Toleranzbereichs. Da der Regler auf jeden Sollwertsprung durch die Anwendung der maximal möglichen Aktion reagiert, wird der Zielbereich in kürzestmöglicher Zeit erreicht. Da er nicht mehr verlassen wird, hat der neuronale Regler das Lernziel einer kostenoptimalen Strategie für ein System mit statischen und dynamischen Nichtlinearitäten erfüllt.

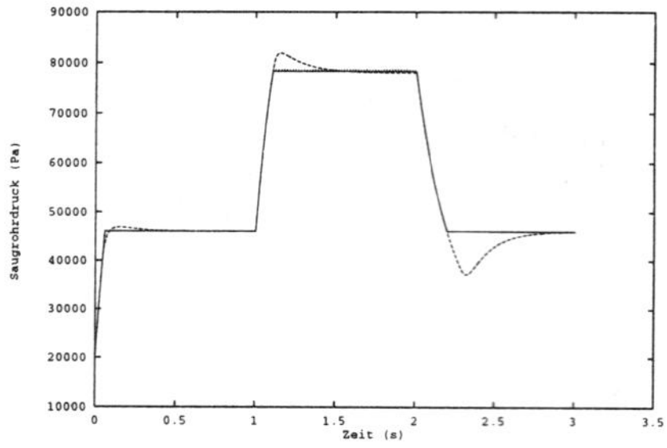

Abbildung 4: Vergleich des Regelverhaltens eines neuronalen Folgereglers (durchgezogen) und eines PI-Reglers (gestrichelt) bei einem Sollwertverlauf mit den Druckwerten $46000 Pa$ und $78000 Pa$

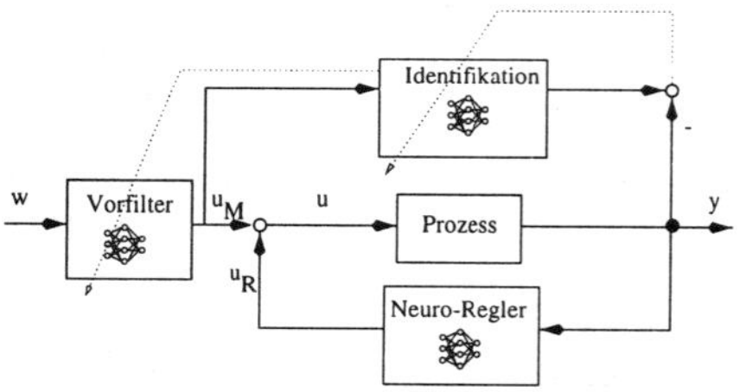

Abbildung 5: Grundstruktur des neuronalen Vorfilterkonzepts

3.3.3 Einsatz eines neuronalen Vorfilters

Der untersuchte Ansatz zeigt schon sehr gute Ergebnisse. Allerdings stellt sich bei der Folgeregelung auf beliebige Sollwerte häufig eine konstante von Null verschiedene Regelabweichung ein. Die bei einem Sollwertsprung angewandte Regelstrategie führt das System immer in den Toleranzbereich aber nicht exakt auf den gewünschten Wert. Um dieses Problem der stationären Ungenauigkeit zu beseitigen, kann man eine lernfähige Variante des aus der Regelungstechnik bekannten Vorfilteransatz wählen, dessen Grundstruktur in Abb. 5 schematisch dargestellt ist [Rie96b].

Die Idee besteht darin, daß in dem Vorfilter, das wiederum durch ein neuronales Netz realisiert wird, die stationäre Strategie codiert ist, d.h. zu einem beliebigen Sollwert w berechnet das Vorfilter genau die Steuergröße u_M, deren Daueranwendung dazu führt, daß die Strecke auf den gewünschten Sollwert einschwingt. Um die Dynamik der Strecke zu beeinflussen, wird vom neuronalen Regler eine Steuergröße u_R erzeugt, die, zu u_M addiert, die Gesamtsteuergröße $u = u_M + u_R$ ergibt. Dem Regler steht dabei die Aktionenmenge $U_R = \{0^0, -5^0, 5^0\}$ zur Verfügung. Die Aktionen 5^0 bzw. -5^0 dienen dazu, den Einschwingvorgang positiv bzw. negativ zu beschleunigen. Durch diese drei Aktionen erhält man also mittels des Vorfilters eine individuell auf jeden Sollwert abgestimmte Menge an Steuergrößen $U = \{u_M + 0^0, u_M - 5^0, u_M + 5^0\}$.

Nachdem das Prinzip des Vorfilters beschrieben wurde, stellt sich die Frage, wie dieses realisiert wird. Das Training des Identifikationsnetzes, das zur Beschreibung des Übertragungsverhaltens

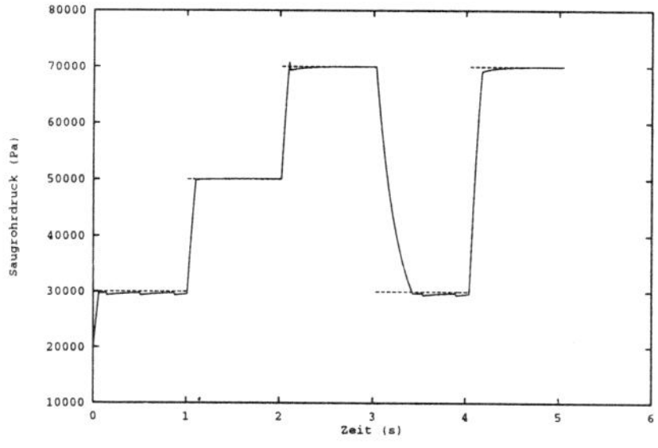

(a)

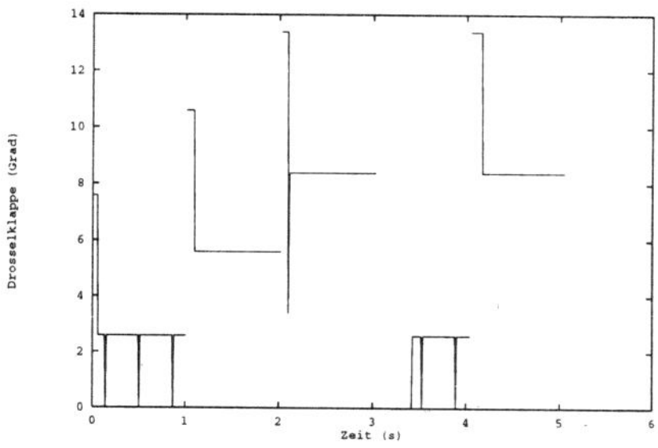

(b)

Abbildung 6: In (a) ist der Verlauf des Saugrohrdrucks bei Verwendung eines neuronalen Reglers mit Vorfilter sowie der Sollwertverlauf zu sehen; (b) zeigt den zugehörigen Verlauf der Steuergröße

der Strecke dient, erfolgt mittels überwachtem Lernen anhand von Musterpaaren (u, y), die sich im eingeschwungenen Zustand ergeben. Das Identifikationsnetz realisiert also die statische Kennlinie der Regelstrecke.

Als nächstes muß das Vorfilternetz trainiert werden. Dies geschieht wiederum durch überwachtes Lernen, wobei diesmal eine zweistufige Rückpropagierung des Fehlers zuerst durch das Identifikationsnetz und dann durch das Vorfilternetz durchgeführt wird. Das so trainierte Vorfilternetz stellt nichts anderes dar als das inverse Identifikationsnetz und repräsentiert somit die inverse statische Kennlinie der Strecke. Der Vorfilteransatz ist also nur praktikabel, wenn die statische Kennlinie invertierbar ist, was aber beim Saugrohrdruckmodell der Fall ist.

Nach dem Training des Vorfilternetzes kann das eigentliche Lernen des neuronalen Reglers beginnen. Dies erfolgt analog zum oben beschriebenen Grundkonzept des modellbasierten Ansatzes.

Die Leistungsfähigkeit dieses Ansatzes zeigt sich, wie bereits erwähnt, bei Folgeregelungsaufgaben, da über das Vorfilter schon die richtige statische Strategie für jeden Sollwert vorgegeben wird und der neuronale Regler sich auf die Aufgabe, den Einschwingvorgang zu beschleunigen, beschränken kann. Der Reglerentwurf wird also in zwei Schritte zerlegt und damit leichter handhabbar gemacht, da der neuronale Regler nur den Einschwingvorgang optimieren muß und nicht gleichzeitig noch eine Strategie für jeden beliebigen Sollwert zu finden hat.

In Abb.6 ist das Regelverhalten und der zugehörige Verlauf der Steuergröße für eine Folgeregelungsaufgabe dargestellt. Der auf dem Vorfilteransatz basierende Regler hat gelernt, den Sollwert durch geschickte Wahl der Aktionen möglichst schnell zu erreichen. Der Verlauf der Steuergröße veranschaulicht, wie der Regler die vom Vorfilter vorgegebene Grundaktion geeignet modifiziert, um nach einem Sollwertsprung die Strecke möglichst schnell nachzuführen und eine gute stationäre Genauigkeit zu erreichen.

4 Kombinierte Drehzahl/ λ-Regelung

Nachdem im letzten Kapitel mit dem Saugrohrdruckmodell ein SISO-System (single-input-single-output) betrachtet wurde, soll im folgenden die Anwendung des Verfahrens auf ein nichtlineares Mehrgrößensystem gezeigt werden. Das hier betrachtete Gesamtmodell beinhaltet eine

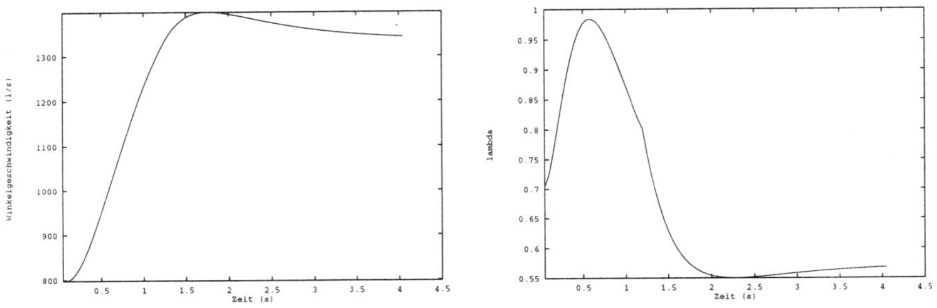

(a) (b)

Abbildung 7: Verlauf der Drehzahl (a) und des λ-Werts (b) bei der Regelung auf den Sollwert $1300\frac{1}{min.}$

komplette Modellierung des Motors von der Drosselklappe, über das Saugrohr und das Einspritzsystem bis zum eigentlichen Verbrennungsprozeß einschließlich der Kraftübertragung auf die Kurbelwelle. Für dieses sowohl statische als auch dynamische Nichtlinearitäten enthaltende MIMO-System (multiple-input-multiple-output) ist eine Mehrgrößenregelung nötig.

Im folgenden werden drei Regelungsansätze für schrittweise komplexere Regelziele vorgestellt. Zunächst wird mit der Drehzahl nur eine Ausgangsgröße betrachtet, die auf den Sollwert $1300\frac{1}{min.}$ geregelt werden soll, wobei eine Toleranz $T = 100\frac{1}{min.}$ erlaubt ist. Als Stellgröße steht wiederum die Drosselklappe α zur Verfügung. Zusätzlich kann jetzt aber noch die Einspritzzeit t_i gewählt werden, um den Verbrennungsprozeß zu beeinflussen.

Die dem Regler zur Verfügung stehenden Aktionen werden aus der Menge der Stellgrößen α und t_i abgeleitet. Wie im letzten Kapitel erwähnt, muß die kontinuierliche Menge möglicher Stellgrößen diskretisiert werden, wobei insgesamt die Menge der Aktionen nicht zu groß werden darf. Für die vorliegende Regelungsaufgabe ist es ausreichend den Drosselklappenwinkel α aus der Menge $\mathcal{U}_1 = \{10.5^0, 11^0\}$ und die Einspritzzeit aus der Menge $\mathcal{U}_1 = \{0.0027s, 0.0030s, 0.0040s\}$ zu wählen. Die gesamte Aktionenmenge mit insgesamt sechs Elementen erhält man dann als kartesisches Produkt $\mathcal{U} = \mathcal{U}_1 \times \mathcal{U}_2$.

Nachdem im letzten Kapitel die Regelung mittels des modellbasierten Ansatzes durchgeführt wurde, wird im folgenden der modellfreie Ansatz verwendet, d.h. es wird keinerlei a priori Wissen über den Prozeß vorausgesetzt. Dafür muß die Repräsentation der Kostenfunktion abgeändert werden. Wie in Kap. 2.4 dargestellt, hängen jetzt die Kosten nicht mehr nur vom Zustand sondern zusätzlich noch von der gewählten Aktion ab. Diese wird zusätzlich ans Netz angelegt.

Für die Drehzahl ergibt sich im geregelten Fall der in Abb. 7(a) dargestellte Verlauf. Der Regler schöpft den Spielraum, den der Toleranzbereich ($1200\frac{1}{min.} - 1400\frac{1}{min.}$) für die Drehzahl bietet, voll aus. Dies wird durch möglichst lange Anwendung der Aktion $\alpha = 11^0$ erreicht, wodurch X^+ schon nach $0.95s$ erreicht wird.

In der Spezifikation dieser Regelaufgabe fehlt allerdings eine wichtige Größe aus dem Motormodell - der λ-Wert. Er gibt das Verhältnis von Luft zu Kraftstoff an. Damit die Verbrennung stöchiometrisch optimal abläuft, muß $\lambda = 1$ gelten, womit ein weiteres Regelziel spezifiziert ist. Es handelt sich dabei gleichsam um eine Nebenbedingung, die jedes Motorsteuergerät erfüllen muß, da sonst die strengen Abgasrichtlinien nicht eingehalten werden können. Außerdem kann

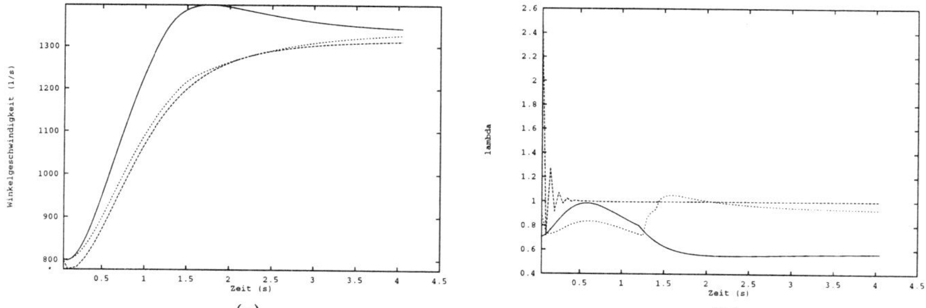

(a) (b)

Abbildung 8: Verlauf der Drehzahl (a) und des λ-Werts (b) falls dieser nicht geregelt (durchgezogen), vorgesteuert (gestrichelt) oder geregelt (gepunktet) wird

der Motor bei einem zu magerem Gemisch ($\lambda \gg 1$) oder zu fettem Gemisch ($\lambda \ll 1$) nicht betrieben werden, da keine ausreichende Verbrennung erfolgt und damit auch die Kraftübertragung auf die Kolben ungenügend ist.

Bei dem ersten Reglerentwurf tritt nun, wie Abb. 7(b) zeigt, ein viel zu niedriger λ-Wert auf, da dauerhaft die Aktion $t_i = 0.004s$ angelegt wird und damit zu viel Kraftstoff eingespritzt wird, um die Drehzahl möglichst schnell in den Zielbereich zu regeln.

Beim zweiten Regleransatz soll deshalb die Forderung $\lambda \approx 1$ erfüllt werden. Dazu wird neben der Drehzahlregelung eine λ-Vorsteuerung verwendet, die abhängig von der Luftmenge im Zylinder zum Zeitpunkt t die optimale Einspritzzeit t_i berechnet und diese zum Zeitpunkt $t+\Delta t$ als Aktion an das System anlegt. Drehzahl- und λ-Verläufe sind für diesen Regler in Abb. 8 dargestellt, die zum Vergleich der verschiedenen Ansätze ebenfalls die Ergebnisse des bereits beschriebenen ungeregelten Falls und des im folgenden kurz dargestellten Ansatzes einer λ-Regelung beinhaltet.

Bei diesem dritten Regelungsansatz ist das Ziel wiederum das möglichst schnelle Erreichen des Zielbereichs X^+, der sich jetzt aber als kartesisches Produkt aus den Zielbereichen für die Drehzahl X_1^+ und für den λ-Wert X_2^+ ergibt. Für die Drehzahl wurde mit $T_1 = 100\frac{1}{min.}$ bereits eine Toleranz festgelegt, beim λ-Wert wird die Toleranz auf $T_2 = 0.1$ gesetzt, da der Motor in diesem Bereich problemlos betrieben werden kann. Bei dem vorliegenden Regelungsansatz handelt es sich um eine Mehrgrößenregelung, da sowohl die Drehzahl als auch der λ-Wert geregelt werden. Wie Abb. 8(a) zeigt, dauert es mit $1.4s$ deutlich länger als im ungeregelten Fall bis X^+ erreicht ist, da gleichzeitig auch darauf geachtet werden muß, daß der λ-Wert in seinen Toleranzbereich geregelt wird.

Im Vergleich dazu benötigt der auf einer λ-Vorsteuerung basierende Regler mit $1.5s$ etwas länger, um den Zielbereich zu erreichen. Dies hängt mit der starren Einstellung der Einspritzzeit zusammen, die den λ-Wert die ganze Zeit über genau auf 1 zu halten versucht. Damit wird Spielraum verschenkt, was sich in einem langsameren Anstieg der Drehzahl bemerkbar macht. Deutlich wird dies bei einer Betrachtung des Verlaufs der Einspritzzeit. In Abb. 9 ist dieser für die λ-Vorsteuerung im Vergleich zum geregelten Fall dargestellt. Bei der Vorsteuerung ist die Einspritzzeit zu Beginn des Regelvorgangs deutlich niedriger als im Fall der λ-Regelung. Damit wird zwar der λ-Wert nach anfänglichen Schwankungen exakt auf 1 gehalten, andererseits macht sich die geringere Menge Kraftstoff beim Regelverlauf für die Drehzahl verlangsamend bemerkbar. Der neuronale λ-Regler hingegen erlaubt am Anfang eine recht hohe Einspritzzeit, um die

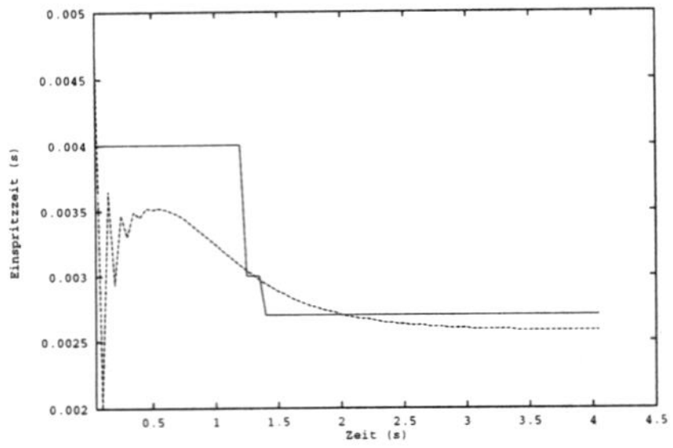

Abbildung 9: Einspritzzeit für den geregelten Fall (durchgezogen) und bei Verwendung einer λ-Vorsteuerung (gestrichelt)

Strecke zu beschleunigen. Im weiteren Verlauf wird die Steuergröße jedoch auf niedrigere Werte zurückgeführt, um das Regelziel für den λ-Wert zu erfüllen.

Bei der hier vorgestellten neuronalen Drehzahlregelung bzw. der kombinierten Drehzahl/ λ-Regelung zeigt sich die Fähigkeit des Reglers, selbständig geeignete Regelstrategien bei unterschiedlichen Anforderungsprofilen zu erlernen: Trotz der prinzipiell gleichen Eingriffsmöglichkeiten entwickelt sich eine unterschiedliche Regelstrategie bei der reinen Drehzahlregelung im Vergleich zur Drehzahlregelung unter Berücksichtigung des λ-Werts. Die gefundene Lösung - Änderung der Einspritzzeit zur Erhaltung des stöchiometrischen Gleichgewichts - wurde dabei nicht a priori vorgegeben sondern gelernt. Mit dieser gelernten Strategie kann der Regler schließlich die geforderte zeitoptimale Erfüllung *beider* Regelziele gewährleisten.

Die obigen Untersuchungen wurden zudem unter Verwendung des *modellfreien* Ansatzes durchgeführt. Die neuronale Regelung hat damit eine qualitativ hochwertige Mehrgrößen-Regelungsstrategie 'von Grund auf' selbständig gelernt - ohne die a priori Kenntnis von Prozeßwissen oder Regelwissen.

5 Zusammenfassung und Ausblick

Der Artikel erläutert Konzepte und Arbeitsweise einer selbständig lernenden neuronalen Steuerungsarchitektur. Hauptmerkmal ist die Anwendbarkeit auf Prozesse, bei denen weder die Kenntnis eines Prozeßmodells noch Regelungswissen vorausgesetzt werden kann. Der neuronale Regler lernt vielmehr selbständig, d.h. aus Erfahrung, die relevanten Prozeßgrößen auf ihre spezifizierten Sollwerte auszuregeln. Der dem Lernverfahren zugrundeliegende Optimierungsansatz erlaubt dabei zusätzlich die Berücksichtigung von Optimierungskriterien während des Regelungsvorgangs und damit eine gezielte Spezifikation der *Qualität* des Regelungsvorgangs. Der Ansatz eignet sich insbesondere in Fällen, wo die Aufstellung eines für den analytischen Reglerentwurf zugänglichen Prozeßmodells mit hohem Aufwand verbunden oder nicht möglich ist. Weitere Vorteile sind die explizite Berücksichtigung von extern vorgegebenen Einschränkungen wie z.B. der Beschränkung der Stellgrößen oder die Angabe von nicht zugelassenen Werten der Prozeßausgangsgrößen. Wie am Anwendungsbeispiel Ottomotor gezeigt, lassen sich sehr unterschiedliche Prozesstypen - nichtlineare Prozesse und Prozesse mit mehreren Ein-/Ausgangsgrößen (MIMO-Systeme) - in einheitlicher Weise behandeln.

Zur Zeit arbeiten wir an Verfahren, die auf unterschiedliche Weise eine Kombination mit anderen Reglerentwurfsmethoden, z.B. Fuzzy Reglern - ermöglichen. Wie in ersten Untersuchungen bereits erfolgreich demonstriert wurde, kann dadurch eine weitere Leistungssteigerung in bezug auf die Dauer und Robustheit des Lernvorgangs erwartet werden.

Literatur

[BBS93] A. G. Barto, S. J. Bradtke, and S. P. Singh. Learning to act using real-time dynamic programming. Technical report, 1993.

[Bel57] R. E. Bellman. *Dynamic Programming.* Princeton University Press, Princeton, NJ, 1957.

[Ber87] D. P. Bertsekas. *Dynamic Programming.* Prentice-Hall, Englewood Cliffs, New Jersey, 1987.

[NM92] K. S. Narendra and S. Mukhopadhyay. Intelligent control using neural networks. *IEEE Control Systems Magazine*, 12(5):11–18, April 1992.

[Rie96a] M. Riedmiller. Application of sequential reinforcement learning to control dynamic systems. In *IEEE Intenational Conference on Neural Networks (ICNN '96)*, Washington, 1996.

[Rie96b] M. Riedmiller. *Selbständig lernende neuronale Steuerungen.* PhD thesis, Universität Karlsruhe, 1996.

[Rie97] M. Riedmiller. Generating continuous control signals for reinforcement controllers using dynamic output elements. In *European Symposium on Artificial Neural Networks, ESANN'97*, Bruges, 1997.

[Rie98] M. Riedmiller. Reinforcement learning without an explicit terminal state. submitted, 1998.

[RSW97] M. Riedmiller, M. Spott, and J. Weisbrod. First results on the application of the fynesse control architecture. In *IEEE 1997 International Aerospace Conference*, Aspen, 1997.

[Sut88] R. S. Sutton. Learning to predict by the methods of temporal differences. *Machine Learning*, (3):9–44, 1988.

[Wat89] C. J. Watkins. *Learning from Delayed Rewards.* Phd thesis, Cambridge University, 1989.

Ein fuzzy-basiertes Konzept zur multikriteriellen Prozeßoptimierung angewendet auf die bedarfsgerechte Führung von Klimaregelkreisen

Dipl.-Phys. Thomas Bernard, Dr.-Ing. Helge-Björn Kuntze ,

Fraunhofer-Institut IITB, Karlsruhe

Zusammenfassung

Beim Betrieb von multivariablen Regelungssystemen besteht beim Anwender häufig der Wunsch, diese bedarfs- oder ereignisabhängig nach unterschiedlichen, teils zuwiderlaufenden Gütekriterien zu steuern. In gut isolierten Niedrigenergiehäusern besteht z.B. der Bedarf, die Heizungs- und Lüftungsregelkreise über ein einfach bedienbares Leitsystem so zu führen, daß – je nach Nutzervorgabe – Komfort- oder Kostenkriterien überwiegen. Zur Lösung dieses multikriteriellen Prozeßoptimierungsproblems wurde am IITB ein neuartiges fuzzy-basiertes Leitkonzept entwickelt, das es gestattet, über einen einfachen Kosten-Komfort-Schieber die Heizungs- und Lüftungsregelkreise so zu führen, daß das Komfort- oder das Kostenkriterium entsprechend der jeweils gewählten Wichtung bewertet wird. Die Leistungsfähigkeit des vor der praktischen Erprobung stehenden fuzzy-basierten Leitkonzeptes wird anhand von realitätsnahen Simulationsergebnissen diskutiert.

1 Einführung

Ausgelöst durch Energiekrisen und gesetzliche Wärmeschutzverordnungen /3/ wurden im Bauwesen in den letzten Jahrzehnten immer stärker isolierende Baustoffe und Konstruktionsverfahren entwickelt und eingesetzt. Es gelang damit zwar in erstaunlich hohem Maße Energie einzusparen, allerdings ging dies auf Kosten eines erheblich verminderten natürlichen Luftaustausches. Um ausreichende Luftqualität und Wohnkomfort sicherzustellen, ist es daher notwendig, neben einer geregelten Heizung zusätzlich noch eine steuerbare Lüftung einzusetzen.

Die bedarfsgerechte, koordinierte Führung beider Regelkreise stellt den unerfahrenen Nutzer allerdings vor erhebliche Probleme. Einerseits hat er zwar prinzipiell die Möglichkeit, die Sollwerte der Heizungs- und Lüftungsregler so zu wählen, daß seine individuellen Kosten- und Komfortkriterien erfüllt werden. Andererseits ist das Verhalten des Klimazustandes im Wohnraum in Wechselwirkung mit dem Außenklima so komplex und nichtlinear, daß der Nutzer die Konsequenzen seiner Bedienung hinsichtlich Kosten- und Komfortkriterien kaum noch überschaut.

Es besteht daher der Bedarf nach einem anwenderfreundlichen Leitkonzept für die integrierte Bedienung der Heizungs- und Lüftungsregelkreise, das entsprechend der individuellen Anforderungen der Anwender nach Komfort und Ökonomie optimierbar ist. Dabei spielt die leichte Adaptierbarkeit an das individuell sehr unterschiedliche Komfort-Empfinden eine ebenso große Rolle wie die Modularität des Konzeptes, d.h. die Unabhängigkeit von den unterlagerten Heizungs- und Lüftungsregelkreisen.

Zur Lösung des multikriteriellen Optimierungsproblems wurde am Fraunhofer-Institut IITB ein Fuzzy-Logik-Konzept entwickelt /4/, das sich prinzipiell in modifizierter Form auch auf vergleichbare andere industrielle Problemstellungen anwenden läßt. Interessanterweise wurden Fuzzy-basierte Optimierungskonzepte bisher fast nur für Planungs- und Beratungsaufgaben im Bereich des Operations Research entwickelt (z.B. /7/,/8/,/9/), bei technischen Anwendungen wurden sie kaum beachtet. Im Anwendungsbereich der Heizungs- und Lüftungstechnik wurden Fuzzy-Logik-Konzepte bisher ausschließlich zur Lösung von Regelungsaufgaben verwendet (z.B. /10/).

Das hier betrachtete multikriterielle Optimierungsproblem aus dem Anwendungsbereich der Hausklimatechnik tritt in vergleichbarer Weise auch bei der optimalen Führung anderer industrieller Prozesse auf. So lassen sich z.B. verschiedene verfahrenstechnische Prozesse in der Stahl- oder Glasindustrie oftmals nach unterschiedlichen, sich teils widersprechenden Gütekriterien (z.B. Produktivität versus Qualität) führen. Zur Lösung solcher Probleme kann das hier vorgestellte fuzzy-basierte Leitkonzept in modifizierter Form ebenfalls angewendet werden.

2 Problemstellung

In Büro- und Wohnräumen hängen sowohl das Behaglichkeitsempfinden als auch der Energieverbrauch von den wesentlichen Klimazustandsgrößen Temperatur, relative Feuchte und CO_2-Gehalt als Referenzgas für die Luftqualität ab. Gestört wird der Raumklimazustand durch verschiedene meßbare bzw. nicht meßbare Einflüsse des Außenklimas und der Raumbelegung. Meßbare Störgrößen sind z.B. die Temperatur außen, die relative Feuchte außen, der CO_2-Gehalt außen oder die Anwesenheit von Personen im Raum. Nicht meßbare, überwiegend stochastische Störgrößen sind Wärmeströme, Wasserdampfquellen, Luftzug sowie CO_2-Emissionen, die z.B. durch anwesende Personen, Haushaltsgeräte oder Pflanzen verursacht werden können (Bild 1).

Die vollständige Beeinflussung des Raumklimazustandes setzt voraus, daß neben der Heizleistung der Heizkörper auch die Lüftung mit Hilfe von Ventilatoren oder Schwenkfenster mit Stellantrieben steuerbar sind. Die Abhängigkeit der Raumklimazustandsgrößen von den Steuergrößen und den meßbaren Störgrößen bzw. nicht meßbaren Störgrößen ist außerordentlich komplex und nichtlinear. Darüber hinaus ist das Systemverhalten stark gekoppelt. So bewirkt z.B. ein Verstellen der Heizleistung nicht nur eine Veränderung der Innentemperatur, sondern auch der relativen Luftfeuchte. Ebenso bewirkt ein Steuereingriff bei der Lüftung nicht nur eine Veränderung des CO_2-Gehaltes, sondern auch der relativen Feuchte.

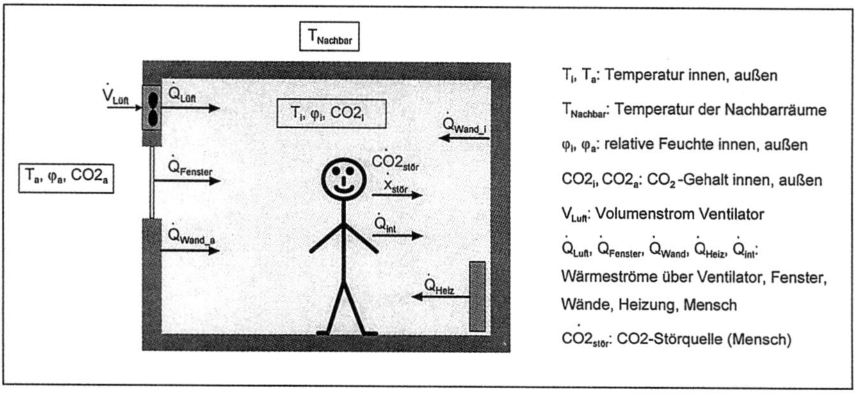

Bild 1: Modell des Raumes mit den wichtigsten physikalischen Größen

3 Lösungskonzept

Um das Raumkima bedarfsgerecht auf bestimmte Sollwerte zu Innentemperatur, relativer Feuchte und CO_2 -Gehalt einstellen zu können, ist die Einführung von Heizungs- und Lüftungsreglern erforderlich. Während sich jedoch die Innentemperatur weitgehend selektiv regeln läßt - hierzu wurden bisher zahlreiche leistungsfähige Regelkonzepte (z.B. /5/) entwickelt - ist dies bei der relativen Luftfeuchte und beim CO_2-Gehalt aufgrund der starken Kopplung dieser Zustandsgrößen nicht möglich. Es muß daher die Luftwechselrate, die den Luftaustausch des Raumes pro Zeiteinheit beschreibt, als Ersatzregelgröße eingeführt werden.

Bei der Einstellung bzw. Sollwertvorgabe des Reglers bezüglich Innentemperatur und Luftwechselrate kann der Anwender prinzipiell nach unterschiedlichen Gütekriterien vorgehen. Er kann die Einstellung entweder nach Ökonomie- oder nach Komfortkriterien vornehmen. In der Regel wird er einen Kompromiß aus Kostenminimierung und Komfortmaximierung suchen. Offenbar liegt ein multikriterielles Optimierungsproblem vor, für dessen Lösung ein Leitkonzept benötigt wird, das auf der Grundlage einer unscharfen Wichtung des Anwenders bezüglich Komfort und Ökonomie die optimierten Sollwerte für die unterlagerten Heizungs- und Lüftungsregelkreise ermittelt und ausgibt. Die einzige Aufgabe des Bedieners soll darin bestehen, über ein einfaches Bedienelement, z.B. über einen Komfort-Kosten-Schieber seine individuelle Gewichtung zwischen den in der Regel gegensätzlichen Forderungen nach Kostenminimierung und Komfortmaximierung vorzugeben. Das Leitsystem, dessen prinzipielle Struktur in Bild 2 dargestellt ist, berechnet dann in Abhängigkeit vom gemessenen Außenklima, der Raumbelegung und der Tageszeit die optimalen Sollwerte zu Innentemperatur und Luftwechselrate. Die in der Güteforderung vorhandene Unschärfe des multikriteriellen Optimierungsproblems legt es nahe, zur Lösung fuzzy-basierte Methoden anzuwenden.

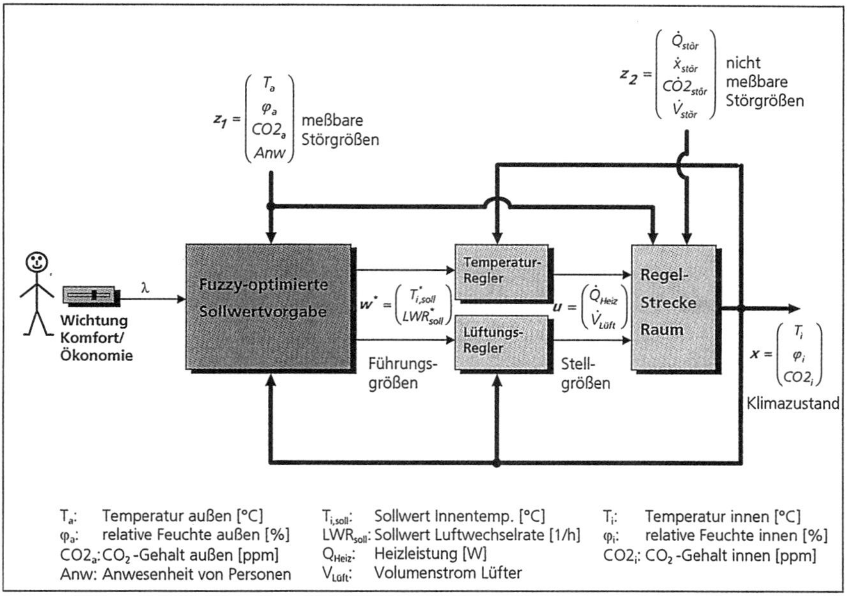

Bild 2: Die fuzzy-basierte Sollwertoptimierung für Innentemperatur und Luftwechselrate ist den Heizungs- und Lüftungsregelkreisen hierarchisch überlagert

4 Fuzzy-basierte multikriterielle Optimierung

4.1 Allgemeines Lösungskonzept

Betrachtet wird ein geregelter Prozeß, dessen Zustandsgrößen **x** durch die Sollwerte **w** steuerbar sind. Ferner wird angenommen, daß die Prozeßführung auf der Grundlage von zwei unterschiedlichen Gütekriterien erfolgen kann. Ziel ist es, die Führungsgröße **w** bezüglich der Gütekriterien zu optimieren, wobei deren individuelle Wichtung durch den Nutzer vorgegeben werden soll. Das zur Lösung entwickelte, hier vorgestellte Optimierungskonzept läßt sich in drei Stufen unterteilen. Einfachheitshalber wird zunächst die Optimierung nur einer Führungsgröße $\dot{w}_i$ betrachtet (Kasten 1).

Kasten 1: Allgemeines Konzept der bedarfsgewichteten Fuzzy-Optimierung

Stufe 1: Definition der Gütekriterien

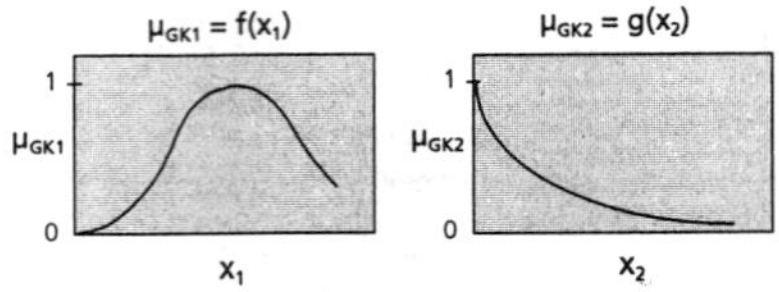

Stufe 2: quasistatisches Modell:

$x \approx$ const. in $[t, t+\Delta t]$

$$x_1 = P(x, w_i) \qquad \mu_{GK1} = f(P(x,w_i)) \equiv \tilde{f}(w_i)$$

$$\Rightarrow$$

$$x_2 = Q(x, w_i) \qquad \mu_{GK2} = g(P(x,w_i)) \equiv \tilde{g}(w_i)$$

Stufe 3: Berechnung von w^*_i

$$\mu^*(w_i^*) = \max\{\min(\lambda \cdot \mu_{GK1}(w_i),\ (1-\lambda)\cdot\mu_{GK2}(w_i))\}, \quad 0 < \lambda < 1$$

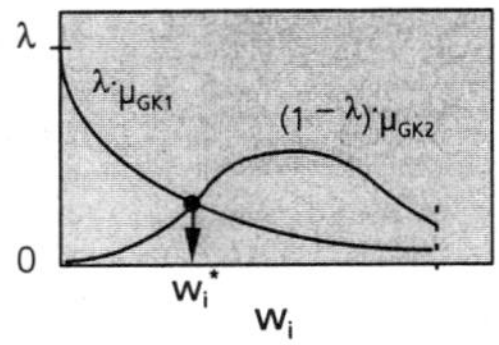

$\lambda \to 0$: max. Gewichtung von μ_{GK1}

$\lambda \to 1$: max. Gewichtung von μ_{GK2}

w_i: zu optimierende Führungsgröße

In der ersten Stufe werden die Gütekriterien durch Fuzzy-Zugehörigkeitsfunktionen definiert, die jeweils nur von einer Zustandsgröße abhängen. Da die Gütefunktionen eine unscharfe Bewertung der Prozeßqualität liefern, wie dies bei der Komfort- und Kostenbewertung von Klimaprozessen besonders realistisch ist, läßt sich die multikriterielle Optimierung auf der Grundlage der Theorie des „Fuzzy Decision Making" durchführen /1/,/7/. Die normierten Gütefunktionen werden dabei als Zugehörigkeitsfunktionen betrachtet, deren multikriterielle Optimierung durch die Anwendung des Max-Min-Operators erfolgt. Restriktionen können dadurch berücksichtigt werden, daß die Zugehörigkeitsfunktionen in diesen „verbotenen" Bereichen den Wert Null annehmen.

In der zweiten Stufe ist jeweils ein statisches oder dynamisches Modell aufzustellen, welches einen Zusammenhang zwischen der Zustandsgröße, von denen das Gütekriterium abhängt und der Führungsgröße, die zu optimieren ist, vermittelt. Geht man von der Näherungsannahme aus, daß der Prozeß in einem betrachteten Optimierungsintervall sich quasistationär verhält, so lassen sich die Gütekriterien als Funktionen der zu optimierenden Führungsgröße darstellen. Bei stark nichtlinearen und gekoppelten Prozessen kann sich die Modellbildung als schwierig und aufwendig erweisen. Aufgrund der unscharfen Gütebeschreibung durch Fuzzy-Zugehörigkeitsfunktionen ist es jedoch in den meisten Fällen ausreichend, von vereinfachten, physikalisch transparenten Modellbeziehungen mit wenigen Parametern auszugehen.

In der dritten Stufe vollzieht sich schließlich die eigentliche Optimierung. Die Berücksichtigung der individuellen Wichtung der Gütekriterien erfolgt durch Einführung eines Wichtungsparameters λ. Dabei entspricht $\lambda \rightarrow 0$ der maximalen Gewichtung von Gütekriterium 1, $\lambda \rightarrow 1$ der maximalen Gewichtung von Gütekriterium 2. Beide Extremfälle ($\lambda \rightarrow 0$ bzw. $\lambda \rightarrow 1$) stellen monokriterielle Sonderfälle des multikriteriellen Optimierungsproblems dar.

Das zunächst nur für eine Optimierungsvariable skizzierte Verfahren läßt sich problemlos auf die multikriterielle Optimierung mehrerer Führungsgrößen erweitern, wenn keine oder nur eine schwache Kopplung bezüglich der Zustands- bzw. Regelgrößen vorliegt.

4.2 Anwendung auf die Heizungs- und Lüftungsoptimierung

Beim betrachteten Fall der Heizungs-Lüftungsregelung lassen sich die beiden Sollwerte zu Innentemperatur und Luftwechselrate ($T_{i,soll}$, LWR_{soll}) nahezu entkoppelt optimieren, weil die Heizvorgänge wesentlich träger ablaufen als die Lüftungsvorgänge. Zur Lösung des Optimierungsproblems ist es zunächst notwendig, geeignete Gütefunktionen zur Bewertung der Kosten und des Komforts zu definieren und diese in Abhängigkeit von $T_{i,soll}$ und LWR_{soll} darzustellen.

4.2.1 Komfortkriterien

Zur Definition der Komfort-Zugehörigkeitsfunktionen muß das Behaglichkeitsempfinden des Menschen betrachtet werden, welches jedoch von einer Vielzahl von Faktoren abhängt und individuell sehr unterschiedlich ist. Zum einen ist das Komfortniveau abhängig von physikalischen Größen wie Temperatur der Luft und Umgebungsflächen, Luftfeuchte,

Reinheit der Luft, Sonneneinstrahlung, Helligkeit, Temperaturprofil im Raum und Luftbewegung. Zum anderen spielen individuelle Faktoren wie Bekleidung, Aktivität, Geschlecht, Alter, Konstitution und Gesundheit eine Rolle /6/. Zur Beurteilung der Luftqualität eignet sich der CO_2-Gehalt der Luft, da der Mensch stetig CO_2 produziert.

Es ist offensichtlich, daß keine universell gültigen Beziehungen für das Komfort-Empfinden angegeben werden können. In der Klimatechnik sind jedoch Grenzen zur thermischen Behaglichkeit und guter Luftqualität definiert /2/. Danach sollte sich die Innentemperatur etwa zwischen 20 °C und 22 °C, die relative Feuchte etwa zwischen 30 % und 70 % sowie der CO_2 -Gehalt unterhalb 1000 ppm bewegen. Da diese Werte natürlich nur Richtgrenzen darstellen können, erscheint eine Darstellung über Fuzzy-Zugehörigkeitsfunktionen als sinnvoll. Unter der hier zulässigen Annahme einer entkoppelten Betrachtung der Komfort-Zugehörigkeit in Abhängigkeit von Innentemperatur, relativer Feuchte und CO_2 -Gehalt gelangt man beispielsweise zu den in Bild 3 dargestellten Komfort-Zugehörigkeitsfunktionen. Der Vergleich mit binären Zugehörigkeitsfunktionen (gestrichelte Kurven) der klassischen Logik verdeutlicht die weitaus realistischere, dem Menschen angepaßtere Gütebewertung auf der Grundlage von Fuzzy-Logik. Ein weiterer Vorteil der unscharfen Gütebeschreibung durch Fuzzy-Mengen besteht in der leichten Parametrierbarkeit.

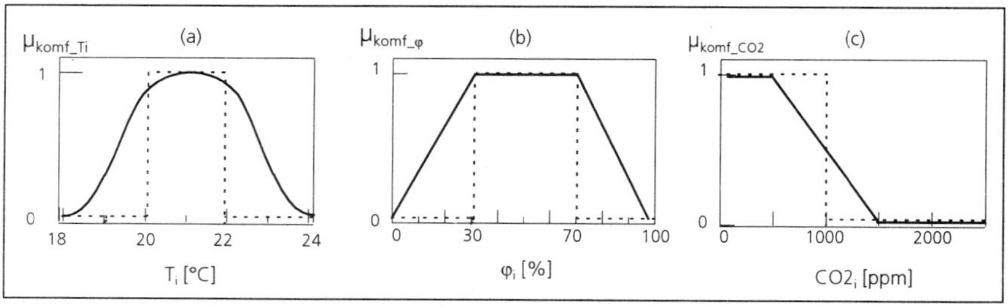

Bild 3: Mögliche Komfort-Zugehörigkeitsfunktionen in Abhängigkeit der Temperatur (a), der relativen Feuchte (b) und des CO_2-Gehaltes (c). Gestrichelt: Zugehörigkeitsfunktionen nach binärer Logik

4.2.2 Ökonomiekriterien

Die Kosten für bestimmte Sollwerte zu Innentemperatur und Luftwechselrate resultieren unmittelbar aus der dafür erforderlichen Heizleistung. Es wird also eine Zugehörigkeitsfunktion benötigt, die den Ökonomiegrad der Heizungs-Lüftungsanlage in

Abhängigkeit von der Heizleistung beschreibt. Hierfür eignet sich z.B. eine abfallende Exponentialfunktion. Die für die Einhaltung bestimmter Sollwerte aufzuwendende Heizleistung läßt sich über einfache Modellgleichungen abschätzen (Kasten 2).

Kasten 2: Berechnung der Ökonomie-Zugehörigkeitsfunktionen

allgemeiner Ansatz: $\boxed{\mu_{öko} = e^{-\dot{Q}_{Heiz}/\dot{Q}_{ref}}}$

Für die Innentemperatur:

$\dot{Q}_{Trans} = k \cdot A \cdot (T_{i,soll} - T_a)$

$\dot{Q}_{ref} = k \cdot A \cdot \Delta T_{ref}$

k: Wärmeübergangskoeffizient

A: Wandfläche

⇒

$\boxed{\mu_{öko\_Ti}(T_{i,soll}) = e^{-(Ti,soll - Ta)/\Delta Tref}}$

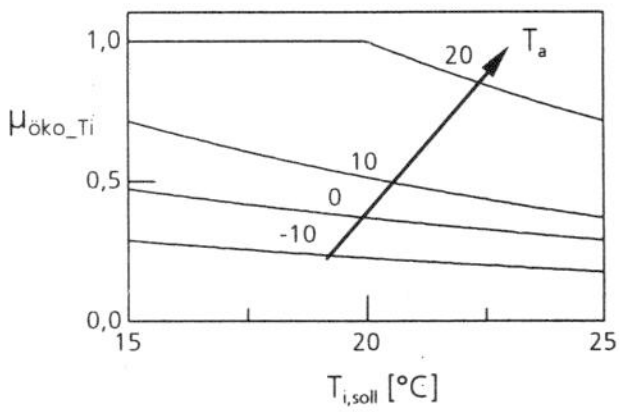

Für die Luftwechselrate:

$\dot{Q}_{Lüft} = c \cdot \rho \cdot V \cdot LWR \cdot (T_{i,ist} - T_a)$

$\dot{Q}_{ref} = c \cdot \rho \cdot V \cdot LWR_{ref} \cdot \Delta T_{ref}$

c: Wärmekapazität der Luft

ρ: Dichte der Luft

V: Raumvolumen

⇒

$\boxed{\mu_{öko\_LWR}(LWR_{soll}) = e^{-LWRsoll \cdot (Ti,ist - Ta)/LWRref/\Delta Tref}}$

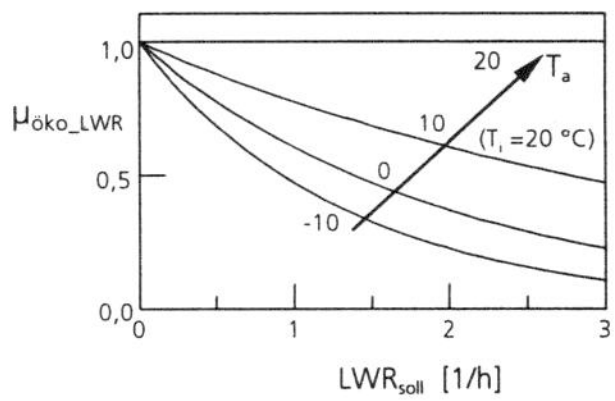

Der Zugehörigkeitsgrad zur Ökonomie $\mu_{öko}$ fällt mit steigender Heizleistung. Daher nimmt $\mu_{öko}$ mit sinkender Außentemperatur und steigender Innentemperatur (Bild links) bzw. steigender Luftwechselrate (Bild rechts) ab.

4.2.3 Optimierung des Temperatursollwertes

Die in Abschnitt 4.2.1 sowie 4.2.2 vorgenommene Definition der Komfort- und Ökonomiekriterien entspricht Stufe 1 des Lösungskonzeptes (Kasten 1). Der Übergang auf die zu optimierende Führungsgröße Innentemperatur, dies entspricht Stufe 2, ist hier nur bei der Ökonomie-Zugehörigkeitsfunktion zu vollziehen, da die Komfort-Zugehörigkeitsfunktion direkt in Abhängigkeit der Innentemperatur definiert ist. Dieser Übergang wird bei der Ökonomie-Zugehörigkeitsfunktion durch das Aufstellen einer einfachen Modellgleichung erreicht (Kasten 2). Somit kann nun Stufe 3 des Optimierungskonzeptes vollzogen und der optimierte Innentemperatur-Sollwert berechnet werden. Dazu ist lediglich die Außentemperatur und die individuelle Wichtung erforderlich. Die Abhängigkeit der optimierten Solltemperatur vom Wichtungsparameter λ ist in Bild 4 gezeigt.

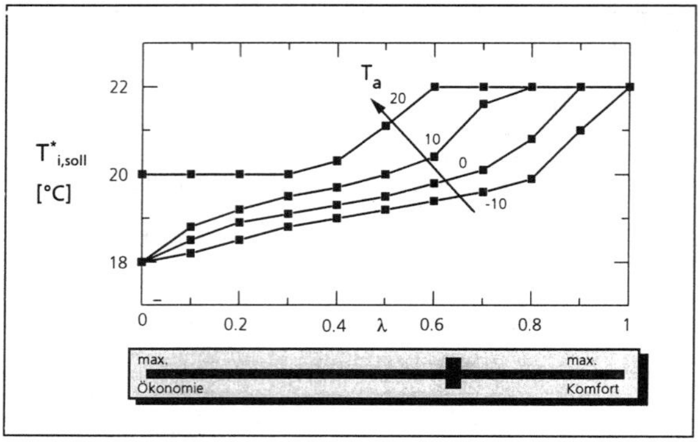

Bild 4: Abhängigkeit der optimalen Innentemperatur von der Schieberstellung und der Außentemperatur

4.2.4 Optimierung des Lüftungssollwertes

Die Fuzzy-Optimierung des Luftwechselraten-Sollwertes gestaltet sich gegenüber der des Temperatursollwertes etwas schwieriger. Zwar liegt das benötigte Ökonomiekriterium in der gewünschten direkten Abhängigkeit von der zu optimierenden Luftwechselrate vor (Kasten 2). Das Komfortkriterium ist hingegen nur bezüglich der Zustandsgrößen CO_2-Gehalt und relativer Luftfeuchte definiert (Bild 5 a,b) und damit nur indirekt von der zu optimierenden Luftwechselrate abhängig. Das dynamische Verhalten zwischen Luftwechselrate und CO_2-Gehalt bzw. relativer Feuchte, das auch sehr stark durch feuchte- und CO_2-produzierende Störquellen (z.B. Menschen) geprägt wird, muß daher bei der Optimierung mitberücksichtigt werden.

Im Gegensatz zur statischen Optimierung des Temperatursollwertes muß bei der Optimierung des Lüftungssollwertes auch der erwartete dynamische Übergangsvorgang berücksichtigt werden. Dies geschieht mit Hilfe eines im Leitsystem mitlaufenden, relativ einfachen internen prädiktiven Modells. Mit dessen Hilfe wird in jedem Zeittakt, beispielsweise alle 5 Minuten, in Abhängigkeit von den gemessenen aktuellen

Zustandsgrößen CO_2-Gehalt und relative Feuchte die Luftwechselrate über einen bestimmten Prädiktionshorizont optimiert (z.B. 15 Minuten). Nach Ausgabe und Ausführung der optimierten Luftwechselrate wird im nächsten Zeittakt die prädiktive Optimierung erneut durchgeführt. Im Gegensatz zu der in Abschnitt 4.2.3 beschriebenen statischen „Feedforward-Optimierung" der Solltemperatur liegt hier also eine „Feedback-Optimierung" im Sinne einer prädiktiven Regelung vor /11/.

Kasten 3: Prinzip der dynamischen Feedback-Optimierung mit internem prädiktivem Modell (Bsp. CO_2-Verhalten)

Systemverhalten:

$$\dot{CO2}_i = -LWR_{soll} \cdot (CO2_i - CO2_a) + \dot{CO2}_{stör}$$

Forderung an Zeitverhalten:

$$\dot{CO2}_i = -\frac{1}{\tau} \cdot (CO2_i - CO2_{i,soll})$$

$$\Rightarrow \quad CO2_{i,soll} = CO2_i + \tau \cdot \dot{CO2}_{stör} - \tau \cdot LWR_{soll} \cdot (CO2_i - CO2_a)$$

Prädiktion des Systemverhaltens:

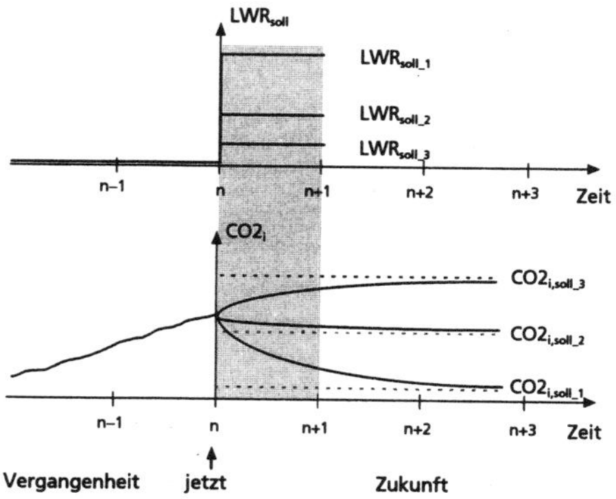

Das zur Optimierung verwendete interne Modell, das das Verhalten des CO_2-Gehaltes sowie der relativen Feuchte in Abhängigkeit von der Luftwechselrate und internen Störquellen beschreibt, läßt sich bei Annahme idealer Luftdurchmischung als nichtlineare bilanzierende Differentialgleichung darstellen (Kasten 3). Bei Vorgabe eines gewünschten dynamischen Übergangsverhaltens wie beispielsweise ein Tiefpaßverhalten mit einer Zeitkonstanten τ lassen sich nun die Komfortzugehörigkeitsfunktionen in Abhängigkeit von der zu optimierenden Luftwechselrate beschreiben.

Da nun aber zwei Komfort-Zugehörigkeitsfunktionen vorliegen, gilt es zunächst, durch Anwendung des Minimum-Operators eine resultierende Zugehörigkeitsfunktion zu bilden (Bild 5 c). Aus der Max-Min-Schnittmenge der Ökonomie- und Komfort-Zugehörigkeitsfunktionen folgt schließlich die optimale Luftwechselrate (Bild 5 d).

Die daraus resultierende nichtlineare Abhängigkeit der optimalen Soll-Luftwechselrate von der Komfort-Kostenwichtung (Bild 5 e) läßt einen starken Einfluß der Außentemperatur erkennen. Da die Außenfeuchte stark von der Außentemperatur abhängt, ist die Sättigungsgrenze der optimalen Luftwechselrate ebenfalls sehr temperaturabhängig. Gerade hier zeigt sich der besondere Vorteil des Leitsystems gegenüber der unkoordinierten Einstellung durch den Menschen, der die komplexe Kopplung der Zustandsgrößen und die Wirkung auf Komfort und Kosten nur begrenzt überschauen kann. Die minimale Luftwechselrate von ca. 0.6 pro Stunde bei maximaler Ökonomiegewichtung des Schiebers (linker Anschlag) resultiert aus dem von Pettenkofer /6/ vorgegebenen Grenzwert des CO_2-Gehaltes von ca. 1500 ppm für behagliche Innenluft in Wohnräumen, da dieser Wert als momentaner Istwert des CO_2-Gehaltes angenommen wurde (Bild 5 a,e).

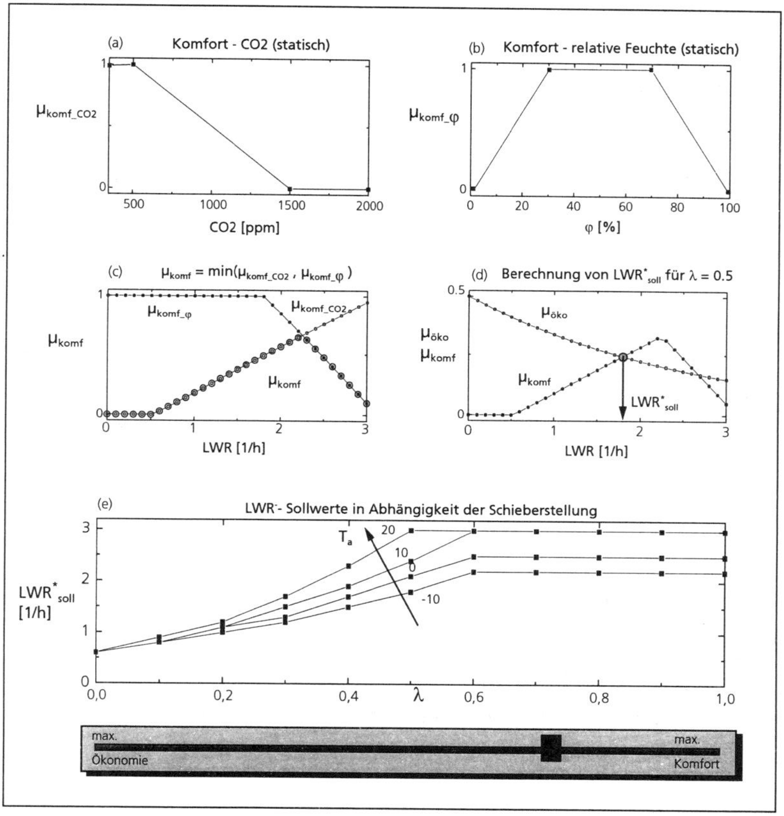

Bild 5: Optimierung des Lüftungssollwertes

5 Simulationsergebnisse

Zur Untersuchung des Systemverhaltens und der Leistungsfähigkeit des Fuzzy-Leitkonzeptes unter realitätsnahen klimatischen und bauphysikalischen Bedingungen wurde in einer Matlab/Simulink-Umgebung ein Simulationsmodell erstellt. Die physikalische Grundstruktur und wesentliche klimatische Einflußgrößen sind in Bild 1 dargestellt. Die dem Fuzzy-Leitsystem unterlagerten quasianalogen Heizungs-Lüftungsregler weisen PI-Verhalten auf. Als Abtastzeit des Leitsystems wurde Δt = 6 Minuten gewählt. Hinsichtlich der Bauphysik wurden ein Raumvolumen V = 50 m^3, fünfschichtig diskretisierte Wände, eine Außenwand mit 20 cm Ziegel und 5 cm Isolierung (k = 0.54 W/m^2K), Innenwände mit 15 cm Ziegel (k = 1.82 W/m^2K) sowie ein Fenster mit k = 2.0 W/m^2K angenommen. Bezüglich der Störquellen wurde von internen Wärmequellen $\dot{Q}_{int} = 100W / Person$, einer CO_2 -Produktionsrate $\dot{CO2}_{stör} = 10\ell / h / Person$, einer Wasserdampfproduktion $\dot{x}_{stör} = 40g/h$ pro Person sowie einer konstanten Temperatur der Nachbarräume T_{Nachb} = 15 °C ausgegangen.

Von den zahlreichen untersuchten unterschiedlichen Simulationsszenarien sei hier exemplarisch der Verlauf eines Wintertages mit drei unterschiedlichen Wichtungen des Komfort-Kostenschiebers betrachtet (Bild 6). Um zu demonstrieren, wie die Sollwertoptimierung auf eine wechselnde Personenbelegung und die damit verbundenen Störquellen reagiert, wurde die Belegung des Raumes im 2-Stunden-Takt um eine Person erhöht. Um 8 Uhr betritt die erste Person den Raum, um 18 Uhr verlassen alle fünf Personen den Raum.

Aus dem in Bild 6 dargestellten Zeitverlauf der Innentemperatur wird der starke Einfluß der unterschiedlichen Stellungen des Komfort-Kostenschiebers auf den Temperatursollwert deutlich. Der ausgegebene Wert bewegt sich in den Grenzen, die in der Komfort-Zugehörigkeitsfunktion definiert wurden. Bei Nichtbelegung des Raumes wird die Fuzzy-Optimierung deaktiviert und der Sollwert auf einen bestimmten konstanten Wert gesetzt, hier gleich 15 °C.

Aus dem Zeitverlauf der Luftwechselrate wird die automatische Adaption an die wechselnden Raumbelegungen sichtbar. Bei Schieberstellung „max. Komfort“ setzt die Lüftung schon bald mit der Anwesenheit der ersten Person ein, um das definierte CO_2-Komfort-Niveau von 500 ppm zu halten. Deutlich ist die starke Temperaturabhängigkeit der relativen Feuchte zu sehen, da die kalte, in den Raum einströmende Luft bei Erwärmung eine deutlich reduzierte relative Feuchte annimmt. Daher wird bei Schieberstellung „max. Komfort“ ein Kompromiß zwischen den Komfortforderungen bezüglich CO_2-Gehalt und relativer Feuchte eingegangen und der CO_2-Gehalt steigt auf etwa 700 ppm. Bei Schieberstellung „max. Ökonomie“ setzt die Lüftung erst dann ein, wenn der CO_2-Gehalt die definierte „Schwelle“ von 1500 ppm erreicht hat. Die relative Feuchte bewegt sich in einem unkritischen Bereich.

Anhand von zahlreichen Simulationen bei unterschiedlichen bauphysikalischen, klimatischen und Belegungsszenarien konnte nachgewiesen werden, daß durch die integrierte Führung von Heizung und Lüftung eine erhebliche Energieeinsparung erzielt werden kann. In dem in Bild 6 dargestellten Fall sinkt z.B. die benötigte Heizenergie von 13.3 kWh bei Schieberstellung „max. Komfort“ um über 70 % auf 3.7 kWh bei Schieberstellung „max. Ökonomie“.

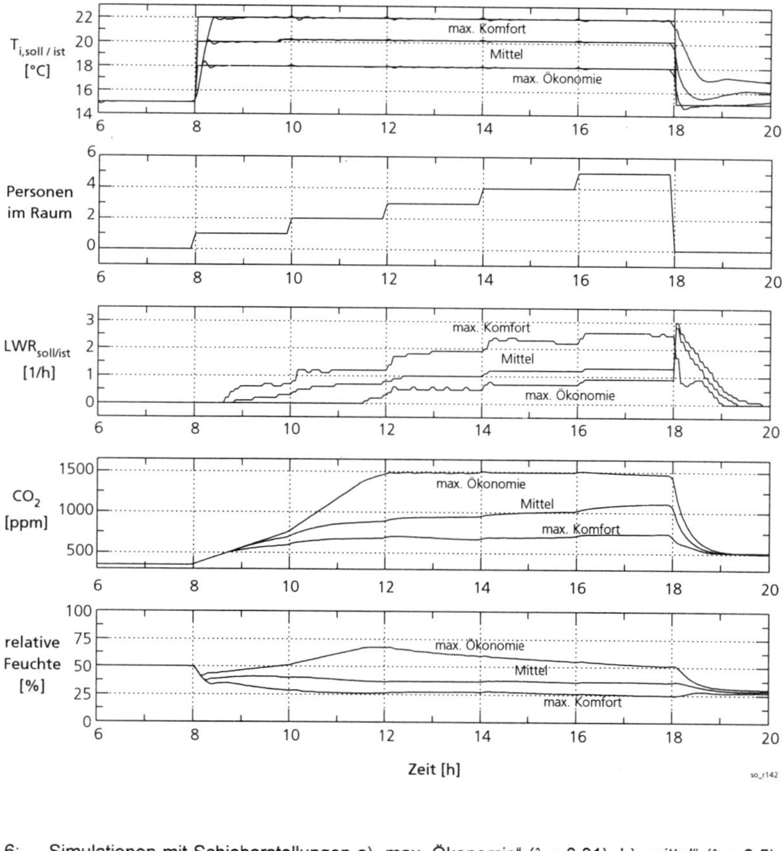

Bild 6: Simulationen mit Schieberstellungen a) „max. Ökonomie“ ($\lambda = 0.01$), b) „mittel“ ($\lambda = 0.5$) und c) „max. Komfort“ ($\lambda = 0.99$) bei einer Außentemperatur $T_a \approx 0$ °C und einer relativen Feuchte $\varphi_a \approx 70$ %.

6 Zusammenfassung

Im vorliegenden Beitrag wird ein neuartiges fuzzy-basiertes Leitkonzept zur bedarfsgerechten multikriteriellen Optimierung von Heizungs - Lüftungsregelkreisen vorgestellt. Es ermöglicht dem Anwender bei einfachster Bedienung, den Hausklimaprozeß so zu führen, daß seine individuell gewichteten Komfort- und Kostenbedürfnisse optimal befriedigt werden. Die Leistungsfähigkeit bezüglich Energieeinsparung und Komforterhöhung wird anhand von verschiedenen realitätsnahen Simulationen verdeutlicht. Gegenwärtig laufende F+E-Arbeiten beschäftigen sich mit der technischen Umsetzung und experimentellen Erprobung des Fuzzy-Leitkonzeptes in einem Demonstrationszentrum des IITB. Die Anwendung und Adaption des Konzeptes auf andere mehrvariable Industrieprozesse im Rahmen weiterführender F+E-Arbeiten ist geplant.

Literatur

/1/ R.E. Bellman, L.A. Zadeh: Decision Making In A Fuzzy Environment, Management Science, 17 (1970), S. 141-163.

/2/ DIN 1946, Teil 2: Raumlufttechnik, Gesundheitstechnische Anforderungen (VDI-Lüftungsregeln), Beuth Verlag, Berlin 1988.

/3/ H. Ehm: Wärmeschutzverordnung '95, Bauverlag, Wiesbaden und Berlin 1995.

/4/ Th. Bernard, M. Klingner, H.-B. Kuntze et al.: Ressourcenschonendes Wohnen: Das Fraunhofer-Verbundprojekt IHS-ReWo. IITB-Mitteilungen 1997, S. 5-10.

/5/ G. Knabe et al.: Demand Guided Control of the Indoor Air Quality in Domestic Buildings, CLIMA 2000 '97 Conference Brussels, P 216.

/6/ Recknagel, Sprenger, Schramek: Taschenbuch für Heizung und Klimatechnik 94/95, Oldenbourg Verlag 1995, S. 44 ff.

/7/ H. Rommelfanger: Fuzzy Decision Support-Systeme. Springer-Verlag 1994.

/8/ H.-J. Zimmermann: Fuzzy Set Theory – and Ist Applications. Kluwer-Nijhoff Publishing 1985.

/9/ H.-J. Zimmermann: Fuzzy Sets, Decision Making, and Expert Systems. Kluwer-Nijhoff Publishing 1987.

/10/ H.-J. Zimmermann, C. v. Altrock: Fuzzy Logic, Band 2: Anwendungen. Oldenburg Verlag, München und Wien 1994, S.41-61.

/11/ H.-B. Kuntze, J. Richalet et. al.: „On the predictive functional control of an elastic industrial robot“, 25th IEEE Conference on Decision and Control, Athen, 10.-12. Dezember 1986

Posterbeiträge

Lernende Prozeßüberwachung mit kombinierten Neuro/Fuzzy Systemen

Dr.-Ing Michael Hormel, Bochum

Zusammenfassung

Beim Vergießen von Edelstahl in Stranggußanlagen zu Brammen treten Fehler auf, die als „Durchbrüche“ bezeichnet werden. Darunter versteht man das Entstehen von Fehlstellen in der Strangschale, die beim Verlassen der Kokille den Ausfluß von Stahl in die Anlage zur Folge haben. Ein Durchbruch hat längeren Anlagenstillstand sowie hohe Instandsetzungskosten zur Folge.

Die Realisierung des lernfähigen Alarmsystems SENECA auf der Basis neuronaler Netze für die Früherkennung von Strangdurchbrüchen wird im folgenden beschrieben. Durch die Integration von Methoden der künstlichen Intelligenz ist das System in der Lage, sich einerseits in einem Trainingsvorgang an die spezifischen Gegebenheiten des zu überwachenden Prozesses anzupassen. Andererseits kann das erfragbare Wissen des Bedienungspersonals in Form von linguistischen Regeln repräsentiert und verarbeitet werden.

1 Einführung

Der Einsatz automatischer Alarmsysteme soll den Anlagenbediener weitgehend von der ermüdenden, direkten Überwachung der Meßsignale an der Gießanlage entlasten und zuverlässig und rechtzeitig vor drohenden kritischen Prozeßzuständen warnen. Das Alarmsystem muß dabei weitgehend autonom Entscheidungen auf der Basis der Meßsignale treffen. Gleichzeitig muß die Adaption des Systems für eine spezifische Aufgabenstellung möglichst einfach machbar sein. Wie in [4] dargestellt, bieten Ansätze der künstlichen Intelligenz die Möglichkeit Systeme zu realisieren, die auf einem relativ hohen Abstraktionslevel instruiert werden.

Im vorliegenden Fall wird die Fähigkeit neuronaler Netze aus Beispielen zu lernen dazu verwendet, ein Alarmsystem auf die Erkennung einer spezifischen Art von Prozeßstörungen an Strangießanlagen zu detektieren.

2 Der Gießprozeß

Edelstahl wird vielfach in einem kontinuierlichen Prozeß zu vergossen und nach der Erstarrung zu Brammen von etwa 9m Länge geschnitten. Die Querschnitte der Brammen sind variabel und betragen je nach Anlage beispielsweise 20cm × 150cm. Abbildung 1 zeigt das Schema einer typischen Bogenstranggießanlage.

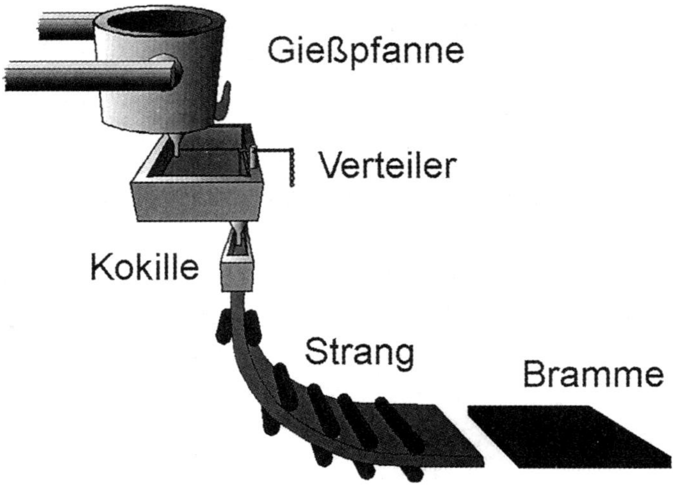

Abbildung 1: Prinzipbild einer Stranggießanlage

Der flüssige Stahl wird aus der Gießpfanne zunächst in einen Verteiler gegossen und fließt von dort senkrecht in eine wassergekühlte, oszillierende Gießform, die Kokille, in der zunächst eine 2-3cm dicke Strangschale erstarrt. Beim Austritt des Strangs aus der Kokille ist das Innere also immer noch flüssig. Es erstarrt erst durch die weitere Kühlung des Strangs mit Spritzwasser.

Gelegentlich treten beim Gießprozeß Fehler bei der Erstarrung der Strangschale in der Kokille auf. Sie führen zu einer Schwächung der Strangschale, die dann dem ferrostatischen Druck des Inneren nicht mehr standhalten kann und aufreißt. Dieser Fall wird als Strangdurchbruch bezeichnet. Der Durchbruch und die Beseitigung seiner Folgen bedingen einerseits einen mehrstündigen Anlagenstillstand und andererseits hohe Instandhaltungskosten.

3 Entstehung von Durchbrüchen

Grundsätzlich sind vielfältige Ursachen für die Entstehung von Strangdurchbrüchen denkbar. Im folgenden sollen daher lediglich die sogenannten Kleberdurchbrüche betrachtet werden, die den weit überwiegenden Teil der Strangdurchbrüche ausmachen.

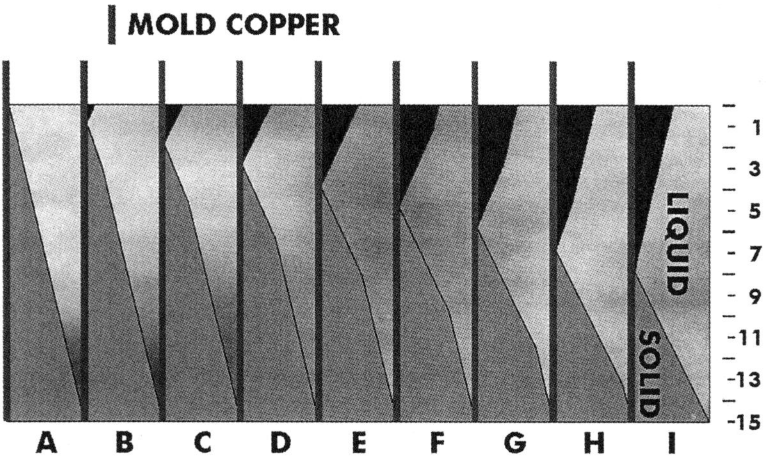

Abbildung 2: Ausbildung eines Klebers in der Kokille

Während des Gießprozesses kann es zu Störungen beim Entstehen der Strangschale durch Anbackungen an der Kokillenwandung kommen, die nicht mit dem Rest des Stranges ausgefördert werden. Diese Anbackungen werden als „Kleber" bezeichnet. In [1] wird der Mechanismus der Ausbildung solcher Klebern untersucht und beschrieben. Bild 2 verdeutlicht den Mechanismus.

Während des Gießprozesses ist es in jedem Fall erforderlich, daß die Zugkraft, mit der der

Stahlstrang ausgefördert wird, die Haftkraft, mit der die entstehende Strangschale an der Kokillenwand anliegt übersteigt. Ist dies nicht der Fall, d.h überschreitet während des Gießprozesses die Haftkraft der Strangschale die Zugkraft des Strangs, so kommt es zu plastischen Verformungen der Strangschale bis hin zu einem Riß. Eine erste Anbackung entsteht.

Der entstandene Riß wird durch nachfließendes Material gefüllt, so daß die Entstehung der Strangschale unmittelbar hinter dem Kleber erneut beginnt. Da das nachfließende Material wegen der kürzeren Erstarrungszeit im Vergleich zum Rest des Strangs lediglich eine dünne Schale in der Lücke bildet, reißt die Schale infolge der Oszillationen der Kokille und der Strangbewegung erneut. Der Riß wandert dadurch entlang der Kokillenwandung nach unten. Seine Fortbewegungsgeschwindigkeit ist allerdings geringer, als die Gießgeschwindigkeit. In einem günstigen Fall „heilt" der Riß noch innerhalb der Kokille so weit aus, daß die Strangschale beim Austritt aus der Kokille dem ferrostatischen Druck des flüssigen Kerns standhalten kann. Unter ungünstigen Bedingungen verläßt der Riß die Kokille unverheilt. In diesem Fall tritt der „ Durchbruch" auf.

Im praktischen Betrieb hat ein Durchbruch erhebliche Produktionsausfälle durch Anlagenstillstand sowie hohe Instandsetzungskosten zur Folge. Zur Früherkennung von Klebern und drohenden Strangdurchbrüchen werden daher umfangreiche Maßnahmen getroffen.

3.1 Durchbruchfrüherkennung

Bisher wurden Systeme zur Durchbruchfrüherkennung mit hohem Entwicklungsaufwand auf der Basis physikalischer Modelle oder mit dem Erfahrungswissen der Anlagenbetreiber realisiert.

In [1] ist ein Mechanismus der Durchbruchentstehung beschrieben. Entsprechend den Darstellungen läßt sich ein Riß der Strangschale in der Kokille relativ leicht anhand von Temperaturmessungen entdecken. An dieser Stelle berührt flüssiger Stahl direkt die Kokillenwand und führt zu einer Temperaturerhöhung an der Kupferauskleidung, die durch eingelassene Thermoelemente detektiert werden kann. Auf die Temperaturerhöhung folgt ein starker Temperaturabfall infolge des Überwachsens des Sensors mit erstarrtem Material. Dieser Temperatursignalverlauf ist charakteristisch für einen Kleber.

Die zunächst punktuelle Störung in der Strangschale hat zusätzlich die Tendenz sich infolge der Strangbewegung trichterförmig aufzuweiten. Dadurch können gleichartige Temperaturerhöhungen zeitlich leicht versetzt auch in der Nachbarschaft des Risses gemessen werden.

Eine zweite Temperaturmessung an einem tieferen Punkt der Kokillenwand ermöglicht eine erneute Detektion des Risses und damit eine Verifikation der ersten Messung.

Aufgrund dieser Überlegungen werden Kokillen mit zwei Reihen von Thermoelementen bestückt, die entlang des kompletten Umfangs der Kokille verteilt werden und es ermöglichen, den Durchgang des Risses zu erkennen. Die bestehenden konventionellen Frühwarnsysteme beurteilen den Temperaturverlauf mittels heuristischer Verfahren und entscheiden anhand fest vorgegebener Schwellwerte ob ein Kleber vorliegt und erzeugen gegebenenfalls einen Alarm. In diesem Fall muß der Gießvorgang gestoppt oder die Gießgeschwindigkeit zumindest stark reduziert werden, um der Strangschale die Gelegenheit zur Ausheilung zu geben. Das von dem Alarm betroffene Teilstück des Stahlstrangs wird anschließend von einer Brennschneideanlage herausgeschnitten. Anhand der charakteristischen Marken auf der Oberfläche sind ausgeheilte Kleber auch nachträglich noch als solche im Stahl erkennbar.

3.2 Neuronale Netze zur Durchbruchfrüherkennung

Die Grundlagen neuronaler Informationsverarbeitung und der Einsatz neuronaler Netze für automatisierungstechnische Aufgabenstellungen sind in verschiedenen Publikationen bereits ausführlich beschreiben worden und sollen hier nicht weiter dargestellt werden. Verwiesen sei hier beispielsweise auf [2].

Die Motivation für den Einsatz Neuronaler Netze zur Durchbruchfrüherkennung liegt in ihrer Fähigkeit, einerseits aus Beispielen Gemeinsamkeiten und Unterschiede zwischen Eingangsdaten erlernen zu können und andererseits im Fall nicht erlernter Eingangssignale über die bisherige Lernerfahrung zu verallgemeinern, d. h. auf ein unbekanntes Eingangssignal in etwa so zu reagieren wie auf ein ähnliches bekanntes Eingangssignal.

Der Einsatz neuronaler Netze zur Detektion von Klebern anhand der Temperaturmeßsignale an der Kokille wurde bereits in [3] beschrieben. Die Autoren verwenden mehrere neuronale Netze zur Detektion des charakteristischen Zeitsignalverlaufs (time-series network) einerseits und zur simultanen Auswertung mehrerer räumlich benachbarter Meßstellen (spatial-network) andererseits. Für das Training wurden 25 Ereignisse ausgewählt, die als echter Durchbruch bzw. Fehlalarm bewertet wurden. Das System erkannte nach dem Training alle Durchbrüche, ohne Fehlalarme zu produzieren.

Durch die verbesserte Meßtechnik sind reale Durchbrüche beim Strangguß heute allerdings relativ seltene Ausnahmeerscheinungen. Das wesentliche Problem besteht vielmehr in der Vermeidung von Überreaktionen des Alarmsystems. Entsprechend dem oben beschriebenen Vorgehen werden nach jedem Alarm die betroffenen Bereiche aus dem Stahlstrang herausgeschnitten. Dadurch entstehen Brammen, die nicht die vom Kunden geforderten Abmessungen besitzen. Solche Brammen werden als sogenannte Lagerbrammen zwischengelagert bis sie verkauft werden können oder andernfalls erneut eingeschmolzen und vergossen. Eine Reduktion in der Häufigkeit von Fehlalarmen hilft direkt dabei, die Zahl der Lagerbrammen zu minimieren.

Die Anforderungen an das hier beschriebenen neuronale Frühwarnsystem können daher in den folgenden Punkten zusammengefaßt werden.

1. Zuverlässige Erkennung von Klebern während des Gießprozesses.
2. Vermeidung derjenigen Überreaktionen, die ein konventionelles Alarmsystem erzeugt.
3. Vermeidung der Erzeugung spezifischer Überreaktionen des neuronalen Alarmsystems
4. Weitgehende Invarianz gegen Veränderungen der Stahlqualität
5. Robustheit gegen Veränderungen an der Stranggußanlage
6. Robustheit gegen Badspiegelschwankungen und Variationen der Stahltemperatur

Insbesondere die Einhaltung von Punkt 3 ist von größter praktischer Bedeutung. Der alleinige Leistungsvergleich auf der Basis historischer berechtigter und unberechtigter Alarme reicht dafür nicht aus, da es hier leicht zu einer Überadaption (Auswendiglernen) des neuronalen Netzes kommen kann.

3.3 Realisierung des Neuronalen Alarmsystems SENECA

In der betrachteten Stranggußanlage werden die Temperaturen an der Kokillenwand durch insgesamt 32 Temperatursensoren erfaßt, die in zwei Ebenen am gesamten Umfang der Kokille angebracht sind. Aufgrund der Geometrie der Kokille und der Anbringung der Temperatursensoren ist eine simultane Auswertung beider Sensorreihen für eine ausreichend lange Vorwarnzeit nur eingeschränkt realisierbar. Der Einsatz eines neuronalen Netzes sollte die Auswertung der Sensorsignale verbessern, um einerseits eine Reduktion der Fehlalarme zu erreichen und andererseits die Vorwarnzeit für das Bedienpersonal zu erhöhen.

Als Trainingsdaten stand eine umfangreiches Archiv mit Meßdaten zur Verfügung. Diese Daten wurden mit einer Abtastzeit von einer Sekunde an der Kokille erfaßt und repräsentierten jeweils einen Zeitraum von fünf Minuten vor einem Alarm bis zu einer Minute nach dem Alarm. Die Alarme wurden von den Experten vor Ort bewertet und in die Klassen *berechtigte* und *unberechtigte* Alarme eingeteilt.

Insgesamt lagen 270 Meßreihen für 19 verschiedene Stahlsorten vor. Diese Daten wurden in ein Trainingsset (87 Zeitverläufe) und ein größeres Testset (183 Zeitverläufe) aufgeteilt. Im Trainingsset befanden sich Daten von 27 als berechtigt und von 60 als unberechtigt klassifizierten Alarmen.

Zur weiteren Überprüfung des Verhaltens des neuronalen Netzes standen 47 Zeitverläufe zur Verfügung, die während des normalen Betriebs der Anlage gewonnen wurden.

Die Analyse der Temperaturmeßdaten wird durch das auf neuronalen Netzen basierende System SENECA realisiert. Das Alarmsystem SENECA wurde als Erweiterung zu einem bestehenden Prozeßleitsystem realisiert, verfügt aber über Sicherheits- und Visualisierungsmechanismen, die von dem eigentlichen Alarmsystem unabhängig sind. Die Bedienungsoberfläche (Bild 3) ist für die Anwendung im Leitstand optimiert und dient sowohl zur Alarmierung als auch zur Visualisierung wichtiger Prozeßgrößen. Durch die Verwendung des X11-Window Systems kann der Gießverlauf von jeder Stelle innerhalb eines lokalen Netzes überwacht werden.

3.4 Netzwerkstruktur

SENECA besteht neben der Bedieneroberfläche aus mehreren individuellen Multi-Layer-Perceptrons für die 16 Temperatursensoren der oberen Sensorebene (Bild 4). Die Netzwerkgewichte werden innerhalb des Systems von den einzelnen Netzwerken mehrfach verwendet (weight-sharing).

In der Off-Line durchgeführten Trainingsphase wurden dem System die Zeitsignalverläufe der Temperatur vor einem Alarm und eine zugehörige Sollklassifikation (Alarm / kein Alarm) präsentiert. Diese subjektive Bewertung eines Signalverlaufs wurde von Experten sowohl anhand der Meßdaten als auch auf der Basis von Begutachtungen der Brammenoberfläche vorgenommen.

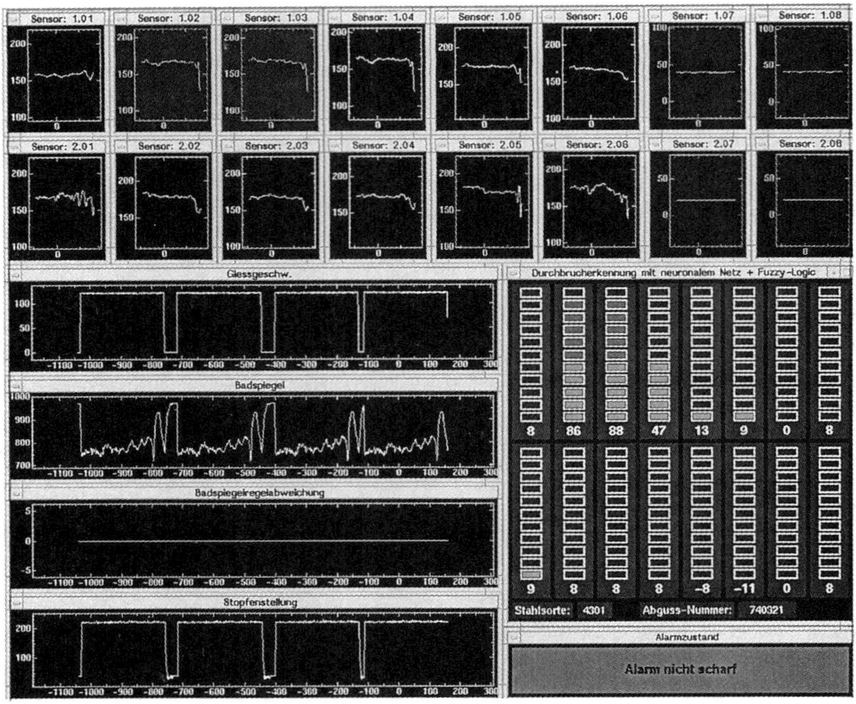

Abbildung 3: Bedieneroberfläche der Durchbruchfrüherkennung

Damit eine zuverlässige Aussage über das Entstehen eines Klebers getroffen werden kann muß jedes Netz ein repräsentatives Zeitfenster des Signalverlaufs betrachten dessen absolute Größe von den Randbedingungen des Gießprozesses abhängt. Das betrachtete Zeitfenster muß insbesondere die Variabilität der Meßsignale repräsentieren, da ein plötzlicher Temperaturanstieg bei ansonsten geringen Schwankungen der Meßwerte ein wesentlich stärkeres Indiz für einen Kleber ist als bei stark schwankenden Meßwerten.

Eine Sonderbehandlung muß für die Meßsignale durchgeführt werden, die in der Nähe der seitlichen Kokillenwände erfaßt werden. Hier zeigen sich grundsätzlich deutlich stärkere Signalschwankungen. Da die Seitenwände der Kokille verschiebbar sind besteht zusätzlich die Möglichkeit, daß sich die betrachteten Sensoren gar nicht im Gießbereich befinden, sondern lediglich aufgrund von Wärmeleitungs- uns -strahlungseffekten angeregt werden. Aus diesem

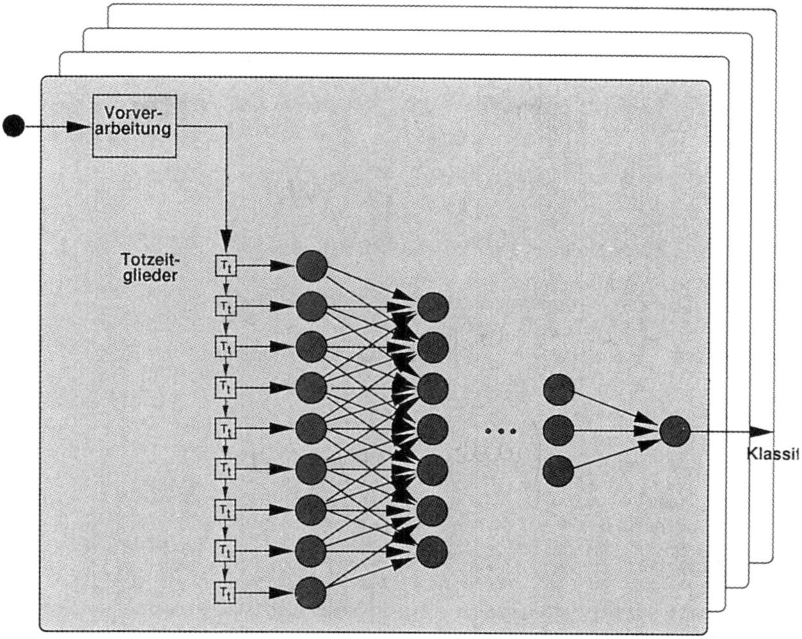

Abbildung 4: Netzwerkstruktur für die Verarbeitung der Meßdaten eines Temperatursensors

Grund wurde ein einfaches Fuzzy-Regelsystem implementiert, daß die Empfindlichkeit der neuronalen Netze an den Randmeßstellen dämpft.

Nach Abschluß des Trainings wurden dem Netz weitere Daten aus dem Testdatensatz präsentiert und überprüft, inwieweit das Netz eine korrekte Klassifikation erzielen konnte. Die Generierung von Fehlalarmen wurde anhand der Meßdaten untersucht, die im Normalbetrieb an der Anlage gewonnen wurden.

3.5 Resultate

Bereits in den Off-Line durchgeführten Untersuchungen zeigte sich die hohe Zuverlässigkeit des neuronalen Ansatzes bei der Klassifikation der Signalverläufe. Dabei ist das System unabhängig von der vergossenen Stahlsorte und toleriert auch Variationen des absoluten Temperaturniveaus an den Sensoren, die bei dem konventionellen System durch eine geeignete

Vorverarbeitung berücksichtigt werden mußten.

Tabelle 1 stellt die Leistungsfähigkeit des vorhandenen Alarmsystems und des neuronalen Alarmsystems SENECA anhand der zum Training vorliegenden Alarmdaten gegenüber. Wie oben beschrieben wurde dabei nur der kleinere Teil der Daten zum Training herangezogen. Die folgenden Fälle können unterschieden werden.

- Kleber: Alarm wurde gegeben und als berechtigt klassifiziert.
- Fehlalarm: Alarm wurde gegeben und als Überreaktion klassifiziert.
- Durchbruch: Durchbruch ist erfolgt. Es wurde kein Alarm gegeben.
- Normalbetrieb: Es wurde kein Alarm gegeben

System	Kleber	Fehlalarm	Durchbruch	Normalbetrieb
Konventionell	86	171	5	0
SENECA	91	25	0	146

Tabelle 1: Leistungsvergleich zwischen dem konventionellen Alarmsystem und dem neuronalen Alarmsystem SENECA

Die Ergebnisse zeigen, daß nicht nur eine erhebliche Leistungssteigerung durch eine deutlich geringere Zahl von Fehlalarmen auftritt (Fall B). Auch Kleber, die von dem konventionellen System nicht erfaßt wurden und zu einem Durchbruch führten, konnten durch SENECA detektiert werden (Fall C).

Bei einer Gießgeschwindigkeit von 1m/min konnte eine Verlängerung der Vorwarnzeit von bis zu 6 Sekunden erreicht werden. Im praktischen Betrieb konnten die Ergebnisse der Off-Line Untersuchungen voll bestätigt werden.

Literatur

[1] Kenneth E. Blazek and Ismael G. Saucedo. Characterization of the formation, propagation and recovery of sticker/hanger type breakouts. *ISIJ International*, 30(6):435–443, 1990.

[2] S. Hafner. *Neuronale Netze in der Automatisierungstechnik*. Oldenbourg Verlag, 1994.

[3] Takehiko Tanaka, Hideichi Endo, Noriyuki Kamada, Shuji Naito, and Hidetaka Kominami. Trouble forecasting system by multi-neural network on continuous casting process of steel production. In T. Kohonen, K. Mäkisara, O. Simula, and J. Kangas, editors, *Artificial Neural Networks*, pages 835–840. Elsevier Science Publishers B. V. (North-Holland), 1991.

[4] H. Tolle. Autonomieerhöhung durch imitation menschlicher intelligenz. *Automatisierungstechnik* **at**, 39(3):85–91, 1991.

Neuronale Netze zur akustischen Qualitätskontrolle rotierender Teile am Beispiel von Kassettenlaufwerken

Dipl.-Ing. Manfred Fochem[1], Dipl.-Phys. Peter Wischnewski[1], Dipl.-Ing. Ralf Hofmeier[2]

[1] MIT - Management Intelligenter Technologien GmbH
Promenade 9, 52076 Aachen,
Tel.: +49-2408-94580, Fax: +49-2408-94582
Email: mf@mitgmbh.de, pw@mitgmbh.de

[2] Philips Components
Automotive Playback Modules
Philipsstrasse 1, 35576 Wetzlar,
Tel.: +49-6441-370937, Fax: +49-6441-370569
Email: Ralf.Hofmeier@km-apm.comp.philips.com

Der zuverlässigen Prüfung von Produkten und Erzeugnissen kommt aufgrund der erhöhten Anforderungen im Bereich der Qualitätssicherung und den gestiegenen Kundenanforderungen eine zunehmende Bedeutung zu. Dabei werden immer geringere Fehlerraten gefordert, um Imageschäden und Folgekosten aufgrund von fehlerhaft ausgelieferten Produkten zu vermeiden. Dies führt dazu, daß die subjektive Geräuschprüfung durch das menschliche Ohr in zunehmendem Maße durch die Integration von Geräuschprüfständen in der Fertigungsendkontrolle ersetzt wird. Insbesondere im Bereich der Automobilindustrie, der Kfz-Zulieferindustrie sowie im Bereich der Haus- und Elektrogeräteindustrie wird die Kaufentscheidung der Kunden sehr stark vom Geräuschbild der Produkte beeinflußt. Im folgenden wird am Beispiel von Kassettenlaufwerken beschrieben, wie ein akustisches Prüfsystem zur Qualitätskontrolle auf Basis der Körperschallanalyse und anschließender Beurteilung mittels neuronaler Netze realisiert wurde.

Einleitung

Philips Components APM produziert weltweit an verschiedenen Standorten Kassettenlaufwerke für den Einbau in Pkws (Abb.1). Diese müssen einen firmeninternen und standortübergreifenden hohen Qualitätsstandard erfüllen. Dabei sind neben der Hifi-Qualität insbesondere auch das Geräuschbild und die Laufruhe wichtige Kriterien, um den gestiegenen Kundenansprüchen zu entsprechen. Erschwert wird die Einhaltung der hohen Qualitätsstandards unter anderem durch die weltweite Verteilung der Produktionsstandorte, das in den einzelnen Standorten vorhandene Schichtbetriebsystem sowie auftretende Umgebungsgeräusche in den Produktionshallen.

Abb. 1: Chassis eines Kassettenlaufwerks bzw. eines CD-Laufwerkes

Die Prüfung der Laufwerke erfolgte dabei bisher durch erfahrene Mitarbeiter, die auf Basis einer kurzen Hörprobe die Qualität der Kassettenlaufwerke beurteilten, einhergehend mit all den bekannten Problemen, die bei derartigen Prüfmethoden auftreten können. Die unterschiedlichen Empfindungen und Beurteilungskriterien bei der Prüfung schwanken hierbei nicht nur von Mitarbeiter zu Mitarbeiter, sondern sind auch von dessen Tageskonstitution abhängig. Darüber hinaus machen störende Umgebungsgeräusche eine objektive Qualitätsbeurteilung des Laufgeräusches sehr schwierig. Neben den wirtschaftlichen Nachteilen bereitete somit vor allem diese subjektive Prüfung durch den Prüfexperten und die Reproduzierbarkeit seiner Entscheidung den Verantwortlichen in der Qualitätssicherung Kopfzerbrechen.

Ziel war es somit, ein akustisches Prüfsystems zur Online Qualitätskontrolle der Kassettenlaufwerke zu entwickeln, um an allen Produktionsstätten mit dem selben Prüfsystem arbeiten zu können und einen einheitlichen Qualitätsstandard zu gewährleisten. Neben der Verbesserung der Prüfsicherheit sollen mit der automatischen Geräuschprüfung nicht nur Erkenntnisse über das akustische Verhalten der Laufwerke erzielt werden, sondern auch über Montage-, Fertigungs- und Funktionsfehler, um diese umgehend beseitigen zu können.

Die Philips APM übernahm hierbei die Konzeption und Konstruktion des Prüfstandes einschließlich der kompletten Sensorik und Meßwertaufnahme. Auf Seiten der MIT GmbH wurden die Schritte Signalanalyse, Merkmalsauswahl, Erstellung des Klassifikators und Implementierung der Software durchgeführt. Die Software sollte dabei unter LabVIEW® entwickelt werden, da LabVIEW® eine benutzerfreundliche Gestaltung der Bedienoberfläche und einfache Integration in den Fertigungsprozeß unterstützt. Darüber hinaus kam DataEngine V.i zum Einsatz, eine Zusatzbibliothek, die Verfahren zur intelligenten Signal- und Datenanalyse enthält. Im folgenden soll auf die einzelnen Schritte und Komponenten detaillierter eingegangen werden.

Sensorik und Meßwertaufnahme

Die Schwingungen der beweglichen Bauteile des Kassettenlaufwerks wie Zahnräder, Lager, Motoren, Wellen usw. breiten sich von ihrem Entstehungsort über angrenzende Bauteile weiter aus und werden an den Grenzflächen an die Umgebungsluft abgegeben. Zur Bewertung der Kassettenlaufwerke ist der Körperschall, wie die Schwingungen innerhalb des Laufwerks bezeichnet werden, besser geeignet als der Luftschall, da er weniger äußere Störgrößen wie z.B. Umgebungslärm enthält. Der Körperschall wird an der Laufwerksoberfläche mit Hilfe eines Körperschallsensors (Piezosensor) aufgenommen.

Hierzu wurde ein spezieller Prüfstand konzipiert, in den die Kassettenlaufwerke eingespannt werden, so daß sie auf dem Sensor fest zur Auflage kommen (vgl. auch Abb. 5). Der Sensor formt die mechanischen Schwingungen in ein elektrisches Signal um und stellt es zur weiteren Verarbeitung einem PC mit Meßwerterfassungskarte zur Verfügung. Zum Einsatz kommt eine Soundkarte, die als Vorverstärker dient, sowie eine Signalprozessorkarte des Typs AT-DSP2200 von National Instruments, welche die Schwingungen mit einer Abtastrate von 8 kHz aufnimmt und digitalisiert. Die Abtastzeit beträgt rund 4 Sekunden, so daß insgesamt 32768 Abtastwerte je Messung für die anschließende Signalanalyse zur Verfügung stehen.

Signalanalyse

Die Analyse der gemessenen Signale hat die Aufgabe, Merkmale zu gewinnen, mit denen sich die Prüflingseigenschaften beschreiben lassen. Auf die Körperschallsignale bezogen heißt dies, daß die mechanischen Fehler erkannt werden sollen, die zu einem erhöhten oder charakteristischen Schwingungsverhalten führen.

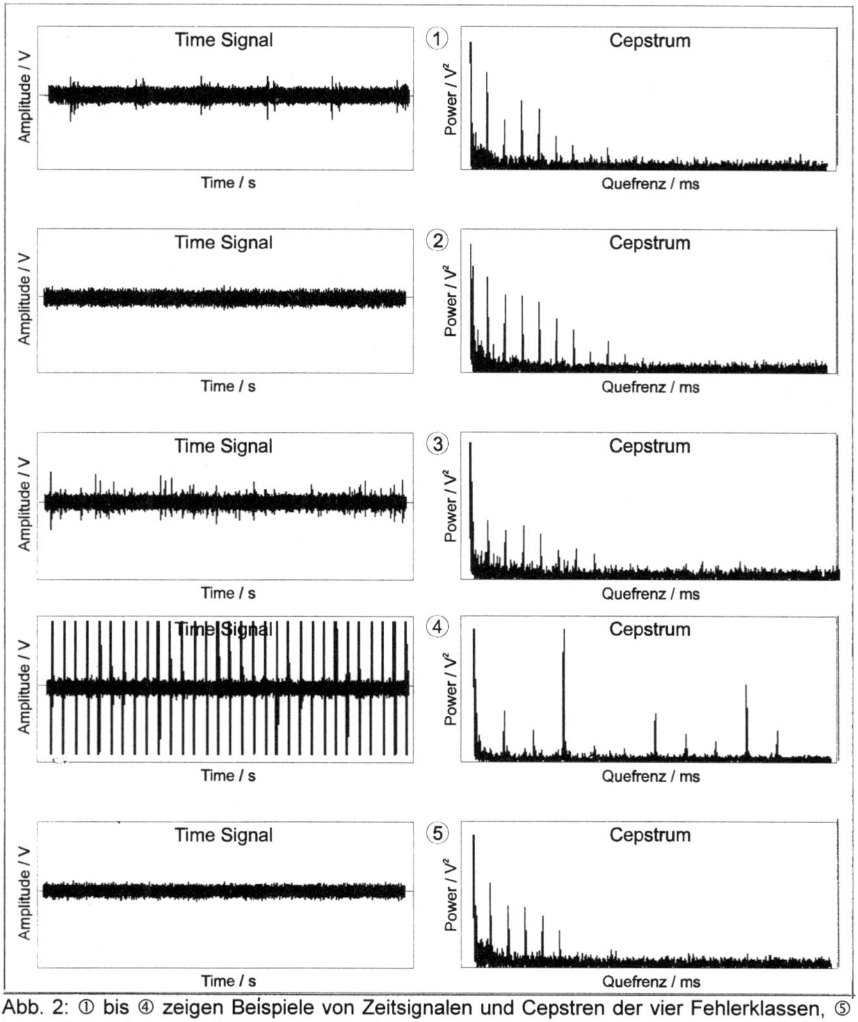

Abb. 2: ① bis ④ zeigen Beispiele von Zeitsignalen und Cepstren der vier Fehlerklassen, ⑤ ist die Darstellung des Signals eines intakten Kassettenlaufwerks.

Typische Merkmale können die Varianz, die Schiefe, die Wölbung oder der Crestfaktor des gemessenen Signals sein. Aber auch das Vorhandensein einzelner Frequenzanteile im Signal kann charakteristisch sein für die Unterscheidung der verschiedenen Klassen, die im Vorfeld der Untersuchungen von den Prüfexperten definiert wurden. Dabei gilt es die fehlerfreien Laufwerke von insgesamt 4 unterschiedliche Fehlerklassen zu trennen. Typische Zeitsignale für jede der einzelnen Fehlerklassen sowie für die Klasse "in Ordnung" sind in Abb. 2 dargestellt.

Aus den Zeitsignalen sind bereits einige fehlerspezifische Eigenschaften deutlich erkennbar wie z.B. die Peaks in Abb. 2④. Weitere relevante Merkmale ergeben sich aus dem Amplitudenspektrum nach Durchführung einer FFT und aus dem Leistungscepstrum. Abb. 2 ① bis ④ zeigen Beispiele der vier Fehlerklassen, ⑤ ist die Darstellung des Signals eines intakten Kassettenlaufwerks.

Der Wahl der richtigen Merkmale kommt eine entscheidende Bedeutung zu, da die spätere Klassifikation im Online Betrieb nur so gut sein kann, wie die ihr zugrunde liegenden Merkmale /7/. Die Merkmale müssen das Kassettenlaufwerk möglichst vollständig hinsichtlich seiner akustischen Eigenschaften beschreiben. Daher wird zusätzlich auf ein Verfahren der Signalanalyse, das Cepstrum, zurückgegriffen, welches sich insbesondere bei rotierenden Bauteilen zur Fehlerdiagnose bewährt hat. Dieses ist zwar rechenaufwendig, liefert aber aussagekräftige Merkmale für die spätere Klassifikation.

Das Cepstrum

Die Cepstrumanalyse ist im Bereich der akustischen Qualitätskontrolle ein relativ neues Verfahren. Aufbauend auf einer Schmalbandanalyse erlaubt es unter anderem die Detektion regelmäßiger Strukturen in einem Frequenzspektrum. Solchen regelmäßigen Strukturen wie Harmonischen, Seitenbändern, Echos und Reflexionen begegnet man häufig im Zusammenhang mit Fragen der Fehlerdiagnose bei rotierenden Maschinen und Bauteilen. Verstärktes Auftreten von Harmonischen und Seitenbandfamilien kann ein Anzeichen für bestimmte Fehler sein. Das Cepstrum ist dabei allgemein definiert als inverse Fouriertransformation einer logarithmierten Frequenzbereichsfunktion /5/. In der Praxis wird häufig das Leistungscepstrum verwendet, welches sich aus dem Leistungsspektrum ableitet.

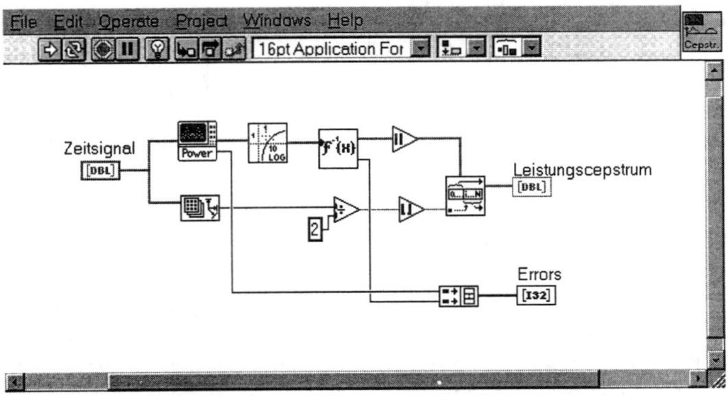

Abb. 3: Umsetzung des Cepstrums unter LabVIEW®

Mit den in LabVIEW® vorhandenen Routinen zur Signalverarbeitung wurden insgesamt 32 Merkmale aus dem Zeit-, Frequenz- und Quefrenzbereich des Laufgeräusches berechnet und für ein neuronales Netz nach Kohonen aufbereitet, welches im Prüfsystem zum Einsatz kam.

Gerade neuronale Netze weisen bei geringen Datenmengen und verrauschten Signalen Vorteile gegenüber klassischen Verfahren auf. Bei der Auswertung und Beurteilung kommt die Robustheit neuronaler Netze gegenüber gestörten Eingangssignalen voll zum Tragen. Darüber hinaus verfügen Neuronale Netze über die Fähigkeit der Abstraktion und Generalisierung /1/. Dadurch können auch die Muster, die nicht exakt den Lernmustern entsprechen, klassifiziert werden.

Selbstorganisierende Merkmalskarten von Kohonen

Die selbstorganisierenden Merkmalskarten von Kohonen - im folgenden kurz als Kohonen Netz bezeichnet - gehören zu den Netzwerkmodellen, die unüberwachtes Lernen einsetzen und die in der Lage sind, einen Satz von Eingangssignalen selbsttätig in unterschiedliche Klassen einzuteilen /6/. Das Netzmodell besteht dabei im allgemeinen aus einer zweidimensionalen Neuronenanordnung, wobei jedem Neuron ein Referenz Vektor, der auch als Code Book Vektor bezeichnet wird, zugeordnet ist und dessen Komponenten die Verbindungsgewichte zum Eingangsraum darstellen. Jedes Neuron trägt somit einen Code Book Vektor der Dimension M des Eingangsraumes und stellt über diesen auch einen Punkt im Eingangsraum dar.

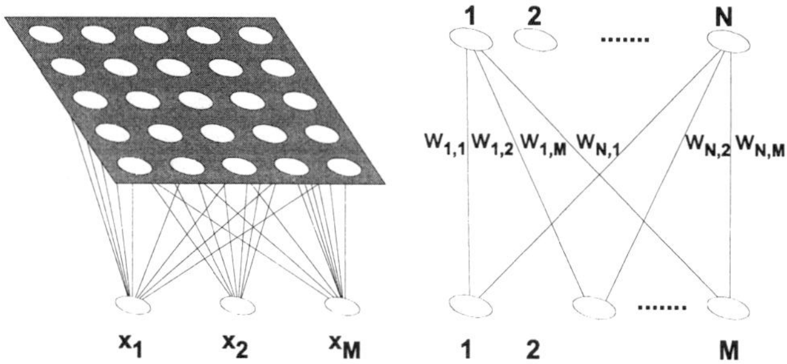

Abb. 4: Selbstorganisierende Merkmalskarte nach Kohonen

Während des Lernprozesses werden die Neuronen angepaßt. Diese Anpassung der Neuronen, die auch als Adaption bezeichnet wird, geschieht nicht einzeln sondern im Verbund mit weiteren, auf der Karte benachbarten Neuronen, d.h. das Neuron, dessen *Code Book* Vektor die größte Ähnlichkeit mit dem zufällig ausgewählten Eingangssignal hat, sowie dessen umgebenden Neuronen werden in diesem Lernschritt adaptiert. Dabei werden ihre Positionen im Eingangsraum in die Richtung des präsentierten Eingangsvektors verschoben. In folgenden Lernschritten mit weiteren Eingangsvektoren werden mit der Zeit sowohl die umgebende Nachbarschaft als auch die Lernschrittweite allmählich reduziert. Dies hat zur Folge, daß das Kohonen Netz sich selbsttätig so organisiert, daß signalähnliche Eingangsmuster durch benachbarte Neuronen auf der Karte repräsentiert werden.

Trainingsprozeß

Im folgenden wird der Trainingsalgorithmus kurz beschrieben:

1) Alle Gewichtsvektoren w_{ik} werden zufällig vorbesetzt

2) Ein Eingangsvektor (Merkmalsvektor) wird zufällig ausgewählt, entsprechend der Verteilungsdichte der Eingangsmuster, und dem Netz präsentiert

3) Suche das Neuron („Winner-Neuron“), welches die größte Ähnlichkeit mit dem Eingangsvektor aufweist

4) Adaptiere die Gewichtsvektoren nach folgender Regel:

$$w_{ik}^{neu} = w_{ik}^{alt} + \varepsilon\ (t) \cdot r_{ij}(t)(e_k - w_{ik}^{alt})$$

w_{ik}: Gewichtsvektor eines Neurons

r_{ij}: Rückkopplungsfaktoren

ε: Lernrate

5) Fahre fort bei Schritt 2 solange nicht alle Lernschritte durchgeführt wurden. Ansonsten beende das Training

Labeling

Nach dem Training ist es möglich, für neue Eingangssignale ein „Winner-Neuron“ zu bestimmen. Diese Information ist für den Anwender jedoch nicht von praktischer Bedeutung. Daher ist es notwendig, in einem weiteren Schritt jedem Neuron eine der vorher definierten Bedeutungsklassen zuzuweisen. Dieser Schritt wird als „Labeling“ bezeichnet. Hierzu wurde die manuelle Einschätzung der Experten herangezogen, die vorab 500 ausgewählte Laufwerke auf Basis ihrer akustische Geräuschsignale bewertet hatten.

Online Klassifizierung

Nach Fertigstellung des Prüfstands, Kalibrierung der Meßgräte und Integration in den Fertigungsablauf kann somit eine 100% Endkontrolle der Kassettenlaufwerke erfolgen. Die Klassifikationsergebnisse (gut/schlecht) einschließlich der entsprechenden Fehlerklasse werden auf der Bedienoberfläche als grün/rote Symbole dargestellt. Dies ermöglicht den Einsatz des Prüfstandes im internationalen industriellen Umfeld unabhängig von den Sprachkenntnissen des Bedieners. Für den Bediener nicht sichtbar werden die Klassifikationsergebnisse auf einer Festplatte protokolliert (Abb. 6) und über ein Steuersignal werden fehlerhafte Laufwerke automatisch aussortiert. Produktänderungen können ohne zeitraubende Programmier- und Anpassungsschritte durchgeführt werden. Lediglich ein anderer Klassifikator muß für das neue Produkt, z.B. CD-Laufwerke, in die bestehende Anwendung geladen werden.

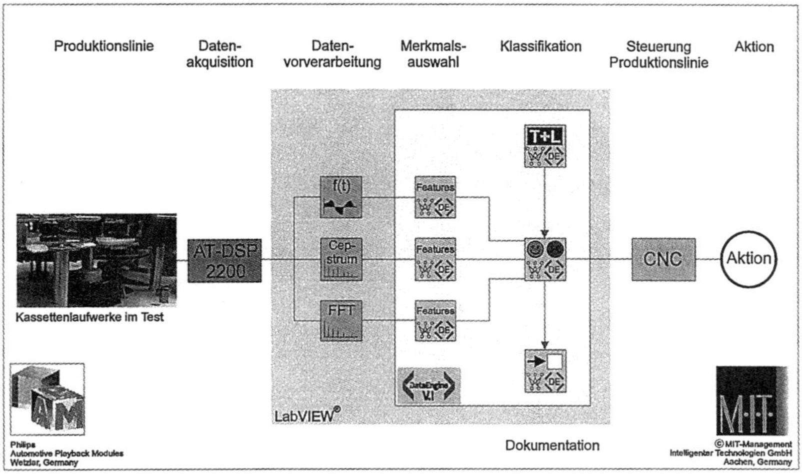

Abb. 5: Schematischer Aufbau des Qualitätssicherungssystems

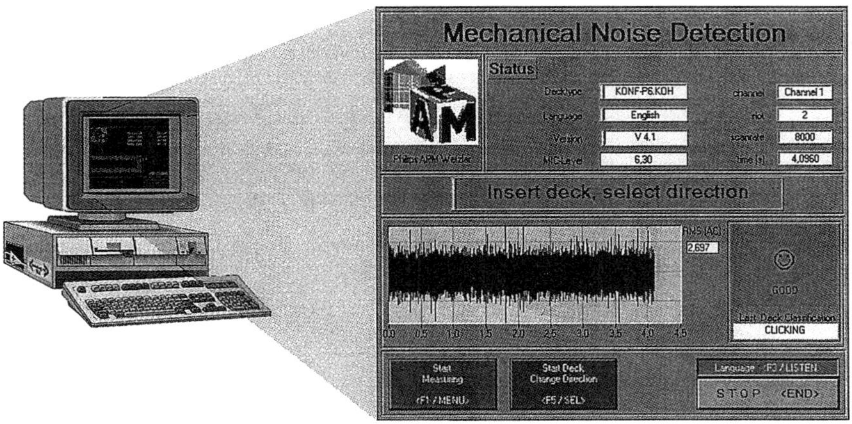

Abb. 6: Oberfläche des Prüfsystems

Zusammenfassung

Dieser Anwendungsbericht beschreibt, wie neuronale Netze erfolgreich zur Qualitätskontrolle in industriellen Produktionslinien eingesetzt werden können. Auf die beschriebene Art und Weise lassen sich fehlerhafte Laufwerke erfolgreich und bedeutend zuverlässiger als durch manuelle Beurteilung aussortieren. Darüber hinaus ermöglicht die Zuordnung zu

Fehlerklassen bei gehäuftem Auftreten eines Fehlers eine schnelle und zielgerichtete Korrektur innerhalb des laufenden Produktionsprozesses.

Erste Ergebnisse an den Produktionsstandorten in Wetzlar und in Ungarn bestätigen den Erfolg des entwickelten Prüfsystems zur akustischen Qualitätskontrolle. Neben der Verbesserung der Prüfsicherheit und Reproduzierbarkeit der Prüfentscheidung liefert nun eine statistische Auswertung der Prüfprotokolle Hinweise und Erkenntnisse über Montage-, Fertigungs- und Funktionsfehler. Das Prüfsystem wurde in der Zwischenzeit nach dem amerikanischen MSA (Measurement System Analysis) Standard certifiziert, welcher in dem QS-9000 Standard enthalten ist.

Die graphische Benutzeroberfläche von LabVIEW® sowie die bedienerfreundlichen Routinen in DataEngine V.i ermöglichen die Online Anwendung in einer rauhen industriellen Umgebung ohne zeitraubende Analyse in der Entwicklungsphase. Dies bestätigte sich auch bei weiteren Anwendungen wie z.B. der Füllstandskontrolle /2/, der Prüfung von Waschmaschinen /4/ sowie in der akustischen Qualitätskontrolle von Elektromotoren /3/. Die eingesetzten Verfahren können ohne weiteres auch auf andere Applikationen übertragen und angewendet werden /8/.

Referenzen

/1/ MIT: DataEngine V.i 1.5 User Manual. Aachen, Germany, 1996.

/2/ Mikenina L., Weber R.: Fuzzy Liquid Level Control in LabVIEW. NI-week, 1996.

/3/ Fogliardi R., Dr. Eng., Wischnewski P., Fochem M.: Online Fuzzy Identification of Noisy Electric Motors on the Production Line with LabVIEW® and DataEngine V.i. EUFIT, 1997.

/4/ Fochem M., Weber R., Wischnewski P.: Classifier Design Using Intelligent Technologies and Integration into Production Line of Household appliances. Data Analysis Symposium, 1997.

/5/ Kolerus J.: Zustandsüberwachung von Maschinen. Expert Verlag, 1986.

/6/ Kohonen T.: Self-Organization and Associative Memory. 3rd edition, Springer Verlag, Berlin, Heidelberg, New York, 1989.

/7/ Niemann H.: Klassifikation von Mustern. Springer Verlag, Berlin, 1983.

/8/ Zimmermann H.-J. (Hrsg.): Datenanalyse: Anwendungen von DataEngine mit Fuzzy Technologien und Neuronalen Netzen. VDI-Verlag, Düsseldorf, 1995.

Prozeßoptimierung und Qualitätssicherung bei verfahrenstechnischen Prozessen durch nichtlineare Modellbildung

Dipl.-Ing. Frank Reine, Darmstadt
Dr.-Ing. Volker Tews, Darmstadt
Dr.phil.nat. Josef Wehhofer, Darmstadt
Dr.rer.nat. Rolf Zöller, Darmstadt

Zusammenfassung:

Vorgestellt wird eine Vorgehensweise und ein Softwarewerkzeug zur Analyse von Produktionsprozessen, zur Vorhersage und Überwachung von Produktqualität und zur Prozeßoptimierung. Ein mathematisches Prozeßmodell wird aus gemessenen Prozeßdaten generiert und zur Vorhersage von Qualitätsmaßen und zur Prozeßsteuerung so eingesetzt, daß die Prozeßkosten minimiert werden, während eine gewünschte Produktqualität beibehalten wird. Modellierungsmethoden aus dem Bereich der Nichtlinearen Dynamik werden mit Elementen der Regressionsanalyse kombiniert. Daraus resultieren kompakte Modelle für komplexe Prozesse, die zu leicht trainierbaren und sehr effizienten neuronalen Netzwerken führen. In einem ersten Schritt werden die relevanten Eingangsgrößen ausgewählt, mit denen im zweiten Schritt dann ein vernetztes Modell mit linearen und nichtlinearen Termen konstruiert wird. Radiale Basisfunktionen führen auf ein Modell, welches linear in den Parametern ist. Damit kann eine optimale Netzwerkstruktur bestimmt werden, die interpretierbar ist und dem Anwender funktionale Zusammenhänge zwischen der Qualität und den Prozeßparametern gibt. Die Produktqualität wird alleine aus den Parametern vorhergesagt. Das Modell wird dann in einen Optimierungsalgorithmus eingesetzt, um Parametereinstellungen zu finden, die zu geringsten Kosten führen und dennoch eine definierte Qualität garantieren. Ein Prototyp wurde zur Optimierung des Herstellungsprozesses von Spanplatten eingesetzt.

1. Zielsetzung

Verfahrenstechnische Prozesse, wie z.B. die Herstellung von Spanplatten, sind häufig sehr komplexe Prozesse, die durch physikalische Modellbildung nur sehr schwierig oder unter vertretbarem Aufwand überhaupt nicht zu beschreiben sind. Wichtige Prozeßgrößen sind oft

nicht direkt meßbar. Trotzdem müssen solche Größen, z.B. Qualitätsmaße, vorhergesagt oder überwacht werden. Wegen des Bestimmungsaufwandes sind häufig nur relativ wenige Datensätze verfügbar. Bei der Optimierung material- oder energieintensiver verfahrenstechnischer Prozesse führen oft schon kleine Änderungen der Fahrweise auf große Einsparungen. Ziel unserer Entwicklung war daher eine Vorgehensweise und letztendlich ein Software-Werkzeug (*Prodacon Expert*) zur Analyse von Produktionsprozessen, zur Vorhersage und Überwachung von Produktqualität und zur Prozeßoptimierung. Es basiert auf einem datengetriebenen mathematischen Prozeßmodell und wird zur Vorhersage von Qualitätsmaßen eingesetzt. Bei der Prozeßsteuerung minimiert es die Prozeßkosten, während eine gewünschte Produktqualität beibehalten wird.
Der Anwender erhält damit Vorschläge zur Veränderung von Prozeßparametern, die zur Reduktion von Produktionskosten führen, ohne Qualitätsanforderungen zu verletzen. Zusätzlich ist eine bessere Prozeßführung durch die Vorhersage von Qualitätsmaßen möglich. Das System unterstützt die Betreiber, die derzeit manuell für die Prozeßfahrweise verantwortlich sind. Sie werden das System interaktiv nutzen, um automatisch Prozeßinformation zu extrahieren und die Parameter gemäß den Vorschlägen einzustellen. Ein langfristiger Nutzen ist es, konstruktive Veränderungen am Prozeß vorzunehmen, die aus den Optimierungsergebnissen abgeleitet werden. Durch diese Strategie werden die gewünschten Eigenschaften der hergestellten Güter durch minimalen Einsatz von Resourcen wie Energie, Wasser oder Rohstoffe erzielt. Auch Umweltschutzaspekte können in die Optimierung eingebracht werden.

Nachdem in diesem Abschnitt die Zielsetzung von Vorgehensweise und Software-Werkzeug *Prodacon Expert* erläutert worden sind, beschäftigt sich das Kapitel 2 mit der Modellbildung. Neuartige Modellierungsmethoden aus dem Bereich der Nichtlinearen Dynamik werden mit Elementen der Regressionsanalyse kombiniert. Daraus resultieren kompakte Modelle für komplexe Prozesse, die zu leicht trainierbaren und sehr effizienten neuronalen Netzwerken führen. Diese scheinbar komplizierte Systemanalyse ist notwendig, um die Menge der Daten zu reduzieren, die verarbeitet und überwacht werden muß. Aus dem so gebildeten Modell wird dann die Qualität vorhergesagt. Bei der Optimierung (Kapitel 3) wird das Modell in einem Optimierungsverfahren eingesetzt, um Parametereinstellungen zu finden, die zu geringsten Kosten führen und dennoch eine definierte Qualität garantieren.

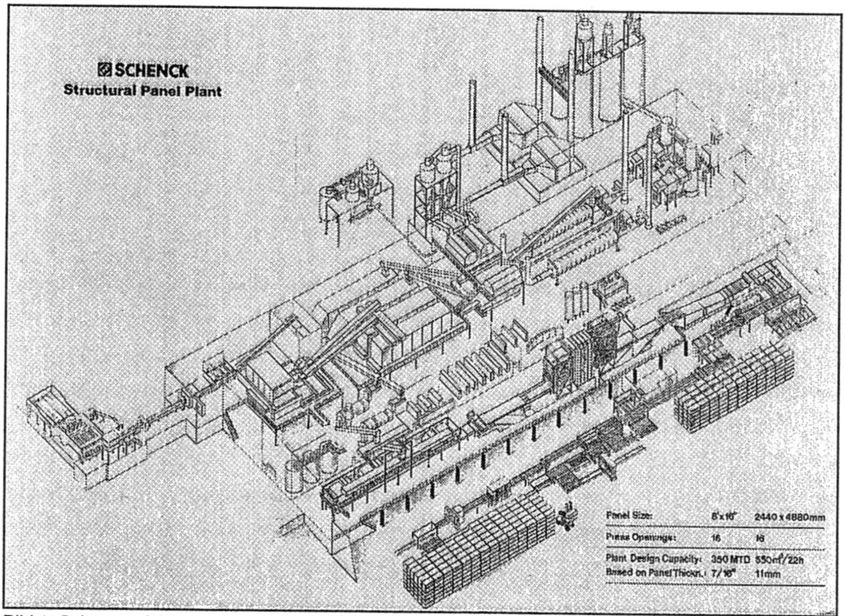

Bild 1: Schemazeichnung eines Spanplattenwerks

Ein Prototyp des Software-Werkzeugs *Prodacon Expert* wurde eingesetzt, um den Herstellungsprozeß von Spanplatten zu optimieren. Bild 1 zeigt eine Schemazeichnung eines Spanplattenwerks. Der Prozeß wird in Kapitel 4 beschrieben, ein Optimierungslauf mit dem Prototypen in Kapitel 5. Fast alle Qualitätsmerkmale bei diesem Prozeß (z.B. Zugfestigkeit, Biegefestigkeit) können nicht online, sondern nur im Labor mit zerstörenden Methoden gemessen werden. Feldtests bei Kunden gaben Aufschluß über das Einsparpotential an Materialien wie Leim und Holz.

2. Modellbildung

Ziel der Modellbildung ist es, die einzelnen Qualitätsgrößen aus den Werten der gemessenen physikalischen Prozeßgrößen vorherzusagen. Die Modellfindung beinhaltet mehrere Schritte [1]. Der erste Schritt besteht aus der Auswahl von relevanten Eingangsgrößen mittels moderner Regressionstechniken wie *stepwise regression* und *bootstrapping*. Die ausgewählten Variablen geben Aufschluß über Observablen, die offensichtlich die Qualität beeinflussen und daher tatsächlich gemessen werden müssen. In einem zweiten Schritt wird ein vernetztes Modell mit linearen und nichtlinearen Termen konstruiert. In der gegenwärtigen Implementierung werden radiale Basisfunktionen eingesetzt, die zu einem Modell führen, das linear in den Parametern ist. Diese Eigenschaft macht einen konstruktiven Algorithmus möglich, mit dem eine optimale Netzwerkstruktur bestimmt werden kann. Die Struktur ist interpretierbar und gibt dem Anwender funktionale Zusammenhänge zwischen der Qualität und den Prozeßparametern. Die Qualität wird alleine aus den Parametern vorhergesagt.

Das Auffinden der optimalen Modellstruktur führt zu einem Problem, ähnlich dem Regressionsproblem, wie es in der Statistik bekannt ist. Der Grundgedanke besteht darin, zur Regression neue Datenpunkte hinzuzunehmen und diese als Testfälle für ein vorgeschlagenes Modell zu verwenden. Dies führt zu einem Kompromiß zwischen Approximationsfähigkeit und Interpolationsfähigkeit, das heißt dem Modellverhalten zwischen den Datenpunkten. Zur Verdeutlichung der Kriterien zur Auswahl relevanter Modellterme ist eine geometrische Interpretation des Modellbildungsprozesses hilfreich. Dazu wird eine Projektionsmatrix **P** eingeführt. Die Zeitreihe einer Zielgröße eines Modells kann als Ortsvektor $\mathbf{y}_\alpha$ im N-dimensionalen Datenraum dargestellt werden. Ein in den Parametern lineares Modell mit M Freiheitsgraden kann nur Punkte auf einer M-dimensionalen Hyperebene erreichen. Diese stellt einen M-dimensionalen Unterraum des Datenraums dar. Das Modell ist für einen beliebigen Datenpunkt $\mathbf{x}_i$ und Eingangswert $\mathbf{u}_i$ gegeben durch

$$\hat{y}_{\alpha i} = \sum_{j=1}^{M} a_{\alpha i} \, X_j \, (x_i, u_i) \tag{1}$$

Stellt man nun den Ausgang des Modells ebenfalls als Vektor dar, dessen Komponenten durch die Funktionswerte $\hat{y}_i = x(it_s)$ zu den Zeiten it_s mit $i = 1,2,...,N$ gegeben sind, ergibt sich mit den Normalengleichungen [2]

$$\hat{\mathbf{y}}_\alpha = \begin{pmatrix} \sum_{j=1}^{M} a_{\alpha i} \, X_j \, (x_1, u_1) \\ \sum_{j=1}^{M} a_{\alpha i} \, X_j \, (x_2, u_2) \\ \dots \\ \sum_{j=1}^{M} a_{\alpha i} \, X_j \, (x_N, u_N) \end{pmatrix} = \mathbf{A}\,\mathbf{a} = \mathbf{A}\,(\mathbf{A}^T\mathbf{A})^{-1}\,\mathbf{A}^T\,\mathbf{y}_\alpha \tag{2}$$

Der Fehlervektor zwischen Trainingsdatenvektor $\mathbf{y}_\alpha$ und Modellvorhersage $\hat{\mathbf{y}}_\alpha$ ist daher darstellbar als

$$\begin{aligned} \mathbf{y}_\alpha - \hat{\mathbf{y}}_\alpha &= \mathbf{y}_\alpha - \mathbf{A}\,(\mathbf{A}^T\mathbf{A})^{-1}\,\mathbf{A}^T\,\mathbf{y}_\alpha \\ &= (\mathbf{I}_N - \mathbf{A}\,(\mathbf{A}^T\mathbf{A})^{-1}\,\mathbf{A}^T)\,\mathbf{y}_\alpha \\ &= \mathbf{P}\,\mathbf{y}_\alpha \end{aligned} \tag{3}$$

mit

$$\mathbf{P} = \mathbf{I}_N - \mathbf{A}\,(\mathbf{A}^T\mathbf{A})^{-1}\,\mathbf{A}^T \tag{4}$$

Diese quadratische Matrix projiziert Vektoren im N-dimensionalen Raum senkrecht zum M-dimensionalen Unterraum, der von dem Modell aufgespannt wird. Mit Hilfe der Projektionsmatrix läßt sich nun der minimale quadratische Fehler χ^2 elegant berechnen als

$$\begin{aligned} \chi^2 &= (\,\mathbf{y}_\alpha - \hat{\mathbf{y}}_\alpha\,)^T\,(\,\mathbf{y}_\alpha - \hat{\mathbf{y}}_\alpha\,) \\ &= (\,\mathbf{P}\,\mathbf{y}_\alpha\,)^T\,\mathbf{P}\,\mathbf{y}_\alpha \\ &= \mathbf{y}_\alpha^T\,\mathbf{P}^T\,\mathbf{P}\,\mathbf{y}_\alpha \\ &= \mathbf{y}_\alpha^T\,\mathbf{P}\,\mathbf{y}_\alpha \end{aligned} \tag{5}$$

Im ersten Schritt der Modellbildung wird untersucht, welche der Eingangsgrößen merkliche Einflüsse auf die Qualitätsgrößen ausüben. Es wird zunächst von einem linearen Vorhersagemodell ausgegangen, das die zum Zustandsvektor $\mathbf{x}(i) = (x_1(i), x_2(i), \ldots x_d(i))$ zusammengefaßten Betriebsgrößen durch Linearkombination von dessen Komponenten auf die Qualitätsgrößen $\mathbf{y}(i) = (y_1(i), y_2(i), \ldots x_l(i))$; $i = 1, 2, \ldots N$ mit $\hat{\mathbf{y}} = \mathbf{F}(\mathbf{x})$ abbildet und mittels *forward selection* eine Auswahl relevanter Systemgrößen getroffen. Dadurch werden diejenigen ausgewählt, die bei unbekannten Daten eine hohe Approximationsgüte erwarten lassen. Zu einer zunächst leeren Menge von Eingangsvariablen wird schrittweise die Größe hinzugenommen, die den quadratischen Fehler χ^2 (Gleichung (5)) zwischen Trainingsdatenvektor und Modellvorhersage am meisten verringert. Dadurch ergibt sich eine Rangfolge, welche Eingangsgrößen die Qualitätsgrößen am stärksten beeinflussen. Je mehr Eingangsgrößen berücksichtigt werden, desto kleiner wird der quadratische Fehler zwischen Trainingsdatenvektor und Modellvorhersage. Dieser Fehler bezieht sich aber nur auf die Trainingsdaten und gibt keine Aussage darüber, wie das Modell auf unbekannte Testdaten reagiert. Alleine ist er damit zur Auswahl relevanter Terme ungeeignet.

Eine weitere notwendige Aussage liefert eine Abschätzung des sogenannten *Vorhersagefehlers mit Testdaten*. Dieser gibt an, wie gut das trainierte Modell bei zukünftigen, unbekannten Daten vorhersagt. Falls ausreichende Datenmengen vorliegen, kann dies durch Aufteilung der Daten in Trainingsmenge und Testmenge erfolgen. Eine sehr viel effizientere Methode ist in der Statistik bekannt und wird mit *Cross-Validation* bezeichnet. Dazu werden mehrere Aufteilungen in Trainings- und Testdatenmengen vorgenommen. Eine extreme Variante davon ist es, die N Datenpunkte in einen Trainingsdatensatz der Größe N-1 und einen Test der Größe 1 aufzuteilen. Dieses Verfahren wird *Leave-One-Out (LOO)* Cross-Validation genannt. Das Auswahlkriterium ergibt sich dann als Durchschnitt der quadratischen Fehler bei Vorhersage der ausgelassenen Datenpunkte. Der Vorteil dieser Methode ist zum einen, daß keine Beeinflussung des Mittelwertes durch die Aufteilung in Trainings- und Testdatensatz entsteht und zum anderen, daß der gesamte Datensatz zum Training verwendet werden kann.

Soweit sind die Auswahlkriterien völlig unabhängig von der Art des verwendeten Modells. In voller Allgemeinheit bedeutet jedoch die Validierung eines Modells mit Hilfe von LOO die *N*-fache Minimierung des Modellfehlers, also *N*-faches nichtlineares Optimieren und Testen. Ein zentraler Vorteil von Modellen, die linear in den Parametern sind, ist es, daß der LOO-Fehler analytisch berechnet werden kann. Es ist lediglich die einmalige Berechnung der Projektionsmatrix **P** nach Gleichung (4) erforderlich und kein erneutes Training nötig. Der Fehler ist dann gegeben durch:

$$\sigma^2_{\alpha LOO} = \frac{\mathbf{y}_\alpha^T \, \mathbf{P} \, (diag(\mathbf{P})^{-2}) \, \mathbf{P} \, \mathbf{y}_\alpha}{N} \qquad (6)$$

Im Gegensatz zum Fehler χ_α^2, der angibt wie gut Modell und Trainingsdaten übereinstimmen, erhält man mit $\sigma_{\alpha LOO}^2$ ein Maß für die Übereinstimmung bei unbekannten Daten. Die zuvor eingeführte Fehlerfunktion χ^2 (Gleichung (5)) nimmt monoton mit Zunahme neuer Basisfunktionen ab und ist damit zur Auswahl relevanter Terme ungeeignet. Der LOO-Fehler σ_{LOO}^2 nach Gleichung (6) jedoch nimmt mit Hinzunahme neuer Basisfunktionen zunächst ab, steigt jedoch ab einer kritischen Anzahl wieder an, da der Fehler zwischen den Punkten der Trainingsmenge zunimmt (*Overfitting*). Diese Eigenschaft wird zur Auswahl relevanter Terme genutzt.

Bild 2 stellt ein Beispiel für den Verlauf von χ^2 und σ_{LOO}^2 in Abhängigkeit der Anzahl hinzugenommener Größen dar. Ein globales Minimum von $\sigma_{\alpha LOO}^2$ ist bei d_{LOO} = 25 zu erkennen. Es fällt jedoch auf, daß bereits bei m = 7 berücksichtigten Größen ein relativ geringer Fehler vorliegt. Der Fehlerverlauf σ_{LOO}^2 zeigt ein breites Plateau. Dies läßt darauf schließen, daß das

Grundverhalten des Prozesses von wenigen Größen bestimmt wird, die explizit angegeben werden können.

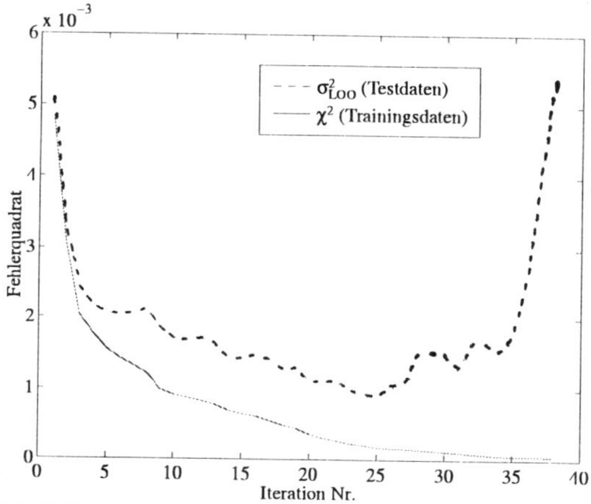

Bild 2: Beispiel für Verlauf von Trainings- und LOO-Fehler

Ein solches Ergebnis bei der Auswahl relevanter Terme liefert bereits eine wichtige Einsicht in das Prozeßverhalten, denn damit sind Größen ausgezeichnet, die in einer späteren Prozeßoptimierung geeignete Stellgrößen zur Regelung darstellen. Des weiteren kann auf die Messung von Größen jenseits des Fehlerminimums verzichtet werden, was zur Reduktion des meßtechnischen Aufwands führt.

Der Vorhersagefehler des Modells ist nicht das einzige Modellauswahlkriterium. Um Verständnis über die Vorgänge innerhalb des Prozesses zu erhalten, wäre ein parametrisches Modell wünschenswert. Bei der hohen Komplexität vieler Prozesse sowie der geforderten Approximationsfähigkeit scheint jedoch oft der Einsatz eines nichtparametrischen Modells sinnvoll. Erschwerend bei der Modellierung ist die häufig relativ geringe Anzahl von Datensätzen. Als Modell wird daher eine Kombination aus einem linearen und einem nichtlinearen Anteil benutzt. Zur Vereinfachung des Trainings sollte der nichtlineare Anteil linear in den Parametern sein. Das ist z.B. bei Polynomen oder radialen Basisfunktionen (RBF) gegeben. Um den nichtlinearen Anteil nur *semilokal* an den Stellen wirken zu lassen, an denen der lineare Modellanteil nicht ausreichend genau ist, wird ein Modellansatz mit radialen Basisfunktionen benutzt. Für jedes Qualitätsmerkmal y gilt:

$$\hat{y}(i) \;=\; \sum_{j=1}^{d} a_j\, x_j(i) \;+\; \sum_{j=1}^{s} w_j\, \Phi_j\left(\left\| x(i) - \xi_j \right\|\right) \qquad (7)$$

Durch die lineare Modellbildung werden die Eingangsdaten, wie oben beschrieben, auf eine Hyperebene im Zielraum projiziert. Es können dadurch nur Punkte auf dieser Ebene erreicht werden. Die zweite Modellstufe berücksichtigt diejenigen Zielvektoren, die einen großen Abstand von der Ebene besitzen. Es erfolgt somit eine lokale Verzerrung der Ebene, was zur beträchtlichen Verringerung des Modellfehlers führt.

Die Parameter a_j des linearen Anteils geben die Beiträge der physikalischen Größen zum Modell an und sind damit interpretierbar. Diese Informationen sind für die Prozeßüberwachung und -analyse von Bedeutung. Die Gewichte der radialen Basisfunktionen w_j und deren Zentren ξ_j stellen Korrekturwerte dar und sind im allgemeinen einer Interpretation unzugänglich.

Aufgrund der meist geringen Anzahl von Trainingsdaten erfolgt die Modellverifikation nach dem LOO-Prinzip. Die Modelle werden jeweils ohne den Datensatz trainiert, für den die Vorhersage erfolgen soll. Damit kann mit N-1 Trainingsdatensätzen trainiert werden. Die Bestimmung des linearen Anteils erfolgt mit den Größen, die durch *forward selection* ermittelt wurden.

Mit dem semilokalen nichtlinearen Anteil wird nun der Restfehler y - $\hat{y}_{lin}$ mit radialen Basisfunktionen

$$\Phi(z) = e^{-(\frac{z}{R})^2} \tag{8}$$

modelliert. Der Parameter R gibt die Ausdehnung der gaußschen Kurven an und bestimmt so indirekt die Glätte der Ebenenverzerrung (*Smoothness-Parameter* [3]). Dieser Wert hat sich als wenig kritisch erwiesen. Die Fragestellung, an welchen Datenpunkten und in welchem Ausmaß eine Korrektur sinnvoll ist, wird wieder mit Forward Selection behandelt. Eine Auswahlmenge von radialen Basisfunktionen enthält zunächst jeden Datenpunkt $\mathbf{x}_j$ als Basiszentrum ξ_j. Man hat damit s = N Basisfunktionen, um das Modell

$$\hat{\mathbf{y}}_{RBF}(i) = \sum_{j=1}^{s} w_j \, \Phi_j(\|\mathbf{x}(i) - \xi_j\|) \tag{9}$$

zu trainieren. Durch Forward Selection wird nun immer diejenige Basisfunktion aus der Auswahlmenge hinzugenommen, die den Modellfehler am meisten reduziert.

Bei einem flachen Verlauf des Vorhersagefehlers wie in Bild 2 können bereits brauchbare Ergebnisse mit deutlich weniger Eingangsgrößen erzielt werden. Die verbleibenden Fehler werden durch ein komplexeres RBF-Modell mit mehr Basisfunktionen weiter reduziert. Die durch das lineare Modell gegebene Hyperebene im niedrigdimensionalen Raum ist dann nicht ausreichend für eine gute Modellierung. Die RBF-Zentren sorgen für zahlreiche lokale Verzerrungen, wodurch der Fehler signifikant reduziert wird. Diese Verschiebung der Modellierungsaufgabe vom linearen Teilmodell zum RBF-Modell führt nicht nur zur Reduktion der zu messenden Größen, es wird auch die Dimension des Eingangsraum reduziert. Dadurch sind im allgemeinen weniger Datensätze zum Training notwendig und die gewonnenen Modelle werden robuster gegenüber Störeinflüssen.

Zur Qualitätsvorhersage wird dieses Modell jetzt mit aktuellen Werten der Eingangsgrößen beaufschlagt und liefert als Ausgangsgrößen Schätzwerte der Qualitätsgrößen. Durch Ergänzung eines einfachen Modells mit nichtparametrischen Termen, wie hier RBF, erreicht man demnach eine äquivalente Vorhersage nichtgemessener Größen mit deutlich reduziertem Aufwand an Meßtechnik.

3. Optimierung

Jeder einstellbare Prozeßparameter führt direkt oder indirekt zu Kosten. Ziel der Prozeßoptimierung ist es, diese Kosten zu minimieren, wobei eine definierte Qualität eingehalten werden muß. Das Prinzip einer Prozeßoptimierung ist in Bild 3 dargestellt. Der Prozeß wird von einstellbaren Prozeßparametern beeinflußt. Aus einer bestimmten Parametereinstellung folgen im Betrieb bestimmte Kosten und Qualitätsgrößen. Das Prozeßmodell sagt diese Größen aus den Parametern und Meßwerten voraus. Ein Optimierungsalgorithmus variiert die beeinflußbaren Parameter und gibt diese in einem Kreislauf an das Prozeßmodell zurück. Die Variation erfolgt derart, daß die Kosten minimal werden aber die Randbedingungen an die Qualitätsgrößen eingehalten werden. Technisch gesehen handelt es sich also um ein nichtlineares Optimierungsproblem mit Nebenbedingungen, zu dessen Lösung verschiedene Algorithmen existieren. Diese Verfahren gehen zunächst von einer allgemeinen zu minimierenden skalaren Funktion aus. Im vorliegenden Fall drückt diese Funktion die Kosten, die durch eine bestimmte Parametereinstellung verursacht werden, aus. Um aus der Vielzahl der gemessenen und einstellbaren Größen eine Kostenangabe in DM (im Beispiel des

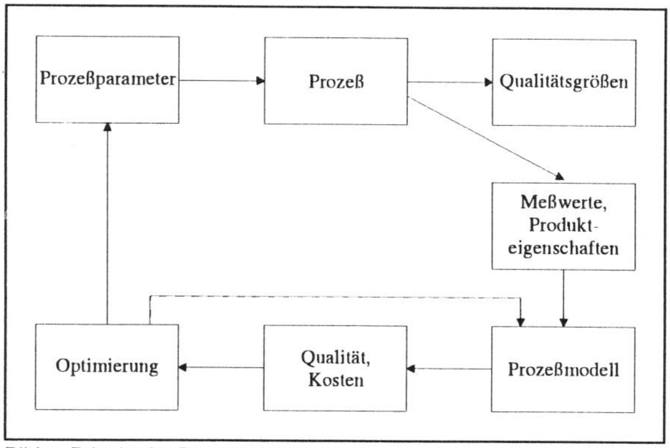

Bild 3: Prinzip der Prozeßoptimierung

Spanplattenprozesses DM/m^3 Spanplatte) zu gewinnen, wurde hier eine lineare Kostenfunktion mit einzelnen Kostenfaktoren verwendet. Je nach verfügbarem Wissen über den Prozeß und dessen Einbindung in die betriebswirtschaftliche Seite der Produktion können hier aber beliebig komplexe Kostenzusammenhänge angesetzt werden, da die allgemeinen Optimierungsverfahren keine bestimmte Form der zu minimierenden Funktion voraussetzen. Das Einhalten von Qualitätsgrenzen (aber auch von technologischen Grenzen - die in der Spanplattenproduktion eingesetzte Leimmenge kann z.B. nicht negativ werden) wird über Nebenbedingungen formuliert. Allgemeine Optimierer verarbeiten Nebenbedinungen der Form

$$g(x) < 0 \quad \text{oder} \quad g(x) = 0 \tag{10}$$

Die tatsächlichen Bedingungen müssen also zunächst in diese Form gebracht werden. Als Beispiel wiederum aus der Spanplattenherstellung wird die Bedingung betrachtet, daß sich die prozentualen Anteile dreier Holzarten zu 100% aufsummieren müssen. Dies lautet zunächst:

$$h_1 + h_2 + h_3 = 100 \tag{11}$$

und wird dann in die vom Optimierer geforderte Form gebracht:

$$h_1 + h_2 + h_3 - 100 = 0 \tag{12}$$

Auf diese Art können nicht nur Unter- bzw. Obergrenzen für vom Optimierer veränderbare Parameter vergeben werden, sondern beliebige Zusammenhänge zwischen Prozeßparametern realisiert werden. Hierdurch wird gewährleistet, daß die gefundene Lösung immer sinnvoll und technisch realisierbar ist.

Als eigentlicher Optimierungsalgorithmus wurde hier ein sogenanntes Quasi-Newton-Verfahren mit Broyden-Fletcher-Goldfarb-Shanno (BFGS) - Update der Hesseschen Matrix verwendet [4]. Es handelt sich hierbei um ein iteratives Gradientenverfahren, das die Änderungsrichtung der Parameter aus einer quadratischen Reihenentwicklung der Kostenfunktion um den aktuellen Punkt berechnet. Die hierfür benötigte Hessesche Matrix wird dabei iterativ mit BFGS berechnet, d.h. dem Algorithmus müssen keine expliziten Ableitungen der Kostenfunktion übergeben werden, was den Aufwand bei der Erstellung und bei eventuellen Änderungen am Prozeßmodell deutlich begrenzt. Die Stärke der Parametervariation wird über eine schnelle Liniensuche realisiert, wobei auch die Nebenbedingungen überprüft werden.

4. Beschreibung des Spanplattenprozesses

Da eine prototypische Anwendung des Prozeßoptimierungssystems *Prodacon Expert* zur Modellierung und Optimierung eines Spanplattenproduktionsprozesses eingesetzt wurde, wird im folgenden kurz der Herstellungsprozeß einer Spanplatte vorgestellt (Bild 4).

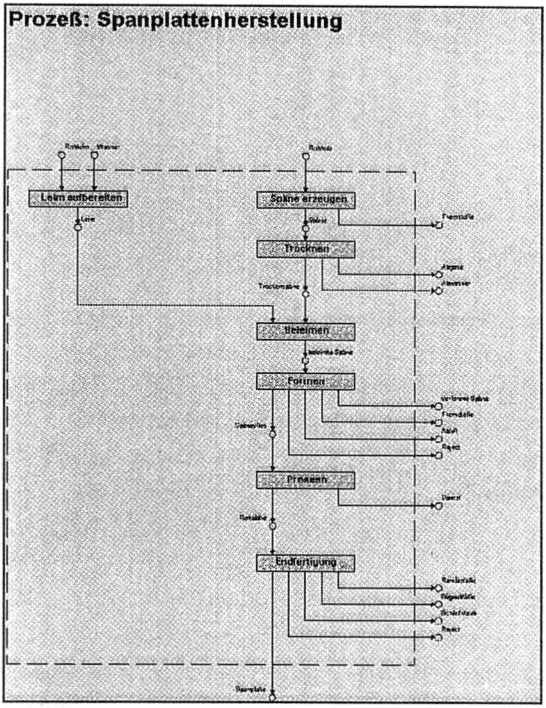

Bild 4: Herstellungsprozeß von Spanplatten

Aus dem Rohholz (Rundholz, Hackschnitzel z.B. aus Sägewerkabfällen, Schäl-, Hobel-, Fräs- und Sägespäne) werden Späne erzeugt und getrocknet. Parallel dazu wird aus Rohleim, verschiedenen Zusatzstoffen und Wasser der Leim aufbereitet. Holzzusammensetzung und Leimrezepte sind ein wichtiges Know-How der Anlagenbetreiber und bergen gleichzeitig ein beträchtliches Optimierungspotential. Speziell der Leim bestimmt einen wesentlichen Teil der Herstellkosten. In der *Beleimungsstation* werden Leim und Späne in einem Luftstrom gemischt. Dieser Prozeß ist physikalisch sehr schwer zu beschreiben. Ungleichmäßigkeiten in der Beleimung beeinflussen die Qualitätsgrößen negativ. In der *Formstation* werden die beleimten Späne in genau definierter Höhe möglichst gleichmäßig auf ein Formband aufgetragen. Auch der Formvorgang ist mit einem physikalischen Modell sehr schwer zu beschreiben, ist aber ganz wesentlich für die Produktqualität. Das *Spänevlies* wird dann zur Platte verpreßt (Bild 5). Nach dem Pressen wird die Platte auf die gewünschte Größe geschnitten, geschliffen und eventuell beschichtet oder anderweitig veredelt.

Die Herstellung von Spanplatten ist ein langwieriges, mehrstufiges Verfahren, dessen zahlreiche Parameter zu großen Teilen empirisch, also auf Grundlage von Erfahrung und Expertenwissen eingestellt werden. Die Qualitätsmerkmale der Produkte, wie z.B. Zugfestigkeiten, Rohdichte und Quellfaktoren werden im Labor durch zerstörende Werkstoffprüfungen ermittelt. Ein Eingriff in den Prozeß zur Veränderung der Qualitätsmerkmale (z.B. Festigkeitserhöhung) ist daher erst lange nach der Fertigung der analysierten Spanplatte möglich. Damit nicht große Stückzahlen produziert werden, deren Eigenschaften unbefriedigend sind, wird mit sehr großen Sicherheitsabständen zu den Qualitätsgrenzen gefahren. Eine Vorhersage dieser Qualitätsmerkmale aus gemessenen Prozeßgrößen direkt während der Produktion verhilft zu einer optimalen Prozeßführung und ist damit von erheblicher wirtschaftlicher Bedeutung. Dabei wird der Einsatz von Rohstoffen wie Leim, Energie und Wasser unter Sicherstellung einer vorgegebenen Mindestqualität minimiert.

Bild 5: Presse

5. Anwendung des Prototypen auf den Spanplattenprozess

An der betrachteten Anlage werden bei der Herstellung eines Plattentyps 37 physikalische Größen gleichzeitig gemessen. Diese sind z.B. Temperaturen an verschiedenen Prozeßstellen, Leimmengen, geometrische Eigenschaften der Späne, Drehzahl der Mischerwelle, Druck der Presse, Feuchte des Eingangsmaterials, Spanmenge, Gelierzeiten.

Durch Veränderung einzelner Stellgrößen wird das System in verschiedenen dynamischen Zuständen betrieben und die daraus resultierenden Qualitätsmerkmale bestimmt. Bei der betrachteten Anlage ist die Qualität einer Spanplatte im wesentlichen durch die Größen Biegefestigkeit, Querzugsfestigkeit, Deckschicht-Abhebefestigkeit, Dickenquellung und HCHO-Wert bestimmt. Sie sind maßgeblich für den Verkauf der Spanplatte und müssen unbedingt innerhalb der Qualiätsschranken liegen.

Der Prototyp zur Prozeßoptimierung unterstützt die folgenden Schritte, die sinnvollerweise nacheinander abgearbeitet werden:

1. Visualisierung und Prüfung der Trainingsdatensätze. Fehlerhafte Datensätze sind gegebenenfalls zu eliminieren.

2. Modellbildung auf der Basis der Trainingsdatensätze für jede Zielgröße einzeln. Zur Wahl stehen dabei 3 Modelltypen, nämlich *Lineares Modell*, *RBF-Modell* und *DRBF-Modell*. Letzteres ist die im Kapitel 2 beschriebene Kombination der ersten beiden und hat sich in der Praxis als am besten geeignet erwiesen.

3. Vorhersage von Qualitätsgrößen, Beurteilung der Vorhersagegüte anhand von Fehlerschranken und Plausibilitätsprüfungen. Bei Prozeßdaten, bei denen die Qualitätsgrößen bekannt sind, z.B. den Trainingsdaten, wird ein Vergleich von Vorhersage und Istwert dargestellt.

4. Eingabe der Kosten für kostenrelevante Prozeßeingangsgrößen, Angabe der technischen Grenzen für die Eingangsgrößen und Kennzeichnung der Eingangsgrößen, die bei der Optimierung variiert werden können.

5. Visualisierung des Optimierungsvorschlags und Schätzung der zu erwartenden Kostenersparnis pro m^3 Produktion.

Auf die Bedienoberflächen für die Schritte 2, 3 und 5 wird im folgenden näher eingegangen.

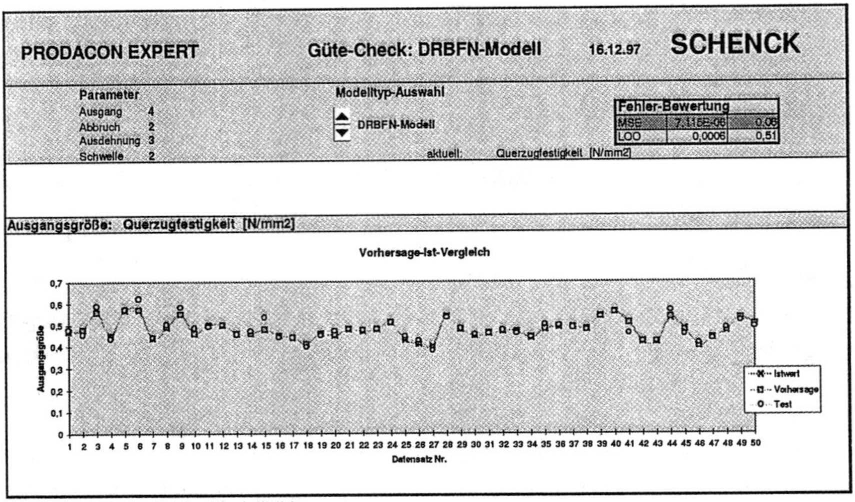

Bild 6: Bedienoberfläche Modellbildung

Bild 6 zeigt die Bedienoberfläche zur Modellbildung. Zielgröße ist hier die Querzugsfestigkeit. Das Ergebnis der Modellbildung - hier mit dem Modelltyp *DRBF-Modell* - wird anhand der Modellabweichungen dargestellt. Die Graphik zeigt die tatsächlichen Querzugsfestigkeiten aus den Trainingsdatensätzen, die Vorhersagewerte auf der Basis eines Modells, in das alle Trainingsdatensätze eingegangen sind, sowie Vorhersagewerte auf der Basis von Modellen, zu deren Bildung der jeweilige Datensatz nicht beigetragen hat. Rechts oben werden die entsprechenden Kenngrößen für die Modellabweichungen, als MSE der Meansquare Error χ^2 und als LOO der Leave- One-Out Fehler σ_{LOO}^2 angegeben.

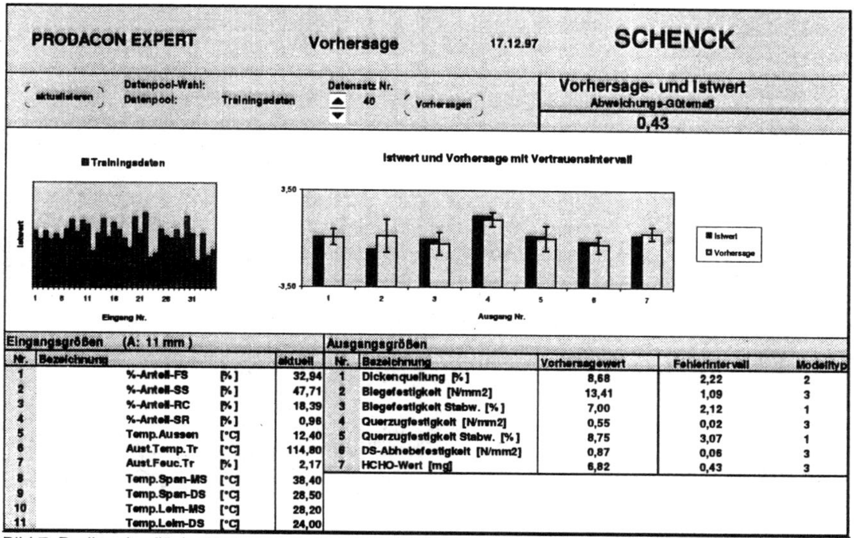

Bild 7: Bedienoberfläche Vorhersage

Bild 7 zeigt die Bedienoberfläche zur Vorhersage. Links oben ist ein Eingabesatz dargestellt, der mit dem Selektionsbutton aus den Trainingsdaten oder den Prozeßdaten ausgewählt werden kann. In der rechten Graphik sind schwarz die Istwerte der Zielgrößen angezeigt. Darüber werden die Vorhersagewerte mit Fehlerbalken visualisiert. Unter den Graphiken sind die aktuellen Eingangsgrößen, Vorhersagewerte, Istgrößen und Fehlerwerte tabelliert. Sind die Istwerte der Zielgrößen bekannt, so läßt sich für jeden einzelnen Datensatz ein Gütemaß der Vorhersage angeben, das ebenfalls mit angezeigt wird.

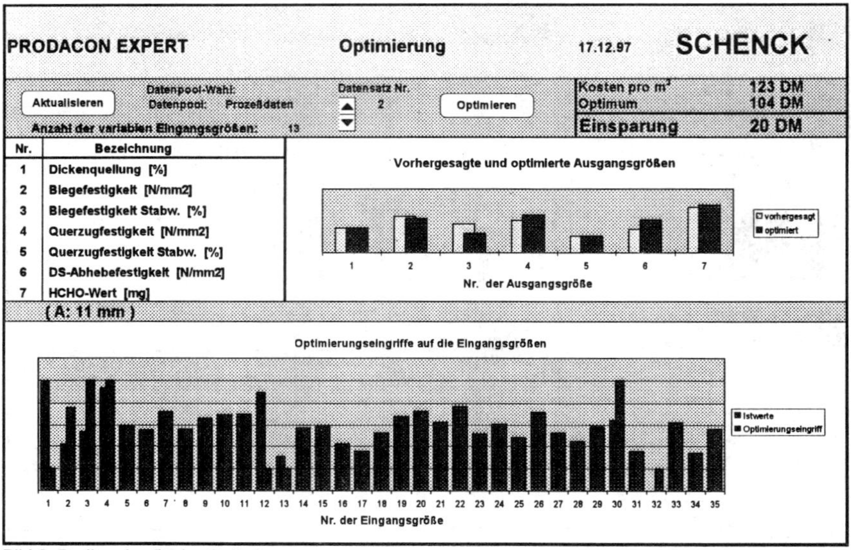

Bild 8: Bedienoberfläche Optimierung

In der Bedienoberfläche zur Optimierung (Bild 8) werden zum aktuellen Datensatz der Eingangsgrößen rechts oben die vorhergesagten Zielgrößen vor (hell) und nach (dunkel) der Optimierung dargestellt. Um dieses Optimum zu erreichen, müssen die variablen, aktuellen Eingangsgrößen verändert werden. Dieser Eingriff ist in der unteren Graphik visualisert: Neben den aktuellen Eingangsgrößen sind die optimalen Eingangsgrößen gezeigt. Die dabei erwartete Einsparung pro m^3 ist oben rechts eingeblendet.

In Feldtests wurde die Leistungsfähigkeit des Prototyps bei Spanplattenherstellern geprüft. Dazu wurden jeweils die oben beschriebenen Schritte zusammen mit den Qualitätsverantwortlichen der Produzenten durchgeführt und die Ergebnisse diskutiert. Um die Brauchbarkeit für den aktuell laufenden Prozeß zu verifizieren, wurden neuere Prozeßdaten zur Vorhersage und Optimierung verwendet. Es zeigte sich, daß die Hersteller die Vorhersagen gut nachvollziehen konnten. Sie sahen den größten Gewinn darin, den Einfluß der Änderung von Eingangsgrößen auf die Zielgrößen endlich besser abschätzen zu können. Der Optimierung steht man noch etwas skeptischer gegenüber: Die direkte Kontrolle über die Eingriffe auf den Prozeß möchte der Hersteller nicht verlieren. Er sieht Unwägbarkeiten und fürchtet langfristig auch einen Know-How-Schwund bei den Anlagenfahrern. Als *Vorschläge* sind die Ausgangsdaten des Optimierungssystems dennoch von großem Interesse. Es zeigte sich, daß die Aussagen richtungsweisend für eine gute Prozeßkontrolle sind.

6. Zusammenfassung und Ausblick

Bei komplexen Produktionsanlagen mit vielen Meß- und Einflußgrößen entstehen große Mengen an Daten. Moderne Informationstechnologie wird eingesetzt, um möglichst viel Information aus allen verfügbaren Daten zu extrahieren, also automatisch Rohdaten in relevante Information umzuwandeln. Dies stellt eine konsequente Erweiterung von Standard Prozeßdatenakquisition, -überwachung und -archivierung dar.

Die beschriebene allgemeine Vorgehensweise zur Optimierung komplexer Prozesse hängt entscheidend von den zur Abbildung des Prozeßverhaltens verwendeten Modellen ab. Die hier gezeigte Kombination von Techniken aus der klassischen Statistik, der nichtlinearen Modellbildung und der neuronalen Netze erlaubt es, effizient kompakte Modelle für komplexe Prozesse zu bauen. Im Gegensatz zu Standard Black-Box-Ansätzen (z.B. neuronale Netze mit gradientenbasiertem Lernen) erlaubt dieses System die Extraktion interpretierbarer Zusammenhänge zwischen Produkteigenschaften und beeinflußbaren Parametern in Form von linearen Gleichungen und lokalen Nichtlinearitäten, wodurch der Prozeß transparenter für den Anwender wird.

7. Schrifttum

[1] Zöller, Rolf: Methoden der Nichtlinearen Dynamik zur Zustandsanalyse technischer Systeme. Dissertation Technische Hochschule Darmstadt, Darmstadt 1997.

[2] Vetterling, W.T., Press, W.H., Teukolsky, S.A. and Flannery, B.P.: Numerical Recipes in C. Cambridge, 1994.

[3] Holzfuss, J. und Kadtke, J.: Global nonlinear noise reduction using radial basis functions. Int. J. Of Bifurcation and Chaos, 3(3): 589-595, 1993.

[4] Matlab Optimization Toolbox, Users Manual. The Math Works Inc., Natick 1994.

Neuro-genetische Prognose von Finanzdaten

Ralf Seliger, Duisburg
Birgit Köppen-Seliger, Duisburg
Paul M. Frank, Duisburg

1 Einleitung

Feed forward neuronale Netze sind in der Vergangenheit bereits mehrfach erfolgreich zur Zeitreihenprognose eingesetzt worden (z.B. [9], [13]). Für das Training von feed forward neuronalen Netzen haben sich verschiedene wohlbekannte Verfahren aus der Klasse der Backpropagation Algorithmen zur Bestimmung der Gewichte, welche die Neuronen miteinander verbinden und die Eingangssignale einkoppeln, in der Praxis etabliert. Vor einer Anwendung dieser Verfahren zur Lösung etwa eines Prognoseproblems müssen jedoch auch Parameter wie Art und Anzahl der Eingangssignale, Anzahl der verdeckten Schichten, Anzahl von Neuronen pro Schicht etc. gewählt werden, die gemeinsam mit den durch Backpropagation spezifizierten Gewichten erst ein neuronales Netz vollständig bestimmen. Diese Parameter, die nicht mittels Backpropagation zu ermitteln sind, können ebenso wie die Gewichte die Leistungsfähigkeit des Netzes beeinflussen. Beispielsweise liegt die Vermutung nahe, daß die Generalisierungsfähigkeit des Netzes von der Anzahl der Neuronen beeinflußt wird. So ist es denkbar, daß eine bezüglich der Generalisierung optimale Netzstruktur existiert, die zu finden für die Lösung eines Prognoseproblems ebenso wichtig ist, wie die Bestimmung der optimalen Gewichte. Wir schlagen vor, zu diesem Zweck genetische Algorithmen einzusetzen [7], [1], [12], [6].

Gegenstand der Untersuchung über die in diesem Aufsatz berichtet wird, sind die sogenannten Finite Impulse Response Neural Networks (FIRNN), die im Rahmen der Santa Fe Time Series Competition [9] sehr erfolgreich zur Prognose des Intensitätsverlaufs eines NH_3-Lasers eingesetzt wurden. Die Dynamik des Lasers kann durch ein niedrigdimensionales deterministisch chaotisches System von Differentialgleichungen beschrieben werden [3].

Hier wurde der Versuch unternommen, FIRNN für die anspruchsvollere Aufgabe der Prognose von in wöchentlichem Rhythmus aufgenommenen Werten des S&P500-Aktienindex einzusetzen. Neben der S&P500-Zeitreihe selbst, stehen zusätzlich die folgenden vier, ebenfalls in wöchentlichem Rhythmus aufgezeichneten Zeitreihen zur Vefügung:

- die Kurse für US-Treasury Bonds (TBond)
- die Kurse für US-Treasury Bills (TBill)
- der durchschnittliche Gewinn pro Aktie der im S&P500-Index enthaltenen Aktien (EPS) und
- die durchschnittliche Dividende der im S&P500 enthaltenen Aktien (DPS).

Für die Prognose gilt es also, ein Modell der allgemeinen Form

$$\begin{aligned} S\&P500(t+1) &= F(S\&P500(t), S\&P500(t-1), ..., \\ &\quad TBond(t), TBond(t-1), ..., \\ &\quad TBill(t), TBill(t-1), ..., \\ &\quad EPS(t), EPS(t-1), ..., \\ &\quad DPS(t), DPS(t-1), ...) \end{aligned} \tag{1}$$

zu finden.

Der Aufsatz ist im weiteren wie folgt organisiert:
In Abschnitt 2 werden die FIRNN und der Trainingsalgorithmus Temporal Backpropagation beschrieben [9]. In Abschnitt 3 wird der hier verwendete genetische Algorithmus dargestellt. Abschnitt 4 widmet sich der Darstellung und Diskussion der erzielten Ergebnisse. Abschnitt 5 schließt den Aufsatz mit einer Zusammenfassung ab.

2 Finite Impulse Response Neuronale Netze

FIRNN sind feed forward neuronale Netze mit der gleichen Topologie wie Multi Layer Perceptrons (MLP). Die Knoten von FIRNN sind im Gegensatz zu herkömmlichen MLP nicht durch skalare Gewichte, sondern durch Finite Impulse Response (FIR-) Filter miteinander verbunden. In Abb. 1 ist dies für zwei Knoten a_i und a_j illustriert.

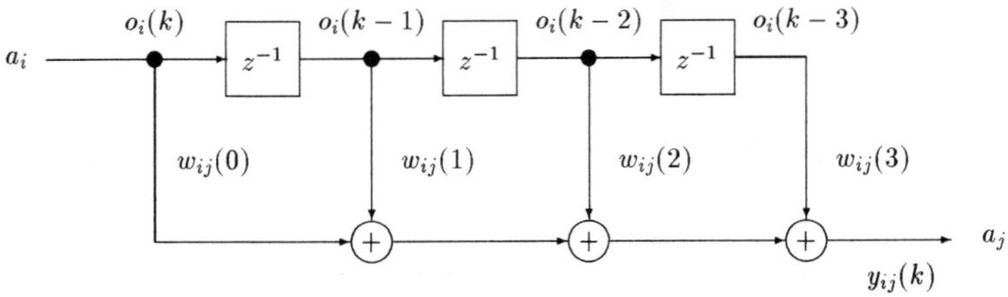

Abbildung 1: Synaptische Verbindung mit FIR-Filterstruktur

Die FIR-Filter verwandeln ein ansonsten statischs MLP in ein dynamisches Netz, das im Laufe des Trainings durch Modifikation der Gewichte w_{ij} an die Dynamik des Systems angepaßt werden soll, das der zu prognostizierenden Zeitreihe zugrundeliegt.
Durch zeitliches Entfalten kann ein FIRNN in ein statisches MLP umgewandelt werden. Für eine ausführliche Darstellung dieser Zusammenhänge verweisen wir auf [9]. Das Training eines FIRNN geschieht mit dem sogenannten Temporal Backpropagation (TB) Verfahren, das in [9] analog zum herkömmlichen Backpropagation Verfahren für MLP hergeleitet wird. Im folgenden wird der Algorithmus ausgehend von Abb. 1 beschrieben.

Allgemein gilt für ein MLP

$$y_{ij}(k) = w_{ij}\, o_i(k), \tag{2}$$

wobei $y_{ij}(k)$ den Anteil des Neurons i an der Netzeingabe net_j von Neuron j beschreibt. Mit anderen Worten, $y_{ij}(k)$ stellt das Signal da, welches von der Synapse von Neuron i an das Neuron j weitergeleitet wird. k ist der diskrete Zeitindex.
Bei FIR-Netzen gilt statt dessen für die Synapsenverbindung

$$y_{ij}(k) = \sum_{n=0}^{T} w_{ij}(n)\, o_i(k-n). \tag{3}$$

Dabei beschreibt T die Anzahl der Schiebeoperatoren (z^{-1}) des FIR-Filters in der Synapse und $o_i(k-n)$ die dementsprechend verzögerten Werte. Die Anzahl der Schiebeoperatoren wird in einer Synapsenschicht, d.h. zwischen zwei Schichten, konstant gehalten. Die Gewichte $w_{ij}(n)$ beschreiben die Filterkoeffizienten. Für weitere Einzelheiten sei auf [9] verwiesen. Der Zusammenhang läßt sich einfacher in Vektorform darstellen. Mit

$$\underline{o}_i(k) = [\, o_i(k)\ o_i(k-1) \ldots o_i(k-T)\,] \tag{4}$$

und

$$\underline{w}_{ij} = [\, w_{ij}(0)\ w_{ij}(1) \ldots w_{ij}(T)\,] \tag{5}$$

ergibt sich

$$y_{ij}(k) = \underline{w}_{ij}\, \underline{o}_i^T(k). \tag{6}$$

Der TB-Algorithmus gestaltet sich nun wie folgt:

Nach erfolgter Initialisierung der FIR-Filter mit einer hinreichend großen Anzahl von Eingangstupeln erhält man das erste, im allgemeinen vektorwertige Ausgangssignal $\underline{out}$, daß mit dem gewünschten Ausgangsvektor $\underline{out}_d$ verglichen wird. Bei einer Anwendung zur Prognose setzen sich die Eingangstupel aus den gerade aktuellen Werten der Eingangssignale zusammen. Das gewünschte Ausgangssignal ist der jeweils folgende Wert der zu prognostizierenden Zeitreihe (hier der S&P500-Index). Es ergibt sich ein Fehlersignal

$$\underline{e} = \underline{out}_d - \underline{out}. \tag{7}$$

Das zu minimierende Kostenfunktional lautet

$$\xi_{total} = \sum_{k=k_0}^{k_0+l} \xi(k) = \frac{1}{2}\underline{e}^2(k), \tag{8}$$

wobei l die Anzahl der Eingangsvektoren bezeichnet.
Der TB-Algorithmus ist ein Gradientenverfahren, das durch die folgende Beziehung beschrieben wird

$$\underline{w}_{ij}(k+1) = \underline{w}_{ij}(k) - \eta \frac{\partial \xi_{total}}{\partial \underline{w}_{ij}(k)} = \underline{w}_{ij}(k) - \eta \frac{\partial \xi_{total}}{\partial net_j(k)} \frac{\partial net_j(k)}{\partial \underline{w}_{ij}(k)} \tag{9}$$

mit

$$net_j(k) = \sum_{i \in I} y_{ij}(k). \tag{10}$$

Die Lernrate η bestimmt, wie stark der Gradient den alten Gewichtsvektor $\underline{w}_{ij}(k)$ verändert. Mit dem neuen Gewichtsvektor $\underline{w}_{ij}(k+1)$ wird dann das nächste Trainingspaar verarbeitet. Diese Vorgehensweise nennt man auch on-line Training, da die Gewichte direkt nach dem Durchlauf eines Trainingspaares angepaßt werden. Beim alternativen off-line oder Batch Verfahren werden die Gewichtsänderungen gespeichert und dann nach dem Durchlauf der l Paare vom alten Gewicht subtrahiert. Es ergeben sich die folgenden Beziehungen für die Anpassungen der Gewichtsvektoren [9]:

- Für den Fall, daß das Neuron j eines von J Neuronen aus der Ausgangsschicht (output-layer) ist, gilt:

$$\underline{w}_{ij}(k+1) = \underline{w}_{ij}(k) + \eta\, \delta_j(k)\, \underline{o}_i(k) \quad (11)$$

$$\delta_j(k) = e_j(k)\, \varphi'(net_j(k)) \quad (12)$$

mit

$$\underline{w}_{ij}(k) = [\, w_{ij}(0)\ w_{ij}(1)\ \dots\ w_{ij}(td_{ij})\,]$$

$$\underline{o}_i(k) = [\, o_i(k)\ o_i(k-1)\ \dots\ o_i(k-td_{ij})\,]$$

$$e_j(k) = out_{dj}(k) - o_j(k).$$

wobei e_j die Abweichung der Ausgabe o_j (des Neurons j) von der gewünschten Ausgabe out_{dj} beschreibt. Der Index i beschreibt eines von I Neuronen aus der davorliegenden Schicht, in diesem Fall der letzten verdeckten Schicht. Die Synapsenverbindung von Neuron i nach Neuron j hat td_{ij} Schiebeoperatoren und wird durch den Gewichtsvektor $\underline{w}_{ij}$ beschrieben. Der Vektor $\underline{o}_i$ beschreibt die Ausgabe von Neuron i zum aktuellen Zeitpunkt k und zu den td_{ij} Zeitpunkten davor. φ' steht für die Ableitung der logistischen Aktivierungsfunktion

$$\varphi(x) = \frac{1}{1+e^{ax}}. \quad (13)$$

Der sogenannte lokale Gradient des Neurons j wird mit δ_j bezeichnet.

- Für den Fall, daß Neuron j eines von J Neuronen in einer verdeckten Schicht ist, gilt:

$$\underline{w}_{ij}(k+1) = \underline{w}_{ij}(k) + \eta\, \delta_j(k-td_{\Sigma j})\, \underline{o}_i(k-td_{\Sigma j}) \quad (14)$$

$$\delta_j(k-td_{\Sigma j}) = \varphi'(net_j(k-td_{\Sigma j})) \sum_{m\in M} \underline{\Delta}_m(k-td_{\Sigma j})\, \underline{w}_{jm}^T \quad (15)$$

mit

$$\underline{w}_{ij}(k) = [\, w_{ij}(0)\ w_{ij}(1)\ \dots\ w_{ij}(td_{ij})\,]$$

$$\underline{o}_i(k-td_{\Sigma j}) = [\, o_i(k-td_{\Sigma j})\ o_i(k-td_{\Sigma j}-1)\ \dots\ o_i(k-td_{\Sigma j}-td_{ij})\,]$$

$$\underline{\Delta}_m(k-td_{\Sigma j}) = [\, \delta_m(k-td_{\Sigma j})\ \delta_m(k-td_{\Sigma j}+1)\ \dots\ \delta_m(k-td_{\Sigma j}+td_{jm})\,].$$

Der Index i bezeichnet eines von I Neuronen aus der davorliegenden Schicht und m eines von M Neuronen aus der darauffolgenden Schicht. Die Zahl $td_{\Sigma j}$ steht für die maximale Anzahl von Schiebeoperatoren, die auf das Neuron j folgen. Der Vektor $\underline{\Delta}_m$ setzt sich aus den lokalen Gradienten des Neurons m über ein Zeitfenster der Breite td_{jm} zusammen. Für die anderen Größen gelten die obigen Definitionen. Alle Größen, bis auf die Gewichte, sind aus Kausalitätsgründen um $td_{\Sigma j}$ verzögert.

An dem Ausgabevektor $\underline{o}_i$ kann man leicht erkennen, daß dieser Algorithmus einen erheblichen Speicheraufwand mit sich bringt, da die letzten $td_{\Sigma i}$ Werte für das Training gespeichert werden müssen.

Zusätzlich wurde zur Überwindung lokaler Optima bei der Prognose des S&P500-Index ein sogenannter Momentum-Term α eingeführt, sodaß zusammenfassend die Gewichtsanpassungsregel

$$\underline{w}_{ij}(k+1) = \underline{w}_{ij}(k) + \eta\,\delta_j(k - td_{\Sigma j})\,\underline{o}_i(k - td_{\Sigma j}) + \alpha\,(\underline{w}_{ij}(k) - \underline{w}_{ij}(k-1)) \tag{16}$$

lautet.

Im folgenden Abschnitt wird nun der genetische Algorithmus dargestellt, mit dessen Hilfe die noch verbleibenden freien Parameter sowohl des FIRNN als auch des TB-Algorithmus gefunden werden sollen.

3 Genetische Algorithmen zur Strukturoptimierung von FIRNN

Neben den Gewichten, die mit Hilfe des im vorangegangenen Abschnitt beschriebenen TB-Algorithmus ermittelt werden können, gibt es eine Reihe weiterer Parameter, die zu bestimmen sind, bevor ein Netztraining und eine anschließende Prognose möglich sind. Es sind dies

- die Anzahl der verdeckten Schichten
- die Anzahl der Neuronen pro verdeckter Schicht
- die Tiefe der FIR-Filter pro Synapsenschicht (verdeckte Schichten und Eingangsschicht)
- der Skalierungsparameter a der Aktivierungsfunktion
- die Lernrate η
- der Initialisierungsbereich der Gewichte
- der Momentum-Term α und
- eine Aussage, welche der maximal fünf zur Verfügung stehenden Eingangssignale für Training und Prognose verwendet werden sollen.

Zur Ermittlung dieser Parameter wurde ein genetischer Algorithmus benutzt, der z.B. in [2] und [4] ausführlich beschrieben wird. Die Implementierung erfolgte mit Hilfe der C++-Toolbox für genetische Algorithmen GAlib 2.4.2 [8].

Die oben aufgezählten Parameter wurden in Form eines binären Strings kodiert, wobei die ersten fünf Bits wie Ein/Ausschalter für jeweils ein Eingangssignal wirken und die übrigen Parameter mit einem Gray Code numerisch in binärer Form abgebildet wurden.

Es wurde ein genetischer Algorithmus mit überlappenden Generationen (steady state genetic algorithm [8]), roulette wheel Selektion nach z.B. [2], One-Point-Crossover und bitweiser Mutation gewählt.

In jeder Generation wird für jedes Individuum einer Population ein TB-Algorithmus auf dem Trainigsdatensatz durchlaufen. Anschließend wird das trainierte Individuum mit einem von den Trainingsdaten disjunkten Datensatz getestet. Die Fitneß wird anschließend mit

$$Fitness = A \cdot Performance_1 + B \cdot Performance_2 \qquad (17)$$

berechnet. Dieser Ablauf ist in Abb. 2 illustriert.

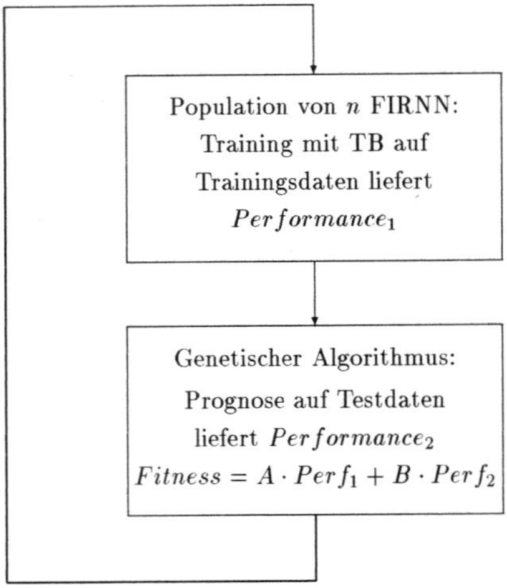

Abbildung 2: Ablauf des neuro-genetischen Algorithmus

Die Funktion zur Bewertung der Performance der getesteten FIRNN ist im wesentlichen umgekehrt proportional zum kumulierten quadratischen Prognosefehler, der auch für den TB-Algorithmus verwendet wird. Mit der Benutzung eines vom Trainingsdatensatz disjunkten Datensatzes für den genetischen Algorithmus soll erreicht werden, daß nur generalisierungsfähige Netze mit einer hohen Fitneß bewertet werden.
Ein weiterer Ansatz zur Belohnung einer guten Generalisierungsfähigkeit ist, die Fitneßfunktion dahingehend zu modifizieren, daß mit ihr Netze mit einer möglichst gleichförmigen Performance über den zur Verfügung stehenden Daten präferiert werden.

Nach der Beschreibung des genetischen Algorithmus werden im folgenden Abschnitt die erzielten Ergebnisse diskutiert.

4 Anwendung zur Prognose des S&P500-Aktienindex

Wie bereits in der Einleitung beschrieben wurde, bestand die Aufgabe darin, auf der Grundlage von maximal fünf verschiedenen, im Wochenrhythmus vorliegenden Zeitreihen eine Prognose für den jeweils folgenden Wert des S&P500-Aktienindex abzugeben. Die Eingangsdaten wurden, wie im Bereich der Finanzdatenprognose allgemein üblich, zur Eliminierung von exponentiellen Effekten vorverarbeitet (z.B. [13], [11]). Hier wurden anstelle der absoluten Kurse die logarithmierten Differenzen

$$x_{in}(t) = ln(x_{org}(t)) - ln(x_{org}(t-1)) \tag{18}$$

als Eingangsdaten verwendet.

Wegen des außerordentlich hohen Rechenzeitbedarfs können hier nur sehr vorläufige Ergebnisse präsentiert werden. Ein Durchlauf mit 40 Netzen in der Population und 300 Generationen hat auf einem 200 MHz Pentiumprozessor ca. 170 Stunden gedauert. Für Training bzw. Test standen 404 bzw. 100 Datensätze zur Verfügung.

Die folgenden beiden Abb. 3 und 4 zeigen zunächst einen Versuch, bei dem sowohl das TB-Training als auch die Fitneßbestimmung ausschließlich mit Hilfe der Trainingsdaten durchgeführt wurde. Es wurde somit nicht mit dem Ziel einer möglichst guten Generalisierung auf eine Testdatenmenge trainiert (D.h. A = 1, B = 0).
Das zugrundeliegende Netz benutzt bis auf das DPS-Signal alle verfügbaren Inputs. Es besitzt vier verdeckte Schichten mit 24, 1, 21 und 22 Neuronen. Die Tiefe der FIR-Filter pro Schicht ist 15, 15, 14, 4 und 8 vom Eingang zum Ausgang. Der Koeffizient der Aktivierungsfunktion wurde von dem genetischen Algorithmus zu 2, die Lernrate zu 0,01 und der Momentum-Term zu 0,125 bestimmt.

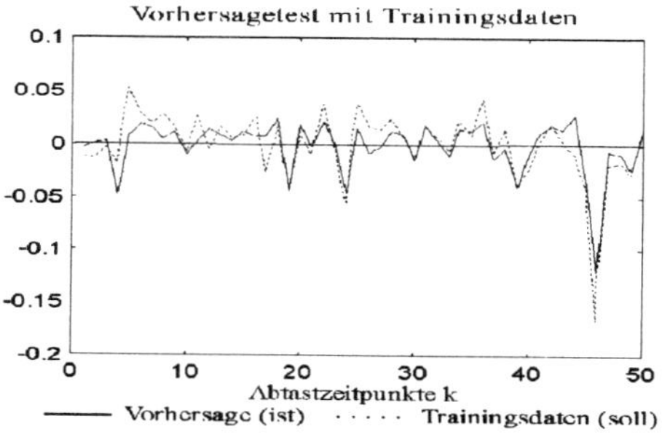

Abbildung 3: Prognose mit den Trainingsdaten

Man erkennt, daß das ausgewählte Netz auf den Traingsdaten eine recht gute Performance aufweist, diese jedoch nicht auf die Testdaten übertragen kann.

In Abb. 5 und 6 ist nun ein Versuch gezeigt, bei dem mit dem genetischen Algorithmus auf Generalisierungsfähigkeit optimiert wurde (A = 0, B = 1).
Das zugrundeliegende FIRNN ist mit einer verdeckten Schichten mit einem Neuron sowie 31 und 25 Verzögerungsgliedern wesentlich kleiner. Wiederum wird lediglich das DPS-Signal nicht benutzt. Der Koeffizient der Aktivierungsfunktion wurde zu 1,5, die Lernrate zu 0,3 und der

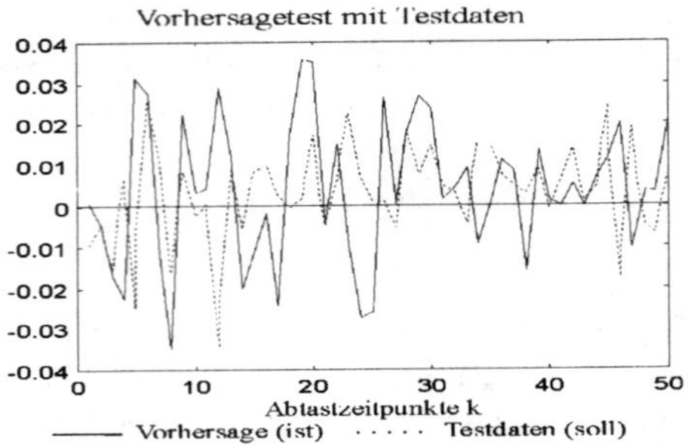

Abbildung 4: Prognose mit den Testdaten

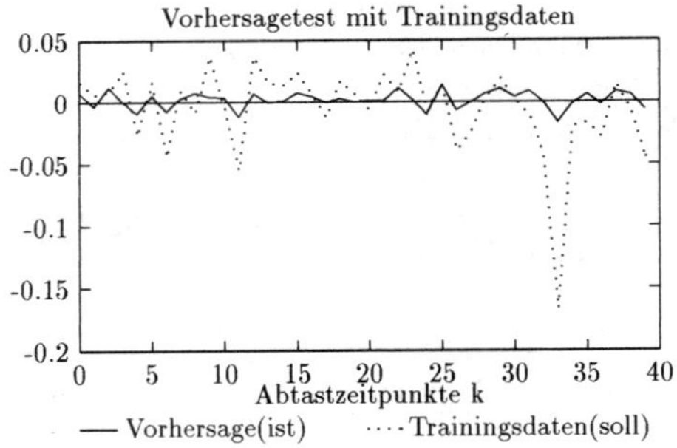

Abbildung 5: Prognose mit den Trainingsdaten

Momentum-Term zu 0,625 ermittelt.
Die Performance ist bei weitem nicht so gut wie die des Netzes im vorangegangenen Versuch auf den Trainingsdaten. Andererseits ist kein wesentlicher Unterschied zwischen Trainings- und Testperformance festzustellen.

Als letztes Ergebnis soll ein Versuch dokumentiert werden, bei dem die Fitneß in gleichem Maße von der Performance auf den Trainingsdaten und auf den Testdaten abhängt (D.h. A = 0,5, B = 0,5).
Das gefundene FIRNN verzichtet hier auf die Eingangssignale TBill und DPS. Es besitzt eine verdeckte Schicht mit vier Neuronen sowie 27 und 31 Verzögerungsgliedern. Der Koeffizient der Aktivierungsfunktion ist 0,08, die Lernrate 0,4 und der Momentum-Term 1. Die Performance auf den Trainingsdaten ist wiederum sehr gut. Auf den Testdaten ist sie geringfügig besser als im vorangegegangenen Versuch.

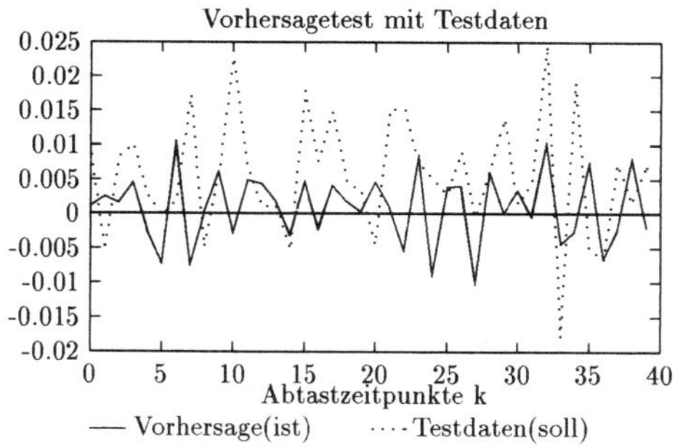

Abbildung 6: Prognose mit den Testdaten

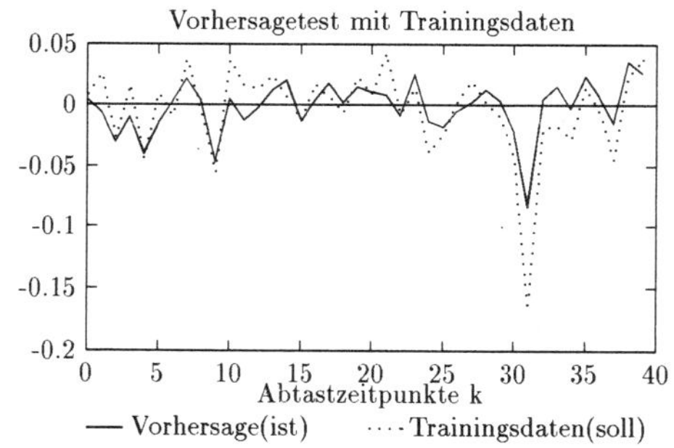

Abbildung 7: Prognose mit den Trainingsdaten

5 Zusammenfassung

Obwohl die zur Zeit vorliegenden Ergebnisse nicht gerade ermutigend sind, ist noch keine endgültige Aussage über die Leistungsfähigkeit des hier vorgeschlagenen neuro-genetischen Verfahrens zur Prognose von Finanzdaten möglich. Zuvor müssen weitere Experimente angestellt werden, um beispielsweise zu erfahren, ob die gefundenen Netze tatsächlich lokale Optima im Suchraum darstellen oder ob die vorliegenden Daten tatsächlich eine Struktur enthalten, die eine Prognose überhaupt erst ermöglichen. Wegen der enormen Rechenzeiten ist eine systematische Untersuchung jedoch sehr schwierig.
Darüberhinaus ist es denkbar, daß erst eine tägliche anstatt der wöchentlichen Abtastung der Eingangssignale Erfolg bei der Prognose verspricht.

Danksagung
An dieser Stelle möchten sich die Autoren bei Herrn Dipl.-Ing. Tako F. Lootsma für die Erstellung des neuro-genetischen Optimierungsprogramms sowie der Abb. 3 und 4 bedanken [5].

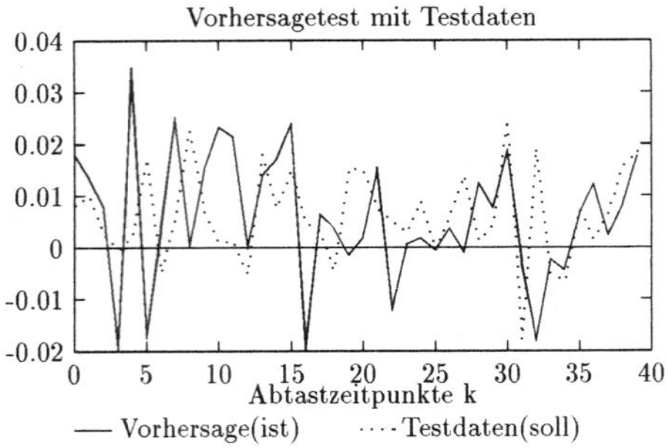

Abbildung 8: Prognose mit den Testdaten

Literaturverzeichnis

[1] Fogel, D.B., Fogel, I.J., Porto, V.W., Evolving Neural Networks, Biological Cybernetics 63, S. 487-493, Springer Verlag, 1990.

[2] Goldberg, D.E., Genetic Algorithms in Search, Optimization & Machine Learning, Addison Wesley, 1989.

[3] Hübner, U., Weiss, C.-O., Abraham N.B., Tang, D., Lorenz-Like Chaos in NH_3-FIR Lasers (Data Set A), erschienen in [10], S. 73-104, 1994.

[4] Kinnebrock, W., Optimierung mit genetischen Algorithmen, Oldenbourg Verlag, München, 1994.

[5] Lootsma, T.F., Prognose von Zeitreihen mit neuronalen Netzen und genetischen Algorithmen, Diplomarbeit am Fachgebiet Meß- und Regelungstechnik der Gerhard-Mercator-Universität - GH - Duisburg, 1997.

[6] Schaffer, J.D., Caruana, R.A., Eshelman, L.J., Using Genetic Search to Exploit the Emergent Behavior of Neural Networks, Physica D 42, S. 244-248, North-Holland, 1990.

[7] Schiffmann, W., Mecklenburg, K., Genetic generation of Backpropagation Trained Neural Networks, erschienen in: Eckmiller, R., Hartmann, G., Hauske, G. (eds), Parallel Processing in Neural Systems and Computers, Elsvier Science Publishers B.V., North-Holland, S. 205-208, 1990.

[8] Wall, M.B., GAlib Version 2.4.2: A C++ Genetic Algorithm Toolbox, Massachusetts Institute of Technology (MIT), 1996.

[9] Wan, E.A., Finite Impulse Response Neural Networks for Autoregressive Time Series Prediction, erschienen in [10], S. 195-217, 1994.

[10] Weigend, A.S., Gershenfeld, N.A. (eds.), Time Series Prediction - Forecasting the Future and Understanding the Past, Proceedings Volume XV, Santa Fe Institute Studies in the Sciences of Complexity, Addison Wesley, Reading, 1994.

[11] White, H., Economic Prediction Using Neural Networks: The Case of IBM Daily Stock Returns, Proceedings of the IEE International Conference on Neural Networks, San Diego, S. II-451-II-459, 1988.

[12] Whitley, D., Starkweather, T., Bogart, C., Genetic Algorithms and Neural Networks: Optimizing Connections and Connectivity, Parallel Computing 14, S. 347-361, North-Holland, 1990.

[13] Zimmermann, H.G., Weigend, A., How to Represent Dynamical Systems in Feed-Forward Networks - A Six Layer Architecture, Working paper IS-97-07, Leonard N. Stern School of Business, New York University, 1997.

Adaptive Systemidentifikation mit Neuronalen Netzen zur Profilsteuerung in Walzwerken[1]

Kontinuierliches Lernen in der Prozeßautomatisierung

Dr.-Ing. Peter Protzel, Erlangen

Dipl.-Phys. Lars Kindermann, Erlangen

Dipl.-Inform. Michael Tagscherer, Erlangen

Dr. rer. pol. Achim Lewandowski, Erlangen

Bayerisches Forschungszentrum für Wissensbasierte Systeme (FORWISS)
Am Weichselgarten 7, 91058 Erlangen

Zusammenfassung

Viele industrielle Prozesse, insbesondere in der Stahl- und Aluminiumproduktion, haben sowohl stark nichtlinearen als auch zeitvarianten („Tagesform") Charakter. Werden Neuronale Netze zur Modellierung solcher Prozesse eingesetzt, erfordert dies im Gegensatz zur üblichen Anwendung Neuronaler Netze ein zeitlich unbegrenztes oder *kontinuierliches* Lernen. In diesem Beitrag werden die Aufgabenstellung und die Anforderungen an ein kontinuierliches Lernen mit Neuronalen Netzen diskutiert und verschiedene Lösungsansätze aufgezeigt. Am Beispiel der Profilsteuerung in Walzwerken wird eine industrielle Anwendung vorgestellt, bei der ein Neuronales Netz durch die Kombination mit einem konventionellen, mathematischen Modell die Vorteile beider Verfahren auf elegante Weise miteinander verknüpft.

1. Einleitung

Neuronale Netze werden in der Prozeßsteuerung und -regelung typischerweise dann eingesetzt, wenn kein oder kein ausreichend genaues Streckenmodell existiert, z.B. weil die Nichtlinearitäten des Prozesses nicht genau bekannt und daher nicht analytisch faßbar sind. Eine der Grundaufgaben Neuronaler Netze in der Prozeßautomatisierung ist daher die Identifikation von nichtlinearen Prozessen. Als Resultat erhält man in der Regel die Modellierung eines Kennfeldes, das z.B. eine Ausgangsgröße y des Prozesses als Funktion des Eingangsvektors $\mathbf{x}$ beschreibt. Fragen der Dynamik von Prozessen, d.h. die zeitliche Abhängigkeit des Ausgangs nicht nur von aktuellen, sondern auch von vergangenen Eingangswerten, werden im folgenden ausgeklammert, da sie eine zusätzliche Problem-Dimension darstellen, die den Rahmen dieses Beitrags sprengt. Die Aufgabe der Identifikation nichtlinearer Prozesse wird erheblich erschwert, wenn der Prozeß zeitvariant ist, d.h. wenn sein Kennfeld auch von der Zeit t abhängt [1]. Um das Prinzip zu verdeutlichen, betrachten wir im folgenden nur eine Eingangsgröße x. Bezüglich der Ausgangsgröße eines Prozesses $y(x, t)$ überlagern sich dann mehrere Effekte:

---

1. Das diesem Bericht zugrundeliegende Vorhaben wurde mit Mitteln des Bundesministeriums für Bildung, Wissenschaft, Forschung und Technologie unter dem Förderkennzeichen 01IN505B gefördert. Die Verantwortung für den Inhalt dieser Veröffentlichung liegt bei den Autoren.

a) Nichtlinearität des Kennfeldes $y(x) \neq ax + b$,

b) Zeitvariantes Prozeßverhalten $y(x, t_1) \neq y(x, t_2)$,

c) Arbeitspunktverschiebungen der Eingangsgrößen $x = x(t)$.

Punkt a) entspricht der Approximation einer nichtlinearen, zeitinvarianten Funktion und stellt die „klassische" Anwendung für Neuronale Netze dar. Die Netze können das nichtlineare Kennfeld $y(x)$ im Prinzip beliebig genau nachbilden, falls ausreichend Trainingsdaten zur Verfügung stehen, was wiederum durch eine entsprechende Arbeitspunktvariation $x(t)$ (Punkt c) gewährleistet werden muß. Typischerweise wird das Netz in diesem Fall einmalig trainiert und im anschließenden Einsatz nicht mehr verändert. Ist der Prozeß zusätzlich zeitvariant (Punkt b), ist eine schritthaltende Adaption des Neuronalen Netzes erforderlich. D.h., ein einmaliges Training vor dem „Einsatz" des Neuronalen Netzes ist nicht mehr ausreichend, sondern es muß während des Einsatzes kontinuierlich „nachtrainiert" werden. Im Gegensatz zum zeitlich begrenzten Training bezeichnen wir dies als zeitlich unbegrenztes oder *kontinuierliches Lernen*. Andere Bezeichnungen wie on-line Lernen, Adaption, sequentielles oder inkrementelles Lernen sind ebenfalls geläufig, aber nicht eindeutig definiert und können je nach Kontext zu Fehldeutungen führen.

Beim kontinuierlichen Lernen treten eine Reihe von bekannten Problemen auf, z.B. wie kann sichergestellt werden, daß das Neuronale Netz relevante neue Daten möglichst schnell lernt, ohne alte, immer noch relevante Informationen zu vergessen? (Stabilitäts- vs. Plastizitätsdilemma, [2]). Dies ist insbesondere dann problematisch, wenn die Effekte b) und c) auf ähnlichen Zeitskalen auftreten. Leider kommt dies in industriellen Anwendungen nicht selten vor; man spricht auch von der „Tagesform" einer Anlage, die ein Bediener manchmal erkennen kann, der ein Prozeßmodell jedoch automatisch folgen muß.

Dieses Grundproblem des kontinuierlichen Lernens einer nichtlinearen, zeitvarianten Funktion soll anhand der folgenden Bilder veranschaulicht werden. Bild 1 zeigt zunächst einen angenommen zeitlichen Verlauf der Eingangsgröße $x(t)$, die z.B. die Arbeitspunktverschiebung eines Prozesses beschreibt. In diesem Beispiel wird der gesamte Wertebereich von x im Laufe der Zeit mehrfach „durchfahren". Bild 2 zeigt als Beispiel die zeitliche Veränderung eines nichtlinearen Zusammenhang zwischen Eingangs- und Ausgangsgröße eines Prozesses. Dies ist dargestellt anhand von zwei „Schnappschüssen" des Kennfeldes zum Zeitpunkt t_0 und zum Zeitpunkt t_0+t. In der Praxis sind dieses Kennfelder nicht bekannt, sondern es liegen lediglich Meßwerte vor, die zusätzlich mit Rauschen behaftet sein können. In Bild 2 sind die Meßwerte eingetragen, die sich entsprechend des zeitvarianten Kennfeldes und des Arbeitspunktverlaufs nach Bild 1 ergeben. Die dreidimensionale Darstellung des zeitvarianten Kennfeldes $y(x, t)$ in Bild 3 verdeutlicht das Gesamtproblem: Die zur Modellierung verfügbaren Daten sind als dunkle Flächen auf dem (unbekannten) Kennfeld markiert. Bild 1 und 2 finden sich entsprechend als Projektionen auf die Grund- bzw. Seitenfläche wieder. Nur aus den bis zu einem Zeitpunkt t gesehenen Daten soll ein Modell des Kennfelds zum Zeitpunkt t+1 „erlernt" werden. Die zeitliche Struktur der Daten kann und muß dabei berücksichtigt werden. Wenn alle Daten „gleichberechtigt", d.h. ohne Berücksichtigung der Zeitstruktur, in die Modellierung eingehen, entsteht ein „Durchschnittsmodell", das über die zeitliche Veränderung des Kennfeldes mittelt. Dieses Modell entspräche dann einem gemit-

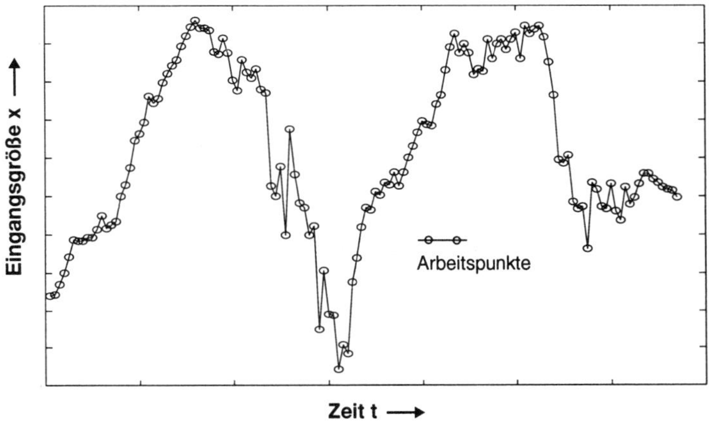

Bild 1. Arbeitspunktverlauf $x(t)$ eines beispielhaften Prozesses.

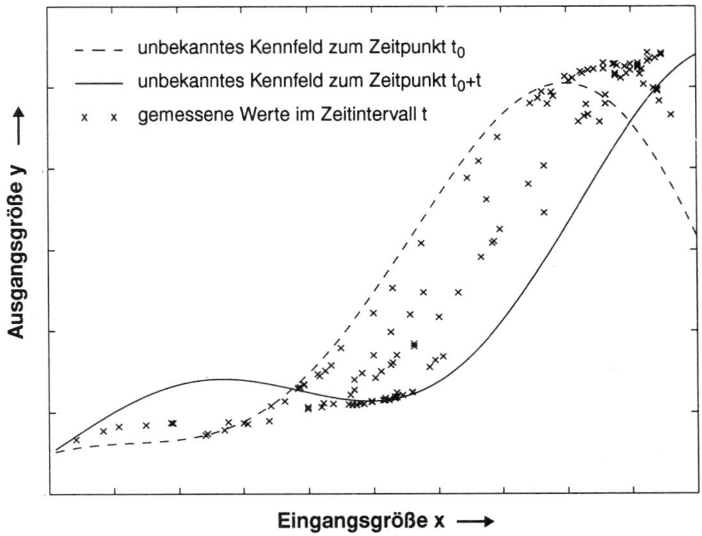

Bild 2. Darstellung der Daten, die sich aus der zeitlichen Veränderung eines nichtlinearen Kennfelds und aus dem Arbeitspunktverlauf nach Bild 1 ergeben. Ohne Berücksichtigung der Zeitstruktur scheinen die Daten verrauscht zu sein.

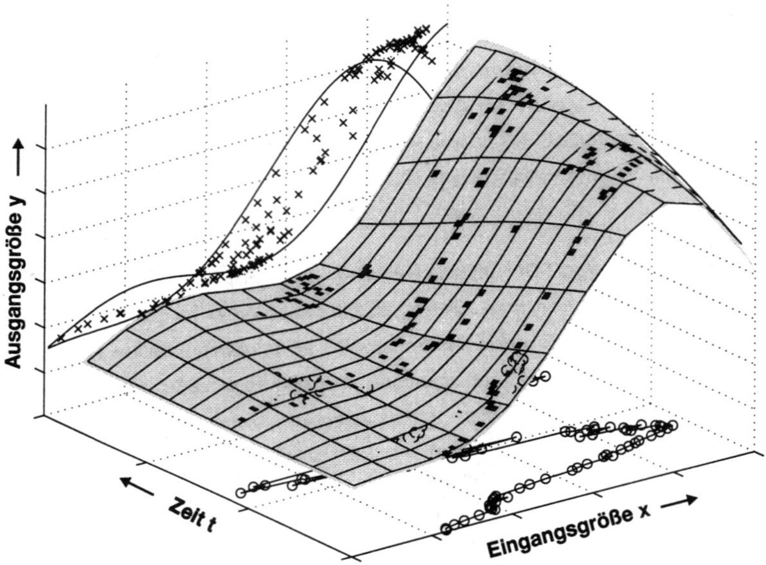

Bild 3. Beispiel einer nichtlinearen, zeitvarianten Funktion und zur Modellierung dieser Funktion verfügbarer Daten (dunkle Flächen) entsprechend eines gegebenen Arbeitspunktverlaufs. Nur aus den bis zu einem Zeitpunkt t gesehenen Daten soll ein Modell des Kennfelds zum Zeitpunkt t+1 „erlernt" werden. Die zeitliche Struktur der Daten kann und muß dabei berücksichtigt werden.

teltem Kennfeld aus allen Datenpunkten in Bild 2, wobei die unverrauschten Daten durch das Ignorieren der Zeitstruktur verrauscht erscheinen.

2. Kontinuierliches Lernen mit Neuronalen Netzen

Vor dem Einsatz neuronaler Modelle empfiehlt es sich stets, eine lineare Modellierung vorzunehmen. Oft leistet eine lineare Regression, evtl. mit höheren Potenzen, schon eine recht gute Annäherung an die Daten. Im Hinblick auf das kontinuierliche Lernen empfiehlt sich insbesondere die rekursive Berechnung der Regressionskoeffizienten [3] mit minimalem Rechenaufwand. Falls eine lineare Modellierung nicht die erforderliche Genauigkeit liefert, kommen neuronale Modelle in Betracht, wobei die meist für zeitinvariante Aufgaben entwikkelten Lernverfahren geeignet erweitert werden müssen.

Wie beim Lernen von zeitinvarianten Funktionen muß auch beim kontinuierlichen Lernen zu Beginn die Topologie des Neuronalen Netzes festgelegt werden. Dabei ist jedoch zu beachten, daß bei zeitvarianten Prozessen die Komplexität der zu lernenden Funktion zunehmen kann. Das bedeutet, daß auch die Netztopologie ständig an diese neuen Anforderungen angepaßt werden sollte. Im nächsten Schritt muß entschieden werden, in welcher Form die Trainingsdaten dem Netz präsentiert werden. Im Gegensatz zum zeitlich begrenzten Lernen besteht beim kontinuierlichen Lernen keine scharfe Trennung zwischen Trainings- und Anwendungsphase. In der Regel wird ständig zwischen Trainings- und Anwendungsphase hin- und hergeschaltet. Dabei stellt sich die Frage, wann das Netztraining angestoßen wird und welche Daten hierzu verwendet werden.

Gleitendes Fenster

Ein naheliegende Methode besteht darin, ein Fenster auf den Daten zu definieren und dieses mit einer festen Schrittweite über die Daten zu schieben. Für das Netztraining werden jeweils die Daten innerhalb des gleitenden Fensters verwendet. Abbruchkriterien für das Training können beispielsweise eine feste Epochenzahl, eine vorgegebene Fehlerschwelle oder ein Signal sein, welches anzeigt, daß das Modell nun angewendet werden muß, um z.B. eine neue Prognose zu liefern.

Die Wahl der Parameter (Fenstergröße, Schrittweite, Abbruchkriterium usw.) hat einen entscheidenden Einfluß auf die Modellierungsgüte und die Stabilität des Modells und kann in der Regel nur durch Experimente an das jeweilige Problem angepaßt werden. Wird beispielsweise das Modell durch eine zu kleine Fenstergröße und Fehlerschranke zu intensiv mit einem nicht repräsentativen Datensatz nachtrainiert, kann bereits vorhandenes „Wissen" durch eine zu starke Adaption völlig verloren gehen. Insbesondere in dem Grenzfall, bei dem nur mit dem letzten, aktuellen Muster nachtrainiert wird, besteht die Gefahr, daß das Netz die eigentliche Funktion nicht identifiziert, sondern lediglich eine Offset-Anpassung vornimmt, um den Fehler jeweils auf dem einen Datenpunkt zu minimieren.

Periodisches Netztraining

Im Gegensatz zum gleitenden Fenster werden beim periodischen Netztraining die anfallenden Trainingsdaten über einen längeren Zeitraum gesammelt, um anschließend mit diesem „großen" Datensatz das Netz nachzutrainieren. Feste Zeitschranken, das Erreichen einer vorgegebenen Datenmenge, Maschinenpausen oder Teilewechsel können Signale bzw. Situationen sein, durch die ein Netztraining gestartet wird.

Die größere Datenmenge soll sicherstellen, daß das Training mit repräsentativen Daten erfolgt und somit zu einer hohen Modellgüte führt. Wird jedoch das Intervall zwischen zwei Trainingseinheiten zu groß gewählt, können sich auch hier Probleme ergeben, wenn der Prozeß zeitlich stark schwankt. Der Fehler, den das Netz als Prozeßmodell bei der Anwendung liefert, steigt infolge der Zeitvarianz des Prozesses bis zum nächsten Nachtraining an, da das Netz erst dann wieder an die Veränderungen angepaßt wird. Werden anschließend alle gesammelten Daten gleichberechtigt, d.h. ohne Berücksichtigung der Zeitstruktur, zum Nachtraining verwendet, wird ein über die zeitliche Veränderung des Prozesses gemitteltes Modell gelernt, wie bereits im ersten Abschnitt (Bild 2 u. 3) erläutert wurde.

Um eine höhere Plastizität zwischen zwei Trainingsabschnitten zu erreichen, kann periodisches Netztraining z.B. mit einem gleitenden Fensteransatz kombiniert werden. Durch die permanente Präsentation aktueller Daten (gleitendes Fenster) erfährt des Netz eine Anpassung an den aktuellen Zustand des Prozesses. Die oben beschriebenen Probleme der Parametereinstellung und des periodischen Nachtrainings bleiben jedoch weitgehend erhalten.

Aufteilung des Arbeitsraums

Bei zeitvarianten Prozessen kommt es häufig vor, daß sich die Prozeßcharakteristik nur lokal, d.h. in bestimmten Bereichen des Raums der Eingangsgrößen (Arbeitsraum) ändert. Für die Stabilität beim kontinuierlichen Lernen ist es daher günstig, wenn mehrere Modelle für die verschiedenen Arbeitsraumbereiche existieren und bei lokalen Veränderungen dann nur das jeweils „zuständige" Modell angepaßt werden muß. Neuronale Netze kommen dieser Anforderung nur bedingt entgegen; es gibt sowohl Netze mit globalem Verhalten (z.B. Multilayer-Peceptrons - MLPs) als auch Netze mit lokalen Eigenschaften (z.B. Netze mit radialen Basisfunktionen - RBF Netze [4]).

Multilayer-Perzeptrons (MLPs) mit sigmoider Aktivierungsfunktion zeigen globales Verhalten in dem Sinne, daß sich die Aktivierung eines Neurons und damit auch die Veränderung von Gewichten im gesamten Raum der Eingangsgrößen (Arbeitsraum) auswirkt. Beim kontinuierlichen Lernen hat das zur Folge, daß eine (erwünschte) Anpassung des Netzes an eine lokale Prozeßänderung auch (unerwünschte) Auswirkungen auf die gelernte Funktion in allen anderen Raumbereichen nach sich ziehen kann. Die Aktivität der Neuronen von RBF-Netzen ist im Gegensatz dazu nur in einem definierten radialsymmetrischen Bereich um ihr Zentrum signifikant größer als Null. Daher wirken sich lokale Anpassungen beim Nachtraining auch nur lokal aus. Das Problem bei RBF-Netzen ist die große Zahl erforderlicher Neuronen, die mit der Dimension des Arbeitsraums exponentiell ansteigt.

Eine Alternative sind Hybrid-Verfahren, bei denen unterschiedliche Ansätze mit ihren Vorteilen kombiniert werden. Es gibt zahlreiche Ansätze mit zwei Verfahren, bei denen die erste Stufe eine Aufteilung des Arbeitsraums durchführt, um anschließend in der zweiten Stufe in den einzelnen Arbeitsraumregionen „lokale Modelle" zu plazieren. So wird beispielsweise bei Counterpropagation-Netzen über ein Kohonen-Netz eine Aufteilung des Eingaberaums gemäß der Dichteverteilung der Eingangsdaten durchgeführt und über einen linearen Assoziator werden einfache lineare Modelle für die entsprechenden Regionen angepaßt [5]. Dabei wird die Kohonen-Schicht unüberwacht und der Lineare Assoziator überwacht trainiert, d.h. das Training des Assoziators ist vom Training der Kohonen-Schicht abgekoppelt. Da der Assoziator warten muß, bis das Kohonen-Netz eine sinnvolle Raumaufteilung gefunden hat, kann sich diese schwache Bindung zwischen den beiden Ansätzen nachteilig auswirken. So werden z.B. Raumbereiche mit relativ wenigen Datenpunkten durch den Kohonen Algorithmus nur grob oder gar nicht aufgeteilt, jedoch kann gerade in solchen Bereichen eine feine Modellierung mit mehreren Modellen aufgrund starker Nichtlinearitäten erforderlich sein.

Aus der bisherigen Diskussion können bereits einige Anforderungen an Verfahren des kontinuierlichen Lernens abgeleitet werden:

1. Das Verfahren muß auch schnellen Änderungen der Prozeßcharakteristik folgen und dabei die Nichtlinearitäten des Prozesses modellieren. Dies erfordert mehr als nur eine Offset-Anpassung an einzelne Datenpunkte, die zwar schnell ist, aber zu keinem Modell führt. Eine Möglichkeit, dies zu erreichen, ist eine Kombination von Modellen mit verschiedener Adaptionsgeschwindigkeit, z.B. eine Kurzzeit- und eine Langzeitadaption.
2. Die Stabilität muß in der Regel durch eine Arbeitsraumaufteilung und lokal adaptive Modelle gewährleistet werden. Die Arbeitsraumaufteilung sollte sich bei Bedarf ebenfalls

an Prozeßveränderungen anpassen und sie sollte optimal sein bezüglich der Approximationsgüte der lokalen Modelle und nicht bezüglich der Dichte der Eingangsdaten. Dies erfordert eine enge Kopplung zwischen dem Verfahren zur Raumaufteilung und den lokalen Modellen.

3. Das Verfahren sollte bereits nach wenigen Trainingspunkten plausible Ergebnisse liefern und Netztopologie und Parameter im weiteren Verlauf weitgehend selbständig anpassen und mit zunehmender Datenmenge entsprechend verfeinern. Verfahren, die vor ihrem Einsatz zunächst eine umfangreiche manuelle Parameteroptimierung auf 10.000 Datensätzen erfordern, erreichen zwar u.U. eine höhere Leistung, scheiden aber in der Praxis häufig aus.

Diese Fragen und Probleme des kontinuierlichen Lernens, die insbesondere in industriellen Anwendungen bisher nur ansatzweise gelöst sind, werden als aktuelles Forschungsthema im BMBF Projekt AENEAS (Anwendung und Entwicklung Neuronaler Verfahren zur autonomen Prozeß-Steuerung) bearbeitet. Im nächsten Abschnitt werden zwei Ansätze zum kontinuierlichen Lernen beispielhaft vorgestellt, um im vierten Abschnitt auf die konkrete Anwendung der Profilsteuerung in Walzwerken einzugehen.

3. Kontinuierliches Lernen - Beispiele aktueller Ansätze

Kurzzeitadaption durch Fehlerextrapolation

Bei den folgenden Betrachtungen gehen wir von dem Szenario aus, daß ein neuronales Modell im Rahmen einer Prozeßführung zur Prognose des aktuellen Prozeßzustands eingesetzt wird. Dazu wird ein Eingangsvektor (Stellgrößen, Parameter etc.) an das Netz übergeben und dieses liefert gemäß der gelernten funktionalen Abbildung den Wert für eine oder mehrere Ausgangsgrößen als Prognose des Prozeßzustands. Diese Prognose wird zur Prozeßführung verwendet und nach einer bestimmten Zeit stehen Meßwerte der „tatsächlichen" Ausgangsgrößen zur Verfügung. Diese Meßwerte können anschließend mit der Netzprognose verglichen und der resultierende Fehler kann im Rahmen eines kontinuierlichen Lernvorgangs zur Anpassung des neuronalen Modells verwendet werden.

Zur Realisierung von unterschiedlichen Adaptionsgeschwindigkeiten (s. Punkt 1 im letzten Abschnitt) gibt es eine einfache Möglichkeit, zwei Verfahren zu kombinieren. Ein neuronales Modell liefert eine „Primärprognose" und adaptiert relativ langsam, um die Nichtlinearitäten des Prozesses ausreichend modellieren zu können. Um trotzdem schnellen Änderungen des Prozesses folgen zu können, liefert ein zweites Verfahren eine Kurzzeitprognose, die darauf basiert, daß aufeinanderfolgende Fehler bei der Prognose statistisch korreliert sind. Eine solche Kurzzeitprognose kann beispielsweise durch eine „Fehlerextrapolation" mit Hilfe sogenannter ARMA-Modelle nach Box-Jenkins erfolgen [6]. Über die Autokorrelationsfunktion und die partielle Autokorrelationsfunktion können geeignete Modelle aus den Daten geschätzt werden. Ein Autoregressionsmodell 2. Ordnung (AR(2)-Modell) nimmt beispielsweise an, daß der Fehler $e(t) = p(t) - y(t)$ zwischen Prognose und tatsächlichem Ausgangswert (Meßwert) zum Zeitpunkt t durch

$$e(t) = \Phi_1 \cdot e(t-1) + \Phi_2 \cdot e(t-2) + f(t)$$

dargestellt werden kann, mit $f(t)$ als weiterem Störterm. Der aktuelle Fehler hängt von den letzten beiden Fehlern ab. Die Koeffizienten Φ_1 und Φ_2 können aus den Daten geschätzt werden. Für AR-Modelle lassen sich rekursive Gleichungen verwenden, wodurch die Berechnung der aktuellen Parameterschätzer sehr schnell wird.

Sind die Prognosen und (tatsächlichen) Ausgangswerte bis zum Zeitpunkt $t-1$ bekannt und liegt die Primärprognose $p(t)$ vor, so ergibt sich die endgültige Voraussage zu $\hat{y}(t) = p(t) - \hat{e}(t)$, mit $\hat{e}(t)$ als prognostiziertem Fehler. Die Verwendung der Fehlerextrapolation hat in allen bisher von uns betrachteten realen Datensätzen aus industriellen Prozessen die Prognosegüte gegenüber einzelnen neuronalen Modellen um etwa 10-15 Prozent gesteigert. Die Abbildung 4 zeigt das typische Bild bei Anwendung der Fehlerextrapolation. Während das primäre, langfristig adaptierende Prognoseverfahren deutliche Abweichungen zum Output aufweist, liegen die mittels Fehlerextrapolation korrigierten, kurzfristig angepaßten Prognosen sehr nahe an den tatsächlichen Werten.

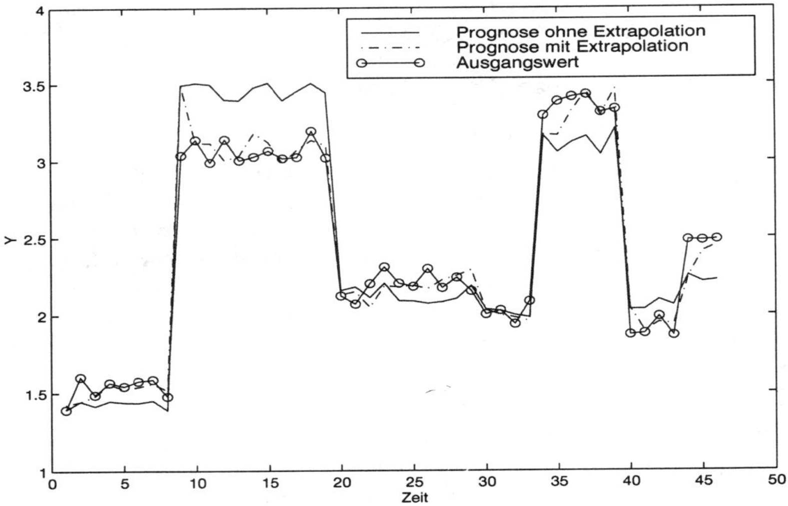

Bild 4. Verbesserung der Prognosegüte durch Fehlerextrapolation mit einem AR(3)-Modell.

Inkrementelles Clustern und Evaluieren (ICE)

Ein Ansatz, der die Punkte 2 und 3 des vorherigen Abschnitts adressiert, wird im folgenden kurz vorgestellt. Der ICE-Algorithmus ist in der Lage, seine Netztopologie sowie die optimale Anzahl der Modelle selbständig zu ermitteln und liefert bereits während der Initiallernphase plausible Ausgabewerte. Dieser Ansatz basiert auf einem Konzept konkurrierender Modelle, die ihre Einflußbereiche gegenseitig einschränken. Die Modelle selbst werden über eine Schicht von RBF-Neuronen aufgespannt, die sowohl in ihrer Anzahl und Position als auch in der Größe ihrer rezeptiven Felder variabel sind. Die RBF-Neuronen dienen zur Festlegung der Cluster- bzw. Modellgrenzen und als Stützstellen für unterschiedliche Modelle, die linear oder auch beliebig nichtlinear sein können.

Der ICE-Algorithmus ist, ähnlich wie ART-Netze [7], ein inkrementelles Verfahren und baut die Netztopologie entsprechend den jeweiligen Anforderungen selbständig auf. Stark vereinfacht läßt sich das Verfahren nach Bild 5 beschreiben.

ICE-Algorithmus

1. *Ermittle aktives Modell (=Modell mit höchster Aktivierung).*
2. *Falls in aktivem Modell genügend Prototypen vorhanden sind und die Modellprognose ungenügend ist*
   => 2.1 erzeuge neues Modell.
   sonst
   => 2.2 modifiziere aktives Modell.
3. *Berechne alle modifizierten Modelle neu.*

2.1 Erzeuge neues Modell:
2.1.1 Splitte aktives Modell (Prototyp: potentielle Stützstelle für neues Modell).
2.1.2 Erzeuge neuen Prototypen an der Position des aktuellen Eingabemusters.
2.1.3 Beschränke die rezeptiven Felder aller Prototypen konkurrierender Modelle.
2.1.4 Fasse alle Prototypen zu einem Modell zusammen, die nicht in Konkurrenz zueinander stehen.

2.2 Modifiziere aktives Modell:
2.2.1 Falls zu wenig Prototypen
=> Erzeuge neuen Prototypen an der Position des aktuellen Eingabemusters.
sonst
=> Verschiebe aktiven Prototype in Richtung des aktuellen Eingabemusters.
2.2.2 Beschränke die rezeptiven Felder aller Prototypen konkurrierender Modelle.

Bild 5. ICE-Algorithmus (vereinfachte Darstellung): Falls das aktive Modell den Forderungen entspricht, wird das Modell an das aktuelle Eingabemuster angepaßt. Ist dies nicht der Fall, wird ein neues Modell erzeugt.

Die Hauptunterschiede zu Verfahren wie Counterpropagation sind der sukzessive Aufbau der Modelle inkl. ihrer Prototypen, sowie die höhere Anzahl der Prototypen für jedes Modell. Durch die Prototypen wird zum einen eine feinere Auflösung der Modellgrenzen sowie eine bessere Repräsentation der Trainingsdaten für die einzelnen Modelle erreicht.

Das Begrenzen der rezeptiven Felder ist angelehnt an den DDA-Algorithmus [8]. Modelle dürfen an der Position von Prototypen konkurrierender Modelle lediglich eine maximale Aktivierung erreichen. Der Schwellwert wird von außen vorgegeben und ist einer der wenigen vorzugebenden Parameter. Im Gegensatz zum DDA besitzen beim ICE die Prototypen die Möglichkeit, ihre Position in Abhängigkeit der Daten zu variieren. Die Feinpositionierung erfolgt vergleichbar zu Kohonen-Netzen. Darüber hinaus dienen die Prototypen als Stützstellen für lokal lineare bzw. nichtlineare Modelle und nicht als Repräsentanten unterschiedlicher Klassen. Wieviele Modelle erforderlich sind, wird automatisch in Abhängigkeit der Modellprognosegüte ermittelt. Eine obere Grenze der Modellanzahl kann jedoch vorgegeben werden.

Die einzelnen Modelle werden aus Gründen der Stabilität mit der Zeit „eingefroren". Wenn die Möglichkeit besteht, ein intensives Netztraining durchzuführen, kann, wie bei Simulated Annealing [9], die Modell- bzw. Prototypbeweglichkeit erhöht werden. Die Funktionsweise des Verfahrens wird in Bild 6 anhand des Beispiel einer nichtlinearen und unstetigen Funktionsapproximationsaufgabe erläutert.

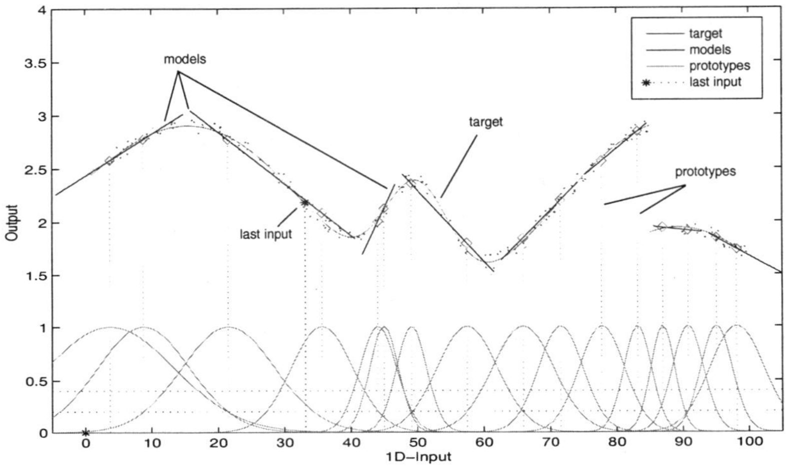

Bild 6. Ergebnis einer Funktionsapproximation nach einmaliger Präsentation von 200 Trainingsmustern. Erzeugt wurden 8 lineare Modell mit je 2 RBF-Prototypen als Modellstützstelle.

Bei diesem Versuch wurden dem Netz 200 Trainingmuster einer nichtlinearen, unstetigen Funktion einmalig präsentiert. Die Daten waren mit 10% Rauschen behaftet. Den einzelnen Modellen wurde eine maximale Abweichung von 0.2 (Absolutfehler) zugestanden. Wurde diese überschritten, wurde ein neues Modell erzeugt. Insgesamt wurden 8 Modelle generiert. Auch bei der Präsentation von 500, 1000, 5000 und 10000 Datenpunkten wurden max. 12 Modelle erzeugt (bei gleicher Parametereinstellung). Da das Erzeugen der Modelle nur von der Prognosegüte der vorhandenen Modelle abhängt, ist auch die Modellanzahl zum größten Teil vom genannten Schwellwert abhängig.

Die weiteren Arbeiten sollen es ermöglich, nicht nur verschiedene Modelle für verschiedene Raumbereiche zu generieren, sondern auch unterschiedliche Modelle für den gleichen Raumbereich zu erzeugen und zu verwalten. Die Nutzung dieser Modelle soll in Anlehnung an die Idee des Case-Based-Reasoning (CBR) [10] erfolgen, mit dem Unterschied, daß nicht nach der ähnlichsten Situation in der Vergangenheit gesucht wird, sondern nach dem Modell, welches am besten zur aktuellen Situation paßt. Anstatt also ein einzelnes Modell kontinuierlich an veränderte (und ggf. wiederkehrende) Situationen anzupassen, sollen dann verschiedene Modelle (ggf. auch als Expertenwissen) nebeneinander existieren, die z.B. frühere Anlagenzustände widerspiegeln und auf die bei Bedarf unverzüglich zurückgegriffen werden kann.

4. Industrielle Anwendung: Profilsteuerung in Walzwerken

Eine der prominentesten industriellen Anwendungen Neuronaler Netze liegt im Bereich der Walzwerksautomatisierung [11], [12]. Neuronale Netze werden dort als ergänzende Modelle zur Prozeßführung eingesetzt. Die zentrale Aufgabe der Prozeßführung einer Walzstraße ist die möglichst genaue Ermittlung der Einstellung der Anlage für das jeweils nächste Band *vor* dessen Einlauf in die Straße. Diese Einstellungen werden als Führungsgrößen an die Basisautomatisierung übermittelt, die die Regelung auf der untersten Ebene übernimmt. Die ausgeprägte Nichtlinearität und Zeitvarianz („Tagesform") des Walzprozesses erfordert ein kontinuierliches Lernen der neuronalen Modelle mit all den Problemen, die in den letzten Abschnitten diskutiert worden sind.

Neben der Breite und der Dicke ist das Profil ein wichtiges Gütekriterium für die Geometrie des Walzgutes nach Verlassen der Fertigstraße. Im einfachsten Fall ist das Profil definiert als der Dickenunterschied zwischen der Mitte und den Rändern eines Bandes. Das Ziel ist, das Profil während des Warmwalzens so klein wie möglich zu halten, da es in späteren Kaltwalzprozessen nicht mehr beeinflußt werden kann. Das Profil des Walzguts nach dem Durchlaufen eines Gerüsts ergibt sich als Funktion der Eigenschaften des Bandes beim Eintritt in das Gerüst und dem aktuellen Zustand und den Einstellungen des Gerüstes. Bild 7 zeigt den schematischen Aufbau einer Fertigstraße mit einigen Einflußgrößen auf das Profil. Das dem Stahl aufgeprägte Walzspaltprofil resultiert aus einer mechanischen und thermischen Walzenverformung und spiegelt die Prozeßvergangenheit des Walzvorgangs wider. Die thermische Walzenverformung (thermischer Crown) hängt z.B. von den Temperaturen, Breiten und Pausenzeiten einer ganzen Reihe aufeinanderfolgender Bänder ab.

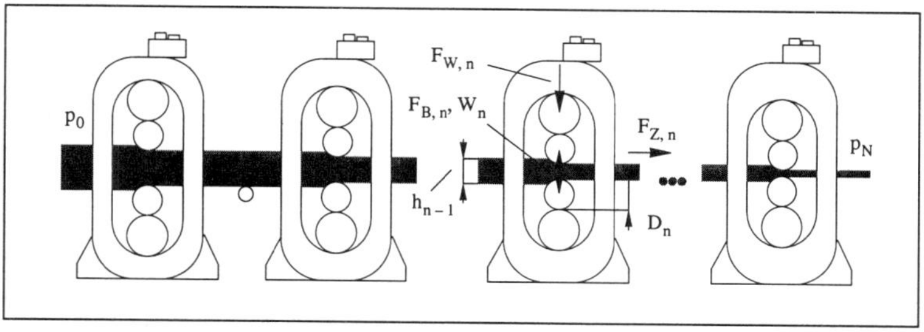

Bild 7. Schematische Darstellung einer Fertigstraße Jedes Gerüst *n* ändert das einlaufende Profil in Abhängigkeit von Parametern wie Banddicke *h*, Walzkraft F_W, Biegekraft F_B, Zugkraft F_Z, Walzspaltprofil *W* und Walzendurchmesser *D*.

Die existierenden mathematischen Modelle, beispielsweise zur Berechnung des Walzspaltprofils, beruhen zwar auf der Modellierung der physikalischen Zusammenhänge, jedoch sind in der Praxis viele idealisierte Voraussetzungen für die Gültigkeit der Modelle nicht erfüllt. Dies führt zu der Verwendung von zusätzlichen, heuristischen Modellen mit einer Vielzahl unbekannter Parameter, deren optimale Einstellung gefunden werden muß. Ein besonderes Problem liegt dabei in der Struktur der Profilmodelle. Während des gesamten Walzprozesses ändert sich das Profil des einlaufenden Stahlbandes von Gerüst zu Gerüst. Erst am Ende der Walzstraße kann es gemessen werden und mit den Vorhersagen des Modells verglichen werden. Das Profil des Bandes zwischen den Gerüsten ist aus technischen Gründen nicht direkt meßbar, jedoch benötigt man für die Stichplanberechnung eine Prognose für den Verlauf des Bandprofils über der gesamten Walzstraße. Dieser Profilverlauf kann durch das n-fache Hintereinanderschalten eines mathematischen Gerüstmodells erzeugt werden. Es hat sich jedoch gezeigt, daß kontinuierlich lernende Neuronale Netze in der Lage sind, das Endprofil insbesondere bei Produktumstellungen um bis zu 20% genauer vorherzusagen. Da das Neuronale Netz wiederum keine Zwischenprofile erzeugt, werden die Vorteile von mathematischem Modell und Neuronalem Netz in einem Hybridsystem verbunden.

Bild 8 zeigt das Schema dieses Hybridsystems, bei dem das mathematische Modell zur Zwischenprofilprognose und das Neuronale Netz zur Endprofilprognose parallel arbeiten. Da das Neuronale Netz das Endprofil in der Regel genauer prognostiziert, werden die Parameter des mathematischen Modells für jedes Band so modifiziert, daß die Endergebnisse beider Modelle übereinstimmen, wodurch sich wiederum genauere Zwischenprofilwerte ergeben.

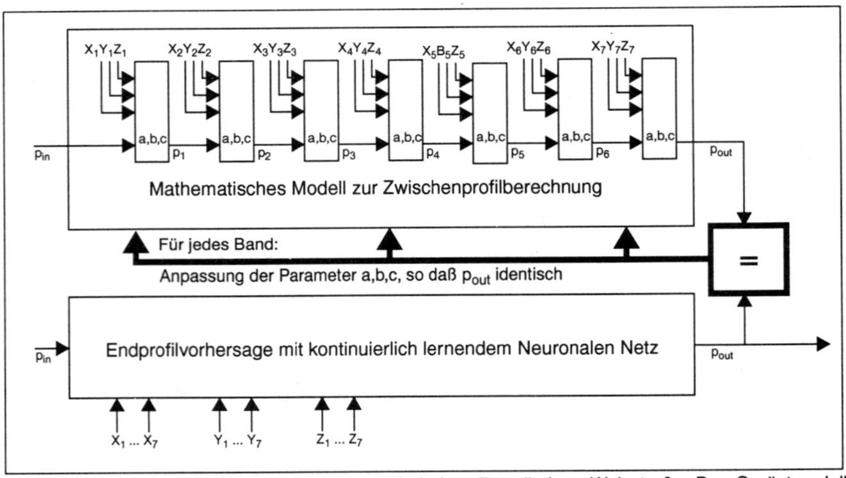

Bild 8. Hybrides Modell zur Profilvorhersage bei einer 7-gerüstigen Walzstraße. Das Gerüstmodell berechnet aus einlaufendem Profil p_{in} und den Gerüsteinstellungen X,Y, Z die Zwischenprofile p_n und das Endprofil p_{out}. Das Neuronale Netz berechnet ebenfalls das Endprofil p_{out}, allerdings in der Regel genauer. Daher werden die Parameter a,b,c des Gerüstmodells so adjustiert, daß es ein möglichst ähnliches Endprofil wie das NN erzeugt.

Diese Form der Parallelschaltung von Modellen hat insbesondere auch Vorteile bezüglich der Zuverlässigkeit und Sicherheit der Verfahren im industriellen Einsatz. Das mathematische Modell ist robust und kann bei Bedarf ohne die neuronale Optimierung verwendet werden, auch wenn dies zu suboptimalen Ergebnissen führt. Erst wenn das Netz durch ausreichendes Training verläßlich bessere Werte liefert, wird sein Ausgangswert zur Optimierung der Parameter des mathematischen Modells herangezogen. Dieses Hybridmodell wurde im Rahmen des BMBF Forschungsprojektes AENEAS in Zusammenarbeit mit der SIEMENS AG entwickelt und wird z. Zt. in einer Anlage implementiert.

5. Ausblick

Neuronale Netze werden in der Prozeßautomatisierung oft dann eingesetzt, wenn das Verbesserungspotential konventioneller Verfahren erschöpft ist, z.B. bei den hier beschriebenen nichtlinearen und zeitvarianten Problemstellungen. Dabei darf nicht übersehen werden, daß solche Anforderungen auch an die Grenzen des gegenwärtigen Stands der Technik der Neuronalen Netze stoßen. Wir haben in diesem Beitrag die Anforderungen speziell im Hinblick auf das kontinuierliche Lernen Neuronaler Netze diskutiert und beispielhafte Lösungsansätze aufgezeigt. Dabei sind die zahlreichen, noch ungelösten Probleme Gegenstand intensiver Forschung. Parallel zu diesen Arbeiten bewähren sich Neuronale Netze mittlerweile in vielen industriellen Anwendungen im täglichen Einsatz, insbesondere in der Walzwerksautomatisierung. Hier verdrängen Neuronale Netze nicht die konventionellen, mathematischen Modelle, sondern ergänzen sie vielmehr als spezielle Komponenten eines hybriden Systems dort wo es sinnvoll und nützlich ist.

Literatur

[1] White, D. & Sofge, D. (Eds.), (1992). „Handbook of Intelligent Control - Neural, Fuzzy, and Adaptive Approaches", Van Nostrand Reinhold, New York.

[2] McCloskey, M. & Cohen, N. (1989). „Catastrophic Interference in Connectionist Networks: The Sequential Learning Problem". The Psychology of Learning and Motivation, 24, pp. 109-165.

[3] Isermann, R. (1992). „Identifikation dynamischer Systeme 1". Berlin, Heidelberg, New York, Springer Verlag, S. 235-248.

[4] Poggio, T., Girosi, F. (1990). „Regularization Algorithms for Learning That Are Equivalent to Multilayer Networks". Science 247, pp. 978-982.

[5] Hecht-Nielsen, R. (1987). „Counterpropagation networks". Proc. of the IEEE First International Conference on Neural Networks. San Diego, CA, Vol. 2, pp. 19-32.

[6] Box G.E.P., Jenkins G.M., (1970). „Time series analysis, forecasting and control". , Holden Day, San Francisco.

[7] Carpenter, G., Grossberg, S. (1987). „A massively parrallel architecture for a selforganizing neural pattern recognition machine". Computer Vision, Graphics and Image Processing, pp. 54-115.

[8] Berthold, M., Diamond J. (1994). „Boosting the Performance of RBF Networks with Dynamic Decay Adjustment". Advances in Neural Information Processing Systems 7, Morgan Kaufmann Publishers, San Mateo, CA.

[9] Kirkpatrick, S., Gelatt, C. & Vecchi, M. (1983). „Optimation by simulated annealing", Science, Vol. 220, pp. 671-680.

[10] Kolodner, J. (1993), „Case-Based Reasoning", Morgan Kaufmann Publishers, San Mateo, CA.

[11] Lindhoff, D., Sörgel, G., Gramckow, O. & Klode, K.-D. (1994). „Erfahrungen beim Einsatz Neuronaler Netze in der Walzwerksautomatisierung". Stahl und Eisen, 114, Heft 4, S. 49-53+208.

[12] Martinetz, T., Gramckow, O., Protzel, P. & Sörgel, G. (1996). „Neuronale Netze zur Steuerung von Walzstraßen", atp - Automatisierungstechnische Praxis, 38, Heft 10, S. 28-42.

NEURONALBASIERTER BEOBACHTERENTWURF FÜR EINE KLASSE NICHTLINEARER SYSTEME – THEORIE UND PRAXIS

Dipl.–Ing. Stephan Straub, Prof. Dr.-Ing. Dr.-Ing. h.c. Dierk Schröder
Lehrstuhl für Elektrische Antriebstechnik, Technische Universität München
email: straub@eat.e-technik.tu-muenchen.de

1 Zusammenfassung

Der Entwurf nichtlinearer Regelungsverfahren war in den letzten Jahren Gegenstand vieler Forschungsarbeiten. Im Gegensatz zu den Verfahren der linearen Regelungstheorie existieren nur wenige Ansätze, die sowohl für den Beobachter– als auch für den Reglerentwurf eine allgemeingültige Anwendung für eine Vielzahl auftretender nichlinearer Probleme erlauben. In Rahmen dieses Beitrages wird eine Methodik vorgestellt, die es ermöglicht, einen stabilen nichtlinearen Beobachter für eine breite Klasse nichtlinearer Systeme zu entwerfen. Eine besondere Rolle spielt hierbei die Implementierung spezieller neuronaler Netze als nichtlineare Funktionsapproximatoren in die dynamische Gesamtstruktur. Neben der theoretischen Ableitung des Verfahrens wird eine Anwendungsmöglichkeit aus dem Bereich der kontinuierlichen Fertigungstechnik vorgestellt. Diese Validierung soll die Anwendbarkeit des Verfahrens in realer Umgebung aufzeigen.

2 Einleitung

Aufgrund ihrer nichtlinearen Approximationseigenschaft werden in der nichtlinearen Regelungstheorie zunehmend neuronale Netze eingesetzt. Aufgrund der Vielzahl unterschiedlicher Netzwerktypen (General Regression Network, Multilayer Perceptron Netze, Hopfield Netze etc.) und der Verwendung verschiedender Lernalgorithmen fällt eine Einordnung bestehender Verfahren für konkrete Problemstellungen schwer. Diese Problematik ist nicht zuletzt u.a. begründet in unterschiedlichen Zielsetzungen im Hinblick auf die Regelung, Beobachtung sowie die Identifikation nichtlinearer dynamischer Systeme. Mit dem Begriff der *Identifikation nichtlinearer dynamischer Systeme* ist zunachst nicht vollständig geklärt, ob lediglich das Input–Outputverhalten eines Systems oder aber auch die Zustandsbeobachtung sowie eine Merkmalsextraktion einzelner im System auftretender Nichtlinearitäten erwünscht ist. Eine klare Defintion der einzelnen Zielunterpunkte ist nicht zuletzt abhängig von gegebenen Restriktionen wie zum Beispiel der Meßbarkeit einzelner Systemzustände sowie der Möglichkeit der Einbindung von Systemvorwissen in die Gesamtstruktur. Aus diesem Grunde wird bei der Beschreibung des Verfahrens deutlich sowohl auf die eigentliche Zielsetzung als auch auf Restriktionen eingegangen.
Dieser Beitrag soll insbesondere neue (neuronale) Ansätze aus dem Bereich der nichtlinearen Regelungstheorie mit den in den letzten Jahren entstandenen neuen Anforderungen aus dem Gebiet der Mechatronik verknüpfen. Die daraus resultierende gesamtheitliche Betrachtungsweise eines Systems bestehend aus Elektrotechnik, Mechanik und Informationsverarbeitung führt zu erweiterten regelungstechnischen Problemstellungen hinsichtlich erhöhter Komplexität, ungenauer

Parameter und dem Auftreten unterschiedlicher Nichtlinearitäten, womit adaptive oder lernende Verfahren zusätzlich an Bedeutung gewinnen.

3 Theoretische Ableitung des neuronalen Beobachters

3.1 Einleitung und Motivation

In der linearen Regelungstheorie existieren Standardverfahren, die eine allgemeingültige Anwendung für unterschiedliche Problemstellungen erlauben. Dies gilt sowohl für den Reglerentwurf (Kaskadenregler, Zustandsregler etc.) als auch für den Entwurf von Beobachtern (Luenbergerbeobachter, Kalman–Filter etc.). Leider können diese Verfahren nicht oder nur bedingt auf das Gebiet der nichtlinearen Regelungstheorie übertragen werden. Bereits bei linearen Systemen mit unbekannten Parametern müssen zur Parameteridentifikation oder zur Regelung unter Verwendung eines adaptiven Algorithmus nichtlineare Stabilitätsanalysen nach der Ljapunov'schen Theorie angewandt werden. Als Beispiele seien hier das sog. *Model Reference Adaptive Control (MRAC)*, sowie der sog. *Self Tuning Regulator (STR)* genannt [16]. Bereits die Regelung **bekannter** nichtlinearer Strecken erweist sich als nichttriviale Aufgabenstellung [1], der in vielen Fällen mit einer robusten Reglerauslegung oder einer linearisierten Betrachtung im Arbeitspunkt begegnet wird. Wesentlich komplexer wird die Ausgangssituation bei **unbekannten** nichtlinearen Systemen, die eine Reglerauslegung ohne Streckenkenntnis nur schwer ermöglichen. Dies zeigt unter anderem, daß Verfahren zum Informationsgewinn in Form geeigneter Wissensextraktion analog einer linearen Parameterschätzung mehr und mehr Bedeutung gewinnen. Die *Identifikation* nichtlinearer Systeme und die Weiterverarbeitung des extrahierten Wissens wird in den nächsten Abschnitten näher beschrieben.

3.2 Motivation

Analog zur adaptiven Regelung linearer Systeme mit unbekannten oder teilweise unbekannten Paramtern können auch im nichtlinearen Fall zwei grundlegende adaptive Regelungskonzepte unterschieden werden: die direkte und die indirekte Regelung. Die direkte Regelung ist ein zumeist

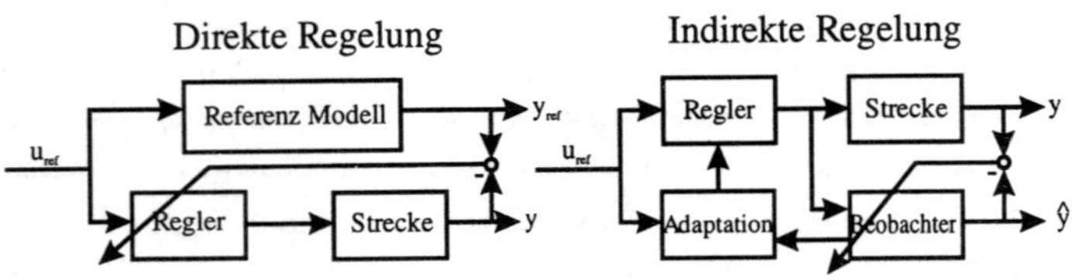

Abbildung 1: Allgemeine Regelungsstrukturen

referenzmodellbasiertes Regelungsverfahren, wobei ein neuronaler Regler in der Form adaptiert wird, daß der Streckenausgang einem gewünschten Verhalten folgt. Vorteil dieses Verfahrens ist hierbei, daß der Regler selbst adaptiert wird, wobei der Nachteil darin besteht, daß dem Anwender keinerlei (zusätzliche) Streckeninformation vorliegt (Beispiel: *MRAC*). Ein derartiges (neuronales) Verfahren findet sich in [6].

Bei der indirekten Regelung laufen Identifikationsvorgang und Regelungsvorgang getrennt voneinander ab. Ein erlerntes Wissen wird hierbei einem Regler in geeigneter Form vorgegeben. Die Adaption des Reglers kann anwendungsspezifisch in unterschiedlicher Weise erfolgen. Dies kann von einer einfachen Sollwertbeeinflussung bis hin zur Abänderung der Reglerparameter und/oder der Reglerstruktur führen (Beispiel: *STR*).
Für die Regelung nichtlinearer Strecken können die Regelungskonzepte zwar in ihrer Grundstruktur beibehalten werden, die einzelnen Komponenten wie Beobachter und Adaption müssen aber erweitert werden. Die Nichtlinearität der Strecke erfordert eine Adaptionsmethodik, die eine Regelung der Strecke im erwünschten Arbeitsbereich erlaubt. Damit werden Paramterschätzverfahren und Referenzmodellregelung zu arbeitspunktabhängigen und damit zum Teil höherdimensionalen Problemen. Neuronale Netze können in geeignetem Maße die hier gestellten Forderungen erfüllen [15]. Die Problematik besteht nun weniger darin, einen geeigneten Netzwerktyp zu finden [4], als vielmehr in der Ableitung eines für regelungstechnische Probleme erforderlichen stabilen und konvergenten Adaptionsalgorithmus.
Im Rahmen dieses Berichtes soll nun näher auf die indirekte Regelung und vor allem auf die Beobachtung und Identifikation einer nichtlinearen dynamischen Strecke näher eingegangen werden, wobei an dieser Stelle angemerkt sei, daß die wesentlichen theoretischen Grundlagen sich auch auf den Fall der direkten Regelung übertragen lassen [4]. Auf der Basis einer (teilweise) unbekannten Strecke sollen hinsichtlich einer Streckenidentifikation folgende Ziele definiert werden:

- Nachbildung des Input–Outputverhaltens der Strecke
- Zustandsbeobachtung nicht–meßbarer Zustandsgrößen
- Extraktion einzelner nichtlinearer Charakteristiken
- Implementierung von Vorwissen in das System
- Stabiles Verhalten des Gesamtsystems

Der erste Punkt ist hierbei die Grundlage eines jeden Identifikationssystems, während die Erfüllung der weiteren Punkte oftmals schon an der Wahl einer geeigneten Identifikationsstruktur scheitert. Hier seien zum Beispiel dynamische Netze mit integrierten Speichergliedern genannt, die zwar das Gesamtverhalten eines dynamischen Systems nachbilden, interne Zustände aber oftmals nicht mehr physikalisch interpretierbar sind. Es sei an dieser Stelle aber angemerkt, daß die Wahl des Verfahrens direkt verbunden ist mit der Ausgangssituation hinsichtlich der vorhandenen Meßgrößen und der Kenntnis der Systemordnung und -struktur. Auf der Basis der oben genannten Zielvorstellungen erfolgt in den folgenden Abschnitten die theoretische Ableitung des neuronalen, nichtlinearen Beobachters. Zunächst soll näher auf das verwendete neuronale Netz eingangen werden.

3.3 Das General Regression Neural Network

Das GRNN gehört zu der Klasse der (normierten) *Radial Basis Function Networks* und zeichnet sich dadurch aus, daß seine Struktur einfach zu realisieren und daher des Lernverhalten nachvollziehbar ist. Ausführlich beschrieben wurde das GRNN z.B. in [4]. Insbesondere wurde darin der

Vergleich mit anderen Netzwerkstypen aufgezeigt und der Vorteil des GRNN in regelungstechnischen Anwendungen beschrieben. Ein besonderer Vorteil liegt im *lokalen Verhalten* der einzelnen Stützwerte des Netzes, was das Netz nicht mehr als black–box erscheinen läßt und deshalb transparenter macht.

Ziel bei der Verwendung des GRNN ist es, eine nichtlineare Funktion $y = \mathcal{NL}(\underline{x})$, die von den Eingangsparametern $\underline{x}$ abhängt, mittels einer (zumeist) festen Anzahl an Stützwerten $\underline{\Theta}$ an diskreten Stellen des Eingangsraumes $\underline{x}^i$ möglichst genau nachzubilden. In Abb. 2 ist dies für einen

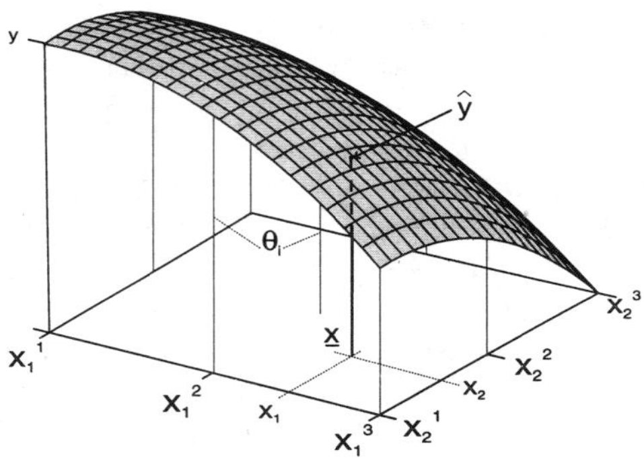

Abbildung 2: Approximation einer nichtlinearen Funktion

zwei-dimensionalen Eingangsraum (x_1,x_2) dargestellt. Zwischen den Stützwerten läßt sich der wahrscheinlichste Funktionswert $\hat{y}$ an der Stelle $\underline{x}$ berechnen:

$$\hat{y} = \frac{\sum_{i=1}^{N} \Theta_i \cdot \exp(-\frac{D_i^2}{2\sigma^2})}{\sum_{i=1}^{N} \exp(-\frac{D_i^2}{2\sigma^2})} = \underline{\Theta}^T \cdot \underline{\mathcal{A}}(\underline{x}) \tag{1}$$

mit

$$\underline{\mathcal{A}}(\underline{x}) = \frac{\exp(-\frac{D_i^2}{2\sigma^2})}{\sum_{i=1}^{N} \exp(-\frac{D_i^2}{2\sigma^2})} \tag{2}$$

Dabei ist $\underline{\Theta}$ der Stützwertevektor der Dimension N, $\underline{\mathcal{A}}(\underline{x})$ der Vektor der Wahrscheinlichkeitsdichtefunktion, im folgenden Aktivierungsvektor genannt, sowie σ der Glättungsfaktor. Der Abstand D_i von der Stelle $\underline{x}$ zu den Stützstellen $\underline{x}^i$ ergibt sich zu (Euklidischer Abstand):

$$D_i^2 = (\underline{x} - \underline{x}^i)^T(\underline{x} - \underline{x}^i) \tag{3}$$

Da mit Hilfe des GRNN ein unbekannter nichtlinearer Zusammenhang identifiziert werden soll, müssen die Stützwerte $\hat{\underline{\Theta}}$ zunächst in geeigneter Weise adaptiert werden. Voraussetzung ist dabei, daß die zu identifizierende Nichtlinearität $\mathcal{NL}(\underline{x})$ in der Form $\underline{\Theta}^T\underline{\mathcal{A}}(\underline{x})$ darstellbar ist. Es gilt also:

$$\mathcal{NL}(\underline{x}) = \underline{\Theta}^T \cdot \underline{\mathcal{A}} + z \tag{4}$$

z ist hierbei der sogenannte *inherent approximation error*, der analog [4] und [6] in den folgenden Betrachtungen vernachlässigt werden kann. Wenn sowohl der Eingang als auch der Ausgang der Nichtlinearität direkt meßbar ist (einfachstes Beispiel), kann das Netz mittels folgendem Lerngesetz adaptiert werden (siehe hierzu auch Abbildung 3):

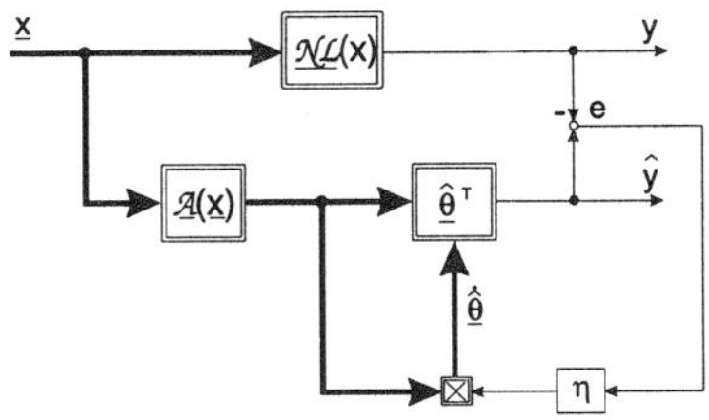

Abbildung 3: Grundprinzip der Adaption des GRNN

$$\underline{\dot{\Theta}}^T = -\eta \cdot \underline{A}(\underline{x}) \cdot e \tag{5}$$

mit der Lernschrittweite η ($\eta > 0$) und dem Fehler $e = \hat{y} - y$. Es handelt sich in diesem Fall um eine rein statische Identifikation, die lediglich das Grundprinzip des verwendeten Verfahrens aufzeigen soll. Die Stabilität dieser Adaptionsmethodik läßt sich durch das Fehlermodell 1 aus [14] zeigen, welches auf der Theorie von Ljapunov basiert. Die Nichtlinearität ist dann richtig identifiziert, wenn zum einen Fehler e verschwindet:

$$\lim_{t\to\infty} e = 0 \tag{6}$$

und zum anderen die Stützwerte des neuronalen Netzes $\hat{\underline{\Theta}}$ konvergieren:

$$\lim_{t\to\infty} \underline{\phi} = \hat{\underline{\Theta}} - \underline{\Theta} = \underline{0} \tag{7}$$

Voraussetzung für die Paramterkonvergenz ist die Bedingung der *persistent excitation*, d.h. der Eingangsraum muß während des Lernvorganges in einem ausreichenden Maße mit ausreichendem Informationsgehalt durchfahren werden. Eine genaue Beschreibung dieser Problematik findet sich beispielsweise in [4].

Schwieriger wird die Ableitung eines stabilen Lerngesetzes, wenn sich folgende Situationen ergeben:

- Der Ausgang der Nichtlinearität ist nicht direkt zugänglich. Zwischen der Fehlervergleichsstelle und der Nichtlinearität findet eine dynamische Beeinflussung statt.
- Die Eingänge der Nichtlinearität sind nicht meßbar.
- Es treten mehrere unbekannte Nichtlinearitäten in einem System auf.

Die Ableitung der Lerngesetze für diese Fälle erfordert zusätzliche Überlegungen, die im nächsten Abschnitt näher erläutert werden.

3.4 Voraussetzungen für den Beobachterentwurf

Ziel dieses Abschnitts ist es, eine systematische Vorgehensweise darzulegen, mit der Beobachter für eine spezielle Klasse von nichtlinearen Strecken entworfen werden können. Diese Arbeit ist eine Erweiterung der theoretischen Untersuchungen in [4] sowie [7]. Die Aufgabe des Beobachters wird einerseits die **Beobachtung aller Systemzustände** sein, andererseits die **Identifikation der auftretenden Nichtlinearität**. Das Resultat der Identifikation soll ein interpretierbarer und darstellbarer Zusammenhang $\widehat{NL}(\underline{x}, u)$ sein. Besonderes Augenmerk wird auf die garantierte Stabilität des Lernvorgangs, d.h. die Fehlerkonvergenz gegen Null ($\lim_{t\to\infty} e(t) = 0$), sowie die Paramterkonvergenz des neuronalen Netzes ($\widehat{\mathcal{NL}} \to \mathcal{NL}$) gelegt. Das erlernte Wissen kann dann in spezieller Form einer Regelung zugänglich gemacht werden. Mittels geeigneter Algorithmen wird der nichtlineare Term kompensiert, um sich beim Reglerentwurf auf eine linearisierte Strecke stützen zu können. Ebenso können beobachtete Zustände einer Zustandsregelung zugänglich gemacht werden. Aufgrund einfacherer Darstellung werden alle Ausführungen für den SISO - Fall betrachtet, der MIMO - Fall ist daraus aber leicht ableitbar. Alle folgenden Betrachtungen beziehen sich auf Strecken mit isolierter statischer Nichtlinearität.

Definition: Strecke mit isolierter Nichtlinearität *Als Strecke mit isolierter Nichtlinearität wird eine Strecke bezeichnet, die in Zustandsdarstellung dargestellt werden kann als*

$$\dot{\underline{x}} = A\underline{x} + \underline{b}u + \underline{\mathcal{NL}}(\underline{x}, u) = A\underline{x} + \underline{b}u + \underline{e}_{NL}\mathcal{NL}(\underline{x}, u) \quad \text{und} \quad y = \underline{c}^T\underline{x} + du \qquad (8)$$

Die isolierte Nichtlinearität ist also durch ein Produkt aus skalarer Nichtlinearität $\mathcal{NL}(\underline{x}, u)$ und Einkoppelvektor $\underline{e}_{NL}$ der Streckendimension darstellbar. Sie ist in Ihren Abhängigkeiten bekannt.

Zum Beobachterentwurf müssen die Systemmatrizen A, $\underline{b}$, $\underline{c}^T$, d und auch der Einkoppelvektor $\underline{e}_{NL}$ der Nichtlinearität konstant und bekannt sein.

Definition: Verteilte Nichtlinearitäten *Im Gegensatz zur isolierten Nichtlinearität werden verteilte Nichtlinearitäten durch einen Vektor $\underline{\mathcal{NL}}(\underline{x}, u)$ mit mindestens zwei verschiedenen Komponenten ungleich Null dargestellt. Diese Komponenten bestehen ihrerseits aus skalaren Nichtlinearitäten. Eine Darstellung der Form $\underline{\mathcal{NL}}(\underline{x}, u) = \underline{e}_{NL}\mathcal{NL}(\underline{x}, u)$, also eine Darstellung mit einem nichtlinearen Zusammenhang, ist nur dann möglich, wenn die einzelnen Komponenten des Vektors $\underline{\mathcal{NL}}$ sich aus einer Linearkombination einer Komponente des Vektors ergeben. Die verteilten Nichtlinearitäten werden dann zu einer isolierten Nichtlinearität.*

Es sei an dieser Stelle angemerkt, daß sich der Beobachterentwurf zunächst auf Systeme mit isolierten Nichtlinearitäten beschränkt. Eine Erweiterung auf Probleme mit verteilten Nichtlinearitäten ist aber in vielen Fällen durch geeignete Entkopplungsmechanismen möglich, mit denen höherdimensionale Systeme in einzelne Subsysteme (Subsysteme mit jeweils isolierten Nichtlinearitäten) aufgesplittet werden können (Entkopplung durch Messung). Weitere Ansätze hierzu finden sich in [9]. Alle an dieser Stelle betrachteten Nichtlinearitäten seien statische Nichtlinearitäten, d.h. sie hängen nur von Zuständen und Eingängen, nicht aber explizit von der Zeit ab. Ebenso besitzen sie auch keine internen Speicher (eine Hysterese ist damit nicht darstellbar). Ziel ist es, die unbekannte Nichtlinearität mittels GRNN zu identifizieren. Dazu muß grundsätzlich die Voraussetzung der **Sichtbarkeit** der Nichtlinearität in der zur Verfügung stehenden Meßgröße gegeben sein.

Definition: Sichtbarkeit der Nichtlinearität *Die Sichtbarkeit einer Nichtlinearität am Ausgang einer SISO-Strecke ist genau dann gegeben, wenn die Übertragungsfunktion* $H_{NL}(s)$

$$H_{NL}(s) = \underline{c}^T(sE - A)^{-1}\underline{e}_{NL} \tag{9}$$

vom Angriffspunkt der Nichtlinearität zum Streckenausgang ungleich Null ist.

Hierbei muß die zeitinvariante Strecke im linearen Teil (Systemmatrizen) bekannt sein. Es muß die Kenntnis über den Angriffspunkt der Nichtlinearität sowie die Abhängigkeiten vom Eingangsraum vorliegen. Unter diesen Voraussetzungen kann der im folgenden vorgestellte Beobachteransatz zur Identifikation der isolierten Nichtlinearität und zur Zustandsbeobachtung verwendet werden.

3.5 Beobachterentwurf für Strecken mit isolierten Nichtlinearitäten

Zunächst soll der Beobachterentwurf für eine Strecke mit statischer isolierter Nichtlinearität bei meßbarem oder rückrechenbarem (z.B. durch Differentiation) Eingangsraum betrachtet werden. Das bedeutet, daß alle Eingänge von $\mathcal{NL}(x_1 \ldots x_k, u)$ bekannt angenommen werden (die Nichtlinearität muß nicht von allen Zuständen abhängen). Der Eingangsraum der Nichtlinearität wird im folgenden mit $\underline{x}_E$ bezeichnet.
Der Beobachter für eine SISO-Strecke mit meßbarem Eingangsraum der Nichtlinearität

$$\dot{\underline{x}} = A\underline{x} + \underline{b}u + \underline{e}_{NL}\mathcal{NL}(\underline{x}_E, u) \quad \text{und} \quad y = \underline{c}^T\underline{x} + du \tag{10}$$

mit bekannten und konstanten A, $\underline{b}$, $\underline{c}^T$, d und $\underline{e}_{NL}$ kann ähnlich zum Luenbergerbeobachter angesetzt werden als

$$\dot{\hat{\underline{x}}} = (A - \underline{l}\,\underline{c}^T)\hat{\underline{x}} + \underline{b}u + \underline{e}_{NL}\widehat{\mathcal{NL}}(\underline{x}_E, u) + \underline{l}\,\underline{c}^T\underline{x} \quad \text{und} \quad \hat{y} = \underline{c}^T\hat{\underline{x}} + du \tag{11}$$

wobei der Beobachterfehler zu

$$e = \hat{y} - y \tag{12}$$

definiert wird. Bei den folgenden Betrachtungen wird nun angenommen, daß der Ausgang der Nichtlinearität als zusätzliches Eingangssignal einer ansonsten linearen Strecke vorliegt. Nur so können alle linearen Methoden wie das Superpositionsprinzip und die Darstellung mittels Übertragungsfunktion angewendet werden.
In Abbildung 4 ist die verwendete Struktur in Zustandsdarstellung gezeigt. Der Rückführvektor $\underline{l}$ muß so dimensioniert werden, daß die Beobachterpole der Matrix $(A - \underline{l}\,\underline{c}^T)$ negativen Realteil besitzen und schneller als die Streckenpole ausgelegt werden, damit das Einschwingen des Beobachters garantiert ist (asymptotische Stabilität). Die Dimensionierung kann wie im linearen Fall mittels LQ-Optimierung oder durch Polvorgabe erfolgen [2].
Zur Ableitung eines stabilen Lerngesetzes ist die Fehlerübertragungsfunktion $H(s)$ nötig. Zu deren Bestimmung wird zunächst von der Zustandsdarstellung ausgegangen und dann eine gemischte Laplace-Zustandsnotation verwendet. Für die Strecke gilt:

$$\dot{\underline{x}} = A\underline{x} + \underline{b}u + \underline{e}_{NL}\mathcal{NL}(\underline{x}_E, u) \qquad \text{und} \qquad y = \underline{c}^T\underline{x} + du \tag{13}$$

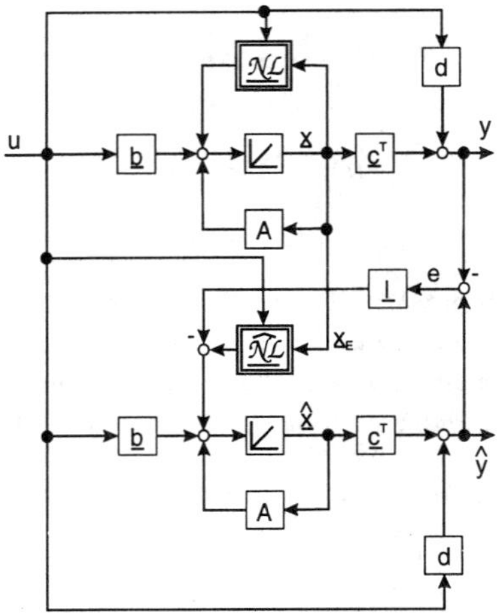

Abbildung 4: *Beobachteransatz*

Der Ansatz für den Beobachter lautet bei bekanntem $A, \underline{b}, \underline{c}$ und d:

$$\dot{\underline{\hat{x}}} = A\underline{\hat{x}} + \underline{b}u + \underline{e}_{NL}\widehat{\mathcal{NL}}(\underline{x}_E, u) + \underline{l}\,\underline{c}^T(\underline{x} - \underline{\hat{x}}) \quad \text{und} \quad \hat{y} = \underline{c}^T\underline{\hat{x}} + du$$

$$\text{bzw.} \quad \dot{\underline{\hat{x}}} = \left(A - \underline{l}\,\underline{c}^T\right)\underline{\hat{x}} + \underline{b}u + \underline{e}_{NL}\widehat{\mathcal{NL}}(\underline{x}_E, u) + \underline{l}\,\underline{c}^T\underline{x} \quad \text{und} \quad \hat{y} = \underline{c}^T\underline{\hat{x}} + du \tag{14}$$

Der Beobachterfehler der einzelnen Zustände wird definiert zu

$$\underline{e}_Z = \underline{\hat{x}} - \underline{x} \tag{15}$$

und der Fehler im Ausgang (Messung) zu

$$e = \hat{y} - y \tag{16}$$

wobei e aus $\underline{e}_Z$ durch folgende Beziehung hervorgeht:

$$e = \underline{c}^T\underline{e}_Z \tag{17}$$

Die Fehlerdifferentialgleichung des Zustandsfehlers kann somit dargestellt werden als:

$$\dot{\underline{e}}_Z = \left(A - \underline{l}\,\underline{c}^T\right)\underline{e}_Z + \underline{e}_{NL}\left(\widehat{\mathcal{NL}}(\underline{x}_E, u) - \mathcal{NL}(\underline{x}_E, u)\right) \tag{18}$$

Das neuronale Netz wird im Lerngesetz jedoch mit dem Ausgangsfehler e adaptiert. Zur einfacheren Darstellung wird nun auf die Laplace-Notation übergegangen. Die Fehlerdifferentialgleichung lautet dann folgendermaßen:

$$s\underline{e}_Z - \underline{e}_Z(t = 0_-) = \left(A - \underline{l}\,\underline{c}^T\right)\underline{e}_Z + \underline{e}_{NL}\left(\widehat{\mathcal{NL}}(\underline{x}_E, u) - \mathcal{NL}(\underline{x}_E, u)\right) \tag{19}$$

Aufgrund der Stabilität der Zustandsmatrix A und somit des Abklingens des Einflusses der Anfangswerte, kann $\underline{e}_Z(t=0_-)$ vernachlässigt werden:

$$\begin{aligned} s\underline{e}_Z &= \left(A - \underline{l}\,\underline{c}^T\right)\underline{e}_Z + \underline{e}_{NL}\left(\widehat{\mathcal{NL}} - \mathcal{NL}\right) \\ \left(sE - A + \underline{l}\,\underline{c}^T\right)\underline{e}_Z &= \underline{e}_{NL}\left(\widehat{\mathcal{NL}} - \mathcal{NL}\right) \\ \underline{e}_Z &= \left(sE - A + \underline{l}\,\underline{c}^T\right)^{-1}\underline{e}_{NL}\left(\widehat{\mathcal{NL}} - \mathcal{NL}\right) \end{aligned} \tag{20}$$

Der Ausgangsfehler e ergibt sich nun aus Gleichung (17) zu

$$e = \underline{c}^T\underline{e}_Z = \underbrace{\underline{c}^T\left(sE - A + \underline{l}\,\underline{c}^T\right)^{-1}\underline{e}_{NL}}_{H(s)}\left(\widehat{\mathcal{NL}} - \mathcal{NL}\right) \tag{21}$$

$$= H(s)\left(\widehat{\mathcal{NL}} - \mathcal{NL}\right) = \hat{y} - y \tag{22}$$

Es sei darauf hingewiesen, daß es sich in diesem Fall um eine hybride Notation im Frequenz– und Zeitbereich handelt, welche im wesentlichen von [14] übernommen wurde. Die Fehlerübertragungsfunktion $H(s)$ beschreibt somit die dynamische Auswirkung (Übertragungsverhalten) der Differenz zwischen Nichtlinearität und neuronalem Netz auf den Fehler zwischen Strecke und Beobachter. Ein stabiles Lerngesetz kann dann abgeleitet werden, wenn

$$H(s) = \underline{c}^T(sE - A + \underline{l}\,\underline{c}^T)^{-1}\underline{e}_{NL} \tag{23}$$

asymptotisch stabil ist, d.h. alle Pole in der linken komplexen Halbebene liegen. $H(s)$ hängt sowohl von der Strecke als auch vom Rückführvektor $\underline{l}$ (Luenbergervektor) ab.

Nach Gleichung (4) kann eine statische Kennlinie beliebig genau durch ein GRNN dargestellt werden als

$$\mathcal{NL} = \underline{\Theta}^T\underline{\mathcal{A}}(\underline{x}) + z \tag{24}$$

wobei z vernachlässigt wird.

Die reale, zu identifizierende Nichtlinearität der Strecke sei nun bestimmt durch

$$\mathcal{NL}(\underline{x}_E, u) = \underline{\Theta}^T\underline{\mathcal{A}}(\underline{x}_E, u) \tag{25}$$

also durch den unbekannten, zu identifizierenden Stützwertevektor $\underline{\Theta}$ (diese können als Stützwerte eines unbekannten neuronalen Netzes angesehen werden). Die beobachtete Nichtlinearität wird analog angesetzt zu

$$\widehat{\mathcal{NL}}(\underline{x}_E, u) = \hat{\underline{\Theta}}^T\underline{\mathcal{A}}(\underline{x}_E, u) \tag{26}$$

Sie wird also durch einen zu adaptierenden Stützwertevektor eines GRNN repräsentiert, dessen Aktivierung wiederum vom meßbaren Eingangsraum $\underline{x}_E$ der Nichtlinearität abhängt. Nach Gleichung 22 kann der Beobachterfehler dargestellt werden als

$$e = \underline{c}^T\underline{e}_Z = \underline{c}^T\left(sE - A + \underline{l}\,\underline{c}^T\right)^{-1}\underline{e}_{NL}\left(\widehat{\mathcal{NL}} - \mathcal{NL}\right) \tag{27}$$

oder vereinfacht:

$$e = H(s)(\hat{\Theta} - \Theta)^T\underline{\mathcal{A}}(\underline{x}_E, u) \tag{28}$$

Mit Definition des sogenannten Parameterfehlervektors $\underline{\Phi}$ zu

$$\underline{\Phi} = \hat{\underline{\Theta}} - \underline{\Theta} \tag{29}$$

folgt eine aus der Literatur bekannte Fehlergleichung [14]

$$e = H(s)\underline{\Phi}^T \underline{A}(\underline{x}_E, u) \tag{30}$$

Erfüllt die Fehlerübertragungsfunktion $H(s)$ die SPR-Bedingung, so kann die Adaption der Stützwerte $\hat{\underline{\Theta}}$ mittels des Lerngesetzes nach Fehlermodell 3 ([14]) erfolgen; dieses führt im Vergleich zum unten aufgeführten allgemeinen Fall zu einer erheblichen Ersparnis an Rechenzeit.

Definition: SPR-Übertragungsfunktion *Eine Übertragungsfunktion ist eine streng positiv reelle (SPR) Übertragungsfunktion, wenn sie asymptotisch stabil ist, d.h. alle Pole in der linken komplexen Halbebene liegen und wenn der Realteil von $H(s)$ längs der $j\omega$-Achse stets positiv ist.*

$$\mathcal{R}\{H(j\omega)\} > 0 \quad \text{für alle} \quad \omega \geq 0 \tag{31}$$

Anschaulich bedeutet die SPR-Bedingung, daß $H(s)$ keine Phasendrehung von mehr als $\frac{\pi}{2}$ hervorrufen darf. Als einfaches Beispiel sei hier ein PT_1-Glied genannt. Für eine SPR-Übertragungsfunktion $H(s)$ lautet die im Sinne von Ljapunov global stabile Adaptionsgleichung nach [14]:

$$\dot{\underline{\Phi}} = \dot{\hat{\underline{\Theta}}} = -\eta\, e\, \underline{A}(\underline{x}_E, u) \qquad \eta > 0 \tag{32}$$

Der Parameter η bezeichnet die Lernschrittweite. Mit ihm kann die Geschwindigkeit des Adaptionsvorgangs beeinflußt werden.

Erfüllt die Fehlerübertragungsfunktion $H(s)$ die SPR-Bedingung nicht, so wird ein stabiler Lernvorgang durch das Verfahren der **verzögerten Aktivierung** erreicht. Das stabile Lerngesetz lautet dann

$$\dot{\underline{\Phi}} = \dot{\hat{\underline{\Theta}}} = -\eta\, \epsilon \underbrace{H(s)\underline{A}(\underline{x}_E, u)}_{\text{verzögerte Aktivierung}} \tag{33}$$

mit dem zur Adaption zu verwendenden **erweiterten Fehler**

$$\epsilon = e + \hat{\underline{\Theta}}^T H(s)\underline{A}(\underline{x}_E, u) - H(s)\hat{\underline{\Theta}}^T \underline{A}(\underline{x}_E, u) \tag{34}$$

Eine Filterung des Aktivierungsvektors bewirkt ein frequenzabhängiges Anpassen der Aktivierung im Lerngesetz, um auch Frequenzanteile, welche eine höhere Phasendrehung als $\pm\frac{\pi}{2}$ erfahren, richtig zu adaptieren. Eine Verwendung des Lerngesetzes nach Gleichung (32) führt bei Fehlerübertragungsfunktionen, die nicht der SPR-Bedingung genügen, zu instabilem Lernverhalten. Somit bewirkt die verzögerte Aktivierung, daß der Aktivierungsvektor $\underline{A}(\underline{x}_E, u)$ so lange verzögert wird, bis die Auswirkung des Stützwertefehlers im Streckenausgang sichtbar wird. Der erweiterte Fehler ϵ wird benötigt, um die dynamische Auswirkung des Verstellens der Stützwerte $\hat{\underline{\Theta}}$ zu kompensieren.

An dieser Stelle läßt sich sagen, daß sich durch die Strecken- Beobachterstruktur und die Implementierung des GRNN eine Fehlerdifferentialgleichung ergibt, wie sie auch in [14] zu finden ist. Nach [14] wird diese Struktur zusammen mit dem Lerngesetz und der Bildung des erweiterten Fehlers (Prinzip des *augmented error*) als sog. Fehlermodell 4 bezeichnet. Somit konnte dieses

(stabile) Lerngesetz für die in diesem Zusammenhang verwendete Beobachterstruktur verwendet werden, was den Vorteil der multiplikativen Verknüpfung des verwendeten Netzes aufzeigt.
Die Signalflußplandarstellung des Prinzips des erweiterten Fehlers mit verzögerter Aktivierung ist in Abbildung 5 dargestellt. Der höhere Rechenaufwand entsteht durch die Verzögerung der Aktivierung durch die Fehlerübertragungsfunktion $H(s)$. $H(s)$ muß so oft bereitgestellt werden, wie Stützwerte im neuronalen Netz vorhanden sind.

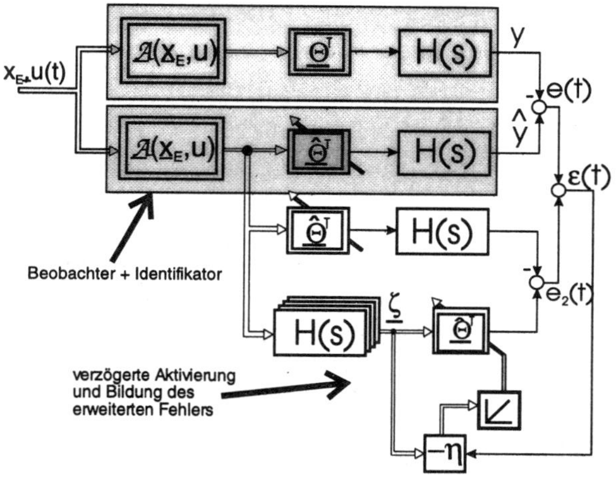

Abbildung 5: *Aus Strecken- und Beobachterstruktur resultierendes Fehlermodell mit verzögerter Akitvierung*

Mit der Stabilitätstheorie nach Ljapunov wurde in [14] bewiesen, daß für Fehlermodell 3 (reine Parallelstruktur) und Fehlermodell 4 (verzögerte Aktivierung mit erweitertem Fehler) für $\eta > 0$ gilt:

$$\lim_{t\to\infty} e(t) = 0 \tag{35}$$

Zusammen mit den Eigenschaften des neuronalen Netzes folgt nach [7] bei ausreichender Anregung (*persistent excitation*) durch $\underline{A}(\underline{x}_E, u)$ auch

$$\lim_{t\to\infty} \underline{\hat{\Theta}} = \underline{\Theta} \tag{36}$$

Das bedeutet anschaulich, daß der Parameterfehlervektor $\underline{\Phi}$ zu Null geworden ist, wenn auch der Fehler e zu Null geworden ist. Diese hier vorgestellten Verfahren sind geschützt.

3.6 Das Problem der internen Rückkopplung

Bei den obigen Ableitungen wurde die direkte Meßbarkeit des Eingangsraumes $\underline{x}_E$ der zu identifizierenden Nichtlinearität vorausgesetzt. Diese Tatsache soll nun in den folgenden Ableitungen nicht mehr gelten. Der Input des neuronalen Netzes muß vom Beobachter selbst gebildet werden; somit entsteht im Gegensatz zu einer feedforward Struktur in den obigen Ableitungen eine in sich geschlossene Beobachterdarstellung, für die es zusätzliche Untersuchungen bedarf.

Wie bei meßbarem Eingangsraum wird hier der Beobachter analog Luenberger angesetzt. Die zu identifizierende Nichtlinearität hängt nun aber nicht mehr von gemessenen Größen $\underline{x}_E$ ab, sondern von den beobachteten $\hat{\underline{x}}_E$. Die Strecke lautet wieder

$$\dot{\underline{x}} = A\underline{x} + \underline{b}u + \underline{e}_{NL}\mathcal{NL}(\underline{x}, u) \quad \text{und} \quad y = \underline{c}^T\underline{x} + du \tag{37}$$

Mit bekanntem A, $\underline{b}$, $\underline{c}$ und d lautet der Beobachteransatz nun

$$\dot{\hat{\underline{x}}} = (A - \underline{l}\,\underline{c}^T)\hat{\underline{x}} + \underline{b}u + \underline{e}_{NL}\widehat{\mathcal{NL}}(\hat{\underline{x}}_E, u) + \underline{l}\,\underline{c}^T\underline{x} \quad \text{und} \quad \hat{y} = \underline{c}^T\hat{\underline{x}} + du \tag{38}$$

mit einstellbarem Rückführvektor $\underline{l}$. Der einzige Unterschied zu den vorherigen Betrachtungen besteht darin, daß der Eingangsraum $\hat{\underline{x}}_E$ des neuronalen Netzes direkt vom Beobachter zurückgeführt wird (interne Rückkopplung). Für den Fehler e ergibt sich in diesem Fall:

$$e = H(s)\left[\widehat{\mathcal{NL}}(\hat{\underline{x}}_E, u) - \mathcal{NL}(\underline{x}_E, u)\right] = H(s)\left[\hat{\underline{\Theta}}^T\underline{\mathcal{A}}(\hat{\underline{x}}_E, u) - \underline{\Theta}^T\underline{\mathcal{A}}(\underline{x}_E, u)\right] \tag{39}$$

Um die Fehlergleichung nun auch mit einem Parameterfehlervektor $\underline{\Phi}$ darstellen zu können und somit die aus der Literatur bekannten Lerngesetze anwenden zu können, werden **virtuelle Stützwerte** eingeführt. Eine statische Nichtlinearität kann bekanntlich durch ein GRNN gebildet werden durch

$$\mathcal{NL}(\underline{x}_E, u) = \underline{\Theta}^T\underline{\mathcal{A}}(\underline{x}_E, u) + z \tag{40}$$

mit dem mit steigender Stützwertezahl immer kleiner werdenden Approximationsfehler z. Die zu approximierende Nichtlinearität $\widehat{\mathcal{NL}}$ kann nun **nicht** durch $\hat{\underline{\Theta}}^T\underline{\mathcal{A}}(\underline{x}_E, u)$ dargestellt werden, da der Eingangsraum der Nichtlinearität nicht mehr als Meßgröße, sondern nur noch als beobachtete Größe vorliegt. Somit kann die Aktivierung $\underline{\mathcal{A}}(\underline{x}_E, u)$ nicht bestimmt werden. Es kann jedoch angesetzt werden:

$$\mathcal{NL} = \underline{\Theta}^T\underline{\mathcal{A}}(\underline{x}_E, u) = \underline{\Theta}^T\underline{\mathcal{A}} = \check{\underline{\Theta}}^T\underline{\mathcal{A}}(\hat{\underline{x}}_E, u) = \check{\underline{\Theta}}^T\hat{\underline{\mathcal{A}}} \tag{41}$$

mit unbekannten aber durch die Gleichung

$$\underline{\Theta}^T\underline{\mathcal{A}} = \check{\underline{\Theta}}^T\hat{\underline{\mathcal{A}}} \tag{42}$$

bestimmten virtuellen Stützwerten $\check{\underline{\Theta}}$. Diese virtuellen Stützwerte beschreiben somit die Nichtlinearität im Beobachterzustandsraum $\hat{\underline{x}}$ und sind zeitvariant, da sie sich ändern, wenn sich $\underline{x}$ und $\hat{\underline{x}}$ und somit auch die Aktivierungen $\underline{\mathcal{A}}$ und $\hat{\underline{\mathcal{A}}}$ ändern. Wegen der Lokalität der Stützwertewirkung gilt nach [7] jedoch

$$\hat{\underline{x}} \to \underline{x} \quad \Rightarrow \quad \check{\underline{\Theta}} \to \underline{\Theta} \tag{43}$$

so daß sich die virtuellen Stützwerte genau den realen angleichen, wenn sich die Beobachterzustände den Streckenzuständen angleichen, da dann

$$\hat{\underline{x}} \to \underline{x} \quad \Rightarrow \quad \hat{\underline{\mathcal{A}}} \to \underline{\mathcal{A}} \tag{44}$$

gilt. Mit dem Einschwingen der Beobachterzustände konvergieren also auch die virtuellen Stützwerte gegen die realen. Mit Gleichung (39) kann man also ansetzen

$$e \;=\; H(s)\left(\widehat{\mathcal{NL}} - \mathcal{NL}\right)$$

$$\begin{aligned} &= H(s)\left(\underline{\hat{\Theta}}^T \underline{A}(\underline{\hat{x}}_E, u) - \underline{\Theta}^T \underline{A}(\underline{x}_E, u)\right) \\ &= H(s)\left(\underline{\hat{\Theta}}^T - \underline{\breve{\Theta}}^T\right) \underline{A}(\underline{\hat{x}}_E, u) \\ &= H(s)\, \underline{\Phi}^T\, \underline{A}(\underline{\hat{x}}_E, u) \end{aligned} \tag{45}$$

wobei der Parameterfehlervektor in diesem Fall zu

$$\underline{\Phi} = \underline{\hat{\Theta}} - \underline{\breve{\Theta}} \tag{46}$$

definiert wird. Im Falle eines nicht meßbaren Eingangsraums kann man also ansetzen:

$$e = H(s)\, \underline{\Phi}^T\, \underline{A}(\underline{\hat{x}}_E, u) \tag{47}$$

Für diese Fehlergleichung kann wieder die aus [14] bekannte Adaptionsgleichung

$$\underline{\dot{\Phi}} = -\eta \epsilon H(s)\, \underline{A}(\underline{\hat{x}}_E, u) \tag{48}$$

mit dem zu verwendenden Fehler

$$\epsilon = e + \underline{\hat{\Theta}}^T H(s)\, \underline{A}(\underline{\hat{x}}_E, u) - H(s)\, \underline{\hat{\Theta}}^T \underline{A}(\underline{\hat{x}}_E, u) \tag{49}$$

angewandt werden. Infolge der Zeitvarianz der virtuellen Stützwerte kann man nun aber **nicht** folgern, daß $\underline{\dot{\Phi}} = \dot{\underline{\hat{\Theta}}}$ ist. Die zu adaptierenden Größen sind aber nach wie vor die $\hat{\Theta}_i$. Im folgenden wird daher das Adaptionsgesetz

$$\dot{\underline{\hat{\Theta}}} = -\eta_{virt} \epsilon H(s)\, \underline{A}(\underline{\hat{x}}_E, u) \tag{50}$$

verwendet, was für die Änderung des Parameterfehlervektors bedeutet

$$\underline{\dot{\Phi}} = \dot{\underline{\hat{\Theta}}} - \dot{\underline{\breve{\Theta}}} = -\eta_{virt} \epsilon H(s)\, \underline{A}(\underline{\hat{x}}_E, u) - \dot{\underline{\breve{\Theta}}} = -\left(\eta_{virt} \epsilon H(s)\, \underline{A}(\underline{\hat{x}}_E, u) + \dot{\underline{\breve{\Theta}}}\right) \tag{51}$$

Aus den Gleichungen (51) und (48) ist ersichtlich, daß ein stabiler Lernvorgang genau dann gewährleistet ist, wenn sich das Vorzeichen von $\underline{\dot{\Phi}}$ trotz $\dot{\underline{\breve{\Theta}}}$ nicht ändert, d.h. wenn der Term $\dot{\underline{\hat{\Theta}}}$ gegenüber $\dot{\underline{\breve{\Theta}}}$ zu jedem Zeitpunkt überwiegt. Da die Lernschrittweite η_{virt} positiv sein muß, ergibt sich eine Bedingung der Art

$$0 < \eta_{min} < \eta_{virt} < \eta_{max} \tag{52}$$

Die Obergrenze der Lernschrittweite wird durch die zeitdiskrete Realisierung des Integrationsalgorithmus bestimmt, die Untergrenze durch $\dot{\underline{\breve{\Theta}}}$. Je weiter die Beobachterpole durch den Rückführvektor $\underline{l}$ in die linke Halbebene gelegt werden, desto besser gleichen sich die beobachteten Zustände den wirklichen an, und desto kleiner wird somit auch η_{min} sein. Es kann jedoch nur auf die Existenz einer solchen Untergrenze geschlossen werden, eine genaue Angabe kann darüber nicht gemacht werden. Insbesondere konnte in Simulationen gezeigt werden, daß ausreichend hohe Luenbergerkoeffizienten ein stabiles Lernen garantieren. Dies führt quasi zu einer Entkopplung des Beobachter- und Lernvorgangs. Die intern rückgekoppelte Struktur geht somit in eine feedforward Struktur über.

Zusammenfassend kann man feststellen, daß hiermit ein Verfahren zur Verfügung steht, mit dem es, auch bei nicht meßbarem Eingangsraum des neuronalen Netzes, möglich ist, die isolierte Nichtlinearität interpretierbar zu identifizieren und alle Systemzustände zu beobachten. Wie bereits erwähnt, können die an dieser Stelle abgeleiteten Beobachter auch für Systeme mit mehreren unbekannten Nichtlinearitäten angewendet werden, wenn gewisse Voraussetzungen in der Strecke gegeben sind. Ansätze hierzu finden sich in [11] und [9]. Praktische Anwendungsbeispiele des neuronalen Beobachters finden sich in [5] und [8]. Für eine ausführliche theoretische Herleitung sowie die Anwendung des Verfahrens im Bereich der Regelung von Verbrennungsmotoren sei auf [7] und [10] verwiesen. Im folgenden Abschnitt wird nun näher auf eine spezielle Problemstellung aus dem Bereich der kontinuierlichen Fertigungsanlagen eingegangen.

4 Praktisches Anwendungsbeispiel

4.1 Kontinuierliche Fertigungsanlagen

Kontinuierliche Fertigungsanlagen, wie sie in der Papier–, Druck–, Folien– oder Stahlindustrie eingesetzt werden, sind oftmals sehr komplexe und vor allem sehr stark in sich verkoppelte Systeme, die in einzelne Subsysteme aufgesplittet werden können. Die Regelung eines derartigen Systems erfolgt neben einer übergeordneten Leitebene zur Koordination der Sollwerte zumeist dezentral, da eine gesamtheitliche Betrachtungsweise aus regelungstechnischer Sicht aufgrund einer hohen Anzahl an Störgrößen und Nichtlinearitäten nur schwer möglich ist. Insbesondere gilt es, die störenden Einfüsse der Nachbarsysteme auf das zu regelnde Teilsystem möglichst klein zu halten oder gar zu eliminieren. Zunehmende fallende Toleranzgrenzen hinsichtlich der Qualität des zu verarbeitenden Materials sowie steigende Arbeitsgeschwindigkeiten führen dazu, daß konventionelle Regelungsmethoden oftmals den neu gestellten Forderungen nicht in ausreichendem Umfang gerecht werden. Dies gilt insbesondere für die Regelung nichtlinearer oder störgrößenbehafteter Strecken, denen oftmals nur mit einer robusten Reglerauslegung begegnet wird. Abbildung 6 zeigt

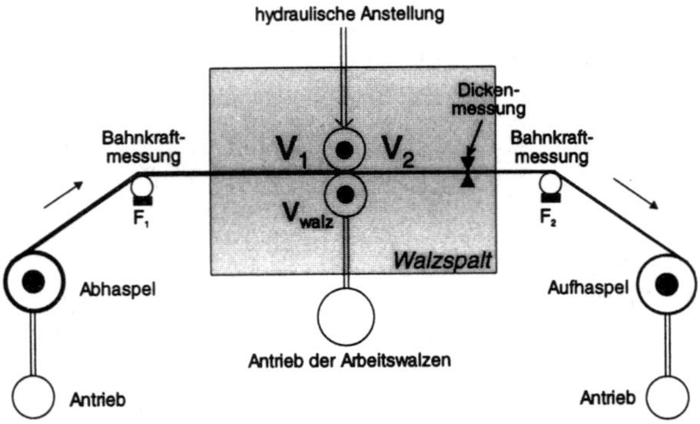

Abbildung 6: Beispielsystem: eingerüstiges Reversierkaltwalzwerk

als Beispielsystem für derartige Anlagen die Struktur eines eingerüstigen Reversierkaltwalzwerkes. Die Hauptregelgröße ist hierbei die Auslaufdicke hinter dem Walzspalt, die es gilt, mit einer geeigneten Regelung auf einem konstanten (in engen Grenzen vorgegebenen) Niveau zu halten. Neben der Schwierigkeit der Regelung des stark nichtlinearen Walzspaltes ergeben sich Probleme durch störende Einflüsse von Nachbarsystemen sowie einem oftmals konstruktionsbedingten

Mangel an Meßgrößen. Als Beispiel sei hier die totzeitbehaftete Messung der Auslaufdicke des Materials genannt, sowie die nicht oder dynamisch nur ungenau meßbare Walzkraft. Gerade diese Tatsache führt dazu, daß Identifikationsverfahren mehr und mehr an Bedeutung gewinnen, um bessere (Regel–)Ergebnisse zu erzielen. Die Verwendung neuronaler Netze kann gerade im Hinblick auf die Identifikation nichtlinearer Zusammenhänge oder Störgrößen zur Verbesserung des Regelverhaltens beitragen.

Als wichtigste Zwischenregelgröße gilt in den meisten derartigen Anlagen die Bahnkraft zwischen den einzelnen Einheiten, da diese die jeweiligen Bearbeitungsvorgänge, in diesem Fall die hochgenaue Dickenreduktion, in entscheidendem Maße beeinflußen. Im Falle des Abwicklers wird diese Größe zumeist über den Wicklerantriebsstrang mittels einer Kaskadenstruktur (Bahnkraft – Geschwindigkeit – Moment) geregelt. Ein Problem, welches in vielen Wicklersystemen zu unerwünschten Bahnkraftschwankungen führt, ist der sog. **Haspelschlag**. Unter diesem Phänomen versteht man die Abweichungen des Radius über dem Umfang des Wicklers, welcher sich negativ auf die Bahngeschwindigkeit und deshalb auch auf die Bahnkraft auswirkt. Eine derartige Unrundheit kann zum Beispiel durch das Einklemmen des Materials, durch Lagerung oder während des Bearbeitungsprozesses durch Lufteinschlüsse entstehen. In den folgenden Abschnitten wird anhand des Beispiels der Kompensation derartiger Unrundheiten die Vorgehensweise bei der Anwendung des neuronalen Beobachters vorgestellt. Ähnliche Untersuchungen wurden bereits auch für die neuronale Regelung des Walzspalts untersucht [13].

4.2 Beschreibung der Versuchsanlage

Abbildung 7: Versuchsanlage

Am Lehrstuhl für Elektrische Antriebstechnik der Technischen Universität München steht eine Modellarbeitsmaschine (siehe Abbildung 7) zur Verfügung, die im wesentlichen die typischen Eigenschaften von kontinuierlichen Fertigungsanlagen aufweist. An dieser Maschine werden neue

Regelungsverfahren für derartige Systeme validiert. Die Anlage hat eine Länge von $9m$ und weist eine Papierbreite von $0.5m$ auf. Insbesondere wurde die oben beschriebene Haspelschlagproblematik näher untersucht. Abbildung 8 zeigt das verwendete Streckenmodell des Wicklersystems

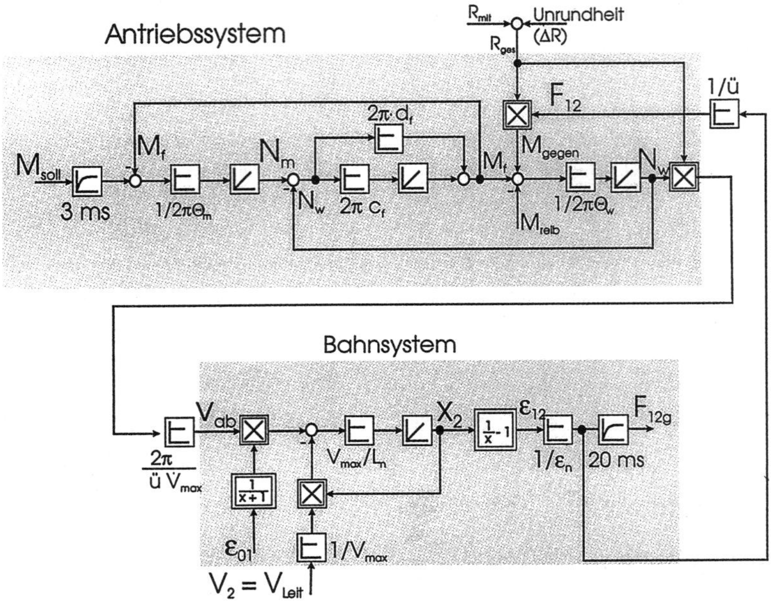

Abbildung 8: Streckenmodell

und der Bahndynamik. Hierbei wurde der Antriebsstrang als Zweimassenschwinger modelliert, welcher die wesentlichen Eigenschaften des Antriebs wiedergibt. Die Federkonstante c_f wurde hierbei in geeigneter Weise mechanisch ermittelt. Im wesentlichen soll auf die Funktion des Mehrmassenschwingers an dieser Stelle nicht näher eingegangen werden (siehe hierzu [3]). Das Modell des Bahnsystems wird bestimmt durch die sogenannte Kontinuitätsgleichung:

$$\frac{d}{dt}\left(\frac{L_n}{1+\epsilon_{12}}\right) = \frac{V_{ab}}{1+\epsilon_{01}} - \frac{V_2}{1+\epsilon_{12}} \tag{53}$$

Diese Gleichung beschreibt das dynamische Verhalten der Bahndehnung ϵ_{12} (und damit der Bahnkraft) in Abhängigkeit der Wicklergeschwindigkeit V_{ab} sowie der durch den Leitantrieb eingeprägten Geschwindigkeit V_2. Zusätzlich ist die Bahnkraft F_{12} nur über eine Meßglättung erfaßbar. Die Größe ϵ_{01} entspricht der im Wickler gespeicherten Bahndehnung (Vorgeschichte). Wie aus Abbildung 8 ersichtlich, hat der Radius $R(\phi)$ zwei Wirkungspunkte: vorwärts in das Bahnsystem über die Wicklerdrehzahl N_W oder rückwärts in das Antriebssystem über das Gegenmoment M_{gegen}. Somit ergeben sich schließlich zwei Möglichkeiten den (unbekannten) Funktionsverlauf zu identifizieren: über die Messung der Bahnkraft oder über die Messung der Motordrehzahl. Für diesen Anwendungsfall wurde die in Abbildung 9 gezeigte Beobachterstruktur gewählt (Identifikation auf der Basis des Bahnkraftfehlers).

4.3 Beobachterentwurf und Kompensation

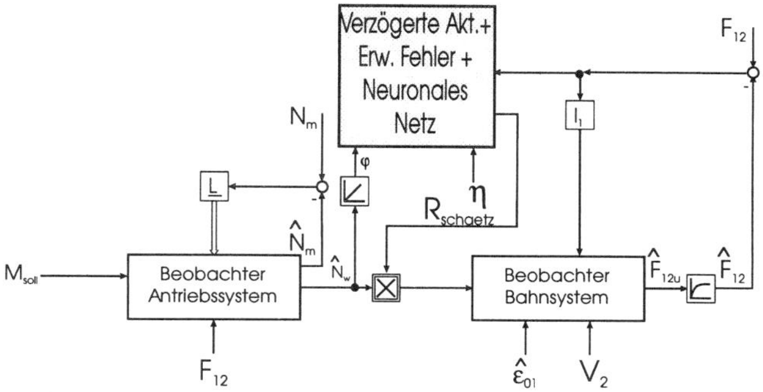

Abbildung 9: Gesamtbeobachterstruktur

Mittels eines schnellen Beobachters wird dem Bahnbeobachter die nichtmeßbare Wicklerdrehzahl vorgegeben. Diese läuft über die Multiplikationsstelle mit dem Radius in den zweiten Beobachter. Dieser beschreibt den dynamischen Einfluß der (zu identifizierenden) Unrundheit auf die beobachtete Bahnkraft. Aufgrund der zusätzlichen Meßglättung und des Luenbergerkoeffizienten l_1 ergibt sich die Fehlerübertragungsfunktion zu

$$H(s) = \frac{\hat{F}_{12} - F_{12}}{\hat{V}_{ab} - V_{ab}} = \frac{-1}{\epsilon_n V_{max} v_0} \cdot \frac{1}{s^2 T_g T_n + s(T_g + \frac{T_n}{v_0}) + 1 + \frac{l_1}{v_0}} \tag{54}$$

mit $T_n = \frac{Ln}{V_{max}}$. Die Bestimmung der Fehlerübertragungsfunktion basiert auf einer Linearisierung des Systems in Abbildung 8 um den Arbeitspunkt. Hierbei ist v_0 die Arbeitspunktgeschwindigkeit, T_g die Glättungszeitkonstante, L_n die Länge der freien Bahn und V_{max} die maximale Bahngeschwindigkeit. Da $H(s)$ die SPR–Bedingung nicht erfüllt (relative Phasendrehung ist größer als -90°), muß zur Adaption des neuronalen Netzes das Prinzip der verzögerten Aktivierung und des erweiterten Fehlers angewandt werden, um die Stabilität der Identifikation sicherzustellen. Hierbei wird der gemessene Fehler

$$E_f = \underline{c}^T \cdot \underline{e} = H(s) \cdot \underline{\Phi}^T \cdot \underline{A} \cdot \hat{N}_w \tag{55}$$

um den zusätzlichen Anteil

$$E_h = \left(\underline{\hat{\Theta}}^T \cdot H(s) \cdot I - H(s) \cdot \underline{\hat{\Theta}}^T\right) \underline{A} \cdot \hat{N}_w \tag{56}$$

erweitert. Hierbei ist $\hat{N}_w$ die durch den unabhängigen Antriebsbeobachter nachgebildete Wicklerdrehzahl (Lastdrehzahl) und $\underline{A}$ und die winkelpositionsabhängige (ϕ) Aktivierung des neuronalen Netzes. Der erweiterte Fehler ergibt sich demnach aus der Summe

$$E_a = E_f + E_h \tag{57}$$

Ist $H(s)$ eine asymptotisch stabile Funktion, so kann der Hilfsfehler E_h mit dem Parameterfehlervektor $\underline{\Phi} = \underline{\hat{\Theta}} - \underline{\Theta}$ (Differenz zwischen tatsächlicher und gelernter Unrundheit) auch dargestellt werden als

$$E_h = \left(\underline{\Phi}^T \cdot H(s) \cdot I - H(s) \cdot \underline{\Phi}^T\right) \underline{A} \cdot N_w + \delta(t) \tag{58}$$

Damit ergibt sich für den *erweiterten Fehler*

$$E_a = \left(H(s) \cdot \underline{\Phi}^T + \underline{\Phi}^T \cdot H(s) \cdot I - H(s) \cdot \underline{\Phi}^T \right) \cdot \underline{\mathcal{A}} \cdot N_w + \delta(t) \quad (59)$$

$$= \underline{\Phi}^T \cdot \underline{\zeta} + \delta(t) \quad (60)$$

wobei $\delta(t)$ exponentiell mit der Zeit verschwindet (vgl. [14]). Der Vektor $\underline{\zeta}$ ist definiert als:

$$\underline{\zeta} = H(s) \cdot I \cdot \underline{\mathcal{A}} \cdot N_w \quad (61)$$

Vernachlässigt man den Term $\delta(t)$ und unter der Vorraussetzung, daß $\underline{\mathcal{A}} \cdot N_w$ und $\underline{\zeta}$ begrenzt sind, kann man das Lerngesetz angeben zu:

$$\dot{\underline{\Phi}} = -\eta \cdot E_a \cdot \underline{\zeta} \quad (62)$$

Die Verwendung dieses Lerngesetzes garantiert die Stabilität des Lernvorgangs. Alle an dieser Stelle getroffenen Aussagen wurden sowohl in der Simulation als auch an realen Anwendungen bestätigt.

4.4 Validierungsergebnisse

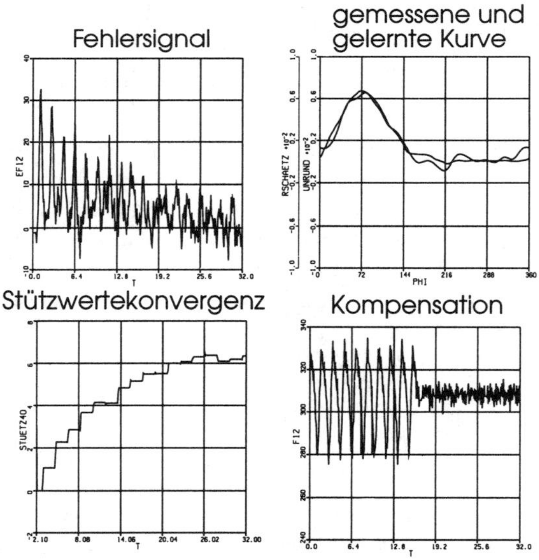

Abbildung 10: Ergebnsisse der Identifikation und Kompensation

Die im letzten Abschnitt beschriebene Beobachter– und Lernstruktur wurde an der Versuchsanlage mittels eines PC implementiert. Abbildung 10 zeigt die dabei erhaltenen Ergebnisse. Hierbei wurden an der Maschine beliebige künstliche Unrundheiten mit unterschiedlichen Amplituden erzeugt, um definiertes Verhalten an der Anlage zu erzeugen. Die jeweilige Unrundheit wurde mit einer Meßuhr mechanisch aufgenommen, um die Qualität des Lernergebnisses beurteilen zu

können.
Ziel des in den obigen Abschnitten beschrieben Verfahrens ist unter anderen die geeignete on–line Verwendung des mittels neuronalen Beobachters erzielten Wissens. In diesem Fall bietet sich eine geeignete **Kompensation** der negativen Auswirkungen der Unrundheit auf die Bahnkraft an. Hierzu wurde ein geeigneter Kompensationsalgorithmus zur Beeinflussung des Drehzahlsollwertes der Bahnkraftregelkaskade entworfen. Voraussetzung hierfür ist ein definiertes Verhalten des unterlagerten Drehzahlreglers in jedem Arbeitspunkt, was bei einem konventionellen PI–Regler nicht der Fall ist (dies liegt unter anderem daran, daß die Eigenfrequenz des Zweimassenschwingers relativ gering ist und deshalb nur eine langsame Reglereinstellung möglich ist). Aus diesem Grund wurde ein **Zustandsregler** nach Dämpfungsoptimum gemäß [3] entworfen, der eine definierte Anregelzeit in jedem Arbeitspunkt ermöglicht. Die nichtmeßbaren Zustände Wellenmoment und Wicklerdrehzahl wurden hierbei mit einem geeigneten Beobachter rekonstruiert und dem Regler zugeführt.
Die im Rahmen dieser Validierung erzielten Ergebnisse stimmen sehr gut mit den in Simulationen erzielten Ergebnisse überein (siehe hierzu [11]). Abbildung 10 zeigt die wesentlichen Resultate. Deutlich zu sehen ist die Konvergenz des Fehlers zwischen beobachteter und gemessener Bahnkraft (gegen Null). Restliche Abweichungen sind auf anderen Fehlerquellen wie zum Beispiel Rauschen oder nicht genau bestimmbare Parameter wie Elastizitätsmodul oder Papierdichte zurückzuführen. Dennoch konnten im Rahmen dieser Identifikation die Abweichungen zwischen realer und identifizierter Unrundheit auf weniger als $1mm$ reduziert werden. Zu sehen ist dies im zweiten Bild, wo die Unrundheit (Radiusverlauf) über den gesamten Umfang (360°) aufgetragen ist. Sehr gut zu sehen ist auch die Konvergenz eines beliebig gewählten Stützwertes des neuronalen Netzes. Das letzte Bild in Abbildung 10 zeigt die Bahnkraftschwankung vor und nach der oben beschriebenen Kompensation. Die von der Unrundheit herrührenden Bahnkraftschwankungen können um ein Vielfaches reduziert werden, was sich für den weiteren Bearbeitungsprozeß positiv auswirkt.

5 Abschließende Anmerkungen

Im Rahmen dieses Berichtes wurde ein Verfahren abgeleitet, welches einen neuronalen Beobachterentwurf für eine breite Klasse nichtlinearer dynamischer Systeme ermöglicht. Insbesondere wurde die systematische Einbettung eines (statischen) neuronalen Netzes in eine festgelegte dynamische Struktur aufgezeigt. Der darauf aufbauende Beobachter ermöglicht, unter den gegebenen Voraussetzungen, neben einer reinen Zustandsbeobachtung somit auch die Identifikation unbekannter Nichtlinearitäten. Hervorzuheben ist hierbei die Stabilität des Verfahrens, die für regelungstechnische Anwendungen eine unabdingbare Voraussetzung darstellt.
Ziel dieses Beitrages ist es vor allem eine Verknüpfung zwischen neuen (theoretischen) regelungstechnischen Ansätzen und die in den letzten Jahren entstandene gesamtheitliche Denkweise aus dem Gebiet der Mechatronik zu schaffen. Anhand des Beispiels der Kompensation von Wicklerunrundheiten in kontinuierlichen Fertigungsanlagen wurde die industrielle Relevanz des gezeigten Verfahrens verdeutlicht. Hierbei sollte weniger auf die Problemstellung *Haspelschlag* an sich als eher auf die systematische Vorgehensweise bei realen Problemen eingegangen werden. Dies bezieht sich sowohl auf den Beobachterentwurf als auch auf eine geeignete Verwendung des Wissens. Neben der hier gezeigten Problemstellung wurde am Lehrstuhl für Elektrische Antriebstechnik an

der TU-München auch ein Verfahren zur neuronalen Walzspaltregelung entwickelt [11, 12]. Diese Regelung basiert auf einer Identifikation unbekannter (oder nicht erfaßbarer) Größen wie zum Beispiel die Walzkraft und die Auslaufdicke. Neben den nichtlinearen Größen werden in diesem Fall auch Zustandsgrößen in geeigneter Form einer Regelung zugänglich gemacht. Diese Tatsache verdeutlich, daß vor allem die Verwendung des gelernten Wissens eine anwendungsspezifische Problemstellung darstellt, während der Beobachterentwurf eine systematische Vorgehensweise für beliebige Systeme mit den genannten Restriktionen erlaubt.

Literatur

[1] S. Engell (Hrsg.) *Entwurf nichtlinearer Regelungen*, Oldenburgverlag München Wien 1995

[2] Ludyk, Günter *Theoretische Regelungstechnik 2*, Springer-Verlag Berlin, Heidelberg, New York, 1995.

[3] Schröder, Dierk *Elektrische Antriebe 2*, Springer-Verlag Berlin, 1995.

[4] Clemens Schäffner: *Analyse und Synthese neuronaler Regelungsverfahren*, Herbert Utz Verlag Wissenschaft, München, 1996

[5] Thomas Frenz: *Stabile neuronale online Identifikation und Kompensation statischer Nichtlinearitäten am Beispiel von Werkzeugmaschinenvorschubantrieben*, Dissertation, Technische Universität München, 1997

[6] Kurt Fischle: *Ein Beitrag zur stabilen adaptiven Regelung nichtlinearer Systeme*, Dissertation, Technische Universität München, 1997

[7] Ulrich Lenz: *Lernfähige neuronale Beobachter für eine Klasse nichtlinearer dynamischer Systeme und ihre Anwendung zur intelligenten Regelung von Verbrennungsmotoren*, Dissertation (in Vorbereitung, eingereicht), Technische Universität München, 1997

[8] U. Lenz, D. Schröder: *Local Identification using Artificial Neural Networks*, Proceedings of the Ninth Yale Workshop on Adaptive and Learning Systems, Yale , pp. 83-88, 1996.

[9] F. Hangl, U. Lenz und D. Schröder: *Theorie des systematischen Entwurfs lernfähiger Beobachter für eine Klasse nichtlinearer Strecken*, Workshop GMA-Ausschuß 1.4. Theoretische Verfahren der Regelungstechnik, Interlaken, Schweiz, 28. September - 1. Oktober 1997

[10] D. Strobl, U. Lenz and D. Schröder: *Systematic Design of Stable Neural Observers for a Class of Nonlinear Systems*, 1997 IEEE International Conference on Control Applications, Hartford, Connecticut, USA, October 5-7, 1997, pp. 377-382

[11] S. Straub and D. Schröder: *Identification of Nonlinear Dynamic Systems with Recurrent Neural Networks and Kalman Filter Methods*, ISCAS '96, Atlanta, USA. Proceedings pp. 341-345, Vol. 3, 1996.

[12] S. Straub and D. Schröder: *Neural network based Identifikation Methods to Solve Nonlinear Problems in Rolling Mill Subsystems*, 2nd International Conference on Metal Rolling Processes, London, UK. Proceedings pp. 366-377, 1996.

[13] S. Straub, D. Schröder: *An Example of an Application of Neural Networks in Rolling Mills: Compensation of the Non-Circularity of Winders*, IFAC 95, Munich, Germany. Proceedings pp. 583-590, 1995.

[14] K. Narendra, A. M. Annaswamy: *Stable Adaptive Systems*. Prentice Hall, Englewood Cliffs, New Jersey, 1989.

[15] W.T. Miller, R.S. Sutton, P.J. Werbos: *Neural Networks for Control*. The MIT Press, Cambridge, Massachusetts and London, England.

[16] J.-J. E. Slotine, Weiping Li: *Applied Nonlinear Control*. Prentice Hall International Editions, Englewood Cliffs, New Jersey, 1991.

Ein neuro-adaptives Regelungskonzept mit on-line-fähigem Kalman-Filter Lernverfahren für stochastisch gestörte nichtlineare Prozesse

Dipl.-Ing. C. W. Frey, Dipl.-Ing. M. Sajidman, Dr.-Ing. H.-B. Kuntze,

Fraunhofer-Institut IITB, Karlsruhe

Durch den Einsatz von neuronalen Netzen eröffnen sich prinzipiell viele neuartige Möglichkeiten, um leistungsfähige, adaptive Regelungskonzepte zu realisieren [1]. Der vergleichsweise hohe Rechenaufwand sowie der Mangel an schnell konvergierenden on-line-fähigen Lernverfahren waren bisher wesentliche Gründe für die mangelnde Akzeptanz in der industriellen Praxis. Im vorliegenden Beitrag wird ein adaptives Regelungskonzept basierend auf einem Kalman-Filter Lernalgorithmus vorgestellt, das sich im Gegensatz zu anderen Lernverfahren, wie z.B. dem Backpropagation- oder dem Levenberg-Marquardt-Algorithmus, auch für stochastisch gestörte Prozesse mit a priori unbekanntem Systemverhalten anwenden läßt. Am Beispiel eines nichtlinearen Prozesses wird gezeigt, daß der adaptive neuronale PID-Algorithmus trotz starker stochastischer Störungen in der Lage ist, sich nicht nur an transiente Sollverläufe, sondern auch an beliebige stationäre Arbeitspunkte des Prozesses ausgezeichnet anzupassen.

1 Einleitung

Klassische PID-Regelalgorithmen finden in der industriellen Praxis seit vielen Jahren eine weite Verbreitung. Ein wesentlicher Grund hierfür ist die einfache Realisierbarkeit des Reglers und die Interpretierbarkeit der Regelparameter, in Form von Proportional-, Integral- und Differentialanteil (k_p, k_i und k_d). Abbildung 1.1 zeigt einen zeitdiskreten PID-Regelalgorithmus in einer für die Parameteradaption sinnvollen Darstellungsform:

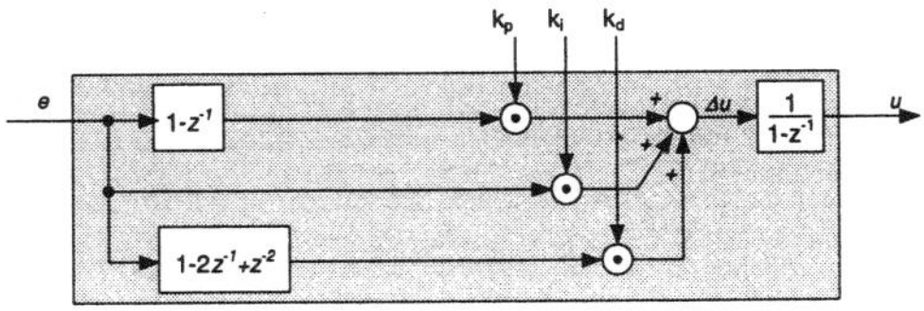

Abbildung 1.1: PID-Regelalgorithmus

Bedingt durch die starre Einstellung der Regelparameter eines solchen PID-Reglers gelten für einen Einsatz in der Praxis folgende Einschränkungen:

- Der Regler kann sich nicht an ein zeitlich veränderliches Verhalten des zu regelnden Systems anpassen.
- Nichtlineare Systeme, die eine arbeitspunktabhängige Einstellung des Reglers erfordern, können nur unbefriedigend geregelt werden.

Zur Adaption von PID-Regelalgorithmen an das veränderliche Verhalten der Regelstrecke wurden in der Vergangenheit zahlreiche Konzepte basierend auf analytischen Modellen vorgeschlagen [2,3]. Mit zunehmender Rechenleistung wurden mehr und mehr auf neuronalen Netzen basierende Konzepte entwickelt, die sich in hybride und kooperative Ansätze unterscheiden lassen [4,5]. Das hier vorgestellte Konzept basiert auf einem kooperativen Ansatz, und zeichnet sich durch folgende Merkmale aus:

- Strukturerhalt: Der PID-Regelalgorithmus soll in seiner Struktur erhalten bleiben.
- Echtzeitfähigkeit: Der Adaptionsalgorithmus muß in der Lage sein, den Regler in Echtzeit für ein unbekanntes oder zeitlich veränderliches Systemverhalten zu optimieren.
- Nichtlinearität: Bei nichtlinearem Prozeßverhalten soll der Adaptionsalgorithmus in der Lage sein, den Regler möglichst schnell für veränderte Arbeitspunkte zu optimieren.
- Erinnerungsvermögen: Die optimierten Regelparameter sollen in Abhängigkeit der Prozeßarbeitspunkte in einem neuronalen Netz abgespeichert werden.
- Lernen bei festem Arbeitspunkt: Beim Betrieb des Reglers in einem festen Arbeitspunkt soll der Adaptionsalgorithmus den Regler allein anhand der Störcharakteristik des Prozesses optimieren können.

Auf der Grundlage dieser Anforderungen wurde ein adaptiver neuronaler PID-Regler entwickelt, in der Simulation erprobt und mit einem fest eingestellten, herkömmlichen PID-Regler verglichen.

2 Adaptiver neuronaler PID-Algorithmus

Der entwickelte adaptive PID-Regler basiert auf der Kombination eines Multilayer-Perceptron-Netzes (MLP) mit einem klassischen PID-Regelalgorithmus. Kennzeichnend für den Ansatz ist, daß die Struktur des PID-Reglers erhalten bleibt, das neuronale Netz in Abhängigkeit von den Prozeßgrößen, wie z.B. Führungsgröße w, Regelgröße y und externen produktionsbedingten Prozeßparametern *p*, die erforderlichen Regelparameter k_p, k_i und k_d bereitstellt [6]:

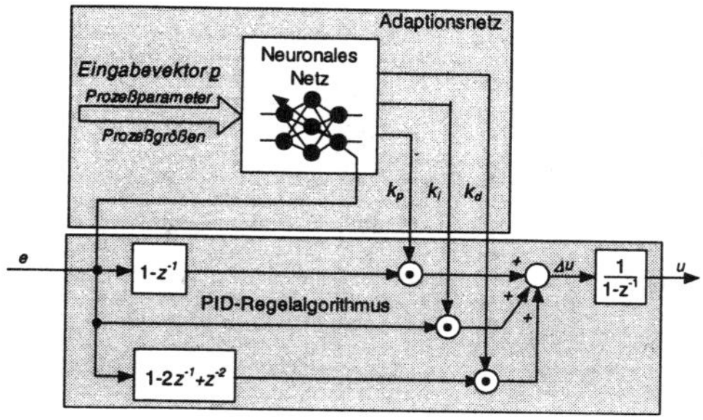

Abbildung 2.1: Neuronaler PID-Regler

Die Funktionsweise dieses adaptiven Ansatzes kann folgendermaßen beschrieben werden:

- Basierend auf der Regelabweichung $e(k)$ berechnet der PID-Regelalgorithmus mit den aktuellen Regelparametern $k_p(k)$, $k_i(k)$ und $k_d(k)$ zum Zeitpunkt k die Stellgröße $u(k)$.
- Die Regelabweichung $e(k)$ wird als Lernsignal zur Adaption der Regelparameter k_p, k_i und k_d verwendet. Das Netz wird durch einen geeigneten Lernalgorithmus so trainiert, daß beim Anlegen des Eingabevektors $\underline{p}(k)$ am Eingang des Netzes die auf der zugrundeliegenden Gütefunktion optimalen Regelparameter ausgegeben werden.
- Der Lernalgorithmus trainiert das neuronale Netz über so viele Abtastzyklen hinweg, bis die Gütefunktion eine vorgegebene Schranke ε unterschreitet. Wird diese Schranke im Verlauf der Prozeßdauer wieder überschritten, so setzt der Adaptionsmechanismus wieder ein, um den Regler für das geänderte Prozeßverhalten zu optimieren.

Die Vorteile dieses Ansatzes gegenüber herkömmlichen neuronalen Reglern sind:

- Die Interpretierbarkeit des Regelverhaltens, da die Regelparameter k_p, k_i und k_d „ablesbar" sind, es entsteht also kein „Black-Box-Verhalten".
- Das neuronale Netz kann die optimierten Regelparametereinstellungen der entsprechenden Prozeßzustände (Arbeitspunkte) abspeichern und somit bei sich wiederholenden Arbeitspunkten des Prozesses die optimalen Einstellungen des Reglers ohne erneutes Adaptieren bereitstellen.

3 Kalman-Filter Lernverfahren für Multi-Layer-Perceptron-Netze

Die am häufigsten in der Regelungstechnik eingesetzten Netze sind vorwärts gerichtete, mehrschichtige Netzwerke, wie z.B. das hier verwendete Multi-Layer-Perceptron Netzwerk (MLP) [7]. Das in Abbildung 2.2 dargestellte Netzwerk beinhaltet logarithmisch-sigmoide Neuronen in der Eingabeschicht bzw. lineare Neuronen in der Ausgabeschicht. Der Eingabevektor $\underline{p}(k)$ wird aus den Prozeßgrößen des Systems gebildet, wobei hier zur Vereinfachung lediglich die Führungsgröße $w(k)$ und die Ausgangsgröße $y(k)$ mit jeweils einem vergangenem Wert $w(k-1)$ und $y(k-1)$ berücksichtigt werden. Durch Vorwärtspropagierung des Eingabevektors $\underline{p}(k)$ durch das Netz erhält man in Verbindung mit den Gewichten w_{ij} und Bias-Werten b_i des Netzes den Ausgabevektor $\underline{a}^{(2)}(k)$, der aus den drei Regelparameter k_p, k_i und k_d besteht.

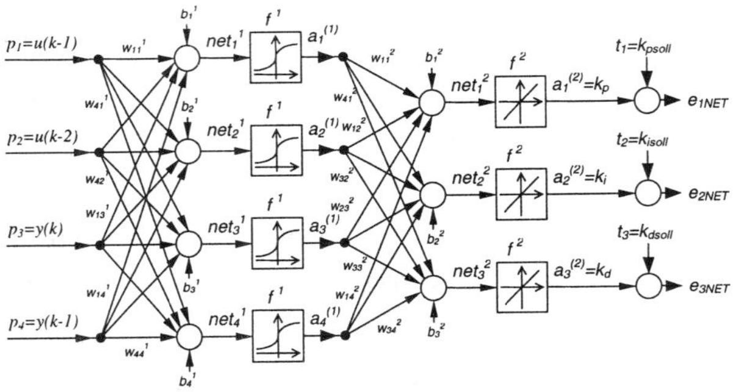

Abbildung 2.2: Neuronales Netz mit 2 Schichten

Die Aufgabe des Lernalgorithmus ist es, anhand des auf der Regelabweichung $e(k)$ basierenden Gütekriteriums die optimalen Reglereinstellungen zu finden und diese im Netz abzuspeichern. Bei der Auswahl eines geeigneten Verfahrens standen folgende Punkte im Vordergrund:

- Bei stochastisch gestörten Prozessen, die sich über einen weiten Zeithorizont in einem stationären Arbeitspunkt befinden, muß das Lernverfahren in der Lage sein, die Regelparameter ausschließlich anhand der Störcharakteristik einzustellen.
- Um ein optimales Störverhalten des Regelkreises zu erhalten, sollen die Regelparameter so eingestellt werden, daß die Varianz der Regelabweichung minimiert wird. Als Gütekriterium wird deshalb die minimale Varianz der Regelabweichung verwendet.

In der Theorie der neuronalen Netze finden sich verschiedenste Lernverfahren für vorwärtsgerichtete Multilayer-Perceptron-Netze (MLP), so z.B. das weit verbreitete Backpropagation- oder das Levenberg-Marquardt-Verfahren [8,9]. Beide Lernalgorithmen basieren auf quadratischen Gütekriterien und sind deshalb nicht in der Lage, den Regler bei einer reinen Störregelung ohne Arbeitspunktänderungen in der gewünschten Weise zu optimieren. Daher kommt hier das relativ unbekannte Kalman-Filter Lernverfahren zum Einsatz, welchem die minimale Varianz der Regelabweichung als Gütefunktion zugrunde liegt [10].

Das vorgestellte Lernverfahren basiert auf den Gleichungen des erweiterten Kalman-Filters (EKF). Zur Darstellung des Lernalgorithmus wird deshalb kurz auf die Grundlagen des Filters eingegangen, weitergehende Erläuterungen zur Theorie des Kalman-Filters finden sich in [11,12].

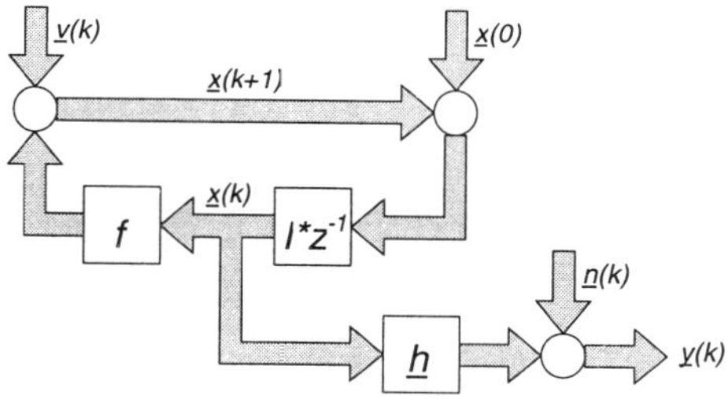

Abbildung 2.3: Markov-Signalprozeß

Das Filter geht von einer Darstellung des Prozesses im Zustandsraum aus, wobei ein Vektorprozeß erster Ordnung, der sogenannte Markov-Signalprozeß, zugrunde liegt (Abbildung 2.3). Das System wird durch den Zustandsgrößenvektor $\underline{x}(k)$, die nichtlineare Systemfunktion $\underline{f}(\underline{x}(k))$, die nichtlineare Ausgangsfunktion $\underline{h}(\underline{x}(k))$ sowie das mittelwertfreie, vektorielle Eingangsrauschen $\underline{v}(k)$ beschrieben. Zudem ist die Messung der Ausgangsgröße $\underline{y}(k)$ mit einem mittelwertfreien, Meßrauschen $\underline{n}(k)$ überlagert. Somit ergeben sich folgende Signalgleichungen zur Beschreibung dieses Prozesses:

$$\underline{x}(k+1) = \underline{f}(\underline{x}(k)) + \underline{v}(k) \qquad (3.1)$$

$$\underline{y}(k) = \underline{h}(\underline{x}(k)) + \underline{n}(k) \qquad (3.2)$$

Überträgt man die Systemgleichungen des Signalprozesses nun auf das Netz aus Abbildung 2.1, so ergibt sich folgendes:

- Die unbekannten Gewichte w_{ij} und Bias-Werte b_i werden als Zustandsvektor $\underline{x}(t)$ des Systems definiert:

$$\underline{x} = \begin{bmatrix} w_{11}^1 & w_{12}^1 & \cdots & b_1^1 & b_2^1 & & w_{11}^2 & w_{12}^1 & \cdots & b_1^2 & b_2^2 \end{bmatrix}^T \tag{3.3}$$

- Die Systemfunktion $\underline{f}(\underline{x}(k))$ des Filters ist die Identitätsfunktion, das Eingangsrauschen $\underline{v}(k)$ entfällt:

$$\underline{x}(k+1) = \underline{f}(\underline{x}(k)) + \underline{v}(k) = \underline{x}(k) \tag{3.4}$$

- Die nichtlineare, zeitvariante Ausgangsfunktion $\underline{h}(\underline{x}(k))$ beschreibt die Gewichtsstruktur des Netzes in Verbindung mit dem Eingabevektor $\underline{p}(k)$:

$$\underline{a}(k) = \underline{h}(\underline{x}(k), \underline{p}(k)) \tag{3.5}$$

- Der Ausgabevektor $\underline{y}(k)$ des Systems entspricht dem Zielausgabevektor $\underline{t}$ des Netzes, das Meßrauschen $\underline{n}(k)$ kann als Modellfehler $\underline{e}_{NET}(k)$ interpretiert werden.

$$\underline{y}(k) = \underline{t}(k) \tag{3.6}$$

$$\underline{t}(k) = \underline{h}(\underline{x}(k)) + \underline{n}(k) \tag{3.7}$$

$$\underline{t}(k) = \underline{a}^{(2)}(k) + \underline{e}_{NET}(k) \tag{3.8}$$

Werden die abgeleiteten Signalgleichungen des neuronalen Netzes auf die Gleichungen des erweiterten Kalman-Filters übertragen, so ergeben sich folgende rekursive Beziehungen:

- Der neu geschätzte Zustandsgrößenvektor (d.h. die Gewichte) ergibt sich rekursiv aus der Korrekturmatrix $\underline{K}$ sowie dem Ausgabefehlervektor $\underline{e}_{NET}(k)$:

$$\underline{\hat{x}}(k+1) = \underline{\hat{x}}(k) + \underline{K}(k+1) \cdot [\underline{e}_{NET}(k)] \tag{3.9}$$

- Der Ausgabefehlervektor $\underline{e}_{NET}(k)$ des Netzes wird durch Anwendung der Kettenregel im Bezug auf die Regelabweichung $e(k)$ angegeben. Der Parameter μ kann als Lernrate des Verfahrens aufgefaßt werden:

$$\underline{e}_{NET}(k) = \begin{bmatrix} e(k) - e(k-1) \\ e(k) \\ e(k) - 2 \cdot e(k-1) + e(k-2) \end{bmatrix} \cdot \mu \cdot e(k) \tag{3.10}$$

- Die Korrekturmatrix $\underline{K}$ (Kalman-Verstärkungsmatrix) wird so berechnet, daß die Varianz des Schätzfehlers minimal wird. Dazu bestimmt man die Kovarianzmatrix $\underline{N}$ des Meßrauschens und die Ableitung der vektoriellen Ausgangsfunktion $\underline{h}$ nach dem Zustandsgrößenvektor $\underline{x}$:

$$\underline{N}(k+1)=\underline{N}(k)+\frac{1}{k}\cdot\left(\underline{e}_{NET}{}^{T}\left(\underline{x}(k)\right)\cdot\underline{e}_{NET}\left(\underline{x}(k)\right)-\underline{N}(k)\right) \tag{3.11}$$

$$\underline{H}(k+1)=\left(\frac{\partial\underline{a}^{(2)}(\underline{x}(k))}{\partial\underline{x}(k)}\right) \tag{3.12}$$

$$\underline{K}(k+1)=\underline{P}(k)\cdot\underline{H}(k+1)^{T}\cdot\left[\underline{H}(k+1)\cdot\underline{P}(k)\cdot\underline{H}(k+1)^{T}+\underline{N}(k+1)\right]^{-1} \tag{3.13}$$

- Die Kovarianzmatrix $\underline{P}$ des Schätzfehlers berechnet sich rekursiv aus folgender Gleichung:

$$\underline{P}(k+1)=\underline{P}(k)-\underline{K}(k+1)\cdot\underline{H}(k+1)\cdot\underline{P}(k) \tag{3.14}$$

Mit Hilfe der hergeleiteten Gleichungen wurde der neuronale PID-Regler implementiert und in der Simulation erprobt. Weitergehende Ausführungen zur Theorie des Regelalgorithmus sind in [13] dargestellt.

4 Anwendung des neuro-adaptiven Reglers auf einen verfahrenstechnischen Prozeß

Zur Simulation der Funktion des entwickelten Konzeptes wurde der Algorithmus auf einen verfahrenstechnischen Prozeß in der Glasindustrie angewendet. Eine Beschreibung des Verfahrens wird in [14] vermittelt. Bei dem betrachteten Prozeß handelt es sich um einen stark gestörtes, nichtlineares System mit a priori unbekanntem Streckenverhalten. Abbildung 4.1 zeigt den simulierten Regelkreis mit der Ausgangsgröße y der Führungsgröße w , der Stellgröße u sowie dem produktionsbedingten Prozeßparameter p.

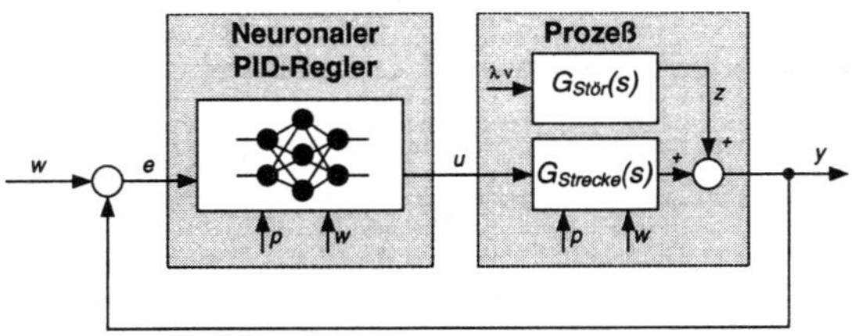

Abbildung 4.1: Simulierter Regelkreis

Das Streckenverhalten kann als ein Verzögerungsglied erster Ordnung angenommen werden, wobei für die Streckenparameter $k_{Strecke}$ und $T_{Strecke}$ folgender arbeitspunktabhängiger nichtlinearer Zusammenhang gilt:

$$G_{Strecke}(s) = \frac{k_{Strecke}(w)}{1 + T_{Strecke}(p) \cdot s} \tag{4.1}$$

$$k_{Strecke}(w) = -(0.5 + \log(w)), \quad w = 1 \ldots 1.5, \tag{4.2}$$

$$T_{Strecke}(p) = (2\,\mathrm{sec} + 24\,\mathrm{sec} \cdot p), \quad p = 1 \ldots 1.5 \tag{4.3}$$

Mit Hilfe dieses Models der Strecke wird in der Simulation die Funktion des Regelalgorithmus überprüft. Um die Adaptionsfähigkeit des Algorithmus darzustellen, werden die zu Beginn der Simulation verwendeten Regelparametereinstellungen zufällig gewählt, d.h. dem Regler ist das Streckenverhalten unbekannt. Abbildung 4.2 zeigt den Simulationsverlauf der Führungsgröße w, des externen Prozeßparameters p sowie die adaptierten Regelparameter k_p, k_i und k_d. Durch die Änderung der Führungsgröße w und des Prozeßparameter p wurde das Streckenverhalten $G(s)$ verändert. Betrachtet man den Verlauf der Regelparameter, so zeigt sich, daß der Adaptionsmechanismus des Reglers die Regelparameter ändert, um ein optimales Regelverhalten zu erzielen.

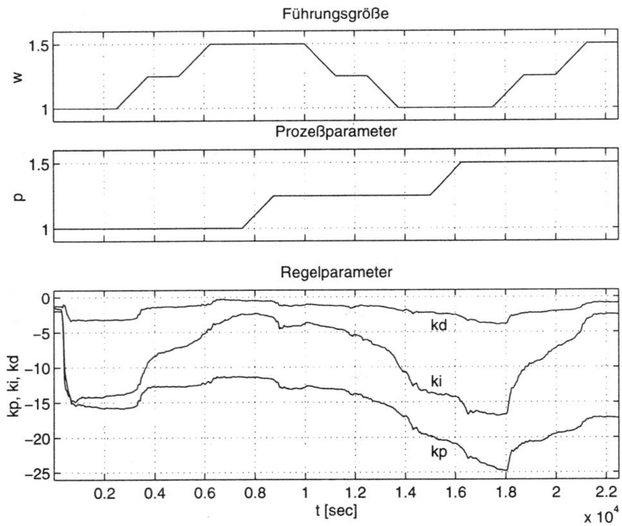

Abbildung 4:2: Verlauf der Prozeßgrößen sowie der Regelparameter

Der so trainierte Regler ist nun in der Lage für die jeweiligen Arbeitspunkte des Prozesses die optimalen Regelparameter zu verwenden. Die Abbildung 4.3 veranschaulicht das

Ergebnis nochmals anhand der sich einstellenden Kennfelder der Regelparameter in Abhängigkeit der Arbeitspunkte.

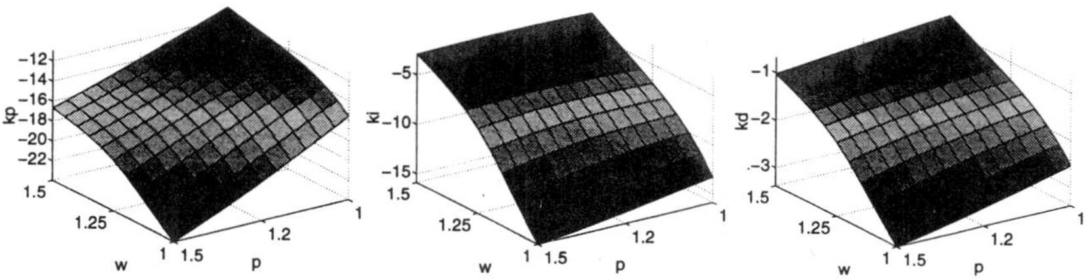

Abbildung 4.3: Kennfelder der Regelparameter *kp*, *ki* und *kd*

Zur Beurteilung des sich Stör- bzw. Führungsverhaltens des neuronalen PID-Reglers wird dieser mit einem fest eingestellten PID-Regler verglichen. Abbildung 4.4 zeigt zur Veranschaulichung des Störverhaltens die Varianz der Regelgröße *y*. Zu Beginn der Simulation verwenden beide Regler dieselben Regelparameter und erreichen somit auch dieselbe Regelgüte. Nach 1000 Abtastschritten wurden die Führungsgröße *w*, der Prozeßparameter *p* und somit das Streckenverhalten *G*(*s*) verändert. Durch die Adaptionskomponente paßt sich der neuronale PID-Regler an das sich ändernde Streckenverhalten an, was im Vergleich zu dem fest eingestellten PID-Regler in einem besseren Störverhalten des Regelkreises resultiert. Angemerkt sei hier, daß sich die Varianz *var*(*y*) während der Änderung der Arbeitspunkte bei beiden Reglern stark erhöht. Die Ursache dafür liegt in der Änderung der Führungsgröße *w*, sowie in dem relativ langen Zeithorizont zur Ermittlung der Varianz (150 Abtastschritte)

Das unterschiedliche Führungsverhalten des neuronalen PID-Reglers bzw. des fest eingestellten PID-Reglers ist in Abbildung 4.5 dargestellt. Auch hier wurde zu Beginn der Simulation von der selben Einstellung der Regelparameter beider Regler ausgegangen. Die Änderung der Führungsgröße *w* bewirkt eine Änderung des Streckenverhaltens *G*(*s*), der neuronale PID-Regler adaptiert die Regelparameter, und erzielt somit ein optimales Führungsverhalten. Im Gegensatz dazu führt die feste Regelparametereinstellung des herkömmlichen PID-Reglers zu einem instabilen Regelverhalten.

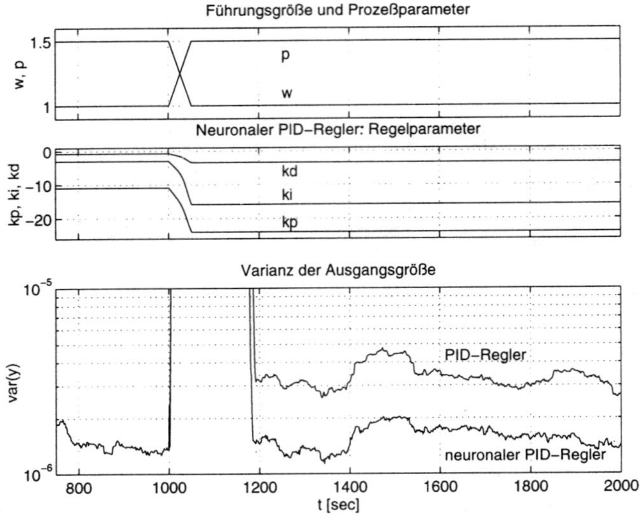

Abbildung 4.4: Störverhalten des Regelkreises

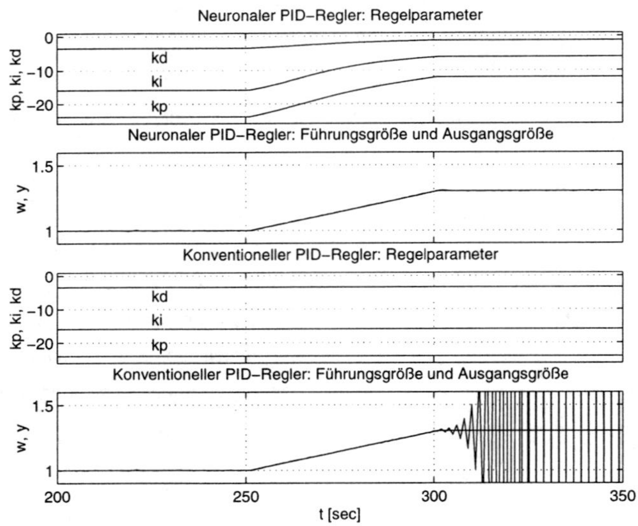

Abbildung 4.5: Führungsverhalten des Regelkreises

5 Zusammenfassung

Das vorgestellte neuro-adaptive Regelungskonzept basiert auf der Kombination eines neuronalen Netzes mit einem klassischen PID-Regelalgorithmus. Kennzeichnend ist, daß die Struktur des PID-Reglers erhalten bleibt und das neuronale Netz in Abhängigkeit von den Prozeßgrößen die optimalen Reglereinstellungen generiert. Als Lernalgorithmus des Netzes wurde das in diesem Zusammenhang bisher kaum beachtete Kalman-Filter Lernverfahren implementiert.

Die bei der Simulation des Reglerkonzeptes in Verbindung mit einem stark gestörten nichtlinearen Prozeß gewonnenen Ergebnisse lassen erkennen, daß der entwickelte Ansatz

- bei rein stochastischer Anregung des Prozesses in der Lage ist, die Regelparameter zu adaptieren und diese in dem neuronalen Netz abzuspeichern,
- arbeitspunktabhängige Nichtlinearitäten erfassen kann, und die jeweiligen optimalen Reglereinstellungen dazu bereitstellt,
- sich an ein veränderliches Prozeßverhalten on-line anpassen kann,
- das Stör- bzw. Führungsverhalten des Prozesses optimiert, und im Vergleich zu einem fest eingestellten herkömmlichen PID-Regler eine wesentlich bessere Regelgüte erzielt,

Literatur

[1] Peter Firsching: „Der Einsatz künstlicher neuronaler Netze in Regelungstechnischen Anwendungen“, Dissertation, Technische Fakultät der Universität Erlangen-Nürnberg, 1995

[2] K.J., Aström, und Wittenmark, B.: „Adaptive Control“, Addison-Wesley Pub. Co., Massachusetts 1989

[3] Rolf Isermann: „Stand und Entwicklungstendenzen bei adaptiven Regelungen“, atp-Automatisierungstechnische Praxis (29) 1987

[4] P. J. Antsaklis, K. M. Passino: „an introduction to intelligent and autonomous control“, Kluwer Academic Publishers, 1993

[5] M. Brown, C. Harris: „neurofuzzy adaptive modelling and control“, Prentice Hall International, 1994

[6] Saiful Akhyar, Sigeru Omatu: „Neuromorphic Self-Tuning PID-Controller“, IEEE International Conference on Neural Networks, San Farnsisco 1993

[7] Oliver Nelles, Susanne Ernst, Rolf Iserman: „Neuronale Netze zur Identifikation nichtlinearer, dynamischer Systeme: Ein Überblick“, at-Automatisierungstechnik (45) 1997

[8] Detlef Nauck, Frank Klawonn, Rudolf Kruse: „Neuronale Netze und Fuzzy-Systeme“, Vieweg 1994

[9] Martin T. Hagan, Mohammad B. Menhaj: „Training Feedforward Networks with the Marquardt Algorithm“, IEEE Transactions on Neural Networks, Vol. 5, No. 6, 1994

[10] Youji Iiguni, Hideaki Sakai: „A Real-Time Learning Algorithm for Multilayerd Neural Network, Based on the Extended Kalman-Filter“, IEEE Transactions on Signal Processing, Vol. 40, No.4, 1992

[11] Rolf Isermann: „Digitale Regelsysteme“, Band I+II. Springer-Verlag, 1987

[12] K. Brammer, G. Siffling: „Kalman-Bucy-Filter“, Oldenburg, München, 1985

[13] Christian W. Frey: „Untersuchungen zur On-Line-Optimierung einer Fuzzy-Logic-Regelung eines verahrenstechnischen Prozesses mit Hilfe eines Neuronalen Netzes“, Diplomarbeit an der Universität Karlsruhe / Fraunhofer-Institut IITB, Karlsruhe, 1995

[14] Markoto Sajidman, Helge-Björn Kuntze: „Integration of Fuzzy Control and Model Based Concepts for Disturbed Industrial Plants with Large Dead-Times“, Sixth IEEE International Conference on Fuzzy Systems in Barcelona, July 1-5, 1997

Modellierung und simulative Untersuchung des Stauverhaltens in Straßenverkehrsflüssen

D. Karimanzira, W. Weller

Humboldt-Universität zu Berlin
Inst. für Elektrotechnik
LS Technische Kybernetik
Invalidenstr. 110, D-10099 Berlin
Tel.: (030) 2093-7970 Fax: (030) 2093-7692

1. Einleitung

Die Gewährleistung funktionierender Verkehrssysteme gehört zu den Grundvoraussetzungen hochentwickelter Länder. Das wachsende Bedürfnis nach Mobilität führt zu ständig vergrößertem Verkehrsaufkommen, dem nur durch neue Konzepte und Lösungen begegnet werden kann.

Die Verkehrproblematik stellt sich in besonderer Schärfe in den Ballungsräumen und Großstädten, denen zunehmend der Verkehrinfarkt droht. Der Verkehrsfluß leidet insbesondere durch die immer häufigere Bildung von Staus, die sich nur schwer wieder auflösen. Ursachen für ihre Entstehung sind vor allem ein unverhältnismäßig hohes Verkehrsaufkommen in den Spitzenzeiten oder bei Großveranstaltungen, Einschränkungen der Durchlässigkeit von Netzabschnitten etwa durch Baustellen oder bei Unfällen und nicht zuletzt auch falsch eingestellte Lichtsignalanlagen.

Im allgemeinen kann davon ausgegangen werden, daß die Möglichkeiten der Verkehrentschärfung durch großzügigen Ausbau der Verkehrswege weitgehend ausgeschöpft sind. Gewisse Reserven bestehen neben der Durchführung begrenzter Korrekturen im Verkehrsnetz somit nur noch in der Verbesserung der Verkehrsführung und des Verkehrsmanagements.

Entsprechend dieser Einschätzung wurde das nachfolgend beschriebene Software-Werkzeug **SISSY** entwickelt. Dieses ermöglicht die simulative Untersuchung von Straßenverkehrsflüssen in definierbaren lokalen Straßennetzen unter variierbaren Bedingungen. Hierbei können Verkehrszenarien analysiert, verkehrshemmende Faktoren aufgedeckt und geplante Maßnahmen zur veränderten Verkehrssteuerung sowie -führung erprobt werden. Das Tool basiert auf der Theorie der Fuzzy-Petri Netze und wurde unter Verwendung der kommerziell verfügbaren Software-Umgebung **Pensum** entwickelt, worauf zunächst eingegangen wird.

2. Fuzzy-Petri Netze

2.1. Definition

Die Fuzzy-Petri Netze (FPN) gehören einer speziellen Klasse von Stellen-Transitions-Netzen mit unscharfer Informationsverarbeitung an. Die Unschärfe wird hier jedoch nicht in der üblichen Weise durch entsprechende Regeln sondern durch unscharfe Bewertungen in Form von zentrierten Zugehörigkeitsfunktionen eingebracht *[1], [2]*. Mit Hilfe solcher unscharfer Bewertungsfunktionen können den Netzelementen, also den Plätzen und Transitionen, bestimmte statische und auch dynamische Eigenschaften zugewiesen werden. Zusätzlich besteht auch die Möglichkeit, den Netzelementen Attribute zu erteilen, die ihnen gewisse Eigenschaften verleihen.

Fuzzy-Petri Netze können wie folgt definiert werden:

$$FPN = (P,T,K,F,G,V,W,M_0,D_0)$$

mit

$P = \{p_1,p_2,\ldots,p_m\}$	Menge der unscharfen Plätze
$T = \{t_1,t_2,\ldots,t_n\}$	Menge der unscharfen Transitionen
$K = \{k_1,k_2,\ldots,k_o\}$	Menge der Kanten
$F \subseteq (PxT) \cup (TxP) \in [0,1]$	Überführungsfunktion
$G: P \rightarrow IN$	Zulässige Markierungen der unscharfen Plätze
$V: T \rightarrow IN$	Zulässige Durchflüsse durch die unscharfe Transiti
$W: F \rightarrow IR^+_0$	Kantengewichte
$M_0: P \rightarrow IN_0$	Anfangsmarkierung mit $M_0 \in G$
$D_0: T \rightarrow IN_0$	Anfangsdurchfluß mit $D_0 \in V$

2.2. Fuzzifizierung der Plätze

Die Unschärfe in den Netzelementen wird zumeist durch eine glockenförmige Zugehörigkeitsfunktion charakterisiert, die über einer unscharfen Menge definiert ist (Bild 1). Wie ersichtlich, ist die Zugehörigkeitsfunktion bezüglich eines definierten Soll- (Modal-) Wertes M_S zentriert. Dieser bestimmt die Sollmarkenbelegung des betreffenden Platzes. Mit Hilfe des Vorzeichens von M_S läßt sich festlegen, ob der betreffende Platz bei jeder Aktivierung aufgefüllt oder geleert werden soll. Die Ausprägung der Glockenkurve wird durch weitere Parameter spezifiziert. Dazu zählen

die linke und rechte Breite b_L^{sp} und b_R^{sp},
die links- und rechtsseitige Schärfe s_L^{sp} und s_R^{sp},
die untere und obere Grenze der Markenbelegung M_{uG} und M_{oG}.

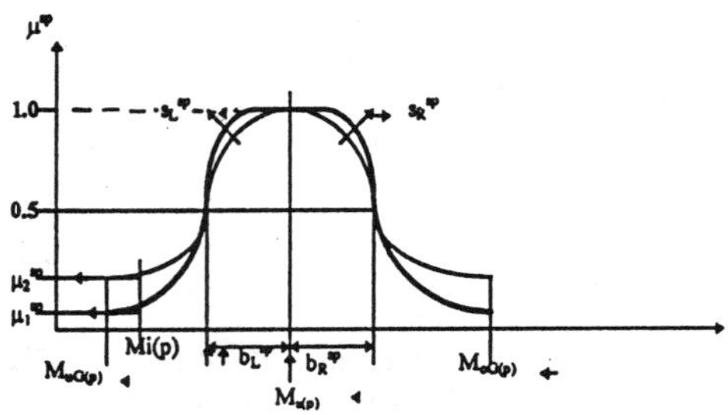

Bild 1 glockenförmige Zugehörigkeitsfunktion für Platzmarkierung

Wie bereits erwähnt, können den Plätzen zusätzlich auch ggfs. sogar mehrere Attribute zugewiesen werden. Das für uns wichtigste ist hierbei das Zählerattribut. Diesem ist ein Vor-/Rückwärtszähler hinterlegt. Sein Zustand repräsentiert die jeweilige Istmarkenbelegung. Mittels eines Parameters kann bestimmt werden, wieviele Marken bei jeder Aktivierung zuaddiert oder subtrahiert werden sollen. Weitere Attribute können dafür verwendet werden, um gewünschte Startwerte vorzugeben, die Lösungsstrategie zu steuern u. a. m.

2.3. Fuzzifizierung der Transitionen

Die Bewertung von Transitionen mit Hilfe von Zugehörigkeitsfunktionen erfolgt ähnlich wie die der Plätze. Sie kann eingesetzt werden, um die Dynamik des Markenflusses festzulegen. Je nach Vorzeichen kann hierbei eine treibende oder hemmende Wirkung erzeugt werden. Die Transition behält hierbei trotz der unscharfen Bewertung ihr Vetorecht, indem sie bei erfüllten Vor- und Nachbedingungen den Markenfluß sowohl freigeben als auch sperren kann. Die Unschärfe in derart modellierten Transitionen wirkt sich dahingehend aus, daß diese mehr oder weniger schalten können.

2.4. Kantenbewertungen

Die Anzahl der über die Pre- und Postkanten einer Transition transferierbaren Marken (Markenquanten) läßt sich durch geeignet bemessene Kantengewichte (-verstärkungen) festlegen. Je nach Vorzeichen der Kantengewichte handelt es sich hierbei um den Zu- oder Abfluß von Marken. Werden Kan-tengewichte mit dem Wert 0 belegt, so können beim Schalten der betreffen-den Transition Marken weder zu- noch abgeführt werden. Es können außerdem auch zwei Attribute ("mit Inhalt schalten", "auf Grenze setzen") zugewiesen werden, über die das Lösungsverhalten beeinflußbar ist.

3. Entwicklungsumgebung **Pensum**

Für die Systementwicklung wurde die auf dem Konzept der Fuzzy-Petri Netze basierende Entwicklungsumgebung **Pensum** *Vers. 1.1* der Fa. M.I.T. (Management Intelligenter Technologien GmbH), Aachen eingesetzt *[3]*. Obwohl ursprünglich vorzugsweise zur Unterstützung von Systementwicklungen im Bereich der Fertigungsplanung und -steuerung erstellt, erwies sich das Tool auch für die vorliegende, völlig anders geartete Problemstellung als weitgehend geeignet.

Das FPN-Tool **Pensum** ist in C++ implementiert und derzeit nur für Workstation-Level verfügbar. Unterstützt werden die betriebssysteme SunOS 4.1.x, Solaris 2.x und AIX 3.2.

Die Software stellt folgende Systemanforderungen:

SunOS 4.1.x	OpenWindows 3 mit X11R4,	freie Plattenkapaz. ≥ 6MB
Solaris 2.x	OpenWindows 3.x mit X11R5,	freie Plattenkapaz. ≥ 6MB

Einen Eindruck vom Arbeitsfenster des Tools **Pensum** vermittelt Bild 2.

Bild 2 Arbeitsfläche des Tools **Pensum**

Wie ersichtlich, ist die Steuermenüleiste in die folgenden 4 Menüpunkte gegliedert:

- *Modell*

  erlaubt das Laden und Abspeichern von Modelldateien

- *Bearbeiten*

  ermöglicht den Aufruf div. Editoren zur Erstellung und Bearbeitung von Plätzen, Transitionen, Kanten, Koppelwerten und Strukturgraphen

- *Problemlöser*

  dient zum Starten und Anhalten von Simulationsläufen entsprechend der gewählten Lösungsstrategie

- *Diagramm*

  bietet eine Reihe von Visualisierungsmöglichkeiten, bspw. eine Übersicht über den aktuellen Netzzustand (display *Netzgraphik*), eine Ansicht des Verlaufs von charakteristischen Variablen (display *Liniendiagramm*) sowie eine Anzeige der Belegung von Systemressourcen oder des Erfüllungsgrades definierter Bedingungen (display *Gantt-Diagramm*)

4. Simulationssystem SISSY

4.1. allgemeine Beschreibung

Für die simulative Untersuchung von Verkehrsflüssen und Erprobung von Steuerstrategien wurde das Werkzeug **SISSY** (Simulator für lokale Straßenverkehrs-Systeme) geschaffen *[4] - [6]*. Dieses basiert auf dem Konzept der unscharfen (Fuzzy-) Petri Netze und wurde mit Unterstützung durch die Entwicklungsumgebung **Pensum** erstellt.

Seine Hauptmerkmale sind:

- freizügige Modellierbarkeit weitgehend beliebiger Straßennetze begrenzter Größe
- Erfassung quantitativer, dynamischer und stochastischer Effekte des Straßenverkehrs
- durchgängige Modularität und Hierarchisierung der Modelle

- Bereitstellung einer ausbaufähigen Bibliothek von Modellen und Teilmodellen
- Integrierbarkeit vorhandener oder selbst entwickelter Steuerstrategien
- Visualisierung des Verkehrszustandes und -verhaltens mit Hilfe gut interprtierbarer Diagramme wählbarer Art

Der Simulator enthält Modelle folgender Kategorien:

- Straßennetz-Modelle (Streckenabschnitte, Verkehrsknoten)
- Modelle zur Verkehrsbeeinflussung (gesteuerte Lichtsignalanlagen, Verkehrswegweiser)
- Generatoren für Fahrzeugflüsse
- Programme zur Verkehrssteuerung

4.2. Modellierung von Straßenverkehrsnetzen

Entsprechend dem zugrund gelegten Konzept der konsequenten Modularisierung und Hierarchisierung werden die Modelle für Verkehrsnetze in solche für Streckenabschnitte und diverse Arten von Verkehrsknoten gegliedert. Die Streckenabschnitte werden ihrereseits wieder in einzelne Segmente unterteilt (Bild 3).

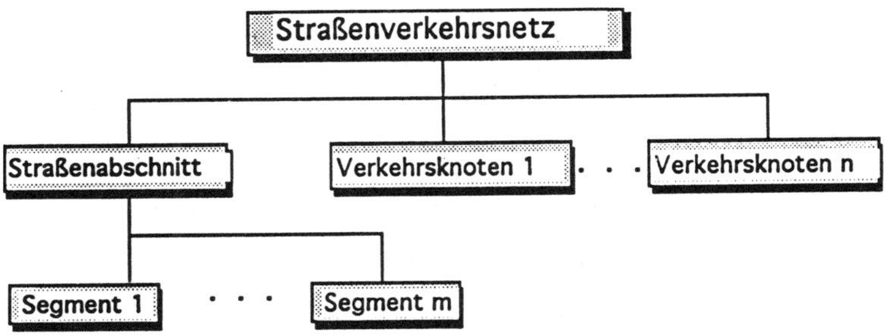

Bild 3 Gliederung der Straßennetz-Modelle

Ein Straßenabschnitt wird beiderseits durch eine Lichtsignalanlage begrenzt und besteht aus einer geeigneten Anzahl von miteinander verketteten Segmenten (Bild 4).

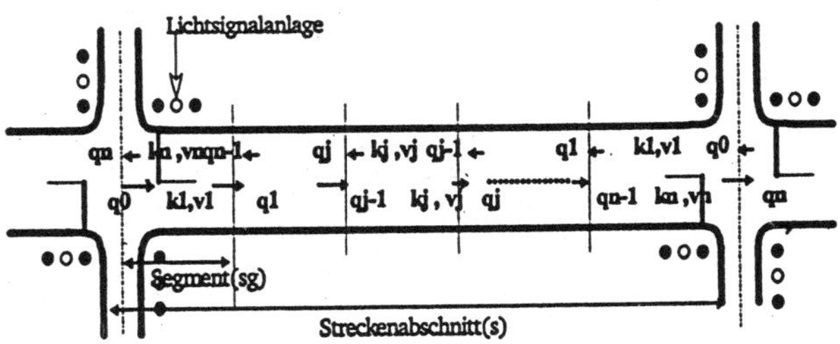

Bild 4 Modell eines Streckenabschnitts

Ein Straßenabschnitt s ∈ S wird beiderseits durch eine Lichtsignalanlage begrenzt. Die zwischen ihnen liegende Entfernung bestimmt die Streckenlänge l(s). Ein Straßenabschnitt kann in jeder Richtung mehrere Spuren u(s) besitzen. Die Verkehrsströme an beiden Enden sind paarweise entgegengerichtet.

Ein Straßenabschnitt wird in eine geeignete Anzahl von Segmenten j untergliedert. Dies ermöglicht u. a. die Berücksichtigung von Spurbeschränkungen durch Hindernisse, Parkspuren etc. Hierdurch wird die Nennkapazität beschränkt. Innerhalb der Segmente wird ein homogener Verkehrsfluß zugrunde gelegt. Zur Charakterisierung dienen die Zustandsvariablen Verkehrsdichte kj und mittlere Verkehrsgeschwindigkeit vj. Die zwischen jeweils benachbarten Segmenten ausgetauschten Verkehrsströme sind q(j-1) und qj. Der in das Segment j=1 einfließende Verkehrsstrom q0 ist zugleich der in den Steckenabschnitt einfließende Verkehr. Ebenso gilt für die Gegenseite, daß der das Segment n verlassende Verkehr qn mit dem aus dem Streckenabschnitt ausfließenden Verkehr identisch ist.

Ein Verkehrsfluß an den Enden des Streckenabschnitts ist nur während der Grünphase der jeweiligen Lichtsignalanlage möglich. Die Modellierung erfolgt hier durch eine von der vorzugebenden Fahrgeschwindigkeit und der Anzahl der nutzbaren Spuren abhängigen Sequenz von Fahrzeugquanten (Bild 5). Es wird auch ein zeitlicher Versatz zur Modellierung der Anfahrverzögerung berücksichtigt.

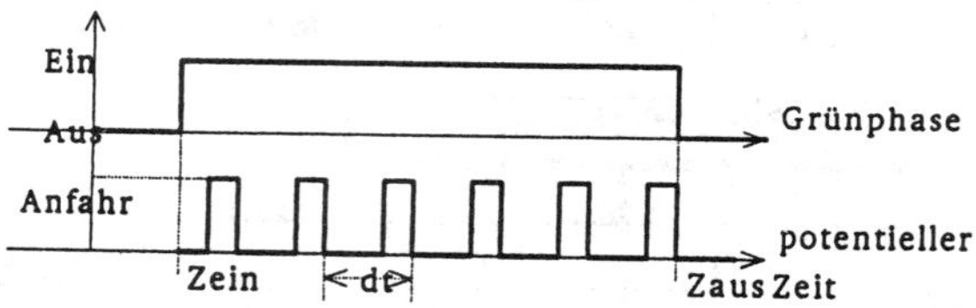

Bild 5 Modellierung des Verkehrsflusses hinter Lichtsignalanlagen

Zum Leistungsangebot von **SISSY** gehören neben Modellen für Segmente und ganze Streckenabschnitte auch Modelle für diverse Typen von Straßenknoten, wie Einmündung, Kreuzung und Kreisverkehr.

4.3. Modellierung von Lichtsignalanlagen

Lichtsignalanlagen besitzen allgemein eine interne Steuerung, die in den vorkommenden Verkehrsrichtungen eine versetzte Freigabe der Fahrbahn bewirken. Entscheidend für den Verkehrsfluß ist die jeweilige Grünphase, die als Zeitereignis aufgefaßt wird. Dieses wird durch ein Tupel $(z_{ein}, dz \mid dz=z_{aus}-z_{ein})$ charakterisiert. Programme zur Verkehrssteuerung greifen auf diese Parameter zu.

Die Modellierung hat zu berücksichtigen, daß der während des Zeitrahmens dz potentiell mögliche Verkehrsfluß (s. Bild 5) dadurch beschränkt sein kann, daß die Menge an Fahrzeugquanten nicht vollständig oder sogar überhaupt nicht von dem nachfolgenden Streckenabschnitt aufgenommen werden kann. Die Aufnahmefähigkeit muß daher zuvor abgetestet werden. Die Verhältnisse komplizieren sich weiter, wenn zwischen aufeinander folgenden Streckenabschnitten auch Straßenknoten eingelagert sind (s. Abschn. 4.2.).

5. Einsatzmöglichkeiten

Das hier nur grob umrissene Simulationstool **SISSY** erlaubt unterschiedliche Anwendungen *[6]* - *[8]*. Dazu werden folgende Möglichkeiten genannt:

- Analyse des Verkehrsverhaltens in modellierten Verkehrsnetzen bei unterschiedlichem Verkehrsaufkommen (bspw. Staubildung, -auflösung)
- Prüfung der Auswirkungen von Verkehrsstörungen (Baustellen, Unfälle)
- Prüfung von verkehrsfördernden Maßnahmen (Einrichtung zusätzlicher Spuren, Einbau/Entfernung zusätzlicher Lichtsignalanlagen etc.)
- Ermittlung optimaler Verkehrslösungen (bspw. Umbau von Verkehrsknoten)
- Erprobung unterschiedlicher Steuerungskonzepte (Veränderung der Phasensteuerung, Tag-/Nachtumschaltung, Synchronisation von Lichtsignalanlagen, verkehrsabhängige bzw. adaptive Steuerung von Lichtsignalanlagen etc.)
- Erprobung von Konzepten der Verkehrswegweisung (Verkehrsumlenkung)

6. Simulationsuntersuchungen

Die bisher durchgeführten Simulationsuntersuchungen erfolgten anhand von Straßenmodellen unterschiedlicher Komplexität. Zu den einfacheren Systemen zählen Straßenzüge, bestehend aus 2 Streckenabschnitten mit zwischengelagerter Einmündung sowie eine Zusammenschaltung von 4 lichtsignal-gesteuerten Streckenabschnitten mit je einer Einmündung und Straßenkreuzung. Untersucht wurden zunächst das Verkehrsverhalten bei freier Strecke und verschiedenen Verkehrsbelastungen sowie die Staubildung und -auflösung beim Auftreten temporärer Engpässe sowie dauerhafter Blockierung von Fahrspuren unter Wirkung der herkömmlichen Steuerung der Lichtsignalanlagen. Zur Illustration ist in Bild 6 die Verkehrsentwicklung bei konstantem Fahrzeugzustrom vor, während und nach dem Auftreten eines Enpasses in Form eines Liniendiagramms dargestellt.

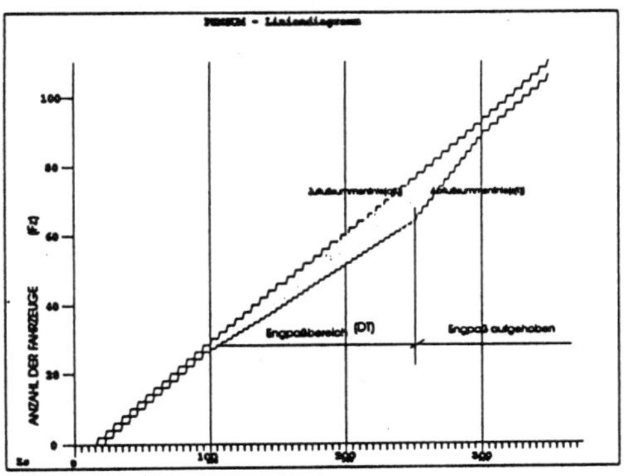

Bild 6 Darstellung der Verkehrsentwicklung bei temporären Hindernissen (Liniendiagramm)

In ähnlicher Weise wurden Simulationsuntersuchungen unter Einsatz mehrerer fortgeschrittener Steuerstrategien durchgeführt. Die sich hierbei ergebende Zustandsfolge der Lichtsignalanlagen läßt sich vorteilhaft in Form von Gantt-Diagrammen darstellen. Die durchgeführten Tests zeigten, daß mit verbesserten Steuerungskonzepten eine z. T. wesentliche Steigerung des Verkehrsdurchsatzes erreichbar ist.

Als bisher komplexestes Anwendungsbeispiel wurde eine Berliner Magistrale (Karl-Marx-Allee zwischen Alexanderplatz und Warschauer Str.) verkehrstechnisch untersucht. Das nachzubildende Straßennetz erforderte die Modellierung von 9 Streckenabschnitten, 1 Einmündung, 4 Kreuzungen sowie eines Kreisverkehrs (Strausberger Platz). Die untersuchten Szenarien entsprachen im wesentlichen den bereits an einfacheren Modellen betrachteten Fällen. Als besonders verkehrsfördernd wurde eine Steuerung nach dem Prinzip der Progressiven Grünen Welle erkannt.

Literatur

[1] Abel, D.:Petri-Netze für Ingenieure. Springer-Verlag, berlin, 1990

[2] Heltzig, A. F.; König, R.: Zum Problem der Software-Entwicklung von Steuerungen auf der Basis von Petri-Netzen. Elektrie (1980) H. 9, S. 476-479

[3] - : Presentation of the Software Tool Pensum (Produktbeschreibung). M.I.T. (Management Intelligenter Technologien GMbH, Aachen, 1995

[4] Weller, W.: Simulation des Straßenverkehrs mittels Petri Netzen. Forschungsbericht (unveröff.), 1996

[5] Karimanzira, D.: Modellierung und simulative Untersuchung des Stauverhaltens in Straßenverkehrsflüssen. Diplomarbeit. Humboldt-Univ. zu Berlin LS Technische Kybernetik, 1997

[6] Weller, W.: SISSY - Simulator zur Untersuchung lokaler Straßenverkehrs-Systeme. Kurz-Info (unveröff.), 1997

[7] Leutzbach, W.: Einführung in die Theorie des Verkehrsflusses. Springer-Verlag, Berlin, 1972

[8] Lapierre, R.; Steierwald, G.: (Hrsg.): Grundlagen und Techologien der Verkehrsleittechnik. Springer-Verlag, Berlin

Nr.		DM
1280	**Entwicklungslinien der Energie- und Kraftwerkstechnik** (Tagung Siegen 1996)	248,–
1281	**Kurvengetriebe, Gelenkgetriebe, Gesteuerte Antriebe – Problemlösungen in der Bewegungstechnik** (Tagung Veitshöchheim 1996)	116,–
1282	**Verfahrens- und Fertigungstechnik. Energie – Umwelt – Kommunikation – Mechatronik – Theorie** (GMA-Kongreß '96 Baden-Baden)	268,–
1283	**Berechnung und Simulation im Fahrzeugbau** (Tagung Würzburg 1996)	218,–
1284	**Energiedienstleistung und Marketing – Unternehmensaufgabe oder Schlagworte?** (Tagung Hamburg 1996)	108,–
1285	**VDI-Schwingungstagung '96 – Schwingungen in Maschinen, Fahrzeugen und Anlagen** (Tagung Veitshöchheim 1996)	218,–
1286	**Energieberatung für Industrie und Gewerbe nach VDI 3922 – Ein Instrument zur Kostensenkung und Klimavorsorge** (Tagung Köln 1996)	78,–
1287	**Elektronik im Fahrzeugbau** (Tagung Baden-Baden 1996)	268,–
1288	**Verwertung von Kunststoffabfällen** (Tagung Herne 1996)	138,–
1289	**Effiziente Anwendung und Weiterentwicklung von CAD/CAM-Technologien** (Tagung München 1996)	218,–
1290	**Zyklonabscheider in der Energie- und Verfahrenstechnik** (Tagung Essen 1996)	108,–
1291	**USV und Sicherheitsstromversorgung III** (Tagung Leipzig 1996)	108,–
1292	**Rationelle Energienutzung durch Strom** (Tagung Essen 1997)	168,–
1293	**Airport-Logistics** (Tagung Eindhoven 1996)	108,–
1295	**Kunden-Nutzen-Logistiknetze** (Tagung Hamburg 1996)	108,–
1296	**Wirtschaftliche Wärmenutzung in Industrie und Gewerbe** (Tagung Braunschweig 1997)	168,–
1297	**Landtechnik 1996** (Tagung Berlin 1996)	138,–
1298	**Dioxine** (Tagung Fulda 1996)	138,–
1299	**Dezentrale Fabrikplanung** (Tagung Köln 1996)	108,–
1300	**Müllverbrennungsanlagen und Kraftwerke, Erhöhung der Anlagensicherheit durch Schadensanalyse** (Tagung Würzburg 1996)	108,–
1301	**Computeralgebra-Simulation (CALS) für Ingenieure** (Tagung Düsseldorf 1996)	78,–
1302	**Neue Chancen durch Engineering-Netze** (Tagung Fellbach 1996)	108,–
1303	**Menschengerechte Bedienung technischer Geräte** (Tagung Kaiserslautern 1996)	108,–
1304	**Energie und Internet** (Tagung Garmisch-Partenkirchen 1997)	78,–
1305	**Erfolgreiche Produkte und Prozesse** (Tagung Mannheim 1996)	218,–
1306	**TQM – Spitzenleistung im Wettbewerb** (Tagung Dortmund 1996)	68,–
1307	**Ganzheitliche Betrachtungen im Automobilbau** (Tagung Wolfsburg 1996)	138,–
1308	**Komplexe Prozesse beherrschen. 10. Jahrestagung Produktionslogistik** (Tagung Köln 1997)	78,–
1309	**EVU auf dem Wege zum Dienstleistungsunternehmen – Instrumente und Beispiele** (Tagung Berlin 1997)	138,–
1310	**Betriebsmanagement-Systeme in der Energiewirtschaft '97** (Tagung Würzburg 1997)	138,–
1311	**Industriestandort Deutschland – Arbeitsplätze und Energie** (Tagung Heilbronn 1997)	108,–
1312	**Blockheizkraftwerke '97** (Tagung Essen 1997)	108,–
1313	**Verbrennung und Feuerungen. 18. Deutsch-Niederländischer Flammentag** (Tagung Delft 1997)	218,–
1314	**Wirbelschichtfeuerungen: Erfahrungen und Perspektiven** (Tagung Berlin 1997)	168,–
1315	**Mechatronik im Maschinen- und Fahrzeugbau** (Tagung Moers 1997)	168,–
1316	**Wirtschaftlichkeit prozeßorientierter Organisation** (Tagung Köln 1997)	78,–
1317	**Der Mensch im Verkehr** (Tagung München 1997)	108,–
1318	**Hygiene in der Reinraumtechnik** (Tagung Hamburg 1997)	78,–
1319	**Thermische Biomassenutzung – Technik und Realisierung** (Tagung Salzburg 1997)	108,–

VDI VERLAG
Postfach 10 10 54
40001 Düsseldorf

Nr.		DM
1320	**Barrierefreie Gebäudetechnik für alle Menschen in jedem Alter** (Tagung Mainz 1997)	78,–
1321	**Fortschrittliche Energiewandlung und -anwendung** (Tagung Bochum 1997)	268,–
1322	**Features verbessern die Produktentwicklung – Integration von Prozeßketten** (Tagung Berlin 1997)	168,–
1323	**Kupplungen in Antriebssystemen '97 – Problemlösungen, Erfahrungen, Trends** (Tagung Fulda 1997)	218,–
1324	**Fortschritt mit Gußkonstruktionen '97** (Tagung Veitshöchheim 1997)	108,–
1325	**Den Wandel fordern und fördern** (Tagung Leipzig 1997)	168,–
1326	**RLT-Anlagen für Fertigungsstätten. Industrial Ventilation** (Tagung Stuttgart 1997)	78,–
1327	**Der Stapler im Mittelpunkt des Transports** (Tagung Heidelberg 1997)	108,–
1328	**Ganzheitliche Bilanzierung von Energiesystemen** (Tagung Düsseldorf 1997)	108,–
1329	**Anforderungen an die Netzregelung bei Deregulierung der Elektrizitätswirtschaft und erweitertem Verbundnetz** (Tagung Berlin 1997)	108,–
1330	**Umwelt- und Klimabeeinflussung durch den Menschen IV** (Tagung Veitshöchheim 1997)	108,–
1331	**Innovationen für Gleitlager, Wälzlager, Dichtungen und Führungen** (Tagung Neu-Ulm 1997)	138,–
1333	**9. Jahrestagung Schadensanalyse. Korrosionsschäden in Kraftwerken** (Tagung Würzburg 1997)	108,–
1334	**Schalltechnik '97** (Tagung Fulda 1997)	108,–
1335	**Meß- und Versuchstechnik im Automobilbau** (Tagung Böblingen 1997)	168,–
1336	**Sicherheitstechnik und Automatisierung** (Tagung Langen 1997)	108,–
1337	**Vertragsmanagement für energietechnische Anlagen – Planung bis Vertrieb** (Tagung Berlin 1997)	108,–
1338	**Unternehmenserfolg durch Restrukturierung von Entwicklungs- und Konstruktionsprozessen** (Tagung Fellbach 1997)	108,–
1340	**Technik und Kommunikation ohne Grenzen. Ingenieure im weltweiten Strukturwandel. Deutscher Ingenieurtag '97.** (Tagung Leipzig 1997)	108,–
1341	**Nutzfahrzeuge** (Tagung Mannheim 1997)	138,–
1342	**Reinraumtechnik '97** (Tagung Fulda 1997)	108,–
1343	**Neue Wege in der Fahrzeugentwicklung, neue Herausforderungen an die Automobilindustrie** (Tagung Frankfurt 1997)	108,–
1344	**Systemoptimierung im spurgeführten Verkehr** (Tagung München 1997)	108,–
1345	**Schwingungen am Arbeitsplatz und in der Umwelt** (Tagung Veitshöchheim 1997)	138,–
1346	**Mechanisch-elektronische Antriebstechnik** (Tagung Wiesloch 1997)	138,–
1347	**Bauen im Ausland** (Tagung Dresden 1997)	108,–
1348	**Schalungen und Gerüste** (Tagung Baden-Baden 1997)	108,–
1350	**Reifen Fahrwerk Fahrbahn** (Tagung Hannover 1997)	168,–
1351	**Eiskalt bis zum Kunden** (Tagung Mannheim 1997)	78,–
1352	**Optimierung in der Energieversorgung II** (Tagung Leverkusen 1997)	218,–
1353	**Fit für die Jahrtausendwende** (Tagung Düsseldorf 1997)	78,–
1354	**Innovativer Insassenschutz im PKW** (Tagung Berlin 1997)	168,–
1355	**Sichern Sie richtig?** (Tagung Essen 1997)	78,–
1357	**Neue Generation von CAD/CAM-Systemen Erfüllte und enttäuschte Erwartungen** (Tagung München 1997)	218,–
1358	**Wiedernutzbarmachung ehemaliger ostdeutscher Bergbaugebiete** (Tagung Leipzig 1997)	108,–
1359	**Monitoring und Diagnose in energietechnischen Anlagen** (Tagung Braunschweig 1997)	218,–
1362	**Der Ingenieur im Internet** (Tagung Karlsruhe 1997)	108,–
1364	**Technische Zuverlässigkeit ist planbar** (Tagung Braunschweig 1997)	108,–
1371	**Kunde – Partner – Freund**	78,–

VDI VERLAG

Postfach 10 10 54
40001 Düsseldorf